国家自然科学基金面上项目
（项目编号：71273101）

沈红高等教育专论系列

大学教师评价的效能

Effectiveness of Faculty Evaluation

沈红 等 著
Hong Shen et al.

中国社会科学出版社

图书在版编目（CIP）数据

大学教师评价的效能/沈红等著.—北京：中国社会科学出版社，2018.10

（沈红高等教育专论系列）

ISBN 978-7-5203-3340-5

Ⅰ.①大… Ⅱ.①沈… Ⅲ.①高等学校—教师评价—研究—中国 Ⅳ.①G645.11

中国版本图书馆 CIP 数据核字（2018）第 237373 号

出 版 人	赵剑英
责任编辑	赵　丽
责任校对	李　莉
责任印制	王　超

出　　版	中国社会科学出版社
社　　址	北京鼓楼西大街甲 158 号
邮　　编	100720
网　　址	http://www.csspw.cn
发 行 部	010-84083685
门 市 部	010-84029450
经　　销	新华书店及其他书店
印　　刷	北京明恒达印务有限公司
装　　订	廊坊市广阳区广增装订厂
版　　次	2018 年 10 月第 1 版
印　　次	2018 年 10 月第 1 次印刷
开　　本	710×1000　1/16
印　　张	37.25
插　　页	2
字　　数	551 千字
定　　价	99.00 元

凡购买中国社会科学出版社图书，如有质量问题请与本社营销中心联系调换
电话：010-84083683
版权所有　侵权必究

自　　序

今天出版《大学教师评价的效能》一书是水到渠成的事。本人自 2004 年底开始率领以博士研究生为主体成员的研究团队与国际上 20 多个国家的高等教育学专家一起研究"变革中的学术职业"（Changing Academic Profession, CAP）的国际比较，从而开启了我们专心研究"学术职业—大学教师"的征程，至今 14 年。尽管"学术职业"概念在狭义层面上与"大学教师"的概念相同，但从对"学术职业"的专题研究到对"大学教师评价"的专题研究仍然存在一个转向的契机，这个契机发生在对"学术职业"专题研究正好 7 年整的时点上。2011 年 11 月 11 日，我作为"学术职业变革国际调查与研究项目"中国大陆负责人，在华中科技大学举办了有 13 个国家和港澳台代表到会的"学术职业变革国际会议"。有专家向我提问，"您研究学术职业多年，可否用一个简单的词语来说明中国学术职业发展存在的最主要的问题是什么吗？"瞬间思考后，本人回答：用一个最简单的词语，英文是"evaluation"，中文是"评价"。随后我解释道：评价是根指挥棒，它指向哪里，教师们就奔向哪里。有些教师在这根指挥棒下"如鱼得水"，有些教师对这根指挥棒"曲意逢迎"，也有些教师是"逆棒而动"。"如鱼得水"者，"位子、票子、房子、面子"均得而"沾沾自喜"；"曲意逢迎"者，心态扭曲而"面笑心流泪"；"逆棒而动"者，自命孤高且"所有好处离其而去"。会后，本人陷入了认真思考之中：如果教师评价做得好，它就会成为所在学科发展的发动机、大学组织发展的凝聚器、学生发育成长的营养液、

自 序

教师人心激励的触发点；但如果教师评价做得不好，那它就会成为学科路上的下滑点、大学组织的离心泵、学生养育的污水池、教师斗志的涣散剂。思考到此，焦虑油然而生。于是，本人带领团队从 2011 年 11 月起就开始着手国家自然科学基金面上项目的申请准备，题目就定为"中国大学教师评价的效能"。该申请于 2012 年 3 月提交，当年 8 月获得批准，2013 年 1 月启动，2016 年 12 月提交了为期四年的项目结题报告。迄今为止，在本人有关"学术职业"和"大学教师评价"的研究中，前 7 年重在研究学术职业，后 7 年重在研究大学教师评价，以专家提问为转向的契机，以国家自然科学基金项目的获批实现了转向。

为了研究大学教师评价的效能，本人组织了于 2014 年 5—7 月在全国进行的"大学教师发展状况"网络调查，来自 13 省 88 所四年制本科院校的 5186 位教师提交的答卷有效，其中的 2380 名教师对唯一开放题填写的内容有效。这些并不认识的来自全国各地的教师们的"知心交谈和深情互动"，在令本人及其团队成员感动之余，更加增强了我们做好这项研究的情感和责任。

发放的"大学教师发展状况"调查问卷，整体上涵盖的不止于教师评价的内容，四个部分——基本情况，教学与研究，工作及管理，个人与家庭——分布在 22 道填空题、27 道选择题、1 道开放题中。总共 50 题，223 个统计变量。这些题目及其产生的统计变量都是为研究大学教师评价服务的。四个部分的内容整合起来至少告知我们：大学教师中什么样的人最多、什么样的人发表最多、什么样的人工作时间最长、什么样的人晋升最快、什么样的人收入最低或者最高？哪些教师偏爱教学或者是偏爱研究、哪些教师愿意与他人合作或者是"孤身奋战"、哪些教师发生过校际流动或者职业变换？多少教师有出国交流经历且出国时间是多长、多少教师感受到学术工作的压力且压力是多大、多少教师来自农村或者来自大都市、多少教师感受到社会阶层的代际上移并因此心情愉悦、多少教师对自己的学术成就满意、又有多少教师对中国大学教师整体形象满意？等等。当然，某些题目是针对大学教师评价的效能设计的。如谁来评价教学、教学评

◆ 自 序 ◆

价评什么、评教结果用在哪里、"代表作"评价是否有效、教师评价中的三项职能各占多大权重？面对现行的大学教师评价，您是会"找关系、请客送礼，或与同事之间的关系紧张，或发表质量不高的论文，或少教学多科研"？还是会"主动改善教学状况，努力提高自身科研能力，更多地关注学生，更想参与教学或科研培训"呢？

2014年进行的全国本科院校教师调查及数据分析结果给了本人及团队成员以极大的鼓舞，这些调查反馈和数据是如此的宝贵。面对这些"无价之宝"，本人开始思考并撰写有关中国大学教师发展现状的文章，其后到多所大学、研究机构和国际国内学术会议上作报告，主要内容涉及中国大学教师的发展现状，构成了"中国大学教师发展现状"，即第一个"十大问题"：大学教师的家庭状况，大学教师的近亲繁殖，大学教师的工作时间，大学教师的教学与科研，大学教师的国际交流，大学进行的教学管理，大学开展的教师评价，大学教师的收入与生活状况，大学教师的社会地位，大学教师的职业满足程度。含这些内容的有关中国大学教师发展现状的报告，至今仍在全国范围内进行着，但与前几年不同的是，本人已将新近的研究与思考融入报告之中。

仍然是在2014年，又一个契机把本人有关"大学教师发展的理论研究"推向前行。2014年5月受到厦门大学教育研究院的邀请，在去主持该院博士学位论文答辩期间提供一个学术讲座。由于厦门大学是中国高等教育研究的学科发源地，且有多位教师和研究生在潘懋元老先生指导下已将"大学教师发展研究"建成了该院品牌，缺少理论功底的"外人"是难以登上该院讲坛的。所以，本人专门为厦门大学教育研究院的学术讲座准备了另一个"大学教师发展十问"的题目，并努力向"理论方向"前进。自那之后，经过近几年的持续研究、多场报告、相关博士学位论文的指导，已将"十问"深化而成"大学教师发展的理论问题"，即第二个"十大问题"：大学教师的发展目标，大学教师的学缘基因，大学教师的身份标识，大学教师的薪酬结构，大学教师的绩效评价，大学教师的职业特征，大学教师的职业道路，大学教师的成长氛围，大学教师所需的行政，大学教师追求的学术。

日历翻到了2017年。负责华中科技大学新进教师培训工作的校

❖ 自 序 ❖

人事处领导邀请本人参与新进教工培训，报告时间被安排在校长讲话的开班式之后。6月邀请，8月报告，有两个月的准备时间。面对这些新进人员的不同人事编制（教师、教辅、辅导员、行政）、不同学科专长（工科、医科、理科、文科）、不同培养机构（国外大学和科研院所、国内科研院所、国内一流大学）的200多名刚从学校毕业步入职场的青年教工，提供什么样的内容可以最大限度地满足学习者的需要呢？这是一个不小的挑战！思考再三，最后确定讲"大学教师的职业特性"，内容主要是"大学教师职业的基础性，关键性，公平性，高的学科所属感"。实际上，这是对本人截止于2011年的研究的深化。《北京大学教育评论》2011年第3期曾发表本人的文章"论学术职业的独特性"，讲的是学术职业具有基础性、关键性，学术职业人具有高度的学科归属感。经过五六年的持续研究，本人又认为，学术职业还具有公平性，这个公平性是以量化学术评价为条件的，特别体现在学术职业的入职和晋升上。无论申请者来自何种社会阶层，也无论其社会资本如何，在学术绩效面前优者为先。这种公平性是其他职业不一定具备、甚至是不具备的。因此，特将公平性加入"大学教师的职业特性"之中。具有这四种特性的职业应该是一个伟大的职业！是一个对社会发展举足轻重的职业。因为社会上所有的需要本科毕业生作为入职资格的机构，其员工都是由大学教师职业所培养的。这是该职业的基础性。那么关键性呢？这个职业已被国内外专家描述成为"发动机"职业，它带动（当发动机前置时）或者推动（当发动机后置时）社会其他职业的前进。"发动机"职业当然具有关键性。关于公平性，在接受我们调查的大学教师中，近60%的人来自农村和乡镇，约一半的人的父亲或母亲的受教育程度只在初中及以下（父亲）或小学及以下（母亲），近42%的人的父亲和52%的人的母亲从事的是社会第四层职业（最低层：含产业工人，农业劳动者，城乡无业、失业、半失业者，农民工[①]），那么，大学教师职

[①] 参见陆学艺《当代中国社会阶层研究报告》，社会科学文献出版社2002年版，第10—23页。笔者将"农民工"加入其内。

❖ 自 序 ❖

业对具有较低社会阶层背景的人敞开了大门，也提供了努力奋斗者可公平获提拔的阶梯。最后是"具有高的学科所属感"。本团队曾在2007—2009 年的 CAP 国际调查中发现，大学教师给出的自己"最从属"的排序：一是学科，二是院系，三是学校。那时的中国也如此。但是，本团队从 2014 年中国"大学教师发展状况"调查中得到一个重大变化：中国大学教师在对学科和对大学的从属度上达到了基本一致，对院系的从属度则变得很小了[①]。这起码说明了三点：一是有关学术权力和行政权力之争。教师对学科的从属度降低，对大学组织的从属度提高，是不是中国近几年的行政权力不降反升呢？二是行政权力中的层级之争。在院校管理中提倡行政权力重心下移，但事实是怎样的呢？相比学校层级，院系更靠近教师，更涉及教师的晋升、福利、人际关系，是什么使得教师对院系的从属度会低于对学校的从属度呢？三是行政人员的作为之争。既然学校行政"统管一切"院系行政是不是可以少干事乃至不干事呢？如此带来的是教师对院系的从属感、或者说是对院系组织的依从度大大降低。

更靠近今天的是对 2018 年华中科技大学新进教工的培训，我将报告题目确定为"大学教师职业的特殊性"。这个主题，包括了大学教师职业的职业特征（基础性、关键性、公平性、高的学科所属感），职业追求（学术性、精神性、挑战性、高的职业满意度），职业压力（自由性、互通性、示范性、高的被评价程度），职业发展（本人发展、学科发展、大学发展、高的学生增值度）。很显然，2018 年的报告内容比 2017 年的报告内容有了升华。其中，对"职业特性"的诠释与 2017 年的差别不大，暂不赘述。

在大学教师的"职业追求"上，我认为，大学教师是狭义的学术职业人，"生来"就是追求学术的，但首先要辨析的是"学术的内涵"。我同意并传播着欧内斯特·博耶（Ernest Boyer）的思想，承认有"发现的学术，综合的学术，应用的学术，教学的学术"，如此一

---

① 本"自序"中提及的统计数据，若无特别注释，均来自尚未公开使用的"2014 中国大学教师发展状况调查"和"2007—2009 国际 CAP 调查"数据库。若有疑问，请联系作者。

❖ 自 序 ❖

来，大学教师的职业追求具有学术性就不难理解了。追求"精神性"表现在大学教师，相对于其他职业而言，不是"那么地"追求"物质性"，得到物质奖励当然高兴，但是得到精神奖励更让大学教师兴奋不已；另外，"追求"二字，说的是不以"物质"为目的，而以"精神"为目的，精神上的满足被置于物质上的满足之上。这种精神上的满足感是没有上限的，因此大学教师的另一职业追求就是挑战性。大学教师们总是在不断地挑战科学，挑战同行，挑战自己，追求的目标"如同水中没有锚定的浮标"，不停地被推着向前，看得见，但摸不着。再从我2014年调查的统计数据来看，中国大学教师对所从事的职业具有较高的满意度，若有机会再做职业选择，75%的被调查教师仍然愿意选择这一职业。2007—2009年我们的CAP国际调查得到的结论与2014年的中国调查所得结论相差不多（在CAP调查中，中国大学教师的这一选择是82%，"世界18个国家+中国香港"的平均比例是64%，其中低于60%的有墨西哥的49%和芬兰的59%）。

我们来谈谈大学教师的"职业压力"。我们都知道大学教师是"自由的"，自由选择科研题目申报，自由制定研究路径，自由选择材料与样本，自由把自己及团队的研究发现公诸于众（包括在课堂中讲解），自由地修正自己不畏嘲笑，自由地与他人争鸣不怕报复，自由地表达自己的思想尽管与众人格格不入；在时间的支配上也具有其他职业所没有的个人自由，……得到这些来自职业上的自由的同时也得到来自职业上的压力，在自由面前，教师们需要付出对等的自律与责任，以此来自我限定自由的边界。上述自由需要开放的交流互通为条件，如此方知社会需求和科学进展，才能触摸不断前移的科学前沿，才能既仰望星空又脚踏实地。然而，对人人都显得出公平的"时间"、听说读写均被包含在内的外语技能、不断更新的网络技术和软件工具等，都给大学教师带来难以想象的对整个职业而言的压力，可能"越努力、越优秀、压力越大"。再谈涉及的"示范性"，正如前所述，大学教师为其他所有职业包括本职业培养从业者，同时以多种方式参加社会多种部门的人才选拔，如此使得大学教师成为各

◆ 自 序 ◆

行各业的示范性职业。正因为如此,大学教师群体才会受到社会的高度关注,随之而来的是高的被评价程度,无论是大学教师中的正面表率,还是大学教师中的"害群之马",都在第一时间得以披露。更重要的是,负面故事得以延展,并被整个社会所"消费"。

最后,对大学教师"职业发展"的认识,我经历了一个进步的过程。《高等教育研究》2012年第11期上发表了本人的"论大学教师评价的目的"一文,其中讲到"大学教师评价的目的是教师个人发展、学科学术发展、大学组织发展的'三合一'"。果真如此吗?2016年,因为特别关心研究生的成长、指导的博士生的学位论文多次获奖、所培养的博士生们的成就较大,本人被所服务的华中科技大学授予"伯乐奖"(每年全校5人,有的年代是"宁缺毋滥")。在准备"获奖感言"时有一个"顿悟":当教师自己很成功(如"帽子人才""高官学者")但因没有在学生身上花精力,学生不成功(如"挂科门数多""延期毕业多")时,是不是可以说"教师发展得好"呢?深入思考后,我的答案是"No"。培养学生是教师的职责,当这个职责没有尽到之时,何以谈得上"教师发展得好"?于是,把对应于教师的学生在读期间得到的高等教育增值高低也作为教师发展的一个测量维度,如此就有了"大学教师发展的'四合一'"。

正如前述,大学教师发展的十个现实问题,大学教师发展的十个理论问题,整合起来,研究的是大学教师发展的理论与实践。14年来,我一直"游走"在有关大学教师发展的理论与实践之间,直到今天,在本著《大学教师评价的效能》付印之前,才有一种把相关理论与实践结合起来的感觉,这就形成了本书的第一部分"基础与现状"和第二部分的"理论与逻辑"。由于学术评议制度、教授终身职制度都发源于西方学术界,还由于本人任教25年的硕士生课程"比较高等教育"和任教8年的博士生课程"国际教育改革与发展",也由于我的博士学位论文《美国联邦政府科技政策与研究型大学科研发展》(1997)和硕士学位论文《美国科学技术与高等教育协同发展研究》(1991)都是研究美国的,对"他山之石"的关注、特别是对其改革的关注也就一直在我心中,这就有了本书第三部分的"比

❖ 自 序 ❖

较与借鉴"。最后，本书是带有国家自然科学基金面上项目结题报告色彩的，而承担的项目本身就是研究大学教师评价的效能的，项目结束之时，要有研究的结果和发现，要有对评价效能的"评价"，这就有了本书的第四部分"结果与效能"。

2016年6月，本出版系列中的第一本《中国高校学生资助的理论与实践（1997—2016）》出版发行，邀请了20年前带领我走进"学生财政"（Student Finance）研究领域的美国纽约州立大学总校前校长布鲁斯·约翰斯通（Bruce Johnstone）教授写了序言。

2018年10月，本出版系列中的第二本《大学教师评价的效能》拟付印，原计划邀请美国乔治城大学的威廉·康明斯（William Cummings）教授作序，因为是他于2004年邀请我参加国际CAP项目研究的，这才有了我和我的团队在"学术职业—大学教师"研究领域的众多成果，培养了几十名在学术职业和大学教师研究领域的专家学者，连续两次成为学术职业国际调查与研究——中国大陆研究团队负责人（CAP：2004－2014，APIKS：2014－）。然而，康明斯教授年事已高，若请他写序，还必须向讲究"认真"二字的教授——讲述这本中文著作的立意、内容、目的、创新、发现等，但又恰好出版时间紧张。如此，只得在最后时刻放弃"外援"，自我作序。其实，这样的选择也很好，因为我也真的是有话想说，有故事要讲。

正在进展中的"知识社会中的学术职业"（Academic Profession In Knowledge Society，APIKS）的中国大陆研究于2018年夏秋进行了全国调查。本国际项目研究团队邀请了多个学科方向的青年学者的加盟，他（她）们是：副教授郭卉博士（教育政策分析）、副教授张妍博士（教育心理学）、蔺亚琼博士（教育社会学）、李函颖博士（比较教育学）、余荔博士（教育经济学）还有资深教授贾永堂博士（高等教育学）。当然，由我和这些教师指导的十多位博士生和硕士生也在团队之中。可以说，《大学教师评价的效能》一书，只是我和我们团队研究"学术职业—大学教师"发展历程中的一个"逗号"，相关研究仍在进行之中，还有相关成果将陆续与读者见面。

最后想说的是，如果本书早三年出版，最合适写序的人，是我最

自 序

最敬爱的博士生导师和硕士生导师朱九思老先生。他曾任华中工学院（后来的华中理工大学、现在的华中科技大学的前身）的主要领导人31年。他在任期间对学生的"伯乐之判断"、对教师的"慧眼识人才"、对学校发展的远见卓识，使得华中工学院得以在同一批建校的"工学院"群中脱颖而出，才有了华中科技大学今天发展的基础地位。作为朱九思先生的博士生开门弟子，得益于先生在30年前（1988年跟随先生攻读硕士学位）领我入门，引我前行。在我每一个重要成果"成型"的前夜，我总是情不自禁地怀念先生！先生的音容笑貌仍在眼前！

2018年8月28日

内容提要

这本专著，虽带有"大学教师评价的效能"项目结题报告色彩，实际上是本团队持续14年（2004—2018）"学术职业—大学教师"研究的总结。从结构来看，本书分绪论、四个部分、结论。

绪论，交代了该项国家自然科学基金项目申请中的重点，报告了自项目获批到结题乃至结题后两年的持续研究过程，简要综述了全书的主要内容。希望读者能够从本章中收获到国家自然科学基金面上项目申请内容的写法和执行过程，以及本书的阅读价值。

第一部分"基础与现状"由六章构成。"基础"指的是相关文献研究基础和相关理论基础；"现状"指的是本团队对中国大学教师发展状况、关注热点、职业发展需要、评价满意度的调查及研究。分析数据来自本团队于2014年对中国13个省88所四年制本科院校5186位教师的网上问卷调查结果，分析文本来自该调查中2380位教师在问卷上唯一的开放题中填写的内容。调查发现，"教师评价"是接受调查教师的关注热点，"科学的教师评价"是他们职业发展的需要。

第二部分"理论与逻辑"由八章构成。有"论从史出"章，从评价的主体、标准、内容、方式、观念等方面归纳出中国三个历史阶段中高等教育教师或大学教师评价的政策标准和特点。"价值哲学基础"章主要谈主体性、价值主体与价值关系，评价的内涵、主体与标准。更明确地说，分析了为谁评价、由谁评价和如何评价的问题。然后转向评价的逻辑。大学教师评价的内在逻辑体现在评价的本源和多元以及教师在评价中的主体性上。大学教师评价制度的物化逻辑体

❖ 内容提要 ❖

现在：在评价的价值取向上过分强调教师适合于竞争的外显性价值，在评价的实践方式上过分"货币化"教师的精神劳动。接着，论证了大学教师评价的目的是教师个人发展、所在学科发展、所在大学发展、所教学生发展的"四合一"。后面两章研究的是大学教学问题。建构了分别以学生、教师、管理人员为评价主体的，以评价的内容、途径、周期、指标权重和体系为标准内涵的大学教学评价标准；提出了"以学生为中心的大学评教"转向"以同行为中心的大学评教"也许是大学教学评价的新模式。回到"同行评议"上：其理论优势是保障学术自治、配置学术资源、守护学术质量，其实践困境为难有真正的同行、受制于精英主导、关系网挑战其公正性。继而提出同行评议过程中存在的三对关系冲突：方法有限与情境超限、系统内学术自治与系统外政府干预、普遍主义与特殊主义。

第三部分"比较与借鉴"由七章组成，研究对象为德国、英国和美国。关于德国，分析的是其研究型大学学术职位制度具有的政府主导、等级分明、非连续性的特征，近年的改革是让其职位权力从集中走向分化，职位设置从存量变为增量，职位本身从独立转向综合。关于英国，分析其大学教师评价变革中的理念上引入全面质量管理，导向上关注国际影响力，方法上建立多方协商机制，结果上突出评价的效能。然后用五章的篇幅研究了美国大学教师评价。以伊利诺伊大学香槟分校为案例，首先分析了大学教师评价的科学管理导向和价值导向及其在不同历史阶段的交替或融合使用，提出其教师工作价值层次分为期望价值、优先价值和等级价值，上述导向和价值作用在教师评价时体现出"自由不失却法度"的理念和精神。再从对该校 30 位教师的访谈中得知，尽管学校层面的评价政策统一，但各院系采取的评价应对不同，存在明显的学科差异。接着，专门分析美国大学教师评价在四对关系上的相互制约与平衡：学术自由和公共问责、教师发展和人事决策、偏好多样和准则趋同、共同治理和官僚管理。我们都知道，西方大学的教师终身职是重要的，它是历史形成的但具有当代价值，它把教师分层，只为具有资格的教授提供终身保障，但它也一直在摇摆并将继续存续。最后基于作者在美国两个地区四所世界一流

❖ 内容提要 ❖

大学为期一月的访谈,归纳出世界一流大学教师评价的共同经验:只有一流人才能够进来,院系是想方设法支持一流人才留下来的,就是要让一流人才在本校"献终身"。

第四部分"结果与效能"共有七章。两章使用了实证研究方法,如研究得出大学教师晋升时间的长短问题;再如用发表论文的质和量数据将研究型大学正教授予以二维四象限分类,得到"高产高质、低产高质、高产低质、低产低质"四类教授及群体特征。然后讨论大学教师的角色,认为现行的大学教师评价制约并误导了教师的角色行为,牵引教师的角色扮演偏离其理想角色方向。接着分析现实中中国大学教师评价在标准上趋同、方式上一致、主体上单一,明显表现出一种制度上的同形,分析了形成原因和改善策略。后三章讨论评价的效能。现实中中国大学学生评教具有偏差的"三重三轻"使评教结果基本失效,需要在评教中引入"类主体"思想,还原教师与学生同为教学活动的主体。然后分析评价目标对学生评教效能的约束;评价成本(含成本意识、成本充足性和成本结构)对教师评价的约束。

结论是对中国大学教师评价效能的反思。认为中国大学教师评价实践产生了结构性的效能耗损,其原因:一元价值主宰、短期功利主义取向和管理主义绩效观主导,导致教师的主体地位被遮蔽、被压抑,引致教师在实际工作中的科研漂移、学术失范、行为越轨。最后提出提高中国大学教师评价效能的思路。

本书的研究创新随处可见。不少学者研究大学教师及其评价,但尚没有人系统研究大学教师评价的效能;有学者对大学教师进行案例院校或区域性调查,但尚没有人对占10%的全国本科院校的教师进行调查,本书从此调查中得到了许多新发现;第一次揭示了大学教师评价的内在逻辑和物化逻辑;提出并论证了大学教师评价目的的"四合一"和大学教学的评价标准;从比较研究中发现了美国大学教师评价的导向流变、价值层次、权力制约、利益平衡、学科差异,归纳得出世界一流大学教师评价的共同经验;提出了教师评价的目标和成本分别对教师评价的效能产生制约。上述这些,都是迄今为止没有在其他的相关研究中看到的。

ABSTRACT

With the meaning of a final project report to National Natural Science Foundation of China (NSFC), *The Effectiveness of Faculty Evaluation* also serves as an intensive summary of our study on "academic profession" and "faculty development" over the past fourteen years (2004 – 2018), expounding by the introduction, four parts, and the conclusion.

The introduction part reviews the key points in applying for the project, presenting the whole process from achieving the project in the late 2012, implementing action from 2013 to 2016, to the on-going research from 2017 to 2018 after the project completed. It also briefly reviews the main content of the book, in the hope of generalizing the application and implementation experience of NSFC and learning the value of the book.

Part One "Foundation and Status" includes six chapters. Foundation in this book refers to the relevant literature work and theories; investigation covers the range from the status quo of faculty development, faculty's concerns, professional needs, to faculty's satisfaction towards evaluation. The data is drawn from an online survey of 5186 faculty in 88 regular-four-year universities and colleges across thirteen provinces in 2014. The text analysis is also based on the online open-ended question within the same survey with 2380 faculty responded. It finds that "faculty evaluation" is not only a hot spot issue among academia, but also serves as the need for their professional development.

ABSTRACT

Part Two "Theory and Logic" includes eight chapters. Historically, the book sketches out the political norms and characteristics of faculty evaluation in three stages from the perspective of subject, measures, contents, modes and thoughts. "Value Philosophy Foundation" explores the subjectivity, value subject and value relation, the connotation, subject and standards of evaluation. Specifically, it analyzes three questions —— who is the target of evaluation, who conducts the evaluation, and how to conduct the evaluation. It then moves to the logic of evaluation. The internal logic of faculty evaluation includes the origins, diversification, and faculty's subjectivity in the course of evaluation. The materialization logic of evaluation reflects in two aspects —— in terms of the orientation, it overemphasizes the external value in line with faculty's competition; in terms of the practice, it has undue monetization towards faculty's brainwork. The book also illustrates the quaternary objective in faculty evaluation, namely, for faculty's individual development, for disciplinary development, for institutional development, and for student's development. The next two chapters focus on teaching in university. It constructs the teaching evaluation standard including the content, method, period and weight, in company with a multi-agent framework including student, faculty and staff; it also raises a potential new model for teaching evaluation, namely, from "student-centered" to "peer-centered". As to peer review, its theoretical advantage lies in the safeguarding of academic autonomy, allocation of academic resources and defending academic quality, however, it also has some practical dilemma, for instance the lack of real peers, the dominance of academic elites, and the inequity caused by the network of relationship. Accordingly, the book lists three relationship conflicts in the course of peer review, namely, the limited methods and the transfinite contexts, intra-system academic autonomy and extra-system governmental intervention, universalism and particularism.

Part Three "Comparison and Borrowing" includes seven chapters, tar-

❖ ABSTRACT ❖

geted at Germany, Britain and America. Basically, the academic position system in German research universities is characterized by government-dominance, strict hierarchy and non-continuity, and recent reform focuses on the academic authority. British universities introduce the total quality management in faculty evaluation, emphasize the global influence of research output, construct the multi-conformity and highlight the effectiveness of faculty evaluation. By studying the case of University of Illinois at Urbana-Champaign, the book analyzes the scientific management orientation and value orientation in faculty evaluation, followed by the alternation and integration over different historical stages. It categorizes three levels of value embedded in faculty's work, the value of expectation, the value of priority and the value of hierarchy. These orientations and values not only pursue academic freedom but also rules and regulations. In the light of the interview with thirty faculty, although there is a consolidated evaluation policy in the institutional level, schools and departments take up different measures correspondingly across disciplines. The book also explores four constrains and balances in faculty evaluation in American universities, academic freedom and public accountability, faculty development and personnel decision, diversified preference and convergent norms, shared-governance and bureaucratic management. Generally speaking, the tenure system is critical to western universities for its historical and contemporary value. The tenure system stratifies the academia and offers lifelong safeguarding to qualified professors, notwithstanding it is still swerving amid the ongoing reforms. Based on a month-long interview with four world-class universities in America, it concludes the common experience in faculty evaluation. It seems that only the first-rate talents have access to these universities, and they are supported by schools and departments in terms of their retention, stimulating their lifelong devotion to the institution.

Part Four "Result and Effectiveness" has seven chapters including two empirical studies, one for faculty's promotion duration, the other for the

❖ ABSTRACT ❖

publication-based full-professor classification by two dimensions (the quantity and quality of academic output). It distinguishes the "double high", "high quantity low quality", "high quality low quantity", and "double low" four types followed by the population characteristic of each type. The book also discusses faculty's role and argues that the existing faculty evaluation system restrains and misleads faculty's role and action, resulting in the departure from their ideal norms and orientations. The institutional isomorphism of faculty evaluation in Chinese universities includes the convergence of standards, the consistence of patterns, the simplicity in subjects, and the book attempts to analyze the reasons behind the isomorphism and the counter measures. The next three chapters mainly focus on the effectiveness of evaluation. The deviation in reality leads to failure of student teaching evaluation, and one of the improvement is to introduce the para-subject so as to restore both faculty and student's subjectivity in teaching evaluation practice. The book furtherly considers the effectiveness of student teaching evaluation under goal confines and the effectiveness of faculty evaluation under cost confines (cost consciousness, the sufficiency of cost, and cost structure).

The Conclusion reflects on the effectiveness of faculty evaluation in Chinese universities. It argues that the evaluation practice generates the structural loss in effectiveness, because the unitary value orientation and utilitarianism result in the depression of faculty's subject position under the context of performance-dominated managerialism, giving rise to the research shift, academic anomie and deviant behavior. At last, it puts forward the thought in enhancing faculty evaluation effectiveness in China.

Innovation can be found everywhere in this book. Quite a few scholars contribute to the study on faculty and evaluation, however the study on the effectiveness of evaluation still remains to be replenished. Cases study and regional investigations are not rare whereas large and potent samplings are still inadequate, for example the 10 percent sampling of universities and

❖   ABSTRACT   ❖

colleges nationally in the book. Besides, the book has many new findings. It unveils the internal logic and materialization logic behind faculty evaluation practice for the first time; it raises the quaternary objective and standards in teaching evaluation; it finds out the orientation changes, level of value, authority restraint, balance in interest, disciplinary difference; it concludes the common experience of faculty evaluation in world-class universities; it focuses on the aims and costs and their confines in the effectiveness of faculty evaluation. Apparently, all the above findings still precede other prevalent researches up till now.

目　　录

第一章　绪论 …………………………………………………… (1)
　第一节　问题的提出 …………………………………………… (2)
　第二节　申请书中设计的研究内容 …………………………… (4)
　第三节　项目期间主要工作 …………………………………… (7)
　第四节　本书主要研究内容 …………………………………… (13)

第一部分　基础与现状

第二章　大学教师评价的相关文献基础 ……………………… (27)
　第一节　有关学术职业和大学教师评价的研究 ……………… (28)
　第二节　有关效能内涵和效能外延的研究 …………………… (38)
　第三节　相关文献评述 ………………………………………… (46)

第三章　大学教师评价的相关理论基础 ……………………… (51)
　第一节　为什么需要评价大学教师 …………………………… (52)
　第二节　谁来评价大学教师 …………………………………… (59)
　第三节　如何评价大学教师 …………………………………… (62)
　第四节　如何利用评价结果激励大学教师 …………………… (67)

目录

第四章　中国大学教师发展状况调查 (73)
　第一节　抽样问卷调查的设计与执行 (74)
　第二节　大学教师的个人及家庭状况 (76)
　第三节　大学教师的工作及发展状况 (86)
　第四节　教师对评价及职业的满意度 (94)
　第五节　发现的问题与可能的改进 (97)

第五章　中国大学教师关注热点调查 (102)
　第一节　资料挖掘与文本分析 (102)
　第二节　教师的关注点在哪里 (109)
　第三节　关注点聚焦教师评价 (112)

第六章　中国大学教师职业需要调查 (118)
　第一节　大学教师对职业发展需要的诉求 (120)
　第二节　大学教师职业需要难以满足的原因 (126)
　第三节　尽可能满足大学教师职业需要的对策 (130)

第七章　中国大学教师评价满意度调查 (134)
　第一节　分析框架建立与变量操作化 (134)
　第二节　教师评价满意度及组间差异 (141)
　第三节　提高教师评价满意度的策略 (148)

第二部分　理论与逻辑

第八章　中国大学教师评价的历史演进 (155)
　第一节　古代"高等教育教师"评价及其特点 (156)
　第二节　1862—1949年大学教师评价及其特点 (161)
　第三节　1949年以来的大学教师评价及其特点 (167)

目 录

第九章　大学教师评价的价值哲学基础 (173)
第一节　主体性、价值主体与价值关系 (174)
第二节　评价的内涵、评价主体与标准 (178)
第三节　大学教师评价的价值哲学反思 (182)

第十章　大学教师评价的逻辑与冲突 (187)
第一节　大学教师评价的内在逻辑 (188)
第二节　大学教师评价的现实冲突 (191)
第三节　现实冲突向内在逻辑的调适 (194)

第十一章　大学教师评价制度的物化逻辑 (198)
第一节　大学教师评价制度物化逻辑的产生 (199)
第二节　大学教师评价制度物化逻辑的表征 (204)
第三节　大学教师评价制度物化逻辑的合理性 (206)
第四节　大学教师评价制度物化逻辑的不合理性 (209)

第十二章　大学教师评价目的的"四合一" (214)
第一节　理想的大学教师评价强调"三特殊" (215)
第二节　现实的大学教师评价出现"多错位" (219)
第三节　"现实"靠近"理想"的"二要点" (222)
第四节　教师、学科、大学、学生"四发展" (225)

第十三章　大学教学评价标准及其制定 (227)
第一节　大学教学评价标准的重要性 (227)
第二节　大学教学评价标准制定的原则 (230)
第三节　大学教学评价标准的整体内涵 (235)

第十四章 从"以学生为中心"到"以同行为中心"的大学评教 ……………………………………… (242)
  第一节 反思教学评价存在的问题:学生评教问题多 ……… (242)
  第二节 来自西方大学的改革经验:同行参与评教中 ……… (246)
  第三节 从"以学生为中心"到"以同行为中心":
        教学评价新模式 …………………………………… (252)

第十五章 同行评议的理论优势与实践困境 …………… (258)
  第一节 同行评议的历史性存在 …………………………… (258)
  第二节 同行评议的理论优势 ……………………………… (261)
  第三节 同行评议的实践困境 ……………………………… (265)
  第四节 同行评议的关系冲突 ……………………………… (268)

第三部分　比较与借鉴

第十六章 德国研究型大学的学术职位制度 ……………… (275)
  第一节 德国学术职位制度的衍化 ………………………… (276)
  第二节 学术职位制度的德国特点 ………………………… (277)
  第三节 德国学术职位制度的变革 ………………………… (281)
  第四节 德国经验于中国改革的借鉴 ……………………… (284)

第十七章 英国大学教师评价的改革与借鉴 ……………… (288)
  第一节 英国社会各界关注大学教师评价 ………………… (288)
  第二节 英国大学教师评价的多方面改进 ………………… (293)
  第三节 英国经验于中国教师评价的借鉴 ………………… (298)

第十八章 美国大学教师评价的导向与价值 ……………… (301)
  第一节 美国大学教师评价的导向流变 …………………… (302)

第二节　美国大学教师评价的价值层次 …………………（306）
　　第三节　教师评价价值层次 UIUC 案例…………………（311）
　　第四节　美国经验"自由且不失却法度" …………………（316）

第十九章　美国大学教师评价的制约与平衡 …………………（319）
　　第一节　学术自由和公共问责 ……………………………（320）
　　第二节　教师发展和人事决策 ……………………………（322）
　　第三节　偏好多样和准则趋同 ……………………………（326）
　　第四节　共同治理和官僚管理 ……………………………（329）
　　第五节　四对关系的相互制衡 ……………………………（331）

第二十章　大学教师评价学科差异的美国案例 ………………（334）
　　第一节　公立研究型大学的案例选择 ……………………（334）
　　第二节　数学系的教师评价 ………………………………（336）
　　第三节　机械系的教师评价 ………………………………（338）
　　第四节　历史系的教师评价 ………………………………（341）
　　第五节　会计系的教师评价 ………………………………（343）
　　第六节　学科特征带来教师评价的差异 …………………（345）

第二十一章　在改革中存续的大学教师终身职 ………………（350）
　　第一节　大学教师终身职的历史形成与时代价值 ………（351）
　　第二节　大学教师终身职加剧学术分层与教授特权 ……（355）
　　第三节　大学教师终身职的横向拓宽与纵向伸展 ………（358）
　　第四节　大学教师终身职在摇摆的改革中存续 …………（362）

第二十二章　世界一流大学教师评价的共同经验 ……………（365）
　　第一节　入职评价：只有一流人才能够进得来 …………（367）
　　第二节　晋级评价：院系支持一流人才留下来 …………（371）

目录

　　第三节　终身职评价：让一流人才本校献终身………………（375）
　　第四节　世界一流大学教师评价与发展的经验………………（381）

第四部分　结果与效能

第二十三章　以评价为基础的中国大学教师的晋升时间……（389）
　　第一节　研究的分析框架、假设与变量…………………………（389）
　　第二节　影响大学教师晋升时间的证据…………………………（395）
　　第三节　晋升时间受性别和学历及社会阶层背景的
　　　　　　影响显著……………………………………………………（399）

第二十四章　以发表为基础的中国研究型大学教授分类……（403）
　　第一节　研究型大学教授水平代表国家学术水平………………（403）
　　第二节　教授分类模式与数据变量说明…………………………（406）
　　第三节　研究型大学教授论文的质与量…………………………（409）
　　第四节　研究型大学教授类型的群体特征………………………（414）

第二十五章　教师评价对大学教师角色行为的影响…………（421）
　　第一节　学术发展取决于大学教师的角色行为…………………（422）
　　第二节　多重因素制约着大学教师的角色行为…………………（423）
　　第三节　现行教师评价误导了教师的角色行为…………………（425）
　　第四节　以创新型教师评价调适教师角色行为…………………（430）

第二十六章　中国大学教师评价的制度同形…………………（434）
　　第一节　大学教师评价的合理基础是多元………………………（435）
　　第二节　大学教师评价的现实状态是同一………………………（436）
　　第三节　大学教师评价的制度同形根源…………………………（439）
　　第四节　大学教师评价制度同形的解构…………………………（442）

第二十七章 学生评教结果失效与"类主体"引入 (446)

第一节 到底什么是大学的"学生评教" (447)
第二节 中国学生评教中的"三重三轻" (450)
第三节 师生同为学生评教的"类主体" (453)

第二十八章 目标约束下大学学生评教的效能 (460)

第一节 学生评教目标类型与目标间的关系 (461)
第二节 学生评教目标与评价效能间的关系 (465)
第三节 目标制定、传递与落实制约着效能 (468)
第四节 基于目标约束的学生评教效能提升 (472)

第二十九章 成本约束下大学教师评价的效能 (477)

第一节 大学教师评价效能的要素与状态 (478)
第二节 大学教师评价成本及成本的构成 (479)
第三节 大学教师评价成本与效能的关系 (481)
第四节 评价成本对教师评价效能的制约 (483)
第五节 提高大学教师评价效能的成本策略 (487)

结 论

第三十章 中国大学教师评价效能的反思 (493)

第一节 大学教师评价效能的内涵诠解 (494)
第二节 中国大学教师评价实践及结构性效能耗损 (495)
第三节 提升中国大学教师评价效能的思路和建议 (503)

附录 "学术职业/大学教师"研究团队的科研成果目录 (510)

参考文献 (520)

后记 (558)

Contents

Chapter 01 Introduction ·· (1)

Part 1 Foundation and Status

Chapter 02 Literature Foundation ································· (27)
Chapter 03 Theoretical Foundation ······························· (51)
Chapter 04 National Investigation on Faculty Development
            in China ·· (73)
Chapter 05 Investigation on Faculty Concerns in China ··········· (102)
Chapter 06 Investigation on Faculty Professional Needs
            in China ·· (118)
Chapter 07 Investigation on Faculty Satisfaction on Evaluation
            in China ·· (134)

Part 2 Theory and Logic

Chapter 08 History and Evolution of Faculty Evaluation
            in China ·· (155)
Chapter 09 Value Philosophy Foundation of Faculty
            Evaluation ·· (173)
Chapter 10 Logic and Conflicts of Faculty Evaluation ············ (187)

❖ Contents ❖

Chapter 11　Materialization Logic of Faculty Evaluation .... (198)
Chapter 12　Quaternary Objective in Faculty Evaluation .... (214)
Chapter 13　Standard and its Formulation of Teaching
　　　　　　Evaluation .... (227)
Chapter 14　University Teaching Evaluation from Students-
　　　　　　Centered to Peers-Centered .... (242)
Chapter 15　Theoretical Strengths and Practical Dilemma of
　　　　　　Peer Review .... (258)

Part 3　Comparison and Borrowing

Chapter 16　Academic Position System in German Research
　　　　　　Universities .... (275)
Chapter 17　Reform and Borrowing of Faculty Evaluation
　　　　　　in British Universities .... (288)
Chapter 18　Orientation and Value of Faculty Evaluation
　　　　　　in American Universities .... (301)
Chapter 19　Constraint and Balance of Faculty Evaluation
　　　　　　in American Universities .... (319)
Chapter 20　Disciplinary Differences of Faculty Evaluation:
　　　　　　Cases from American University .... (334)
Chapter 21　Sustainable Tenure in Transforming .... (350)
Chapter 22　Common Experience of Faculty Evaluation
　　　　　　in World-class Universities .... (365)

Part 4　Result and Effectiveness

Chapter 23　Evaluation-Based Faculty Promotion Duration
　　　　　　in Chinese Universities .... (389)

❖ Contents ❖

Chapter 24　Publication-based Professors Classification
　　　　　　in Chinese Research Universities ……………… (403)
Chapter 25　Impact of Faculty Evaluation on Faculty's
　　　　　　Role and Action ……………………………… (421)
Chapter 26　Institutional Isomorphism of Faculty Evaluation
　　　　　　in China ………………………………………… (434)
Chapter 27　Failure in Student Teaching Evaluation and the
　　　　　　Introduction of Para-subject …………………… (446)
Chapter 28　Effectiveness of Student Teaching Evaluation
　　　　　　Under Goal Confines ………………………… (460)
Chapter 29　Effectiveness of Faculty Evaluation Under
　　　　　　Cost Confines …………………………………… (477)

Conclusion

Chapter 30　Reconsideration on the Effectiveness of Faculty
　　　　　　Evaluation in China …………………………… (493)

Appendix　Research Work List by the Team ……………… (510)

Bibliography ………………………………………………… (520)

Afterword …………………………………………………… (558)

第一章 绪 论

　　作为带有国家自然科学基金面上项目结题报告色彩的学术专著，本书"绪论"内容建立在2012年3月提交的国家自然科学基金面上项目申请书的基础上，当然具有发展性，包含2013—2016年四年项目期间的研究工作以及项目结题后2017—2018年后续研究的进展。

　　大学教师评价是建立在本书作者提出的教师个人发展、所在学科发展、所在大学发展、所培养学生发展"四合一"理论基础上的实践活动，已渗透到每位教师的学术工作和日常生活之中。因此，对大学教师评价的研究已经超出了教育学的范畴。在2012年申请项目前乃至2018年的当下，已有研究，虽揭示了现行的大学教师评价存在的重数量轻质量，重科研轻教学，重组织轻个人，重考核轻发展等问题，但这些研究仍然缺少对教师评价总体效能的考查。这正是本项目和本书要做的工作。

　　本书，除了绪论和结论两个部分外，主要分为研究基础（含文献研究基础和相关理论基础）和中国大学教师发展现状，大学教师评价的理论和逻辑，大学教师评价的国际比较与借鉴，大学教师评价的结果及其评价的效能等四个主体部分。作为第一章，本"绪论"的内容就比较丰富了。写出了本研究的问题的提出，项目申请时设计的主体研究内容，报告了项目执行和后续期间我们进行的主要工作，最后才是本书的主要研究内容简述。

第一章 绪论

第一节 问题的提出

评价是一个信息互动和价值判断的过程，信息获取的非完整性和价值判断的非绝对性，决定了评价过程的复杂性。大学中的评价已渗透到每位教师的学术工作并影响其日常生活。现行的大学教师评价中存在的重数量轻质量、重科研轻教学、重组织轻个人、重考核轻发展等问题在 2012 年就引起了社会的广泛关注；笔者领导的研究团队于 2007 年秋季对全国 68 所高校 3612 名教师进行的调查结果以及国内外相关研究也印证了这一点；更为警惕的是，某些已经受到广泛批评的问题近年却越发严重。鉴于大学教师评价关系到教师个体、大学组织乃至国家和世界的学术进步，笔者申请的项目乃至本书，将改变以往的专注评价过程和评价指标的研究，转而研究大学教师评价的效能。

效能，指的是"有利于实现目标的能力"和"达成目标的有效性"。大学教师评价的效能，是指大学教师评价这个活动具有有效达到其目标的能力。评价的效能研究，通过联系评价的整体效果与目标来考查该评价活动是否具有有效实现预期目标的能力。

本书作者持有两个观点。第一，在大学教师评价目标是教师发展，还是大学发展，或是教师和大学共同发展的认识上还有很大的研究空间。第二，从效能的角度考查现行的大学教师评价活动，完全达到其目标的称完全效能；完全没有达到其目标的为没有效能；部分达到其目标的为一定程度的效能。完全效能几乎不可能出现；没有效能表明失败；只有当为一定程度的效能时，大学教师评价活动才有改善的意义。

这项国家自然科学基金项目的提出经历了两个变迁：一是对评价本身的认识，二是对效能的学科内涵的理解。具体地说，申请人既被各层级的学术委员会评价，也多次作为各层级学术委员会委员来评价他人。作为大学教师评价的客体、主体和研究者的经历，使笔者对大学教师评价的认识从感性走向了理性。从文献中发现，不少人认为教

第一章 绪论

师评价属于教育评价范畴,其研究方法和理论框架主要定位在教育系统内部。但本研究对此持有疑问。效能研究本来自管理学和经济学,也用在公共管理(行政效能)和心理学(自我效能)中,但尚未被用在大学教师评价问题上。本团队的初步研究已经表明,效能是可以被用来检查大学教师评价活动的总体效果的。

本书的完成,即这项国家自然科学基金项目的执行全程也经历了六个变迁。

其一是学术准备。2013 年 1 月项目启动后,经历了 16 个月的团队再造、文献查找、问卷设计、调查抽样、平台构建、预备调查、邮箱查找等工作。

其二是全国调查。2014 年 5 月 20 日至 7 月 20 日,利用问卷星在线调查平台,向全国的 35418 位大学教师的个人邮箱发送了调查问卷,由于问卷星本身调查技术的完善程度不高和高校实行的邮箱安全屏蔽功能,其中有 21533 份调查问卷到达了教师邮箱,最后有 5186 名教师填写的问卷有效,被作为本研究的有效样本。因此,回收率被计为 $5186/21533 \times 100\% = 24\%$。

其三是数据工作。我们进行了严格的数据清理、数据统计、数据分析。

其四是多形式的研究成果。有发表的论文(2017 年 1 月由 CNKI[①]查得的有项目标注的学术论文 25 篇),有到各地的讲座和报告(截至 2017 年 1 月在国际会议上的报告 13 场),有指导的研究生论文的开题和答辩(截至 2017 年 1 月研究生答辩论文 13 篇)。

其五是结题工作。2017 年 1 月提交了 9 万字的结题报告(精选部分)。

其六是正在进行的结题后"绩效评估"中待报告的进展。特别提及的是,截至目前,由 CNKI 查得的有本项目标注的学术论文 42 篇。

[①] CNKI:China National Knowledge Infrastructure,即,中国知识基础设施工程,是以实现全社会知识资源传播共享与增值利用为目标的信息化建设项目,由清华大学和清华同方发起,始建于 1999 年 6 月。

第一章 绪论

第二节 申请书中设计的研究内容

本书拟通过全国调查和相关理论分析，研究中国大学教师评价的效能，即研究大学进行的以教师为对象的评价活动达成期望目标的程度和能力。本项目的研究对象为普通公立四年制本科院校全日制专任教师。项目的主要内容如下。

一 相关理论问题辨析

教师评价的目的、学术的含义、评价效能测量等是本项目首先面临的基本理论问题。

第一，评价的目的。已有三种认识：为了大学发展甚至只是为了大学评估；为了教师发展甚至只是为了教师晋升；为了大学发展和教师发展的结合。本项目经初步研究认为，大学评价的实质应该是教师评价，而教师评价的实质又是学术评价，因此，意欲提出，大学教师评价的目的是教师发展、大学发展、学术发展的"三合一"。需要进一步的研究。

第二，学术的内涵。美国学者欧内斯特·博耶（Ernest L. Boyer）在他1990年出版的《学术水平的反思》中提出，学术水平包括"发现的（discovery）、整合的（integration）、应用的（application）、教学的（teaching）"水平。[①] 本项目经初步研究认为，学术的内涵是"发现（即知识的创新），教学（即知识的传授），应用（即知识的转化）"的"三合一"。为此我们将深入研究"整合"是否是学术内涵的一部分。只有明确了学术的内涵，学术水平的评价才有了对象。

需要强调两点：当给"学术"本身下定义困难时，可通过对"学术水平"的界定来定义学术；"学术≠科研"，因此"学术评价≠科研评价"。

---

① ［美］欧内斯特·博耶：《学术水平反思——教授工作的重点领域》，国家教育发展中心译，人民教育出版社1994年版，第25—32页。

❖ 第一章 绪论 ❖

第三，大学教师评价效能的测量。上述的完全效能，无效能和一定程度效能，说的是效能可测。初步设想，效能由可测量和不可测量的两部分要素构成，先确定可测部分，再研究不可测部分，并尽可能将不可测部分转化为可测。如学术态度本不可测，但可用其包含的可测的"程度性"指标来分解：教学大纲更新程度，用学生评价中得到的教师讲课的用心与专心程度，为学生答疑的时间长短等。

二 有关现状的全国抽样调查

1. 问卷中的问题

尽管本项目组曾在2007年进行过大学教师调查，但当时调查目的并不是研究评价问题。所涉及的有关教师评价的提问得到的结果是，与其他18个高等教育系统约25000个样本的数据相比较，中国的3612个样本反映，大学教师评价中的主导力量是学校行政，而欧美国家同行评议的力量更强，日本的教授会的力量强大。本申请项目的调查将以评价现状为主体，初步考虑涉及的主要问题有：

- 评价对象描述：性别，年龄，婚否，学位，职称，学科等。
- 学术认识描述：学术的内涵，学术水平的认定，学术竞争力，评价的学术含义，等等。
- 评价现状判断：目的，指标，频次，方法，政策，操作，效率，结果使用，等等。
- 评价要素测量：可测和不可测的评价要素各有哪些。

2. 抽样调查设计

- 采用分层定比随机抽样。
- 抽样人数为调查对象总数766191人[①]的0.5%，即3831人，调整为3900人；拟调查60所高校，校均样本65人。
- 主分层次为"985工程"、211工程和一般本科院校。
- 次分地区为东部、中部和西部。
- 在调查实施阶段注重调查对象的学科、职称、性别、年龄等

---

① 全国高校教师数来自教育部网站（截至2011年5月）。

结构分布。

- 抽样结果有：

分院校层次的教师人数比例确定：

985∶211∶一般本科＝90871∶106367∶568953＝12∶14∶74，调整为15∶15∶70。

因此，调查的教师样本及比例确定：985∶211∶一般本科＝15∶15∶70＝585∶585∶2730（总数为3900）

样本分布见表1—1。

表1—1　　抽样样本（2012年3月之前的项目设计）

	总计	全国[1]			东部			中部			西部		
		985	211[2]	一般	985	211	一般	985	211	一般	985	211	一般
对象学校	741	38	75	628	25	41	282	6	18	200	7	16	146
抽样学校	60	9	9	42	5	5	18	2	2	14	2	2	10
对象人数	766191	90871	106367	568953	—			—			—		
抽样人数	3900	585	585	2730	325	325	1170	130	130	910	130	130	650

[1] 全国高校数和教师数来自教育部（截至2011年5月）网站。不含数据不可得的军事院校。

[2] 211中的非"985工程"院校。

三　存在问题的原因分析

通过理论研究和调查与访谈，基本把握了大学教师评价存在的问题之后，需要对存在问题的原因进行理性分析。本申请项目拟从以下几个角度来进行。

第一，认识影响评价效能。拟从调查中得到反映：现行的大学教师评价是否把握了学术的内涵和大学教师评价的实质？是否向着教师评价的目的前进？

第二，利益影响评价效能。教师评价过程与结果使用涉及相关各方的利益。整体上有政府、大学、教师、学生、社会等方面；校内有行政方与学术方，评价客体与评价主体；等等。如此使得评价结果成为多方利益相关者博弈的产物。

第三，权力影响评价效能。评价成为一种行政活动，从"行政效能主要指政府向公众提供服务的水平和能力"来看，评价渗透着权力。现实中学校将评价等同于考核，而考核又等同于晋升，使评价的行政权威至高无上，加剧了高校行政化的程度。

第四，制度影响评价效能。除上述三点之外，更重要的是大学教师评价制度尚未建立，具体体现在：谁来评——同行专家或上级领导还是社会各界？评什么——数量或质量还是产生的影响？何时评——一年或三年一次还是更长时间？评后怎样——加薪或奖励还是晋升或有更多机会？等等，尚没有明确有效的制度框架。

四 高效能的大学教师评价体系所需条件

摸清了存在的问题并分析问题的成因之后，怎样才能改善现状呢？本项目认为，要对具有高效能的评价体系所需要的条件有所认识。初步考虑从如下方面来判断。

第一，合目的性。大学教师评价是有目的的，评价效能就是看其达致目的的能力。所以效能高的评价首先需要合目的。

第二，合规律性。本研究试图提出大学教师评价的实质是学术评价。那么，学术与教师个体发展相连，也与大学发展相连，因此评价要考虑教师个人发展的规律和大学组织发展的规律。

第三，合差异性。评价的对象是教师，要考虑学校、学科、职称、年龄、性别、地理位置等方面具有差异的评价体系。

第四，可协商性。教师评价过程中存在评价的主体和评价的客体，因此需要有多方参与的协商过程。

第三节 项目期间主要工作

一 研究内容的执行

第一，从多学科综合的维度，在文献分析基础上，研究并提出了大学教师评价的目标：先是教师发展、学科发展、大学发展的"三合一";后经多年研究增加了"教师所对应的学生的发展",从而提出大学教师评价目标的"四合一"。

第二,了解大学教师评价现状的最好做法是全国抽样调查,辅之以对开放题回答内容的分析。2014年5月20日至7月20日,来自全国东部、中部、西部13个省88所院校的5186位教师给予了强有力的支持。本书按教师的性别、年龄、学位、职称、学科、院校等六维度分组,实证研究了大学教师的生活、工作、职业发展的差异,着重于教师评价与其所在的社会阶层背景、薪酬、工作时间、职业成就、满意度之间的关系。

第三,基于调查得到的校间差异和总体反馈,诊断出大学教师评价的校际差异和总体效能高低。在现状与理想目标之间,从合乎目的性、规律性、差异性、可协商的分析上,研究了中国大学教师评价的历史演进,大学教师评价的哲学和逻辑基础,大学教学评价标准等理论问题,分析参考了其他国家大学教师评价政策文本和具体做法,等等。

第四,集中于大学教师评价的效能评价,如学生评教的效能,评价目标和评价成本对评价效能的约束,等等,结果是中国大学教师评价存在效能耗损且存在校际差异。创新观点在评价的目标、评价的逻辑、评价的标准、评价的结果表现等方面都有体现。

我们在相关论文发表、讲座报告、人才培养、国际合作、数据库建设与使用等方面,形成了广泛的社会影响,对中国大学教师评价工作产生了正向推动,充分显示了该项国家自然科学基金项目所具有的科学意义与社会意义。

二 国际合作与交流

2004—2014年,代表中国并作为中国项目负责人参加由20多个国家和地区合作的"变革中的学术职业"国际调查与研究项目(Changing Academic Profession,CAP)。自2013年本项目启动起,专注于学术职业—大学教师职业发展中的教师评价问题研究。

2014年至今,继续代表中国并作为中国项目负责人,参加由35

◆ 第一章 绪论 ◆

个国家合作的"知识社会的学术职业"国际调查与研究项目（Academic Profession In Knowledge Society，APIKS）。以 2014 年 9 月在芬兰赫尔辛基大学召开的国际会议为 CAP 的结题和 APIKS 的启动标志。APIKS 项目前期名为 AP-STEM，指的是科学、技术、工程和数学领域的学术职业发展研究，经多次讨论后改名为 APIKS，并将研究范围扩展到全学科。

参加国际会议：本项目执行期间，参加了以"大学教师发展""学术职业变革"为主题的国际会议十多场次，每次参会都被邀请发言。若是大会型国际会议，笔者作为分会场发言人；若是学术职业—大学教师发展专题研讨会，笔者都是大会发言（各国项目负责人都是大会发言人）。

到国内大学或科研机构或学术会议专题演讲 30 余次，部分列举有：北京大学、清华大学、北京师范大学、北京理工大学、复旦大学、同济大学、厦门大学、华中科技大学、兰州大学、山西大学、国防科技大学、西南交通大学、武汉理工大学、中国地质大学（武汉）、中南财经政法大学、湖北工业大学、中北大学、济南大学、华中师范大学、沈阳师范大学、西北师范大学、广西师范大学、江西师范大学、江西财经大学、华东交通大学、华南师范大学、东北林业大学、深圳大学、南方科技大学、长沙理工大学、湖南农业大学等。

三 研究生培养

在本项目执行及后续工作期间，一人以此项目作为博士后出站报告选题，出站博士后周玉容博士。以此项目作为博士学位论文选题的毕业博士生 7 人：熊俊峰博士、张和平博士、牛风蕊博士、刘盛博士、王建慧博士、刘之远博士、李爱萍博士，毕业硕士生 8 人：徐志平、杨峻建、曲张、吕晓勉、卢璐、赵斌、李艳博、罗蕴丰。以此项目作为博士学位论文选题的在读博士生 2 人：徐志平和马萍。见表 1—2。

第一章 绪论

表1—2　以此项目为学位论文选题且已毕业的研究生（16人）

序	姓名	论文类型	题目	答辩年
01	周玉容	博士后报告	《中国研究型大学教学评价标准研究》	2016
02	李爱萍	博士论文	《中国大学教师的社会阶层背景与学术职业发展——基于2014中国大学教师调查的实证研究》	2018
03	刘之远	博士论文	《美国研究型大学教师发展组织的转型——基于多案例的质性研究》	2018
04	王建慧	博士论文	《大学教师评价的院系个性：学科文化与学科组织行动的交互》	2017
05	刘　盛	博士论文	《大学教师评价制度的物化逻辑》	2016
06	张和平	博士论文	《中国研究型大学正教授科研论文产出影响因素的实证研究》	2015
07	牛风蕊	博士论文	《权力结构调整中的地方高校教师职称制度改革研究》	2015
08	熊俊峰	博士论文	《大学教师薪酬结构研究》	2014
09	罗蕴丰	硕士论文	《大学教师流失意向的影响因素——基于2014中国大学教师调查的实证研究》	2017
10	李艳博	硕士论文	《高校青年教师工作满意度的实证研究》	2016
11	赵　斌	硕士论文	《地方普通本科高校青年教师教学投入现状研究》	2015
12	曲　张	硕士论文	《高校教师的角色意识及其影响因素研究》	2014
13	吕晓勉	硕士论文	《学生评教结果与大学教师教学风格的相关性研究》	2014
14	卢　璐	硕士论文	《研究教学型大学教师教学科研偏好及其影响因素研究》	2014
15	杨峻建	硕士论文	《高校工科教师的工作压力与工作满意度的关系研究》	2014
16	徐志平	硕士论文	《我国高校新教师供需状况研究——以历史学科为例》	2013

第一章 绪论

四 学术论文发表（见表1—3）

表1—3 以项目批准号 71273101 标注的 CNKI 期刊论文（42篇）

序	作者	题名	刊名	年（期）
01	张冰冰、张青根、沈红	《海外访学能提高高校教师的论文产出吗?》	《宏观质量研究》	2018（02）
02	刘之远	《治理视角下的美国研究型大学教师发展组织变革：路径与借鉴》	《现代教育管理》	2018（03）
03	徐志平、刘怡	《学术劳动力市场的分层结构》	《高教探索》	2018（03）
04	王建慧	《美国大学"多元学术"的制度化及其影响机制》	《国家教育行政学院学报》	2017（12）
05	刘之远、沈红	《治理视角下英国研究型大学教师评价政策改革与借鉴》	《国家教育行政学院学报》	2017（12）
06	刘之远、沈红	《研究型大学长聘教职制度：争议、改革与借鉴》	《教育发展研究》	2017（23）
07	罗蕴丰、沈红	《大学教师流失意向的影响因素》	《中国高教研究》	2017（11）
08	沈红、王建慧	《一流大学教师队伍建设的院系责任》	《教育研究》	2017（11）
09	张冰冰、沈红	《高校教师工作满意度对其论文产出的影响》	《复旦教育论坛》	2017（05）
10	牛风蕊、张紫薇	《高校教师教学科研偏好选择及其影响因素》	《现代教育管理》	2017（08）
11	李爱萍、沈红	《社会阶层背景与大学教师的就职选择》	《教师教育研究》	2017（04）
12	沈红、王建慧	《大学教师评价的学科差异》	《复旦教育论坛》	2017（03）
13	李文平	《大学教师对教师评价制度的满意度调查分析》	《高校教育管理》	2017（03）
14	李爱萍、沈红	《社会阶层背景对大学教师职业发展的影响》	《中国高教研究》	2017（02）
15	李爱萍、沈红	《大学教师晋升时间影响因素的实证分析》	《复旦教育论坛》	2017（01）

第一章 绪论

续表

序	作者	题名	刊名	年（期）
16	沈红、李玉栋	《大学理工科教师的职业发展需要》	《高等工程教育研究》	2016（06）
17	罗蕴丰、沈红	《大学教师的收入压缩》	《复旦教育论坛》	2016（06）
18	余荔、沈红	《中国高校教师兼职的实证研究》	《教育发展研究》	2016（21）
19	张和平、沈红	《研究型大学引资与引智同行：加州大学捐赠讲席制度的特征》	《湖北大学学报》（哲学社会科学版）	2016（05）
20	张青根、沈红	《出国进修如何影响高校教师收入？》	《教育与经济》	2016（04）
21	王建慧、沈红	《美国大学教师评价的导向流变和价值层次》	《外国教育研究》	2016（07）
22	刘进、沈红	《教学评议：从"以学生为中心"到"以同行为中心"》	《高等教育研究》	2016（06）
23	刘进、于宜田	《促进跨国学术流动：2000年以来的欧洲研究区建设研究》	《外国教育研究》	2016（03）
24	沈红、刘盛	《大学教师评价制度的物化逻辑及其二重性》	《教育研究》	2016（03）
25	沈红	《中国大学教师发展状况》	《高等教育研究》	2016（02）
26	段俊霞	《美国大学共治的新动向：CF的融入》	《教育科学》	2016（01）
27	牛风蕊	《扭曲的激励："锦标赛制"下高校教师晋升的异化及矫正》	《现代教育管理》	2016（02）
28	李文平、沈红	《大学教师最关注什么》	《中国高教研究》	2016（01）
29	周玉容、沈红	《成本约束下大学教师评价的效能》	《高等工程教育研究》	2015（06）
30	沈红、张和平	《基于科研论文发表的中国研究型大学正教授的类型及特征》	《复旦教育论坛》	2015（06）
31	牛风蕊、沈红	《德国研究型大学学术职位制度的历史、特点及变革趋势》	《外国教育研究》	2015（10）
32	牛风蕊	《大学教师评价的内在逻辑、现实冲突及其调适》	《现代教育管理》	2015（07）

第一章 绪论

续表

序	作者	题名	刊名	年（期）
33	牛风蕊、沈红	《建国以来我国高校教师发展制度的变迁逻辑》	《中国高教研究》	2015（05）
34	刘进、沈红	《大学教师流动与学术职业发展》	《高校教育管理》	2015（03）
35	张和平、沈红	《高校绩效拨款中的政府控制与结果导向》	《学术论坛》	2015（02）
36	刘进	《学术职业资历惩罚理论的中国解释》	《复旦教育论坛》	2015（01）
37	牛风蕊	《大学教师评价的制度同形：现状、根源及其消解》	《现代教育管理》	2014（06）
38	刘进、沈红	《大学教师流动与学术职业发展：基于对二战后的考察》	《清华大学教育研究》	2014（02）
39	刘进、沈红	《中国研究型大学教师流动：频率、路径与类型》	《复旦教育论坛》	2014（01）
40	沈红、熊俊峰	《高校教师薪酬差异的人力资本解释》	《高等教育研究》	2013（09）
41	贾永堂	《大学教师考评制度对教师角色行为的影响》	《高等教育研究》	2012（12）
42	沈红	《论大学教师评价的目的》	《高等教育研究》	2012（11）

第四节 本书主要研究内容

一 概览与绪论

本书分为四个主要部分。开始的研究准备仅"绪论"一章，也就是本章。第一部分由六章构成，共同演绎"基础与现状"："基础"指的是文献研究基础和相关理论基础；"现状"指的是通过调查了解到的中国大学教师评价及其发展的现状。第二部分由八章构成，从理论分析和逻辑分析的角度来研究中国大学教师评价，有历史演进、哲学基础；有内在逻辑、外在逻辑以及逻辑与现实的冲突；有大学教师评价的目的和评价标准，也讨论了同行评议的理论优势与实践困境的距离。第三部分由七章组成，主要研究了其他国家大学教师学术职位

◆ 第一章 绪论 ◆

制度、评价改革的国际经验,并展示了四所世界一流大学在教师评价上的具体做法。第四部分共有七章,其中两章使用了实证研究方法,讲的是实行了大学教师评价后教师队伍中的一些表现,如实证得出大学教师晋升时间的长短问题,用发表论文的质和量数据将研究型大学正教授予以二维四象限分类;另外一章讲到了大学教师评价对教师角色行为的影响;有四章讨论了大学教师评价的效能,如中国高校进行的教师评价是"制度同形"的,另外三章直接研究了评价的效能。结尾的研究完成也仅"结论"一章。

第一章"绪论"实际上分为三大块:其一是本国家自然科学基金项目申请时的某些材料,如问题的提出和申请书中设计的主要研究内容,以检验一下这本带有结题报告性质的专著是否"勿忘初心"。其二是本项目期间所做的主要工作,包括研究内容的执行、参与的国际合作与交流活动、培养的研究生、发表的带有本项目标注的论文。由于国家自然科学基金项目是由公共财政支持的研究,本书拟以此部分作为向全国人民的一个公开汇报。其三是本书主要内容的简短摘要。意欲让读者看到本书的阅读价值,或者是看到书中某章某节具有的阅读价值。

二 基础与现状

"基础与现状"部分包含如下的第二章至第七章。

第二章"大学教师评价的相关文献基础",主要涉及有关学术职业和大学教师评价的研究,有关效能内涵和效能外延的研究。在本团队自2004年以来就致力于的学术职业及本科大学教师的专题研究中,我们理解到,首先大学教师发展中存在的诸多问题产生的根源可以归结到"评价"二字上;然后,不少学者早就在探讨"评价问题",不少高校在尝试"评价改革",而我们的工作就侧重到大学教师评价的效能上。

第三章"大学教师评价的相关理论基础",是从大学教师评价的实践逻辑的角度来构思的。首先从"大学教师职业"和"非营利组织问责"两个理论基点上回答"大学教师为什么需要评价"这个问

第一章 绪论

题;然后从"价值及评价的主体论"、"委托代理理论"和"第四代教育评价理论"三个方面考量"谁来评价大学教师"的问题;再从"评价论与评价标准"和"量化评价的思想与方法"两点上来深究"如何评价大学教师";最后从"激励理论"和"教师专业发展理论"的角度来分析"如何利用评价结果来激励教师"。

第四章是"中国大学教师发展状况调查"。从形式上看,是一篇调查报告。告知读者,本研究于 2014 年进行的"中国大学教师发展状况调查"的抽样方式和调查问卷的主体内容以及调查的实施;报告了中国大学教师的"个人及家庭状况"、"工作及发展状况"以及对教师评价及教师工作的满意度;最后报告了此次调查"发现的问题"、提出了改进的建议。

第五章为"中国大学教师关注热点调查"。顾名思义,是想知道,中国大学教师关注什么,我们的政府和高校对这些关注点是否知晓、是否能够提供相应的政策反馈。方法上,是对 2014 年进行的"中国大学教师发展状况调查"中唯一的开放题的回答进行内容分析。结果发现:中国大学教师群体所关注的热点问题主要集中在教师考评体系、大学行政化、教师工资待遇、教师素养这几方面。

第六章是"中国大学教师职业需要调查"。与第五章相近的是,也是对这一道唯一的开放题进行的内容分析归纳。结果发现:正在从事学术职业的中国大学教师,在评价考核、工作条件、生存状况、组织环境等方面具有特殊的职业需要。但这些职业需要在中国高等教育发展的现实环境中并没有得到较好地满足。本书认为,政府和大学领导人要充分理解、尊重并尽可能满足大学教师的职业及职业发展的需要。

第七章是"中国大学教师评价满意度调查"。与上两章相近,是对开放题内容的研究。研究发现,整体而言,中国大学教师对评价制度的满意度随个体发展状况的好坏、工作自主性高低、工作成就大小、金钱财富多少的正向提高而呈提升态势;教师的年龄、教龄、个体发展状况和工作自主性是影响教师对评价制度满意度的前四个因素。

三 理论与逻辑

"理论与逻辑"部分包含如下的第八章至第十五章。

第八章"中国大学教师评价的历史演进",分三个时段(古代、1862—1949年,1949年以来),大致梳理了中国高等教育教师或大学教师评价的做法,并从评价主体、评价标准、评价内容、评价方式和形式、评价观念等方面,归纳出三个历史阶段中大学教师评价的政策标准和特点。以此章作为第二部分的开端。

第九章"大学教师评价的价值哲学基础",主要谈了三个问题。首先从一般的哲学意义上,讲清楚主体性、价值主体与价值关系,因为评价工作首先需要主体清晰;然后分析了评价的内涵、评价主体与评价标准;最后在价值哲学基础上对大学教师评价问题进行了反思。将上述三个问题整合起来看,就是说,大学教师评价中具有价值主体与评价主体,分别指向"为谁评价"和"谁来评价",需要辨明不同的价值主体和评价主体,解决"如何评价"的问题。

第十章"大学教师评价的逻辑与冲突",把教师评价的本源为学生培养、教师角色多元导致的评价多元、教师在评价中的主体性作为大学教师评价的内在逻辑;把评价导向的工具化、评价指标的片面化、评价过程中教师的被边缘化作为大学教师评价的外在冲突;而要做到从外在冲突向内在逻辑的调适,就需要重拾大学的价值理性,完善教师评价标准,强化教师的主体意识。这一章,看起来结构简单,但揭示出中国大学教师评价中存在的重要的理论与现实相背离的问题。

第十一章"大学教师评价制度的物化逻辑",主要论证了三个问题:大学教师评价制度物化逻辑的产生、表征、合理与不合理二重性。物化逻辑的具体描述:在价值取向上,过分强调大学教师适合于竞争的外显性价值;在实践方式上,大学教师的精神劳动被过分"货币化"。这种物化逻辑既有其产生的历史必然性和存在的现实合理性,也存在严重的理性不合理。不合理的描述为:大学教师的主体性被遮蔽并使其成为知识生产的工具,物化逻辑违背了知识生产的规律并与学术创新理念相背离,它还强化了知识生产的功利性并侵蚀了大学教师的学术信念。

第十二章"大学教师评价目的的'四合一'",提出了理想的大学教师评价应强调三个特殊:特殊的职业、特殊的成就、特殊的任务;指出了现实的大学教师评价存在诸多错位,如行政评学术,重辅不重主;分析了从现实的向理想的大学教师评价靠近必须明确的两个理论基点:学术＞科研,发展＞发表;最后揭示出大学教师评价的目的是教师发展、学科发展、大学发展、学生发展的"四合一"。

第十三章"大学教学评价标准及其制定",认为大学教学评价需要有标准,而现行的教学评价正好缺乏界定严格、清晰的质量标准和要求。为此,这一章从合理的价值取向、正确的评价目标、双重的评价内容、多元的评价主体四个方面,提出了大学教师评价标准制定的原则,再从评价内容、评价途径、评价周期、评价权重、评价指标体系等方面对教学评价标准进行了诠释与构建。

第十四章是"从'以学生为中心'到'以同行为中心'的大学评教"。从反思大学教学评价中存在的问题感受到学生评教存在的问题很多;从学习西方大学学生评教的改革经验中领悟到教师同行参与教学评价是一个好的尝试;从而提出,可以尝试从"以学生为中心的大学评教"向"以同行为中心的大学评教"转向,这也许会成为大学教学评价的新模式。

第十五章是"同行评议的理论优势与实践困境"。以经典文献分析为基础,系统阐述同行评议的历史性存在;阐述其固有的理论优势:是一种学术自治的保障机制,是学术质量的"守门人",可作为学术资源的配置机制使用;同行评议面临的实践困境有:难得有真正的同行,它受制于精英主导,存在的关系网对其公正性具有挑战;还有,同行评议过程中存在三对关系的冲突:有限的评议方法与超限的使用情境,系统内的学术自治与系统外的政府干预,学术共同体内部存在的普遍主义与特殊主义,等等。

❖ 第一章 绪论 ❖

四 比较与借鉴

"比较与借鉴"部分包含如下的第十六章至第二十二章。

第十六章是"德国研究型大学的学术职位制度"。德国研究型大学的学术职位体系是以讲座制为核心的。其具有的政府主导、等级分明、非连续性的特征带来了学术职业人员的阶层分化和制度性分割，成为德国研究型大学学术创新的阻力。近年来的改革有：让过于集中的学术职位权力走向分化，将存量型的学术职位设置变为增量型，把学术职位的独立性转向综合性。这些措施，为的是优化德国研究型大学的学术职位制度，促进高等教育系统的多元化，提升德国的学术竞争力。本部分以有关德国的此章作为开篇。

第十七章是"英国大学教师评价的改革与借鉴"。英国的高校、政府、社会对大学教师评价予以关注是有各自目的的：高校将其作为实施绩效管理的工具，政府将其作为推行政策改革的手段，社会将其作为提升公共事务话语权的途径。本章主要分析自1992年高等教育系统"并轨"以来的大学教师评价政策领域中的变革：如聚焦科研成果的国际影响力，发挥董事会的外部治理作用以建立广泛的协调机制，实施多维度系统性评价并注重教师的学术公民身份，强调大学教师评价的效能，等等。这些改革实践对中国大学教师评价的发展具有借鉴意义。

第十八章是"美国大学教师评价的导向与价值"。美国大学教师评价曾在不同的历史阶段经历了科学管理导向和价值导向，这两种评价导向被融进教师工作价值的判定中，如此便形成了由期望价值、优先价值、等级价值所构成的教师工作价值层次。这一章以美国伊利诺伊大学香槟分校及该校的机械工程系为案例，来论述两种导向和三层次价值同时作用在教师评价中时所体现的"自由且不失却法度"的评价理念和精神。

第十九章是"美国大学教师评价的制约与平衡"。美国大学对自身传统的守护和对外部力量的适应构成了大学教师评价中八股力量之间四对关系的产生——学术自由和公共问责、教师发展和人事决策、偏好多样和准则趋同、共同治理和官僚管理。这八股力量四对关系彼此制约，在相互较量中寻求对对方和己方更准确的认识和判断，并调适关系，以维持大学教师评价系统的动态制约与平衡。

第二十章是"大学教师评价学科差异的美国案例"。基于对美国伊利诺伊大学香槟分校30位教师的访谈，本章对美国大学教师评价在尊重学科差异问题上进行了质性研究。尽管学校一级的评价政策文本是统一的，但各个院系采取的教师评价应对行动是不同的，存在明显的学科差异。本章以具有代表性的数学系、机械系、历史系、会计系作为自然科学学科、工程学科、人文学科、社会科学学科的典型代表，揭示出以学科特征为主的学科文化带来了教师评价上的差异。

第二十一章是"在改革中存续的大学教师终身职"。终身职制度已建立有百余年，但对它的歌颂和批判却从未停止过。从演进的角度看，终身职制度是历史形成的并具有时代价值；从分层的角度看，终身职制度把大学教师分为了特权人士与"二等公民"；从权力与利益的角度看，终身职制度开辟了终身轨和非终身轨的入职口径并为教授的终身稳定提供了保障；从传统与变革的角度看，实际上，教师终身职制度一直在摇摆之中。但无论如何，本章认为，大学教师终身职制度还将继续存续下去。

第二十二章是"世界一流大学教师评价的共同经验"。本章来自作者在美国波士顿地区和芝加哥地区进行的为期一个月的实地考察。对哈佛大学、麻省理工大学、西北大学、伊利诺伊大学香槟分校的访谈和观察发现，世界一流大学在教师评价上的共同经验是：在入职评价中，只有一流人才才能够进得来；在晋级评价中，所在院系是想方设法支持一流人才留下来的；在终身职评价中，学校就是要让一流人才在本校"献终身"。这也是一流大学教师评价与发展的共同经验。

五　结果与效能

第四部分的"结果与效能"包含如下的第二十三章至第二十九章。

第一章 绪论

第二十三章是基于 2014 年进行的"中国大学教师发展状况调查"的实证研究,讲的是"以评价为基础的中国大学教师的晋升时间"。本章研究发现,教师的个人背景(性别和所处的社会阶层)和人力资本积累状况(博士学位和博士后经历)是决定大学教师晋升时间长短的关键因素,而且女教师比男教师晋升的慢;社会阶层背景越好的教师比那些背景越差的教师晋升的慢;具有博士后经历的教师的晋升速度要快于那些没有博士后经历的教师。而所有的晋升都是要经过大学教师评价过程的。这是本部分的首章。

第二十四章是在 2014 年进行的"中国大学教师发展状况调查"中得到的 604 名研究型大学正教授的相关数据基础上,再辅之以 604 人国内外期刊发表状况和引用状况的网络查询,而进行的实证研究,讲的是"以发表为基础的中国研究型大学教授分类"。将这些正教授职业生涯发表论文的数量高低(年均篇数)和质量高低(年均被引数)作为二个维度,可把他们论文的质和量状况分布在四象限中,从而得到"高产高质、低产高质、高产低质、低产低质"四种教授类型,并得出四类教授的群体特征,如高质教授更多的偏好科研,更多的感到有科研上的压力,更多的是年龄稍轻;高产教授更喜欢进行合作科研;等等。

第二十五章"教师评价对大学教师角色行为的影响"具有思辨色彩。本章认为,大学的学术发展根本上取决于大学教师群体的角色行为,有什么样的教师角色行为,就有什么样的大学学术。然而,有多重因素制约着大学教师的角色行为,教师评价就是其中的一种。而现行的大学教师评价误导了教师的角色行为,如评价制度的功能异化就牵引着教师的角色扮演偏离着其理想角色的方向。调适大学教师角色行为的关键在于创新大学教师评价制度,如明晰教师的职业特性与评价功能的适切性,完善评价程序,重新定位管理部门的职责和权力。

第二十六章提出了"中国大学教师评价的制度同形"问题。本章认为,大学教师评价的合理基础是多元化,但现实中的中国大学教师评价在标准上趋同、方式上一致、主体上单一,明显表现出一种制度同形。主要根源来自政府力量导致的强制性同形，大学力量引向的模仿性同形，教师职业专业化追求所牵制的规范性同形。因此，需要建立具有差异化的大学分类评估制度，实行分权治理，改变评价的单向性，使大学教师评价由一方垄断走向多方共建。

第二十七章"学生评教结果失效与'类主体'引入"。本章首先辨析"到底什么是大学的'学生评教'"，然后分析了中国大学学生评教在现实中存在的"三重三轻"问题，并认为此，基本上使得学生评教的结果失效。若要变这种"失效"为"有效"，需要在评教中引入"类主体"思想（主体—主体，或称为"主体们"），让被评价者教师与评价者学生同为教学活动的主体。

第二十八章是"目标约束下大学学生评教的效能"。学生评教活动具有以下四种不同的目标：选拔性的、发展性的、学校即期发展的、学校长远发展的。一所学校设定的学生评教目标不同，对其效能的判断标准也就不同。若目标设定不当、或多目标之间的关系处理失当、或目标传递传播失真、或目标落实上具有不正当偏向及不健全的实施体系等，都会影响学生评教活动的效能。

第二十九章讲的是"成本约束下大学教师评价的效能"。评价活动的成本是大学教师评价中的限制性因素，影响着评价活动各环节及评价整体的效能。本章从成本总量与成本配置的角度来分析评价成本对评价效能的约束，指出现行的大学教师评价体现出"低成本低效能"特征，具体表述为：错位的成本意识模糊了评价目标，不足的成本总量限制了评价能力，失调的成本配置影响了评价过程的合理性，且隐性成本消解了部分评价效果。所以说，中国大学教师评价的效能受到成本意识、成本充足性和成本结构的限制。

六 结论与本书特点

第三十章是本书的结论章，是对"中国大学教师评价效能的反思"。本章认为，大学教师评价制度的效能，要体现在教师评价活动对教师个人、对所在学科、对所在学校、对与教师相对的学生的正向促进作用上。但中国大学教师评价实践产生了结构性的

第一章 绪论

效能耗损。其原因在于,大学教师评价中的一元价值主宰、短期功利主义取向和管理主义绩效观主导,结果导致大学教师的主体地位被遮蔽、被压抑,并引致大学教师在实际工作中的科研漂移、学术失范、行为越轨。而提升中国大学教师评价效能的可能思路有:在评价方法上探索质性与量化的结合,在评价过程中引入多元价值协商,在教师职称序列上明确分类分途,在组织认同上重视教师与大学的长期心灵契约,基于学术生产性要素改革教师评价制度,重塑大学的学术体系。

本书特点如下。

第一是团队智慧集成。本书积聚了本科研团队几十人自2004年以来的学术思想进化和学术研究进展,有过不计次数的学术研讨、争论、报告修改、论文修改、会议发言等。团队成员为本项研究做出了贡献,本项研究也成就了几十位团队成员,特别是共计15位的博士后、博士和硕士。

第二是研究内容系统。从"目录"和"绪论"内容可见,其一,本书的撰写具有相关文献评述的基础,还具有相关理论分析的基础,具有全国大学教师调查的基础从而了解普遍的现实状况。其二,本书从理论基点和逻辑基点上,研究了大学教师评价的历史演进、哲学基础、目的、标准以及理论与实践的距离。其三,本书也"睁眼看世界",分析了德国、英国、美国的学术职位和大学教师评价的改革,特别是研究了世界一流大学教师评价的共同经验。其四,本书探究了中国大学教师评价的结果,比如,实证分析了评价在大学教师晋升时间上的作用,还对中国研究型大学的正教授进行了类型划分,对大学教师进行了角色分析;专门分析了大学教师评价活动的目标和评价活动的成本与评价效能的关系。最后以对中国大学教师评价效能的反思作为全书结论章。

第三是创新明显可见。比如,从大量的中国大学教师调查中得到了许多新发现;揭示了大学教师评价的内在逻辑,大学教师评价的物化逻辑;得出了大学教师评价目的的"四合一",大学教学评价标准的内涵;发现了美国大学教师评价的导向、价值、制约、平衡、学科差异，归纳出世界一流大学教师评价的共同经验；提出了教师评价活动的目标和成本分别对教师评价效能产生制约。上述几点，都是其他的相关研究迄今为止所没有见到的。

第一部分

基础与现状

第二章　大学教师评价的相关文献基础

　　本书作者及其团队在"大学教师专题"上的研究基础是"学术职业研究"。自 2004 年以来，我们就致力于学术职业的研究，并代表中国学术界与国际上 20 多个国家的专家学者们一起，专门研究"学术职业"和"学术职业变革（CAP）"问题。本书作者曾给出了学术职业在中文语境下的定义，是"四年制及以上学制的大学教师及其他们的工作"。[①] 在对学术职业及本科大学教师所进行的长期的专题研究中，我们理解到，大学教师发展中存在的诸多问题产生的根源可以归结到"评价"二字上，因此我们才把研究工作重点放在了"大学教师评价"上。同时，由于大学教师评价中的诸多问题并不是新近出现的，有不少学者早就在探讨"评价问题"，也有一些高等学校在尝试"教师评价改革"，我们的工作就侧重到大学教师评价的效能研究上。本国家自然科学基金面上项目启动前和研究初期的文献工作就从学术职业和大学教师评价、效能的内涵与外延、大学教师评价的效能三部分展开。

[①] 沈红：《论学术职业的独特性》，《北京大学教育评论》2011 年第 3 期。

❖ 第一部分 基础与现状 ❖

第一节 有关学术职业和大学教师评价的研究

一 学术职业及职业认知

(一) 学术职业的定义及内涵

欧内斯特·博耶 (Ernest Boyer) 曾利用"学术水平的内涵"来定义学术的内涵，他认为，学术包括四个不同而又相互重叠的方面：发现的学术、综合的学术、应用的学术和教学的学术。发现的学术最接近传统意义上的"研究"，研究是高等教育的中心工作，是各个学科学术生活的核心，是绝对重要的。综合的学术，不同于人们常规的"把资料综合起来"的想法，实质上是寻求学科交叉和多学科间的联系，因为人类知识的边界正在急剧重组，大学应该重视学术上的跨学科、综合和解释的趋势。应用的学术意味着发现并运用知识服务社会，高等教育的使命是要求学术研究必须强调知识应用于实践的，并因此而服务于社会。教学的学术强调教学属于复杂劳动，大学的教学培养未来的学者和专业人才，而作为一门学术性事业的教学工作，需要教师们广泛涉猎并在智力上不断深化，才能得到好评。[①] 博耶关于学术内涵的理解，已经向人们呈现了大学教师角色的多样性和学术工作的复杂性。

笔者曾从"学术"和"职业"两个词的内涵来剖析学术职业的概念，并阐述了学术职业的特征。一方面，学术职业需要学术人员投入大量的时间、精力和智慧；另一方面，在很多专业化程度很高的领域，学术职业似乎显得与市场没有关系，也远离政治和经济。[②] 在现实中，学术职业是个外来词，对于学术职业的明晰的界定目前 (2011 年前) 并无定论，但是对学术职业的讨论和研究却一直在深

[①] [美] 欧内斯特·博耶：《学术水平反思——教授工作的重点领域》，国家教育发展中心译，人民教育出版社1994年版，第9—32页。

[②] 沈红：《论学术职业的独特性》，《北京大学教育评论》2011年第3期。

❖ 第二章 大学教师评价的相关文献基础 ❖

入,对学术职业的职业特征的讨论分散在学术职业及其相关研究之中①。

马克斯·韦伯(Max Weber)认为学术职业具有物质性(以学术为职业)和精神性(以学术为志业)两大特征。② 马丁·芬克斯坦(Martin J. Finkelstein)认为学术职业具有如下特征:拥有专业知识背景的、易受新知识生产影响的、随着学术劳动力市场波动的、遵循共同学术规划和学术伦理的自主性职业。③ 2011 年,笔者就将学术职业定义为:具有"以学术为生、以学术为业,学术的存在和发展使从业者得以生存和发展"特征的职业。学术职业不仅具有学术、精神、物质、工作和人群五大要素,而且具有独特性。学术职业的独特性包括"基础性、关键性和对学科而不是组织的高度归属感"④。

学术职业的演进基本上是与大学发展同步的,大学作为一种古老的社会组织,它的活动逐渐促成了这种专门化的职业,其重要成员——教师就逐渐成为学术职业的从业者,这个"逐渐"是经历了一个比较长的发展过程的。恩格尔·杰森(Arthur J. Engel)以牛津大学为背景,分析了大学教师是如何从牧师职业转变为学术职业的⑤。哈尔西(A. H. Halsey)和马丁·特罗(Martin Trow)对英国学术职业的发展,从发展过程、发展道路和价值导向等不同角度进行了比较全面的分析⑥。对美国的学术职业发展来讲,一些研究分析了美国高等教育大众化时期学术职业的独特环境、学校运行特点与方

---

① 谷志远:《中国学术职业成就影响因素的实证研究》,博士学位论文,华中科技大学,2011 年,第 20 页。

② [德]马克斯·韦伯:《学术与政治》,钱永祥等译,广西师范大学出版社 2004 年版,第 155 页。

③ Martin J. Finkelstein, Robert K. Seal and Jack H. Schuster, *The New Academic Generation: A Profession in Transformation*, Johns Hopkins University Press, 1998, p. 23.

④ 沈红:《论学术职业的独特性》,《北京大学教育评论》2011 年第 9 期。

⑤ Arthur J. Engel, *From Clergyman to Don: The Rise of the Academic Profession in Nineteenth-Century*, Oxford, New York: Oxford University Press, 1983.

⑥ A. H. Halsey and Martin Trow, *The British Academics*, Cambridge, M. A.: Harvard University Press, 1971.

❖ 第一部分 基础与现状 ❖

式①，社会和高等教育变革对学术劳动力市场分化的影响②，教学与研究的分化，全球化和科学竞争对学术职业多样化和分裂化发展的影响③。

（二）学术职业群体与工作

1942年洛根·威尔逊（Logan Wilson）的《学术人》著作，对学术职业内部等级、地位、竞争与声望等问题进行的研究④，一般被认为是最早的有关学术职业的研究。在他之后的一些研究也包括他本人的研究，一方面关注了大学教师的流动、聘任和评价，批判性地剖析了美国学术界存在的学术目标与行政目标相互冲突的问题⑤；另一方面也通过分析学术人员的职业压力和知识专业化、时间压力与角色冲突，官僚化对学术人的束缚等问题来探讨有利于学术人生存的制度环境⑥。洛根·威尔逊认为学术人从事的职业不同于其他职业的判断标准是：具有经过长期、专业化的系统知识训练；制定有严格的从业标准，通常拥有具有专业竞争力的学位标识；能够应用高级技术的能力或资格；缺少精确的工作合同期限，通常通过其他途径来判断其工作合同期限，如工作产出或者其产出潜力；从业者很少关注外界事务，只局限于自己的兴趣；对这一职业和职业服务对象负有积极的责任和义务。⑦

马丁·芬克斯坦从人口特征、学者角色、职业生涯、学术工作、社会角色、女性和少数族裔等方面对二战后美国学术职业群体进行了

---

① Logan Wilson, *American Academics: Then and Now*, New York: Oxford University Press, 1979.

② Rice Eugene, "The Academic Profession in Transition: Toward a New Social Fiction", *Teaching Sociology*, Vol. 14, No. 1, January 1986.

③ Jay Labinger, "The Science Wars and the Future of the American Academic Profession", *Daedalus*, Vol. 126, No. 4, Fall 1997.

④ Logan Wilson, *The Academic Man: A Study in the Sociology of a Profession* (Reprinted), New Brunswick & London: Transaction Publishers, 1995.

⑤ Caplow Theodore and McGee Reece, *The American Academic Marketplace*, New York: The Free Press of Glencoe, 1963.

⑥ Coser Lewis, *Men of Ideas*, New York: Simon and Schuster, 1997.

⑦ Logan Wilson, *The Academic Man: A Study in the Sociology of a Profession*, New Brunswick: Transaction Publishers, 1985, pp. 113–114.

❖ 第二章 大学教师评价的相关文献基础 ❖

分析，对不同年代的学者群体进行了比较，揭示出高等教育变革对学术职业的影响。他在书中梳理了现代学术职业的产生和发展史，对当代学术职业的人口统计学特征、职业发展、工作状况、社会角色以及学术女性和少数族裔大学教师进行了探讨，他认为，教授的工作绩效取决于他们自身的职业价值观念和标准。学术责任和义务的核心是教学和研究，但教授们的发展往往受到职业成就内部标准的影响。[1] 伯顿·克拉克（Burdon Clark）从组织、学科、文化等宏观层面描述了美国学术人员的工作与生活；欧内斯特·博耶则从学术概念的重新定义上指出学术职业中存在的激励[2]；罗伯特·布莱克本（Robert Blackburn）等从动机、期望和满意度等角度对学术职业人的教学、研究和服务进行了研究[3]。另外还有一些作者探讨了博耶的"学术的四个内涵"在实践和管理中得以实行的程度[4]，分析了学术职业的认识论特性、社会特性以及学科组织、学术部落等问题[5]，研究了大学教育与学术人员的关系，学术责任，学术价值观转变等问题[6]。

这些从高等教育领域内部和外部对学术职业本身特征的探讨，充分说明了学术职业具有三方面的特点：一是特殊性：是培训其他职业人的职业；二是自律性：高度的学术忠诚并通过学术人对学术工作的虔诚和热爱而做到对该职业准则的高度自律；三是专业性：经历了从本科到博士长达十余年的系统训练，这种经过长时间筛选才能获得学术研究所需知识、技能、态度和行为方式的行业，意味着没有人或者

---

[1] Martin Finkelstein, *The American Academic Profession: A Synthesis of School Scientific Inquiry Since World War II*, Columbus: Ohio State University Press, 1984, p. 285.

[2] Ernest Boyer, "The Scholarship of Engagement", *Bulletin of the American Academy of Arts and Sciences*, Vol. 49, No. 7, April 1996.

[3] Robert Blackburn and Lawrence Janet, *Faculty at Work: Motivation, Expectation, Satisfaction*, Baltimore: Johns Hopkins University Press, 1995, p. 389.

[4] John Braxton, William Luckey and Patricia Helland, *Institutionalizing a Broader View of Scholarship through Boyer's Four Domains. ASHE-ERIC Higher Education Report. Jossey-Bass Higher and Adult Education Series*, San Francisco C. A.: Jossey-Bass, 2002, pp. 515–516.

[5] Becher Tony and Trowler Paul, *Academic Tribes and Territories: Intellectual Enquiry and the Cultures of Disciplines (2nd edition)*, Buckingham: Open University Press, 2001.

[6] Donald Kennedy, "To Publish or Not to Publish", *Science*, Vol. 295, No. 8, March 2002.

❖ 第一部分　基础与现状 ❖

极少数人能够从其他职业转入学术职业中，从而保证了学术职业的专业性。

（三）学术职业认知

笔者从 2011 年至今曾在多次学术交流报告中提到学术职业认知的概念，强调学术职业与其他职业不同的特殊性。[①] 但从公开发表的文献来看，专门探讨学术职业认知的研究尚属空白。较少的研究关注了职业认知，但是这些对职业认知的定义与对学术职业认知的定义则很不一样。

基于社会认知职业理论，赵立等用职业自我效能和职业结果预期来表示职业认知，建立了职业认知与社会支持对农民职业兴趣和择业倾向产生影响的模型，借助访谈与调查数据，发现职业自我效能对职业结果预期有积极影响，职业效能直接或通过结果预期间接的对职业兴趣产生影响；职业兴趣，不但较好的预测了择业倾向，也对自我效能、结果预期与择业倾向之间的关系存在间接作用；社会支持主要是通过职业自我效能来对农民的择业倾向产生间接影响的；自我效能、结果预期较好地预测了农民的职业兴趣[②]。该研究结果较好地证实了社会认知职业理论的基本假设。

杨移贻认为，在现有教师专业化和教师发展的相关研究中，主要关注的还是教师专业水平的发展，忽视了从群体认知、社群意识的角度去分析教师的职业发展。由于历史和现实的原因，中国大学教师的学术职业群体认知出现缺失和扭曲，应该从建立共同价值观、确立基准伦理观、组建强有力的专业组织、建设维护专业水准的职业制度和营造良好学术文化等方面来提升大学教师的学术职业群体认知[③]。当然，也有比较多的研究关注社会认知职业理论，但因这不是本书研究的主题，因而不作更多讨论。

---

① 沈红自 2011 年起，曾在北京大学、厦门大学、国家教育行政学院、华中师范大学、江西财经大学等多所大学的学术报告中提出"学术职业认知"的概念。

② 赵立、郑全全：《职业认知、社会支持对农民择业倾向的影响》，《心理学报》2009 年第 4 期。

③ 杨移贻：《大学教师学术职业的群体认知》，《高等教育研究》2010 年第 5 期。

❖ 第二章 大学教师评价的相关文献基础 ❖

学术职业认知，就是要对自己所从事的这个职业有一个正确的认识，并不是一进大学、一上讲台，就能够把书教好的，是需要有意识地去认识这个职业的特性的。笔者认为，学术职业具有"基础性、关键性、公平性、高的学科归属感"这样的职业特性；具有"学术性、精神性、挑战性、高的职业满意度"这样的职业追求；具有"自由性、示范性、互通性、高的被评价程度"这样的职业压力；具有"本人发展、所在学科发展、所在大学发展、所教学生具有高的高等教育增值"这样的职业发展。①

二 大学教师评价

教师评价是"评价者依据一定评价标准、指标和程序，采用一定方法收集评价信息，对教师个体的能力及表现进行描述和价值判断的过程"。一般而言，有效的教师评价通常需要明确三个方面：评价目的（为什么要评价）、评价标准（评价什么）、评价方法（如何评价）。② 本章从这三个方面对国内外大学教师评价研究的主要观点进行回顾与综述。

（一）大学教师评价的目的

国内外学术界对教师评价的目的存在两种价值导向：一种强调教师评价的目的是为了"改进"，也即推动教师专业发展、学校革新和学校效能提升；另一种则强调教师评价的目的是为了"绩效"，也即为人事管理和奖惩提供依据。③ 在教师评价的实践中，两种不同的价值取向形成了两种评价模式：发展性评价模式和奖惩性评价模式。二者在实践中各有利弊，学者们对运用这两种模式的观点也并不一致。发展性评价模式强调依据目标、重视过程、及时反馈和促进发展，强

---

① 沈红，2018 年在华中科技大学、华中师范大学、中北大学等大学所做的学术报告。
② 周成海、靳涌韬：《美国教师评价研究的三个主题》，《外国教育研究》2007 年第 1 期。
③ Linda Darlinghammond, A. E. Wise and S. R. Pease, "Teacher Evaluation in the Organizational Context: A Review of the Literature", *Review of Educational Research*, Vol. 53, No. 3, 1983.

❖ 第一部分 基础与现状 ❖

调尊重教师成长规律和个体差异,但这种建构主义的评价往往可操作性不强,缺乏高效的评价方法与策略。奖惩性评价模式以教师过去的表现为主要观测点,以奖惩为目的,对促进教师发展的作用有限,因此饱受批评和否定。① 但因为可操作性强,尤其是在绩效主义和管理主义的影响下,奖惩性评价仍旧在很多国家(尤其是中国)占据主流。

值得注意的是,美国学术界在"教师评价应以形成性评价为主"这一点上达成了普遍共识,教师评价的目的"不在于证明,而在于改进"(not to prove but to improve)成为广泛接受的观念。② 通过评价给教师贴上"优秀"或"不合格"标签的意义不大,为他们提供工作表现上的意见和反馈,促进他们认识自我、反思自我,协助他们改进,实现持续发展,才是组织管理应该追求的人力资源管理最佳策略。

发展性评价和奖惩性评价能否兼容并包、取长补短呢?对这个问题,学者的意见也不一致。有人认为二者在本质上是对立的,不可能兼容。因为发展性评价要求评价者成为教师可信赖的咨询师与业务伙伴,奖惩性评价则意味着评价者是上司和考核官角色;奖惩性评价要求统一的评价方案和评价标准,而发展性评价则要求评价标准的个性化和多样化。也有学者认为,两种评价方式是可以兼容的,应该将专业发展和绩效考评有机结合起来。事实上,后一种观点虽然比较理想,但在实践中存在诸多挑战和困难。

就大学教师评价而言,本书作者曾提出大学教师的"三发展论",认为理想的大学教师评价应强调大学教师职业的三个特性:一是特殊的学术职业,大学教师是处于行政与学科二维组织结构中的学术人,做的是"学术事";二是特殊的工作任务,大学教师身兼教学、科研和服务责任,但这些任务并非独立或对立,而是可以彼此交

---

① 王若梅:《近十年国内高校教师教学评价研究与实践综述》,《江苏高教》2008 年第 3 期。
② 周成海、靳涌韬:《美国教师评价研究的三个主题》,《外国教育研究》2007 年第 1 期。

❖ 第二章 大学教师评价的相关文献基础 ❖

融相互促进的;三是特殊的成就检验,大学教师评价包含绩效、问责和发展。在大学教师评价的实践中,存在诸多错位,譬如行政评学术。因此在评价的目的上应注重两个理论基点,即"学术"大于"科研","发展"大于"发表",以教师个人发展、学科学术发展和大学组织发展的"三合一"为评价目的①。

(二) 大学教师评价的标准

教师评价标准是依据评价目的,对教师工作绩效和个人能力进行判断的指标和程序,通常表现为定性和定量指标的结合。国内外不少学者围绕好教师、优秀教师的评判标准开展大量研究,综合起来,学者们对教师评价标准普遍持两类观点:一类认为应以教师的学术水平为标准,例如,美国卡内基教学促进基金会1997年在《学术评价》一书中提出的学术工作标准,包括明确的目标,充足的准备,合适的方法,重要的结果,有效的展示,反思性的批评②;另一类观点认为应以教师的综合素质为标准,例如,有学者认为可以从"德、能、勤、绩"四个方面来构建标准,有学者则认为评价标准应从绩效评价、能力评价、态度评价和潜能评价等各个方面构建更为全面的指标体系。③

在大学教师评价的实践中,评价标准往往被批评存在过于简化、笼统、主观、不完整、不合理等问题。这些问题很大程度上是由大学教师工作的复杂性和教师组织的特殊性导致的。大学教师的工作具有多样性(如教学、科研和服务),工作成果往往难以测度尤其是量化(如教学成效),工作绩效往往具有滞后性(如科研成果),等等。此外,每所大学都有自己独特的历史传统、发展阶段、发展特色和发展目标,不加修正地移植或借用其他学校的教师评价标准常常会带来很

---

① 沈红:《论大学教师评价的目的》,《高等教育研究》2012年第11期。
② Charles E. Glassick, Mary Taylor Huber and Gene I. Maeroff, *A Special Report*: *Scholarship Assessed*: *Evaluation of the Professoriate*, An Ernest L. Boyer Project of the Carnegie Foundation for the Advancement of Teaching, San Francisco: Jossey-Bass Publishers, 1997, p. 25.
③ 廖舸:《关于高校教师评价标准的思考》,《教书育人》(高教论坛)2016年第21期。

❖ 第一部分 基础与现状 ❖

多实际问题。一个合理的大学教师评价标准的确立往往充满艰辛和争议。

应该从哪些方面来构建大学教师的评价标准，不同的学者有不同的视角。大学教师本质上是学术职业人，本书作者认为，只有明确了学术的内涵，对大学教师的评价才具有明确指向性，并主张从学术及学术职业的视角来概括大学教师的工作内容及其评价维度。欧内斯特·博耶认为学术的内涵包括发现、教学、整合和应用四个方面，本书作者对博耶的定义进行了"窄化"修正，认为学术是"发现（知识的创新）、教学（知识的传授并在传授中探索新知）和应用（知识的转化并在转化中探索新发现）"的三合一，主张基于"发展"的理念来构建大学教师评价的维度、标准和指标。①

（三）大学教师评价的方法

大学教师评价的方法是指依据一定的评价目的和评价标准，针对评价对象开展评价所采用的一系列评价策略、证据收集方式及处理原则。教师评价方法的分类比较复杂，如果按"评价者"来分，至少包括教师自评、同行评价、学生评价、社会第三方评价等几种主要形式；如果按资料属性来分，可以分为"定性评价"和"定量评价"；如果按照资料收集方式来分，则主要包括科研量化评价、教学观摩、课堂观察、档案袋评价、问卷、面谈、学生学业成绩测评等。②

评价方法属于"形而下"和"术"的层面，相对而言比较微观和具体，因此各种方法的运用及其推陈出新也相对较多，譬如增值性评价方法（Value-added Assessment）近年在美国评价领域得到迅速发展，常被用于评估学校、教师和学生的绩效或表现。在大学教师的评价中，由于存在许多难以定性描述的评价内容，因此在构建评价指标及其权重时，很多学者开始探讨量化评价的思想与方法，并尝试将定

---

① 沈红：《论大学教师评价的目的》，《高等教育研究》2012 年第 11 期。
② Anthony J. Shinkfield and Daniel L. Stufflebeam, "Teacher Evaluation: Guide to Effective Practice, Evaluation in Education and Human Services", *Administrators*, Vol. 231, No. 30, 1995.

❖ 第二章 大学教师评价的相关文献基础 ❖

性与定量有机结合,譬如层次分析法(Analytical Hierarchy Process, AHP)、模糊综合评价法(Fuzzy Comprehensive Evaluation,FCE)、平衡记分卡(Balance Scorecard,BSC)就是这方面比较成功的范例。层次分析法通过"明确问题、建立层次结构、构造判断矩阵、层次单独排序、层次总排序、一致性检验"六个步骤,将人们对复杂系统的思维过程数学化,将人的主观判断为主的定性分析进行定量化,将各种判断要素之间的差异数值化,并为评价或决策提供依据。在大学教师评价中采用层次分析法的思想,能通过对比进行标度来增加判断的客观性,通过定性判断与定量推断的结合来增强评价的科学性和实用性。[①] 模糊综合评价法基于模糊数学的隶属度理论,通过"构建评价指标、构建权重向量、构建评价矩阵、权重合成及评价矩阵的解释"几个步骤把定性评价转化为定量评价,用模糊数学对受到多种因素影响的事物做一个总体评价。[②] 平衡记分卡以大学组织的战略为中心,把学校各部门的任务和决策转化为多样的、相互联系的目标,然后再把目标分解成多项指标的多元业绩测评系统。这种测量思想超出了简单地测量过去的业绩,而能告诉组织什么是重要的,把测量工作的焦点放在了未来,测量方法和测量过程也是战略管理体系和战略管理过程。[③] 在大学教师评价中引入平衡记分卡思想,有助于克服过于强调短期目标、考核指标覆盖不全面、指标间的因果关联不明确等问题。

总体而言,国内外相关研究在回答教师评价的三个方面"评价目的(为什么要评价)、评价标准(评价什么)、评价方法(如何评价)"的问题时,形成了一定的学术共识和实践策略,但评价观念上的分歧仍客观存在,评价的有效性和效能仍有待提高。

[①] 刘豹、许树柏、赵焕臣、和金生:《层次分析法——规划决策的工具》,《系统工程》1984 年第 2 期。

[②] 魏江、叶学锋:《基于模糊方法的核心能力识别和评价系统》,《科研管理》2001 年第 2 期。

[③] 殷俊明、王平心、吴清华:《平衡记分卡研究述评》,《经济管理》2005 年第 2 期。

❖ 第一部分 基础与现状 ❖

第二节 有关效能内涵和效能外延的研究

一 效能的内涵

"效能"概念始于物理学研究领域，表示物体运动能量的释放和做功的效果的一种体现和评价。后来逐渐被应用在管理学和行政活动在内的其他社会领域，如教育学、管理学、公共管理学、心理学等。从对象上看，对效能的研究可分为对个体效能研究和对集体效能的研究，两者均属于自我效能范畴；从过程上看，对效能的研究可分为对效能影响因素、效能评价、效能改进的研究等，属于管理学研究视角。本书对大学教师评价制度效能的研究也属于管理学研究视角，是对评价制度是否有效能以及效能高低的一种评价和管理。

（一）效能的概念

从英文看，"效能"可查的翻译有三种"effectiveness""efficacy"和"efficiency"，其中《简明汉英词典》把效能翻译成 efficiency，指单位时间完成的工作量，含义等同于效率。再从中国知网可查询的翻译结果看，目前学术界对"效能"较为流行的翻译为"effectiveness""efficacy"。"effectiveness"是"effective"的名词形式。在《牛津现代高级英汉双解辞典》中，"effective"意为"having an effect; able to bring about the result intended"，即，有效的；奏效的。"effectiveness"意为："The degree to which something is successful in producing a desired result"，即，某事物成功地产生所期望结果的程度。"efficacy"意为"The ability to produce a desired or intended result"，即，产生所需或预期结果的能力。[1]

"效能"词条在《汉语大字典》中的释义：犹效力；犹效率；犹功效；在《现代汉语词典》中效能被解释为"事物所蕴藏的有利的作用"[2]。对照上述英汉解释，可以看出，无论是"efficacy"的"产

---

[1] 张芳杰等编：《牛津现代高级英汉双解辞典》，牛津大学出版社1984版。
[2] 中国社会科学院语言研究所词典编辑室：《现代汉语词典》，商务印书馆2012年第6版，第1438页。

❖ 第二章 大学教师评价的相关文献基础 ❖

生所需或预期结果的能力"的释义,还是"effectiveness"的"某事物成功地产生所期望结果的程度"的释义,抑或是效能的犹效力和犹功效,效能在注重能力和才能的同时,也都在强调效果和有效性。

从已有的研究看,目前学界对效能的定义呈多元化态势。彼得·德鲁特(Peter Drucker)认为,效能是指选择合适的目标并使其实现的能力,即去做正确的事情的能力。这包括两方面的内容:一是所设定目标必须适当;二是目标必须能够实现。他提出,效能是知识工作者(包括管理者)的一种特殊技术,他们只有对组织真正有所贡献才算是有效。不能假定管理者一定是有效的,所以需要研究其效能问题。① 国内的张润书认为,效能是达成目标的程度,是指资源运用以后所产生的结果。②

尽管人们对效能的定义存有差异,但一般而言,可以将效能理解为对于预定目标的达成程度。综合考虑,本书认为:效能指的是"有利于实现目标的能力"和"达成目标的有效性"。但仔细考究,对效能的理解还需区分效能与效率、效能与绩效等概念之间的关系。

(二) 效能与效率

不同的学者对效能与效率的区别不同。切斯特·巴纳德(Chester Barnard)认为,效能的与效率的内涵不同,当行为的结果达成了特定的目标,则称之为有效能的;当行为的结果能够满足个人的动机,则称之为有效率的。③ 迈克尔·希特(Michael Hitt)和罗伯特·马西斯(Robert Mathis)认为,效能即是有效达成目标的程度,效率是指短期内组织利用其资源的程度。④ 斯蒂芬·罗宾斯(Stephen Robbins)指出,效能是目标的达成,效率是为达到目标而进行的投

---

① Peter Drucker, *The Effective Executive*, New York: Harper & Row, 1966, pp. 265 – 266.
② 参见王江丽、张建初《高校财务绩效评价的效能分析》,《苏州大学学报》(哲学社会科学版) 2010 年第 3 期。
③ Chester Barnard, *The Functions of the Executive*, Cambridge M. A.: Harvard University Press, 1983, p. 26.
④ Michael Hitt and Robert Mathis, *Management: Concepts and Effective Practice*, Saint Paul: West Publishing Company, 1986, p. 35.

❖ 第一部分 基础与现状 ❖

入与实际产出的比值。① 弗莱蒙特·卡斯特（Fremont Kast）和詹姆斯·罗森茨韦克（James Rosenzweig）认为，效能是指工作达成预期结果或预期影响的程度。效率指的是产出与投入的比率，即收益与成本的比率。效率是一个相对的量的概念，它只能反映行为完成的快慢，而不能反映行为完成的质量。它仅仅是效能的一种体现形式。效能是一定的行为在多种主客观因素的作用下所达到的理想状态。效率反映的是一种局部状态，而效能反映的是一种总体状态，效率与效能二者相辅相成，效能统帅、制约效率，而效率服从、服务于效能，能使效能锦上添花。② 陈明璋认为，效能指组织理想目标的达成，效率一般指以最少的投入获取最大的产出。效能与效率二者关系可归纳如下：有了效率不一定就有效能，有效率使用资源是效能的必要而非充分条件；效能较效率重要，组织或机构更多是要追求效能，效率是指把事情办好，效能指向目标做正确的事情；效率只考虑投入产出关系，效能则注重投入—过程—产出的模式，考虑组织机构与外在环境的相互作用。效率关注组织内部的情况，效能则关心组织与外在环境之间的依互关系。③ 吴清山也指出，效能重视组织目标的达成，效率强调资源的有效利用。所以有效率的组织不一定是有效能的组织，有效能的组织也不完全是有效率的组织。一般而言，组织所追求的目标要比资源的运用更为重要。④

在多种不同界定的基础上，本书同意，效率更为关注投入与产出的关系，强调时间和资源的最少利用，即在单位时间里完成的任务越多，效率越高。这意味着效率所追求的是最有效地利用有限资源，更多的属于技术应用层面；效能重视的是个人与组织预期目标的实现程度，是衡量工作结果的尺度，更多的属于价值判断层面。

---

① Stephen Robbins, *Organizational Behavior: Concepts, Controversies, and Application* (7th ed.), Englewood Cliffs, N. J.: Prentice Hall, 1998, p. 13.
② [美]弗莱蒙特·卡斯特、詹姆斯·罗森茨韦克：《组织与管理——系统方法与权变方法》，中国社会科学出版社 2000 年版，第 283 页。
③ 陈明璋：《组织效能研究途径及其衡量》，《中国行政》1979 年第 29 期。
④ 吴清山：《学校效能研究》，五南图书出版公司 1998 年版，第 212 页。

（三）效能与绩效

绩效是一个组织或个人在一定时期内的投入产出情况，投入指的是人力、物力、时间等物质资源，产出指的是工作任务在数量、质量及效率方面的完成情况。① 罗伯特·奎因（Robert Quinn）和约翰·罗尔博（John Rohrbaugh）认为，效能与绩效有所不同，它并不是一个简单的、可以直接观察和测量的概念，而是一个更加高阶和抽象的理论构思，由一组绩效指标所构成。② 从词义来看，《现代汉语词典》对绩效的解释为：成绩；成效，即绩效包含有成绩和结果成效的意思。从管理学角度来看，绩效是指组织为实现其目标而展现在不同层面上的有效输出。效能与绩效一样，都关注组织期望的结果，强调产出效率和有效性，但不同的是，绩效表达的是一种直接的绝对的输出结果，而效能表达的是一种间接的相对的输出结果，与组织目标的达成度紧密相关。

二 效能的外延

（一）效能的影响因素

对效能影响因素的研究用的主要是实证研究范式，围绕效能变量探讨它与其他变量的关系。例如，约瑟夫·麦格拉思（Joseph Mcgrath）采用"输入—过程—输出"的系统理论分析框架对组织效能进行探讨，着重分析了输入因素对组织效能的影响。输入过程包括组织成员因素、组织因素（人数和凝聚力等）、环境因素（激励机制、组织任务特征、环境压力等）。③ 在《学校效能研究的历史价值与目的》一文中，博特·查尔莫斯（Bert Creemers）将影响学校效能的因素划分在学校层面和教学层面上，认为学生个人学习及其结果对

---

① 章海鸥：《公共部门人力资源管理》，武汉大学出版社2009年版，第160页。

② Robert Quinn and John Rohrbaugh, "A Spatial Model of Effectiveness Criteria: Toward a Competing Values Approach to Organizational Analysis", *Management Science*, Vol. 29, No. 3, March 1983.

③ Joseph Mcgrath, *Social Psychology: A Brief Introduction*, New York: Holt Rinehart & Winston, 1964, p. 3.

❖ 第一部分 基础与现状 ❖

学校的效能影响显著，其他诸如班级层面和学校层面的因素对学校效能也有所影响。① 查尔莫斯等人还在《学校效能研究理论发展》中扩大了影响学校效能的因素范围，认为环境、学校、课堂和学生都有影响学校效能的因素存在。② 雅普·谢伦思（Jaap Scheerens）和罗尔·博斯克（Roel Bosker）在《教育效能的基础》一著中指出，较之学校层面，课堂层面的因素对学校效能的影响会更大，学校应更重视课堂层面，以有效提升学生学业成就进而提升学校效能。③ 韦罗妮卡·涅瓦（Veronica Nieva）等人利用描述性模型测试图对影响组织效能的外在条件、组织任务特征与组织内部成员特征进行了解释，同时指出组织系统的实际情况会对组织的成员、结构、运作方式产生影响。④ 理查德·哈克曼（Richard Hackman）根据"输入—过程—输出"分析框架构建了规范性模型，指出环境资源与组织系统对团体效能有较大影响。⑤ 桑德拉·基芬（Sandra Kiffin）在《真相：团队效能研究中一个被忽视的变量》中指出，组织内的结构分工、部门之间的协调合作是影响团队效能的重要因素。⑥

（二）效能评价

在教育学领域，关于效能评价的研究主要围绕学校效能评价展开。罗纳德·埃德蒙兹（Ronald Edmonds）在《有效的城市平民学

---

① Bert Creemers, "The History Value and Purpose of School Effectiveness Studies," In David Reynolds (eds.), *Advances in School Effectiveness Research and Practice*, Oxford: Elsevier Science, 1994, pp. 9 – 23.

② Bert Creemers, Jaap Scheerens and David Reynolds, "Theory Development in School Effectiveness Research," In David Reynolds and Charles Teddlie (eds.), *The International Handbook of School Effectiveness Research*, London: Falmer, 2000, pp. 283 – 298.

③ Jaap Scheerens and Roel Bosker, *The Foundations of Educational Effectiveness*, Oxford: Pergamon, 1997, p. 66.

④ Veronica Nieva, Edwin Fleishman and Angela Rieck, *Team Dimensions: Their Identity, Their Measurement, Their Relationship*, Washington D. C.: Advanced Resource Oragnizations, 1985, pp. 49 – 59.

⑤ Richard Hackman, *Normative Model of Work Team Effectiveness*, New Haven C. T.: Yale University, 1983, pp. 42 – 62.

⑥ Sandra Kiffin, "Trust: A Neglected Variable in Team Effectiveness Research", *Journal of Management & Organization*, Vol. 10, No. 1, January 2004.

❖ 第二章 大学教师评价的相关文献基础 ❖

校》一文中提出了五种学校效能的评价标准：教师对学生的学业成就抱有高期望，强调培养学生技能，校长是强有力的教学领导者，经常评估学生的学业进步程度，安全有秩序的校园氛围。[1] 戴维·克拉克（David Clark）等人在《城市小学成功的相关因素》一文中将影响学校效能的变量分为六组：学校领导，教职员工，学校经费，教学和课程，资源和设备，社区支持，并认为可基于这六组变量的表现情况来衡量城市小学是否具有高效能。[2] 国内也有学者在研究这些问题。汤林春认为学校效能评价就是在投入资源一定量的情况下，测量学校对学生发展的促进程度，并对此做价值判断。他在讨论教育及学校本质并借鉴国外学校效能评价模式之后，构建了一个由学生、学校、背景三层因素，背景、过程、结果三类指标，涉及教师、学生与教育资源三种教育要素的多层互动学校效能评价模型。[3] 赵晖认为，学校效能是指学校合理地利用教育资源实现教育目标，并能不断满足系统内外各方面的要求，进而使学校及其成员和社会得到相应发展的特性和有效作用。而对学校效能的评价则包括对学校效能输入变量（环境、设备与资金投入、教师素质与培训）、背景变量（地区教育政策及资金投入、学生社会经济背景）、过程变量（校长的领导、行政管理、组织气氛、教师教学、社区与家长资源利用）、输出变量（学校发展计划及目标达成、学生进步、教师发展、家长参与和支持）四个方面的衡量。[4] 郑燕祥认为，学校效能可划分为技术经济效能、人际社会效能、政治效能、文化效能、教育效能等五类，但具体体现在个人层面、机构层面、社区层面、社会层面及国际层面，如此的五类别与五层面的结合，可界定出 25 种学校效能。[5] 上海市教育

---

[1] Ronald Edmonds, "Effective Schools for the Urban Poor", *Educational Administration Quarterly*, Vol. 37, No. 1, October 1979.

[2] David Clark, Linda Lotto and Martha McCarthy, "Factors Associated with Success in Urban Elementary Schools", *Phi Delta Kappan*, Vol. 61, No. 7, March 1980.

[3] 参见汤林春《学校效能评价研究》，博士学位论文，华东师范大学，2005 年。

[4] 参见赵晖《普通初级中学学校效能评价研究初探》，硕士学位论文，上海师范大学，2005 年。

[5] 郑燕祥：《学校效能与校本管理》，上海教育出版社 2002 年版，第 11 页。

❖ 第一部分 基础与现状 ❖

科学研究所总结归纳了全国八省（市）550位校长提议的学校效能评价指标体系，提出中国新时期教育改革的学校效能评价指标可从办学条件、师资队伍、教育教学管理、教育教学质量、办学特色等五个方面评价。[①] 张亮和赵承福指出，国外学校效能评价的指标可从经济学、组织管理学、社会学和人类学等学科视角进行解读，其指标设定呈现出层次性、多样性、动态性、实证性和矛盾性。但目前中国的学校效能评价研究面临的指标过于繁杂，对学生学业效能研究关注较少，学校效能评价缺乏全面性。因此，未来学校效能评价研究将关注更精确的学校效能评价指标体系，关注学生效能以及更为广泛与全面的学生指标。[②] 通过文献整理可发现，对学校效能评价研究，已不仅注重评价的结果，也注重评价的过程。

（三）效能改进

也是在教育学研究领域，学者们对效能改进的研究主要集中于学校效能改进方面，特别关注学校行政部门的管理策略对学校效能的重要作用，以及系统管理、目标管理、管理方式变革等有效提升管理效能的策略。查尔斯·特德利（Charles Teddlie）和萨姆·斯特林菲尔德（Sam Stringfield）在《学校创造不同：历时十年的有关学校效能的研究》一书中，通过总结高效能学校的经验特征，尝试建立一种高效能学校的教育模型，以期用该模型为其他学校的发展带来积极作用。[③] 默里·艾特金（Murray Aitkin）等人在《学校效能研究中的统计模型》一文中，构建了多层分析模型并对学校效能进行了检验与分析。[④] 丹尼尔·莱文（Daniel Levine）等人回顾与评价了美国有关学校效能及其改进的研究后指出，与效能相关的因素只是先决条件，

[①] 参见谷珊《学校效能评价：对某市高中的实证研究》，硕士学位论文，天津师范大学，2007年。

[②] 张亮、赵承福：《国外学校效能评价指标研究的新进展》，《教育研究》2012年第8期。

[③] Charles Teddlie and Sam Stringfield, *Schools Make A Difference: Lessons Learned from 10-year Study of School Effects*, New York: Teachers College Press, 1993, p. 1.

[④] Murray Aitkin and Nicholas Longford, "Statistical Modeling Issues in School Effectiveness Studies", *Journal of the Royal Statistical Society*, Vol. 149, No. 1, Spring 1986.

第二章 大学教师评价的相关文献基础

不是成功的保障，要考虑学校层面的政策与实践的具体情况并设置优先权，学校效能应促进学生高阶技能的发展，注重教师的教学技能与实践。[1]

在国内，孙绵涛对教育效能改进作了系统论述，他明确了教育效能改进的含义、方法、原则和特点，并从学校、家庭、企业、社区四个层面提出了如何改进教育效能的对策和建议。[2] 汪洋和林杰认为，目前高校在教学效能、科研效能和管理效能上均存有不足，高校可从优化师资结构，丰富教学内容，树立科学的科研价值观，建立基于战略目标的质量管理体系几个方面来提升学校效能。[3] 王新如和郑文认为，有效提升学校效能的途径是将组织文化与学校组织特征相契合，组织文化与当今管理发展的大趋势相契合，组织文化与教师的劳动与心理特征相契合。[4]

效能改进也涉及效能保障，相关研究多基于制度保障的视角来进行的。陈绍芳和王春福探讨了公共政策效能无效及其补偿机制，认为制度设计不完善导致公共政策效能无效和衰减，继而导致公共权力在一定程度上的垄断化、碎片化和异质化。因此，打造有利于公共政策共同体中各行为主体在平等互动基础上的有效的、全方位和深层次交往的制度性平台，实现公共权力在组织上、资源上和功能上的整合是克服公共政策效能无效、衰减的根本途径。[5]

整体上看，有关效能、效能内涵、效能外延的相关研究还有一些，这里就不多评述。已列举的相关研究就已经给了本书以很好的研究启示。

---

[1] Daniel Levine and Lawrence Lezotte, "Unusually Effective Schools: A Review and Analysis of Research and Practice", *School Effectiveness & School Improvement An International Journal of Research Policy & Practice*, Vol. 1, No. 3, July 1990.

[2] 孙绵涛：《教育效能论》，人民教育出版社 2007 年版，第 246—267 页。

[3] 汪洋、林杰：《高等学校效能改进的反思与重构》，《中国电力教育》2011 年第 5 期。

[4] 王新如、郑文：《谈学校组织文化与学校效能》，《教育科学》1997 年第 3 期。

[5] 陈绍芳、王春福：《论公共政策效能的衰减机制》，《浙江社会科学》2012 年第 3 期。

◆ 第一部分 基础与现状 ◆

第三节 相关文献评述

一 有关大学教师评价的研究评述

国内研究是重在大学教师评价的理念、目的与方法,评价中存在的问题分析与归纳,存在问题的成因分析以及评价结果的使用。

第一,在大学教师评价的目的与方法方面。有关评价理念可以归纳为:尊重欣赏,多元开放,公平公正,促进发展,综合全面,分层分类,分权授权,绩效优先,安全和谐。① 明显的是,这样的理念描述内涵太广且很难实现。有代表性的观点认为,评价目的是促进教师专业发展,改进教师工作,提升大学实力。② 在方法上,尽管绩效评价在实践中备受争议,但仍是目前多数高校采用的方法。从历史演化的角度看,当代世界和中国的学术评价存在两种制度,同行评议制度和定量评价制度。③

第二,在大学教师评价中存在的问题方面。相关文献说的是导向上的功利性:重科研且重科研中的量化;目标上的甄别性:评价=鉴定=优劣甄别;标准上的划一性:忽视个体差异和学术创新;评价过程上的单向性:缺乏反馈机制,教师被动;管理思维的静态化与管理实践的动态性相矛盾。④

第三,在大学教师评价存在问题的原因方面。主要分析有:功利主义价值取向;本科教学工作水平评估缺乏分类指导的政策导向;科层式管理,如评者与被评者地位不对等;对教师职业的本质认识不

---

① 黄泰岩、程斯辉:《关于我国高校教师考核评价的几个基本问题》,《武汉大学学报》(哲学社会科学版)2008年第1期。
② 叶赋桂、田静、罗燕:《美国高校教师评价的变革及其动因研究》,《教育学报》2008年第10期。
③ 刘明:《学术评价制度批判》,长江文艺出版社2006年版,第2—7页。
④ 李宝斌、许晓东:《高校教师评价中教学科研失衡的实证与反思》,《高等工程教育研究》2011年第3期。

足，采用交易式的奖惩等。①

第四，在大学教师评价结果的使用方面。现实是，评价结果主要是作为奖惩、解聘、晋升的依据，很少用于教师发展的整体设计之中。

国外研究则是重在大学教师评价的理论、评价的标准、评价的主体等方面。

第一，在大学教师评价的相关理论方面。专家认为，大学是专业性组织，其学术性强于官僚性。那么，对教师业绩的评价应基于对教师职责及大学和教师间关系的认识为前提。② 而评价的功能就是任命和留住"最具高水平的研究、教学、培训、可维护大学知识分子群体特征"的教师。③ 要强调，评价程序和标准不能对不同的种族、性别、性取向含有歧视，且不能侵犯教师的个人隐私和干涉其学术自由。④ 归纳起来，影响教师评价满意度的五个问题有：评价体系合理吗？评价主体客观公正吗？申诉机制健全吗？教师了解情况吗？鼓励教师参与吗？⑤ 建议建立起动态的、基于个体特征的大学教师评价体系。⑥

第二，在大学教师评价的标准方面。国外专家认为，评价的标准要明确，评价的过程要透明，不然就会失去公信力，不仅达不到预期目标，还会侵蚀教师追求卓越的士气，使高水平教师流失，更难得到优秀教师。⑦ 但不同的学术工作类型具有不同的形式和功能，其业绩

---

① 赵书山：《教师发展：从"交易型"管理走向"转化型"管理》，《高等教育研究》2003 年第 9 期。

② Larry A. Braskamp, "Advice to Deans: Assessing Faculty Work by 'Sitting Beside'", *Education for Health*, Vol. 18, No. 1, 2005.

③ Martin E. Feder and James L. Madara, "Evidence-Based Appointment and Promotion of Academic Faculty at the University of Chicago", *Academic Medicine*, Vol. 83, No. 1, 2008.

④ Ghamar N. Erfani, *Through the "I" of the Education Professor*, Edmonton: University of Alberta, 2006.

⑤ William E. Cashin, "Developing an Effective Faculty Evaluation System", *Idea Paper*, No. 33, January 1996.

⑥ Howard P. Tuckman and Robert P. Hagemann, "An Analysis of the Reward Structure in Two Disciplines", *The Journal of Higher Education*, Vol. 47, No. 4, 1976.

⑦ V. M. Fleming, N. Schindler, G. J. Martin and D. A. DaRosa, "Separate and Equitable Promotion Tracks for Clinician-Educators", *Jama*, Vol. 294, No. 9, 2005.

❖ 第一部分 基础与现状 ❖

难以计量。① 所以一般认为研究比教学容易判断，其定量维度也迎合管理工作的需要。② 那么，若以成果的量作为评价的主要标准，就会无形中鼓励教师开展短期项目而不愿进行复杂又有争议的研究。③

第三，在大学教师评价的主体研究上。高等教育机构是一个松散耦合的系统，④ 不同的利益方对教师评价的期望值也不同，采用的评价来源多是有利于评价客观性的，⑤ 因此，教师评价应包括学生评价、同事评价及教师自我评价。⑥ 但也有人不同意，认为虽然学生评价速度快、费用少，但评价的主观性大，容易形成学生评价中的"分数膨胀"。⑦

二 有关大学教师评价效能的研究评述

有关大学教师评价的效能，从 Web of Science 的数据检索结果看，目前尚未出现以 "The Effectiveness of University Faculty Evaluation" 为主题的文献，从国内文献看，直接针对大学教师评价制度效能的研究，只有本书作者周玉容与沈红于 2015 年合作发表的《成本约束下大学教师评价的效能》一文，还有王丹慧于 2016 年发表的《大学教师绩效评价制度与实践效能的探索》以及骆美于 2016 年发

---

① Robert R. Hind, Sanford M. Dornbusch and W. Richard Scott, "A Theory of Evaluation Applied to a University Faculty Sociology of Education", *American Sociological Association*, Vol. 47, No. 1, 1974.

② G. Fulda, *Methods of Evaluation of Teaching Quality in English Departments in Baccalaureate Liberal Arts Colleges: What Helps Instructors Improve Their Teaching*, Doctoral Dissertation, West Virginia University, 2008.

③ D. L. Mills and W. R. Scott, *Organizations: Rational, Natural and Open Systems*, Englewood Cliffs: Prentice Hall, 1981.

④ H. Tuckman and R. Hagemann, "An Analysis of the Reward Structure in Two Disciplines", *Journal of Higher Education*, Vol. 47, No. 4, 1976.

⑤ D. Ackerman, Barbara L. Gross and F. Vigneron, "Peer Observation Reports and Student Evaluations of Teaching: Who Are the Experts?", *Alberta Journal of Educational Research*, Vol. 55, No. 1, 2009.

⑥ N. Britt, *Faculty Attitudes About College Evaluation of Teaching*, Doctoral Dissertation, Indiana University, 1982.

⑦ J. Vázquez, *Evolution of Student Evaluations of College Faculty: Implications and Consequences*, Doctoral Dissertation, The City University of New York, 2008.

◆ 第二章 大学教师评价的相关文献基础 ◆

表的《浅析大学教师教学评价方法之技术效能》三篇文献。可以看出,与大学教师评价效能相关的文献于近两年才有所出现且总量很少,相关研究目前仍处于探索阶段。

　　大学教师评价效能是指大学教师评价活动达成评价目标的程度。评价效能包含四个基本的要素:目标、结果、过程、能力。由于评价活动的成本是大学教师评价中重要的限制性因素,影响着评价活动各环节及评价整体的效能,因此周玉容和沈红从成本总量与成本配置的角度来分析评价成本对评价效能的约束问题,指出目前的大学教师评价体现出"低成本低效能"的特征,主要体现为:成本意识错位且模糊了评价目标;成本总量不足并限制了评价能力;成本配置失调影响了评价过程的合理性;隐性成本消解了部分评价效果。若要提高评价效能,需要加大评价成本投入,运用成本—效能分析法来合理配置成本并加强对隐性成本的管理。[①] 王丹慧在概述中国大学教师绩效评价制度发展历程、分析大学教师绩效评价制度的特征及原则的基础上指出,要提高大学教师绩效评价制度的实践效能可从构建和提升大学教师评价制度管理体系与平台、改进和创新大学教师绩效评价的模式与方法、制定和完善大学教师评价体系的办法与措施、优化和推进教师评价体系的实践效能研究四个方面入手。[②] 骆美认为,中国高等教育教师评价的"应然"和"实然"之间存在很大的差距,突出表现在制度框架中科研与教学的严重失衡。这种失衡的原因虽表面看来源于制度的价值取向,而实质在于评价实践长期面临技术瓶颈。针对实践中面临的技术难点,文章提出要构建具有准确性与可行性的评价技术指标体系,运用多种方法,避免教学评价实践的简单化倾向;注意微观细节,避免教学评价方法的误用滥用;明晰技术效能,推动教学评价方法的不断创新,以此提升大学教师教学评价的效能。[③]

　　[①] 周玉容、沈红:《成本约束下大学教师评价的效能》,《高等工程教育研究》2015年第6期。
　　[②] 王丹慧:《大学教师绩效评价制度与实践效能的探索》,《高教论坛》2016年第3期。
　　[③] 骆美:《浅析大学教师教学评价方法之技术效能》,《当代教育科学》2016年第3期。

❖ 第一部分 基础与现状 ❖

　　从整体来看,截至目前,国内对大学教师评价的效能这一问题尚未出现较为系统的研究成果,这就为本书的相关理论研究和实践探索留下了较大的空间。文献分析表明,第一,在大学教师评价这个问题上,国外学者的许多思想和研究发现已超越国界,值得我们参考。但国外研究者在"大学教师评价的目的"的研究上还留有空间。第二,效能研究在其他学科领域有所发展,但尚未很好地运用于高等教育研究领域。第三,国内相关的理论研究和实践探索都一致认为中国大学教师评价存在诸多问题,并具有相似的关注点和批评意见,但对于大学教师评价的总体效果缺乏应有的全面和理性的反思,特别是还没有人全面考查过大学教师评价活动的效能,甚至也少有人研究评价的有效性问题。第四,国内有不少人分析了大学教师评价之所以存在问题的原因并提出了解决问题的思路,但由于不是在全面调查中国多层次、多类型高校的基础上做出的,因此其研究设想具有局限性。为此,我们需要深刻检视当前大学教师评价的总体效果,或者说,对大学教师评价做一个"再评价",以期建立合理、科学的大学教师评价体系。

第三章　大学教师评价的相关理论基础

为什么要评价、由谁来评价、如何评价、如何利用评价结果激励教师等四个方面构成了大学教师评价的实践逻辑。本章从该逻辑体系来构思大学教师评价的相关理论基础。尝试从"大学教师职业"和"非营利组织问责"两个理论基点回答大学教师为什么需要评价；再从"价值及评价的主体论"、"委托代理理论"和"第四代教育评价理论"三个理论基点考量谁来评价大学教师；继续从"评价论与评价标准"和"量化评价的思想与方法"两个理论基点上深究如何评价大学教师；最后用"激励理论"和"教师专业发展理论"分析如何利用评价结果来激励大学教师。

大学教师从事的是"以学术为生、以学术为业"的学术职业，学术职业具有独特性。[①] 这决定了评价大学教师的工作远比评价企业员工复杂得多，因评价造成的争议和受到的批评也更多，尤其令人沮丧的是人们似乎无法找到一种令所有利益相关者都满意的评价标准和评价方法。寻求问题的解决之道往往需要厘清理论的脉络，从理论中获得思想方法指导。纵观国内外高校，大学教师评价的实践通常会涉及几个共同的方面：大学教师为什么需要评价、谁来评价大学教师、

---

① 沈红：《论学术职业的独特性》，《北京大学教育评论》2011年第9期。

◆ 第一部分　基础与现状 ◆

如何有效评价大学教师和如何有效利用评价结果激励教师。这四个方面构成了一个前后连贯、关系紧密的逻辑和内容体系，本章将围绕该体系梳理相关理论基础并就这些理论对大学教师评价实践的意义与启示进行评论。

第一节　为什么需要评价大学教师

一　大学教师的职业及其特殊性

（一）大学三职能说

大学职能的界定经历了几个世纪演进，中世纪出现的诸如博洛尼亚大学、巴黎大学等早期大学产生于社会对牧师、律师、医生的现实需要，因此培养人才及教学成为大学的主要职能。16—18世纪科技的快速发展，要求大学除了培养人才外，还要承担发展科技的职责。德国洪堡创办的柏林大学首次提出大学的任务不仅仅是培养人才和传播知识，而且要发现高深知识和发展科技。从此科学研究成为大学的一个重要职能。19世纪后期，社会发展对知识、科技、人才的依赖程度增大，要求大学直接介入社会的政治、经济和文化生活。美国的赠地学院开创了大学为社会服务的先河，威斯康星大学倡导大学通过推广和传播知识、专家服务等直接为社会服务，形成著名的"威斯康星思想"，从此社会服务被广泛认可为大学的职能之一。从历史发展来看，大学作为"遗传和环境的产物"经历了一个不断拓展自身开放性的历程[①]。大学职能的形成至少受到四个方面的制约：社会发展的需要（大学应该做什么）、大学自身的逻辑（大学能够做什么）、长期历史积淀和印证（大学实际做了什么）、大学职能之间的逻辑一致（相互不重复不冲突）[②]。

大学发展一方面深受外部社会需求的压力和推动，另一方面也受到大学自身学术理性和学术自由等内在发展逻辑的影响，这使得大学

---

① 冯向东：《大学职能的演变与大学的开放性》，《中国高等教育》2007年第10期。
② 袁广林：《大学职能的界说依据》，《现代教育管理》2010年第5期。

◆ 第三章 大学教师评价的相关理论基础 ◆

的活动兼具教育性、学术性和社会性。推动大学发展和职能变迁的根本原因是社会生产力发展、科技进步，社会形态变迁等因素，高等教育的功能及其对自身本质的认识是在与社会的互动过程中逐渐得以丰富和完整体现的。从历史渊源及发展轨迹来看，大学根本无法摆脱社会和外部环境的影响，而且这种影响越发变得广泛而深入。大学及其职员必须努力承担社会责任，对社会和环境采取积极行动、做出积极回应，唯有如此才能取得合法性并持续发展下去。

（二）学术内涵四部分说

欧内斯特·博耶认为，大学教师传统的教学、科研和社会服务工作实际上是相互联系、相互影响和彼此交融的整体。尽管学术意味着参与基础研究，但一个学者的工作还意味着寻求相互联系，在理论和实践之间建立桥梁，并把知识有效地传授给学生。为了对学术一词有更全面、更有活力的理解，博耶认为应该拓宽教学、科研和服务功能的传统上的严格分类，并更加灵活地给学术以界定。他提出大学教师的工作存在四个不同而又相互重叠的功能：发现的学术、综合的学术、应用的学术和教学的学术①。

发现的学术最接近传统意义上的"研究"。研究是高等教育的中心工作，是各个学科学术生活的核心，是绝对重要的。高水平的学术发现不仅有助于知识的积累，而且有利于在学校中创造智力上的气氛。不仅是发现的成果，而且是发现的过程尤其是发现的热情都有这方面的意义。研究者的探究精神燃起的智力上的激情能为大学教师队伍带来活力，让大学充满生机。对知识的追求和发现应当加强而不是削弱，大学必须努力对此加以培养和保护。②

综合的学术实质上是寻求交叉和联系。学术应强调把专门知识放到更大的背景中去考察，从整体加以考察，对孤立现象加以解释，建立各个学科之间的联系。一方面，只有通过认识事物之间的相互联系，研究才最终变得可靠。另一方面，传统的学科分类存在局限，压

---

① ［美］欧内斯特·博耶：《学术水平反思——教授工作的重点领域》，国家教育发展中心译，人民教育出版社1994年版，第23页。

② 同上书，第23—25页。

❖ 第一部分 基础与现状 ❖

制了知识的新领域。综合的学术要求研究者在某一学科领域覆盖到的边缘开始研究，在学术上重叠的邻近的地方有所发现。同时还意味着鉴别和把自己或别人的研究综合到更大的智力模式中去。人类知识的边界正在急剧重组，大学应该重视学术上跨学科的、综合的和解释的发展大势。①

应用的学术意味着发现并运用知识服务社会。高等教育的使命要求学术研究必须强调知识应用于实践，有益于个人和团体，服务于社会问题。社会服务不是做简单的纯粹的好事，而是应用自己的专业知识和从事专业性活动为社会服务。应用的学术并不是单向的，并不一定是先"发现"，后"运用"。某些新思想有可能正是来自应用活动。象牙塔里的学术不应该是为学术而学术，而应通过向世界提供知识应用和专业性的服务来证明其存在的价值。②

教学的学术强调教学属于复杂劳动。大学教学培养未来的学者和专业人才。教学作为一门学术性事业，需要教师广泛涉猎并在智力上不断深化，才能得到好评。好的教学需要教师艰巨的工作和严肃的钻研；好的教学要求教师创造一种求知的共同基础，建立起师生之间的桥梁，培养学生积极的学习态度，鼓励学生进行批判性和创造性思维，形成终身学习能力；好的教学还意味着教师既是学者，又是学生，师生之间教学相长、相互促进。③

博耶认为将大学教师及其学术工作的内涵分为更全面的四个部分，对分析大学教师的学术工作很有价值，尤其是在反思大学教师的职业生涯的意义和方向时非常有益，它反映了大学教师才能和工作方面的丰富多样性，但同时必须意识到这四个部分又是一个相互依赖的、有机融合的整体。④ 博耶关于学术内涵的理解其实向人们呈现了大学教师的角色多样性和工作复杂性，这意味着评价大学教师的工作

---

① ［美］欧内斯特·博耶：《学术水平反思——教授工作的重点领域》，国家教育发展中心译，人民教育出版社1994年版，第25—28页。
② 同上书，第28—30页。
③ 同上书，第30—31页。
④ 同上书，第32页。

(三) 学术职业的特性

马克斯·韦伯从社会学角度解释学术职业，认为学术职业具有物质性（以学术为职业）和精神性（以学术为志业）两大特征。① 马丁·芬克斯坦认为学术职业具有如下特征：拥有专业知识背景的、易受新知识生产影响的、随着学术劳动力市场波动的、遵循共同学术规划和学术伦理的自主性职业。② 本书作者将学术职业定义为：具有"以学术为生、以学术为业，学术的存在和发展使从业者得以生存和发展"特征的职业，学术职业不仅具有学术、精神、物质、工作和人群五大要素，而且具有独特性。学术职业的独特性包括"基础性、关键性和对学科而不是对组织的最高程度的归属感"③。基础性主要体现为学术职业的人才培养工作能为社会提供基础性的专业人才，学术职业的研究工作能为科技和生产力发展提供基础性研究成果。关键性是指大学培养和训练了社会所需的几乎全部的专业人才，学术职业所特有的伦理规范、道德行为等在规范大学教师自身的同时也成为其他专业性职业的第一效仿对象。除此之外，学术职业从业者对学科的归属感要高于其对组织的归属感，学术职业本身的属性存在这种倾向，学者在学科面前要保持忠诚，相对而言，对所在组织的忠诚则被放在第二位。

学术职业的内涵是复杂的，历史发展与制度变迁也能追溯至欧洲中世纪等非常久远的时代和传统。④ 当代学术职业在继承这种历史传统的同时也面临新的挑战与现代转型，主要表现为：政府对大学的控制和干预增强；高等教育大众化使大学成为推动民主与平等的社会责

---

① [德] 马克斯·韦伯：《学术与政治》，钱永祥等译，广西师范大学出版社 2004 年版，第 155 页。
② Martin J. Finkelstein, Robert K. Seal and Jack H. Schuster, *The New Academic Generation: A Profession in Transformation*, Johns Hopkins University Press, 1998, p. 23.
③ 沈红：《论学术职业的独特性》，《北京大学教育评论》2011 年第 9 期。
④ 同上。

任主体；为学生和社会服务进入大学的办学理念和重要任务中；政府和社会对大学及学术职业从业者的问责有增无减，大学教师必须应对各种形式的评估；大学财政的紧张迫使大学不得不面向市场以获得更多办学资源，学者的"闲逸的好奇"让位于市场需求。[1] 学术职业背负沉重的内外部压力，不仅带有理想主义色彩的志业追求变得飘忽不定，甚至职业保障方面的现实需要也渐趋艰难。[2] 总的来说，学术职业的市场性和竞争性被强化，独立性和自由性正在被逐渐削弱。这种变化的结果之一是大学教师必须更加关注自己的产出和绩效，更多接受来自大学内部、外部的各种评价。

二 非营利组织的问责

（一）资源依赖理论

美国学者杰弗里·菲佛（Jeffrey Pfeffer）和杰勒尔德·萨兰基克（Gerald Salancik）提出资源依赖理论。该理论认为组织最关注自身的生存，组织生存需要资源，组织生存最重要的能力是获取和维持资源。任何一个组织都不大可能拥有和控制维持自身生存所需的全部资源，组织对掌握其生存资源的其他组织具有依赖性。组织必须与它所依赖的环境（包括其他组织）进行互动，通过获取环境中的资源来维持生存。他们认为，组织应该成为政治行动者而不仅仅是完成任务的工作组织，组织必须通过满足外部要求来交换维持生存所必需的资源。资源的外部依赖性越强，组织就越易受到外部的影响，因此对资源的外部依赖性往往限制了组织行动的自主性。[3]

尽管资源依赖理论一直被用作分析商业组织的行为，但它同样适用于非政府组织、非营利组织及其资助者之间的关系，譬如大学与政

---

[1] 李志峰、沈红：《学术职业发展：历史变迁与现代转型》，《教师教育研究》2007年第1期。

[2] 杜驰：《高等教育发展与学术职业的制度变迁》，《高教探索》2008年第4期。

[3] ［美］杰弗里·菲佛、杰勒尔德·萨兰基克：《组织的外部控制：对组织资源依赖的分析》，闫蕊译，东方出版社2006年版，第76页。

府（或社会公众）的关系。① 多数大学属于非营利组织，其发展所必需的资源对外部（政府、纳税人、学生、社会捐赠人等）的依赖性非常强。大学必须与外部的这些资源提供者（也即利益相关者）进行互动，以持续获得支持。当外部利益相关者对大学有所要求时，各种以结果评估和绩效考核为核心的评价活动便成为大学无法回避的工作。

（二）利益相关者理论

经济学家爱德华·弗里曼（Edward Freeman）在《战略管理：利益相关者方法》中系统阐述了利益相关者理论，该理论强烈质疑"公司是由持有该公司普通股的个人和机构所有"和"股东利益至上"的传统观念，认为任何一个公司的发展都离不开利益相关者的投入和参与，企业追求的是利益相关者的整体利益，而不仅仅是某些团体或个人的利益。该理论将任何能影响公司目标或受公司目标影响的团体或个人都视为公司的利益相关者。马克斯·克拉克森（Max Clarkson）在利益相关者的定义中引入"专用性投资"的概念，他认为利益相关者在组织中投入专用性投资（例如实物资本、人力资本、财务资本或其他有价值的东西），并由此而承担了某些形式的风险，换句话说他们因组织的活动而承受了风险。利益相关者理论认为组织不仅要关注影响组织的目标和绩效的群体或个体的利益，也要关注受组织行为影响的群体或个体的利益。②

在高等教育学领域，德里克·博克（Derek Bok）认为，大学也是一个典型的利益相关者组织，大学不可避免地与其内外部的组织或个人发生着千丝万缕的联系，大学必须关注这些利益相关者的利益。③ 与公办大学联系最紧密的利益相关者中，经常被讨论的是学生和政府。对学生而言，"是否接受到高质量的教学、是否有效获得知

---

① 傅金鹏：《西方非营利组织问责理论评介》，《国外社会科学》2012年第1期。
② [美]爱德华·弗里曼：《战略管理：利益相关者方法》，王彦华、梁豪译，上海译文出版社2006年版，第30页。
③ [美]德里克·博克：《走出象牙塔——现代大学的社会责任》，徐小洲、陈军译，浙江教育出版社2001年版，第7页。

识与技能"是其最为关心的核心需求和根本利益,作为高等教育的"消费者",学生有权对自己所接受的教育进行评价并要求改进。① 对政府而言,政府投入是大学发展的重要财源之一,政府需要大学证明其办学成果和效益符合政府的要求和标准,以向纳税人和社会公众负责。最终这些诉求都落实在对大学教师工作进行评价的行动中。

(三)新公共管理主义

兴起于20世纪80年代的新公共管理运动,目的在于通过引入市场观念和私营部门管理手段,取代以马克斯·韦伯的官僚制理论和托马斯·伍德罗·威尔逊(Thomas Woodrow Wilson)的"政治、行政二分"理论为基石的传统公共行政模式。传统公共行政模式容易衍生政府职能扩大、机构膨胀、人员臃肿、效率低下、权力滥用和贪污腐化等问题,已逐渐难以适应快速发展的社会经济对高质量公共产品和服务的需求,要求对政府进行改革的呼声推动了现代公共行政管理变革运动,诸如"管理主义""新公共管理""后官僚制典范""企业型政府""以市场为基础的公共行政"等思想观念和理论概念相继涌现。尽管这些理论的表述各异,但却有很多共同之处。新公共管理主义是以经济学理性人假设和私营部门管理理论为基础的,强调运用经济学的思维,学习私营组织对环境的快速反应能力及其对结果和产出的高度关注,利用私营组织广泛使用的技术和管理手段,以最有效率的方式提供公共产品和服务,从而使新公共管理主义具备了"经济(Economy)、效率(Efficiency)和效果(Effectiveness)"的"3E"特征。② 综合起来,新公共管理主义运动体现的一些共有特征包括:以管理和效率为焦点,公共政策的专业化管理,强调产出和管理者的责任,强调资源利用效率和效益,重视绩效目标与测量,引入市场竞争机制,采用私营部门管理方式方法,组织与人事管理更具灵活性。

新公共管理运动也深刻影响到了政府对大学的态度和管理行为。

---

① 周玉容:《研究型大学教学评价标准研究》,博士后出站论文,华中科技大学,2015年,第34页。
② 何文盛、王定峰:《"新公共管理"主义理论及其发展趋势》,《兰州大学学报》2006年第1期。

❖ 第三章 大学教师评价的相关理论基础 ❖

公立高等教育是普遍得到政府投资的公益性社会事业,大学是准公共产品和服务的提供者,公众作为纳税人有权知晓政府的教育公共支出的使用情况,是否合理、是否产生效益、是否提供了高质量的教育等。因此政府开始更多地关注大学办学的结果和绩效,政府要就教育的运行情况对纳税人做出解释,那么各种以"问责"为导向的评估(或评价)活动就成为经常性的政策工具。新公共管理对"3E"原则的追求直接体现在大学及其教师评价的目标、标准和方式方法中。

第二节 谁来评价大学教师

一 价值及评价的主体论

伊曼努尔·康德(Immanuel Kant)哲学主张人类从纯粹理性(能知道什么)进入实践理性(应该做什么),成为意志主体和实践主体,从而确立了人的主体性地位和能动性地位。人们对主体性问题的思考产生了价值哲学,价值哲学从主体的需要和客体能否满足主体的需要以及如何满足的角度探讨价值的本质、标准及其评价。人们谈论具体的主体和客体不能离开一定的关系和层次,也不能设想没有客体的主体和没有主体的客体。主客体是相互联系、相互依存的。① 主客体之间的相互作用表现为两种基本的活动:实践和认识。实践和认识一起构成了人的主体性活动,遵循"两个尺度",也即马克思提出的"对象的尺度"(客体尺度或规律)和"人的内在尺度"(主体尺度或需求)。②

什么才能充当价值关系中的"主体"?康德、马克思等人认为"人"是实践和认识的唯一主体。马克思认为价值主体只能是人,人总是从自身出发、依据自身的能力、需要、价值尺度去理解、把握和改造客体及自身。③ 价值主体性主要表现在以下三方面:一是价值的个体

---

① 李德顺:《价值论》,中国人民大学出版社2007年版,第61页。
② 同上书,第66页。
③ 栾亚丽、宋严:《管窥马克思文本视域中的价值主体性思想》,《学术论坛》2008年第4期。

性和多元性。作为主体的人之间的个性和差异，导致对价值的认识不同，结果"一千个观众心中有一千个哈姆雷特"。二是价值的多维性和全面性。作为主体的人的需求不是单一的，而是多维度多层次的。三是价值的时效性和发展性。随着主体的变化和发展，客体对主体的价值，在性质、方向或程度上，都可能会随主体需要的变化而变化［如亚伯拉罕·马斯洛（Abraham Harold Maslow）的需要层次理论］。

按照这个逻辑，当考察大学教师工作对大学的意义和价值时，价值主体是"大学"，评价的对象是"大学—大学教师"之间的价值关系，政府、学生等其他利益相关者可以是评价者，但绝不是价值主体。当考察大学教师对政府的意义和价值时，价值主体是"政府"，评价的对象是"政府—大学教师"之间的价值关系，其他利益相关者最多也只能作为评价主体。强调这种区分的意义在于，评价中我们所应遵循和使用的标准只能是价值主体的标准，而不是价值主体之外其他人的标准。在大学教师评价的实践中，因为无法将标准统一到某一特定价值主体的标准上来，不同主客体间的价值关系常常被纵横交错在一起，一种价值关系中的价值标准被用于评价另一种价值关系，人们感受到的是因价值标准不同导致的"价值观念冲突和不合理评价"。价值主体性提醒我们审视价值关系和评判价值需要全面兼顾的意识和视野。

二 委托代理理论

委托代理关系是企业所有权和控制权（实际经营权）分离后产生的，所有权和经营权合二为一，就不存在委托代理关系。现代股份制企业制度使委托代理关系变得更为普遍，因为股东数量庞大而且分散，只能依赖职业经理人代为经营和管理企业。委托代理关系是一种契约关系，但又不同于一般的雇佣关系，因为委托人授予代理人很大的自主决策权却很难监控代理人的行为。委托人和代理人之间的利益不一致和信息不对称会导致代理成本产生，造成效率损失。[①] 为降低

---

① 戴中亮：《委托代理理论述评》，《商业研究》2004年第19期。

代理成本，在企业内部利益不一致和信息不对称情况下建立有效监控和激励代理人的机制，使其以最小的代理成本实现委托人的效用目标，20世纪中叶的经济学家们提出和发展了委托代理理论。

实际上，委托代理关系普遍存在于各种组织及合作性活动中，存在于每一个管理层级上。例如公众与政府、政府与大学、大学与其教师、大学与评价教师的专家之间都无一例外存在这种委托代理关系。就大学教师评价而言，大学是委托者，参与评价教师的专家是代理人，由于利益不一致和信息不对称，会导致评价中出现道德风险、评价目标难以实现等问题。委托代理理论提出的通过完善监管制度、建立利益相关机制等措施，能为解决大学教师评价中的委托代理问题提供启示和借鉴，尤其是找到更为合适的评价大学教师的代理人。

三 第四代教育评价理论

美国评价专家埃贡·古贝和伊冯娜·林肯（Egon G. Guba & Yvonna S. Lincoln）把教育评价划分为四代：第一代"测量时代"（1900—1930年），以"测量"理论的形成和大量运用为标志；第二代"描述时代"（1930—1940年），以泰勒的教育评价理论为标志，以对测量结果的描述为特征；第三代"判断时代"（1950—1970年），以"价值判断"为评价特征；第四代"建构阶段"（20世纪70年代始），认为教育评价本质上就是"建构"。

"第四代教育评价"包括三个核心思想：第一，"共同建构"的评价思想。它把评价看作所有参与评价活动的人们的共同建构过程，认为评价并不是"外在于人的""纯客观"的过程，而是所有参与评价的人，特别是评价者与其评价对象双方交互作用、共同建构统一观点的过程。评价者在评价中应充分尊重每个人的尊严、人格与隐私，不能有欺骗行为，评价者和评价对象是平等、合作的伙伴。"共同建构"思想是"第四代评价"关于评价认识上的一个新突破，它打破了评价者与评价对象的旧的、紧张对立的关系，大大提高了评价对象在评价活动中的主体地位。第二，"全面参与"的评价思想。从评价主体上看，第四代评价主张"全面参与"的原则，反对前三代评价把评价对象及其他利益相关者排除在外的做法，使得评价主体不再仅是"评价的组织者和实施者"，而扩展为所有的利益相关者。教师、学生、教学行政管理者这三方是价值共同体，他们都应当成为教师评价的主体，教师评价的最终结果也应该结合三方的共同意见来评定。第三，"回应—协商—共识"的建构型方法论。从评价方法上看，"第四代评价"主张在自然情境的状态下，评价者与评价利益相关者一起通过不断的论辩、协商来建构一种共同认识，而不是像传统评价那样坚持控制型方法论，将评价对象放在"被告"的位置上，不断去伪存真，将认识集中控制在真理的探求上。[①]

第四代教育评价提出的"共同建构、全面参与、回应—协商—共识"思想对大学教师评价实践的一个重要启示是大学教师评价需要充分利用同行专家开展评价。首先，评价者要具备相关的学科知识，只有充分了解学科的基本结构和特点，才有可能将对教师的评价融合在特定的工作中，避免出现"形式化"和"任务化"的倾向；也只有在充分了解学科结构和特点的前提下，才能实现对任务情境的理解。其次，评价者要具备专业的评价知识，只有具备专业评价知识的人员，才懂得如何对教师做出"真实"的评价，将发展性教师评价的理念贯穿在评价互动中，而不是以奖惩为目的，如此，才能更全面综合地评价教师的工作。

第三节　如何评价大学教师

一　评价论与评价标准

约翰·杜威（John Dewey）认为人类生活真正需要解决的不是价值而是价值判断，价值哲学的核心概念不是价值本质而是评价。价值不是客观存在并可由人们观察的对象，它需要人们通过评价活动建立一个目标，通过由评价指导的行动去实现所期待的结果，

[①] 周玉容：《研究型大学教学评价标准研究》，博士后出站报告，华中科技大学，2015年，第45页。

第三章 大学教师评价的相关理论基础

创造价值。[①] 评价是主体对客体意义的一种观念性把握,是主体关于客体有无价值以及价值大小的判断。[②]

评价作为一种特殊的认识活动,其特殊性主要表现在两个方面,一是对象的特殊性。评价的对象是价值关系,对"关系"的认识和把握要兼顾主体和客体两方,兼顾合目的性与合规律性两面。二是价值的主体性。作为主体的人,具有情感、欲望、意向和选择,具有人所特有的生理、心理、个性、知识系统、社会规范意识和价值观念体系,它们在一起构成"心理背景系统和认识图式"。[③] 一个完整的价值判断至少包含三个方面的要素:第一"什么或谁的价值",即价值客体;第二"对谁或(为了谁)的价值",即价值主体;第三"什么性质的或适合主体哪一方面尺度或需求的价值",即价值内容。不完整的价值判断和表达常常在评价实践中带来盲目和随意,造成价值判断和评价结果的逻辑混乱。因此评价就表现为用特定价值主体和客体之间的价值标准去评判主客体之间的价值关系。如果价值主体变了,价值关系和价值标准就变了,评价的对象(即价值关系)也随之改变,评价就不是最初的评价,例如评价者用自己的标准去"为他人"评价。这是造成评价中"价值冲突"和"不合理"问题的根源。

价值主体的客观需要和利益构成主体的价值标准,是客观的,而评价标准是人们对特定价值关系中价值标准的具体表达,它取决于价值标准同时也反映价值标准,它是主观的。对客观价值标准的把握应该通过对主体及其活动客观过程的考察,而不是通过主体的主观表达(即评价标准)。一个群体的价值标准,应该是它的内在属性、利益和使命所包含的尺度,而不是它自己宣称以什么样的目标和理想为标准。后者只是它的评价标准,这种评价标准是否符合或多大程度上符合它的价值标准,取决于它对自身客观价值标准的认识和把握。[④]

[①] [美] 约翰·杜威:《评价理论》,冯平等译,上海译文出版社 2007 年版,第 11—14 页。
[②] 邱均平:《评价学:理论—方法—实践》,科学出版社 2010 年版,第 57 页。
[③] 袁贵仁:《价值学引论》,北京师范大学出版社 1991 年版,第 212—216 页。
[④] 李德顺:《价值论》,中国人民大学出版社 2007 年版,第 66 页。

任何价值都是相对于确定的主体而言的，只有把握了主体的价值标准，才会形成正确的评价标准。限于人的认识能力，评价标准制定者对主体需求的认识和把握是有局限的，要准确把握主体的内在本质需求并非易事。对价值标准的认识不一以及"形成什么样的评价标准才是合理的"是评价中最突出的问题和最富争议之处。[①] 价值标准和评价标准一般都表达为"应该怎样"，但评价标准是"某人认为应该怎样"，而价值标准是"实际应该怎样"，后者是更为本质的内容。人们对"应该"和"不应该"的把握取决于两方面：一是主体的需要和利益，二是客体的本质与规律。偏废任何一方面都会导致诸多评价不合理问题。[②] 科学的评价标准应客观反映价值标准，并能兼顾主体的目的性和客体的规律性。[③]

在大学教师评价中，强调多元主体参与评价，并没有脱离某一特定价值关系这个背景，评价的本质是对某一特定价值关系的认识。"多元主体参与"强调的是各类评价者参与到评价中来，对同一价值关系进行评价。他们对主体的价值标准的认识可以不同，对评价标准的理解可以不同，但绝不能用自己的标准代替价值主体应有的标准，不能只顾"自说自话"而忘记在"为谁评价"。譬如，在大学教师评价中，当大学作为价值主体时，政府、社会、大学、同行、学生、其他利益相关者以及教师自身，甚至无利益关系的第三方都可以作为评价者参与评价，但它们所共同遵循的是大学内在的价值标准。

二　量化评价的思想与方法

（一）层次分析理论（AHP）

层次分析（Analytical Hierarchy Process，简称 AHP）是美国运筹学家托马斯·塞蒂（Thomas L. Saaty）在 20 世纪 70 年代提出的一种定性与定量相结合的评价和决策分析思想及方法，具有高度的逻辑

[①] 冯平：《评价论》，东方出版社 1997 年版，第 81 页。
[②] ［日］牧口常三郎：《价值哲学》，马俊峰、江畅译，中国人民大学出版社 1989 年版，第 20 页。
[③] 李连科：《价值哲学引论》，商务印书馆 1999 年版，第 47 页。

❖ 第三章 大学教师评价的相关理论基础 ❖

性、系统性、灵活性和简洁性，应用十分广泛。AHP 理论认为在评价中，对一些无法测量的方面，只要引入合理的标度，就可以用来度量各个方面的相对重要性，将人们对复杂系统的思维过程数学化，将人的主观判断为主的定性分析进行定量化，将各种判断要素之间的差异数值化，帮助人们保持评价或决策过程中的思维一致性，并为评价或决策提供依据。① AHP 把复杂问题中的各种因素通过划分相互联系的有序层次使之条理化，根据对一定客观现实的判断，对每一层次的相对重要性给予定量表示，利用数学方法确定表达每一层次的全部元素的相对重要性次序的权重，最后通过排序结果分析和解决问题。AHP 大致经过六步：明确问题、建立层次结构、构造判断矩阵、层次单独排序、层次总排序、一致性检验。② AHP 提供了层次思维框架，便于整理思路，使得评价与决策的结构严谨、思路清晰；它通过对比进行标度，增加了判断的客观性；把定性判断与定量推断有效结合，增强了评价的科学性和实用性。③ 不同的人对判断矩阵标度的权重有不同的意见，权重直接影响排序结果。因此应请对问题有专门研究的专家或内行人士来做判断；另外，增加专家的数量也是提高判断矩阵标度的一致性和权重合理性的关键。

(二) 模糊综合评价理论

确定性现象和随机现象是现实生活中两种常见的事物存在方式，但还有一些边界不清晰、分类标准不明确，很难作精确定量描述的模糊性现象。由于世界的复杂性和人类认知的局限性，对模糊性很难作精确描述，但有时又需要对其进行客观评价。④ 美国自动控制专家洛特菲·扎德（Lotfi A. Zadeh）在 1965 年提出模糊集合理论来描述事

---

① 金菊良、魏一鸣、丁晶：《基于改进层次分析法的模糊综合评价模型》，《水利学报》2004 年第 3 期。
② 刘豹、许树柏、赵焕臣、和金生：《层次分析法——规划决策的工具》，《系统工程》1984 年第 2 期。
③ 吴殿廷、李东方：《层次分析法的不足及其改进的途径》，《北京师范大学学报》（自然科学版）2004 年第 2 期。
④ 魏江、叶学锋：《基于模糊方法的核心能力识别和评价系统》，《科研管理》2001 年第 2 期。

物的模糊性和不确定性。模糊综合评价法（Fuzzy Comprehensive Evaluation，简称 FCE）根据模糊数学的隶属度理论把定性评价转化为定量评价，用模糊数学对受到多种因素影响的事物做一个总体评价。模糊综合评价法从多个指标对被评价事物隶属等级状况进行综合性评判，把被评判事物的变化区间做出划分，一方面可以顾及对象的层次性，使得评价标准、影响因素的模糊性得以体现；另一方面在评价中又可以充分发挥人的经验，使评价结果更客观可靠，符合实际情况。模糊综合评价法的结果清晰、系统性强，较好地解决了模糊、难以量化的不确定性问题，因此在工程技术、经济管理和社会生活中应用广泛。FCE 的一般步骤为：构建评价指标、构建权重向量、构建评价矩阵、权重合成及评价矩阵的解释。

（三）平衡记分卡理论

20 世纪 90 年代罗伯特·卡普兰、戴维·诺顿（Robert Kaplan & David Norton）提出平衡记分卡（Balance Scorecard，BSC），成为被国内外企业广泛采用的战略管理和绩效测评的思想方法和工具。卡普兰和诺顿认为，必须用一种全面的方法来代替任何具体的、短期的衡量组织绩效的尺度，使组织战略居于组织发展的核心地位。因此，BSC 以组织的战略为中心，把企业及其内部各部门的任务和决策转化为多样的、相互联系的目标，然后再把目标分解成多项指标的多元业绩测评系统。例如，针对企业而言，BSC 贯穿企业的财务、客户、内部经营、学习和成长四个方面的目标维度。BSC 以一种深刻而一致的方法描述了战略在组织各个层面的具体表现，在保持对业绩关注的同时清楚地表明了卓越而长期的价值和竞争业绩的驱动因素是什么。这种测量思想超出了简单地测量过去的业绩，而能告诉组织什么是重要的，把测量工作的焦点放在了未来，测量方法和测量过程同时也是战略管理体系和战略管理过程。因为 BSC 使整个组织把焦点都集中在战略上，一种新的以绩效为基础的企业文化也由此产生。[1] BSC 的创新之

---

[1] ［美］罗伯特·卡普兰、戴维·诺顿：《战略性绩效管理平衡记分卡的应用》，《中国企业家》2002 年第 4 期。

处在于它用因果链条连接各个目标维度，注重各个目标维度的平衡，并且指标选择兼顾长期与短期、内部与外部、落后与领先。[①]

平衡记分卡虽然最初是针对营利性组织的绩效评价提出的，但它包含的思想内核却为很多非营利性组织和政府所借鉴，这些组织根据自身的行业特点构建出适合自己的记分卡维度和度量指标。这个思想内核的要点是：澄清及转化公司的愿景和策略；加强部门间的策略沟通，将绩效评估与奖励紧密结合；加强个人目标与组织目标的关联，促使组织成员行动一致，并将组织策略与资源分配相互联结；促进策略的反馈、评估与改进。无论是营利性组织还是非营利性组织，平衡记分卡的思想对构建绩效考核指标的作用具有普遍适用性。[②] 在构建大学教师绩效评价指标体系时引入平衡记分卡思想，有助于克服在评价中普遍存在的一些弊端，例如，缺乏学校远景战略的体现、过于强调短期目标、考核指标覆盖不全面、指标间的因果关联不明确等问题。

第四节　如何利用评价结果激励大学教师

一　激励理论

（一）内容型激励理论

内容型激励理论主要包括马斯洛的需要层次理论、弗雷德里克·赫茨伯格（Frederick Herzberg）的双因素理论（又叫激励—保健理论）、克雷顿·奥尔德弗（Clayton Alderfer）的 ERC（Existence, Relatedness, Growth）理论、戴维·麦克利兰（David McClelland）的后天需要理论。[③]

马斯洛把人的需要分为从低到高五个层次：生理需要、安全需要、社交需要、尊重需要和自我实现需要。每个人都具有这五个方面

[①]　殷俊明、王平心、吴清华：《平衡记分卡研究述评》，《经济管理》2005 年第 2 期。
[②]　殷姿、李志宏：《基于平衡记分卡理论的国内研究型大学教师绩效考核指标体系研究》，《企业经济》2005 年第 5 期。
[③]　郭惠容：《激励理论综述》，《企业经济》2001 年第 6 期。

的需要，但某一时刻只有一种需要是引发动机和行为的主导需要。只有当较低层次的需要获得基本满足后，下一较高层次的需要才能成为主导需要。按照这个理论，如果要激励某个人，就应知道他当前处于什么需要层次上，需要处于什么水平，然后从高到低去依次满足这些需要。

赫茨伯格的双因素理论是以满意和不满意为理论前提的，使人感到满意和不满意的因素可以分为两类：激励因素和保健因素。保健因素是指除工作本身之外的影响员工的因素，如工作条件、薪酬、安全保障等。若缺少保健因素员工会感到不满，但满足这些保健因素员工也不会感到满意，只能说是不会产生不满意感。激励因素是指工作本身各个方面的因素，如成就、挑战、责任、认可等。激励因素是能使员工感到满意、激励员工积极行为的因素。

奥尔德弗对马斯洛的需要层次理论和赫茨伯格的双因素理论进行了扩展和延伸，他承认对人的需要进行分类和分层是有意义的。在综合马斯洛和赫茨伯格的理论基础上，他提出了 ERG 理论，也即将人的核心需要分为三类：生存需要（Existence）、交往需要（Relatedness）和成长需要（Growth）。与马斯洛不同的是，奥尔德弗认为人的需要是一个连续的整体而不是严格的等级层次，层次间的界限并不清晰，也不只是当低层次需要满足后高层次需要才能激励人的行为[1]。

麦克利兰认为影响人行为的需要并非先天的和本能的，而是后天学习获得的。他将这些能激励人行为的需要分为：成就需要、权力需要和归属需要。成就需要是指一个人渴望对工作承担较多责任，喜欢适度的风险，过于简单的工作对他们不具有吸引力。权力需要是指一个人比较在意影响力、名声和控制他人，偏好领导职位。归属需要是指一个人希望建立友好和谐亲密的人际关系，更喜欢合作而不是竞争。

（二）过程型激励理论

过程型激励理论主要包括强化理论、目标设置理论、期望理论和

---

[1] 郝辽钢、刘健西：《激励理论研究的新趋势》，《北京工商大学学报》（社会科学版）2003 年第 5 期。

❖ 第三章 大学教师评价的相关理论基础 ❖

公平理论①。

强化理论是伯尔赫斯·弗雷德里克·斯金纳（Burrhus Frederic Skinner）在20世纪70年代提出的，该理论认为人的行为是对以往行为结果的反射和学习结果，因此是受外界环境影响的。外界环境中的强化因素可以塑造人的行为，比如，一个人因某种行为得到奖励（正强化），那么他很可能会重复这种行为；如果某种行为没得到认可甚至被惩罚（负强化），那么这种行为就不可能再发生。强化理论为分析和控制人的行为提供了简单有力的工具，但也被批评忽视了人的情感、态度、期望等内在心理因素对人行为的潜在影响。

爱德温·洛克（Edwin Locke）提出建立一个工作目标是提高工作效率的主要源泉。目标告诉员工需要做什么以及需要付出多大努力，设置一个有一定难度却可以通过努力实现的目标会比设置一个容易目标更有激励作用。② 另外，对目标实现的情况进行反馈也对产生更高绩效有非常重要的作用。

期望理论是维克托·弗鲁姆（Victor Vroom）提出的，他认为一个人在工作中投入多大的努力，取决于他对目标、付出、绩效和奖励的判断、权衡和选择。如果一个人认为付出努力一定会带来好的绩效，他就会付出更多努力；如果一个人认为良好绩效能带来奖励，他付出的努力也会更多；如果能得到的奖励对自己有很高价值，他无疑会提高自己的努力程度。期望理论作为一个权变激励模型，关键在于它揭示了个人目标与努力程度、努力程度与工作绩效、工作绩效与奖励、奖励与个人需求之间的关系。

1963年约翰·斯塔西·亚当斯（John Stacey Adams）提出了公平理论（Equity Theory），认为个体不仅关注自己的绝对报酬，而且关注自己的相对报酬，也即重视自己的投入与回报跟他人的投入与回报之间的横向比较，这种比较会影响公平感和满意度，进而影响人的行为。亚当斯认为不公平感可能会导致个体采取以下六种行为：改变自

---

① 郭惠容：《激励理论综述》，《企业经济》2001年第6期。
② 马晶：《西方企业激励理论述评》，《经济评论》2006年第6期。

❖ 第一部分 基础与现状 ❖

己投入、改变自己的回报、改变自己的认知、改变对他人投入与回报的看法、选择另一个不同的参照对象、离开工作场所。

管理的精髓就是影响行为,而行为是能力和激励的函数,激励受到个人性格和组织政策以及做法的影响。[1] 不存在一种普遍的理论能解释所有人的个体行为,也没有一种方法是适合所有人的。每一套组织管理方法都包含一套激励员工的思想和方法,不同的方法各有差异。正如艾德佳·沙因(Edgar Schein)所说"我们不应再从社会人和自我实现人的角度来思考问题了,而应从复杂人的角度思考问题。复杂人有许多需要,为了能激励人,所用的方法必须首先认识到需要的多样性"。[2] 对大学而言,能否影响到大学教师的积极性对于有效的大学组织管理至关重要。大学评价活动更多应提倡的是形成性评价而不是终结性评价,评价目的不在奖惩而在促进发展。社会环境对大学教师的多重要求、大学教师工作的复杂性、学术职业的独特性、大学教师作为人的个体特性使得评价活动及利用评价结果激励教师工作变得至关重要却又不容易做好。大学教师评价活动应扩展理论和方法视野,向社会学、管理学和心理学寻求思想和方法论的支持。

二 教师专业发展的理论

人们信奉和采用的认识论视角会影响人们对问题的理解和行动。尤根·哈贝马斯(Jürgen Habermas)认为知识是人类活动的产物,这些活动由自然需要和兴趣驱使。建构知识的兴趣可分为三种:技术认知兴趣、实践认知兴趣和解放认知兴趣(Emancipatory Cognitive Interest),这三类兴趣分别衍生出实证分析科学、历史诠释科学和批判社会科学。[3]

哈贝马斯认为人们用工具改造世界时会形成技术认知兴趣,它促使人们关注对客观事物和现象的过程进行技术规范化处理,并催生了

---

[1] [美]劳勒三世:《组织中的激励》,陈剑芬译,中国人民大学出版社2011年版,第230页。
[2] 同上书,第237页。
[3] 卢乃桂、钟亚妮:《教师专业发展理论基础的探讨》,《教育研究》2007年第3期。

❖ 第三章 大学教师评价的相关理论基础 ❖

实证分析范式的自然科学。在技术认知兴趣和实证分析视角的影响下，人们认为教学、科研工作及教师发展是可观察、可分析的，可以被简化为一系列独立测量的变量，可以借助数学等工具，存在独立于具体情境的普遍理论。一个明显的实践表现是人们通过技术手段去实现某些既定标准（譬如颁布各类教师标准），试图复制和传播"优秀实践"的组成部件。[①] 英国、美国以标准为导向的教师专业发展策略就是这种工具主义模式的典型代表，目的是为教师专业发展确立明确具体的目标。

哈贝马斯的交往行动是指人与人之间透过语言和沟通增进理解，协调各自行动，人类可以通过理性沟通建立共识。在理想的沟通环境中，人们可以自由平等地参与合作探索真理的过程。在这里除了有更好的论点和论据所产生的说服力之外，每个人都没有受到任何权力和权威力量的压力和强迫，从而拥有平等的机会畅所欲言。教师专业发展越来越强调交往理性，关注个人的行动和意义。比如同行交流、师徒制、同伴学习、行动研究、学习共同体等都成为教师专业发展的重要形式，大学除了自身建立校本教师专业发展组织外，还与行业企业、其他团体建立协作关系并构建教师专业发展网络。这些策略无不体现了交往理性的影响，一种强调对话与交流、平等与互惠、互动网络与知识分享的教师专业发展理念。

米歇尔·福柯（Michel Foucault）认为，权力和规训渗透于现代社会生活的方方面面，包括公共教育领域和学校等。权力问题的关键不在于谁掌握权力，而在于权力是如何发生作用和影响的。他提出的规训性权力，实际上是通过规范、监视、检查和评估等手段行使的一种社会管制性权力，大学教师也是这种社会规训机制上的一环。教师规训学生，同时又受上级管理机构的规训，权力和控制无处不在。在这样的权力情境下，要促进教师专业发展，有学者提出要分享权力和权威，提高教师自主性和选择的自由度，另外从批判理论的角度倡导

[①] Ann Lieberman and M. Mclaughlin, "Professional Development in the United States: Policies and Practices", *Prospects*, Vol. 30, No. 2, 2000.

❖ 第一部分 基础与现状 ❖

对教师赋权增能，以重构实践、实践者和实践情境，使教师获得解放。

长期以来，人们从不同视角、不同学科及理论背景来理解教师专业发展，同时存在多种取向，从认识论、理性和权力三个方面来看至少存在上述三种取向，它们具有各自不同的目的和功能。① 从当下的社会和教育变革趋势来看，教师专业发展呈现出标准化的趋势，基于技术认知兴趣的策略受到格外重视。以标准为导向，把教师专业发展简化为技术和理性过程，这种取向导致的问题是让教师的教学、研究和学习本应有的灵魂性的东西失去了，标准化改革使教师不得不顺从外界强加的责任和压力，剥夺了教师反思的时间，减少了教师的自主权和创造性。② 在这种情况下，新的有利于教师专业发展的理念和实践无疑是应该被倡导和推动的。

大学的职能是在不断丰富和发展的，大学教师的职业角色也是多样化的，大学教师的工作是复杂的。正如伯顿·克拉克所言："大学教师被卷入各种各样的矩阵，多种成员资格决定他们的角色和工作内容，号召他们的忠诚，分配他们的权力。各种矩阵的中心是学术工作，学者们同时归属于一门学科、一个研究领域、一个事业单位、一所特定的大学或学院。"③ 这意味着大学教师评价活动并非一项简单的评价工作，它涉及众多利益相关者，尤其是教师自身专业发展关乎高等教育质量和水平的提升。更为完善的大学教师评价需要人们采用多种学科视角和理论视角，对复杂现象做出解释并寻求解决之道。

---

① Ginette Delandshere and A. Petrosky, "Political Rationales and Ideological Stances of the Standards-based Reform of Teacher Education in the US", *Teaching & Teacher Education*, Vol. 20, No. 1, 2004.

② 卢乃桂、钟亚妮：《教师专业发展理论基础的探讨》，《教育研究》2007 年第 3 期。

③ 伯顿·克拉克：《高等教育新论——多学科的研究》，王承绪等译，浙江教育出版社 2001 年版，第 113 页。

第四章 中国大学教师发展状况调查

  本书作者承担的国家自然科学基金面上项目，在对5186位来自全国88所四年制普通公立高等院校的教师的调查中发现：中国大学教师具有年纪轻、学位获得时间短、博士比例高、"近亲繁殖"重、来自农村乡镇多、父母教育程度和职业层次低、自我感觉压力大、职业满意程度高的统计性群体特征；具有周均工作45小时、年均收入近11万、三分之一的人住在政策待遇房、三分之一的人还没有出过国、五分之一的人有可能不再选择本职业、教学科研偏好比例为2∶8、认可的教学、科研、服务三项职能权重分别为40∶45∶15的数据性职业特征。本书认为，大学教师职业最具公平但仍然需要多样化背景的人的加入，入职门槛极高但真是需要提高从业者的发展条件，学术特性明确但要求教师个体更为坚定的学术追求。

  作为持续十年（2004—2014）研究的"变革中的学术职业"国际项目中国子项目研究团队，① 我们曾于2007年秋在全国范围进行了中国大学教师调查，11省68所大学3612名教师返回的有效问卷数据代表着中国大学教师当时的工作与发展状况，来自全球不同地区

---

  ① 沈红：《变革中的学术职业——从14国/地区到21国的合作研究》，《大学研究与评价》2007年第1期。

❖ 第一部分　基础与现状 ❖

的19个高等教育系统的调查总样本超过25000人。① 这项国际合作研究界定的学术职业，正是本书研究对象"四年制本科院校的全日制教师"，因此，"学术职业"和"大学教师职业"可以交替使用。

自2007年大学教师调查后，中国高等教育经历了各种各样的全国性或区域性或学校范围的改革，如大学组织结构调整、博士生教育扩张、留学人员回归、科研经费增长、大学及教师绩效评价加强等来自高等教育系统内部的变化；与此同时，中国经济发展强劲、政治地位提高、军事能力增强、科技影响力扩展、由人口大国走向人力资源强国的进程加速等来自高等教育系统外部的变化，也在很高程度上影响着中国大学教师的职业发展进程。那么，中国大学教师群体的发展现状如何呢？按照国家自然科学基金面上项目"大学教师评价的效能研究——基于全国本科院校的调查"的设计，笔者带领其研究团队于2014年5月至7月在全国范围内进行了以大学教师评价为主要内容的"中国大学教师工作与发展状况"第二轮全国调查，简称"2014中国大学教师发展状况调查"。本章是这轮调查的专题报告。

第一节　抽样问卷调查的设计与执行

一　问卷内容

本基金项目的研究主题是中国大学教师评价的效能。因教师评价涉及教师的个人经历、学术工作、所在大学的组织环境等，我们把调查的范围从教师评价扩展到"教师工作与发展状况"，如此使调查问卷的内容丰富，涉及面宽，50个问题分在四个部分：教师的基本情况，教师的教学与研究，教师的工作及管理，教师的个人与家庭。包括22个填空题、27个选择题、1个开放性问答题。总共223个统计变量。一篇报告难以涵盖该调查的全部分析结果，收入本章的仅是对某些带有比较普遍意义的问题进行初步的描述性分析。更为详尽的、分组的专题分析研究将见本书的后续章节。

---

① 沈红：《论学术职业的独特性》，《北京大学教育评论》2011年第3期。

❖ 第四章 中国大学教师发展状况调查 ❖

二 学校抽样

为了了解大学教师发展状况的纵向动态变化,我们将本团队 2007 年调查的 68 所普通公立四年制院校作为 2014 年调查的基础样本,并加以扩展。根据 2014 年 5 月国家教育部的统计数据,考虑学校的类型(层次)和地域分布,2014 年的调查确定了分布在 13 个行政省[①]的 88 所院校为样本,占全国普通公立四年制本科院校总数的 11%。其中,"985 工程"大学、"211 工程"大学和普通公立本科院校分别为 13 所、24 所和 51 所,分别占 39 所"985 工程"大学、74 所"211 工程"大学、669 所普通本科院校的 33%、32% 和 8%。从地域分布看,来自东部、中部和西部地区的院校分别有 43 所、24 所和 21 所,均占所在地域普通公立四年制本科院校数的 11%。可见,学校层面的抽样样本具有良好的代表性。

然后,我们人工检索 88 所样本院校"官网"公布的所有教师的个人联络方式,得到 35418 位教师的邮件地址。通过"问卷星网络调查软件"向这些教师发送参与调查邀请信,并附上调查问卷链接。根据网络调查软件的自动反馈,此邀请信成功到达 21533 个邮箱,我们视此邮箱数为问卷发放数。最终回收有效问卷 5186 份,回收率为 24%。调查执行时间为 2014 年 5 月 20 日至 7 月 20 日。所用数据统计工具为 SPSS19.0。

三 个体样本

我们从八个维度对调查的个体样本分类。院校层面有教师所在大学的类型和地域;职业层面有教师的学位、职称和所在学科;人口统计学层面有性别、年龄和儿时成长地(由于接受调查者中 94% 为已婚、97% 为汉族,所以本章将不从婚姻和民族的角度进行分析)。调查显示,在院校层面,来自"985 工程"大学和一般本科院校的教师

[①] 调查的 88 所院校所在的 13 省市是:东部 7 省市:北京、广东、河北、江苏、辽宁、山东、上海;中部 3 省:黑龙江、湖北、江西;西部 3 省:陕西、四川、云南。

比例大致相同（分别为38%和37%），来自中部和西部院校的教师比例相同（均为22%）；职业层面，最高学位为学士、硕士、博士的比例分别为2∶10∶88，经历过博士后科研流动站训练的大学教师占到被调查总数的35%，讲师、副教授、教授的比例分别为20∶42∶38，学科结构上，理、工、文、管、医①的比例分别为17∶51∶10∶14∶8；男女性别比例是72∶28，年龄上若以40岁为界的话，则40岁以下和40岁以上的比例分别为51∶49（其中35岁及以下者占26%）；高中前成长在乡镇、中等城市、大城市的比例分别为57%、28%和15%（见表4—1）。

表4—1　　　　5186位接受调查教师的个体样本分布　　　　单位:%

院校层面						职业层面								
院校类型			院校地域			学位/博士后				职称结构			学科结构			
985	211	一般	东	中	西	学士	硕士	博士	博后	中级	副高	正高	理	工	文	管	医
38	25	37	56	22	22	2	10	88	35	20	42	38	17	51	10	14	8

人口统计学层面										
性别结构		年龄结构				高中前成长地分布				
男	女	≤35	36—40	41—50	51—60	>60	农村	乡镇	县级市	地级市	省会城市
72	28	26	25	32	15	2	44	13	14	14	15

第二节　大学教师的个人及家庭状况

　　大学教师的学位获得及近亲繁殖状况、家庭社会经济背景、收入住房及基本家庭生活是本次调查拟了解的有关教师个人与家庭的最基本的问题。

---

　　① 学科分组："文"含文学、历史学、哲学、法学、教育学；"管"含经济学和管理学；"医"含医学、生物和生命科学。本研究已将调查中样本数较少的农学、艺术学、军事学的数据剔除。

❖ 第四章 中国大学教师发展状况调查 ❖

一 大学教师的学位与近亲繁殖

（一）教师的学位及获得年代

从表4—1中我们已知接受调查的大学教师的学位结构，还从调查数据库中得到这些教师的所有学位的授予机构。图4—1则清楚地展现这些学位获得以及博士后出站的时间序列，我们可作如下分析。

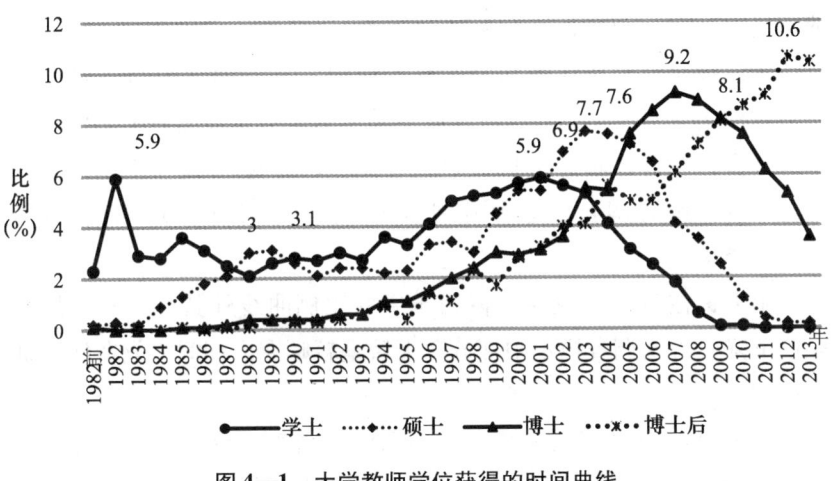

图4—1 大学教师学位获得的时间曲线

第一，1982年是"文化大革命"后经"高考"入学的第一和第二届大学生的毕业年（77级和78级分别于1982年的1月和7月毕业），在被调查的大学教师中于该年获得学士学位的比例迄今仍为最高（5.9%），在1949年后的中国学位制度史上也只有2001年达到与此相同的比例，5.9%。

第二，2002年获得硕士学位的教师的比例（6.9%）超过了该年获得学士学位教师的比例并且一直持续这个"超过"，历史上的1988年（3%）和1989年（3.1%）曾有过硕士学位获得者比例"超越"学士学位获得者比例的情况，但1990年时立即回落。

第三，从2005年开始，调查样本中获得博士学位的教师比例（7.6%）开始超过获得硕士学位的教师比例，并一直持续下去。

❖ 第一部分 基础与现状 ❖

第四，尽管博士后不是一级学位但我们也想在这里加以讨论。2009年从博士后出站的教师的比例（8.1%）与获得博士学位教师的比例基本相同，但随后呈"两线背离"的"剪刀差"，博士后比例一路走高而"新科博士"比例的趋势向下，总体上显示出博士后比例强劲增长的"一枝独秀"。

第五，从21世纪获得学位的比例曲线的走向与顺移程度中发现，2001、2003、2007年分别达到获得学士（5.9%）、硕士（7.7%）、博士（9.2%）相应比例曲线的"峰值"，然后，三曲线向右平移，且博士曲线与硕士曲线的间隔比硕士曲线与学士曲线的间隔要宽许多。这说明，对个体而言，攻读博士学位的年限比攻读硕士学位的年限长许多；对群体而言，中国大学教师的入职门槛在逐年提高。

第六，接受调查的教师中博士后出站时间以2012年达到最高，10.6%。

第七，在2010年之后，除博士后的比例曲线外其他三曲线都大幅度下降，说明调查样本中部分博士后是教师在岗期间完成在站科研经历的。

综合表4—1中的样本年龄分布和中国高等教育的学制，总体上看，大学在岗教师中的多数是在21世纪获得他们的各级学位的，调查中包括34.8%的学士、58.8%的硕士、85.6%的博士，89.9%的博士后出站。[①] 当然，不同层次学位获得者的比例峰值出现的年代与中国高等教育大众化发展背景相关，与研究生教育的发展规模相关，与中国发展博士后制度的指导思想相关，也与不同层次（级别）高等教育的就学年限相关。

（二）教师的学术近亲繁殖

2007年北京大学曾对北京市22所高校的3220个教师样本进行了调查，揭示出北京市大学教师"任意学位"的近亲繁殖率为25.7%。[②] 2008年北京师范大学对全国高校的4890个教师样本进行

[①] 来自本调查的统计数据。
[②] 陈苑、阎凤桥、文东茅：《北京市高校教师学缘关系与职业发展轨迹的调查与分析》，《大学研究与评价》2008年第3期。

❖ 第四章 中国大学教师发展状况调查 ❖

了调查，揭示的是大学教师"最高学位"近亲繁殖率为28.3%。①图4—2显示的是2014年本调查中中国大学教师在多种定义下的近亲繁殖率。首先看"最高学位近亲繁殖"，指的是教师的终极学位是在现任职学校获得的，学士、硕士、博士的近亲繁殖率分别为34%、39%、39%，可谓不低，并高于上述2008年北京师范大学调查的28.3%。可表达近亲繁殖程度的"多学位近亲繁殖"的数据显示，一个、二个、三个学位是在现任职大学获得的比例分别为15%、14%、16%，本章称三个学位都在任职大学获得的情况为"单一学缘"或"三土同校"，这是一种"重度"的近亲繁殖。这三比例之和45%为"任意学位近亲繁殖"，高于上述2007年北京大学调查的25.7%。尽管2007、2008、2014年调查的院校层次不同（上两项调查都包含有高职高专院校），三套数据无法对等比较，但仍可从总体上看出中国大学教师近亲繁殖状况比前几年更加严重（当含有高职高专院校在内时，其近亲繁殖率低于不包含此类高校时的情况，因为此类高校没有学位授权点）。本书特别关注16%的"学位近亲"和

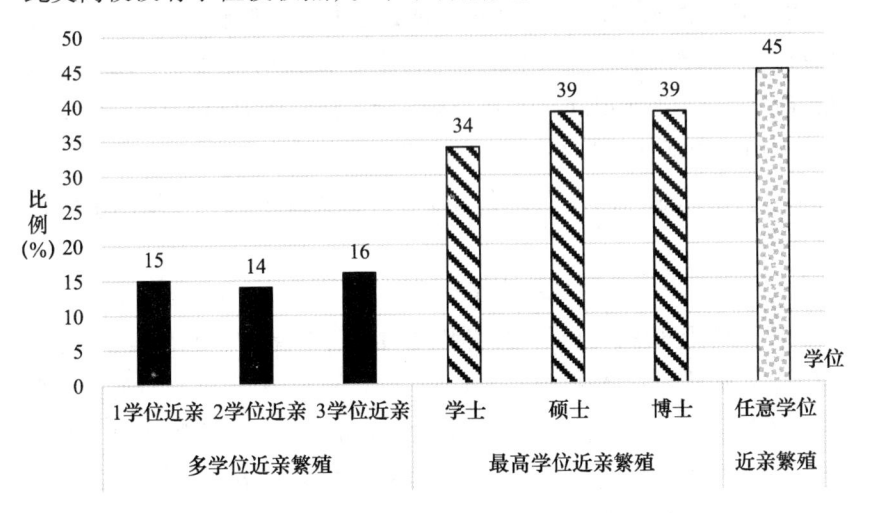

图4—2 大学教师的近亲繁殖

---

① 林杰：《中美两国大学教师"近亲繁殖"的比较》，《高等教育研究》2009年第12期。

39%的博士学位近亲繁殖率。需要说明的是，本数据是88所大学5186位教师调查的均值，若区分学校和/或教师个体差异，某类学校或某类教师群体的近亲繁殖率一定会高于总体均值。分析国内外相关文献和近年来中国许多研究型大学的政策限定，可以发现，中国的大学已经意识到近亲繁殖对教师本人成长、对学术创新环境、对大学繁荣进步均不具有正向意义。

二 大学教师的家庭社会背景

（一）教师本人的成长地

我们认为，在中国，进入高中前的成长地可视作其本人的来源地。按中国经济发展程度将此来源地划分为五个层次：农村、乡镇、县级市、地级市、省会城市。在接受调查的5186人中，来源于农村和乡镇的人分别占44%和13%，两者之和为57%；来自县级市和地级市的人的比例均为14%，两者和为28%；来自大城市即省会城市和直辖市的大学教师占15%。也就是说，大学教师中的多数来自农村和乡镇。中国高等教育地理的现实是绝大部分四年制高校建在省会城市，少量建在地级市。也就是说，不足30%的教师本人在省会城市（15%）和地级市（14%）长大，但100%的教师带着他们的子女"当然地"生活在这些大中城市里。可以说，在大学教师的子女辈与其本辈的来源地上，教师子辈较教师本辈实现了"完整地向上地社会移动"。

（二）教师家人的受教育程度

中国的现实是，父母受教育程度与被调查者的家庭社会经济背景相关。我们将受教育程度分为研究生、本科、专科、高中、初中、小学、未接受过学校教育等7档。图4—3可见，30%的教师的父亲或母亲没有接受过学校教育（父为8.4%，母为21.6%），53%的教师的父亲或母亲只接受过小学教育（父为24.9%，母为27.9%），这是一个严峻的事实：82.8%的教师的父亲或母亲的受教育程度低下。我们不讨论作为中间段的接受中学教育的情况。在高等教育段，分别有23%和23.8%的教师的父亲或母亲接受了大学本科和专科教育，只

❖ 第四章 中国大学教师发展状况调查 ❖

有 63 位和 19 位教师的父亲和母亲接受过研究生教育。若看大学教师本辈的学历情况，分别有 57.1%、32.5% 和 8.1% 的教师的配偶（总计 97.7%）接受过研究生、大学本科和专科教育，接受调查的大学教师本人是 88%、10% 和 2% 的博士、硕士和学士。可以说，在教育程度上，教师本辈较其父辈实现了"完整地向上地社会移动"。

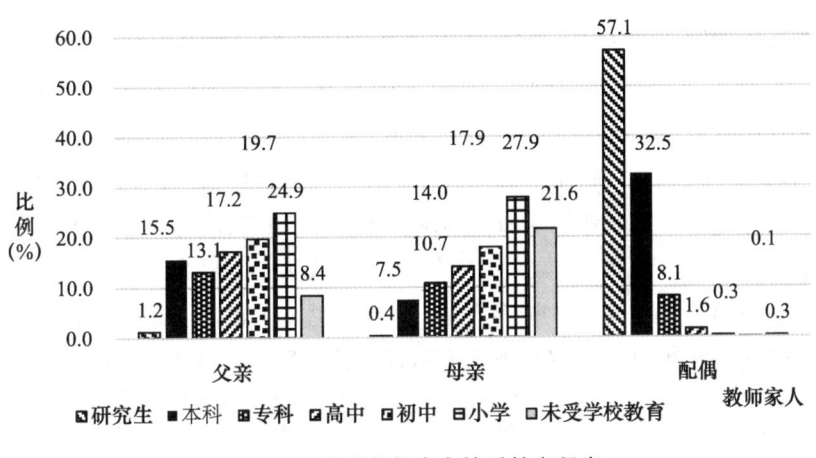

图 4—3 大学教师家人的受教育程度

（三）教师父母的职业类型

人们所从事的职业类型以及该职业所处的社会层次能说明家庭社会经济背景状况是中国的国情。本章借鉴了"社会阶层"划分，[①] 借鉴国家统计局的相关资料，补充了"农民工"阶层，并根据"不同人群的收入差别"，[②] 将 11 个职业由高到低划分为四个社会层次：最高层为国家和社会管理者、经理人员和私营业主；次高层为专业技术人员（教师、医生、军人）和个体工商户；第三层为企事业单位员工和商业服务人员；最低层为产业工人、农民工、农业劳动者、无业/失业/半失业者。基于中国社会现实，本章认为，家庭所处的社

---

① 陆学艺：《当代中国社会阶层研究报告》，社会科学文献出版社 2002 年版，第 10—23 页。
② 百度百科：《农民工》（http://baike.baidu.com/subview/39288/5036046.htm）。

❖ 第一部分 基础与现状 ❖

阶层位置可根据夫妻双方中居高的一方确定。因此，我们的调查结论可以以父亲或母亲的职业层次来判断：分别有 11.4% 和 3.9% 的教师的父或母的职业处在最高层次（父母之和也只是 15.3%，其中明显的是作为国家或社会管理者的父亲占 9.2%），但分别有 41.6% 和 52.2% 的教师的父或母的职业处在最低层次（父母之和为 93.8%，其中最为明显的是作为农业劳动者的母亲占 32.4%），在教师的父亲或母亲的职业层级上，处在最低层次的人是处在最高层次的人的约 3.65 或 13.4 倍。当教师父母的职业处在第二层次时，主要集中在专业技术人员上（20.7% 的教师的父亲）。分别为 41.5% 和 36% 的教师的父或母的职业处在第二和第三层次之和。① 这样看来，接受调查的大学教师的父母职业居于社会职业最低层级组的比例超过 40%（父亲）甚至超过一半（母亲），见图 4—4，而大学教师本辈都居于社会职业的第二层次（专业技术人员）。可以说，在职业层次上，教师本辈较其父辈实现了"完整地向上地社会移动"。

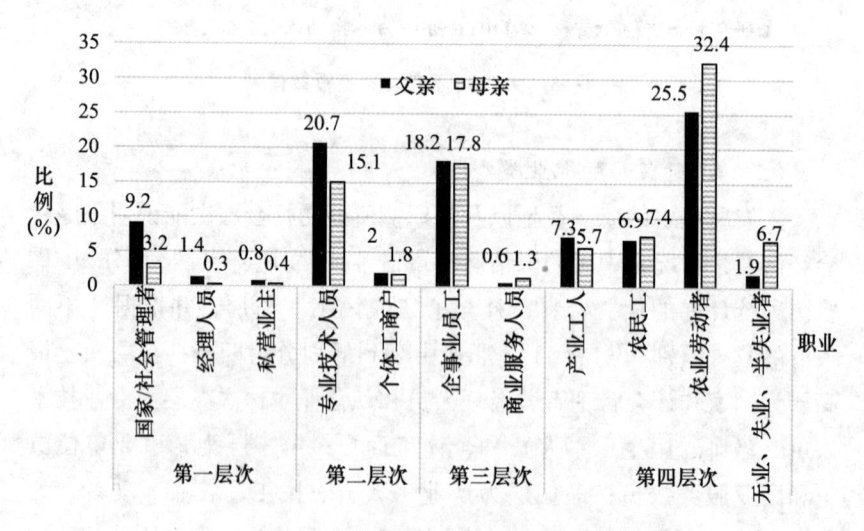

图 4—4 大学教师父母的职业类型

---

① 本书将接受调查者选择的"以上 11 种职业外的其他职业"数据未列入计算。

❖ 第四章 中国大学教师发展状况调查 ❖

(四) 教师感知的社会地位

现实社会中人们判断自己所处的社会地位,不仅依据其家庭所在地、父母的受教育程度和职业状况,还要看其"朋友圈",农民交往的主要圈子在"农"中间;专业技术人员周围的朋友主要是知识分子;高级干部的社会圈子基本上处在社会的最高层里,这说的正是"物以类聚、人以群分"。对自己所处社会地位的更深刻的判断,不仅来自"量"(如有多少钱和多少房等),更来自"感受",如本人感受到的受他人尊重的程度。为此,2014年大学教师调查询问了教师们对"本人及父母所处社会地位的感性认识",并给予六个阶层作为选项:上上层、上层、中上层、中下层、下层、底层。

图4—5横轴的从右向左表明大学教师感知的社会阶层地位的从低到高。随着父辈向子辈的代际传递,"社会地位感知曲线"从右向左移动,即感知的社会地位上升:母亲和父亲所处社会地位感知曲线的峰值分别在"下层"(35.3%)和"中下层"(33.7%)段,教师本人所在社会地位感知曲线的峰值在"中上层"(51.1%)段。分别有48.2%和41.3%的教师认为自己的母亲和父亲居于社会底层和下层之和;但近91.8%的教师认为自己居于社会中层。教师本辈与其

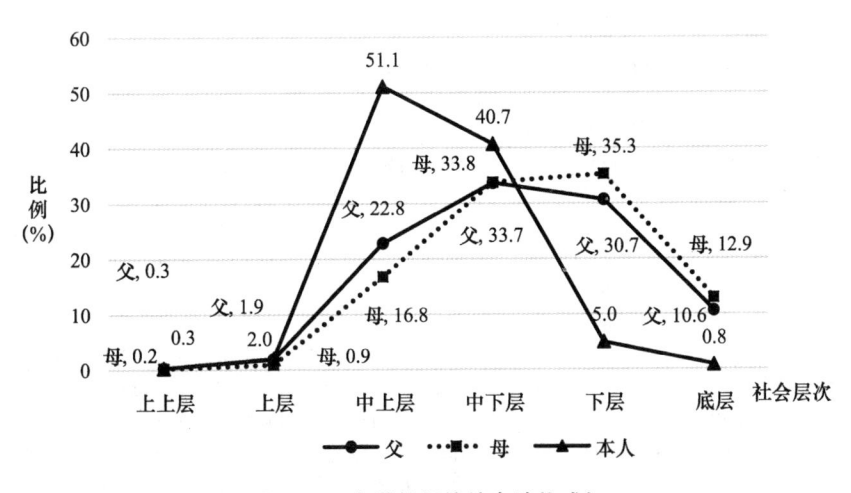

图4—5 大学教师的社会地位感知

父辈在"社会上层"和"社会上上层"两段上的比例几乎一致。

总体上看,分别有90%以上和6%以下的大学教师对本人所处的社会地位感知是"中层"和"下层+底层",感知父或母居于"中层"的教师居56.5%—50.6%的范围,感知父或母居于"下层+底层"的教师处在41.3%—48.2%之间。结合以上所说的子辈较父辈"来源地的向上移动""教育程度的向上移动""职业阶层的向上移动",我们可以说,大学教师本辈较其父辈感知到的"社会地位是向上流动的"。

三 大学教师的基本生活状况

（一）教师的税前应发收入与期望税前收入

收入不仅是个经济问题,也是一个社会问题和政治问题。2014年5月国家统计局在对16个行业的87万家法人单位进行了工资调查后分五个岗位发布了"2013年不同岗位平均工资情况"[1]。笔者认为,大学教师处在"科学研究和技术服务业"行业和"专业技术人员"岗位的两线交会点上[2],统计局公布的2013年在此交会点上的就业人员的平均工资为99916元。我们于2014年夏天进行的本次调查询问的正是接受调查教师2013年度从所在学校得到的税前应发收入和期望税前收入。

统计教师们反馈的收入数据,从图4—6中有以下发现:第一,如果把10万以内、11万—20万、20万以上分别作为收入低段、中段和高段的话,大学教师的税前应发收入曲线主要落在低

---

[1] 国家统计局：《2013年不同岗位平均工资状况》（http://www.stats.gov.cn/tjsj/zxfb/201405/t20140527_558611.html）。

[2] 五个岗位包括：单位负责人，专业技术人员，办事人员和有关人员，商业、服务业人员，生产、运输设备操作人员及有关人员。其中的专业技术人员：指专门从事各种科学研究和专业技术工作的人员。从事本类职业工作的人员，一般都要求接受过系统的专业教育，具备相应的专业理论知识，并且按规定的标准条件评聘专业技术职务，以及虽未聘任专业技术职务，但在专业技术岗位上工作的人员。上述分类及两线交会点均参见中研网讯《统计局公布2013年不同岗位平均工资情况》（http://www.chinairn.com/news/20140527/112244178.shtml）。

❖ 第四章 中国大学教师发展状况调查 ❖

段内，期望税前收入曲线主要集中在中段内。第二，税前应发收入曲线的五个峰值分别出现在 6、7、8、10、12 万元上（人数比例和 59.8%）；期望税前收入曲线的五个峰值分别出现在 10、12、15、20、30 万元上（人数比例和 73.7%）。第三，在税前应发收入曲线中，用本书的说法，处在低收入段内且 6 万元以下的人占 8.1%，处在高收入段内且 20 万元以上和 30 万元以上的人分别有 4.8% 和 1%。第四，期望税前收入曲线较实际收入曲线向高端移动，从移动的幅度来看，大学教师对收入的期望值并不是"漫天要价"。

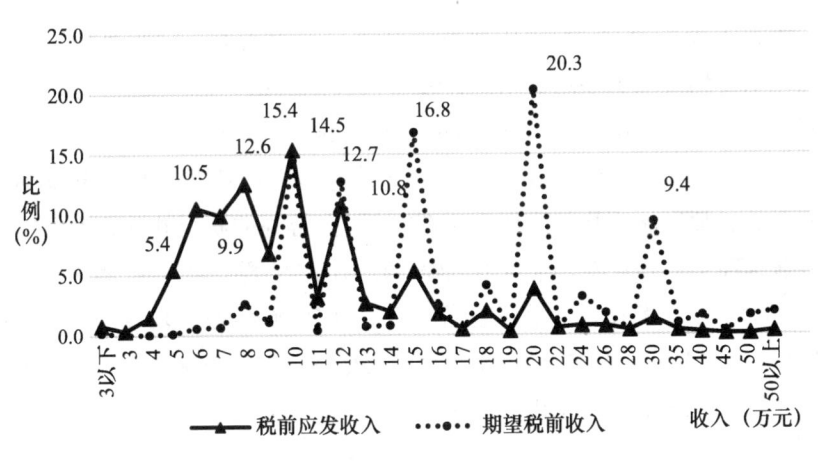

图 4—6 大学教师的收入（2013 年实际值和期望值）

本书将年收入低于 4 万元的 61 个样本和高于 40 万元的 22 个样本不进入均值计算，这样，该题的有效样本总数为 5103 人，他们 2013 年的税前应发收入均值为 10.8 万元，比国家统计局调查的 9.99 万元高出 8%，但我们得到的税前应发收入中位数和众数都为 10 万元，与国家统计局的数据基本一致。教师们期望税前的年收入均值为 18.5 万元，比税前应发收入高出 70%，中位数和众数分别为 15 万元和 20 万元。当然，如果我们进行学校、学科、职称、年龄的分组，各组均值一定会发生变化。

(二) 教师的住房和日常生活

在当代中国的衣、食、住、行中,"住"为第一要务。我们把中国人现有住房情况分成了六类。从调查反馈来看,大学教师所在的学校组织为教师住房提供了重要的支持:分别有22%和13%的教师住在学校福利房和学校周转房内,合计达35%;53%的人购买了商品房;租房居住的人近9%;住在父母房子里的教师为3%。令人担忧的是,如果单位福利房和周转房政策因全国性的房产改革政策而取消的话,将有超过三分之一住在单位福利房和周转房的教师面临住房上的极大困难。

在日常生活的时间分布上,我们发现了三点。第一,12%的大学教师不做家务,日均1小时和2小时花在家务上的教师比例分别为43%和26%。第二,完全不进行身体锻炼者达到45%,另外的50%的教师日均锻炼1小时。第三,93%的人的睡眠时间在6—8小时之间,其均值为7小时,但有5%的教师的睡眠时间在6小时以下。

总结大学教师的个人及家庭状况并进行纵向比较,2014年调查得到的教师发展现状与本团队2007年调查得到的状况相比,有两个显著提高:一是拥有博士学位的教师的比例显著提高,从25%提高到88%;二是教师的年收入显著提高,从2006年收入均值4.7万元提高到2013年收入均值10.8万元。这是中国大学教师队伍随时间演变而发生的两个正向变化。

第三节 大学教师的工作及发展状况

大学教师工作时间的长短及在不同类型的学术工作上的时间分配、教师们对教学与研究的偏好及工作绩效数据、教师们出国参加学术交流的次数及时间长短,成为本次调查了解的有关教师工作与发展状况的基本问题。

一 大学教师的工作时间及教学研究偏好

2007年的调查得到来自68所大学3612名教师的周工作时间均值是40.2小时(在有教学任务的学期里),当年仅韩国、日本、加

❖ 第四章 中国大学教师发展状况调查 ❖

拿大的大学教师的周工作时间超过了 50 小时。[①] 在 2014 年的调查中，我们仍将大学教师的学术工作分为教学、研究、服务和管理四类，尽管在统计中我们常常把服务与管理合并为"大学的第三职能"。本次调查发现，大学教师的教学、研究、服务与管理的周工作时间均值分别为 13.7、22、4.4 和 5.4 小时，总计为 45.5 小时，比 2007 年调查的数据增加了 5.3 小时。若按一周五个工作日计算，日人均学术工作时间为 9.1 小时。若将周时间按教师们实际花费的时间比例分配在三类学术工作上，则为教学 30%，科研 48%，"服务 + 管理" 22%，可以大致归整为教学：研究：服务 = 3：5：2。

我们需要了解教师的工作意愿，即在教学与研究上的偏好。从图 4—7 已知，现今大学教师实际上的教学时间与研究时间的大致比例为 13.7：22 = 38：62 ≈ 4：6。我们问卷中的另一个问题是"教师的主要兴趣"并给出了四个选项。结果是，对"教学，教学与研究但更倾向于教学，教学与研究但更倾向于研究，研究"反馈的比例分别为 2.2%，18.5%，70.4% 和 8.9%。也就是说，纯粹从偏好来说，分别约 2.2% 和 8.9% 的教师对教学和对研究具有高纯度的意愿。在余下的约 88.9% 的对教学与研究都有兴趣的教师中，更倾向教学与更倾向研究的教师的比例约为 20：70。若将兴趣在"教学"与"更倾向于教学"、兴趣在"研究"与"教学与研究但更倾向于研究"进行两两合并，来表达教学与研究的倾向性意愿，即偏好，其比例是 20.7：79.3 ≈ 2：8。

将教师偏好上的"教学：研究 ≈ 2：8"与教师实际工作时间分布上的"教学：研究 ≈ 4：6"进行对照分析，发现偏好与行为之间在方向性上是吻合的（教学少于研究）但程度上有差异。只有 20.7% 的教师偏好教学但教师们花了近 38.4% 的时间在教学上；同理，79.3% 的教师偏好研究但教师们花了 61.6% 的时间在研究上。[②] 其内在机理，最低教学工作量限定和研究在评价上的重视对教师的偏

---

① U. Teichler, A. Arimoto and W. Cummings, *The Changing Academic Profession: Major Findings of A Comparative Survey*, Dordrecht: Springer, 2013, pp. 98 – 102.

② 这里仅讨论教学与研究的时间分布。图 4—7 显示的周教学时间为 13.7 小时，周研究时间为 22 小时，分别占教学与研究时间和的 38.4% 和 61.6%。

好与行为起到了调节作用。

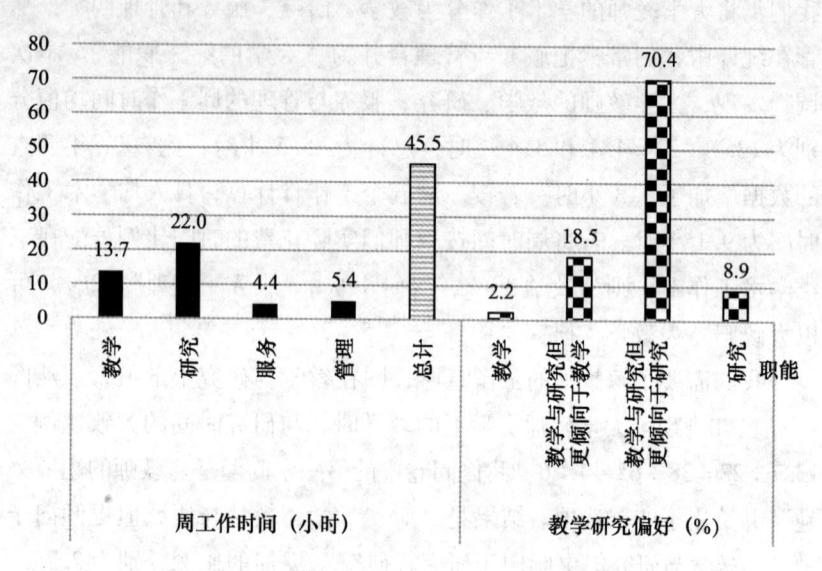

图4—7 大学教师的周工作时间和教学研究偏好

我们对教师周工作时间的具体分布进行了细致分析。第一，在教学上所花时间较多的教师集中在时间轴的低、中段（≤20小时），每

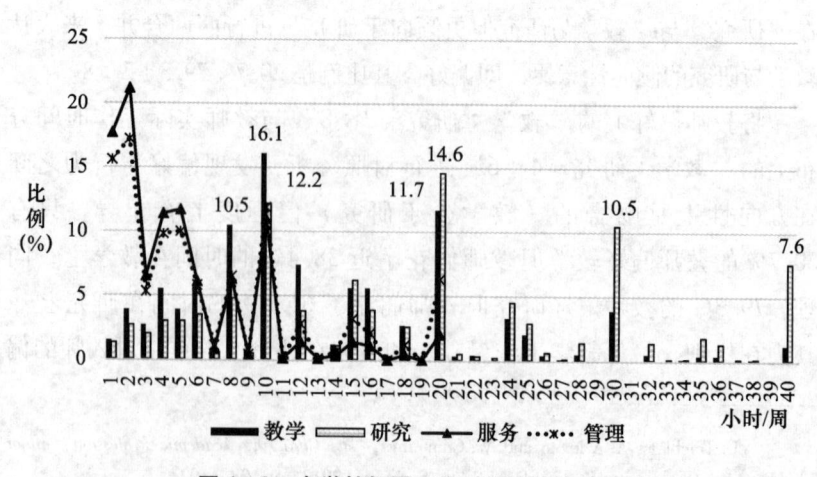

图4—8 大学教师周工作时间的具体分布

周教学 8、10 和 20 小时的人分别有 10.5%、16.1% 和 11.7%（总计 38.3%）。第二，在研究上所花时间较多的教师集中在时间轴的中、高段（≥10 小时），12.2%、14.6%、10.5% 和 7.6%（总计 44.9%）的教师花在研究上的时间分别为 10、20、30 甚至 40 小时。第三，唯有"每周 10 小时"将四种学术工作类型汇聚在一起，分别都有超过 10% 的教师在教学、研究、服务、管理上的周工作时间各为 10 小时。

本章还没有对接受调查教师所在大学的类型和地域进行分组，也没有对教师个人的学科、职称、性别、年龄等进行分组。如果我们做了组间差异分析的话，就会发现，教师的周工作时间长短及在具体学术工作类型上的时间分布，教师的教学与研究偏好，与总体均值相比将是不同的。

二　大学教师的教学与研究工作数据表征

中国大学已尝试用多种方法来考查教师的工作绩效，但任何一种考查方法都会给教师带来一定程度的伤害，因为他们从事的是一种特殊的学术职业，这种职业强调学术自由，强调学术产出上的精神性、深刻性、长远性，而这些特点与一般意义上的绩效评价是不匹配的。绩效，即 performance，是可从外部看到和被测量的，对学术人员的绩效评价难以甚至根本不能反映这一特殊群体的工作成就与学术贡献，因此本书并不分析大学教师工作绩效本身。但我们又难以跳出"俗套"，若不用教师们的教学任务和科研项目的执行数据、不用科研成果发表及出版数据、不用学术活动参与数据，就难以给教师们的日常学术工作一个"画像"。

我们询问的是教师近三年执行的学术工作任务。表 4—2 显示了被调查教师作为主讲人的课堂教学任务执行数据，作为负责人的科研项目执行数据，作为独立或第一作者的成果发表/出版数据；还有上一学年参加学术活动的记录性数据。

◆ 第一部分 基础与现状 ◆

表4—2　　　　　　　大学教师在教学和科研上的数据表征

近三年	课程教学	本科生公共课	66%的人无。在有课者中，56%为1门，28%为2门
		本科生专业课	22%的人无。在有课者中，41%为1门，33%为2门
		硕士生课程	37%的人无。在有课者中，61%为1门，26%为2门
		博士生课程	81%的人无。在有课者中，78%为1门，14%为2门
		课程教学总结	4%的人没教学。在有教学的人中，1门和5门课者为10%，2门和3门课者为25%，4门课者近20%
近三年	课题执行	国家级课题	44%的人无。在有这级课题的人中，近70%是1项
		省部级课题	48%的人无。在有这级课题的人中，近60%是1项
		国际合作课题	91%的人无。在有这类课题的人中，近80%是1项
		课题执行总结	12%的人没课题（不含所在学校的校内课题）
近三年	科研成果	专著	83%的人无。在有这类出版的人中，近80%是1本
		编/译著，教材	77%的人无。在有这类出版的人中，近70%是1本
		CSCI，CSSCI，全国中文核心	34%的人无。在有发表的人中1—15篇达90%。其中1、2、3和5篇分别为13%、15%、14%和12%，4篇为7%，6和10篇均为8%
		科研成果总结	6%的人没成果（含出版发表、咨询报告、专利、程序与艺术作品）
上一年	活动	学术会议	分别有20%和60%的人没有参加国内和国际学术会议
		申请课题	10%的人没有申请课题的行动（无论成功与否）
		撰写论文	分别有3%和60%的人没写科研论文和教学改革论文（无论发表与否）

在教学工作上，34%和78%、63%和19%的被调查教师分别承担了本科生公共课和专业课、硕士生课程和博士生课程；在授课门数统计上，3年上4门课的人为20%，上2门和3门课的人都为25%，上1门和5门课的人都为10%；但有4%的人3年中没有授课。尽管本章目前尚未将教学工作量统计到"人"，但由实践可知教师们之间存在诸多的"忙闲不均"。我们的调查还得到了教师教学工作时数和上课班级学生数，但由于数据过于复杂繁多，本章暂不涉及。但可知道的是，教师调查也只能得到教师教学工作的数量特征，难以得到教师的教学态度状况、教学内容的前沿状况、学生的学习效果等。

在课题执行上，56%和52%的人分别承担有国家级课题和省部

❖ 第四章 中国大学教师发展状况调查 ❖

级课题；仅9%的人承担有国际合作课题。若不计所在大学支持的（我们称为"校内"）研究课题，三年中有12%的人没（作为负责人的）课题。调查还得到了教师的来自企事业单位委托的项目（我们称为"横向"）情况，得到了教师们承担各级各类项目的经费数额。也是因为数据过于复杂，本章不准备进行相关分析。但可以明确的是，本调查无法得到教师对科研项目的执行过程情况，以及这些项目所研究的问题的前沿性程度。

中国大学的教师评价特别强调科研成果的发表与出版。在作为独立或第一作者的学术成果数量上，17%和23%的人分别出版有专著和编/译著或教材；在国内有较高质量认可度的"CSCI，CSSCI，全国中文核心"[①] 期刊上，有34%的人没有发表文章，66%的人有发表，其中三年间共发表1篇、2篇和3篇论文的人接近15%。也就是说，近三年中绝大多数教师没有出版著作，34%的人没有发表期刊文章。尽管三年时间对"重要""重大"项目来说，发表和出版都为时过早，但如此多的教师在三年内的出版和发表是如此的少，还有6%的人没有任何科研成果，仍是值得中国科学界和高等教育界所关注的。当然，可以预见的是，学科、学校、教师个体的差异性是影响教师学术发表的重要因素。

为了排除课题获得和出版发表上可能存在的外在影响，我们还了解教师们参加学术工作的主动性。在接受调查的上一学年中，20%的人没有参加国内学术会议，60%的人没有参加国际学术会议，10%的教师没有申请课题的行动（无论成功与否）；3%的教师没有撰写科研论文和60%的教师没有撰写教学改革论文（无论发表与否）。

调查还针对教学、科研和总体工作询问教师们关于工作压力的感受。结果是，教师们感受到的科研压力大于教学压力。57%的教师认为科研压力大，其中12%的人感到科研"严重超负荷"。相对而言，

[①] CSSCI，即 Chinese Social Sciences Citation Index，中国社会科学引文索引。
CSCD：即 Chinese Science Citation Database，中国科学引文数据库，前身是 CSCI。
全国中文核心期刊，见北京大学图书馆的《中文核心期刊要目总览》。

◆ 第一部分 基础与现状 ◆

近39%的教师认为他们的教学压力大,其中近8%的人是"严重超负荷"。51%的人认为"总体工作超负荷",另外的16%的人感到是"严重超负荷",[①]也就是说,三分之二的教师已感到他们的学术工作是超负荷运转的。这些从调查中反馈的数据需要引起高等教育主管部门和教师所在大学的严重关切。

三 大学教师出国交流的次数与时间长短

在高等教育国际化发展的今天,在教学科研一线上的大学教师的出国经历(含次数及时间长度)对其学术工作是有重要影响的,在科学的前沿性、知识的深度和宽度、视野的广度和长远上,从没有见过任何研究来揭示国际学术交流对大学教师学术发展的负面意义。也就是说,国际学术交流可对大学教师发展产生"正能量"已是不言而喻的。但是,在接受调查的5186名大学教师中,33%的教师没有出国经历。在已有出国学术交流经历的教师中,45%的出国一次,23%的出国二次,也就是说,出过国的教师中的68%是出国1—2次。

再看出国交流的教师在外单次持续时间的长短:15.3%的人只是在一个月之内,无论是参加会议、会谈还是参观;6.4%和9.3%的人分别是3个月和半年;持续一年的比例为峰值达到30.1%,在现行的大学教师出国政策和资助条件下只可能是国家留学基金委员会的各类出国访学计划所产生的成效。能在国外持续学习交流超过一年的人的比例是非常低的,其中,达到一年半的人为2%,持续二年者的比例达到一个小峰值5.5%。持续时间长于二年者总计达到15%,结合在国外得到各级学位的人数来看(学士、硕士、博士三级学位分别为18、138和412人,博士后681人。这些数据落实到个体会有重叠),在国外持续2年以上的教师的主体是在外攻读学位或进行博士后研究的人(见图4—9)。

调查中另有一个与国际化相关的问题,请教师们为"您在教学

---

① 来自本调查的统计数据。

❖ 第四章 中国大学教师发展状况调查 ❖

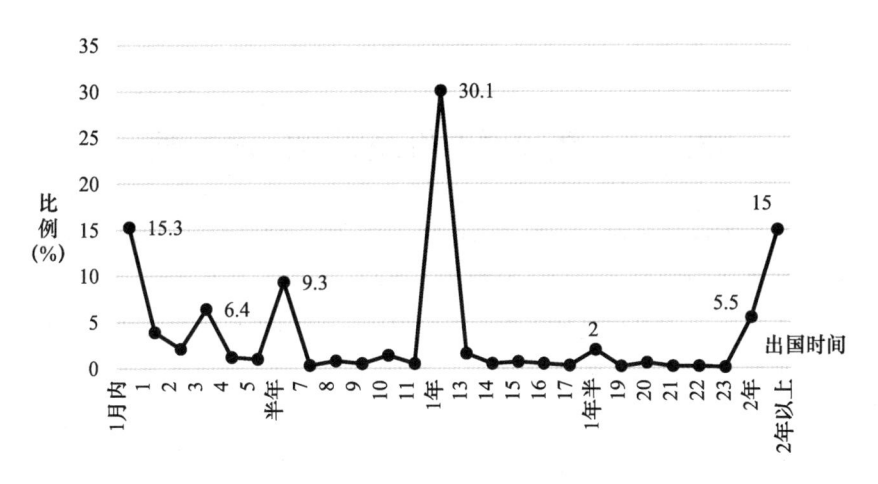

图4—9 大学教师最长的单次出国时间

中注重国际化视角或国际化内容"做出符合自己情况的判断。令人高兴的是，26.6%和47.6%的教师认为自己"非常符合"和"符合"。认为自己"不符合"和"非常不符合"的人之和只有3.3%。① 既然教师们很愿意、也尝试着在教学中与学生分享有关领域的国际进展，那么政府和大学就有责任为他们提供条件，给以一些使其能够亲身参与、至少是现场观察国际前沿研究的机会，以便能够把真实的国际学术新进展带到自己的教学和研究中来。

总的来看，出国学术交流的次数和时间长度对大学教师职业发展的影响"无论怎样说都不过分"。现行政策改善存在空间：除参加重要的国际学术会议外，要减少大学教师短期访学项目，特别是那种仅提供3个月资助的项目，增加访学一年的机会；有财力和具有国际眼光的大学，对某些专业和某些有国际合作前景的教师，要提供到世界一流大学和科研机构以及有卓越表现的学科平台上，进行为期2年的访学机会。在科研项目的经费额度已提高、各类协同创新和合作研究机会已增加的条件下，拓宽用于国际学术交流资金的渠道成为可行。当然，大学教师出国事务管理的科学运作和长远目标也需要提上议事

---

① 来自本调查的统计数据。

❖ 第一部分 基础与现状 ❖

日程。

第四节 教师对评价及职业的满意度

大学教师必须接受学校实行的年度考核和晋升评价。教师们是怎样看待课堂教学评价的呢？对教学、研究、服务在评价中所占的比重持什么态度呢？对自己的工作状态、对大学教师职业的整体状态满意吗？上述问题是本章想通过全国大学教师调查来回答的。

一 大学教师谈评价：教学、研究及三职能权重

各式各样的评价工作都需要先确定一个指标体系并给各级各类指标以权重，评价专家们往往在指标及其权重的确定上耗时费力，其结果又受到人们的众多质疑。本调查本来就是为一项国家自然科学基金项目"大学教师评价的效能研究"专门设计的，因此问卷设计中的多个问题涉及教师评价，本章仅摘出几要点，见图4—10。

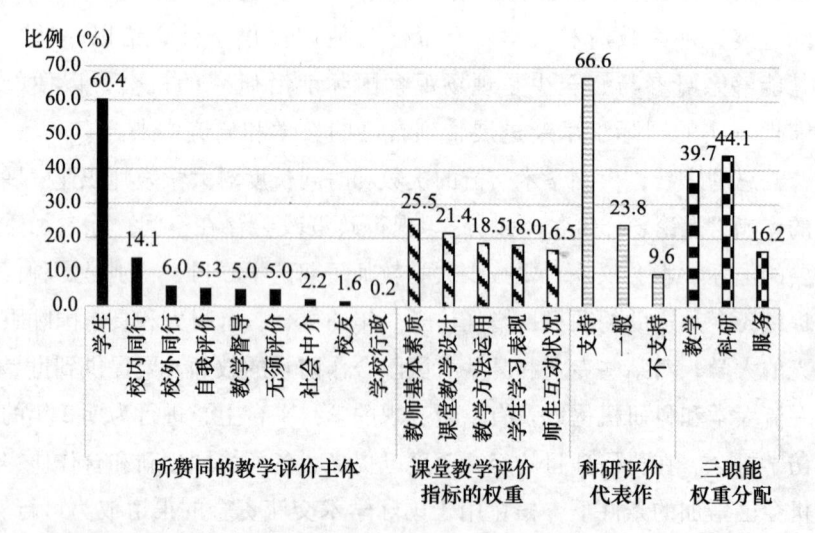

图4—10 大学教师对教师评价的意见表达

任何评价都应该是多维的，评价主体多个，评价指标多项，评价

方法多样。我们咨询教师"您认同谁来评价教学"并给出了回答选项。统计问卷反馈的结果，只有两个评价主体比较多地得到教师们的认同（尽管这两个之间的差异仍然很大）：60.4%的人赞同学生来评价，20.1%的人赞同校内或者校外同行评价。现行的不少大学采用的教学督导来评价课堂教学的方式并没有得到教师们的有力赞同；有超过10.3%的人认为可进行自我评价或者是无须评价；只有0.2%的人认同由学校行政进行教学评价。

教学不应该只是发生在课堂中，但课堂教学是教学工作最主要和最重要的环节。除了教学评价的主体外，课堂教学评价的内容也需要被提出来。本调查要求接受调查者对我们设定的五个课堂教学指标给出权重（总和为100）。教师们的反馈是：教师基本素质为25.5%，课堂教学设计为21.4%，教学方法运用和学生学习表现得到了相近权重，分别为18.5%和18%，师生互动状况得到的权重值最低，为16.5%。这个反馈结果与我们的研究预设是大不相同的，为什么常被强调的课堂教学方法和师生互动状况没有得到被调查教师的大力支持呢？课堂上好像看不出来教师基本素质为什么得分最高呢？这是需要本项目深入探讨的。

另一个问题涉及科研成果评价。教师评价实践中常常是在强调科研成果"一定量"的前提下再看成果的"质"。代表作制度则不同，要求被评价人仅提供数篇最能代表其学术水平的成果，不用"一定量"作为门槛值。本调查要求教师们表达对教师科研评价中使用代表作制度的看法。表示"支持"的教师比例达到66.6%。这一发现，可以为我们的大学教师评价工作本身提供可操作性的参考。

我们把教师评价涉及的大学三大职能的权重设计放到教师们的"肩膀上"，询问"对您而言，教学、科研和服务三者在教师评价中的合理权重应该是多少？"这实际上既是一个理论问题——如何划定三大职能间的关系？大学教师为什么必须要做这三件事，等等，也是一个实践问题——各校各院的教师评价，无论在政策条款、指标体系，还是在教师的自我评估中，都难以说清楚教学、科研、服务各自应占的比重，同时，大学的类型与层次又决定性地影响着这三大职能应占的比重。这次调查，集中了全国88所大学5000多位教师的智慧和意愿，统计出来的答案是应该得到重视的。他们反馈的结果是：教学：科研：服务＝39.7：44.1：16.2≈40：45：15（本书做了整点近似）。令人鼓舞的是，被调查教师自觉地赋予"教学工作"比较高的权重，这应该成为中国大学教师评价实践的参考比例。当然，这样的"配比"不是固定的，需因学校类型的不同、教师职称甚至岗位的不同而予以不同的配比。

二 大学教师对个人工作和学术职业的满意程度

诸多的正面报道和负面新闻都使大学教师群体越来越受到社会的关注。对大学教师非常尊重的人有之，特别是有求于教师时，当看到某些教师很有才华时；看不起大学教师的也大有人在，特别是看到教师手头拮据时，当教师为得到项目、为出版或发表求之于人时，当某些教师行为不端时。本调查想了解的是大学教师群体对自己的工作和自己所从事的学术职业整体形象的满意程度。图4—11可见，无论是对教师本人工作还是对教师形象，选择"非常满意"和"很不满意"两个极端点的人都很少，也只有分别为12.5%和13.2%的人选择了"不太满意"；这样，在这两个被评价事物上能够产生区别的，就落在了"比较满意"和"一般"两个区间内。可以看出，教师们对本人工作的满意度是高于教师们对全国大学教师整体形象的满意度的（"比较满意"是43.4%＞33.9%，"一般"是38.5%＜49.8%），46.8%的教师对本人工作的评价是"比较满意"和"非常满意"，而对中国大学教师整体形象持这样评价的人只有34.5%。

在社会科学研究领域中，几乎所有的调查问卷都含有这样一个问题"若有再次选择的机会，您会进行怎样的选择？"想得到的是被调查者对自己已经选择的工作或职业的满意程度或后悔程度。本问卷也设计了这一问题。应该说，统计结果是令人高兴的。刚好一半的人仍然愿意再次选择"本校本岗"，说明占一半的接受调查的教师所在大学和所任职的岗位是具有吸引力和稳定性的；25%的人愿意再次选择当大学教师但是却要当"他校教师"，这说明教师职业仍然具有高

❖ 第四章 中国大学教师发展状况调查 ❖

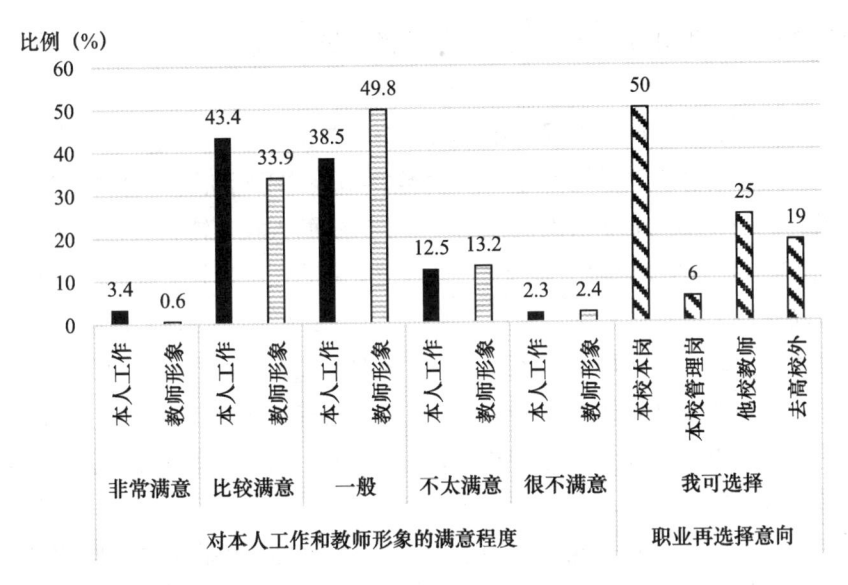

图4—11 大学教师对本人工作和教师形象的满意度、职业再选择意向

的吸引力，但这些教师对所在学校是不满意的，想在学术职业内部"跳槽"。这样看来，有75%的教师仍然愿意再次选择大学教师职业。另外，我们经常听人们议论"大学教师想当官"，也见过不少教师为学校管理岗而竞争不休，但这次调查结果显示，仅6%的大学教师想到"本校管理岗"上去，与75%的人仍然想当大学教师相比，这是微不足道的。最后一点倒令人担心，19%的教师选择当有机会再次选择职业时会"去高校外"。19%的大学教师想"逃离"高等教育系统，去高校外谋职，是应该引起高等教育主管部门、大学以及院系的领导们认真思考并采取相应措施来稳定大学教师队伍的。

第五节 发现的问题与可能的改进

由于本次调查的5186个样本涵盖88所地处全国13省的各类四年制普通公立高校，所以上述报告的"中国大学教师发展状况"具有较好的代表性。我们可以归纳出中国大学教师职业具有人员构成年轻化，社会流动呈公平，年均收入刚十万，周工作45小时，教研权

❖ 第一部分 基础与现状 ❖

重差不多,职业稳定等特征。详细来说见如下几点。

一 大学教师职业最公平但缺憾仍然存在

已处社会中层、在大城市(少数在地级市)生活、接受过高等教育、处在第二职业层次的大学教师,57%的人在乡镇长大,67.4%和53%的人的母亲和父亲仅接受过"初中及以下"教育,52.2%和41.6%的人的母亲和父亲所在行业居社会的最低层次。学术职业从业者本辈,较之其父母辈,实现了完整地向上社会流动。可以说,学术职业,在普通高等教育甚至是研究生教育具有实现社会阶层向上流动功能的前提下,百分之百地强化了向社会上层流动和实现社会公平的功能。

除了帮助人们实现代际向上流动之外,学术职业中的入职和升职,依据的是从业者本身的学术条件(尽管人们对这些条件仍有不满之处),而不是他们出生地的富与贫,不是他们父母受教育程度的高与低和职业阶层的上与下。因此,学术职业本身入职和晋升的"硬条件",强化了人们借助最高层次教育来实现社会公平的功能。学术职业是一个可为各种人群实现梦想、带来希望的职业。

但仍有缺憾存在。第一,来自省会城市、父亲或母亲接受过研究生教育、父亲或母亲为国家和社会管理者的家庭的子女分别只占15%、1.2%或0.4%、9.2%或3.2%。那么,超过80%甚至90%以上的在经济发达的现代化城市出生和成长、有良好的家庭教育背景、在成长过程中长期受到政府或社会领导人影响的人到了哪些职业?说明中国的学术职业对居社会上层的人士还缺乏足够的吸引力。第二,尽管接受调查的教师中91.8%的人认为自己已居社会中层,但感觉自己进到社会"上层"和"上上层"的人只有2.3%(120人)。难道中国学术职业不可以"产出"具有崇高社会地位的人吗?"社会地位"并不仅由收入确定,社会影响力的大小、受人尊重的程度等都在其中。被调查者中,4582人为博士,1959人为正教授,这些学术界的精英都不能感受到自己处在"社会上层"中,那中国的"上层社会"又是由哪些人构成的呢?学术精英们有在学术职业中稳定发展的理由吗？若想弥补上述缺憾，需要相应政策的调整调节。

二 大学教师职业门槛高但发展条件有限

没有任何一个职业像学术职业这样入职门槛极高：求学年限最长（20多年）且要求的学位层次最高因此耗用的机会成本最大；要既聪明又能干，既能讲又会写，既能传授又能创造，既能轰轰烈烈也要耐得住寂寞。然而，政府、社会、学校各方可提供给大学教师这些社会精英的发展条件是有限的。

第一，物质待遇仍要提高。收入上，年人均10.8万元看起来不错，这是5103人的平均收入，年轻教师组、西部地方大学教师组的收入均值都要低于这个数。若教师想买100万元/套的住房（尽管此价格不高），他需要10年只收入不开支的努力。住房上，三分之一的教师住在学校提供的福利房和周转房内，我们知道，全国性的住房制度改革会减少甚至取消这种待遇，若真如此，这三分之一的教师又进入等待购买商品房的教师队伍中了。当然，解决的办法不是没有，对于教师个人来说，最简单的就是"到大学外去"。拥有博士学位、有知识有专长的人是会得到众多金融业、跨国企业、大型私人企业的欢迎"红包"的。不能简单认为大学教师已经比许多其他职业的人的收入要高了，要考虑大学教师职业所天然具备的、含入职要求和在职贡献在内的、为所有其他要求学士学位作为入职门槛的职业提供人力的特性。

第二，国际交流必须加强。在高等教育第一线工作的人是否具有一定时间的国外学术交流的经历对其学术工作质量与效率是有极为重要影响的。我们已知33%的被调查教师尚无出国交流经历；即使有，45%的人仅出国一次；即使出国，15.3%的人出国时间不足一个月。如何让教师了解甚至能亲眼看到世界著名大学里的教师们的工作状况、能参与国际前沿课题的研究，回国后把这种观察感受、思想升华、能力提高带到他们的教学、研究与服务中呢？本书提出，"财政拨款，提供机会，至少一年"是最佳选择。

第三，学校行政大有可为。本调查发现，中国大学教师的近亲繁

❖ 第一部分　基础与现状 ❖

殖率仍在高位（如博士学位留校比例达到39%）；大学教师对各校实施的教师评价仍"有话要说"（如教学评价实行"学生为主同行为辅"，科研评价实行代表作制度，教学、研究、服务的权重可考虑40、45、15）；93%的教师是靠自己摸索来提高教学技能的[①]；一半的大学教师完全不锻炼身体等。尽管前文提到的物质待遇和国际交流机会需要政府和大学的合作努力，但这里提及的几点——毕业生留校、教师评价、教师培训、教师身体锻炼——是学校行政大有可为的。

三　大学教师职业特性明确但教师仍须努力

就其基本性质，"学术职业具有基础性、关键性、高的学科所属性"[②]。但若所有的学术职业从业者都能遵循该职业特性而获得职业发展，更需要教师本人的努力追求。本书强调如下几点。

大学教师要持续追求学术力。人们说，"钱财是身外之物"。名声，是附着在名字上的身外之物。商人追求财力，政客追求权力，如此看来，学者追求学术力。如何判定学术力的大小呢？学术力就像一个"渐变磁性圆锥"，顶尖处是某一领域学术力最强的学者，同一领域的其他学者分布在此圆锥面上，上部磁力强会吸引下部，下部磁力弱便向上部靠近。作为本书研究对象的大学教师，正所谓学者，都具有这种磁力，其学术力的强弱决定了大学教师在圆锥面上的位置。学术力的构成，不靠金钱，不靠权贵，完全依赖知识的力量、学术的贡献和对社会的影响力。现实中的力量、贡献和影响力的表现，除高水平的发表、出版、专利等成果之外，还有高水平的咨询和服务。遗憾的是，有三分之一的人三年中没有发表期刊论文，五分之二的人没有咨询服务的社会兼职[③]。这么多的人成为学术领域的"沉默者"，分布在圆锥面的下端。

---

① 来自本调查的统计数据。
② 沈红：《论学术职业的独特性》，《北京大学教育评论》2011年第3期。
③ 来自本调查的统计数据。社会兼职包括：期刊、项目、院校等方面的同行评议专家，常务理事及以上的专业学会领导，政府、科研院所、企业的咨询顾问等。

❖ 第四章 中国大学教师发展状况调查 ❖

大学教师要以学术职业为荣。本调查发现，中国大学教师对本人所从事的工作是满意的，对全国大学教师的整体形象也是满意的，尽管对教师个人工作的满意程度超过了对教师整体形象的满意程度。同时发现，如果再给一次选择职业的机会，四分之三的人仍然愿意继续从事这个职业，这说明，尽管仍然存在一些不利于教师们发展的政策与实践问题，但中国的学术职业是具有相当高的吸引力的。但是，"被吸引""被稳定"，并不意味着自动地以学术职业为荣，有些教师反映是"因为没有更好的选择"[①]。不可忽视的是，19%的教师希望能够"逃离"学术职业系统，这是一个重要的信号。各级主管部门和大学领导需要重视并加强学术职业的吸引力，以保持这个基础性和关键性"发动机"职业的稳定性。

---

① 来自本调查中的开放题回答。

第五章　中国大学教师关注热点调查

本章对"2014中国大学教师发展状况调查"中唯一开放题的回答内容进行的文本分析发现,中国大学教师群体所关注的热点问题主要集中在教师评价体系、大学行政化、教师工资待遇、教师素养这几个方面。教师们认为,机械的评价体系使教师的精力难以聚焦到真正的发展上,大学管理部门的行政思维妨碍了教师的自由发展,中西部地区和公立普通本科院校收入水平的相对偏低让教师发展缺乏保障,而学校人事管理上的急功近利又倒逼着教师不重视自己的长线发展。这些,已经成为妨碍大学教师全面发展的四道樊篱。

第一节　资料挖掘与文本分析

一　资料挖掘

教师的质量与水平是制约高等教育质量最重要的因素。培养高层次人才、产出高水平成果、提供高水准服务,都离不开高水平的教师,而教师的高水平获益于教师发展。大学教师发展是教师的全面发展,即大学教师作为一个人、一种职业、学术界的一个成员的发展[1]。多年来"教师发展"已成为高等教育研究中的一个热点领域。

---

[1] Mary Crow, *Faculty Development Centers in Southern Universities*, Atlanta G. A.: Southern Region Education Board, 1976, p. 3.

❖ 第五章 中国大学教师关注热点调查 ❖

利用"关键词抽取技术",本书对中国知网收录的以"大学(高校)教师发展"为主题的3101篇核心文献(检索日期为2018年7月21日)进行了关键词抽取,发现研究者对大学教师发展的研究主要集中在八个关注点上:教师专业发展(1334次)、评价考核(594次)、教学活动(467次)、生存状况(384次)、大学或高校管理(345次)、学术活动(312次)、师资队伍建设(300次)、教育信息化(150次)。[①] 这些关注点是研究者基于自身经历、经验、感悟等得出的理性思考,却有可能不是被研究对象大学教师群体真正的关注之处。那么,中国大学教师群体在教师发展问题上到底最关注什么?教师发展面临的阻力有哪些?发展需求又是什么?为此,本章以本项目进行的"2014中国大学教师发展状况调查"中开放题的回答内容为分析对象,通过严格的程序化数据收集、整理、统计,发掘出大学教师群体在教师发展问题上的关注点,找出现阶段大学教师发展变革中的阻力及改革着力点。

"2014中国大学教师发展状况调查"采取的是网络页面填答,调查系统默认设置为"回答完全才可提交",因此,回收的5186份问卷全部有效。在5186份反馈的问卷中,2113人在问卷上唯一的开放题答案框里留下空白,249人填写为"无",444人填写的内容对本章研究来说为无效,如"能否将调查结果反馈给我,以便我了解一

[①] 2018年7月21日笔者以"大学(高校)教师""发展"为主题,以且命题形式在CNKI进行文献检索,共索得刊载于核心期刊的文献3101篇,利用文献题录信息统计分析工具SATI共抽取关键词3816个,经由相似关键词合并处理,共获得独立关键词3357个,累计频次9358次。然后,我们对关键词进行语意聚类处理,在此过程中剔除了模式、建构、机制等虚指关键词,剔除了仅出现1次具有偶然性、非代表性的关键词,如"petri网模型"等,只统计频次在2及以上的关键词。统计结果显示频次大于等于2的高频关键词共有1054个,累计频次7055次,可归为13个大类:教师专业发展(1334次)、大学或高校教师(1180次)、高等学校(746次)、评价考核(594次)、教学活动(467次)、研究方法(422次)、生存状况(384次)、大学或高校管理(345次)、学术活动(312次)、师资队伍建设(300次)、中外比较(252次)、对策研究(230次)、教育信息化(150次)。在本章中我们又删除了专指度较低以及不能代表大学(高校)教师发展研究关注点的五个大类"大学或高校教师""高等学校""研究方法""中外比较""对策研究"。

下同行们的感受"①。因此,开放题部分有效问卷为2380份,占总有效问卷的46%,这2380为本章分析的样本数。填答者所在的地域、院校、学科和个人特征分布见表5—1。

表5—1　　　　　　　　有效样本分布

地域	占比	院校层次	占比	学科	占比	年龄	占比	职称	占比	年收入（万元）	占比
东部	55.1	"985"大学	34.6	理科	19.0	≤30岁	3.7	正高	35.4	<5	2.6
中部	21.6	"211"大学	25.0	工科	51.3	31—40岁	47.6	副高	42.6	5—7	27.6
西部	23.3	普通本科	40.4	文科	11.2	41—50岁	32.6	中级	20.8	8—10	35.2
—	—	—	—	经管	11.6	51—60岁	14.7	初级	1.0	11—15	23.2
—	—	—	—	医学	6.9	>60岁	0.9	其他	0.1	16—20	7.7
—	—	—	—	—	—	奇异值	0.5	—	—	21—25	0.9
—	—	—	—	—	—	—	—	—	—	>25	2.9
合计	100	合计	100	合计	100	合计	100	合计	100	合计	100

　*"理科"含理学391人,农学61人;"文科"含教育学82人,文学74人,法学51人,哲学27人,历史学23人,艺术学9人。

二　文本处理

为何主观开放题可作为学术资料来反映大学教师在教师发展问题上的主要关注呢?主观开放题也称为"开口题",是被访者主动输出,是主体建构视角的一种表现,是"让生活告诉我们"的思路。②这种形式的问题不设固定答案,让答卷人充分表达自己的观点,引出的建议会比较深入,收集到接地气、个性化的资料,对大面积标准化的问卷调查题目而言是一个较好的补充。调查过程中采取的匿名、自

---

① 本章所用斜体字打印的引文均为问卷调查中对开放题回答的原文。
② 潘绥铭、黄盈盈、王东:《问卷调查:设置"开放题"是一种失误》,《社会科学研究》2008年第3期。

❖ 第五章 中国大学教师关注热点调查 ❖

愿、网络填写的方式,又为教师"开口说真话、说心里话"扫除了心理上的障碍。

本调查开放题的问题是"请写出您对促进中国大学教师发展的建议",此题为选答题,填写与否和答案长短全由答卷者把握。2380份有效问卷对此题的填写总字数达150902字,每份问卷回答的平均字数为63个字,最长的为917个字,表明许多教师对中国大学教师发展真的有话想说,而且要说。因此,本章以对开放题的回答为透视窗口,深入解读大学教师对其发展的群体关注是可行的。

那么,如何处理15万余字的文本资料才能科学、有效的提炼信息,得到有价值的研究发现呢?这是我们面临的第一难题。马克斯·韦伯曾提出的"理想类型"概念成为本章在方法上的第一个指引,"理想类型是通过侧重突出事物一个或数个方面,并将从属于这些方面的大量孤立、混乱、分布极不均匀的个别现象归纳为统一的想象图像而获得"。[1]

有了"理想类型"概念的指引,我们采用文本分析法分析开放题材料。由于文本数据分析是"对所收集的大量数据进行排序、结构化并赋予意义的过程",[2] 将复杂、凌乱的资料分解成组成部分,再通过编码、删减、分类和重构等程序来获得对资料更为深入的理解。[3] 而分析的关键环节在于变量的抽取和属性归类。[4] 所以,我们若能对开放题文本材料进行合理的编码、归类和分析,就能有效提取大学教师群体在教师发展问题上的主要关注点。

三 分类逻辑

参照文本分析的一般过程,这里采用以下四条分类逻辑。

第一,先大类后亚类。首先通读所有问卷开放题的文本资料,梳

---

[1] [德] 马克斯·韦伯:《社会科学方法论》,朱红文等译,中国人民大学出版社1982年版,第85页。
[2] Marshall Catherine and Rossman Gretchen, *Designing Qualitative Research*, London: Sage, 1995, p. 111.
[3] 蒋逸民编著:《社会科学方法论》,重庆大学出版社2011年版,第259页。
[4] 李怀祖:《管理研究方法论》,西安交通大学出版社2004年版,第160页。

◆ 第一部分 基础与现状 ◆

理出文本所含的大致命题。在此基础上结合大学教师岗位职责、教师发展特点和现代大学的实际，我们划分出八个大类：教学活动，科研活动，社会服务，教师专业发展，教师生存状况，大学管理，校园环境，评价考核。八个大类产生的逻辑如下：①教学、研究和服务是大学的基本职能，也是大学教师所需承担的基本职责，所以产生了"教学活动、科研活动、社会服务"三个大类；②根据两分法可将大学教师发展分为专业能力发展和个人发展，进而形成"教师专业发展、教师生存状况"二个大类；③如何管理好组织结构日益复杂的现代大学是各国大学管理共同面临的重大课题[1]，而组织环境是组织成员发展所必须面对的，由此"大学管理"和"校园环境"作为二个大类得以凸显；④统计中发现"大学管理"大类下的"评价考核"亚类被关注度非常高，其统计数值几乎为其他亚类之和，按照类型学逻辑有必要将其另列为一个独立的大类，这就有了第八个大类"评价考核"。八个大类分组见表5—2。可以看出，大类分组的方法仍过于粗放，还需细分大类，产生亚类，如果遇到难以归到原有亚类的回答时，需要建立新的亚类别。总之，研究过程中需要力求分类准确，确保研究效度。

第二，先分层再进门。2380份答案的文本资料显示，各问卷答案的形式、格式、字数各异，所含主旨也纷繁复杂，为分解条目语意，实现各问卷答案的清楚归类，本书提出"先分层再进门"，即首先将目标文本按照语义逻辑分层并逐层提炼出各层主旨，再将各层主旨逐个送进各类别的"大门"。如4960号问卷填写的是，"职称评定规则必须改，不能过分看重论文、科研成果。要有良好用人机制，能让真正需要的能人进来"。按照语义逻辑可将其分为两层，主旨提炼为"职称评定规则"和"用人机制"；再将二者按照逻辑分别送入"评价考核"和"大学管理"两扇"大门"中的"职称考评"和"人事管理"两扇"小门"。

---

[1] 张应强、康翠萍、许建领、贾永堂：《大学管理思想现代化研究》，《高等教育研究》2001年第7期。

第三，只进一个门。严格来说，对每一条来自主观题的答案，都应以"紧密度"在其能够从属的各个类别中赋值，但按此方法操作工作量巨大，人工难以企及，而且若将过多变量纳入分析，很可能造成系统崩溃；同时，紧密度概念本身的定义原则和衡量尺度也会面临严峻的科学性检验。因此，在"先分层再进门"的原则基础之上，再遵循每一条主旨都"只进一个门"，即一条主旨只进入与之紧密度最强的类别。

第四，先目标后形式。"先目标后形式"原则是指对形式相同但目标不同的文本，采取目标优先标准进行分类。如3893号问卷"大学应该回归人才培养这条主线，设立教学团队及科研团队"。这里所言的"设立教学及科研团队"是教师发展的形式，而"回归人才培养"为目的，故将其归于"教学活动"。

表5—2　　　　　　　　　　　大类数据

位次	类别	频次	占意见总数比重（%）	占教师总数比重（%）
1	评价考核	1372	27.4	57.6
2	大学管理	1361	27.1	57.2
3	教师生存状况	746	14.9	31.3
4	教师专业发展	605	12.1	25.4
5	教学活动	403	8	16.9
6	校园环境	278	5.6	11.7
7	科研活动	214	4.3	9
8	社会服务	28	0.6	1.2

四　分类数据库

数据库搭建遵循自下而上、由细节到整体的原则。首先，在逐条研读开放题文本的基础上提炼出各条答案主旨，产生细类事件，然后根据细类事件形成亚类集合。为了更简洁有力地展示大学教师群体的关注点，笔者只展示了各大类下位次排前三、答案比例从高到低排序的亚类数据，若遇亚类不足三个的大类，则展示其下所有分类，见表5—3。最后，根据具体事件和亚类数据汇总整理出大类数据，详细结果见表5—2。

第一部分 基础与现状

表 5—3　　　　亚类数据

大类（位次码）	亚类	频次	占所属大类比重（%）	占教师总数比重（%）	亚类别下频次最高事件（频次）
1	考评体系	745	54.3	31.3	过分科研导向（221）
1	职称考评	191	13.9	8.0	唯论文、项目是重（38）
1	科研考评	164	12	6.9	过分追求数量（60）
2	行政管理	627	46.1	26.3	行政化严重（429）
2	人事管理	211	15.5	8.9	教师资格聘任（65）
2	政府管理	176	12.9	7.4	高等教育体制改革（71）
3	工资待遇	558	74.8	23.4	提高工资待遇（527）
3	生存压力	114	15.3	4.9	青年教师生存压力（82）
3	教师地位	43	5.8	1.8	提高地位（41）
4	专业发展内容	294	48.6	12.4	教师素养（161）
4	专业发展对象	171	28.3	7.2	青年教师（153）
4	专业发展途径	140	23.1	5.9	更多更广泛的培训（35）
5	教学	283	67.5	11.9	教学为本重视教学（128）
5	人才培养	117	29.1	4.9	应注重人才培养（72）
6	校园软环境	233	83.8	9.8	急功近利氛围过重（160）
6	校园硬环境	45	16.2	1.9	生活设施改善（18）
7	科研氛围	130	60.7	5.5	学术自由（68）
7	科研态度	47	22	2	科研应回归兴趣与抱负（39）
7	科研质量	37	17.3	1.6	提升科研质量（10）
8	社会服务态度	15	53.6	0.6	社会服务是教师责任（7）
8	社会服务途径	8	28.6	0.3	校企交流合作（4）
8	社会服务内容	5	17.9	0.2	应用研究（2）

注：1. "考评体系"指对考评体系的总体看法。由于部分教师在提及评价考核时没有明确指出其所关注的是职称考评、科研考评还是教学考评，只笼统的谈及对考评体系的看法，故将此类意见仅归入考评体系亚类，而对评价对象明确的意见则归入相对明确的亚类。

2. "政府管理"指政府对大学的管理，而其他亚类所指则为大学内部管理。

3. "教学"本应归入"人才培养"，但在文本资料分类过程中发现教师提及教学活动时或明确提及人才培养，或明确提及教学，为更清楚表示教师们在教学活动上的关注，此处将教学和人才培养分开统计，两者互不包含。

❖ 第五章 中国大学教师关注热点调查 ❖

第二节 教师的关注点在哪里

表5—2直观地显示出评价考核、大学管理、教师生存状况和教师专业发展四个大类位居前列，各自所占意见总数的比重均在10%以上，四者累计权重达81.5%，成为最受大学教师们关注的问题。教学活动、校园环境、科研活动、社会服务虽然也受到一定关注，但遵循主成分分析原则我们决定，仅对前四个大类按所受关注从高到低依次分析。

一 "考评体系"在"评价考核"大类中独占鳌头，受到被考评教师们的重点关注

表5—2和表5—3显示，"考评体系"除了在所属大类中遥遥领先，在展示出的所有亚类统计数值中，它也是以745次的提及率位居榜首，意味着在2380位问答型受访教师中，几乎每三人便会有一人提及考评体系。然而，透过对考评体系亚类集合的详细解读我们发现，只要提及评价体系的教师几乎都在批评现有的考评体系，如，考评体系过分科研导向（221次）、考评标准一刀切（149次）、过分指标量化（119次）、重数量轻质量（66次）、考评周期不合理（56次）、外行评价内行（21次）、重资历轻能力（7次）和考评形式严格（3次）[1]。上述列举反映出，中国大学目前所采用的考评体系已饱受诟病，不合理的考评体系成为最受大学教师关注的问题。托马斯·戴伊的"民主—多元主义"政策模型认为，政策制定过程中自下而上的议程设定可提高政策的可行性[2]，而陆根书等人曾说，中国

---

[1] 此处累加频次为642次小于745次。因为"考评体系"亚类下的事件集合除了对现有评价体系的指责外，还包括对现有体系改进的建议，如建立公平合理人性化体系（79次）、高校评价社会化（6次）、高校分类考核（18次）等。

[2] ［美］托马斯·戴伊:《理解公共政策》，谢明译，中国人民大学出版社2011年版，第29页。

◆ 第一部分 基础与现状 ◆

大学教师在大学教学评估等学术性政策中的影响力非常有限[1]，由此便决定了中国大学考评体系在制定过程中会出现相关利益群体参与不足，考评制度存有天然缺陷，如同982号问卷所填写的"大陆大学'以人为本'，即一切制度都是因人而异的，一任校长（书记）一种制度，基本不流动的教师反而没有学校制度制定的参与权"。另一方面，由于考评体系在大学教师的自我实现过程中作用重大，这更加剧了不合理的考评体系成为大学教师们重点关注对象的可能。

二 "行政化"是"大学管理"中的突出表现，得到"被管"教师们的严重关切

在排名第二的大类"大学管理"的全部亚类别的频次中，"行政管理"亚类以627个频次占据了该大类1361个频次中的46.1%，再在行政管理亚类集合内，事件"行政化严重"出现了429次，占据该亚类68%的份额。在分类统计过程中我们发现，虽然行政管理亚类集合内的其他事件未直接提及行政化，但所含主旨均与行政化有关，如，活动、评奖等"杂事"太多、行政腐败等。这说明，行政化问题成为"大学管理"中的突出表现，得到"被管"教师们的严重关切。"中国教师发展的主要问题在于大学过度行政化，十多个教授争一个处长职位在我校很常见。说明教师待遇低，压力大，在学校没有话语权。而这种话语权往往直接和课题获得、职称、住房、留学机会等挂钩。"一位来自"985工程"大学的副教授如是说。在中国行政权力泛化致使大学校园活动主体的本末倒置，行政活动成为各种活动的中心[2]，教师发展所依赖的各项资源多由行政部门配置，这种权利结构下的行政权力成为大学教师发展进程中一道必须直面的门槛，行政化问题成为教师关注的焦点便不难理解。

---

[1] 陆根书、黎万红、张巧艳、杜屏、卢乃桂：《大学教师的学术工作》，《复旦教育论坛》2010年第6期。

[2] 宣勇：《论大学行政的理念》，《中国高教研究》2001年第9期。

❖ 第五章 中国大学教师关注热点调查 ❖

三 "工资待遇"是改善教师生存状况的核心,表达了教师生存与发展之诉求

"教师生存状况"大类中,"工资待遇"亚类为 558 个频次,占该大类的 74.8%,同时 558 次的提及率也占教师总人数的 23.4%,说明约有四分之一的教师直接关注工资待遇问题。再结合亚类集合看,"工资待遇"亚类集合中事件"提高待遇"出现 527 次,占 94.4%,几乎完全替代了该亚类整体。压力大、收入低、收入与工作量不成比例是大学教师谈及要提升教师工资待遇时最常用的表述。更细致的调研统计分析结果显示,2380 名有效样本中 65.4%的教师表示,自己从所在学校能获得的应发年收入在 10 万元以下;69.2%的教师认为目前的教学、科研处在超负荷状态;2380 位问答型受访教师中有 57.4%的教师对目前工作的整体满意度较低,"若有再次选择机会",50.4%的教师表示自己有转岗、转校的意向,更有教师为了更直观的说明当前大学教师收入低、压力大而现身说法,"就算本人这样的教授,月薪 8000 元(备注:每年还有两个月没有岗位津贴,薪水只有 3000 多元),每周工作 40—50 小时,算下来每小时薪水也就 40 元人民币。而在我们这儿最普通的钟点工也要每小时 30 元,您说这大学教师的薪水合理吗?"[①]可比较的新闻报道有:辽宁瓦工虽然月入过万元,但仍一工难寻(2014)。[②] 重庆砌砖工人月薪在 1.3 万至 1.4 万元之间(2015)。[③] 如此看来,一个受过 20 多年教育 30 岁才开始有个人收入的人,在工作之初甚至晋升到高级职称后所得薪水若还不如一个基础体力劳动者,这种薪酬政策是否合理呢?

[①] 一位来自东部"985"大学理科中年正教授的案例。补充解释:世界卫生组织年龄段划分,44 岁及以下为青年,45—59 岁为中年,60 岁及以上为老年。

[②] 杨简竹:《鞍山:月薪虽然过万,瓦工一工难寻》(http://liaoning.nen.com.cn/system/2014/11/13/013431672.shtml)。

[③] 重庆网络广播电台:《月薪过万的草根职业:砌砖工》(http://news.cbg.cn/dyxc/2015/0330/688501.shtml)。

四 提高"教师素养"是专业发展的重心,教师们自我判断真实诚信

表5—2显示,教师专业发展是最后一个占意见总条数的百分比在10以上的大类,累计频次605次,即有25.4%的填写主观题回答框的教师直接提及专业发展,说明该大类虽然没有评价考核、大学管理、教师生存状况那么备受瞩目,但较之其他,却仍获得了较高关注;再从所辖亚类数据看,相较于专业发展的主体和途径,大学教师们更注重发展的内容,而在"专业发展内容"的亚类集合中,事件"教师素养"占据了55%的份额。这说明"专业发展内容"可谓"教师专业发展"大类中的"皇冠",而"教师素养"又成了"皇冠上的明珠",提升教师素养是大学教师专业发展工作的重心所在,受到普遍关注。教师素养是教师在教育、教学活动中表现出来的,能够决定其教育、教学效果,对学生身心发展能产生直接而显著影响的心理品质总和。[①] 教师素养不仅包括教师从事育人、科研和社会服务所必需的专业知识和技能,还应包括对教师工作的热爱和抱负,但现实却是,"大学专业新教师大部分都是博士,科研能力很强,却严重忽视教学能力提升,再加之他们不是师范类毕业,教学技能低下,但胆子很大,一到教学岗位,任何课程都敢接,而学校对青年教师的教学能力培训普遍都非常不重视,流于形式"。一位来自省属重点大学的正教授对大学青年教师的专业素养表达出深切担忧。

第三节 关注点聚焦教师评价

上文分析显示,考评体系不合理、大学行政化严重、改善工资待遇和提升教师素养是本章得出的四个备受大学教师们瞩目的发展问题。利益群体压力是教学变革的源泉[②],群体关注则是群体压力产生的先兆,因此,若能通过大学教师的群体关注发掘潜在的群体压力生

---

① 林崇德:《教师素质的构成及其培养途径》,《中小学教师培训》1998年第1期。
② [美]艾尔芭比:《社会研究方法》,邱泽奇译,华夏出版社2009年版,第296页。

一　机械的考评体系使大学工作异化为考核至上，教师无暇真正发展

没有评价，就没有管理。① 行政权力泛化背景下，考核任务成为大学教师各项工作的轴心，完成考核任务则被视为教师的基本职责。表5—2、表5—3数据显示，教学活动大类累计频次占意见总数的比重为8%；社会服务大类累计提及频次为28次，提及次数占意见总条数的比重为0.6%，是一项几乎无人关注的大类。这些数据说明，大学教师的日常工作基本围绕考核内容展开，对考评体系不涉及或涉及较少的项目则很难投入精力，如此使教师发展囿于应对考核的片面之中。"中国的科研主导已经步入歧途。除了有极少数有良知的知识分子，在孜孜教学，大部分人已经沦为体制的附庸。"② 除了评价体系调控下的科研工作导向，大学内部位于生产第一线的教师承担了过多的考核任务，教师发展无奈让位于实用主义，成为考核制度的牺牲品。"考核大棒只打一线教师，处级干部拿行政人员绩效工资，系主任、系支部书记工作量减25%，还有若干兼职行政的教师免工作量，绩效考核额定工作量由领导的发展目标来分解，任务只落到一线教师身上。这种考评机制下，我周围大多数教师只能解决温饱，根本就没奢望晋升职称。"③ 此外，在完成日常考核之余，大学教师还要不时应对许多突发考核，如本科教学评估、研究生培养质量评估、重点学科评估、重点实验室评估等名目众多的评估和考核，这些无疑又会占据教师大量的时间和精力。如此，在"全面发展"面前，大学教师着实分身乏术。

---

① 文鹏、廖建桥：《不同类型绩效考核对员工考核反应的差异性影响》，《南开管理评论》2010年第2期。
② 一位来自东部"985"大学文学系青年讲师的感慨。
③ 一位来自东部"211"大学经济学中年副教授的感慨。

❖ 第一部分 基础与现状 ❖

二 大学管理部门过强的行政思维，妨碍教师自由发展

中国大学职能部门基本是参照教育行政部门内设机构对应而设，政府公共资源大多经由行政部门配置，行政管理注重效能和效率，因此，大学内的许多活动都以追求高效为准绳，有时甚至会忽视教育基本规律，显得急功近利。表5—3显示，校园软环境亚类累计频次为233次，占据校园环境大类的83.8%，其中"急功近利氛围过重"事件出现160次，占该亚类的68.7%。这表明，受访教师在谈及校园环境时普遍认为，中国目前的大学校园环境中充斥着较为浓厚的急功近利氛围。曾接受我们访谈的中科院某院士指出，"行政部门遵从行政的那套秩序，对科研基层的事情不甚了解，基础学科的研究不是想象出来的，也不可能靠顶层设计来规划，科研人员需要真正自由的发展空间"。[①]阿诺德·约瑟夫·汤因比（Arnold Joseph Toynbee）曾说，科学研究只有在不带任何功利意图，只是为满足求知欲和好奇心之时，才会有种种发现。[②] 学者还不应受规定期限的限制，时间限制可能会使他们匆匆忙忙，也会使他们的研究进程失常。[③] 易言之，急功近利氛围不为学术职业所容，大学教师发展需要真正自由的环境。遵循上述的逻辑建构，被誉为"聪明王国"的普林斯顿高等研究院，以"Recruit the best people and keep them happy"（雇最优秀的人并使其愉快）为理念，让学者能够天马行空地思考一切命题，不论什么方向，不管耗费多少时间，无须汇报，更无考核，宽松自由的学术氛围让她孕育了22位诺贝尔奖获得者。对照来看，中国大学管理遵循的依旧是行政管理思维，偏好按照级别为教师、研究者们设定条件、期限、任务量等不同形式的发展目标，在过强的行政逻辑管控下，许多大学教师面对"发展什么"以及"怎么发展"的问题时，都必须

---

① 材料源自2015年7月笔者对中国科学院某院士访谈的录音。
② ［日］池田大作、［英］阿诺德·约瑟夫·汤因比：《展望21世纪》，荀春生等译，国际文化出版公司1985年版，第70页。
③ Cornelius Benjamin, "The Ethics of Scholarship", *Journal of Higher Education*, Vol. 31, No. 9, 1960.

❖ 第五章 中国大学教师关注热点调查 ❖

按照行政规划的既定清单行动,自由发展似乎变得越发艰难。

三 中西部地区和普通本科院校收入水平相对偏低,教师发展缺乏保障

每一个组织、职业都存有一种核心激励,它是从业者发展的内驱力。就大学教师而言,得到学术共同体认可、获得学术界较高的声誉是其所能获得的最宝贵财富,但并不意味着收入不重要。双因素理论认为,薪水、工作条件等属于保健型因素,[①] 对这些因素的满足并不足以提高工作满意程度,但若不满足却会引发不满。本书的调查数据显示,2380 位教师中年收入不高于 10 万元的有 1557 位(占 65.4%);年收入不高于 7 万元的有 718 位(占 30.2%),其中来自东部地区 313 人(占 43.6%),中部地区 190 人(占 26.5%),西部地区 215 人(占 29.9%)。为了增强数据的可比性,本章引入相对数值,即对各地区年收入不高于 7 万的人数占本地区样本总数的比重进行比较,得出:东部地区教师年收入不超过 7 万元的概率为 0.237,中部地区的这一概率值为 0.37,西部地区为 0.388。按同样方法以院校层次为分割单位可得:来自"985"大学的教师年收入不超过 7 万元的概率为 0.204,来自"211"大学的教师的这一概率值为 0.25,一般本科校教师的这一概率为 0.417。以上数据说明,尽管大学教师中的多数人年均收入小于 10 万,但由于地区经济发展程度和院校层次的差异,中、西部地区和一般本科院校的教师的收入相对更低。当前中国最令国人骄傲的领域当属航天和军工,这两个领域恰恰一直是以计划经济模式发展的,其科研人员不必为科研经费和经济问题担忧;再从历史上看,中国当年引以为傲的"人工合成胰岛素""电子对撞机"等非军、非航天的世界性成就,同样是计划经济模式下的产物,是以国家财政为坚实后盾"做出来的"。对照目前,40% 左右来自中西部地区或一般本科院校的教师,其年收入在 7 万元以下,就此收入水平来讲,无论是与历史时期相比还是与同时期国内其他行业

[①] 周三多:《管理学原理(第五版)》,复旦大学出版社 2013 年版,第 428 页。

相比都存有一定差距，大学教师发展尚缺乏有力的物质保障。

四 管理上的急功近利，倒逼教师不重视自己的长线发展

专业能力是大学教师可立足于教师岗位的根基，其发展贯穿教师职业生涯。由关键词抽取技术提取的理论研究关注点可知，"教师专业发展"出现的频次为605次，是大学教师发展研究领域中最受研究者瞩目的问题，所受关注远胜其他。文本分析结果显示，现实中最受大学教师关注的发展问题是"评价考核"，占据了意见总条数的27.4%，相对而言，"教师专业发展"的关注度仅有12.1%，不足评价体系的一半。这些数据说明在目前大学急功近利、考评至上的大环境中，大学教师更重视能带来切身利益的变量，注重发展的实际效用，而对于专业能力发展之类的长线建设则缺少踏实认真的态度。"国外的专家，研究一个问题都是几十年如一日，可是我们若是那样，职称就真的要等到猴年马月了。但是没有几十年的数据与调研的积累，研究的价值真的让人怀疑。"一位受访教师的回答体现出了这种矛盾。这种现象的产生或是因为，一方面，从目前的体制来看，即便教师在发展道路选择上以专业能力建设为先，但专业能力建设的落脚点终将回归评价，教师发展成效仍需借助各种考评尺子衡量，并且由于专业能力建设周期长，会经常面临考核标准变动、人事政策变动、组织机构变动等诸多不确定性因素，所以，在既定制度倒逼下为了规避风险，许多教师在发展路径选择伊始便"按方抓药"，长远的专业能力建设不得不让位于现实收益。另一方面，由于专业能力发展是一项耗时较长且发展成效不易评价的事业，而作为"人"的教师具有生物属性和多种需求，他们无法马上就满足所有需求，而只能间断的满足[1]，于是，一些教师在发展道路选择上便优先满足实际效用而忽视长远。

总的来看，通过对"2014中国大学教师发展状况调查"开放题

---

[1] [美]提勃尔·西托夫斯基：《无快乐的经济》，高永平译，中国人民大学出版社2008年版，第54页。

第五章 中国大学教师关注热点调查

回答内容的文本分析，我们发现，在教师发展问题上大学教师群体与研究者群体的关注焦点明显不同，不同于研究者对"教师专业发展"问题的热衷，大学教师们最为关注的问题是"大学考评体系"。目前来看，机械的考评体系使大学教师无暇真正发展，大学管理部门过强的行政思维妨碍了教师的自由发展，中西部地区和普通本科院校相对较低的收入水平让教师发展缺乏保障，管理制度倒逼着大学教师对长线发展重视不足，这些已经成为大学教师发展过程中的阻力所在。针对此状，大学管理部门可采取调整评价体系、实施多元化的评价，摒除行政思维、营造宽松自由的发展环境，提高教师基本待遇、制定合理的薪酬体系等措施予以应对。

第六章　中国大学教师职业需要调查

"职业需要"是人们对自己可在该职业得以发展的心理需求,也是人们从事该种职业所需要的内在动力源泉。本章从接受调查的大学教师在"2014中国大学教师发展状况调查"开放题中填写的回答中得到,正在从事学术职业的中国大学教师,在评价考核、工作条件、生存状态、组织环境等方面具有特殊的职业需要。但这些职业需要在中国高等教育发展的现实环境中并没有得到较好地满足。究其原因,学术职业的变革、学术制度的建立、治理结构的完善均与大学教师的职业需要存在矛盾。因此本章提出,我们可尝试改变大学教师的评价制度,改变现行的组织保障,改变教师们对其所处社会地位的自我感知,完善大学的管理结构,政府和大学领导人要充分理解、尊重并尽可能满足大学教师的职业及职业发展的需要。

职业需要是从事某种职业的群体或个人对物质和精神等条件所表现出的依赖和"想得到"的心理倾向。大学教师从事的是学术职业,通常被称为学术职业人,是高等教育的主要实施者,也是大学存在和发展的根本,他们的工作态度和学术表现决定了大学人才培养的质量、学术研究的水平和社会服务的能力。因此,大学教师在学术工作和职业发展过程中有着与这种职业相关联的特殊需要。只有真正以教师的职业需要为本,以学生发展需要为本,国家教育政策、教育理

第六章 中国大学教师职业需要调查

念、教育改革目标才能通过学术管理得以贯彻。但现实中,政府部门和大学机构本身在关于大学教师发展的政策制定和制度建设过程中大多站在管理者的角度,忽略了大学教师作为主体的职业需要,影响了其学术工作主观能动性的发挥以及对工作的满意度。

据第五章可知,本项目的"2014 中国大学教师发展状况调查"中有一道开放题,让教师自愿地在问卷上写下对工作和职业发展"最想说的话"。本章正是通过分析大学教师最关注的问题来揭示他们的职业需要,期望对高等教育改革和学术职业发展提供一点来自教师层面的话语。2380 个样本的性别、年龄、职称、学科、所在高校类型与地域等结构分布与表5—1 相同。

具体而言,本章研究的问题分析框架由我们用"内容分析法"(内容分析是对明确的回答内容进行客观的、系统的和定量的描述[1])对这些大学教师所反馈的"需求点频次"的处理得出。从表6—1 可见,大学教师的评价考核、工作条件、生存状况、组织环境四大类12 小类可作为这些大学教师表达的职业发展需要的要点。

表6—1　据"需求点频次"得出的本章问题分析框架

大类	频次	占样本比例(%)	小类	频次
评价考核	932	33.1	考核评价存在的问题	662
			考核评价的改进方式	437
			考核评价的目的	61
工作条件	709	25.2	自我发展	356
			教学与科研的关系	252
			学术自由	181
生存状况	661	23.5	收入待遇	467
			工作和生活压力	103
			社会地位	91

---

[1] Bernard Berelson, *Content Analysis in Communication Research*, Glencoe: Free Press, 1952, p. 18.

❖ 第一部分 基础与现状 ❖

续表

大类	频次	占样本比例（%）	小类	频次
组织环境	641	22.8	学校治理	397
			大学教师准入制度	93
			学术风气	78

注：单样本可能有多个需求点，表中的频次和比例总和大于有效回答开放题的人数。

第一节 大学教师对职业发展需要的诉求

为什么调查中反馈出大学教师在评价考核、工作条件、生存状态和组织环境方面"有话要说"呢？一是因为这几方面对其职业发展有重要作用，二是因为这几方面的实践状况不理想。

一 大学教师需要合理的评价考核

由表6—1可见，样本教师对"评价考核"的需要频次最高，表达有此需要的教师达到33.1%。与其他职业人员大多仅关注收入不同，大学教师最关注的问题是对其学术工作及成果的考核评价。理想的大学教师考核评价应当反映其职业的特殊性，以实现大学教师个人、学科以及大学的"三发展"为目的，[①] 同时需顺应教师的职业发展需要，体现以教师为本的管理文化。因为大学对教师的考核评价可从根本上指引教师从事学术职业的行为及其发展方向，所以，考评的内容与方式只有契合大学教师的学术职业需要，才能更好地激励其在创造性的学术工作上的主观能动性。然而，调查显示，目前大学教师对考核评价怨声载道的原因恰是考评措施不能满足教师的学术工作与发展需要，甚至与其相背离。

首先，考核评价重科研轻教学的取向是大学教师反映的主要问题之一。有教师表示，"大学教师的科研压力大，很多人把精力都放在

---

① 沈红：《论大学教师评价的目的》，《高等教育研究》2012年第11期。

❖ 第六章 中国大学教师职业需要调查 ❖

科研上面,教书育人方面难以达到学生家长和学生的要求,严重降低教学质量"。① 也有教师反映,"我所在高校制定的教师年度考核或者职称评定政策赋予科研成果较高的权重,更有科研成果可以转化为教学成果的情况"。结果是,这样的考评方式只会进一步强化教师学术行为向科研"一边倒",为科研与教学关系的协调带来"恶性循环"。据统计数据,被调查的2380位大学教师们认可的教学、科研与社会服务在评价中的合理权重应该可为40%、44%和16%,教学权重只是略低于科研权重。

其次,大学教师的考评中普遍以一定时期内的学术成果的数量和级别为基本计量单位,通过量化确定其得分。这种重短期、重数量、科研单一的评价考核方式忽略了学术职业的特殊性,同时轻视了大学教师从事学术职业的发展需求。学术职业是具有"基础性"和"关键性"的,② 其成果不仅呈现出多元化,而且有可能在短时期内无法显现。因此,目前所用的评价考核方式不能客观准确地评判大学教师的学术成果,同时会导致其片面地追求功利主义目标,教师说,"短视化和功利化常常成为评价体系的主导思想,这自然导致了发展的短视化,缺乏对理论和基础研究、原创性研究的长远动力"。若真如此,教师评价反而会阻碍教师的发展。

最后,与西方不同,中国多数大学的教师评价考核体系是自上而下的,从评价考核目标与原则的确定,政策的制定到具体步骤的实施基本上由行政管理层决定和控制,大学教师的参与度很小,即使同行学术评议也是在行政职能部门制定的框架内进行。教师们反映,"绩效考核额定的工作量由领导分派,任务只落到一线教师身上"。这种评价考核主体的单一性不仅造成过程的透明度和结果的公信力不高,而且会导致学术自由受限,控制和压抑大学教师的学术创造力。

二 大学教师需要适宜的工作条件

本调查结果表明,大学教师对工作条件的需要度超过了对自身生

---

① 本章中所有用斜体字打印的引文均为问卷调查中对开放题回答的原文。
② 沈红:《论学术职业的独特性》,《北京大学教育评论》2011年第7期。

❖ 第一部分 基础与现状 ❖

存状况的需要度,频次 709,25.2% 的样本教师都有此诉求(见表 6—1)。作为学术职业从业者,大学教师认为在工作中不仅要处理好教学与科研的关系,而且希望拥有更多的自由和机会来提高自身的学术能力。

首先,教学与科研是高校最基本的两种职能,也是大学教师学术工作最重要的两个方面。如何处理这两者的关系是现代大学发展的核心。调查中有教师表示,"大学应恢复教育的本质";也有教师表示,"不能对大学教师提出科研和教学并重的要求,否则两样工作都做不好"。但现实中大学内部管理制度和外部学术体制都存在重科研轻教学的倾向。大学教师作为"学术经济人",[1] 既要追求"为学术而学术",又要追求个人利益最大化。因此,大学教师即使明白学术并非等于科研,但是一般来说也更愿意从事能够带来更多利益的科研工作,如此便导致大学教师的教学和科研工作失衡。

其次,大学教师需要在学术工作中正确理解并合理运用学术自由。学术自由不仅是学术职业的核心价值,也是高等教育发展所追求的经久不衰的理念。约翰·布鲁贝克(John S. Brubacher)认为,"大概没有任何打击比压制学术自由更指向高等教育的要害了。我们必须不惜一切代价防止这种威胁"。[2] 大学教师作为高等教育的主体,也是高等教育最核心的学术自由的权利主体。有教师表示,"大学教师应该在工作中注重学术自由和自由发展"。由于社会体制和制度与高等教育系统内部结构必然会发生联系,必然对大学教师的学术活动产生影响。所以,大学教师从事学术活动总是要受制于这些影响而不可能特立独行,其职业发展所必需的学术自由仍然会受到不同程度的限制,这就需要大学教师能够正确理解学术自由的本质,在学术活动中合理把握学术自由度,实现学术兴趣与学术行为的统一。

最后,高等教育大众化程度的提高、学生群体的变化和科学技术

---

[1] 庞岚:《基于教师行为选择的大学教学与科研关系研究》,《高等教育研究》2011 年第 3 期。

[2] [美] 约翰·布鲁贝克:《高等教育哲学》,王承绪等译,浙江教育出版社 1987 年版,第 55 页。

的日新月异，要求大学教师能够得以持续发展，提高自身能力和水平以应对当前的社会和工作要求。从调查结果看，除了外生压力，大学教师也有发展的内生需要和动力。根据大学教师职业发展的阶段性特征，教师入职后的不同阶段会有不同的特殊的发展需求，调查显示，青年教师的发展问题得到了较大关注。有教师认为，"要给予青年教师的教研工作以适当的缓冲期，解决青年教师起步时期面临的工作、家庭多重困难。还要强化新教师职（岗）前培训机制，对大学教师应该侧重于素质、责任、方法等方面的培训"。但在现实中，大学主要是通过比较单一的培训和经验交流以及教学竞赛等方式帮助教师发展，尚没有形成科学系统的教师发展制度，不能满足大学教师表达的多元化的发展需要。

三 大学教师需要良好的生存状态

表6—1表明，表达对"生存状况"关注的频次为661，近四分之一的教师对此仍在担忧之中。从事学术职业不仅需要物质基础，而且必须具备健康的身心条件。因此，在探讨大学教师职业发展问题时不能只说"教师应当如何"和"如何才能成为教师"，更应该关注大学教师的"实然生存状态"。近年来，"教师收入""教师压力"等词汇经常出现在媒体材料中，大学教师的生存状况已成为社会关注的一个热点。从本调查回收的数据统计来看，大学教师在收入待遇、工作和生活压力和社会地位感知等方面表现出一定程度的生存质量不高的问题。

自古以来，学术职业被认为必须具备高尚的道德观念，而收入和待遇被冠以世俗的标签，远离教师的价值追求。伴随着社会变革的步伐，人的现实生活状况和对人的终极关怀已经成为人类发展所关注的基本问题。因此，大学教师应该被当作具体的、有血有肉的、有感性渴求的自然人群体。本调查的数据显示，2380位大学教师2013年的人均应发年收入为10.4万元，其中有很大比例的教师收入在10万元以下，6万元以下者占到近20%。从他们提供的开放题回答内容看，"收入待遇较低"是大学教师抱怨的主要问题之一。有教师认为，

"大部分大学教师所付出的劳动量与收入水平不成正比,体面的职业从业者过着不体面的生活"。也有教师觉得收入待遇较低会降低工作满意度,"生存都很难,还谈什么'为人师表,无上光荣'"。另外,在中国传统文化中,教师的社会地位与其经济收入的联系不紧密。古代的教师曾与天、地、君、亲并列,享有极高的社会地位,但同时又以克己复礼、甘受清贫、无私奉献的圣人贤者展现于世。如今,教师认同的是社会地位和经济收入都是其劳动所得,社会地位被视为对经济收入的补偿。但本次调查显示,大学教师所感知的社会地位并未达到理想的层次,有教师表示,"大学教师逐渐沦为社会的弱势群体"。2380位大学教师中有41.8%的人认为自己处在"社会中下层",6.2%的人认为自己处在"社会下层",甚至有1.2%的教师认为自己处在"社会底层"。这表明近一半的被调查的大学教师认为自身社会地位较低,与传统中教师应有的社会地位所达高度有较大的距离。

在现实生活中,收入低和社会地位不高、工作任务重等因素都会带来压力过大。近年来,社会新闻常有报道大学教师因为过度劳累和压力过大而过早死亡的消息。对2380位大学教师的调查统计表明,51.4%的教师认为自己的工作量超负荷,其中近18%的教师认为是严重超负荷。在开放题中,有教师写到,"中国大学教师普遍精神压力过大,如此使大多数教师非常浮躁,不能潜下心来做事"。也有青年教师表示,"'青椒'不易,工作、晋升、生活压力都较大"。虽然对从事学术职业的大学教师来说,适度压力能增强工作动机,但过度的压力不仅会造成个体的生理、心理和行为的失调反应,也会引起其职业兴趣、职业态度和职业行为的改变,对知识生产、人才培养以及服务社会产生负面影响。

四 大学教师需要健康的组织环境

对"组织环境"表达诉求的频次稍低于对"生存状态"表达诉求的频次,表明现行的大学教师对他们所处的组织环境的担忧,实际上,学术"组织环境"是教师学术的"生存状态",表达这一诉求的频次较高,说明"组织环境"影响教师发展的重要性受到比较严重

❖ 第六章 中国大学教师职业需要调查 ❖

的关注。大学教师参加的是特殊的学科专业组织并受聘于特定的学术机构,这些学科专业和聘用机构为教师的职业发展提供着一种组织环境,其中涉及大学的治理、教师的准入以及学术风气等方面。

克拉克·克尔(Clark Kerr)认为,在美国的研究型大学中,教学人员"具有一种不受行政部门或其同事支配的新的独立意识"。[①]但中国的大学教师则认为,"大学内部行政权力掌握着过多的资源优势,相反,从事学术职业的大学教师所代表的学术权力无法广泛参与学校决策及相关利益分配,显现'疲软'状态"。在某些学校,大学行政权力的强势和学术权力的日渐式微,造成教师学术活动受限,也会引导优秀教师逐步寻求行政权力。有教师表示,"大学的各种资源集中于行政部门,存在权力寻租行为;同时,由于收入分配的不透明,容易使收入分配暗中也向行政人员倾斜,致使许多优秀的年轻人谋求仕途发展"。这种倾向导致大学内部普遍存在的教授"双肩挑"(行政岗位+学术岗位)的现象,导致学术资源配置不公,教师与行政人员间矛盾激化。因此,有教师建议"应该发挥教授在教学科研、学科建设、人才培养中的引领作用,具体到专业设置、课程设计、科研方向、项目实施、资源分配、师资建设等工作上"。

在大学从事学术职业必须得到相应的资格并具备一定的身份。学术职业是一种有着高度专业化要求的特殊职业,对大学教师的从业资格认定和身份授予必须严格严肃,也要能够可进可退。但是,中国的大学教师一旦获得学术职业的通行证便可以"高枕无忧"地享用"铁饭碗"。有教师认为,"应该精简教师队伍,淘汰无品无德无术的教师"。也有教师表示:"教师制度应该允许教师能进能退,教师的绝对数量应该减少,对不称职的教师实行不续约的分流制度。"

学术风气也许是影响大学教师进行学术活动的最重要的本人身外的因素,是大学教师在从事学术职业的过程中,通过与组织和组织中的其他成员进行交互作用而形成的对学术氛围和环境持久的集体感

[①] [美]克拉克·克尔:《大学的功用》,陈学飞等译,江西教育出版社1993年版,第27—28页。

知。学术风气是学术精神和学术声誉的融合性体现，是促进大学教师全面发展的必要养分。本次调查中有大学教师认为当前学术组织内存在的学术不端和学术腐败现象，已对学术风气产生了不良影响，如，"有些教师去搞些不切实际的虚科研、假文章和废专利，越来越少的人关心学生，只把他们当廉价劳动力使用，谈不上培养"。学术风气的败坏不仅会导致大学教师学术精神的衰落，而且会潜移默化地影响学生正确的人生观、价值观和世界观的养成，有教师警告说，"一个自身都素质极低的人如何能培养出优秀的学生和有责任感的学生？"

第二节　大学教师职业需要难以满足的原因

作为学术职业人，接受调查的大学教师表达"不满"的根本原因是其正常的职业和职业发展需要得不到满足。其原因是多方面的，既有转型期学术职业变革出现的方向偏误，也有内、外生学术制度发生了不平衡，同时还有学术组织中实行的科层式管理方式与学术职业发展之间存在矛盾。

一　学术职业变革与大学教师的职业需要

计划经济体制下，社会系统的基本组成部分是"单位"。"单位"通过对资源、权利和义务的分配使社会成员获得权利、身份和地位。个体被嵌于"单位"之中，其观念、行为、价值取向等方面深受体制影响，体现出强烈的"单位"意识。改革开放以来，中国逐渐确立了市场经济体制的主体地位，之前依赖性的"单位"成员关系被可以自主选择的契约关系所代替。[①] "按需设岗，公开招聘，平等竞争，择优招聘，严格考核，合同管理"取代了论资排辈才能成为单位聘任社会成员的核心原则。作为社会成员的一员，"单位人"身份随着人事制度的改革逐渐变成了"契约人"身份。虽然，此项改革

---

① 李玉栋、潘文煜：《社会转型期教师身份变迁及危机应对研究》，《上海教育科研》2012年第9期。

❖ 第六章 中国大学教师职业需要 ❖

表面上顺应了国际学术职业的发展趋势，使大学教师不再被强制禁锢于某一大学"单位"中，有利于大学教师的流动和学术交流，在一定程度上打破单位体制下的平均主义和低效率，提高了中国大学的学术产出率和竞争力。但要知道，中国的职业变革是在社会整体转型的指导和约束下进行的，以解放和发展落后的生产力为目的，以改变社会的生产关系为突破口，以调整整个社会的资源用以服从、服务于经济建设和经济发展为途径。如果不能把学术职业与其他社会职业区别对待，就无法体现学术职业变革的特殊性。大学教师整体上受过高程度的教育，从事着既教育别人又教育自己、既为基础性又具关键性的职业活动[1]，其生命的真谛为学术。若仅以绩效和竞争为核心价值观实施改革，就是忽略了学术职业的教育性和学术性，只是把大学教师的学术工作视为推动社会经济发展的工具，没有把促进学术职业自身发展当作改革所追求的目标之一。这种价值观引导大学教师的行为、大学管理制度以及学术体制走向功利化，导致大学教师的工作中充斥着"指标""经费"和"利益"等，脱离学术职业的本质追求，使大学教师逐渐从高深知识的创造者变成大学这个"单位"的"被雇佣者"。

二 学术制度平衡与大学教师的职业需要

学术制度是指人们制定的对学术职业人进行激励和约束的一切规则的总称。根据制度经济学理论，学术制度可以分为外生的和内生的。[2] 所谓外生学术制度一般是指由学术组织外部的社会和政府所主导的，对学术活动具有干涉和约束能力的制度；内生学术制度是相对于外生学术制度而存在的，指随着学术组织的成长和发展逐渐形成的学术规则和学术伦理。在中国，外生学术制度对学术活动具有很强的约束力，政府机构对学术组织和学术职业人具有外在行政意志的强制作用。因此，大学教师从事学术职业过程中的方方面面都会受到外生

---

[1] 沈红：《论学术职业的独特性》，《北京大学教育评论》2011年第7期。
[2] 柯武刚、史漫飞：《制度经济学：社会秩序与公共政策》，商务印书馆2001年版，第119页。

学术制度的影响，比如，获得学术职业资格、职称晋升、学术成果考评等，都体现着外生学术制度的意志。在学术组织的学术文化、学术精神、学术惯习、学术规则等基础上形成的内生学术制度却因为先天发育不足和外生学术制度过于强大的原因，对学术活动的影响作用趋于弱化。大学教师具有自觉集中的社群意识和学术认知以及共同的职业需要，在学术活动中接受共同的学术价值观和学术行为准则，有协同进步、相互依存的愿望和行为，同时也有保持特质、自我组织、自我管理、自我评价的集体追求。基于此，应该建立强有力的学术组织和内生学术制度，形成学术自律自治的运行模式，这样才能从根本上保障大学教师的权益、促进其职业发展，也能完善学术组织治理，最终满足大学教师的职业需要。但是在目前，学术制度的发展严重不平衡，学术组织内部既没有形成明确的、具体的和具权威性的、由学术职业者共同制定和认可的学术职业标准，用以限定进入和退出学术职业的资格，确保学术职业群体的高质量；又没有完整的学术行为准则和学术伦理原则，用以制约学术职业从业者的学术行为；也没有完善的学术考核评价体系，用以科学、合理地评估和鉴定学术成果；还没有完备的学术人才培养和发展模式，用以提高学术从业者的质量，形成健康可持续的学术人才梯队；更缺乏崇高的学术信仰与学术精神，坚定学术职业者的学术信念。外生学术制度的强势与内生学术制度的式微，造成了学术活动结果与学术活动出发点之间的冲突和矛盾。外生学术制度对学术活动的约束和强制力越强，越会束缚学术的自主性，迫使学术行为朝着外在的目标前行，脱离学术的本质。外生学术制度是建立在社会和政府需要的基础上的，大学教师正常合理的职业需要在没有内生学术制度的保障下是不能正常表达的，因此无法得到满足，进而从本源上抑制了大学教师内生的学术自觉性和自主性。

三 科层治理结构与大学教师的职业需要

学术职业者的主要工作内容包括专业和高深知识的创新发展、传播与应用。知识及其发展是大学教师从事学术职业的目的和核心。因此，建立在学术职业基础之上的学术组织结构也应该由知识的特性所

❖ 第六章 中国大学教师职业需要调查 ❖

决定。一方面,随着近代科学技术的日益发展,社会知识迅速增长,其最大特点是分化和专门化,结果把知识分为众多的专业领域。而属于不同专业领域的学术职业从业者聚集在一起,逐渐形成大小不同、制度不一的各种专业组织,这些专业组织在大学的框架内以不同的方式彼此结合、彼此影响,但又因为知识的分化体现出不同程度的排斥性。另一方面,不同专业领域在研究对象、方法、理论等方面存在分歧,专业知识的创新与发展也有不同的方式,因此涵盖不同专业领域的大学教师需要独立自由地进行学术活动,而学术组织则须保证大学教师工作的自主和松散联结的组合方式。正如克拉克在论述高等教育系统有序和无序的矛盾时所说的,高等教育系统中的底层结构即以学科为主的层次朝着分化和松散型结构变化,并且随着学科和专业领域的日益专业化,其聚集形式越来越松散。① 但目前中国大学内部的组织联结表现出明显的科层化特点,自上而下的等级管理是大学运行的主导方式。科层化管理是以正式规则为主导的,具有细密的分工和复杂的规章制度,并具有权力等级、制度规范化和非人格化等特征,与学术组织的特点相矛盾,也无法满足大学教师的职业需要。究其原因,首先,中国大学组织和亚组织与其他"科层制"组织同样地呈现出金字塔状的等级层次,分有最高指挥层、中间管理层、底下执行层。层级之间的关系是下级服从上级。科层制管理正是要求组织内成员遵循权威下的共同目标。这与大学教师要争取学术自由的职业需要发生较大的矛盾。其次,德国社会学家马克斯·韦伯曾认为,科层制是"完全按照理性建立起来的理想化高效率的组织模式的概念",② 科层制管理推崇效率文化。而以知识为中心的学术职业要求大学教师在教书育人中坚持"百年树人"的信仰,在科研穷理中坚守"铁杵磨成针"的精神,与科层制效率至上的文化相抵触。最后,科层制管理的正常运行,有赖于各级科层组织形成的一条由上到下的"委

---

① [美]伯顿·克拉克:《高等教育系统——学术组织的跨国研究》,王承绪等译,杭州大学出版社1994年版,第39—44页。
② Max Weber, *Economy and Society*, Oakland: University of California Press, 1978, pp. 218 – 219.

托—代理"链，上层组织委托下层组织完成任务，实现目标，但是在此过程中，各级组织为了自身利益，往往会吞噬资源、推卸责任，致使从事学术活动的大学教师得不到相应的资源，学术组织运行成本虚高，效果不尽如人意。[1]

第三节　尽可能满足大学教师职业需要的对策

"需要层次理论"告诉我们，人的需要总是由低级向高级发展，高级需要的出现是以低级需要的满足为前提的。大学教师的职业需要也分由低到高的层次；但学术职业与其他职业不同，大学教师职业需要的层次具有特殊性。在中国社会经济体制发育不完善、教育资源有限的条件下，须准确认识和把握大学教师迫切需要满足的学术职业需要，采取有效的改善措施，以促进大学教师的发展。

一　建立可激励教师发展的评价制度

调查发现，考核评价是大学教师最关注的问题，迫切需要科学合理的鉴定和检验。一方面，考核评价本质上是一种价值判断活动，能判断教师从事学术职业的职责和具体行为的价值，从而指引着大学教师的行为及未来发展方向；另一方面，考核评价往往不是单一存在的，它作为大学教师薪酬认定、职务聘任和职称评审的前提和基础，既决定了大学教师获得物质报酬的数量，也影响其职业发展路径。考核评价是大学教师职业需要由低层次到高层次得以满足的中介，在激励大学教师的学术行为中起着重要作用。

完善大学教师考核评价制度，可从学术制度、评价组织以及评价目的等方面入手。第一，基于专业领域的知识特点，建立符合大学教师群体意识并与相应学术组织匹配的考核评价制度，完善的考核评价制度内生于学术职业群体的文化、精神、惯习、责任和规范之中。第

---

[1] 李玉栋：《论教育中的双重多层委托—代理关系》，《中国教育学刊》2015年第6期。

◆ 第六章　中国大学教师职业需要调查 ◆

二，考核评价组织的多主体构成及其在大学组织中的独立性是完善考核评价制度的重要保证。既然要求考核评价制度建立在内生学术制度的基础之上，那么教师及同行也应成为考核评价组织的主体。该组织不能"委身"于大学内部的科层结构中，受到学术外部权威的干涉和影响。第三，促进大学教师、学科和大学的"三发展"是考核评价的本质目标。教师的考核评价虽然是大学管理的措施之一，但不能以控制和约束大学教师的行为为目的，不论采取何种方式，都要注重学术职业的创造性和发展性，促进教师专业发展。

二　完善可促进教师发展的组织保障

调查结果显示，大学教师有着强烈的自我发展的职业需要。大学教师发展一般指大学教师作为学术职业人的全面发展。根据学术职业的功能，大学教师的发展包含教学、科研以及服务的发展，是一个全面、综合、系统的过程，不仅要协调和统一大学教师的各项发展目标，而且要满足大学教师在不同发展阶段中的特殊需要。大学教师发展活动必须通过一定的组织机构来实施，以保障教师发展的制度化。而现有的政府授权和建在大学内部的承担教师教育与培训活动的机构，大多受到外生学术体制的深刻影响，使大学教师的发展目标也是按政府、社会和大学机构等方面的需要来设定，形成大学教师发展过程与教师的实际需要相脱离，有时还会出现用来培训学术人促进其发展的相关措施违背学术发展规律的情况。大学教师是学术职业人，其学科专业归属度会大大高于组织归属度。[①] 也就是说，比起政府和大学等组织机构来说，大学教师更忠诚于自己所在的学科和专业。因此，不同学科和专业体系内的学会和行会等内生学术组织应该负责并承担大学教师发展的制度建设与计划实施工作，获得相应的权力和资源，在此基础上逐渐形成相对独立自主的大学教师发展体系。这样，一方面可以保证大学教师发展过程能满足其学术职业发展需要并遵循各学科专业的特殊发展规律；另一方面，可以促进大学教师和学术组

---

① 沈红：《论学术职业的独特性》，《北京大学教育评论》2011 年第 7 期。

织的共同发展，使学术组织在发展和培养学术职业人的过程中完善自身学术制度，做好本学科专业人才发展的梯队建设，最终实现学术职业的长远发展。

三 提高教师可感知体验的社会地位

根据大学教师的实际需要，可主要从提高劳动收入与社会地位两个方面入手来改善大学教师的生存状况。近年来，大学教师的职业收入有了明显提高，但还不够；大学教师社会地位的提高就更不够了，使学术职业成为备受尊敬的职业正是改善大学教师生存状况的有效途径。我们要弘扬尊师重道的优良传统，保障国家的长足稳定发展。对大学教师而言，社会地位的提高不仅有赖于全社会对学术职业和大学教师身份的重新认识，而且有赖于大学教师自身的行为改变。一方面，大学教师承担着为全社会进行传道、授业、解惑和创造高深知识的重担。在学术职业经历变革的过程中，恢复大学教师高贵和纯粹的身份传统对提高大学教师的社会地位具有重要意义。这种特殊的身份能够给予大学教师更多的职业荣誉感和满足感。同时，学术职业身份能够凝聚大学教师的职业精神和职业信仰，帮助他们构建更高的人生价值，促使大学教师寻求的更高层次的职业需要得以满足。另一方面，在市场化的浪潮中，大学教师依然需要遵循"学高为师，身正为范"的训诫，减少从市场中谋取经济利益的行为，将自身智慧、时间和精力用于学术职业发展过程，不断积累知识和文化资本，重新获得社会对这一职业的集体尊重。

四 优化具有职业特点的教师管理结构

教师管理结构包括大学对教师进行管理的制度结构和组织结构。优化大学教师的管理结构是满足大学教师职业需要、激发其学术活力的有效途径和必然要求，必须遵循学术职业的特点，同时实现管理制度与管理组织在功能和效果等方面的协调统一。根据学术职业的特点，大学实质上是由作为内核的学科共同体和作为结点的职能行政两

❖ 第六章 中国大学教师职业需要调查 ❖

者构成的组织。① 因此，优化大学教师管理结构的关键是处理好大学内部学术权力与行政权力之间的关系。首先，从制度层面，大学应加强学术权力在大学教师聘任、资格认定、考核评价及薪酬制定等管理制度中的作用，给予学术职业共同体和学术组织相应的权利，保障学术独立与学术自由。同时，注重学术伦理制度的建设，规范学术职业的风气与秩序。其次，从组织层面，需要改变代表行政权力的大学与代表学术权力的学术委员会等组织间的关系，扩大各类学术委员会在教师管理以及教学和科研等学术事务中的自主权。在组织内部，应该充分发挥大学教师在学校及学院两级组织中的作用，并把学院变成真正的学术组织，成为大学教师行使权利的主要场所。最后，大学教师管理的制度建设和组织建设应该有机衔接，使制度为组织运行提供依据，组织为制度实现提供支持，有效减少管理过程中的摩擦，最终实现大学教师在学术职业发展中所需要的平等和独立地位。

---

① 沈红：《论学术职业的独特性》，《北京大学教育评论》2011 年第 7 期。

第七章 中国大学教师评价满意度调查

本章以"2014 中国大学教师发展状况调查"唯一开放题收集的文本材料为因变量,依照规范程序筛选自变量,逐一利用 T 检验、F 检验、回归模型,验证了影响大学教师对教师评价制度满意度的因素。研究发现,整体而言,大学教师对评价制度的满意度随个体发展、工作自主、工作成就、金钱财富的提升呈提升态势;不同特征的教师对评价制度的满意度有所差异;教龄、年龄、个体发展、工作自主程度上的不同会让大学教师对评价制度的满意度的差异显著;进一步地,年龄、教龄、个体发展和工作自主程度是影响大学教师对评价制度满意度的前四个主要因素。

第一节 分析框架建立与变量操作化

一 分析框架建立

大学评价的实质应该是教师评价。[①] 教师考核评价是高校教师选聘、任用、薪酬、奖惩等人事管理的基础和依据。[②] 1986 年《教师职务试行条例》的颁布,标志着中国的教师评价开始迈入规范化、制

[①] 沈红:《论大学教师评价的目的》,《高等教育研究》2012 年第 11 期。
[②] 教育部:《教育部关于深化高校教师考核评价制度改革的指导意见》(http://www.gov.cn/xinwen/2016-09/21/content_ 5110529.htm)。

第七章　中国大学教师评价满意度调查

度化，各大学纷纷推出自己的教师评价方案。① 随着实践领域对教师评价问题的越发关注，大学教师评价逐渐成为学术研究的热点领域，许多研究者从不同视角对大学教师评价的目的、效能、困境、策略、影响、价值取向等进行了高水平探讨，② 这些研究为我们科学认识大学教师评价积累了宝贵的知识财富，但这些研究却无法有效揭示大学教师群体对评价制度③的满意程度。中国大学教师对现有评价制度的满意度如何？哪些教师的满意度较高？哪些教师满意度较低？哪些因素造成了这样的差别？要回答这些问题，就需得到大学教师自己的评价制度反馈。本章通过对"2014 中国大学教师发展状况调查"开放题回答内容的分析，利用文本计量、标准分转换等方法对文本进行操作化处理，结合"T 检验"和"F 检验"，验证不同特征的教师对评价制度的满意度是否差异显著，并利用回归分析找出影响力较大的因素，以了解中国大学教师对评价制度的满意程度及其影响因素。具体步骤如下。

第一，获取研究资料，以该调查主观题中直接描述评价制度的文本为研究对象。第二，依据知识型员工激励模型，搭建教师对评价制度的满意度分析框架。第三，概念的操作化，在已有研究形成的知识基础上，将因变量及分析框架各组成部分作操作化处理。第四，描述统计，分析不同特征教师对评价制度的满意度差异，获得总体认识。第五，依据变量类型差异，针对不同变量分别选用 T 检验和 F 检验，

---

① 李金春：《我国大学教师评价制度：理念与行动》，博士学位论文，华东师范大学，2008 年，第 9 页。

② 周玉容、沈红：《成本约束下大学教师评价的效能》，《高等工程教育研究》2015 年第 6 期；杜瑛：《试析我国大学教师评价面临的实践困境与策略选择》，《国家教育行政学院学报》2010 年第 9 期；王光彦：《大学教师绩效评价研究》，博士学位论文，华东师范大学，2009 年；曹如军：《大学教师与大学教师评价：人性理论的视角》，《江苏高教》2010 年第 6 期；赵志鲲：《论学术自由视野下的大学教师评价制度》，《江苏高教》2011 年第 4 期。

③ 本章考察的评价制度均指大学内部的教师评价制度，它是高校管理部门为了解教师工作质量，评定教师在教学、科研、社会服务等工作中的表现，所采取的一套规范性文件，既包括客观量化指标，也包括由领导、同事等做出的主观性评定。它是高校教师选聘、任用、薪酬、奖惩等人事管理的基础和依据。

❖ 第一部分 基础与现状 ❖

验证不同特征的教师对评价制度的满意度是否差异显著。第六，利用多元回归和二项 logistic 回归找出影响教师满意度作用力较大的因素并进行更细致分析。

　　再来考虑分析框架的建立。分析框架是人们将社会真实转换为主观思想的重要凭据，对一个人来讲，真实的东西就是他对情景的定义，这种定义可分为条和框架，条是指活动的顺序，而框架则是用来界定条的组织类型。[1]"框架"一方面源自过去的经验，另一方面则常受社会文化意识影响。对本章研究具有重要参考价值的是美国知识管理专家戴维·贝蒂（David Beattie）和弗雷德里克·坦姆普（Frederick Tampoe）等人经过实证研究的发现，个体发展、工作自主、工作成就、金钱财富是激励知识型员工的前四个因素。[2] 作为典型的知识型员工，大学教师从理论上来讲也可能会受到个体发展、工作自主、工作成就、金钱财富的激励。在大学场域内，学校对教师的评价通常包括对教师教学能力与质量的评价，对教师科研成果的考核，以及对教师社会服务状况的考察。教师评价的结果及其应用则直接关系到教师的聘任、晋升、薪酬和奖惩等相关利益，从这个意义上说，评价活动会潜移默化地影响大学教师的心理状态、价值判断和行为取向。因而，作为教师评价内容客观外显的教师评价制度便具有了象征意义，具有了激励、约束等调控功能，它明确地勾勒出教师行为选择的轮廓，引导着大学教师的发展方向。由此来看，如若评价制度不能促进大学教师更好的接受和完成富有挑战性的工作，无法让教师拥有更多自主权，达成较高的工作成就，获得体面收入，就很可能导致教师对这种评价制度的不满。此外，考虑到个体特征作为解释变量在实证研究中的广泛应用，本章设置了由个体发展、工作自主、工作成就、金钱财富和个体特征五部分构成的"经验式"分析框架，据此来分析哪些

---

[1] Erving Goffman, *Framing Analysis: An Essay on the Organization of Experience*, New York: Harper & Row, 1974, p. 21.

[2] David Beattie and Frederick Tampoe, "Human Resource Planning for ICL", *Long Range Planning*, Vol. 23, No. 1, February 1990.

❖ 第七章 中国大学教师评价满意度调查 ❖

因素影响了大学教师对教师评价制度的满意度。

二 变量的操作化

操作化是为属于前一变量群的某个变量在后一变量群中找到对应的变量，以便能够用操作测量方法可靠地测量这个变量。① 卡尔·曼海姆（Karl Mannheim）曾说，"只有在一种确定的世界观的基础上，完全可量化和可分析的世界才会显现出来"②，即变量的操作化需建立在某些抽象事物的基础之上。结合"经验式"分析框架，本章分别对由"大学教师对评价制度的评价"构成的因变量和由"个体发展、工作自主、工作成就、金钱财富、个体特征"组成的自变量进行操作化处理。

（一）因变量的操作化

怎样客观、有效地测量大学教师对评价制度③的满意度是本章面临的首要问题。从本书第五章、第六章的内容可见，许多教师直接表达了对评价制度的不满，或者提出了如何改进目前评价制度的建议。本章可将这些直接描述评价制度的文本视为大学教师对评价制度的评语，可以采用文本分析、语意分层④等方法，从中提炼、挖掘出不同教师对评价制度的意见。这种处理手段和问卷法、访谈法一样，都是将零碎和定性的输入资料转换为系统和定量的输出数据⑤。由于调查采取的是网络匿名、自愿填写的方式，这就增加了教师们说"心里话"的概率，相比传统的设置客观题项的做法，这种处理方式获得的结果更贴近真实，尽管这种方式也会产生一些"疏漏"（因言辞表

---

① 张小天：《论操作化》，《社会学研究》1994年第1期。
② [德]卡尔·曼海姆：《意识形态与乌托邦》，黎鸣、李书崇译，商务印书馆2000年版，第269—271页。
③ 评价制度是一个宏观统一概念，是大学里的每位教师都会面对的客观实在，这里不刻意强调各大学评价制度之间的具体差异，只要求评价制度在核心意旨上相似。由于中国大学不但在公办大学之间存在趋同化，民办大学与公办大学之间也存在趋同化，所以这种假定具有较大的可能性。
④ 语意分层方法是指将目标文本按照语义逻辑分层并提炼出各层主旨，提炼出的主旨数就是该教师对评价制度的意见条数。
⑤ 李怀祖：《管理研究方法论》，西安交通大学出版社2004年版，第159页。

❖ 第一部分 基础与现状 ❖

达上的喜好，有些人的所写与所想并不一定完全一致），但出于研究的客观需要，我们规定，本章只以主观题记录的客观材料为依据，对文本进行量化处理，不再就教师对评价制度的看法追加额外的访谈等类型材料。

具体操作步骤：第一，从2380个开放题有效样本中筛选带有直接描述评价制度文字的样本，共计816个。即相当于在整个调查回收的5186个有效样本中，有816位教师在该项"虚拟客观题"上做了选择，而其他教师因漏选此题被视为无效样本。第二，逐条研读，提取各位教师对评价制度的意见条数。如，可将5162号问卷回答的文本"应鼓励教师个性化、多样化发展，不应是一个评价体系。当前有科研至上的风气，不利于教学。应还教师于学生，应鼓励大家在教学上投入更多，同时得到应有的认可和回报"。[①]提炼为"建立多元化评价体系"和"评价体系应促进教师的教学投入"两条意见，认为该教师对目前评价制度的意见条数为2。第三，按照一条意见得1分的积分规则，获得未标准化的教师对评价制度的评价得分NSS_0。（该得分与意见条数值相同）。第四，标准化，按照公式$SS_0 = NSS_0 \times 100 \div X$（$X = MaxNSS_0$）将教师对评价制度的满意度进行标准化处理。由于教师所写的均是对评价制度的负面意见或改进建议（文本事实：改进建议的提出均伴随对目前状况不满的描述），所以可认为教师对评价制度的意见条数越多、标准化得分越高，教师对评价制度越不满。

为验证该文本量化操作方法的有效性程度，本章以816位教师对客观题A部分的第13小题"您对您本人目前工作的整体满意度"的回答为效标进行了效度检验。结果显示，816位教师对自身目前工作的整体满意度与笔者提炼出的主观题意见条数在0.01的显著性水平上显著正相关，即，目前对自身工作满意度较高的教师，其在主观题中给出了较少的负面评价意见。这说明，本书所用的文本量化处理方法具有较高的研究效度，提炼出的意见能够反映教师们的直观感受。

---

① 本章中所有用斜体字打印的引文均为问卷调查中对开放题回答的原文。

❖ 第七章 中国大学教师评价满意度调查 ❖

（二）自变量的操作化

1. 个体发展

克里斯蒂娜·斯坦利（Christine Stanley）认为，大学教师发展既包括成果的产出也包括发展的过程，具体包括四个方面，教师发展、教学发展、组织发展和专业发展[①]，这种划分看似全面，实则有失严谨，因为概念之间存在包属关系，很难划分清楚。[②] 就目前看，教师个体发展具体包括什么仍无定论。借鉴已有研究成果并结合教师个体发展的客观表现，本书认为，出国进修、访学、调研经历，课题数量及级别，参与国内外会议频次等具体事实能够在一定程度上反映出教师个体发展状态[③]，考虑到国内高校对不同形式的学术活动的重视程度，参照已有研究可将其赋予不同权重，折算公式为：未标准化个体发展得分 $NSS_1 = 3 \times$ 国家级课题 $+ 2 \times$ 省部级课题 $+$ 厅局级课题 $+ 0.5 \times$ 校内课题 $+$ 出国经历 $+$ 国外会议 $+ 0.5 \times$ 国内会议。[④] 据此，可通过公式 $SS_1 = NSS_1 \times 100 \div X$（$X = MaxNSS_1$）对未标准化得分进行转换，获得标准化个体发展得分。

2. 工作自主

调查问卷中直接涉及教师工作自主程度的题项有1个，该题目共包含8小项，其中的3个小项可用来衡量教师工作自主程度。它们是，"由于评价活动的存在，我是根据晋升具体条件来开展工作的"；"由于评价活动的存在，我用了较大比重的时间和精力在科研上"；

[①] Christine Stanley, "The Faculty Development Portfolio: A Framework for Documenting the Professional Development of Faculty Developers", *Innovation Higher Education*, Vol. 26, No. 1, September 2001.

[②] 吴振利：《美国大学教师教学发展研究》，教育科学出版社2012年版，第34页。

[③] 从逻辑关系上看，教师个体发展还应包括出版专著、教材、编/译著、发表论文、咨询报告、获批专利等研究成就，但由于这些因素已通过变量"工作成就"表示，并且考虑到回归分析中的共线性问题，为统一口径，此处不做重复计量。

[④] 调查中的国家课题限定于国家自然科学基金、国家社会科学基金；省部级课题限定于中央部委、省自然科学基金、省社会科学基金；厅局级课题限定于厅局级政府部门委托课题。出国经历包括出国进修、访学、调研。国内外会议限定于国内外学术会议。该折算公式采用的折算权重是为方便量化研究人为规定的一种比例，不具有普适性的等价意义，不可对其过度解释或简单迁移，如，不可认为1个国家级课题等于3个厅局级课题。同理，亦不能对工作成就计算的折算权重作简单迁移。

· 139 ·

❖ 第一部分 基础与现状 ❖

"由于评价活动的存在,我可能会被迫发表质量不高但有数量的学术论文"。这三个小题分别从不同角度测量了教师是否会因为评价活动的存在而"随波逐流"。根据教师的选择,研究设定渐变得分规则,选择非常符合得 1 分,非常不符合得 5 分,中间的三个选项分别对应 2、3、4 分,三题累计得分构成教师的未标准化的工作自主得分(NSS_2),累计得分越高,样本教师的工作自主程度越高。为了消除量纲影响和变量自身变异系数及数值大小的影响,我们对其做标准化处理,标准化工作自主得分 $SS_2 = NSS_2 * 100 \div X$($X = MaxNSS_2$)。

3. 工作成就

大学教师以生产和传播高深知识为业,论文是高深知识的重要呈现形式。[①] 除论文外,高深知识通常还以专著(教材、编著、译著)、咨询报告、发明专利等形式呈现。虽然高深知识的传播也是构成大学教师工作的重要组成部分,但考虑到人才培养成就的衡量缺乏客观标准,所以为了更客观的表现大学教师工作成就,我们只对其在高深知识生产上表现出来的成就进行计算,即是说本章中的教师研究成就相当于其工作成就。借鉴已有的研究成果,[②] 本书将教师工作成就得分按如下公式进行折算,未标准化工作成就得分 $NSS_3 = 3 \times$ 专著 $+ 2 \times$ 教材/编著/译著 $+ 2 \times$ SCI/SSCI $+$ CSCI/CSSCI $+$ 省(部)级及以上政府咨询报告 $+$ 发明专利。标准化工作成就得分 $SS_3 = NSS_3 \times 100 \div X$($X = MaxNSS_3$)。

4. 金钱财富

本章采用的金钱财富是指教师从所在学校获得的 2013 年的应发年收入,不包括教师拥有其他固定资产和流动资产象征的金钱财富及其所带来的收益。

[①] 张冰冰、沈红:《研究型大学教师近亲繁殖状况与论文产出》,《复旦教育论坛》2015 年第 1 期。

[②] 阎光才、牛梦虎:《学术活力与高校教师职业生涯发展的阶段性特征》,《高等教育研究》2014 年第 10 期;阎光才:《年长教师:不良资产还是被闲置资源》,《北京大学教育评论》2015 年第 2 期。

5. 个人特征

一些研究者通过实证研究验证了性别、年龄、婚姻状况、教龄、学历、职称、专业①等人口学变量会影响高校教师的职业满意度。② 作为职业满意度的组成部分，教师对评价制度的满意程度也会受到这些个体特征变量的影响。此外，中国大学会因所处层次、地域等的不同而在资源获取能力上有所差异，从而影响其资源供给，影响教师对学校及其评价制度的满意程度，因此，我们认为需要将教师所在高校的层次和地域纳入个人特征变量。

第二节 教师评价满意度及组间差异

一 不同特征的教师对评价制度的满意度有所差异

总体来看，816位样本教师中平均每人对评价制度提出了1.91条意见，其中意见最多的教师提出7条，最少的则为1条。意见条数为1条、2条、3条的教师分别占总样本的42.3%、34.9%和15.7%，三者共占92.9%。

在分析表7—1数据之前提出一条假设：由于资源获取能力的不同，处于相对劣势位置的教师对评价制度的评价会比较低，③ 据此假定并结合变量属性（定类、定序、定距），可将特征变量分为四类。①符合此假定的变量是学历和地域。数据显示，相较于东部和中部地区的教师，西部地区的教师对评价制度的满意度较低，平均每人提了2.03条意见，而东部和中部地区教师的意见条数分别为1.88条和

---

① 本书将专业分为理、工、文、管、医五大类，其中理科含理学和农学，文科含哲学、法学、教育学、文学、历史学、艺术学，管理含经济学和管理学。
② 朱新秤、卓义周：《高校青年教师职业满意度调查：分析与对策》，《高等教育研究》2005年第5期；郝文斌：《高校教师满意度差异分析与应对策略》，《中国高教研究》2015年第1期；倪晓红、吴远、王玲：《高校教师工作满意度的现状及提高对策》，《中国高教研究》2008年第12期。
③ 相对劣势位置包括：西部地区、初级、中级职称、一般本科院校、学士学位。相对优势位置包括：东、中部地区，副高以上职称，"985工程"或"211工程"高校，硕士、博士学位。

❖ 第一部分 基础与现状 ❖

1.84条;同样,相较于拥有博士、硕士学位的教师,只拥有学士学位的教师对评价制度的满意度更低,他们平均每人提出了2条意见,高于有博士学位教师的1.92条和有硕士学位教师的1.78条。②不符合此假定的变量是职称和学校层次。由表7—1可知,具有副高及以上职称的教师对评价制度的满意度较低,平均每人提出1.94条意见,而只具有初级、中级职称的教师,他们对评价制度的满意度好于具有高级职称的教师,人均意见条数为1.77;来自"985工程"或"211工程"大学的教师对评价制度的满意度较低,他们人均提出了1.93条意见,而来自一般本科院校的教师,他们对评价制度的满意度好于前两者,人均意见条数为1.88。③其他定类变量性别、婚姻和专业。从性别看,相较于男教师,女教师对评价制度更为不满,其人均意见条数达1.94;从婚姻状况看,离婚或丧偶的教师对评价制度的满意度最低,处于这一特征群体的教师其人均意见条数为2.4,远高于其他两种类型的教师,而已婚教师对评价制度的满意度最高,人均意见1.89条;从专业看,文科和医科类的教师对评价制度更为不满,其人均意见条数不低于1.97条,理科和经管类的教师对评价制度的满意度则相对较高,人均意见条数不超过1.89条。④定距变量,教龄、年龄、个体发展、工作自主、工作成就和金钱财富。就该组变量在表7—1中的数据表现而言,可将其分为两小类,一类是个体发展、工作自主、工作成就和金钱财富,数据显示,在这四个变量上的表现高于均值的教师对评价制度的满意度相对较高,较之表现低于均值的教师,他们对评价体系提出了更少的意见;另一类是教龄和年龄,从整体上看,随着教龄和年龄的增长,其对评价制度的满意度呈先下降后上升的U形趋势,其中,教龄在11—20年的教师对评价制度最为不满,由此为制高点向两侧看,随着教龄的减少或增长,教师对评价制度的满意度呈逐步上升趋势;而在年龄上,相较于40岁以下的青年教师及50—60岁的中老年教师,处于41—50岁的中年教师对评价制度的满意度较低。

第七章 中国大学教师评价满意度调查

表7—1 不同特征的教师对教师评价制度的意见条数均值

特征变量	类别	意见条数均值	样本量	标准差	特征变量	类别	意见条数均值	样本量	标准差
婚姻	已婚	1.89	771	1.018	地域	东	1.88	454	0.998
	未婚	2.00	30	0.830		中	1.84	177	0.897
	离婚/丧偶	2.40	15	1.121		西	2.03	185	1.149
学历	学士	2.00	14	0.877	学校层次	985高校	1.92	291	1.019
	硕士	1.78	78	0.878		211高校	1.93	189	1.079
	博士	1.92	724	1.031		一般本科	1.88	336	0.975
职称	正高	1.91	277	0.970	教龄	1—10年	1.82	352	0.968
	副高	1.96	365	1.090		11—20年	1.99	248	1.117
	中级	1.79	166	0.920		21—30年	1.97	158	0.930
	初级	1.75	8	0.707		>30年	1.86	58	1.034
所在专业	理科	1.87	143	1.076	年龄	≤30岁	1.60	20	0.598
	工科	1.90	420	1.061		31—40岁	1.82	410	0.966
	文科	2.01	87	0.896		41—50岁	2.05	265	1.089
	经管	1.89	107	0.872		51—60岁	1.90	112	0.977
	医学	1.97	59	0.946		≥61岁	2.44	9	1.509
性别	男	1.89	600	1.024	个体发展	>均值	1.81	331	1.004
	女	1.94	216	0.989		<均值	1.97	485	1.018
工作自主	>均值	1.83	340	0.987	工作成就	>均值	1.82	241	0.983
	<均值	1.93	476	1.034		<均值	1.94	575	1.026
金钱财富	>均值	1.88	300	0.955		—	—	—	—
	<均值	1.92	516	1.048		—	—	—	—

注：816位样本教师的个体发展标准化得分均值、工作自主标准化得分均值、工作成就标准化得分均值分别为13.24、48.17、5.25；816位样本教师2013年的人均年收入为10.68万元。

根据以上描述统计，我们可以得出一条直观推论：大学教师对评价制度的满意度会随着个体发展程度、工作自主程度、工作成就和金钱财富的提升而提升，但这个推论是否成立仍需进一步检验。不同特征的教师对大学教师评价制度的意见条数均值见表7—1。

二 整体而言，评价满意度随教师个体发展、工作自主、工作成就、金钱财富的提升呈提升态势

为验证描述统计部分得出的推论，本章引入主要用来测量两个定距变量间相关性的Pearson相关系数检验。表7—2数据显示，在0.05的显著性水平上，教师对评价制度的意见条数与个体发展标准得分、与工作自主标准得分的皮尔逊相关系数分别为 -0.068 和 -0.06（均为负数）。由于两组数据间的相关系数检验概率P值均小于0.05，可认为两组数据之间存在线性关系，即教师对评价制度的意见条数会随着个体发展、工作自主的提升而降低。同样，当显著性水平 α 为0.05时，教师对评价制度的意见条数与工作成就标准得分和与金钱财富标准得分的皮尔逊相关系数为 -0.042 和 -0.02（也均为负数），但两组数据间的相关系数检验没有通过0.05的显著性水平。上述数据在一定程度上可以说明，教师对评价制度的满意度会随着个体发展、工作自主、工作成就和金钱财富的提升而提升，但是，由于四组相关系数未能完全通过显著性水平检验，且各相关系数的绝对数值不高，所以，我们只能说这种正向相关关系是一种松散的、总体上的态势，而非严格意义上的"水涨船高"。

表7—2　　　　　教师意见条数与各变量的相关性检验

		个体发展标准得分	工作自主标准得分	工作成就标准得分	金钱财富标准得分
意见条数	Pearson 相关性	-0.068*	-0.06*	-0.042	-0.02
	显著性	0.027	0.042	0.115	0.284
	N	816	816	816	816

注：*表示在0.05水平上显著相关。

三 教龄、年龄、个体发展和工作自主程度上的差异让教师的评价满意度差异显著

描述性统计结果显示，不同特征的教师对评价制度的满意度有所差异，但这种差异是否具有统计意义还需进一步数理检验，为此我们引入

T检验和F检验。考虑到两种检验对数据类型的要求,我们将变量分为可用T检验的,如性别、个体发展、工作自主、工作成就、金钱财富,以及可用F检验的,如地域、学校层次、所在专业、职称、学历、年龄、教龄、婚姻。由于待检验变量较多,限于篇幅这里只报告达到显著水平的变量。表7—3(a)是个体发展标准分、工作自主标准分高于均值的教师与低于均值的教师之间的意见条数标准化得分均值检验结果。从方差统计量对应的概率P值看,两组数据的P值均大于0.05,表明各组数据内的两总体的方差无显著差异,两组数据均适用于独立样本T检验。数据显示,各组数据内的两总体T统计量对应的双尾概率P值分别为0.028和0.038,均小于0.05,因此,应拒绝零假设,认为个体发展、工作自主高于平均值的教师与个体发展、工作自主低于平均值的教师对教师评价的满意度差异显著。表7—3(b)是不同年龄、教龄的教师对评价制度满意度标准化得分的方差分析结果。从F统计量对应的概率P值看,两组数据对应的概率P值均小于0.05,可认为不同年龄、不同教龄的教师对评价制度的满意度差异显著。

表7—3(a)　　评价满意度的差异性检验(T检验)

独立样本检验			方差齐性检验		均值方程的t检验		
			F	Sig	t	Sig(双侧)	标准误
个体发展标准分组	意见数标准化得分	假设方差相等	0.321	0.571	2.196	0.028	0.072
		假设方差不相等			2.202	0.028	0.072
工作自主标准分组	意见数标准化得分	假设方差相等	0.468	0.494	1.863	0.038	0.072
		假设方差不相等			1.87	0.038	0.071

表7—3(b)　　评价满意度的差异性检验(F检验)

ANOVA检验			平方和	df	均方	F	显著性
年龄段	意见数标准化得分	组间	2742.620	4	685.655	3.301	0.011
		组内	168465.863	811	207.726		
		总数	171208.483	815			

❖ 第一部分 基础与现状 ❖

续表

ANOVA 检验			平方和	df	均方	F	显著性
教龄段	意见数标准化得分	组间	1661.718	3	553.906	2.643	0.027
		组内	170175.245	812	209.575		
		总数	171836.963	815			

基于以上验证可以认为，大学教师在年龄和教龄上的不同会让他们对评价制度的满意度产生显著差异；个体发展标准得分高于平均值的教师与个体发展标准得分低于平均值的教师对评价制度的满意度有显著差异；工作自主标准得分高于平均值的教师与工作自主标准得分低于平均值的教师对评价制度的满意度有显著差异。而与此相对，虽然大学教师在工作成就、金钱财富、性别、学校层次、所在专业、职称、学历等特征上的不同，会让他们对评价制度的满意度产生差异，但这种差异尚不具有统计学上的显著意义。

四 年龄、教龄、个体发展和工作自主程度是影响教师评价满意度的重要因素

为验证哪些因素在影响教师对评价制度的满意度中作用更大，本章引入回归分析，考虑到不同回归模型对变量属性的适应性要求，本章针对教龄、年龄、个体发展、工作自主、工作成就和金钱财富等定距变量采用多元回归模型，针对所在专业、婚姻、地域、职称、性别、学校层次、学历等定类变量，使用二项 logistic 回归模型进行分析。

由表7—4（a）可知，利用向后筛选策略共经过3步完成了回归模型的建立，最终模型为第3个模型。从模型的建立过程看，工作成就和金钱财富被依次剔除出模型，因为其回归系数显著性检验的概率 P 值大于 0.05 的显著性水平，表明这两个变量的回归系数与零无显著差异，它们对解释因变量没有显著贡献，即金钱财富和工作成就对教师评价制度满意度没有显著的影响。从模型3看，年龄、教龄、个体发展标准得分和工作自主标准得

❖ 第七章 中国大学教师评价满意度调查 ❖

分的回归系数显著性检验的概率P值小于0.05，认为其回归系数与零差异显著，可用来解释因变量。从回归系数的绝对值看，年龄、教龄、个体发展标准得分和工作自主标准得分的回归系数值依次降低，这说明年龄、教龄、个体发展、工作自主是影响教师对评价制度满意与否的前四个因素。

表7—4（b）显示，利用向后筛选策略逐步剔除不显著变量，二项logistic回归共建立6个模型，但通过观察6个模型中各解释变量回归系数对应的概率P值，我们发现所有的概率P值均大于给定的显著性水平0.05，无法拒绝零假设，这表明这些解释变量的回归系数与零无显著差异，它们对解释因变量没有显著贡献，即教师所在专业、婚姻、地区、职称、性别、学校类型、学历个体特征变量在影响教师对评价制度做出评价的过程中作用十分有限。

基于以上验证可认为，年龄、教龄、个体发展和工作自主是影响教师对评价制度满意与否的重要因素，但工作成就和金钱财富对教师对评价制度的满意度没有显著影响。

表7—4（a）　　　　多元回归模型分析结果

	模型1 B	模型1 Sig	模型2 B	模型2 Sig	模型3 B	模型3 Sig
年龄	0.29	0.000	0.289	0.000	0.274	0.000
教龄	0.153	0.022	0.154	0.021	0.150	0.025
个体发展标准得分	−0.108	0.05	−0.091	0.016	−0.103	0.004
工作自主标准得分	−0.094	0.009	−0.095	0.009	−0.097	0.007
金钱财富	−0.039	0.336	−0.039	0.337		
工作成就标准得分	−0.024	0.535				
R方	0.035		0.034		0.033	

注：因变量为意见条数标准化得分。

表7—4（b）　　　　　　逻辑回归模型分析结果

	模型1 B	模型1 Sig	模型2 B	模型2 Sig	模型3 B	模型3 Sig	模型4 B	模型4 Sig	模型5 B	模型5 Sig	模型6 B	模型6 Sig
所在专业	1.127	0.064	1.127	0.063	1.127	0.063	1.131	0.055	1.133	0.052	1.13	0.051
婚姻	1.596	0.068	1.594	0.068	1.590	0.070	1.606	0.063	1.568	0.074	1.57	0.071
地区	1.120	0.204	1.122	0.195	1.117	0.207	1.112	0.224	1.108	0.238		
职称	0.892	0.237	0.893	0.238	0.893	0.241	0.906	0.299				
性别	1.173	0.338	1.174	0.332	1.177	0.325						
学校类型	1.026	0.760	1.027	0.745								
学历	0.982	0.925										
C&S R方	0.014		0.014		0.014		0.013		0.012		0.01	

注：因变量是意见条数标准化得分，以是否大于均值作二项分割后的二值品质型变量。

第三节　提高教师评价满意度的策略

一　评价政策制定应注重利益相关者意见，特别是中、老年教师意见

"民主—多元主义"政策模型指出，在政策制定过程中，采取自下而上的议程设定能提高政策的可行性[①]，易言之，若评价政策在制定、完善过程中忽视对利益相关者意见的采集，缺乏自下而上的程序设定，就很可能造成政策施行不畅，引发群体意见。实证分析得出，年龄、教龄是影响教师对评价制度满意度的重要因素，较之年龄在40岁以下的青年教师而言，年龄在41—60岁的中、老年教师对评价制度有更多意见。一个可能的解释是，相较于青年教师，年长教师在

---

① [美]托马斯·戴伊：《理解公共政策》，谢明译，中国人民大学出版社2011年版，第29页。

大学系统内的时间较长,对教师评价体系的认识也相应地更为充分,随着教师绩效评价经验的积累,他们也更有可能认识到评价制度的不合理方面。同时,由于年长教师或者功成名就,或者晋升无望,或者面临退休,他们会较少的担忧升迁、考评等名利性压力,使得他们敢于对现有体制提出更多的意见。另一方面,在现有的人事制度下,大学尤其注重青年教师发展,一定程度上淡化了对中、老年教师的关注,可能会引发年长教师的不满。"中年教师的生存压力比刚进校的年轻博士要大,刚刚可以带研究生,需要自己独立负责申报课题获得经费,人处中年,迫切需要社会认同,还需要进一步获取职称和社会地位的上升,而且处于能上能下的情况,不努力会被淘汰,努力吧压力很大,经常透支身体,经常处于两者之间,困惑,迷茫。建议多关注这个群体。"一位来自西部省属重点大学的副教授如是说。

此外,还可能是因为年长教师面临的教学、科研等考核压力较小,较之青年教师,他们可能会更愿意花较多时间填答此次调查问卷,同时,丰富的阅历又让他们有话可说,因而其书写的内容也会较多,对评价制度的意见表达得就较为充分。因此,综合"民主—多元主义"政策模型的理论依据和实证研究的数据支持,决策部门在制定教师评价制度时要广泛征求利益相关者的意见,尤其要充分考虑中、老年教师的意见,以制定出更为科学合理的教师评价制度,尽可能使更多的教师满意。

二 评价制度设计要更好地促进教师个体发展、提升工作自主程度

实证数据显示,个体发展较好、工作自主程度较高的教师对评价制度的满意度更高。但这些教师是哪些人?若能明确对象,就可能获得更具针对性、操作性的观点。通过进一步挖掘统计数据发现,以"985"大学教授为代表的教师群体在个体发展方面得分更高,而工作自主程度较高的群体是"985"大学中的50岁以上的教授,这即是说对评价制度满意度较高的教师大多属于"功成名就"型的中、老年教师。这类教师基本已获得稳定教职,能够不再为评价制度所

❖ 第一部分 基础与现状 ❖

累,能在日常教学、科研等工作中心无旁骛,而不会过多考虑评价给自己带来的影响。这就印证了"只要有评价存在,就会给教师带来一定程度的伤害"[①] 的判断,因为评价的存在可能造成教师行为改变,影响学术追求目的的纯粹性。正如肯尼思·格根(Kenneth Gergen)所言,当别人开始评价我们的工作,雇用我们做事情,付钱给我们的时候,"创造的汁液"可能会停止流淌,这时我们开始考虑外在的酬劳而不是继续创造的过程。[②] 真正的学术人更多的是以追求高深知识为理想,他们从事研究工作不是因为报酬高低,而是由于他们内心有一种研究发表的驱动力,促使他们即使在缺乏外在报酬的情况下仍能继续从事科学研究。是出于崇高的科学使命感、责任感,还是出于完成考核而工作,对工作者的满意度、幸福感等影响甚大,其重要性毋庸赘述。既然不能让所有教师都成为"985"大学中有资历的教授、不能不让人"为名所累",那么,大学决策部门在制定和完善教师评价制度的过程中,就需要围绕如何促进教师个体发展、提升其工作自主程度做文章,可采取教师分类评价、延长考核周期等宽容度较高的评价制度。

在主观开放题回答部分,有 52 位教师提及了对多元化评价方式的支持,69 位教师提到了希望将教师分类考核,两者共占 14.8%,这其中,被教师们多次提及的教师分类的标准有:学科、岗位、兴趣、特长等。如,一位"985"高校的医学副教授指出"晋升跟个人待遇直接相关,学校或国家强调科研成果,很理解绝大多数教师不得不把精力倾向于科研。基于此,建议按照个人兴趣和爱好、能力等,分为专职的科研和教学人员,制定不同的考核标准更为合理"。而一位普通高校的文学专业副教授认为"评价体系不要一刀切,要分学科和专业。对于语言文学等各国的人文科学,不能用国际杂志体系来进行统一评价。因为涉及文化霸权和文化强势问题,小语种国家的人文研究势必会引起过低评价"。同样,这 816 位教师在谈及教师评价制

[①] 该观点由本书作者在华中科技大学教育科学研究院 177 期"喻园讲坛"中提出。
[②] Kenneth Gergen, "Social Psychology as History", *Journal of Personality & Social Psychology*, Vol. 26, No. 2, May 1973.

度时，有158人明确指出目前的考核方式过于急功近利，71人指出目前的考核频次过多，希望降低考核频率，营造宽松的评价氛围。结合客观题答题情况来看，多数教师对目前"以数量取胜"的评价制度颇有微词。如，816人中有451人认为自己会由于评价活动的存在，而被迫发表质量不高但有数量的学术论文；有534人非常支持或支持在教师评价中使用"代表作"制度（指要求被评价者仅提供数篇最能代表自己学术水平的成果）。因此，大学决策部门可参考一线教师意见，按照教师的学科、岗位、兴趣、特长等制定不同类别的评价标准，并让在各岗位上具有丰富经验的一线教师参与到具体标准的制定中来，以保障各类标准的公平性，提升规则的可操作性；同时，决策部门还需优化评价环境，营造宽松的评价氛围来提升教师工作自主程度、降低大学教师对评价制度的不满情绪，从而更好地促进大学教师发展。

第二部分

理论与逻辑

第八章　中国大学教师评价的历史演进

"论从史出。"本章的有关中国大学教师评价的历史演进，开始了本书的"理论与逻辑"部分。首先梳理了中国大学教师评价的历史，将其分为古代高等教育教师的评价、1862—1949年大学教师评价、1949年以来大学教师评价三个大的历史阶段；然后，从评价主体、评价标准、评价内容、评价方式和形式、评价观念等方面，归纳出三个历史阶段中大学教师评价的政策标准和特点。以通过此研究来回溯中国大学教师评价的历史演进。

中国高等教育的发展历经千百年，高等教育教师的评价始终存在于高等教育的萌芽、形成直至确立的过程中。在中国高等教育大众化的背景下，在大学教师的质量与发展问题越来越引起社会广泛关注的今天，在执行国家自然科学基金"大学教师评价的效能"面上项目的研究中，有必要厘清中国"大学教师"评价的历史演进。

已有学者对教师评价活动的历史进行了研究，王斌华考察了中小学教师评价的发展史，提出教师评价活动大致经历了自发时期、传统时期和转型时期。认为自从有教师以来，教师就一直接受学生、家长及社会的评价，经历了漫长的"自发时期"。直到19世纪末20世纪初才首次出现了"教师评价"这个概念，它的出现改变了长期以来教师评价的自发状态，标志着正规的教师评价制度的形成，从此教师评价进入了"传统时期"，也就是奖惩性的教师评价制度形成、发展和盛行的时期。20世纪80年代中期后，教师评价进入转型时期，发展性教师评价制度开始被尝试和推行，形成了奖惩性教师评价制度与发展性教师评价制度并存和交替的局面。[①] 王斌华的分期基础是中小学教师评价的历史实践，而本书要研究的大学教师的评价与中小学教师的评价存在相当大的差异，因此按照中国高等教育的发展历程，本书将"大学教师"评价分为古代、19世纪中期至1949年、1949年以来三个阶段。

第一节 古代"高等教育教师"评价及其特点

中国古代高等教育萌芽于夏商周，形成于春秋战国，正式确立于两汉，发展于唐宋，瓦解于明清。在中国古代，高等教育主要由官府主办，教学内容以经史典籍为主。这一时期的"大学教师"的选用和晋升都是由政府为主导的。

一 "高等教育教师"的萌芽与形成时期（夏商周至春秋战国）

中国古代高等教育产生于以青铜器和铁器等手工工具为标志的生产力时代。《孟子·滕文公上》有"夏曰校，殷曰序，周曰庠，学则三代共之；皆所以明人伦也"。等级性非常突出，其目的是为培养统治阶级子弟和官吏服务。只有王公贵族子弟才能享受这些"高等教育"。无论是商代的右学（瞽宗、明堂）还是西周的辟雍，这些教育活动都只是在宫廷和官府内进行，即"学在官府"，学习内容是"礼、乐、舞、射、御"。这一时期没有专职的教师负责进行高等教育，大学教师的角色由官员扮演，例如西周所设专职的官员"师氏"，就是负责教育的。这一时期的"大学教师"的评价与选拔与官员的评价和选拔标准毫无二致。

---

① 王斌华：《教师评价：绩效管理与专业发展》，上海教育出版社2005年版，第1—8页。

❖ 第八章 中国大学教师评价的历史演进 ❖

春秋战国时期，周王室衰弱、诸侯势大，出现了"天子失官，学在四夷"，私学的兴盛集中体现在"稷下学宫"。田齐桓公"立稷下之宫，设大夫之号，招致贤人而尊崇之"（徐干《中论·亡国》），对大夫人选的要求就是"博学""贤达"。大夫分为上中下三级，上大夫比于卿，待遇优厚，但均无固定官职和任务，所谓"不治而议论"，他们可以参与议论国家大事，也可备咨询，提出意见，供君主决策。①

二 "高等教育教师"的确立与发展时期（两汉至唐宋）

（一）汉代太学博士的遴选与待遇

汉武帝在中央设太学，设置五经博士，太学是传授知识、研究学术的最高学府，成为封建社会官立高等教育的开端。西汉最初太学中只设五经博士各一人（五经即《诗》《书》《礼》《易》《春秋》），到元帝时增至15人，平帝时，共置30名博士。② 所谓博士就是太学老师的正式称呼，其主要职责是"掌教弟子"，以教学为主，此外还有为皇帝提供咨询意见、巡视地方政教的职责，等等。

武帝初置博士，以"取学通行修，博学多艺，晓古文《尔雅》，能属文章"（《北堂书钞·汉旧仪》）为标准。之后遴选的标准有所变化。《汉书·成帝纪》对遴选博士的标准进行了概括："古之立太学，将以传先王之业，流化于天下也。儒林之官，四海渊源，宜皆明于古今，温故知新，通达国体，故谓之博士。否则学者无述焉，为下所轻，非所以尊道德也。"此句出自汉成帝的诏书，它明确指出博士必须德才兼备，学识、治学才能、师德等方面也有很高的要求。到东汉时，博士的选拔更加严格，采取考核与保举相结合的办法，博士的考核由太常卿负责。考核标准据《后汉书》记载："博士限年五十以上""生事爱敬，丧没如礼。通《易》《尚书》《孝经》《论语》兼综载籍，穷微阐奥。隐居乐道，不求闻达，身无金痍痼疾，三十六属，

---

① 钟肇鹏：《秦汉博士制度源出稷下考》，《管子学刊》2003年第3期。
② 王凌皓、郑长利：《汉代太学教育管理述评》，《北京科技大学学报》（哲学社会科学版）2000年第3期。

❖ 第二部分 理论与逻辑 ❖

不与妖恶交通,王侯赏赐。行应四科,经任博士。下言某官保举。"①对博士候选人的年龄、治学态度、个人行为等进行了规定,还要求有保举人的推荐。

博士作为两汉国家的官员,除直接享有国家提供的俸禄之外,还享受太学中专为博士提供的"博士舍"以及其他的赏赐。值得一提的是,虽然博士的职位不高,俸禄也不丰厚,但是由于其升迁的机会较多,有较好的政治前途,故有"位最尊者为博士"(《书解》)之说。

汉代太学开创了"严于择师"的传统,也形成了尊师的传统,太学博士享有较高的政治、经济待遇,使得汉代太学博士备受世人的仰慕与尊崇。

(二)唐代博士的遴选与晋升

唐朝的高等教育达到了封建时代的鼎盛。唐代中央设立的高等教育机构,有国子监直辖的"六学二馆",即国子学、太学、四门学、书学、算学、律学、弘文馆、崇文馆。还在中央各业务部门:太医署、司天台、太仆寺、太卜署等之下分别设立医学、天文历算、兽医、卜筮②等专科学校。③ 国子监长官为国子祭酒,主持政务,下设司业为副,及丞(掌判监事)、主簿(掌印)、录事。诸学有博士、助教、典学、直讲等学官,掌教学。博士主要负责教授,与此同时还参与国家的其他一些事,如制礼,教学与维护礼制一般是太常博士和五经博士的重要工作。

唐朝博士的遴选主要通过以下三条途径:皇帝直接任命、荐举和科举考试,其中以通过科举考试而后升为博士的最多。关于博士官的晋升和考核,唐朝也有相关的规定,据《旧唐书·职官志》载:"职事官资,则清浊区分,以次补授……国子博士、太学博士、太常博士、四门博士、已上七品。左右拾遗、监察御史、四门助教已上八品。为

---

① 高慧斌:《汉代太学管理体制管窥》,《河南教育学院学报》(哲学社会科学版)2006年第5期。
② 古时预测吉凶,用龟甲称卜,用蓍草称筮,合称卜筮。
③ 熊明安:《中国古代高等教育散论》,《教育研究》2002年第3期。

清官。自外各以资次迁授。"还有史载"旬省月试,时考岁贡。以生徒及第多少,为博士考课上下。其有不率教者,则榎楚扑之。国子不率教者,则申礼部,移为太学。太学之不变者,移之四门。四门之不变者,归本州之学。州学之不变者,复本役,终身不齿。虽率教九年而学不成者,亦归之州学"。① 可见,博士以资历来授官晋职,根据教授的学生数及学生中举状况考核其实绩,决定其升降。

(三) 宋元的博士遴选

宋朝在继承唐朝传统的基础上,首创了"三舍法"的太学管理制度,建立了较为完备的学官考试制度。元丰七年(1084)规定了参加学官考试的具体条件,考试由国子监主持进行,考试内容为专经的经义。"考试合格,成绩分为三等:上等任命为太学博士,中、下等任命为太学命官学正和命官学录。"② 参加学官考试的主要是朝廷官员或太学生,考试成绩合格之后,还要经过学生集体讨论推荐和在任学官的讨论,然后才能下聘书授职。除了对于学识的考察,宋代朝廷对学官的德行也有严格的要求。《宋史》记载的"经术该博,德行端良"就是对学官要求的概括,德才兼备,德才之中尤以德行为根本,具体而言:一是要忠于职守,二是要清正廉洁,三是不得滥用职权。③ 由此宋代对太学学官的任用和晋升建立了相对完整的考察制度。元朝与唐宋大体相同。

三 "高等教育教师"的衰退与瓦解时期(明至清)

明代设立提学官,监察地方学政,对地方学务、科举考试、书院、书籍分布及风教等诸多领域进行监察。提学官是对明代教员进行的评价监管的负责人和执行者。提学官不具备任免学校教官的权力,但是有处罚和罢黜学官的权力。提学官可以对能力不合格的教官"送吏部别用",对于触犯法律的学官可以直接逮捕,如果发现学员"文理不通、不堪作养"等教学效果不佳的情况,提学官可以视具体

---

① 齐凤云:《唐代博士官制度考》,《鸡西大学学报》2012 年第 2 期。
② 熊明安:《中国古代高等教育散论》,《教育研究》2002 年第 3 期。
③ 张仙女:《宋代官学学官研究》,硕士学位论文,南昌大学,2013 年,第 26 页。

情形对教官予以处罚。①

清代统治者为宗族子弟设立八旗官学、宗学、觉罗学等多种学校，此类学校主要以满汉文字习写及骑射技能的训练为主，用以培养满族精英人才。满教习来自八旗和内务府的降格人员，期满后，考核为一等者议叙七品，二等议叙八品。汉教习主要从进士或举人中挑选，由进士选补教习期满后授予正六品官职的主事或知县，由举人选补教习的期满后授予正七品官职的知县或教职。举人身份的教习在任职期间内仍可以参加会试成为进士，期满后授课优异、考核为一等者，亦可按照进士的出身授予官职。②

明清时期，"高等教育教师"的评价方式和内容彰显了统治者的阶级统治目的，统治者更加严格控制学官的选用、管理和监督，目的在于控制知识分子，加强阶级统治。

四 古代"高等教育教师"评价的特点

中国古代的高等教育自商周萌芽，至两汉形成，隋唐兴盛，直至明清显颓势。两汉之前的官办高等教育中，基本上没有专职的教师出现，高等教育教师的角色是由官员扮演的。汉武帝设太学，置五经博士，博士专职教学，从此以后中国古代高等教育中的教师评价开始并逐步发展。古代高等教育是以"传道"为中心，"师者，所以传道授业解惑也"，教师的任务是传道居首、授业其次。高等教育教师（主要指官学，下同）的身份首先是政府官员，其次才是传授知识的专业人员，这个时期的教师的晋升实质上是官员的职位升迁。总体来看具有如下特点。

第一，评价主体是封建统治者。按史料，古代高等教育教师产生的途径主要有三种：皇帝直接任命、荐举、科举考试，都是统治者按照特定的标准选取的，晋升也是如此。这一点与中世纪大学产生时的情况截然相反，以博洛尼亚大学为例，大学教师评价的主体是学生，学生选举教师，学生按照规定对教师进行管理和评价。

---

① 李源：《明代提学官职能研究》，硕士学位论文，中南民族大学，2015年，第19页。
② 鲍丽达：《八旗精英教育的尝试——清代咸安宫官学》，《历史教学》2016年第16期。

❖ 第八章 中国大学教师评价的历史演进 ❖

第二，评价标准是德才兼备。古代高等教育教师，即博士，是通过考试或保举之后选定的，学识渊博、德操清高是必须的条件。这一点也与欧洲中世纪大学大有区别。中世纪大学对教师入职要求很高，要求候选者具有较高的学术性和专业性，需要取得相应的学位资格才可成为大学教师。

第三，评价内容单一。这一时期的评价主要集中在教学评价，但是博士的地位升迁和价值体现主要依赖于"政"而非"教"。在汉代经学博士升迁中，有因政见主张得到朝廷欣赏的，有因政务成绩突出的，有因学术造诣受到推崇的，有因机遇而得到升迁的，但是却没有因教授弟子卓有成效而升迁的记载。[①]

第四，评价方式严格、形式单一。中国古代高等教育主要采用考试的方法来评价教师，博士的考查由太常负责，另外，授徒生数以及子弟中举的成绩是关键的因素。这种评价非常严格，严于择师，经过层层筛选出的博士人数很少。另外，评价的形式自上而下，同行之间的评价、学生对教师的评价都没有发挥实际效力。

第五，"尊师重教"的评价观念。从中国历史的开端起，尊师重教就是共识，五千多年的历史使得它成为公认的真理，特别是在古代人们朴素的认识里，掌握知识就等于拥有崇高的社会地位，因此，无论是芸芸大众还是高高在上的统治者都怀着极大的热情自发地尊重知识、追逐知识。严于择师，尊师重道是对高等教育教师的评价的基本观念。但是其评价目的在于维持阶级统治，通过评价这个手段对高等教育教师进行着控制。

第二节 1862—1949 年大学教师评价及其特点

一 大学教师发展的起步期（1862—1911）

中国近代高等教育肇始于 19 世纪 60 年代新式专门学堂的创办。

---

① 宋大川：《中国教育制度通史》第 1 卷，山东教育出版社 2000 年版，第 337 页。

❖ 第二部分 理论与逻辑 ❖

这些新式专门学堂将"西文""西艺"引入学堂,从培养目标、教学内容到管理方式均明显有别于中国古代高等教育,开启了中国近代高等教育之端绪。这一时期"大学教师"的资格检定不够完善,聘任上有很大的随意性。旧功名举业出身者和外国教习是大学堂师资的主要构成成分,且"中学"科目的教习仍然延续了"官师合一"的传统。这种新旧杂糅现象体现了近代教师资格标准的过渡性特点。[①]

新式学堂进行的是"西学"教育,由于当时接受新式教育且学成之人很少,所以新式学堂创办以后面临师资不足的困难,因此,大学堂的"西学"课程大多聘用洋教习,"中学"课程的教师多由旧功名举业者担任。成立于戊戌维新时期的京师大学堂,在其办学章程中将教习的聘用条件进行了规定,总教习的聘用条件是"中国通人、学贯中西、能见其大者"。[②] 分教习:"宜取品学兼优通晓中外者,不论官阶,不论年齿,务以得人为主,或以总理衙门大臣保荐人才可任此职者,请旨擢用",且"……凡分教习皆由总教习辟用,以免栖牾之见,而收指臂之益。其欧美人或难于聘请者,则由总教习总办,随时会同总署及各国使臣向彼中学堂商请"。[③] 由此可见,京师大学堂创办之初录用教师的要求只是"品学兼优通晓中外者",而且聘任之权完全由总教习掌握。

1902年的《钦定京师大学堂章程》规范了教习聘用,但仅就聘任者的国籍、人数、规约等事项进行了简单的说明。1903年《奏定任用教员章程》进一步对教员任职的资格做出了明确的规定:"大学堂分正教员:以将来通儒院研究毕业,及游学外洋大学毕业得有毕业文凭者充选。暂时除延访有各科学程度相当之华员充选外,余均择聘外国教师充选。副教员:以将来大学堂分科毕业考列优等,及游学外

[①] 田正平、吴民祥:《近代中国大学教师的资格检定与聘任》,《教育研究》2004年第10期。

[②] 朱有:《中国近代学制史料》(第一辑下册),华东师范大学出版社1986年版,第660—661页。

[③] 参见田正平、吴民祥《近代中国大学教师的资格检定与聘任》,《教育研究》2004年第10期。

❖ 第八章 中国大学教师评价的历史演进 ❖

洋得有大学堂毕业优等中等文凭者充选。暂时除延访有各科学程度相当之华员充选外,余均择聘外国教师充选。"1904年颁布的《奏定学务纲要》明确规定:"学堂教员宜列作职官,以便节制,并定年限。"①

二 大学教师发展走向规范化（1912—1927）

1912年的辛亥革命推翻了清王朝,结束了2000多年的封建帝制,为中国近代高等教育的发展提供了一个相对宽松的环境。其间,教育部还陆续颁布了《大学令》《大学规程》《专门学校令》《公立、私立专门学校规程》《高等师范学校规程》等一系列有关高等教育的法规法令,其中不乏对大学教师的选聘、晋升等问题的规范。这一时期的大学教师评价的主导权逐步脱离了政府,呈现出"大学自治"和"校长集权"的特点,逐步走向规范化。另外一些大学成立聘任委员会,对于大学教师聘任与评价的规范有很大的影响。

1912年的《大学令》首次将大学教员分为教授、助教授和讲师三级。1913年的《私立大学规程》规定私立大学教员的资格,明确指出在外国大学毕业者,在国立大学或经教育部认可之私立大学毕业并积有研究者,有精湛之著述、经中央学会评定者,才能充任私立大学的教员。1917年,教育部公布了《国立大学职员任用及薪俸规程》,该法令规定了正教授、本科教授、预科教授、助教、讲师、外国教员六等大学教员的薪酬,其中前四等教员各分为六级。法令还对教员的晋升标准予以规定:"进级与否,由校长参酌（下）列各项情形定之:（甲）教授成绩,（乙）每年实授课时间之多寡,（丙）所担任学科之性质,（丁）著述及发明,（戊）在社会之声望。"② 可见,教学、科研是教师晋升的两大关键考核因素。值得一提的是,1919年北京大学设立了聘任委员会,以协助校长聘任教师,委员会

---

① 璩鑫圭、唐良炎:《中国近代教育史资料汇编》,上海教育出版社1999年版,第498页。

② 潘懋元、刘海峰:《中国近代教育史资料汇编》,上海教育出版社1993年版,第786页。

成员均是择取具有公信力和学术声望的人员担任，委员会的职责是对新聘或延聘教授进行审查，并且投票决定结果。聘任委员会的审核是很严格的。1924年北洋政府时期所公布的《国立大学条例》又将教员分等，重新改为正教授、教授、讲师三级。这一时期的大学教员均由校长聘任。①

三 大学教师发展的规范化（1927—1949）

从20世纪20年代末到30年代中期，特别是在南京国民政府建立以后，通过制定一系列法令、条例等，民国初期大学教师资格检定的"大学自治"与聘任的"校长集权"逐渐发生变化，大学教师的选任逐步规范化。20世纪30年代末至40年代中后期，国民政府制定了一系列有关大学教师资格检定与聘任的法规、条例，使大学教师资格检定与聘任逐步制度化。②

1926年广州国民政府颁布了《对于大学教授资格条例之规定》。1927年南京国民政府建立后，在上述"条例之规定"的基础上，制定并公布了《大学教员资格条例》，对大学教师的资格、聘任作了详细的规定。《大学教员资格条例》将大学教员分为教授、副教授、讲师、助教四等，并规定各级教员的资格如下。助教："国内外大学毕业，得有学士学位，而有相当成绩者；于国学上有研究者。"讲师："国内外大学毕业，得有硕士学位，而有相当成绩者；助教定满一年以上之教务，而有特别成绩者；于国学上有贡献者。"副教授："外国大学研究院研究若干年，得有博士学位，而有相当成绩者；讲师满一年以上之教务，而有特别成绩者；于国学上有特殊贡献者。"教授："副教授完满两年以上之教务，而有特别成绩者。"该《大学教员资格条例》还在附则中指出，"凡于学术有特别研究而无学位者，经大学之评议会议决，可充大学助教或讲师"。③ 总体来看，这些条

---

① 田正平、吴民祥：《近代中国大学教师的资格检定与聘任》，《教育研究》2004年第10期。
② 同上。
③ 陈亚玲：《民国时期学术职业化与大学教师资格的检定》，《高教探索》2010年第6期。

❖ 第八章 中国大学教师评价的历史演进 ❖

例对于教师选聘和晋升的标准主要有三条：学位、研究和教务。

国民政府于1940年正式成立了教育部学术审议委员会，作为全国最高的学术审议机关，委员会负责审议全国各大学之学术研究与促进奖励、专科以上学校教师暨博士学位候选人之资格审查，以及各研究院所硕士学位之授予等事项。1940年学术审议委员会第一次会议对《大学教员资格条例》进行了检查和讨论。同年8月教育部颁布《大学及独立学院教员资格审查暂行规程》规定：任助教四年以上，著有成绩，并有专门著作者，任讲师三年以上，著有成绩，并有专门著作者，任副教授三年以上，著有成绩，并有专门著作者，经教育部审查得分别提升为讲师、副教授、教授。自此，各级教师晋升的年资与条件进一步提高，而且专门著作成为大学教师晋升的又一道门槛。1941年6月，国民政府行政院通过了《教育部设置部聘教授办法》，规定"在国立大学或独立学院任教十年以上、教学确有成绩声誉卓著、对于所任学科有专门著作且有特殊贡献者，由教育部提经学术审议委员会全体会议出席三分之二以上之表决后聘请之。部聘教授任期五年，期满后经教育部提出学术审议委员会通过续聘者，得续聘之，名额暂定三十名"。[①] 部聘教授实质上就是比教授再高一级的职位，以鼓励在教学与研究方面表现优异的学人。1943年11月教育部修正公布了《大学及独立学院教员资格审查暂行规程施行细则》，严格对各级教员的审查，考查教师在职期间的服务成绩、业务成绩、著作研究成果或成绩证明书，审查合格后分别发给证书。

四 1862—1949年大学教师评价的特点

清末，在经世思潮的激励和接引下，西学强势进入中国并影响和改变着中国的传统学术，以儒学为中心的传统学术开始了向以科学为中心的现代学术的转型。1912年《大学令》颁布，规定大学分为文、理、法、商、医、农、工等七科，自此逐步建立起现代学术的知识体

[①] 田正平、吴民祥：《近代中国大学教师的资格检定与聘任》，《教育研究》2004年第10期。

◆ 第二部分 理论与逻辑 ◆

系。随着学术转型的深入和经学神圣性的淡去,学术活动逐渐成为一项独立的社会职业,教师从往昔传道的"官师"彻底转变为负责知识生产和传播的"教育工",并对他们的选聘统一执行专业性标准成为历史必然。[①] 高等教育的新发展对大学教师提出了新的要求,近代大学教师评价呈现出新的特点。

第一,评价主客体的多样。在"大学自治"的过程中,近代大学教师评价的主体逐步多元化,政府、校长、同行、学生都可能对教师做出评价。评价的客体,即教师群体也产生了新的变化,这个群体不再是单一背景的经学,他们有传统教育出生的国学儒生,也有留洋海外、中西兼备的新式人才,甚至还包含外籍教师。

第二,以专业能力为主的评价标准。评价标准由学识和德行转变为专业能力,入职评价强调学历、文凭,晋升评价开始考察教学水平和科研产出。如1927年的《大学教员资格条例》将大学教员分为教授、副教授、讲师、助教四等,并指助教、讲师、副教授分别应该取得学士学位、硕士学位、博士学位,而且《条例》还规定研究和教学是晋升评价的重要部分。这些政策体现了正在形成中的相对规范的评价标准。

第三,对科研评价的重视。从1902年的《钦定京师大学堂章程》、1903年《奏定任用教员章程》、1904年的《奏定学务纲要》,到民国时期的《大学令》《大学规程》《专门学校令》《公立、私立专门学校规程》《高等师范学校规程》和《大学教员资格条例》等政策文本来看,评价大学教师的内容不再是单一的教学评价,科研评价也成为重要的组成部分。

第四,评价方式和形式走向规范。同行评价、学生评价都开始发挥作用,甚至还成立了诸如聘任委员会这样的机构,专门对教师的入职和晋升进行评价。

第五,评价观念的转变。随着近代学术的转型,学术逐渐职业化,学术职业已经成为三百六十行中的一行,大学教师逐渐退

[①] 田正平、吴民祥:《近代中国大学教师的资格检定与聘任》,《教育研究》2004年第10期。

去了政治的光环与高尚的色彩,从往昔的"官师""圣人"等形象转变成负责知识生产和传播的"教育工",对大学教师评价观念也开始转变,不再是对"官"的政绩考察,开始以职业性的标准来进行。

第三节 1949年以来的大学教师评价及其特点

自1949年以来,对大学教师的评价往往和职称聘任制度结合在一起,就其历史分期没有定论,本文比较认同的划分有以下两种。第一种是田子俊提出的"两个时期六个阶段"。第一个时期:第一阶段是1949—1959年的职称制度初期阶段,第二阶段是1960—1965年的职称制度初步形成阶段,第三阶段是1977—1983年的职称恢复和重建阶段;第二个时期:第四阶段是1986—1989年的专业技术职务聘任阶段,第五阶段是1991年至20世纪末的专业技术职务聘任工作正常化阶段,第六阶段是21世纪初至今的专业技术职务聘任制阶段。[①]第二种是田静等人按照评价的对象和手段,将改革开放以来的高校教师评价划分为三个阶段:改革开放至20世纪80年代中期的合格评价阶段,20世纪80年代后期开始的择优评价阶段,20世纪90年代中期至今的强化择优阶段。[②] 综合考虑以上两种划分,本书将1949年以来的大学教师评价分为"两个时期五个阶段"。

一 大学教师职称任命制度的形成、中断与恢复(1949年至20世纪80年代中期)

(一)1949—1965大学教师职称任命制度的形成

1949年后,保留并沿用了原有的技术职务任命制,对1949年前

[①] 田子俊:《中国教师职称评聘制度历史沿革》,《湖南科技学院学报》2006年第3期。

[②] 田静、生云龙、杨长青、徐绍莉:《国内高校教师评价体系的变迁历程与阶段特征》,《清华大学教育研究》2006年第2期。

高校的教师，政府在管理上采取了全部接收、直接留用的政策。[1] 1952年政务院公布了技术职务暂行等级表，将高校教师划分为教授、副教授、讲师、教员、助教五级。1954年至1956年又先后颁布了一系列文件，一方面继续完善晋升条件和审批手续，另一方面公布了新的工资标准。[2]

1960年2月16日颁布了《国务院关于高等学校教师职务名称及其确定与提升办法的暂行规定》，这是1949年以来中国制定的第一个比较系统且完整的高校教师任用制度方面的法规，将高等学校教师职务名称定为：教授、副教授、讲师、助教四级。在符合思想政治要求的基础上，高等本科毕业（或者具有同等学力），学业成绩优良，通过一年的见习期考察的人才能被确定为助教。[3] 随后，教育部出台了相应的实施办法，规定了助教资格，确定了职务名称及相应的条件。

（二）1966—1977大学教师职称任命制度的中断

"文化大革命"期间，大学教师的职称评定工作全部停止。这种职称任命制度的中断达十多年，大学教师评价自然停止了。

（三）1978—1985大学教师职称任命制度的恢复

1978年教育部颁布《关于高等学校恢复和提升职务的请示报告》指出，各高校沿用执行1960年的《国务院关于高等学校教师职务名称及其确定与提升办法的暂行规定》来开展教师职称评定和晋升工作，职称的晋升"应注意掌握政治、业务条件，坚持又红又专"。1979年教育部颁布了《关于高等学校教师职责及考核的暂行规定》，规定了讲师、副教授和教授的科研任务，要求采取平时考核和定期考核相结合的方法对其科研工作进行考核。[4] 1982年2月教育部颁布了

---

[1] 郝振文、王美芳：《我国高校教师职称评聘的历史回顾与前瞻》，《山东师范大学学报》（社会科学版）1994年第4期。

[2] 田子俊：《中国教师职称评聘制度历史沿革》，《湖南科技学院学报》2006年第3期。

[3] 国务院：《国务院关于高等学校教师职务名称及其确定与提升办法的暂行规定》，会文办字第114号，1960年3月17日。

[4] 何东昌：《教育战线的拨乱反正问题》，载何东昌《中华人民共和国重要教育文献1949—1997》，海南出版社1998年版，第1578—1579页。

❖ 第八章 中国大学教师评价的历史演进 ❖

《关于当前执行〈国务院关于高等学校教师职务名称及其确定与提升办法的暂行规定〉的实施意见》，要求对高校教师的评价标准要"思想条件和业务条件并重，正确处理教学与科研、理论与实践等关系，防止片面。……不符合思想政治条件的，不能确定或提升其职称"，并且重申了高校教师职称确定与提升的政治条件、业务条件及审批程序等。具体条件有：第一，本科毕业生分配到高校……一年见习期……胜任一门课的辅导、答疑、习题课，实验课中两种以上教学工作，可确定为助教。若不具备以上条件，或延长见习期一年，或另安排工作。第二，已能全面、熟练的履行助教、讲师、副教授职责，从 1982 年起至提职前平均每学年完成规定的教学工作量（1400 学时）三分之二以上，经考核达到规定的高一级教师职称条件的，方可予以提升。第三，思想政治上符合条件，业务上进步特别快，在教学、科研和实验室建设方面成绩特别卓著，或有重大发明创造者，可破格提升。①

这一时期三个历史阶段的大学教师评价基本上是以职称任命制度为纲领的，考核特点是各高校在教育部政策文件的指导下，在建立和规范大学教师评价体系上进行了尝试性的探索和实践。呈现出以下特点。

第一，评价主体以高校为主，但是高校对教师的评价活动是在政府颁布的纲领性文件的指导下进行的，评价方法、内容和程序相对固定、简单，各高校之间采用大致相同的考核办法。

第二，评价目的在于稳定和规范。在这几十年中，对大学教师实行的稳定政策多于激励政策，教师们只需要在思想政治、教学、科研等方面合格即可，优与劣的分辨率相对较低，缺乏必要的激励机制。

二 探索大学教师聘任制度，强化绩效评价（20 世纪 80 年代中期至今）

（一）20 世纪 80 年代中期至 90 年代末：探索大学教师聘任制

1986 年颁布的《高等学校教师职务试行条例》，细化了高校教师

---

① 教育部：《关于当前执行〈国务院关于高等学校教师职务名称及其确定与提升办法的暂行规定〉的实施意见》，1982 年，［82］教干字 003 号（http://www.51wf.com/law/1194959.html）。

的职责、任职条件、任职资格评审，特别强调了任职的学术要求，如副教授需"发表过有一定水平的科学论文或出版过有价值的著作、教科书；或在教学研究方面有较高的造诣；或在实验及其他科学技术工作方面有较大的贡献"；教授则需要"发表、出版过有创见性的科学论文、著作或教科书，或有重大的创造发明"。① 明确要求高校对被聘任或任命职务的教师的业务水平进行定期或不定期的考核，将考核结果作为提职、调薪、奖惩和能否续聘或继续任命的依据。同年发布了《关于高等学校深化职称改革工作，完善教师职务聘任制的意见》，开启了大学教师聘任制改革的序幕。1988 年《关于完善专业技术职务聘任制度的原则意见》，首次正式提出科研人员的考核应坚持定量与定性相结合，要求按时记录专业技术人员的工作成绩、论文、成果以及培训、进修等情况，作为量化考评的依据。

到了 20 世纪 90 年代，1992 年颁布的《关于国家教委直属高校内部管理体制改革的若干意见》指出，"学校在执行国家工资法规和实行工资总额包干的前提下，有权确定适合本校实际的校内分配办法和津贴标准"②。自此之后，各高校开始探索推行符合自身实际的津贴分配政策，与津贴分配政策密切关联的就是大学教师的评价办法。1998 年 8 月 29 日出台的《中华人民共和国高等教育法》明确规定了取得高等学校教师资格的条件，以及高等学校教师职务应当具备的基本条件。具有教师资格并且经过评定具备任职条件的教师，由高等学校聘任。

这一阶段中国大学教师评价呈现出以下特点。

第一，评价时间从年度任务是否合格的考核转变为任职期的综合评价。

第二，在评价方法上，量化评价开始大量使用，各高校相继出台一些量化考核办法，这些考核办法开始体现本校的价值理念和发展

---

① 参见巩兴安等《高校教师职务量化评审的思考与实践》，《中国高教研究》2001 年第 6 期。

② 国家教委：《关于国家教委直属高校内部管理体制改革的若干意见》，教直［1992］37 号，1992 年 8 月 21 日（https：//law.lawtime.cn/d610660615754.html）。

第八章 中国大学教师评价的历史演进

观念。

第三，评价的导向作用彰显。考核结果与职务聘任甚至津贴挂钩，使得大学教师评价的导向作用成为前所未有的重要。"将职务评审中单纯的业绩累加转化为明确、具体的要求，直接将部分高校教师由教学型导向研究型，并将科研成果如学术论文等的重要性提高到前所未有的高度。"①

第四，绩效评价取代了合格评价。政府相继出台了若干激励性文件，对大学教师的评价不再是合格完成规定的要求即可，择优奖励的导向和政策更加明显。

第五，评价结果出现了一定的负面效应。如在科研评价与教学评价上的失衡，出现了"重科研轻教学"的实践倾向；二是注重成果数量，对科研质量造成了一定的伤害；三是急功近利的行为对学术风气产生了消极影响。

（二）21 世纪以来：对大学教师聘任制的反思与调整

到 20 世纪末，"教授、副教授年年评、年年聘、越评越多，越聘越多"。② 随着人事制度的深化改革和外国经验的借鉴，2001 年中国科学院带头推行的"按需设岗、公开招聘、择优聘任、契约管理"，使聘任制进入了调整阶段。③ 与此同时，择优奖励，业绩与津贴挂钩的政策虽然在初期取得了一些效果，教师的积极性也有提高，但是日渐出现一些急功近利的行为，批评量化评价的声音越来越多，绩效评价也进入了反思期。

在上述背景下，大学教师评价进入反思和调整阶段，并具有以下特点。

第一，评价方式越来越多样化，学生评价、同行评议、专家评价的地位逐步提高。

---

① 田静、生云龙、杨长青、徐绍莉：《国内高校教师评价体系的变迁历程与阶段特征》，《清华大学教育研究》2006 年第 2 期。
② 田子俊：《中国教师职称评聘制度历史沿革》，《湖南科技学院学报》2006 年第 3 期。
③ 同上。

❖ 第二部分 理论与逻辑 ❖

第二，质量观念提升，不再只注重数量的竞争，对个人科研成绩的考察不仅仅看发表数量，"代表作"方法也引入科研评价中。

第三，忽视教学和教学评价的状况正在得到改变。

第四，评价理念也不再以奖惩性评价为主，发展性的评价开始被提倡，如本书作者提出的"大学教师评价的目的是教师个人发展、学科学术发展和大学组织发展的'三合一'"①。

总体来看，从古至今，中国大学教师评价呈现出不断发展、不断完善的过程。大学教师的评价主体和客体都逐渐由单一走向多元；评价的内容由简单到丰富；评价的方法逐渐科学化；评价的程序逐渐规范化；评价的理念逐步贴近学术的核心。有学者将教师职业区分为具有三个层次的境界：生存境界、责任境界和幸福境界。第一个层次，教师把教育作为工作，出于生存的需要的谋生手段；第二个层次，教师把教育当作自己的职业，出于职业责任的需要；第三个层次，教师把教育当作享受和追求，教育工作融进了其生命，其所有耕耘不是出于生存的压力，也不是出于尽义务，而是为了表达生命、享受幸福。② 大学教师发展实际上就是在这样三个层级上的进步，对应来看，大学教师评价也应当不断发展，不断调适其具有的激励教师进步的作用。

---

① 沈红：《论大学教师评价的目的》，《高等教育研究》2012 年第 11 期。
② 参见李金春《我国大学教师评价制度：理念与行动》，博士学位论文，华东师范大学，2008 年，第 156 页。

第九章　大学教师评价的价值哲学基础

价值是表达客体与主体需要之间关系的哲学范畴,不同主客体构成不同价值关系,具有不同的价值标准和评价标准,标准因主体而异。评价中的主体不清,会导致人们用一种价值关系中的标准去评价另一种价值关系,从而产生"标准不合理"和"价值观念冲突"等问题。本章,首先从一般的哲学意义上,讲清楚主体性、价值主体与价值关系,因为评价工作首先就需要主体清晰;然后分析了评价的内涵、评价主体与评价标准;最后在价值哲学基础上对大学教师评价问题进行了反思。将上述三个问题整合起来看,就是说,大学教师评价中具有价值主体与评价主体,分别指向"为谁评价"和"谁来评价",需要辨明不同的价值主体和评价主体,解决"如何评价"的问题。

大学肩负多种社会职能,与政府、市场、公众有着各种权责与义务关系。大学教师承担教学、研究与服务工作,是大学三大职能的实现者。围绕大学教师的各种评价活动,种类繁多、复杂多样、备受关注也饱受争议。大学教师的工作以知识传授和知识生产为核心,评价这种知识性工作成果的优劣好坏往往仁者见仁、智者见智,主观性很强,而客观公正的评价大学教师的工作关系到大学激励制度的有效性。事实上,评价活动本质上是对"价值"作判断,不同的评价主体有不同的价值偏好和标准。价值评价是价值哲学的基本范畴,价值

❖ 第二部分 理论与逻辑 ❖

和评价在理论层面具有特定的哲学含义。本章试图从价值哲学的视角分析大学教师评价中的评价主体及评价标准的本质与关系,并反思大学教师评价实践中存在的问题。

第一节 主体性、价值主体与价值关系

一 主客体分离及主体性原则的确立

哲学本体论没有所谓"主体"与"客体"的划分,而从认识论角度,直至中世纪结束,哲学依然"物我不分"。为此,勒内·笛卡儿(Rene Descartes)认为应以普遍怀疑的方式对待那些具有普遍性的没有经过验证的知识。在怀疑和思想的过程中,唯一不用怀疑的是正在怀疑的"自我"。笛卡儿的"我思故我在"命题区分了认识的主体和客体,思想的形成和内容,使"自我"成为一个思想实体和本体论意义上的独立存在。① 在使人成为一个主体、使自然(包括人自身)成为一个对象的过程中,体现着一种主体凌驾于对象之上的力量。② 但在从认识论到本体论的过程中,笛卡儿走向了将物质与精神完全割裂的"二元论"。

为克服二元论的困境,康德把"认识主体及其对象的关系颠倒过来",让对象向认识主体看齐,主张对象是由主体人的经验方式和思维方式共同形成的。③ 他认为不是事物在影响人,而是人在影响事物,在认识事物的过程中人比事物本身更重要,是人在构造现实世界。这种认识论前提的转换使自然法则支配的"必然"世界之外,出现了另一个由道德法则支配的"应然"世界。康德哲学让人类挣脱了必然,拾得了作为人的尊严和自由,从纯粹理性(能知道什么)进入实践理性(应该做什么),成为意志主体和实践主体。人通过确

---

① 张志伟、欧阳谦:《西方哲学智慧》,中国人民大学出版社2000年版,第17—18页。
② [挪]希尔贝克、伊耶:《西方哲学史:从古希腊到二十世纪》,童世骏等译,上海译文出版社2004年版,第204—205页。
③ 同上书,第367页。

❖ 第九章 大学教师评价的价值哲学基础 ❖

立自己的行动目标,根据自己的意志决定自己的行为,从而确立人的主体地位和主体能动性地位,最终确立了主体性原则。主体性原则承认、重视并坚持主体在实践和认识活动中的地位和作用,强调人作为主体在实践和认识中的目的性、能动性和为我性。①

二 价值的主客体及其关系

人们对主体性问题的思考产生了价值哲学。价值哲学从主体的需要和客体能否满足主体的需要以及如何满足主体需要的角度,探讨价值的本质、标准及其评价。各种价值学说对"价值是什么"看法不同,历史上主要存在四种观点:观念论、实体论、属性论和关系论。"观念论"认为价值是人的主观感受和意识状态,而不是一种客观的现实存在。观念论夸大了价值关系上的主观随意性,最后走向价值相对主义。"实体论"认为价值是一种可以在世界的某个地方或某种状态中找到的独立存在的实体或现象实体。要么认为价值是独立于现实世界的另一个世界,是比现实世界层次更高的世界;要么把价值庸俗唯物化,等同于一种直观的独立实体,如把糖视为"甜"的实体、艺术品视为"美"的实体。实体说使价值观走向了绝对主义和神秘主义。"属性论"认为价值是对象的某种属性或人自身的某种属性,如本性、意识、意志、情感等。认为价值的实现和创造是由人的内在潜质和意识活动实现的。"关系说"认为价值既不是某种独立的实体,也不是任何实体固有的属性,而是主客体之间相互联系和运动所产生的一定作用和影响,是主体与客体之间的一种关系。②

主体和客体是一对关系范畴,并不是实体范畴,它们在人类实践活动中的地位是不同的。人与对象世界是否构成主客体关系,关键不是看二者是否存在或同时存在,而是看二者是否存在实践关系。如果发生了这种关系,那么作为实践行为者的人就是主体,而那早已存在的世界才成为客体。正如男士和女士,只有以婚姻关系为前提,才能

---

① 万俊人:《康德与萨特主体伦理思想比较》,《中国社会科学》1987年第3期。
② 李德顺:《价值论》,中国人民大学出版社2007年版,第35—42页。

被称为"丈夫"和"妻子"。我们谈论具体的主体和客体不能离开一定的关系和层次范围,也不能设想没有客体的主体和没有主体的客体,主客体是相互联系、相互依存的。① 主客体之间的相互作用表现为两种基本的活动:实践和认识。实践和认识在一起,构成了人的主体性活动,遵循"两个尺度",也即马克思提出的"对象的尺度"(客体尺度)和"人的内在尺度"(主体尺度)。② 主客体关系中同时存在的两种尺度,使主客体表现出两种运动:主体客体化和客体主体化。

关系论从主客体关系的角度去理解价值,将价值定义为"客体对主体的意义",也即"客体的存在、属性及其变化与主体内在尺度相一致、相符合或相接近的性质和程度",③ 克服了传统的价值主观主义和客观主义的局限。价值是对主客体相互关系的一种"主体性"描述,主体与客体之间的"意义"关系就是价值关系,价值主体和价值客体的存在以特定价值关系为前提。

三 价值的主体及其特性

什么才能充当价值关系中的"主体"?对这一问题的回答,存在三种观点。一是认为任何物(人、物与精神)都可以成为价值主体;二是认为价值主体只能是人和人类;三是认为上述两种观点都不对,并提出"价值主体只能是包括从最简单的生命组织到最高级的人类与人类社会在内的各个等次的自控系统"④。从康德、马克思等人那里,我们看到的是"人"被视为实践和认识的唯一主体。康德提出"人是目的",把人作为其认识论的核心;⑤ 马克思强调"主体是人,客体是自然","人始终是主体",并且主体是指那些从事现实社会实践活动,以不同方式认识和改造世界与自我的人;海德格尔也说

---

① 李德顺:《价值论》,中国人民大学出版社2007年版,第61页。
② 同上书,第66页。
③ 李连科:《价值哲学引论》,商务印书馆1999年版,第70—82页。
④ 陈依元:《论价值主体》,《社会科学战线》1992年第4期。
⑤ [德]康德:《道德形而上学探本》,唐钺重译,商务印书馆1957年版,第43页。

❖ 第九章 大学教师评价的价值哲学基础 ❖

"主体性建构了主体",其主体泛指具有社会本质、自然属性和意识机能三位一体的、进行着社会物质实践活动的人(个体、集团和人类)。①

人之所以把客观世界作为客体,并成为认识和实践的主体,是因为客观世界为人的生存和发展提供条件,人为了更好地利用这些条件而进行认识和实践活动。这种活动不断把人同客观世界之间的未知的、自在的关系转变为已知的、自为的关系。现实中的主体有个体主体、集体主体(如国家、民族、阶级、群体组织、人类等)。作为主体的人"其本质不是单个人所固有的抽象物,在其现实性上,它是一切社会关系的总和"。② 将人视为价值的唯一主体,不仅是尊崇人的主体性原则的必然结果,而且是认识价值的本质及意义的必然主张。

马克思认为人具有三种共性:客观实在性、社会历史性和自觉能动性。③ 在他对价值的理解中,价值是在主客体的关系中体现主体性客观内容(主体化了的客体)和主体内在尺度的东西。价值现象最显著的特性和标志是价值的主体性。主体只能是人,因此价值主体性必须从人的本性中寻找。价值主体性是主体在认识和实践活动中表现出来的自主性、能动性和创造性。换句话说,人总是从自身出发、依据自身的能力、需要、价值尺度去理解、把握和改造客体及自身。④ 价值主体性主要表现在以下三方面。一是价值的个体性和多元性。作为主体的人之间普遍存在个性和差异,所以在形成价值关系和主客体情境上也会存在差异(如层次、角色等差异),从而对价值有不同的认识,结果是"一千个观众心中有一千个哈姆雷特"。主体的个体差异和独特性使价值表现出个体性,主体的丰富多样又使价值呈现多元

---

① 李连科:《价值哲学引论》,商务印书馆1999年版,第70页。
② 栾亚丽、宋严:《管窥马克思文本视域中的价值主体性思想》,《学术论坛》2008年第4期。
③ 高清海:《主体呼唤的历史根据和时代内涵》,《中国社会科学》1994年第4期。
④ 栾亚丽、宋严:《管窥马克思文本视域中的价值主体性思想》,《学术论坛》2008年第4期。

性。二是价值的多维性和全面性。作为主体的人是兼具自然属性和社会属性的复合体,人的需求不是单一的,而是多维度多层次的。既有物质层面的,也有精神层面的;既有理性的,也有感性的;既是特定的,又是变化的、可选择的。人的需求如此丰富和多样,使价值呈现出多维和全面的特点。三是价值的时效性和发展性。随着主体的变化和发展,客体对主体的价值,在性质、方向或程度上,都可能会随主体需要的变化而变化。对发展着的主体而言,其需要不是固定不变的。马斯洛需要层次理论所揭示的正是人的需要所特有的变化规律。价值主体性提醒我们,对于任何价值主体,都不可以只看到它某些方面的需要,而忽视或否认其他方面,也不可以只看到某一时间段的需要而忽视另一时间段的需要。审视价值关系和评判价值需要全面兼顾的意识和视野。

第二节 评价的内涵、评价主体与标准

一 评价的内涵

约翰·杜威认为对价值概念及其存在的争论不是"生活需要的哲学",也没有意义。人类生活真正需要解决的问题是:什么才是值得我们渴求的,如何判断这种渴求值不值,如何在相互冲突的渴求之间做出合理的判断和选择。价值哲学关注的主题不应是享受、兴趣和满意,而是判断享受、兴趣和满意的方式及其达成途径。因此杜威认为,价值不是客观存在并可由人们观察的对象,它需要人们通过评价活动建立一个目标,通过由评价指导的行动去实现所期待的结果,创造价值。为此,价值哲学的目的就是要对价值判断、价值选择和价值创造提供指导。[①] 价值哲学的核心概念不是"价值",而是"价值判断",价值哲学的核心概念不是价值本质,而是评价。杜威把评价提到更高的哲学地位,突出评价在创造价值中的积极作用,实质上是进

---

① [美] 约翰·杜威:《评价理论》,冯平等译,上海译文出版社 2007 年版,第 11—14 页。

❖ 第九章 大学教师评价的价值哲学基础 ❖

一步彰显人主体性原则和人作为评价主体的意义。

评价是主体对客体意义的一种观念性把握,是主体关于客体有无价值以及价值大小的判断。① 它的主要意义在于根据主体的需要评判、预测价值,通过比较进行价值选择以及通过评价引导价值创造。② 评价作为一种特殊的认识活动,其特殊性主要表现在两个方面。一是对象的特殊性。评价的对象是价值关系,而价值关系是一种主客体关系,对"关系"的认识和把握要兼顾主体和客体两方,兼顾合目的性与合规律性两面。二是价值的主体性。作为主体的人,具有情感、欲望、意向和选择,具有人所特有的生理、心理、个性、知识系统、社会规范意识和价值观念体系,它们在一起构成"心理背景系统和认识图式"。③ 主体"心理背景系统和认识图式"的差异和变化,使得不同主体对同一事物,甚至同一主体对同一事物都会做出不同的评价。评价的实质是把客体事实同主体自身的内在尺度联系起来考察,评价所表达的是主体对一定价值事实的感受、理解、情感和态度,它包含主体的情感、欲望、意向和选择,是一种主体性的精神与观念活动。

二 评价主体与价值主体的关系

价值是标志主客体关系的范畴,价值观是人们对价值的认识以及对事物所持有的态度,评价则是主客体关系在意识中的反映。④ 评价所反映的对象,并不是某一价值关系中的单纯客体,而是主客体之间的价值关系,即客体同主体需要的关系。一个完整的价值判断或表达,至少应包含三个方面的要素:第一"什么或谁的价值",即价值客体;第二"对谁或(为了谁)的价值",即价值主体;第三"什么性质的或适合主体哪一方面尺度或需求的价值",即价值内容。不完整的价值判断和表达常常在评价实践中带来盲目和随意,造成价值判

---

① 邱均平:《评价学:理论—方法—实践》,科学出版社2010年版,第57页。
② 冯平:《评价论》,东方出版社1997年版,第13页。
③ 袁贵仁:《价值学引论》,北京师范大学出版社1991年版,第212—216页。
④ 杨涯人、邹效维:《"普世价值"考辨》,《哲学研究》2011年第2期。

❖ 第二部分 理论与逻辑 ❖

断和评价结果的逻辑混乱。

评价的主体是多层次的"人",个人、集体、阶层、社会与人类都可以成为评价的主体。在评价的实践中,这些主体可以被分为两类,一是真正与评价对象构成价值关系的人,二是实际参与评价的人。前者是价值主体,后者是评价者。价值主体是指构成主客体价值关系中的主体,是"为谁评价"中的那个"谁"。价值主体有个体和群体之分,在个体和群体两类主体中,又存在两种情形。一是价值主体即评价者。价值主体和评价者在个体上是实体重合的,换句话说就是评价者在"为自己评价",或者评价者是群体的一员,是利益相关者,评价者在为"自己所在的群体评价"。另一种情形是,价值主体与评价者不具有同一性,评价者完全以一种没有任何利益关系的、旁观者的身份对别的个体或群体进行评价,是"为他评价"。[1]

不同的主体有它们各自的角色、地位和使命,包括责、权、利的定位。强调价值主体与评价主体(即评价者)的区分其实是由价值的本质和评价的内在逻辑决定的。价值是客体对主体需要的满足或符合,很显然这里的主体就是价值主体,评价的对象是这个价值主体与客体之间的价值关系,价值主体的内在尺度构成价值标准。因此评价就表现为用特定价值主体和客体之间的价值标准,去评判主客体之间的价值关系。如果价值主体变了,价值关系和价值标准就变了,评价的对象(即价值关系)也随之改变,评价就不是最初的评价,它迷失在了途中。这时造成评价中"价值冲突"和"不合理"问题的根源。评价主体(评价者)不一定等同价值主体,当二者不具有同一性时,一定要找准价值主体,评价者是代价值主体在评价,他所使用的价值标准一定要是符合价值主体内在尺度的标准。如果评价者用自己的标准去"为他人"评价,问题是不可避免的。因此,强调评价实践中的主体意识就变得非常重要。

---

[1] 冯平:《评价论》,东方出版社1997年版,第105页。

❖ 第九章 大学教师评价的价值哲学基础 ❖

三 评价的主体尺度及标准

价值主体的客观需要和利益构成主体的内在尺度,这个尺度就是价值标准,它取决于主体的本质、存在、内在结构规定性以及它与外界的联系。价值标准与主体的存在具有同一性,本身是客观的。评价标准是人们对特定价值关系中价值标准的具体表达,它取决于价值标准同时也反映价值标准,是主观的。评价标准实质上是人们在自己的价值标准和外部客观现实之间谋求一种具体的、统一的结果。① 对客观价值标准的把握应该通过对主体及其活动客观过程的考察,而不是通过主体的主观表达(即评价标准)。如判断一个人饮食是否科学,应从他的生理状况、营养状况等方面,结合其个人偏好来理解和把握,而不仅仅是看他的口味和习惯。无论什么人制定的食谱,都只是主观的评价标准,食谱是否科学合理是评价标准与价值标准是否一致的问题。一个群体的价值标准,应该是它的内在属性、利益和使命所包含的尺度,而不是它自己宣称以什么样的目标和理想为标准。后者只是它的评价标准,这种评价标准是否符合或多大程度上符合它的价值标准,取决于它对自身客观价值标准的认识和把握。②

任何价值都是相对于确定的主体而言的,只有把握了主体的价值标准,才会形成正确的评价标准。价值标准是本质的和内在的,评价标准是对这个内在的、本质的标准的近似表达和无限接近。限于人的认识能力,评价标准制定者对主体需求的认识和把握是有局限的,要准确把握主体的内在本质需求并非易事。对价值标准的认识不一以及"形成什么样的评价标准才是合理的"是评价中最突出的问题和最富争议之处。③ 价值标准和评价标准一般都表达为"应该怎样",其中的评价标准表达的是"某人认为应该怎样",价值标准表达的是"实际应该怎样",后者是更为本质的内容。人们对"应该"和"不应该"的把握取决于两方面:一是主体的需要和利益,二是客体的本

---

① 李德顺:《价值论》,中国人民大学出版社2007年版,第61页。
② 同上书,第66页。
③ 冯平:《评价论》,东方出版社1997年版,第81页。

质与规律。偏废任何一方面都会导致诸多评价不合理问题。[1] 科学的评价标准，应该客观反映价值标准，并能兼顾主体的目的性和客体的规律性。[2]

第三节　大学教师评价的价值哲学反思

一　为谁评价：辨明价值主客体及价值关系

"为谁评价"指的是"谁是价值主体"。大学教师评价的价值主体可以是政府、社会、大学、同行、学生、其他利益相关者以及教师自身，它们都属于特定形式的"人"，都可以与大学教师构成相应的价值关系。不同的价值关系中包含不同的价值标准。若政府作为价值主体，其价值标准必然是国家利益或全社会利益或社会实际需求的综合考虑与表达；若大学作为价值主体，其价值标准往往追求学校利益的最大化，同时追求学科和学术发展的内在需求，重视当前利益也关注长远利益，兼顾政府与市场的需求但又不盲从，重视教师产出的数量和质量；若学生作为价值主体，其价值标准不仅追求所受教育的直接消费价值，而且注重其未来价值，不仅追求教师的教学和研究对自己的帮助，而且在意学习过程的情感体验和精神愉悦。不同价值主体因为立场和角度的差别，会有不同的评价结果。当然，也会有共同之处，比如，都要求保证并提升人才培养的质量。

当考察大学教师科研对大学的意义和价值时，价值主体是"大学"，评价的对象是"大学—大学教师"之间的价值关系，政府、学生等其他利益相关者可以是评价者，但绝不是价值主体。当考察大学教师对政府的意义和价值时，价值主体是"政府"，评价的对象是"政府—大学教师"之间的价值关系，其他利益相关者最多也只能作为评价主体。强调这种区分的意义在于，评价中我们所应遵循和使用的标准只能是价值主体的标准，而不是价值主体之外其他人的标准。

---

[1] ［日］牧口常三郎：《价值哲学》，马俊峰、江畅译，中国人民大学出版社1989年版，第20页。

[2] 李连科：《价值哲学引论》，商务印书馆1999年版，第47页。

❖ 第九章 大学教师评价的价值哲学基础 ❖

在大学科研评价的实践中,因为无法将标准统一到某一特定价值主体的标准上来,不同主客体间的价值关系常常被纵横交错在一起,一种价值关系中的价值标准被用于评价另一种价值关系,人们感受到的是因价值标准不同导致的"价值观念冲突和不合理评价"。

科研评价应基于机构、团队、个人的科研使命,首先明确评价的目标,再采用切合目标的指标。从事基础研究和应用研究的科学家有着不同的科研使命。不同评价对象,评价目标不可能完全相同,如果用相同的评价标准去评价,就不合理了。因此要"针对计划、项目、机构、人员等不同对象,根据基础研究、应用研究、科技产业化等不同类型科学技术活动的特点,确定不同的评价目标、内容和标准,采用不同的评价方法和指标,避免简单化、一刀切"。比如,"战略性基础研究的评价要以科学技术前沿的原始性创新和集成性创新、解决国家重大需求的实质性贡献以及优秀人才培养为主要评价标准。自由探索性基础研究的评价要以新发现、新概念、新理论和新方法等原始创新性成果和创新性人才的培养为评价标准。应用研究的评价应以技术推动和市场牵引为导向。以技术理论、关键技术、共性技术和核心高技术的创新与集成水平、自主知识产权(专利、版权、标准、专有技术等)的产出、潜在的经济效益、社会效益等要素为主要评价标准"。[①] 必须意识到,任何情况下都没有某一种评估标准和方法适用于所有情况。

二 谁来评价:共同价值标准下的多元主体参与

多元主体参与评价的主要任务,一是帮助理解和认识价值关系,把握主体的价值标准,形成合理的评价标准,例如,请专家为学校制定评价标准。二是帮助运用评价标准对客体进行判断,得出评价结论。评价标准的具体指标并不总是能够可量化、可测量的,很多指标具有主观性和复杂性,为避免外行评价和个别判断偏差,尽量保证评

[①] 科技部、教育部、中国科学院、中国工程院、国家自然科学基金委员会:《关于改进科学技术评价工作的决定》(http://www.most.gov.cn/tjcw/tczcwj/200708/t20070813_52375.htm)。

价的客观和真实，让同行专家和更多评价者参与判断并进行综合平均，可以有效改进这些问题。"多元主体"参与评价也会产生两种结果：一是不同的评价者对价值关系的认识和价值标准的认识和把握存在不同，从而形成不同的评价标准；二是对同一评价标准的理解和诠释存在不同，从而导致不同的评价结论。

多元主体参与评价没有脱离某一特定价值关系这个背景，评价的本质是对某一特定价值关系的认识。"多元主体参与"强调的是各类评价者参与到评价中来，对同一价值关系进行评价。他们对主体的价值标准的认识可以不同，对评价标准的理解可以不同，但绝不能用自己的标准代替价值主体应有的标准，不能只顾"自说自话"而忘记在"为谁评价"。譬如，在大学教师评价中，当大学作为价值主体时，政府、社会、大学、同行、学生、其他利益相关者以及教师自身，甚至无利益关系的第三方都可以作为评价者参与评价，但它们所共同遵循的价值标准是大学内在的价值标准。要准确认识和把握大学内在的价值标准，准确理解并运用评价标准进行合理评价并非易事，因此多元主体参与的真实意义就在于对群体智慧和民主公平的追求。

三 如何评价：合目的、合规律及过程公正的统一

评价的内在逻辑是厘清价值关系中的主客体，认清主体的本质需求和内在尺度，建立客观真实、科学合理和可操作性强的评价标准，由评价者利用评价标准评判客体对主体的意义。还比如，大学科研评价的目的是要真实、科学的评判和认识大学科研对外部主体的价值与意义，这一目的是通过评判大学教师自身、评判其科研产出和绩效与外部价值主体的内在尺度相一致的程度来实现的。大学教师本身及其科研产出成果与绩效是否与外部价值主体的内在尺度一致以及一致的程度，是大学科研评价的主要内容。大学科研评价的有效性依赖于合理评价标准的确立，评价标准的合理性体现在对"主体的目的性"和"教师自身及其产出和绩效规律性"的综合考量与把握。

大学教师评价一方面要符合大学的需求和利益，另一方面要遵循大学教师及其劳动的本质与规律。大学要什么，大学教师及其产出的

❖ 第九章 大学教师评价的价值哲学基础 ❖

本质与规律是什么,是大学教师评价首先要弄清的地方。单方面关注大学需要而不顾大学教师劳动的本质与规律,或者单方面关注大学教师的本质与规律,不顾大学需求,其结果最终都会导致主客体价值关系的认识不足,陷入评价是否科学合理,是否有意义的无尽争论。例如,大学教师的学术研究活动需要遵循学术生产的规律,大学如果因为自身发展的需要和功利目的,一味强调教师科学研究发表的数量,就会使科学研究的质量下降,使教师的研究心态变得浮躁和功利化,这种评价反而引导大学与教师之间价值关系走向了负面,这是大学并不希望看到的。因此,把握大学的真正需求和大学教师劳动的本质与规律,形成科学合理的价值标准和评价标准,是保证大学教师评价的关键。

评价的指标和方法是一个在实践中不断完善的过程。"旧金山研究评价宣言"就建议,经过同行评议的研究论文是科研产出的主要成果,但还应该扩展到诸如数据集、软件、其他重要的研究产出等方面,还应考虑采用更广泛的影响指标(如对政策和实践的影响)。在科研经费资助、聘任和职称晋升中,不要使用评价期刊的影响因子作为评价某篇论文质量的指标,更不要用影响因子作为评价某位科学家实际贡献的指标。要借助在线出版对文字、图表、参考文献数量等限制的放松,探索评价论文重要性和影响力的系列指标。评价一项研究成果,要基于科研成果的内容,而不是论文所发表期刊的质量。淡化将影响因子作为期刊的评价指标,转而采用诸如"5年影响因子、恩格尔系数、SCImago、出版频次等"更宽泛的系列指标来全面评价期刊。[①] 去除或减少对研究论文中参考文献数量的限制,强制性地要求引用原创性论文而不是综述论文,以便让原创作者的贡献能够得到承认。

量化指标有助于减少偏见,提高同行评议的质量。但量化的评价不应取代建立在充分信息基础上的质性的同行评价,而且评价者应对

---

① DORA:"The San Francisco Declaration On Research Assessment"(http://www.ascb.org/dora/).

❖ 第二部分 理论与逻辑 ❖

其评价负责。科技指标不可避免会在概念上有些模糊和不确定，并且建立在一些很强但并不普适的假设的基础之上。比如说，对于"被引次数到底代表了什么"这一问题就存在很大的争议。因此最好能使用多个指标来提供一个更为可靠和多元的呈现，认清科技指标对科研系统的影响。科技指标改变研究人员的动机进而改变整个科研系统，对这样的结果我们应有充分的预期。这意味着一套指标总胜于单个指标，因为单个指标更易于被操纵，也更容易取代真正的目标成为驱动研究的指挥棒。[①]

为避免评价者的主观判断偏差，科研评价中的数据采集和分析过程应公开、透明、简单。数据库的建立应该遵循明确的规则，而这些规则应在评价之前就清晰阐述。允许被评价者检验相关数据和分析。这样透明的流程保证了复查的可能性，减少暗箱操作的可能。[②]

"如何评价"是个涉及面广的实践问题和操作性问题，但理论与实践往往存在较大距离，道理上成立，但是否具有可操作性以及实践中的各种成本都是需要综合考虑的。只要本着合目的性、合规律性及过程公正，大学教师科研评价的具体实践完全可以采用一切行之有效的方式方法。

[①] D. Hicks, P. Wouters, L. Waltman, R. S. De and I. Rafols, "Bibliometrics: the Leiden Manifesto for Research Metrics", *Nature*, Vol. 520, No. 7548, July 2015.

[②] Ibid..

第十章　大学教师评价的逻辑与冲突

　　教师评价是大学人力资源管理的重要内容。作为大学的"心脏"的大学教师对评价是有着内在的价值诉求的，如，大学中的育人目标应该是教师评价的本源，而教师角色本身的复杂性又要求教师评价的多元性，在注重自我价值构建的现代社会更要强调教师在评价中的主体性。但是在现实当中，评价导向的工具化、评价指标的片面化、评价过程中教师的被边缘化，与大学教师评价的内在逻辑形成了强烈的冲突，影响了教师的专业发展和大学教育质量的提升。只有调适现行大学教师评价过程中的价值冲突和多重矛盾，重拾大学的价值理性，完善教师评价标准，强化教师的主体意识，才能较好的把握大学教育活动的本质，提高大学教师评价的效能。

　　评价是指依据一定的标准，通过系统收集资料，对评价对象的质量、水平、效益及其社会意义进行价值判断的过程①。评价作为一种价值判断活动，被广泛地用来衡量人或事物满足主体需要的程度。任何一个社会组织都存在对其组织成员进行评价的需要，大学自然也不例外。随着大学日益成为引领学术创新乃至促进社会发展的"动力站"，评价开始成为大学进行绩效问责和提高其管理效率的重要手

---

① 陶西平：《教育评价辞典》，北京师范大学出版社1998年版，第55页。

段。作为大学人力资源开发工作的重要组成部分，教师评价的结果及其运用直接关系着聘任、晋升、考核和薪酬等教师的切身利益，影响着大学的师资队伍建设成效和学术发展的空间，成为大学建立和完善教师管理制度的重要环节。通过评价推动教师专业发展、促进高等教育质量提升、进而促进学生发展已逐步成为大众化背景下大学对社会大众渴求优质教育的一种回应。然而建立在不同价值认识基础上的大学教师评价活动却屡遭争议，某种程度上与评价的初衷和目的出现背离。大学教师评价作为对大学教师的一种价值认知评判，有其自身的内在逻辑，只有正确的认识和把握，才能为消解实践中的问题及冲突做些基础性的工作。

第一节 大学教师评价的内在逻辑

大学教师评价是指大学依据自身的办学定位和目标，评估其教师的学术能力及表现的过程。作为"以学术为生、以学术为业"的社会群体，大学教师从事的学术职业是独特的[1]，即有着区别于其他职业的内在规定性。在大学漫长的发展历程中，学术职业形成了特有的内在逻辑[2]，这也成为衡量大学的实质和特性的稳定内核。与此同时，社会对于大学教师的角色功能和价值认知也不断丰富，并整合为一种价值观念体系，构成了大学教师评价的逻辑基础。从实际意义上说，大学教师评价代表着社会对大学教师这一角色教育行为的价值判断。只有深刻的理解大学教师评价的内在规律性，从大学教师的社会角色出发构建评价的价值图式，充分把握其内在逻辑，才能在正确的价值框架下推动大学这一"研究高深学问的场所"赖以发展的最核心的生产要素——教师的发展，进而促进大学教育活动的有效开展。

---

[1] Larry A. Braskamp and John C. Ory, *Assessing Faculty Work: Enhancing Individual and Institutional Performance*, San Francisco: Jossey-Bass. 1994, p. 3.

[2] Burton R. Clark, *The Academic Life: Small Worlds, Different Worlds*, Princeton, N.J.: A Carnegie Foundation Special Report, 1987, p. 268.

❖ 第十章 大学教师评价的逻辑与冲突 ❖

一 学生培养的高质量应成为教师评价的本源

高等教育活动，其实就是作为学者的教师借助特定的知识操作方式，在知识的操作过程中，教育和培养学生。①育人是大学教师工作的原初功能，也是大学存在的逻辑起点。不论是中国汉代的太学，还是西方柏拉图的阿卡德米学园，乃至现代大学起源的中世纪大学，教育活动始终围绕为社会培养高级人才而进行，教育者角色也一直是大学教师最基本的社会角色，大学教师的职责是通过教学这一授受活动促进高深知识及社会规范被受教育者吸纳和内化，通过师生双方相互交流和论辩，实现教学相长的过程。随着大学功能的扩展，大学教师衍生出了新的社会角色，但大学教育的主要功能依然是通过教学来培养人才，诚如约翰·亨利·纽曼（John Henry Newman）所说："如果大学的目的是促进科学和哲学发现，我不明白为什么大学应该拥有学生"②，从某种意义上说，人才培养是大学赖以生存的合法性基础，是大学历经数百年发展而不竭的本真价值所在。评价作为一种对教师行为起着导向作用的机制，只有在其中呈现出重视培养人才的价值标准，才能促使大学教师更好地秉承育人为本的教育理念，通过教学实现对学生知识的传授、精神的培育和道德的表率，引领学生知识和能力的双重提升，实现大学教师根本的角色责任担当和价值呈现。

二 教师角色的复杂性呼吁教师评价的多元化

随着洪堡理念和威斯康星理念的兴起，大学教师被期待的责任清单已经从伦理、知识教育增加到包括知识创新、技术援助、社区服务等许多方面。尤其是随着现代学科的发展和分化，学术职业分工更加精细化、内容更加复杂化，大学教师成了一个兼具多重角色的统一体，不仅仅是知识的传播者、更是知识的创新者和推广者，承载着社会的多种角色期待。尽管对于大学教师个体来说，是否存在角色冲突

---

① 陈伟：《西方大学教师专业化》，北京大学出版社2008年版，第1页。
② ［英］约翰·亨利·纽曼：《大学的理想》，徐辉等译，浙江教育出版社2001年版，第1页。

是一个长期争论不休的问题[1]。但在评价的标准及价值导向上，既实现对教师个人的公平，又促进大学这一学术组织的健康发展无疑是非常重要的。与此同时，学术活动本身的复杂性和长期性不仅反映在显性的教学工作量和科研成果上，更包含教学投入、学术新思想的酝酿、科研准备等大量的隐性工作上。要正确评价大学教师，就要在科学、合理的基础上全方位的认识大学教师的工作特点和岗位性质，采用多元的、综合的评价方式，在评价指标的选取和评价过程的实施中注重全面性，以期最大程度的接近教师个体的工作业绩。

三 自我价值建构要求重视教师评价的主体性

价值判断是评价的本质之一，是主体对客体价值的一种认识活动，因此，评价必须以价值为基础，而价值是一种客观存在的主客体关系，评价无疑会随着不同的评价主体对客体的主观认识而有所不同。在现代社会多元价值理念的背景下，人的主体性价值得以凸显，促使评价日益成为主体性和客观性统一的活动。学术场域的大学教师，不仅承担着教书育人，承载着实现社会价值的责任，同时作为高深知识的拥有者和创造者，大学教师对于自身的发展有多层面的追求，其工作满意度的影响因素不单是薪酬福利，更主要是学术职业的自主性与激励性等一系列内在特性。作为独特的群体，大学教师在承担社会角色责任的同时，有着追求自我价值的现实诉求，对于评价有着主体性的自我期许和关系意识，即大学教师的心理建构中有强烈的实现自我发展的愿望。评价对于大学教师不仅是外部的价值评判，更是自我价值的一种内在建构。这无疑要求在评价目的及结果的运用上，重视大学教师的主体价值观，关注教师个体的职业前景规划，通过将社会和大学对教师的外源性要求转化为教师个体的内源性动力，支持并促进教师的专业发展，从而促进大学教育活动的有效开展和教育质量的提高。

---

[1] John A. Centra, "Research Productivity and Teaching Effectiveness", *Research in Higher Education*, Vol. 18, No. 2, December 1983.

❖ 第十章 大学教师评价的逻辑与冲突 ❖

综上所述,大学教师评价的内在逻辑至少包含三个要点:从大学本源上说是育人,从教师角色来说要求多元,从价值判断来看强调主体性。

第二节 大学教师评价的现实冲突

自 1999 年扩招以来中国迅速实现了高等教育的大众化,大学教师规模也呈现出"协同性增长",截至 2017 年底,中国普通高校专任教师已达 163.23 万人①,成为一个庞大的社会性和职业性群体。高等教育规模的膨胀,生师比的急剧上升及由此引发的教育质量下降受到社会的广泛批评,也引起整个社会对高等教育质量的重视,加上人们对大学这类独特机构的审视,大学教师质量及其评价制度成为人们关注的一个热点。在审视中发现,大学教师评价实践中产生的一些问题与上文论述的大学教师评价的内在逻辑相矛盾。

一 评价导向的工具化与育人目标的冲突

大学教师评价是大学教师管理制度的重要组成部分,从本质上说应与高校的办学定位相契合,然而,科学合理的大学教师评价不仅在于评价制度实施的规范性与公正性上,还与评价理念的价值取向密切相关。长期以来,中国大学教师评价一直是教育管理职能部门对教师的思想政治品德、学历条件、业务能力的一种考核。在追求管理效率的前提下,往往将教师的教学、科研及社会服务活动统一"演绎"为评价指标,通过比照指标做出一个总结性的排名,以排名结果作为教师晋升、评优、加薪的依据。这种以鉴定分等为主要功能的评价模式立足于对教师的管理工作,其背后隐藏的理念为工具化的价值观。尤其在当前社会环境下,政府作为高等教育资源的主要供给者,大学评价和大学教师评价就成为政府控制高校的一种管理手段,管理主义

---

① 教育部:《2017 年全国教育事业发展统计公报》(http://www.moe.gov.cn/jyb_sjzl/sjzl_fztjgb/201807/t20180719_343508.html)。

的倾向使得评价结果成为关乎大学和教师个体发展命运的一项重任，无论是教育行政管理部门还是学校管理人员，都希冀大学教师按既定的评价指标进行学术生产，取得更多的学术成果，促使大学在形形色色的排行榜上拥有更靠前的排名，从而获得更多的社会关注度、科研资助经费等外部支持。在大学场域中文化资本式微，在学术权力与行政权力的交锋中处于劣势的情境下[①]，教师评价的工具理性被不断加以强调，大学教师评价异化成为一系列数字的比拼，其教育的本质属性成为评价的附庸，外部的行政问责要求抑制了大学自身提高教师专业发展和提升教育质量的内在动机，评价的真正目的和价值被扭曲。

二 评价指标的片面化与教师特性的矛盾

大学教师从事的是学术性职业，基于学术工作的特性，评价更加复杂，对其进行绩效评价的特殊困难在于学术业绩往往难以精确的估量。大学教师工作的"产品"——教育学生，发展知识，为社会服务——在形式和功能上差异很大，这无疑加剧了合理评价的难度。与此同时，业绩的可见性和传播性紧密相连，科学研究业绩通常以出版物的形式显示，对于其他大学的同行来说可见度高，而教学则难以达到此种效果。[②] 因此，评价中"出版至上"往往成为评价和奖励大学教师的重要依据。纵观当前中国各省对于高校教师专业技术职称评聘条件的设置，不难发现科研是评价最为重要的内容，而其中，各项指标都是按课题层次、获奖级别、刊发论文期刊级别等可量化要素的等级赋分，基本没有涉及科研精神、潜在能力、工作态度等质性要素。与此同时，教学评价无足轻重，如某省对于高校教师申报教授的教学要求为："完成学校规定的教学工作量，系统讲授2门以上课程，其中1门为基础课，并根据教学计划的安排，组织课堂讨论，指导实习、社会调查和毕业论文、毕业设计"，至于完成上述工作的质量如

[①] 王晓辉：《场域视野中大学权力结构的失调与调适》，《现代教育管理》2013年第3期。

[②] Robert R. Hind, Sanford M. Dornbusch and W. Richard Scott, "A Theory of Evaluation Applied to A University Faculty", *Sociology of Education*, Vol. 47, No1, Jan 1974.

❖ 第十章 大学教师评价的逻辑与冲突 ❖

何则没有明确的要求，看上去，几乎只是一个参照因素。这种重科研量化的评价层次结构，无形中向大学教师传递着学术价值优先次序的含义，亦即科研优先成为大学教师盲目追求学术生产率的外在制度驱动，对于学术泡沫、学术腐败等不良现象起到了推波助澜的作用。另一方面，也容易导致教师对低外显性的学术研究、专业探讨的投入精力减少的现象。可以说，片面化的评价方式致使大学教师角色产生了悖反现象：社会希望大学教师不能忽视他们的教学责任，但奖励他们几乎完全依赖研究表现及其出版物，因此，大学教师基于理性更注重研究而忽视教学，以至于可能损害到了学生及其家长的利益[①]。

三 评价过程中教师的边缘化与其主体性背离

理性是人存在与发展的核心和依据，大学教师在作为评价的"利益关系者"的同时，对于自身的发展有着独特的要求，其行动的理想环境应该是一个"想发展——能发展"的制度体系。大学作为学术性的组织，应重视教师对于主体性价值的追求，促进教师个人的发展愿望与学校组织发展目标的契合。然而反观现行的大学教师评价，其评价的标准、方法及过程主要由教育行政管理部门，大学的校领导、科研处、教务处、人事处等行政机构以及少量的学术同行所掌控，为了达到一种"客观、准确、可通用"的标准，大学教师的学术工作被细化为一系列的权重指标，而作为评价客体的绝大部分教师被处于"边缘化"，被动地接受评价标准和评价结果，处于一种价值无涉的失语状态。在当前高校教师聘任制度和岗位设置管理改革如火如荼的背景下，通常三年一个聘期的考核和"非升即走"的压力使得教师要么迎合评价指标，要么被制度淘汰，这无疑导致了大学教师评价中一个根本性的东西——客体主体性的缺失，一定程度上使大学教师沦为大学教学、科研或社会服务等职能的工具，损伤了其学术创新的动力。学术活动是专业性的活动，在主体性缺失的语境下，评价

---

① Steven Kerr, "On the Folly of Rewarding A, While Hoping for B", *Academy of Management Journal*, Vol. 18, No. 4, December 1978.

主体的行政化主导和作为纯粹评价客体的普通教师之间形成了一种价值认知区隔，使其成为只能关注"被评价"结果及其连带奖惩的被动客体，大学教师自身专业发展的自主性受到限制，评价活动的初衷及本体意义被大大消解。与此同时，评价活动中行政权力的过于强势，往往会滋生权力寻租等一系列的问题，当然不利于学术的长远发展。

第三节　现实冲突向内在逻辑的调适

任何领域要保持高水平的成就，评价就不可或缺，这不仅仅是报偿分配上的公平问题，还是这一领域保持和提升高成就水平的问题。[①] 大学作为现代社会发展的动力源泉，通过知识传播和科技创新推动社会进步是其义不容辞的责任。大学教师评价作为大学评价的核心要素之一，不仅直接关系着大学学术发展的前景，也决定着大众化阶段高等教育的质量和国家未来的科技创新能力。从某种意义上说，大学教师评价是促进高等教育发展和变革的重要手段，只有顺应大学教师评价应有的内在逻辑，遵循学术创新的规律，才能有效地解决现行评价过程中的矛盾和冲突，使大学教师评价成为提升高等教育质量的动力机制。

一　重拾大学的价值理性，重视教师评价的育人功能

究其根本，大学教师评价是一种价值判断，其中价值取向对评价起着定向的作用，支配和决定评价的模式和用途。大学教师角色的多重性无疑决定着评价的复杂性，只有厘清大学教师的角色定位，对大学教师的价值功能进行理性的反思，才能树立起评价的合理价值取向，并以此为出发点，正确的审视大学教师的学术活动。比如，培养人才是大学的核心使命，对学生负责、教好学生是社会对大学教师的

---

① ［美］爱德华·希尔斯：《学术的秩序——当代大学论文集》，李家永译，商务印书馆2007年版，第396页。

❖ 第十章 大学教师评价的逻辑与冲突 ❖

职责期待[①]，大学教师作为高深知识的传授者，对其评价无疑和人才培养紧密相关。在高等教育的历史发展中，对于本科教学存在"重视——忽视——重新重视"的一个螺旋式复归过程[②]，展示着社会和大学对教育品性复归的要求。大学的人才培养和学术发展具有长期性和迟效性的特点，过度的关注评价的工具理性和管理价值，只会蒙蔽大学的本真价值，影响大学的社会声誉。只有坚持育人的目标，摒弃为追求短时"绩效"以求管理效益的做法，才能通过评价的判断和导向功能，促进大学和大学教师通过彰显高等教育的核心价值——人才培养，来促进大学教学可持续发展和高等教育质量的全面提升。深刻把握大学教师的教学和科研等活动及其过程中的现实的或潜在的价值关系，才能促进教师专业水平的提升，进而促进学生的发展。

二 完善教师评价的标准，建立以岗位为基础的评价制度

评价不仅仅是管理大学教师的手段，更是促进其专业发展的重要途径。学术性是大学存在和发展的根本，因而对大学教师工作绩效的判断应主要基于其学术能力和专业表现。根据博耶的观点，评估学术的新模式应涵盖学术的发现、应用，综合和教学的全部内容。有关当前普遍存在的重科研轻教学的问题，肖舒楠等人早就于2009年进行了调查，结果显示，62.1%的人认为大学教师做课题不该优先于教育人[③]。可见，人为的割裂教学和科研的做法，既不利于学术发展，也造成大学教师对于自身角色认知的失调。高校教师评价首先应确立整体发展思路，以推动学术发展和人才培养为目标，即高校不应把教学、科研和服务活动视为相互独立、相互割裂的任务职责，要基于学校发展的定位和使命等特殊要求，基于教师个体职业角色行为，以充分彰显大学教师三项职责之间的内在逻辑作为评价内容的基础设计，

---

① [美]唐纳德·肯尼迪：《学术责任》，阎凤桥等译，新华出版社2002年版，第77页。

② 潘金林等：《本科教学：研究型大学的核心使命》，《中国大学教学》2010年第2期。

③ 肖舒楠、陈彦青：《什么样的大学教师受欢迎?》，《青年教师》2009年第6期。

❖ 第二部分 理论与逻辑 ❖

实现大学教师角色整体、和谐发展。以当前高校实施的岗位设置管理制度为契机,积极探索多元、开放的评价标准体系。根据大学的层次和类型,以及学科和岗位的具体情况,对教师实施分类管理,分类、分层次、分学科设置评价内容和评价模式,通过岗位设置和教师聘任的有机结合实现学术职业的合理分层。在学术评价的制度设计上,制定出差异化的教师评价体系,实现从单一的评价标准到多元的分类指导,学术成果以"质"为主,"质"与"量"结合。推进发展性评价改革,建立符合学术发展规律的、由品德、知识、能力和业绩组成的、可促进大学教师角色复合发展的多元化大学教师评价指标体系。

三 强化教师的主体意识,使评价由外压向内需转变

大学教师不仅具有一般意义上教师的基本属性,更具有作为"研究者和专业人员"的角色属性。"既然高深学问需要超出一般的、复杂的甚至是神秘的知识,那么,自然只有学者能够深刻地理解它的复杂性。因而,在知识问题上,应该让专家单独解决这一领域中的问题。……更显而易见的是,教师比其他人更清楚地知道,谁有资格成为教授。"[1] 同时,大学教师作为高级知识分子群体,具有强烈的个体意识,对于学术职业的评价必然有着自己独特的认知,从此角度上讲,大学教师作为教师评价的重要利益相关者,在评价过程中有着关键的地位。因此必须重视评价过程中教师的广泛参与和认可,因为"一项制度要获得完全的效力,就必须使人们相信制度是他们自己的"[2]。实施大学教师评价的目的不是为了分类或排名的例行公事,而是促进教师个体和社会公众的双重利益的一个持续进程。管理者和教师自己也要充分认识到教师个体作为独立价值主体的意义,通过完善学术组织主导评价的机制和教师行使学术权力的制度,增进大学教师评价过程中的理解和对话,实现管理者和不同教师群体的视界融合,从而减少不同主体之间对评价认知差异的冲突和矛盾。在评价的实施

---

[1] [美]约翰·布鲁贝克:《高等教育哲学》,王承绪等译,浙江教育出版社2001年版,第31—32页。
[2] 左卫民:《法院制度现代化与制度改革》,《学习与探索》2002年第1期。

❖ 第十章 大学教师评价的逻辑与冲突 ❖

过程中,重视多主体的参与,强化学术同行专家尤其是校外知名同行专家、学术专业组织和学生在教师评价中的主体作用,尤其要保障教师自我评价权力的实现。通过增强评价过程中的民主,促使教师个人主体精神的生成和积极自我体验的获得,促使评价成为学术职业发展的内源性需求,提高大学教师对评价的认同度和评价本身的效果。

随着高等教育日益走向社会的中心及促进社会发展价值的日趋彰显,大学作为国家创新源的地位不断得以强化,政府在加大教育及科研经费的投入的同时,对大学的要求与问责不断加强,高等教育由此已经进入了一个"觉醒的时代",即必须更加顺应国家经济发展的需要和社会进步的要求,提高绩效水平,培养更多的人才[1]。在此背景下,评价成为衡量大学教育质量和促进高等教育变革的重要手段之一,大学教师质量也成了对高等教育问责的重要内容。大学教师评价作为对大学教师的一种价值判断,深刻影响着大学教师的行为取向,无疑成为大学教师学术实践活动的指挥棒。当前大学教师评价中"科研至上"的原则、以"量化、效率"等为主的评价方式的实行,以及评价主体行政化的倾向,无形中把大学教师置于"经济人"的角色认知上,不仅降低了教学在评价中的比重,也弱化了教师的主体性地位,致使大学教师作为"学术人"对于学术本真的价值诉求得不到满足,产生学术基本信念和现实要求之间角色冲突,很大程度上消弭了评价的原初旨意和激励功能。进一步而言,一所优秀的大学是一个组织和个人共同发展的过程,实施大学教师评价,必须考虑到个体发展和实现大学使命的有机结合。只有将大学的使命、教师的角色和责任相联系,以教育性和学术性作为评价的根本出发点来设计评价的内容、标准和方式,才能正确地构建合理的评价价值取向,从而还原学术职业的创造性本质,引导大学教师的专业发展,进而促进大学教育质量的提升和学生的发展。

---

[1] F. King Alexander, "The Changing Face of Accountability Monitoring and Assessing Institutional Performance in Higher Education", *The Journal of Higher Education*, Vol. 71, No. 4, July/August 2000, pp. 411–431.

第十一章　大学教师评价制度的物化逻辑

以"量化为主"的大学教师评价制度其实是物化逻辑渗透的结果。当大学作为知识生产机构参与到社会生产之中时,大学教师的精神劳动也被纳入普遍的社会交换体系中。由此,物质生产领域中的"物化"逻辑开始向知识生产领域延伸,并影响着调节大学教师行为的评价制度。具体而言,在价值取向上,大学教师适合于竞争的外显性价值被过分强调;在实践方式上,大学教师的精神劳动被过分"货币化"。作为一定历史阶段的产物,大学教师评价制度的物化逻辑既有其产生的历史必然性和存在的现实合理性,也存在严重的理性不合理,如,遮蔽大学教师的主体性,使其成为知识生产的工具;违背知识生产的规律性,与学术创新理念背道而驰;强化知识生产的功利性,侵蚀大学教师的学术信念。认识到大学教师评价制度物化逻辑的合理性正负,有助于完善大学教师评价制度及其工作,促进大学的知识生产。

几十年来,人们常常立足于"道德尺度优先"的价值立场,对"以量化为主"的大学教师评价制度予以诟病,并认为它阻碍了学术发展。但从唯物史观的视角看,这种简单化"归罪"其实是对评价制度的片面性解读。高校量化考核之所以可"大行其道",实质是

❖ 第十一章 大学教师评价制度的物化逻辑 ❖

"物化"逻辑向教育领域渗透的结果①；是"人的社会关系转化为物的社会关系，人的能力转化为物的能力"②的真实写照；是一定历史条件下产生的社会规律，具有必然的历史性与客观性。因此，有必要将这一现象置于历史的逻辑中加以考察。本文将立足于"历史尺度优先"的价值立场，重点分析"物化"逻辑向大学教师评价制度渗透的成因、合理性与不合理性，以期厘清对大学教师评价过度量化问题的基本认识。

第一节 大学教师评价制度物化逻辑的产生

一 物化逻辑的内涵

"物化"是现代化进程中的社会规律，有着丰富的意蕴。卡尔·马克思（Karl Marx）曾从人的发展角度，对人类社会发展的三大形态进行过划分，其中他着重分析了"以物的依赖性为基础的人的独立性"的第二大社会形态，在这种形态下，"活动和产品的普遍交换已成为每一单个人的生存条件，这种普遍交换，他们的互相联系表现为对他们本身来说是异己的、无关的东西，表现为一种物。在交换价值上人的社会关系转化为物的社会关系，人的能力转化为物的能力"③，这种现象即为物化。从含义上看，"物化"主要有两层意思：一是指在普遍的商品交换中，人的内在禀赋转化为其生产产品的外显性的功能；二是指人与人之间的生产、交换以及分配关系以物的属性出现。从价值意蕴看，"物化"兼具肯定和否定两方面的辩证意义。一方面，随着现代化进程的推进，人的社会关系逐渐以"物"为纽带，从而形成了一种客观化和规范化的社会秩序。这种社会秩序使得传统的依靠人情和血缘的社会关系渐渐退出历史舞台，取而代之的是

---

① 冯向东：《实践观的演变与当下的教育实践》，《高等教育研究》2013 年第 9 期。
② ［德］马克思、恩格斯：《马克思恩格斯全集》（第 30 卷），人民出版社 1995 年版，第 107 页。
③ ［德］马克思、恩格斯：《马克思恩格斯全集》（第 46 卷上），人民出版社 1979 年版，第 103—104 页。

❖ 第二部分　理论与逻辑 ❖

一种"对事不对人"的现代社会关系体系的形成。因此，较之于"以人的依赖性为基础"的社会形态而言，"以物的依赖性为基础"的社会形态具有一定的进步性。另一方面，物化也导致了"只见'物'，不见人"的机械化社会系统的产生，使得人的主体性被遮蔽，从而只具备功能上的意义。①

由于"所有的社会规律包括教育规律都是在人的实践活动中创造出来的，并且具有历史性和客观性"②，所以，作为"第二大社会形态"下的社会规律，"物化"只存在于"活动和产品的普遍交换已成为每一单个人的生存条件"的历史背景中。故而，物化逻辑即是历史的规律，它的生成具有一定的历史必然性与现实性。

二　知识生产中物化逻辑的缘起

虽然"物化"最初主要是就物质生产领域内的商品交换而言的，但需要说明的是，在新的历史时期，知识生产已发展为一个相对独立的生产部类，并被纳入整个人类社会的交换、分配和消费体系中，与社会物质生产发生必要的联系。由此，物化逻辑也随之延伸至知识生产领域，影响着知识生产活动。

最初，人们研究学问主要是受个人好奇心的驱使，并非出于功利之目的。在人类文明的长河中，这种"知识本身即是目的"的理想主义知识观曾长期处于统摄地位。这一方面，可归因于人类强烈的求知欲望；另一方面，也与知识探究者的出身高贵有关。通过查阅科学史料不难发现，早期从事科学研究的人员多数有着高贵而显赫的身份，衣食无忧，无须为稻粱谋。因此，他们有充裕的时间和精力寄情于学问。例如：古希腊时期，只有"自由民"才有资格从事富有创造性的研究工作。又如：17、18世纪曾风靡一时的科学学会，其原型乃是由贵族阶级和特权阶级为满足个人业余爱好所成立的兴趣社团。所以，早期的知识探索更多时候是学者们茶余饭后的"益智游

---

① 刘森林：《物象化与物化：马克思物化理论的再思考》，《哲学研究》2013年第1期。
② 冯向东：《教育规律何处寻》，《高等教育研究》2014年第8期。

❖ 第十一章 大学教师评价制度的物化逻辑 ❖

戏",与其说是一种"为了知识而知识"的理想,倒不如说是他们独有的精神生活方式。

步入 20 世纪后,知识的增长高歌猛进,呈现出空前繁荣的景象。人们开始意识到知识的经济效用和社会效益,并将其用于生产、生活实践中,由此,知识不再是业余爱好者们的边缘活动,而是参与到人类社会生产活动之中,成为一种直接的生产力。正如曼纽尔·卡斯特(Manuel Castells)所言,创造与操纵符号的社会过程与物质生产、财富分配之间发生广泛而紧密的联系,标志着人类的心智成为直接生产力,而不仅仅是社会生产体系中的决定性元素。[①] 在基因科学方面,人类基因图谱已经绘制完成;在物理科学方面,诸如相对论、量子论、粒子模型等一系列改写人类历史的重大发现也横空出世;而计算机技术的兴起,互联网的诞生更是彻底改变了人们的生产方式和交往方式。在社会生产中,对知识的重视更是达到了前所未有的程度:无论是传统行业还是新兴行业,都把科学管理、技术创新作为提升本行业生产水平、拓展市场的优先选项。如果说在早期的工业革命中,知识只是作为一种生产要素与物质生产发生联系,那么,在当代,知识生产则与物质生产并驾齐驱,成为经济意义上的独立社会生产部类。这意味着知识生产也被纳入社会分配、交换和消费领域中,与社会其他各部门进行广泛的产品交换。知识生产成为社会生产部类为"普遍的交换"创设了前提条件,于是,始现于物质生产领域中的"物化逻辑"开始向知识生产领域渗透。

三 物化逻辑向大学教师评价制度的渗透

"任何类型的大学都是遗传与环境的产物。"[②] 历史上,大学的职能都是顺应时代与社会的感召而改变的。在这个历史演进过程中,不仅大学功能发生了相应的变化,同时大学教师的劳动成果——知识的

[①] [美] 曼纽尔·卡斯特:《网络社会的崛起》,夏铸九等译,社会科学文献出版社 2001 年版,第 37 页。
[②] [英] 埃里克·阿什比:《科技发达时代的大学教育》,滕大春、滕大生译,人民教育出版社 1983 年版,第 7 页。

❖ 第二部分　理论与逻辑 ❖

属性也发生了翻天覆地的变化。大学职能和大学教师劳动成果属性的改变，为"物化"逻辑的渗透创造了前提条件。

起初，大学只是保留和传承知识的场所，它的主要职能是培养人才。它几乎处于封闭状态，很少与社会发生联系，正因为如此，后人才给予它"象牙之塔"的美誉，借此隐喻学者们脱离现实生活，专心致志地从事高深学问传播的理想状态。在大学诞生后的几个世纪里，大学一直致力于对神、法、医经典著作和文献的注释与讲解，而神学则在其中居于核心位置。因此，在这段时期，大学是教会的附庸，专事于宗教需要，而科学知识则长期被排除在大学的樊篱之外，与大学绝缘。

19世纪初，科学从自然哲学的母体中脱胎而出，在德国大学崭露头角。大学才逐步成为科学研究的中心，其职能也由原来的人才培养拓展成"教学与科研并举"。在德国大学中，"科研"不仅意味着对自然世界的经验性探索，同时意指人文修养的养成和绝对知识的获致。大学的主要职能在于"由科学而达至修养"。在此理解下，"大学不再以博览群经和熟读百家为能事，却要求学生掌握科学原理，提高思考能力和从事创见性的科学研究"[1]。质言之，德国古典大学观主张对"纯学术"的探索，希望通过科学研究过程，激发学生的求知热情和科学态度，从而达至人文教化的目的。尽管将科学研究并入大学职能的壮举在德国大学史上留下了浓墨重彩的一笔，但由于德国大学对"纯学术研究"的执着，以至于当时一些以应用为主，并能满足产业需求的技术知识未能在德国大学内生根发芽。

20世纪初，德国"教学与研究结合"的大学理念被移植到美国。美国大学不拘一格，将德国大学科学研究的内涵从"纯学术"研究拓宽至应用研究，应用研究进入大学的序幕由此拉开：诸如工程技术、经济管理等满足社会实际需求的学科涌入大学，成为特别受欢迎

---

[1]　［德］弗利德里希·鲍尔生：《德国教育史》，藤大春、藤大生译，人民教育出版社1986年版，第125页。

❖ 第十一章 大学教师评价制度的物化逻辑 ❖

的新兴学科。1904年，随着"威斯康星思想"的提出，大学长久以来的封闭状态被打破，从而加入社会服务的行列中，承担起为社会做贡献的职责。大学在科研与教学的基础上，通过人才培养与创新知识的路径，主动促进社会生产发展，服务于社会需求，至此，"社会服务"继人才培养、科学研究后成为大学的第三大职能。"社会服务"成为大学的职能，一方面预示着大学与社会的互动越发频繁，另一方面也标志着大学正渐渐成为一个开放系统。

20世纪80年代，世界经济形态巨变，物质资本逐渐被人力资本取代，传统的工业经济日趋转向知识经济。在此背景下，世界各国都将促进知识发展，培养优质人力资本作为提升自身竞争力的首要任务，知识的经济价值受到前所未有的重视。大学作为知识生产的主要部门，也积极地投身于创造具备经济生产效率的知识活动中，主动地与产业界发生联系，从而掀起了一股大学与产业界合作的浪潮。大学与产业界的联姻，不仅使人们对知识的认识从传统的内在使用价值转向交换价值，同时，它也使大学组织和大学教师在社会中的角色发生了相应的变化。首先，大学已经成为社会经济生产的单位，它不再满足于将技术转化到商业部门，而是"被驱动着去培育产生区域财富的条件"[1]。其次，大学教师涉足商业的行为不再是偶尔为之，而是发展成一种惯例：越来越多的大学教师卷入到市场活动中，致力于技术转让，承接企业产品研发项目，担任企业咨询顾问等。这一切表明，随着大学与外界的物质与能量交换日现频繁，大学组织已实现了完全开放。与此同时，"活动与产品的普遍交换"也成为大学教师的生存条件。他们需依附于大学组织，从事知识生产活动，以换取生活资料。在知识生产成为社会生产部类的大前提下，大学教师作为社会知识生产的主体，也难以回避自身的劳动纳入整个社会交换系统的事实。由此，物化逻辑也开始向调节大学教师劳动产品交换与分配的评价制度延伸。

---

[1] ［美］罗杰·盖格：《大学与市场的悖论》，郭建如、马林霞等译，北京大学出版社2013年版，第184页。

❖ 第二部分　理论与逻辑 ❖

第二节　大学教师评价制度物化逻辑的表征

随着大学教师的劳动产品进入流通领域，调节大学教师劳动产品交换和分配价值的评价制度，在制度逻辑上也呈现出"物化"的特点。

一　在价值取向上，大学教师适合于竞争的外显性价值被过分强调

在市场经济环境下，"整个社会被嵌入到一个以人与人之间的激烈竞争为最显著特征的市场之内"，于是"大规模制造和标准化的竞争"① 便成为衡量个体能力的手段。纵观中国现行的大学教师制度，以绩效为导向的考评指标已渗透到大学教师学术评价内容的各个方面，大行其道的量化评价便是最好的证明。所谓量化评价，即是通过数量化的处理方式将教师的科研、教学、社会服务等职责履行情况折算成一定的数量单位，用以衡量教师学术产出的价值。由于量化评价从形式上保证了评价的客观性、公平性和透明度，因此，它始终作为衡量教师劳动产出价值的重要依据，并贯穿于大学教师的年度考评、职称晋升、学术奖励等环节之中。② 事实上，在大学教师评价体系中凸显教师具有"显示度"的工作成果，并非中国独有，世界一流大学林立的美国研究型大学，其学术圈子内至今流行着"不发表则灭亡（Publish-or-Perish）"的潜规则。"不发表则灭亡"是一种建立在大学教师绩效认可基础上的价值观，它强调"可视化"才能作为评定大学教师专业成就的标准。这种以绩效为导向的价值观直接导致了

---

① 汪丁丁：《教育的问题》，《读书》2007年第11期。
② 陈洪捷、沈文钦：《学术评价：超越量化模式》，《光明日报》2012年12月18日第15版。

❖ 第十一章 大学教师评价制度的物化逻辑 ❖

研究型大学内"教学与科研"多年失衡的困局①。究其原因，无非是因为大学教师的科研成果较之教学成果更具外显性与流通性。作为"学术界的硬通货"，发表、出版、专利等科研成果可在思想市场内自由兑换；而作为"艺术"的教学由于较难度量其价值，往往采用"学生打分"的方式间接衡量其价值，从而力求在评价结果上趋近客观。然而，无论是"不发表即灭亡"还是"学生评教结果的末位淘汰"，都是试图通过建立标准化的竞争秩序，将教师的精神生产"客观化"的办法，都是"人的能力转化为物的能力"的真实写照。

二 在实践方式上，大学教师的精神劳动被过分"货币化"

皮埃尔·布迪厄（Pierre Bourdieu）说，"教育系统赋予所有持相同学衔者以相同价值，使他们因此可以互相取代，从而最大限度地减少了文化资本的个人身体化（但并不因此消除与人格不可替代这种天赋至上观念联系在一起的利润）为该资本的流通造成的障碍；它能把所有的学衔持有者（反过来也把所有的无学衔者）与一个标准联系起来，从而建立起一个容纳一切文化能力的统一市场，并确保用一定的时间和劳动换来的文化资本转换成货币"②。大学教师评价制度在实践方式上即是建立"一个标准"，通过一定的形式将教师的能力和价值转化成具有交换价值的"货币"（各种学术成果的数量与等级），从而实现兑换与流通。而在评价制度实际的运行中，这些"具有交换价值的货币"又通过一定的分配机制和奖励机制，转换为物质性回报和象征性回报，并最终构成学术场域内的阶层结构。一般来说，物质性回报主要包括大学教师的收入分配、学术奖励以及福利待遇；象征性回报主要是学衔、资历、荣誉称号授予等。象征性回报与物质性回报密切关联，它在很大程度上决定着物质性回报的高低：围绕教师的教学、科研等学术职责所建立的奖励标准，以及与教师学衔

---

① 阎光才：《要么发表要么出局，研究型大学内部的潜规则?》，《比较教育研究》2009年第2期。
② [法]皮埃尔·布迪厄：《实践感》，蒋梓骅译，译林出版社2009年版，第189页。

❖ 第二部分 理论与逻辑 ❖

——对应的教师工资水平都能证明这一点。学衔、资历和身份等符号象征作为学术圈子内的"信用证明","与货币一样,具有一种约定的、形式的、得到法律保证的,故而是摆脱了地区限制和时间变化的价值"①。正是通过诸如学衔、资历、身份这些符号象征,思想市场和产品市场得以联通,使得"权力和依附关系不再直接建立在人与人之间,而是客观地建立在制度之间,也就是说建立在得到社会保证的头衔和有社会规定的职位之间,并通过这些头衔和职位,建立在生产并保证头衔、职位之社会价值的社会机制和这些社会特征在生物学个人中的分配之间"②。由此,大学教师在劳动中所结成的生产关系与交换关系不再是直接的"人与人"间的关系,取而代之的是一种间接的建立在身份、资历、等级等职能体系上的关系,于是,人的社会关系转化成为"物"的社会关系。

第三节 大学教师评价制度物化逻辑的合理性

在马克思的历史唯物主义体系中,人类的社会历史即是人类实践的历史,它随着人类实践活动的发展而发展,所以,历史中存在的事物相对于它所产生的条件而言,都有其存在的依据。对已经存在的事物,评判其是否合理的标准取决于对历史必然性与现实性的把握。③因此,我们在谈论大学教师评价制度物化逻辑的合理性时,应立足于唯物史观,将大学教师评价制度架构的物化现象悬置于历史的长河中加以考察,了解它作为历史必然性与现实性之意义,而不只是一味地对其进行指责与否定。

一 大学教师评价制度物化逻辑的历史必然性

历史的必然性代表着历史进步的客观要求,它意味着在一定的历

---

① [法]皮埃尔·布迪厄:《实践感》,蒋梓骅译,译林出版社2009年版,第189页。
② 同上书,第190页。
③ 林剑:《论社会历史与演进的必然性与合理性》,《哲学研究》2013年第6期。

❖ 第十一章　大学教师评价制度的物化逻辑 ❖

史条件下，人类的实践能力同一定的社会生产力水平相适应，而人类的实践能力是随着时间的推移不断提升与进步的。在某一历史时期的人类实践活动中生成的事物，会在时间的检验中渐渐失去它存在的理由，从而被新的事物所取代。就此而言，历史的必然性也意蕴人类社会的发展形态从低级到高级，从"落后"到"进步"的自然过渡。因此，我们在谈论大学教师评价制度的物化逻辑时，不应回避它作为历史的进步性，不应回避它在形式上逐步趋于规范化、程序化与理性化的不争的事实。

不置可否，较之早期依靠人情关系、请客送礼等易受人情左右的评价、判断被评者的成就的方式而言，现在的大学教师评价制度越来越倾向建立一种"切事性"的评价体系。所谓"切事性"，一是指依据计算原则，"对事不对人"地来处理事务；二是指在事务处理中尽可能地排除个人因素与感情因素的牵绊。① 早期大学是建立在"关系"基础之上的学者行会，因此，对教师的任命多是基于"人情""人与人之间关系"的考虑。这一时期，学者能获致任职或晋升常常是因其家属或亲戚的缘故，个人的能力、才干和努力则是次要因素。② 尽管当时存在大学审议会这样专门评价大学教师的机构，但是大学评议会很少会秉承学术至上的原则来选拔人才，取而代之地是教授职位的世代相传，任人唯亲的事例随处可见。如此：在丹麦的哥本哈根大学、德国的吉森大学、瑞士的巴塞尔大学等多数欧洲大学内存在严重的近亲繁殖现象。③ 就这一点而言，大学教师评价活动逐步从"任人唯亲"迈向"任人唯贤"无疑是一种进步，它摆脱了昔日依靠家族和血缘的评价标准，从而避免落入评价方式随意性、人情性的窠臼。

---

① ［德］马克斯·韦伯：《支配社会学》，康乐、简惠美译，广西师范大学出版社2010年版，第46页。
② ［美］威廉·克拉克：《象牙塔的变迁：学术卡里斯玛与研究型大学的起源》，徐震宇译，商务印书馆2013年版，第48—50页。
③ ［瑞士］瓦尔特·吕埃格：《欧洲大学史（第二卷）》，张斌贤等译，河北大学出版社2008年版，第242—243页。

❖ 第二部分 理论与逻辑 ❖

二 大学教师评价制度物化逻辑的现实合理性

其一，知识已成为一种商品。罗纳德·科斯（Ronald H. Coase）曾言："与资本市场和劳动力市场一样，思想市场也是一个生产要素市场。"[①] 不可否认，随着知识成为一种生产力，它在社会化大生产中也扮演着越来越重要的角色。大学作为知识的中心，早已摆脱了象牙塔"独善其身"的旨归，肩负起"兼济天下"的职责，与社会经济发展产生联系。与此同时，大学教师知识生产的兴趣点也由"闲逸的好奇"转向对利润的追逐。"追求利润就是追求创造。……利润是创造价值的象征和回报，可以把它看作是别人愿意用财富来交换的这些创造"[②]，正是因为大学教师的劳动成果能够创造实际价值，满足各方需求，它才具备交换的条件。而当大学教师创造的知识作为产品进入流通领域时，它势必难以回绝外界资本的召唤和利益相关者的"问责"。诚如克拉克·克尔在《多元巨型大学》中描述的那般，现代大学已不是单一的社群，而是多个权力中心共同制衡的机构。[③] 在此背景下，大学教师的知识生产需要多方利益相关者的协调与参与。为保证知识生产的效率，对市场内各利益相关者负责，于是一套可量化、易操作的调节大学教师知识生产的办法也应时而生。知识成为商品这一关键要素，乃是大学教师评价制度物化逻辑产生的必要条件，它不仅为教师的知识生产提供了竞争动力，同时也为知识的增长创设了条件。

其二，学术作为一种职业出现。19 世纪初科学进入大学，往日由"恩主"、学会和教会组织提供的科研经费，转为由大学统一筹措和管理。科学研究不再是学者们的"益智游戏"，而是成为大学的重

[①] ［英］罗纳德·科斯、王宁：《变革中国：市场经济的中国之路》，徐尧、李哲民译，中信出版社 2013 年版，第 254 页。
[②] ［美］理查德·鲁克：《高等教育公司——营利性大学的崛起》，于培文译，北京大学出版社 2006 年版，第 84 页。
[③] ［美］克拉克·克尔：《大学的功用》，陈学飞等译，江西教育出版社 1993 年版，第 96 页。

❖ 第十一章　大学教师评价制度的物化逻辑 ❖

要功用，并朝向规模化、组织化和专业化的方向发展；大学也渐渐褪去行会色彩，由传统的"学者王国"向"知识工厂"蜕变。研究活动的规模化不仅意味着大学教师对科研资源的依赖性更强，同时也意味着他们与被剥夺生产资料的工人阶级毫无异样[1]，他们不再是知识的垄断者，享受着知识所带来的特权与荣耀，取而代之的是生产知识产品成为他们生活之必需。恰如罗伯特·默顿（Robert K. Merton）所言，"科学家同他们的技术设备相分离，归根到底，回旋加速器并不归物理学家所有——一种新型的科学工作者也就应运而生了。他要搞研究工作就必须受雇于一个拥有实验室设备的科层组织"[2]。易言之，大学教师要生活就要从事知识生产活动，就要有进行生产活动所必需的生产资料（包括工具和设备），也就必须依附于一定的科层组织，现代大学即是拥有各类知识生产资源的科层组织。学者受雇于科层组织，这是在学术成为职业之前不曾有过的境遇。学术职业化意味着"普遍的社会交换"成为大学教师生存的条件。正是因为学术作为一种自给自足的职业已成为事实，"物化"的产生才有其现实意义。

第四节　大学教师评价制度物化逻辑的不合理性

"物化"作为一定历史阶段下的产物，虽有作为历史必然性与现实合理性的进步意义，但同时也存在严重的不合理性。无论是从理性的角度还是从实践的角度，大学教师评价制度物化逻辑的不合理性可以如下三点为据。

一　遮蔽大学教师的主体性，使其成为知识生产的工具

作为一种凸显规范性、秩序性的制度架构，大学教师评价制度的

---

[1] ［德］马克斯·韦伯：《韦伯论大学》，孙传钊译，江苏人民出版社2006年版，第151—152页。
[2] ［美］罗伯特·默顿：《社会理论和社会结构》，唐少杰、齐心等译，译林出版社2006年版，第348页。

❖ 第二部分　理论与逻辑 ❖

物化逻辑使得大学教师的适合于竞争的外显性功能被过度强调，而教师个人的内在禀赋与特性被诉诸脑后。目前的状况是，这种物化的制度逻辑已渗透于大学教师评价内容的方方面面：教学、科研和社会服务，各种刚性的绩效指标逐步成为一种"内化了的外部要求"融入大学教师的日常工作和生活中，左右着教师的行为和决策。当评价标准仅聚焦于大学教师生产学术产品的能力时，大学教师为了生存发展，势必会按各项评价指标对自己塑形：会更加热衷于能增进个人业绩增长的知识生产活动，忽视那些显示度低或者未能带来个人效益的学术工作。事实证明，"绩效至上"的评价导向正在重新形塑教师的工作习性，并改变着他们的学术偏好（教学与科研的失衡便是最好的佐证）。不仅如此，教师的治学态度和学术士气也在潜移默化中改变。英国学者马尔科姆·泰特（Malcolm Tight）就指出，自英国政府对大学实施科研评估（Research Assessment Exercise，简称 RAE）以来，科研成果的可算度越发受到关注。大学为了获取科研经费，不断加大科研管理的力度，通过调整评价政策来应对科研评估所带来的挑战。在此机制的调解下，教师越来越倾向科学研究，而科研成就突出的"学术明星"更是"高价值的稀缺商品"，成为各大学府的追捧对象。这场科研经费争夺的"拉锯战"，使得评价的杠杆更加倾向于科研，从而重挫了富有教学热情的年轻学者们的士气。[①] 中国学者的研究也表明，大学教师评价制度中过强的绩效导向，是导致大学教师治学心态浮躁、学术越轨行为滋生的重要原因。于是，"板凳要坐十年冷，文章不写半句空"的学术精神已日趋式微，"短、平、快"的项目日渐成为教师们的追捧的"香饽饽"。大学教师在这种不断地被塑形和自我塑形的过程中，逐步沦为生产知识的工具，从而导致了其主体性的相对弱化。

二　违背知识生产的规律性，与学术创新理念背道而驰

大学教师所从事的生产活动是一种知识生产，而知识生产本身具

---

① ［英］马尔科姆·泰特：《英国科研评估及其对高等教育的影响》，《北京大学教育评论》2012 年第 3 期。

❖ 第十一章 大学教师评价制度的物化逻辑 ❖

有探究性与不确定性的规律。大学教师评价制度的物化逻辑强调知识生产过程的可控性与可算性，而这一点正好与知识生产的特点相左。因此，采用物质生产中规范化、绩效化和理性化的生产要求约束知识生产，势必不符合知识生产的规律，进而阻碍学术发展。中国大学教师评价中广泛使用的"工分制"就是不尊重知识生产规律的典型表现。"工分制"与物质生产领域中常见的"计件制"异曲同工，它将教师的学术成绩与可获得的物质奖励和工资水平紧密联系，以此建立了一个以论文发表、科研项目的等级和数量指标为基础的收入体系。在此强制性评价杠杆的作用下，大学教师不用深入研究，不用创新思考，专注伏案写作，成为"发文机器"，从而催生学术泡沫，阻滞学术创新。据报道，中国学者在过去10年多时间里，论文发表总数已跃居全球第二；仅2013年，中国学者"生产"论文的数量已经达到34万篇。① 与此相映成趣的是，国家自然科学一等奖依然在过去的十多年里9次空缺。② 尽管近年来国家为了鼓励高校科研创新，加大了对一些研究型大学科研经费的投入，但是论文产出的质量不高、创新力不足依然是困扰中国大学学术进步的难题。"量化为主"的评价体系虽然能强制教师们发表文章，争取研究课题，但同时也将教师的研究兴趣与物质利益挂钩，且有物质利益超出研究兴趣之势，扼杀他们的创造力与想象力，增加大学教师学术上的短期行为，不利于知识的发现与创新。

三 强化知识生产的功利性，侵蚀大学教师的学术信念

知识生产的独特性在于它是一种精神交往活动，在知识的生产过程中，思想得以碰撞，创新得以交融，思想火花得以产生。因此，相对于物质生产，知识生产更注重精神层面的交流。然而，由于"物化"的渗透，大学教师在知识生产中所结成的社会关系，由原本的

---

① 《论文年产34万撑不起科研强国》（http://opinion.people.com.cn/GB/363551/370825/index.html）。

② 《国家自然科学奖一等奖13年9次空缺》（http://news.sciencenet.cn/htmlnews/2013/1/274136.shtm）。

❖ 第二部分 理论与逻辑 ❖

较为纯粹的精神交往（思想文化交往）关系，演变成声名和物质利益的交换关系。于是，大学教师开始利用各种谋略和手段，在制度规定范围内通过资本兑换，实现个人利益的最大化。本团队进行的"2014中国大学教师发展状况调查"实证研究显示，在"科研为重"的评价导向下，大部分教师选择将有限的精力放在科研项目和论文撰写上，对评价结果影响甚微的教学方面的投入相对较少。与此同时，"物化"的评价制度对于项目、经费的偏好，也改变着大学教师的传统形象：他们由"传道授业"的师者摇身变为"科研老板""学术包工头"，为申请各种项目而忙碌奔波。这些都表明，在刚性制度的规约下，大学教师会按照制度的价值指引，采用各种途径和方式，获得学术资源的竞争优势，从而导致知识生产功利化倾向。学术职业作为一项崇高的事业，无私利性一直是学术从业者所秉承的价值规范与操守。但是，在物化逻辑的作用下，原本"无私利性"的精神交往、学术交流活动也开始遭到利益的染指，逐步沦为谋取各种资源和回报的工具。不仅如此，大学教师"为了学术而学术"的理想与信念也在逐步消融：比例并不小的大学教师们仅专注于自己的研究领域，追逐名利，慢慢忘却了自己所肩负的真正科学发展和人才培养的责任与使命；知识也不再是这些人学术研究的动力源，而成为其利益交换的工具。长此以往，学术肌体势必会受到侵蚀，进而伤及学术根基，破坏学术生态，对学术发展造成不可估量的负面影响。

长期以来，在大学教师评价的有关研究中，批判现存评价制度的研究一直居于核心地位，人们已经习惯立足于"道德尺度优先"的价值立场，来谴责与批判大学教师评价制度所存在的诸多不足。这并非不可。但由于缺乏唯物史观角度的探究，这些单方面的批评未能揭示大学教师评价制度背后所蕴藏的物化逻辑以及该逻辑的历史必然性和现实合理性之进步意义。事实上，"以物为本"是通往"以人为本"的历史路径。如果没有"对事不对人"的法理社会的建立，实现"人的全面发展"的社会理想终究只能沦为空想。

随着大学的知识生产成为社会生产的组成部分，大学教师的劳动也囊括到广泛的社会交换、分配和消费体系中，以至于对大学教师劳

❖ 第十一章 大学教师评价制度的物化逻辑 ❖

动价值的评价也采取了"物化"的方式。面对"物化"逻辑进一步向知识生产领域的延伸，我们一方面应从历史维度对其做出公允的评价，另一方面，也必须清醒意识到知识生产自身的规律和特性，为"物化"划界。大学教师的知识生产活动，在本源上是其思维意识的自由创造，因此，在制度设计上应兼顾知识生产活动具有的自由性与精神性的特点，广泛嵌入"代表作水平""同行评议及认可的水平"等"多元化"的非量化评价方式，借此弱化大学教师评价制度中过强的"物化"导向，同时完善教育主管部门和院校层面的相关制度，为大学知识生产的发展和繁荣提供坚实的制度保障。

第十二章 大学教师评价目的的"四合一"

各所大学都要进行教师评价,使得评价与大学教师人人相关,但评价实践中出现了诸多问题。这些问题与教师评价目的不明确相关,且学界对教师评价目的的研究也不足。本章分三步探讨了理想上的、现实中的、从现实走向理想的大学教师评价要弄清楚的问题。提出了理想的大学教师评价应强调三个特殊性:特殊的职业、特殊的成就、特殊的任务;指出了现实的大学教师评价存在诸多错位,如行政评学术,重辅不重主;分析了从现实的向理想的大学教师评价靠近必须明确的两个理论基点:学术>科研,发展>发表;最后揭示出大学教师评价的目的是教师发展、学科发展、大学发展、学生发展的"四合一"。

大学教师是一个在整体上受过最高程度教育的高智商、宽知识面群体,从事着特殊的既教育别人又教育自己、既为基础性又具关键性的"学术职业"[1],该职业本质上的特殊性决定了其职业成就的特殊性。理想的大学教师评价的目的就应当反映这些特殊性。然而,大学教师评价的现实却与这些特殊性相去甚远。

已有的相关文献主要集中在大学教学评价和对现行大学教师评价过程的批评上。作者发现,几乎所有人都可以对"大学教师评价"

---

[1] 沈红:《论学术职业的独特性》,《北京大学教育评论》2011年第3期。

❖ 第十二章 大学教师评价目的的"四合一" ❖

一事提出批评,但分析起来,许多批评的内容都相同,批评的程度容易停留在问题的表象,如重研究轻教学,重数量轻质量,重考核轻发展等,① 缺少比较深层次的立足于"基本性"的问题,如对大学教师评价的理念、目的、价值和功能等问题的考察。同时,对大学教师评价研究的基金支持力度较低,许多相关成果出自大学教师个人的自发性研究,由项目支撑、有团队合作的相关研究成果很少。正因为此,笔者申请的"大学教师评价的效能研究"于2012年获批国家自然科学基金面上项目。这个跨学科研究团队的首要工作,就是要逐一辨析大学教师评价中的多个基本问题。本章仅集中讨论评价的目的。

第一节 理想的大学教师评价强调"三特殊"

一 特殊的职业:行政与学科二维组织结构中的学术人做学术事

学者是"做学问的人,学术上有一定造诣的人"。② 本章把学者当作学术人员的统称。在科学院系统与高等教育系统两相分立的中国体制下,科学院系统的学术人员被称为科学家,高等教育系统的学术人员被称为大学教师,科学家和大学教师都从事着这样一种以"学术为生、学术为业,学术的存在和发展使从业者得以生存和发展"为特征的学术性职业。③ 在20年的多国合作研究中④,特别是在对中国相关问题的研究中,我们把学术职业分作广义和狭义。狭义的学术职业指的是"将四年制本科院校作为其职业发展场所的学者和他们

---

① 李宝斌、许晓东:《高校教师评价中教学科研失衡的实证与反思》,《高等工程教育研究》2011年第3期。赵书山:《教师发展:从"交易型"管理走向"转化型"管理》,《高等教育研究》2003年第9期。
② 辞海编辑委员会:《辞海》(缩印本),上海辞书出版社1999年版,第1360页。
③ 沈红:《论学术职业的独特性》,《北京大学教育评论》2011年第3期。
④ Philip G. Altbach, *The International Academic Profession: Portraits of 14 Countries*, The Carnegie Foundation for the Advancement of Teaching, Jossey-Bass Inc. Publishers, 1996.

从事的学术工作"。① 这就把中国科研院所的科学家放在了狭义的学术职业范畴之外。四年制本科院校的教师成为狭义的学术职业从业者主体。他们是本书的研究对象。

在这个人人都处其中、以"雇用—付酬"为基本经济关系的普通社会中，大学教师在行政上从属于大学组织，这就有调入调出、薪酬福利、晋级提拔，因一起为共同的雇用机构工作而产生了"同事"之称谓。这就是"以学术为生"（因做学术工作，雇用机构提供其生活来源）。与此同时，学者们还处在一个以"非雇用—非物质"为表现形式的学术社会中，大学教师在学术上从属于"无形"的学科组织。它看上去松散，实际上学术纽带紧绷，学科"圈子"明显，圈内交往频繁；它根据科学的分化而平行分类，并据"需要"裂变为大的学科和小的分支，产生了"大同行"和"小同行"的称谓。这就是所谓的"以学术为业"（学科构成及发展为学者提供了学术发展平台）。上述的大学组织和学科组织分呈二维，从属于大学组织的行政关系和从属于学科组织的学术关系互为独立。行政关系呈纵向阶梯结构，有"人雇人，人管人"的说法，形成了行政的层级化；学术关系呈横向平行结构，有"学术可辩，同行可议"的期待，体现了学术自由、学术平等。

如何评价处在大学组织和学科组织交叉构成网格的结点上的大学教师呢？既要从行政的角度，又要从学术的角度来考查他们的表现与成就，但行政与学术两个角度之间往往存在冲突，这就加剧了大学教师评价工作的难度。

二　特殊的成就：绩效与问责结合但以问责是重

如前，大学教师处在学科与大学二维组织结构形成的结点上。他们的个人成绩和发展潜力，从对学科组织负责的维度可抽象在学术认知、学术态度、学术产出、学术品格、学术道德等方面；从对大学组织负责的维度可归纳在规则执行力、组织忠诚度、工作责任心、任务

---

① 沈红：《论学术职业的独特性》，《北京大学教育评论》2011年第3期。

◆ 第十二章 大学教师评价目的的"四合一" ◆

完成量等方面。在上述诸点中，只有"学术产出"和"任务完成量"中的部分内容可被用绩效来测量。

20多年里，从英文引进的两个词汇非常重要，它们甚至改变了国人对高等教育、对教育、对几乎其他所有事物进行评价的用语，一是绩效（performance），二是问责（accountability）。从辞典与文献查询、从向多位英美社会科学家的请教中，本章理解，"绩效"反映的是一种可以表现出来的、可以被测量的成绩，上述的"学术产出"和"任务完成量"中的部分内容可以被填写在《绩效测量表》中。"问责"表达的是一种对应该承担和/或已经承担的责任的执行状况的反思，是内在的，"问责"的结果是不可被数据测量的成就或过失，以上列举的学术认知和学术态度是否到位、学术品格和学术道德是否具备，对组织是否忠诚、是否执行组织规则、对所任工作是否负责等就在其中，可以被填写在《问责反馈表》中。我们认为，可用绩效与问责的结合但更重视问责来评判大学教师的个人成绩与发展潜力。

现代大学教师本身承担着发展科学和培养科学事业接班人的责任，权且称作学术责任；同时承担为所在大学做贡献的责任，权且看成是机构责任。大学教师的个人表现和发展潜力就体现在这双重责任的履行之中，教师个人的成绩正是科学成就的一部分。这就使科学本身的特性要"投射"到教师个人的特性之上，如科学需要深入探究，教师的产出就不能仅仅是"有感而发"；科学需要锲而不舍，教师就不能追求"短平快"；科学需要忠于事实，教师就不能造假虚夸；等等。总之，科学的本意是探索未知，将未知变为已知，又继续"推出了"新的未知，永无止境；教师呢，就要将未知的和已知的，矛盾的和和谐的，真科学的和伪科学的，统统地告知学生，告知社会，教师自身还要以"变未知为已知"为己任。当然，教师个人的成绩也是大学成就的一部分。有些院系甚至有些大学，正是因为某些"明星教授"的学术声望带来了或提高了其机构的声望。

三 特殊的任务：教学与研究职能的内涵

教学、研究、服务是伴随大学的衍化而逐步发展的大学的三大职

❖ 第二部分 理论与逻辑 ❖

能，由大学教师个体的集合来实现，但并不是说每所大学的每位教师都必须履行这三大任务。本章将"服务职能"分为"效益型"和"管理型"两种。当"服务"被诠释为科研成果转化为生产力从而产生经济效益、被诠释为政策咨询和社会批判从而产生社会效益时，它是"效益型"的。"效益型"的服务是教学和科研的衍生职能[①]，是行使教学职能与研究职能得到的后果。当"服务"被认定是参与大学和院系管理时，它是"管理型"的，在中国被认为是"学术权力"的回归，在美国是"大学共治"的传统和本然内容。这种"管理型"的服务是教学和科研的辅助职能，它使大学的教学与研究得以进行。无论是"衍生"还是"辅助"，服务职能都不与教学职能、科研职能同处一个层面。因此本章只强调"教学与研究"两项职能。

尽管教学与研究并非互为对方的衍生物，它们也不相互平行，两者有相交之处。在教学中，教师常常会兴致勃勃地谈及某些"研究中的问题"，对学生产生触动，对教师本人也产生触动，继而出现师生联手、共同研究的"火花"和成果；在研究中，教师常常会将未知的和已知的、成功的和失败的、苦恼的和喜悦的问题与感受适时地告知参与项目和没有参与项目的学生，这是在研究过程中传递知识，也是在履行教学职能。所以，教学和研究并不可以两相分离得如此清楚。进一步说，教师执行教学任务并不仅限于课堂。大学是学校，有大批学生在校园中"长大成人"，教师要对学生的成长负起全面责任，课堂教学、课后答疑、课外交往在其中，实验指导、实践带队、问题讨论也在其内。同时，教师执行研究任务也不仅限于获得项目、经费到位、出书发文，教师能够提出科学问题，善于且有能力思考问题，与师生们讨论问题是在研究，教师对公众、对学界的讲演、议事、争辩也是在研究。这种近乎"全面互通"意义上的教学与研究，是大学教师作为学术人承担的大学的任务。

然而，大学教师的集合，从整体上实践着大学的教学与研究职能，不应强求所有的大学教师个体都以相同比例的时间和精力执行相

---

① 沈红：《大学的独特性》，《科学时报》2011年9月14日第B3版。

❖ 第十二章 大学教师评价目的的"四合一" ❖

同比例的教学和研究,人各有志、人各有能,使得人各有异。政府与大学领导的职责是给其条件(时间、自由和经费),使其"志"(追求)和"能"(擅长)发挥到极致,结果将充分发挥教师个体的差异性潜能,实现个体成就最大。个体成就最大化之和形成了集体成就的最大化,最终实现教师个人发展和大学组织发展的"双赢"。

上述是理想的大学教师评价需要强调的三个特殊性,即职业特殊、成就特殊、任务特殊。对评价对象所具有的特殊性的认识应该成为大学教师评价工作的基础。然而,中国的大学教师评价现实却出了问题。

第二节 现实的大学教师评价出现"多错位"

一 行政评学术:机构排序指标"嵌入"个人评价指标

大学教师之所以从事的职业特殊,是因其天然的学科归属性。大学人都有这样的见闻:教师们常专注于"自己的事"而不太关注院系和学校的事,因为他们对"学术—学科"的忠诚度高于对其"行政—大学"的忠诚度;教师们在大学内会经常"逃会"但又常常自费参加学科专业会议,因为这样的会议可以给他们更贴近的学科归属感等。实例表明,大学教师首先把自己当作"学科的雇员"或称"学术的仆人",然后才是某一机构的雇员,在内心甚至在行动上以学术召唤为第一使命。对具有如此特殊性的这样一个职业群体,作为教师们"行政雇主"的大学,怎样要求其雇员听命于"雇主"的安排和调度呢?现行的中国大学教师评价在实践上起到了这样的"安排与调度"作用。

大学排名现已"甚嚣尘上",几乎所有的大学都想跻身于顶尖者之列。大学排名本身并不是学术研究的成果,尽管排名的背后潜藏着重要的理论问题,如什么是大学?什么是好大学?等等。在解决了这些理论问题基础上进行的大学评价,其结果产生的大学排名,才具有学术研究的含义。为排名而"做出的"排名,既不是研究,也不是发现,从来不被潜心真学问的学者们关注。但大学排名的结果往往产

❖ 第二部分　理论与逻辑 ❖

生行政推动，得到大学行政层的充分重视。有趣的是，受大学行政重视的学校排名得分都是由不关心大学排名的教师个人的成就堆砌而成的。当然，大学行政没有理由也没有权利要求其教师为学校排名的上移而工作，但大学行政可以很容易地把针对机构的大学排名指标"变相嵌入"针对个人的教师评价指标中，并声称，如果达致，可获"双赢"。这实际上是一种发生在"个人评价"与"机构排名"间的"错位"。

行政本身的特点强调速度和效率，雇主对雇员的评价以时间为参数，大学排名又是一年一度，这些既定的因素都使现行的大学教师评价追求短期效应。那些安心学问、静静地慢慢地"在科学的世界中享受奋斗的快乐"的大学教师，在现实的评价中"日子难过"；那些"瞄准评价指标中的条件"而作为、"接短活出快活"的大学教师，在如今的评价中"如鱼得水"。这是一种发生在"追求学术真谛"和"追求行政效率"间的"错位"。

行政评价学术并非一无是处，因为外行评价内行不一定总是坏事。但行政不可强力介入学术，行政要理解学术并在一定程度上与学术互通，尽管行政与学术的互通本身就是不合逻辑的。"学术型官员"和"官僚型教师"两支队伍的蓬勃壮大并不必然实现行政与学术的互通。然而，上述将大学排序指标"嵌入"教师评价指标的做法，使教师成为大学排序位次上升的工具。

二　重辅不重主：兼职与专职、研究与教学、数量与质量的对峙

1949年起中国的科学院系统与高等教育系统就分立发展，迄今为止，两个系统间仍有距离，并分属于国家科技部和教育部。从体制上看，中国大学教师其实是非全日制，即兼职科研人员，首要任务是完成一定时数的教学，制度内工资结构中并无来自研究方面的劳动付酬。但他们是全日制，即专职教师。与之相对的中国科研院所的科学家们是专职科研人员。直到近日，某些"985"大学人事体制改革议案才提出了三种新分类：教学人员、科研人员、教学与科研兼备人员。换句话说，从体制、强制性的工作时间、工资结构的角度，大学

第十二章 大学教师评价目的的"四合一"

教师可被称作专职教师兼职研究者。但现行的评价指标正好是加重了对兼职工作的测量，减轻了对专职工作的考察，也就是说，"评价的轻重"与"专兼职角色"相"错位"。

现实大学教师评价中对研究与教学、数量与质量的考察失衡，广泛来自如下理由：科研可带来大众可见的国家利益、学校排名和教师声望，适时的、显性的，但教学只能是小众可预见的国家后继人才养成，滞后的、隐性的；科研成就易于量化，教学成就难以测量；等等。

上述理由不能成立。科学成就本身的特点就是不在于其数量而在于其质量和水平。具有这种特点的科学成就是难以量化的。对科研生产力的量化判断已成为世界难题，以下疑问可以作为佐证。第一是在出版、发表成果的质量或水平的比较上。出版的专著、编著和译著，哪种水平更高、更值得肯定？发表的期刊文章、书中章节、报刊文章和会议文章，哪一种的水平更高？外文与中文发表的文章、经过同行专家评审的还是仅经编辑人员修改订正的文章，谁的水平更高？SCI、SSCI收录文章确定比没有被它们收录的文章的水平更高？答案是"没有答案"。第二是在科研项目水平的比较上。来源上是中央政府还是地方政府委托的项目、是公共基金还是非政府组织或企业基金支持的项目，谁更有水平？经费上是巨大项目、较大项目还是小项目更有水平？研究方法上是规范性研究还是实证性研究、是"闭门求索"（指检索）还是"下到田野"、是团队合作还是个体作战，哪种更有水平，更能出创新成果？答案也是"没有答案"。第三是在科研奖励的级别上。在中国这个"熟人关系社会"里，对研究工作质量与水平进行奖励的层级已不再是"高级必然优于低级"了，奖励层级并不必然决定科研水平。因此，最后的论证得出，科研成果并不容易量化，甚至不能被量化。另外，教学评价中唯一可见"量"的是对"时数与工作量"的考查。但是，教学时数只能证明教师"人在课堂"上，并不能反映教师的敬业程度、教学效果与水平，不能反映教学的"质"。那么，多年评价实践中，我们做的大量的对科研成就的量化评价和唯一的对教学成就的工作量评价，至少得到如下三点后果：一是把研究与教学推向了互相埋怨的"对立面"；二是抽去了科学本身不可量化的"灵魂"；三是虚化了大学教学所具有的深邃思想性和人才养成性。

如此看来，现实的大学教师评价真的出现了多对错位。那么，是不是要、如何使这种发生了"错位"的大学教师评价现实向其理想状态靠近呢？

第三节 "现实"靠近"理想"的"二要点"

大学教师评价本是一个实践问题，正如大学评价本是一个实践问题一样。但这样的实践问题的背后都有着非常重要的理论根基。只有弄清楚了这些"根基性"问题，才有可能设计出有针对性的评价大学的诸多指标以及随之而来的评价方法，最后的大学排序只不过是大学评价结果的一种系统呈现。与此相似，在对大学教师进行评价之前，我们要了解这个群体本身的特征和工作方式。本章业已揭示，大学教师从事的是学术职业，其职业特殊性主要集中在学术性上，这就带来了学术职业人，即大学教师，对学术发展的无止境的追求。那么，大学教师评价不就是直接评价其学术发展的成就吗？看似简单的回答又催生了新的追问：学术是什么？发展又是什么？实践中的大学教师评价是如何界定"学术"和"发展"的？这样的界定能否反映其本质？

一 学术的内涵：学术 > 科研

尽管全章用了多个"学术"二字，但学术是什么？本书不同于其他研究，不把"学"与"术"分开讨论。用《辞海》的定义，学术指的是较为专门、有系统的学问。[①] 现实中一般认可的"做学问"就是"做研究"。因此就有常说的学术研究指科学研究，学术发表指科研论文发表，学术成果叫科研产出，学术服务是科研成果的转化应

---

① 辞海编辑委员会：《辞海》（缩印本），上海辞书出版社1999年版，第1360页。

第十二章 大学教师评价目的的"四合一"

用。这就带来了"学术成果是科研成果"的当然认识,如此推演,"学术评价就是对科研的评价"。既然大学教师职业的特点是重在其学术性,大学教师评价的内容是其学术成就,那么大学教师评价指针大幅度地向科研偏斜可能就是"合情理"的了。因而,对"学术内涵"的辨析就成为判断大学教师评价指标合理性的一个理论基点。

通过对众多相关研究成果的分析,我们已经发现给"学术"本身直接下定义的困难,前辈经验是通过对"学术水平"的界定来定义学术本身的。卡内基教学促进基金会前主席欧内斯特·博耶在他1990年出版的《学术水平的反思》一著中提出,学术水平包括"发现(discovery)、整合(integration)、应用(application)、教学(teaching)"的水平。[①] 在其研究发现的启迪下,本文把"学术"本身的内涵"窄化"并注明自我感知:学术是"发现(即知识的创新)、教学(即知识的传授并在传授中探索新的知识)、应用(即知识的转化并在转化中得到新的发现)"的"三合一"。对英文"integration"的理解,它既有"整合"也有"集成"的意蕴,它既能进行本章上述界定的多项发现,或多项应用,或多项教学的"同类项整合",又能进行"发现、应用、教学"的"异类项整合"。如果整合得好,可以提炼出或者是从整合后的结构中发现新的东西,达到新的水平和新的高度。但"整合"本身,是不是"学术的内涵",还值得商榷(这只是本书作者对 Integration 的理解。但在该书的中译本里,该词被用来描述学科综合)。

以上分析说明,无论从哪个角度来看,我们都不能在"学术"和"科研"之间画上等号。学术的范畴要大于科研。只有明确了学术的内涵,对大学教师学术水平的评价才会有着明确指向性。本章揭示的学术不等于科研而大于科研的理论基点,为纠正大学教师评价指标体系中的"唯科研是重"提供了理由,因为现代大学教师职业是从事学术工作,而不仅仅是科研工作。

[①] Ernest L. Boyer, *Scholarship Reconsidered: Priorities of the Professoriate*, The Carnegie Foundation for the Advancement of Teaching, 1990, pp. 17–24.

❖ 第二部分 理论与逻辑 ❖

二 发展的真意：发展 > 发表

与上相似的误区也存在对"发展"的使用上。"发展"本身的内涵不用争议，代表着具"正能量"的进步，但不同场合的使用也具有指向上的差异。如，实现高等教育大众化是发展，指的是规模；建设世界一流大学是发展，指的是水平。大学教师发展有个专有名词，Faculty Development，简称 FD。美国出版的《教师发展指南》第二部分的标题就是"教师发展的关键是评价、多样性和技术"。[①] 尽管此书讲的是教师发展项目，但它至少帮助我们把教师发展与评价"第一顺位"地明显地联系了起来。本章认为，教师评价的初衷就是为了教师发展。

美国"高等教育职业与组织发展网络"给出如下定义，"大学教师发展含有三个方面，作为教师的发展，作为学者和专业人员的发展，作为人的发展"。[②] 把这种定义用在中文语境下，大学教师发展至少包括教学发展、研究发展和人本身的发展。但中国大学教师评价的现实是常常把教师的发表当作发展。发表多、发表快，评价就好，晋升就快，人就得到了发展。直接在发表与发展中间画上了等号。

无论是历史还是当代，大学都是高学历、高智商者聚集之所，大学教师的发展具有特殊性，与前文所讲的学术职业的特征、大学组织的特征、教师所处位置的特征都相关；其发展内容具有包容性，既要涵盖个人的发展，还要涉及其所在的行政组织和学科组织的发展，并要"反射"到其从事的科学事业的发展上，远不是"发表"二字可以概括的，"发表"只是大学教师发展中一块小小的"领地"。用我们教师自己的话来说，尽管教师本人所追求的发展具有多样性，但发展的共性也是明显的：其实我们本不在意职称高低、薪水多少、待遇多高，但特别在意，经过艰难奋斗得到的创新发现被同行所认可并可

[①] Kay J. Gillespie, Douglas L. Robertson and Associates, *A Guide to Faculty Development*, the 2nd Edition. San Francisco: Jossey-Bass, 2000, p. 134.

[②] Professional and Organizational Development Network in Higher Education, *What Is Faculty Development?* (http://www.podnetwork.org/development.htm).

推动科学进步；经过了解社会、分析真相得出来的发现被社会所接受并可促进社会前进；经过学术论战、实践考察提出的政策建议被政府所采纳并有助于国家发展。可见，大学教师发展具有高水平的标志。但"把发表当发展"的杠杆性评价，"矮化"了大学教师发展的标志，"歪曲"了大学教师的"本不在意"和"在意"。

第四节 教师、学科、大学、学生"四发展"

中国大学教师评价现实中出现的诸多问题，很大程度上是由于评价前没有认识到评价实践背后既有的理论基点，没有把握学术的内涵，将发展的定义狭隘化；也由于评价过程中没有将大学教师本身的特殊性、职业的特殊性、成就的特殊性渗透到评价指标体系和具体的评价方法以及评价结果的使用中。归纳起来，可被判断为大学教师评价的目的尚不清晰。

有关"大学教师评价目的"的研究很少[①]；已收集到的14个省（市）的"高校教师职称评审条件"中都没有关于教师评价目的的表述[②]。但从少有的相关研究和对评价实践的了解来看，有关"评价目的"的集中认识是，开展教师评价为的是大学发展，但在实际操作中有时甚至只是为了大学排序的上升；也有学校在指导思想上为的是教师个人的发展，但在实践中常常是为了教师晋升，"年度评价"就是一种"考"与"核"，极端时是为了考查教师"饭碗"的"可保性"。笔者在近期研究中也曾提及，评价教师是为了大学组织发展和教师个人发展。[③]

大学是由人组成的，大学教师是其中最重要的人，大学学生也是

---

① 李海燕：《大学教师科研评价目的研究》，博士学位论文，中南大学，2009年。杨子、曾洁：《从评价目的角度反思我国高校教师评价体系》，《华章》2011年第2期。杨军：《高等学校教师评价制度目的性研究》，《考试周刊》2007年第23期。

② 这14个省（市）是：安徽、重庆、福建、甘肃、广东、广西、河北、河南、湖北、湖南、江苏、江西、云南、浙江。

③ 沈红：《大学教师评价的效能研究》，国家自然科学基金申请书，2012年，第3页。

其中最重要的人。没有学生，大学无人可"育"；没有教师，大学职能无法落实。教师与学生之间的关系，应是大学中最重要的一对关系。学生差，教师发展不顺畅（富有学术挑战性的学生是教师发展的"正能量"，因为学生与教师不存在利益相关性，而同事之间存在着利益相关性）；教师差，学生发展缺方向。

大学又是由院系构成的，然而院系只不过是学科的有形组织载体而已，是一个平台，所以大学又是由学科构成的。学科是大学的内核，大学是学科的组织架构，学科强则大学强。

前文已分析得到，大学教师个体处在由纵向的有形的大学组织（含校—院—系）和横向的无形的学科组织（理、工、文、管，或其细化）所构成的网格的结点上。正是因为大学教师的存在，把高等教育域中的"人、学科、大学"连接起来。因为大学教师"以学术为生"，他们从属于大学组织；又因为大学教师"以学术为业"，还因为学术职业所具有的根本特性，他们更加从属于所在学科；还因为大学教师存在的本源和之所以被称作"教师"的原因，是他们有教育的对象——学生，令他们在职业生涯中"心有所属"。如此，在教师个人得以发展的同时，他们所在的学科在发展，他们所任职的大学也在发展，他们的教育对象——学生，更在发展。因此，对大学教师进行评价的目的是要实现教师个人、学科、大学、学生的"四发展"。当然，涵盖"教学发展、研究发展、人本身的发展"在内的教师个人的发展是第一位的。只有多数教师发展了，所在学科才能发展；只有多个学科获得发展，所在大学也才会得到真正的发展；在这种教师发展、学科发展、大学发展的环境中，学生方可得到发展。

大学教师发展是第一位的，这种发展自动带来学科的发展，自动带来大学的发展，但并不"自动"带来学生的发展，这就需要我们的评价能够起到合理的杠杆调适作用，把大学教师评价的目的设定为"教师个人发展、学科发展、大学发展、学生发展的'四合一'"。

第十三章　大学教学评价标准及其制定

中国实践中偏向于科研的大学教师评价制度，导致并加剧了教学与科研的偏离。若要保障教学的中心地位，就需要重视并科学地评价教学。但教学评价缺乏界定严格、清晰的质量标准和要求，是大学教学评价面临的最大困境。理想的大学教学评价标准，在价值取向上，应彰显教育价值并兼顾管理价值；在评价目标上，须以实现发展目的为归宿；在评价内容上，应是一种"能力+绩效"的双重评价；在评价主体上，应由不同利益相关者组成的多元评价，不同的评价主体具有不同的利益诉求，适用不同的评价标准。如此看来，大学教学评价标准是一个复杂的体系。本章建构了以三种不同评价主体为基础的大学教学评价标准，并从评价内容、评价途径、评价周期、评价权重、评价指标等方面对这个体系进行了诠释与构建。

第一节　大学教学评价标准的重要性

培养人才和产出研究成果都是大学的目标，教学和科研对大学而言不可偏废。然而，目前大学都不同程度地存在重科研轻教学的现象，科研功能的无限扩张事实上贬低了教学的地位。伯顿·克拉克把教学和科研之间的分化称为"教学的漂移"和"科研的漂移"。导致这种"漂移"的重要原因之一是当前大学教师评价制度的实行。随着

❖ 第二部分 理论与逻辑 ❖

大学排名的兴起以及绩效管理的盛行，显性的、易于测量的，能带来显著声誉和声望的科研成果受到重视，而相对主观的、难以测评的，不易带来显著声誉和效益的教学质量则被忽视了。大学普遍建立了一套更加趋向科研的评价制度，使大学内部资源分配和赏罚都倾向于科研。而实际上，教学是大学的永恒主题，人才培养是大学的第一要务。大学强调科研无可非议，但不能以牺牲教学质量为代价。这就需要建立一个合理的教学评价体系，这个体系要保障教学在大学的中心地位，要能科学地评价教师的教学质量，要能有效促进大学教学的发展。

然而，给教师的教学以科学的评价，却是非常之难。由于教师从事的学术职业的特殊性，教师劳动所具有的连续性、复杂性、创造性及自主性等特点，有人称教师评价是"世界性难题"。这一"难题"之所以难，就是因为教师工作的"质"的部分难以客观、合理的评价。其中关于教师教学的"质"的评价更是难上加难。然而"质量"的评价才是教学评价之核心、是教学评价意义之所在。以美国来说，从20世纪70年代以来，教师教学评价内容和方法始终是美国大学争议最多的核心议题，但是直到今天，问题依旧没有解决。大学教师的教学个性化现象普遍，教学形式多样，不同课程、不同学科之间难以进行比较等，导致大学教学评价缺乏刚性统一的标准。故而，大多数大学不得不采取最为简单的方法：在课程结束时听课学生给以问卷打分、同行评议、管理者评分。然而这种看似简单易行的方法，实际上却带来了更多的问题。如莱昂内尔·刘易斯（Lionel Lewis）在调查中发现，大多评价都带有主观性以及敷衍、应付色彩（当然，也许正是因为其"主观性"，所以人们才去应付），大多被评价的教师多被给予"很好"（excellent）的等级。既然评价结果大都表现为"不错"（nice）或"很好"，这种评价对于教师晋升和选拔的价值也就大打折扣了，甚至仅仅成为一种例行性的程序或走过场。[①] 这说明，教师教学评价缺乏界定严格、清晰的质量标准和要求，之所以有这样

[①] 阎光才：《"要么发表要么出局"，研究型大学内部的潜规则？》，《比较教育研究》2009年第2期。

❖ 第十三章 大学教学评价标准及其制定 ❖

的评价结果并非评价者的主要责任,如何利用合理的评价标准进行科学的评价才是问题的关键。

我们已知,评价从本质上说是一种价值判断活动。评价活动的一个显著特点,它总是表现为以一定的尺度或标准来衡度对象。这标准可能是潜在的、暗含的、不明确的,也可能是明确的,但它始终是评价赖以进行的逻辑前提。评价标准不仅是评价活动的逻辑前提,评价标准更是直接规定和影响着评价的性质和质量。冯平指出,评价标准是评价论研究的核心问题。评价结论的不同,最主要的原因,是评价标准的不同。[1]马俊峰认为,评价的科学化至少包括三层意思:其一,评价标准体系是合理的、有科学根据的,或者说它们赖以确立的知识前提是可靠的、科学的;其二,评价过程遵循一定的程序和规则,遵循科学的方法和逻辑,对价值客体、主体的认知认识、对评价情势的了解是可靠的,评价信息是全面的真实可信的;其三,评价中对各种价值的估约、评价是可靠的,计算是正确的,权重是合理的。[2]也就是说,评价标准的合理性被排在首位。大学教学评价也是如此。教学评价标准不仅是教师教学评价活动开展的前提,也是决定其科学性的首要条件。评价标准是教学评价体系最重要的组成部分,是评价内容的直接体现、是进行价值判断的依据。评价标准的合理性、科学性关系到评价是否客观和有效地进行、能否做出科学和准确的价值判断,直接影响着教学活动及其进展。评价标准是研究教师教学评价不可回避的核心问题。

评价标准是评价时衡量的准则。大学教学评价标准,抽象地说,是大学教学评价主体所把握的教师教学活动价值的主体需要,具体地说,是对教学工作评价时衡量其教学活动价值的准则。而我们经常用到"评价指标体系"的概念,与评价标准既有联系,又有区别。"指标是一种具体的、可测量的、行为化的评价准则,是根据可测量或具体化的要求而确定的评价内容"[3],"评价指标体系是由不同级别的评价指标按照评价对象本身逻辑结构形成的有机整体。它是衡量教育评

---

[1] 冯平:《评价论》,东方出版社1995年版,第40页。
[2] 马俊峰:《评价活动论》,中国人民大学出版社1994年版,第427页。
[3] 陈玉琨:《中国高等教育评价论》,广东高等教育出版社1993年版,第89页。

· 229 ·

❖ 第二部分　理论与逻辑 ❖

价对象发展水平或状态的量标系统"。① "评价指标体系是评价标准的具体化、行为化，具有可测量性，是整个评价方案的核心部分。"② "评价的准则通常有两种形式：其一为指标体系，其二为概括性问题。"③ 这些描述的共性是"指标体系"概念小于"标准"。教学评价指标体系是教学评价标准的一种具体表现形式。

第二节　大学教学评价标准制定的原则

一　合理的价值取向

评价标准的价值取向，实际上是在多个具有客观性的价值判断之间做出取舍。人们追求评价的客观效准，实际上所追求的是不依每个人的喜好而转移的，具有社会普遍意义的效准。世界上不存在全人类公认的、完全一致的评价标准。评价标准上的冲突，主要源于两种可能：一种是关于客体及其有关信息信念的冲突，二是价值观念的冲突。因为评价标准的冲突，人们才会有对评价标准一致性的追求，即对具有社会普遍意义的客观效准的追求。在一定的历史时期，在局部的社会生活中，可以找到大多数人认同的相对一致的评价标准，而具有相对一致的价值取向是前提条件。价值取向指的是一定主体基于自己的价值观在面对或处理各种矛盾、冲突、关系时所持的基本价值立场、价值态度及所表现出来的基本价值倾向。④ 对于涉及人们具体行为的实践层面的价值取向，既包含着人们观念形态的价值，更重要的是包含着与价值主体人或人的社会利益需求有着密切关联的所要追求的价值目标的价值取向。⑤ 价值取向制约、引导着人们的价值判断。

大学教学评价标准需要有相对一致的、合理的价值取向，如此产

---

① 蒋笃运、张豪锋等编著：《教育信息化若干重大问题研究》，科学出版社2008年版，第154页。
② 同上书，第18页。
③ 陈玉琨：《教育评价学》，人民教育出版社1999年版，第34—46页。
④ 徐贵权：《论价值取向》，《南京师大学报》（社会科学版）1998年第4期。
⑤ 张宝印：《价值界定、价值取向和价值碰撞》，第四届中日价值哲学学术研讨会论文，西安，2004年6月，第457—463页。

❖ 第十三章 大学教学评价标准及其制定 ❖

生的评价标准才具有更广泛的认同性和更广阔的运用空间。教学评价的价值取向决定于评价主体对教学评价的价值观，这个价值观又与评价主体的利益趋向具有密切关联。教学评价的价值主体是多元的，因而在教学评价标准的制定过程中就会遇到不可避免的利益冲突与价值选择。合理的教学评价标准的价值取向应成为各类价值主体共同的规定性的价值选择，它应该是坚持合目的性与合规律性的统一。一方面，教学评价价值取向的合目的性，解决的是为什么样的主体追求价值；谋求什么样的价值；为了主体的生存和发展，应追求什么样的价值目标或价值理想等问题，主要表现为教师发展、学生发展、学科发展、大学发展及高等教育发展的"五发展"的统一。发展是所有教学评价价值主体共同的、最根本的目的。合规律性就是这种目的性得以实现的必要条件。它宏观上要求教师教学评价的价值取向的基本性质和方向符合社会发展规律，特别是历史进步潮流或趋势，微观上要求教学评价的价值取向在目标定位、现实化的设计与操作等方面，遵循高等教育发展的客观规律。追求"五发展"的目的及遵循高等教育规律体现了教学评价的教育价值。另一方面，教学评价在理论上可以定位为"一种具有价值意义的手段性行为"，在现实中，它更多地作为一种管理手段来使用，并服务于高等教育活动。从技术性方面看，作为一种评价手段，教学评价由各种技术指标构成，并以此对教学活动执行鉴定、评估、监控、协调等职能。教学评价作为高等教育管理的必要手段，为指导、调控、监督大学教师的教育教学活动起着重要的作用，具有重要的管理价值。因此，作为教学评价体系的一个组成部分，并具有前提性和关键性的教学评价标准，当然与教学评价具有相同的价值取向，即教育价值和管理价值。

马克斯·舍勒（Max Scheler）指出，价值的等级结构是价值存在的基本样式，它构成了价值领域内的一种先验的本质秩序。他说，"所有的价值本质都处于一种等级序列之中"。[1] 依据这个原理，教学

---

[1] ［德］马克斯·舍勒：《伦理学中的形式主义与实质价值伦理学》，转引自孙伟平《论价值原理及其意义》，《人文杂志》1997年第6期。

❖ 第二部分 理论与逻辑 ❖

评价标准的价值取向也具有等级秩序或层级结构。教育价值应该成为最基本的价值层级，成为教学评价标准的价值根源，占据核心和主要地位；而管理价值作为教育价值的派生价值，居于相对次要的辅助地位，但这并非意味着管理价值不重要。教学评价标准的价值取向应该是这两种价值在分层基础上的有机统一。

二 正确的评价目标

由于大学教学评价的双重价值，其目标也相应具有两个层次，即体现教育价值的发展目标与体现管理价值的管理目标，发展目标是教学评价的终极目标，发展目标的实现也需要长期的积累，因此可以称为远期目标。而管理目标更注重当下的短期效果，故可以称为即期目标。远期目标为前面提及的教师、学生、学科、大学及整个高等教育行业的"五发展"，属于较高层次的评价目标；即期的目标则是监督、筛选、反思、导向的"四结合"，属于较低层次的评价目标。监督是通过评价教师的教学、科研、社会服务等工作，检核教师的工作数量和质量，确保教师履行岗位职责；筛选是通过对教师各项工作的评价，筛选出不同工作绩效的教师，实现奖优罚劣；反思，是促使教师通过评价反思自己教学中的问题，从而进行研究与改善；导向是通过评价引导教师工作方向，使之与教师个人、学科、大学的发展相契合。之所以会有两个层次的评价目标出现，是因为立论基点不同，前者着眼于大学整体的、长期的发展需要，后者着眼于局部的、近期的管理职能实现的需要，这两者在本质上是一致的。但实践中常见到两个目标相错位，这是由于管理者的价值取向不同或因为管理"政绩"的需要，往往将管理目标凌驾于发展目标之上。合理的大学教学评价目标应当是两种目标的兼容，在这个体系中，发展目标是根本，管理目标是形式和手段，任何时候管理目标不应置于发展目标之上。教师教学评价标准的制定必须依据评价目标，以实现发展目的为归宿，注重发展性是评价标准的第一要务。

◆ 第十三章　大学教学评价标准及其制定 ◆

三　双重的评价内容

大学教学评价应当是一种"能力＋绩效"的双重评价。评价内容主要包括两个部分：一部分为教师教学工作绩效评价，主要目的是问责，体现教学评价的管理价值，考察的重点在教师的教学态度、教学任务完成情况、教学目标达成情况等有关教师日常工作的量化考评；另一部分是教师教学学术能力评价，主要目的是促进教师发展，体现教学评价的教育价值，透过显性的教学行为、教学结果发现并度量隐含于其中的教学学术能力。教学评价的核心应指向教师的教学学术能力。因为教学学术能力是教师能否胜任教师职业的根本标准，具有此种能力才有做好教学工作的可能性；教师的教学学术能力也是大学教学质量高低的决定性因素，是促进学生发展的直接因素之一。教学学术能力是不断发展变化的，通过教学学术能力可以全面衡量教师所达到的教学水平。

此外，对教学的评价应秉持"大教学观"。即教学评价内容应包括整个教学过程，而不仅指课堂教学。当然，课堂教学是教学评价的核心，因为课堂教学是教学活动的主体。但课堂教学外的与教学相关的活动都应当纳入评价内容的范畴。教学评价的具体内容应包括两部分：一是教学工作的评价。如教学目标与设计、教学内容与准备、教学方法与程序、教学效果与评价、教学指导与建设（指导学生科研项目、开发新的教学大纲、撰写课程参考书目清单等）、教学改革与实践（教学内容、教材体系、人才培养模式、学生学习行为等的思考和探索）、教学活动情况（参加教学研讨、培训、交流等活动）、课外与学生的互动（比如答疑、论文指导等）等。二是教学成果的评价。教学成果包括：未发表的和公开发表的学术成果。未发表的学术成果包括向同行发表关于新教学手段的演讲、公开的课件、试验新的教学方法、开发新的学生评价方法等；公开发表的学术成果则包括出版的本学科的教材和专著、发表的教研论文、学术会议交流文章或网络文章等。

❖ 第二部分 理论与逻辑 ❖

四 多元的评价主体

利益相关者理论的奠基人爱德华·弗里曼在《战略管理：利益相关者方法》一书中指出，利益相关者是"能影响组织行为、决策、活动或目标的人或团体，或是受组织行为、决策、政策、活动或目标影响的人或团体"。[①] 在高等教育学领域，德里克·博克认为大学是一个利益相关者组织。大学已不可避免地与周围的以及内部的组织或个人发生着千丝万缕的联系。按照利益相关者理论，能够影响大学教学评价或者被其影响的群体或个人有大学内部的教师、学生、行政管理者，大学外部的媒体、校友、其他竞争学校，甚至政府部门等。本研究只关注学生、教师、行政管理人员三种大学内部的利益相关者，这三种人群也是教学评价的核心利益相关者，他们对于教师教学评价有着不同的利益诉求，都应当体现在评价标准中。

教学评价不仅作为对教师的一种管理手段，也是大学内部质量保障体系的一个分支。对学生而言，是否接受到高质量的教学、是否有效获得知识与技能，是其最为核心的需求，也是其最大利益。同时，学生作为高等教育的"消费者"，也有权利对自己所接受的教学进行评价并要求改进。从这个意义上讲，教学评价关涉了学生的核心利益。对于教师而言，教学评价不仅直接关系其晋升、薪酬等切身利益，更关系其教学发展、职业发展等长远利益。对于行政管理人员而言，对教师的教学进行监控，保障教学质量，并对教师进行人事管理，是其职责之所在，也是其对大学外部利益相关者问责的一种回应。教师教学评价工作开展的成效，也关乎行政人员自身的工作绩效。因此，教师教学评价的运作形式应当是利益相关者的共同参与，教师、学生、教学行政管理者这三方是价值共同体，他们都应当成为教师教学评价的主体，教师教学评价的最终结果也应该结合三方的共同意见来评定。因此，学生评价、督导评价与教师同行评价都是教学

[①] [美]爱德华·弗里曼：《战略管理：利益相关者方法》，王彦华、梁豪译，上海译文出版社2006年版，第44页。

◆ 第十三章 大学教学评价标准及其制定 ◆

评价不可或缺的评价方式。

第四代教育评价理论也强调多元主体参与评价，主张"全面参与"的原则，反对前三代评价把评价对象及其他利益相关者排除在外的做法，使得评价主体不再仅是"评价的组织者和实施者"，而扩展为"参与评价活动的所有人"。第四代评价本质上是一种心理建构的过程，为此提出了"回应、协商、共识"的建构型方法论，主张在自然情境的状态下，评价的利益相关者共同通过不断的论辩、协商来建构一种共识，而不是像传统评价那样坚持控制型方法论，将评价对象放在"被告"的位置上，不断去伪存真，将认识集中控制在真理的探求上。

第三节 大学教学评价标准的整体内涵

评价标准应该是一种体系，现实生活中也总以体系的形态存在。对于任何一个评价客体，评价者都不会仅仅以一种尺度、从一个方面去评估它，而往往把它看作一个复合体。评价标准虽然都是主体需要的反映，但却往往是多种需要的反映。大学的教学，本身就是一个复杂系统，并非简单的利弊衡量，必须从多个方面、运用不同的指标去衡量与评判，且指标之间相互支持，互相呼应，彼此印证，充分地体现出评价标准的体系性。

教学评价标准体系不等于教学评价指标体系。评价标准体系更多指向制度层面，评价指标体系指向操作层面；评价标准体系包含评价指标体系，但还包括指标体系之外的制度性规定、理论阐释、操作说明等。比如，由哪些评价主体进行评价，不同评价主体采用不同评价方式所进行的评价，其评价结果如何综合处理，各自占多大比重等问题，需要在评价标准体系中予以明确。

根据前文的多元评价主体的分析，不同评价主体的利益诉求不同，价值判断不同，评价功能也不同。教师、学生、管理人员是教学评价的核心利益相关者，是最具合法性的教学评价者。同时，教学评价是一项复杂的评价活动，不同的评价者只能从自身角度出发，评价

❖ 第二部分　理论与逻辑 ❖

教学的一个侧面，而无法进行全面客观的评价。因此，教学评价也需要多元主体从多个侧面进行评价，综合多个侧面的评价才能对教学工作有一个全景式的展现与全面客观的评价结论。本研究于2014年对全国5186名大学教师的调查表明，作为被评价者的教师，在学生评价、督导评价、同行评价、自我评价、校友评价、社会中介机构评价这六种教学评价方式中，最为认同的前三种方式依次为：学生评价、同行评价、督导评价。

因此，本研究建构了以三种不同评价主体为基础的大学教学评价标准整体架构，涵盖了价值取向（前文已分析）、评价内容、评价途径、评价周期、评价权重、重要指标/观测点等要素。必须对这些要素做出明确的制度安排，评价标准才能真正成为一个完整的体系。

一　评价内容

如前所述，大学教师教学评价是一种"能力+绩效"的双重评价。不同的评价主体适合不同的评价内容。工作绩效评价由教学督导来进行最为合适；而教学学术能力评价是一种专业能力评价，由具有较高教学学术水平的教师同行来进行评价最为合适；教学的直接受众——学生来评价"学"以及教学中的"互动"最为合适。

对应着三种不同评价主体的不同的评价内容，其观测的重点也有所不同。学生评价重点关注学生的知识与能力的"增值"，这种"增值"是有效教学的体现，教师教学成效的直观反映，也是教师教学能力与水平的"明证"。学生评价的指标要能反映出这种增值。同行评价主要评价教师的教学学术能力，也应当是一种"增值"评价，这种增值可以通过"参照对比"来测量。即应以上一个评价周期的评价结果为参照，与本期评价指标实测值进行对比，本评价周期的评价值与上期大致相同，则说明教学学术能力没有发展或提升，评价值低于上期说明教学学术能力下降，高于上期说明教学学术能力提升。这种对比并非一定是数量上的，也可以是质量上的。教师还可以预设自身教学学术能力发展目标，制定一个3—5年的发展计划，与学校或院系实现"协商"评价，双方就教学学术能力发展目标和计划达成共识，到期评价预期目标的达成程度。这也是"增值"评价的一种形式。督导评价关注的重点应当是教师的显性的工作表现，如教师的工作态度、备课状况、教学纪律、课堂教学表现等教师教学行为。

二 评价途径

学生评价的途径一般是纸质问卷调查或网上问卷调查。近年来，随着校园网络技术的不断发展，网上评教已经成为学生评教的主要途径甚至是唯一的途径。网上评价虽然有成本小、参与率高等优势，但很难获得深层次的信息，应当辅以学生访谈、座谈等形式。在教师的一个聘期内，可以开展两次左右的学生座谈或访谈，得出较为深入的评价意见，并进行对比，以反映出该教师对该门课程教学的进步情况。本书并不赞成实行网上大规模、全范围的学生评教，其实并不能得到完全真实的信息，反而会带来若干负效应。同行评价的评价途径以评价课堂教学为主，以对其教学研究成果的评价为辅。教学研究成果包括其教研教改论文、教研教改项目报告等，这些都能综合反映教师的教学学术能力。督导评价也以课堂教学评价为主，辅以教学档案袋评价等途径，全面考察教师的教学工作表现。

三 评价周期

合适的评价周期，既能兼顾评价工作组织实施的便利，又能很好地实现评价目的。学生评教的周期，应当以课程学时为周期，在课程结束前2—3周进行评价。此时课程已进入尾声，师生间已相互较为了解，学生对教师的教学已有较为全面的看法，对该门课程的学习成效也有了基本的认识，此时展开调查能把握准确的信息。对同一位教师所教授的不同课程，可每学年抽取2门左右进行评价，而无须每门课程都评价。教学督导评价作为一种重在考核绩效的评价，应以学年为评价周期，以体现工作问责的频度。同样，督导评价也只需抽取教师的部分课程进行评价，应给予教师一定的教学自由，督导的频率不能太高，否则教师感觉时刻处于监控之下，会使教师产生"被监控、不自由"的心理感受。同行评价由于其组织实施的难度较大、成本较高，教学学术能力评价的周期相对于工作绩效评价要长，一般以2年左右为宜，因为教师教学学术能力的提升需要一个较长的时期。如果评价周期太短，教师不能有充足的发展时间，评价结果的意义也会大打折扣。此外，同行评价的时间成本、人力成本、经费成本都比较高，评价周期太短会造成资源浪费。若评价周期过长，则教师会失去及时听取同行的意见建议、对自己的教学进行及时审视与反思的机会，从而难以实现促进教师教学发展的评价目的。

四 评价权重

三种不同评价主体所进行的评价，在教师教学评价中应分别占有不同的权重。教学评价根据其用途，主要有年度考核、聘期考核与职称晋升三类。由于同行评价的周期较长，不适于纳入年度考核，因此年度考核应根据学生评教和督导评价的结果。根据上述调查显示，学生评价最受教师认可，因此其占有的权重应当相对较大；建议学生评教结果与督导评价结果的权重分别为60%与40%，根据权重计算后的结果可为年度考核结果。对于聘期考核与职称晋升中的教学评价，由于评价周期较长，同行评价完全可以进入其中，而且这两种考核更应当注重教师的教学学术能力。学生评教结果作为教师教学成效的重要反映，也应当予以充分的重视。教师的日常工作表现也应占有一席之地。聘期考核与职称晋升评价中，关于教学评价的部分，应当由学生评教、同行评价、督导评价三种评价按不同权重进行综合，建议三者的权重分别为：40%、40%、20%，改变目前聘期考核与职称晋升中只考察学生评教结果的现状。

五 评价指标体系

评价指标体系是由不同级别的评价指标按照评价对象本身的逻辑结构形成的有机整体，是评价标准体系的核心部分，大致由指标系统、权重系统和评价基准系统三个系统组成。没有任何一个评价指标体系能放之四海而皆准。本书只给出教学评价指标体系的设计理念及基本框架，具体的指标体系应当由各学校根据具体情况来制定。最适

❖ 第十三章 大学教学评价标准及其制定 ❖

合本校校情的指标体系一定是在充分调研的情况下，由学校自行研制的，可以借鉴的是理念、思路与框架。

（一）学生评教指标体系：以有效教学为核心理念

从20世纪60—70年代开始，"学生是消费者"的观念开始对大学产生了重要的影响，深深扎根于大学的教育教学关系中。教学包括"教"与"学"两个方面，而目前的学生评教指标仅关注"教"，将学生置于"消费者"的立场上对教师的教学进行评判，而并未将学生视为教学的共同建构者，未突出学生在教学活动中的主体性地位。必须转变现有的"学生是消费者"的观念，以有效教学作为学生评价指标设计的核心理念。有效教学是教学过程有效即合规律性的教学，是有效果的教学，是有效益的教学，是有效率的教学。[1] 有效教学关注教师有效教学行为、有效教学技能、有效教学风格、有效教学模式、有效教学艺术等。有效教学有以下几个共同特征：正确的教学目标、充分的教学准备、充满教学热情、促进学生学习、以融洽的师生关系为基础、高效利用时间、激励学生。教师的教学观念、教育知识、教学责任意识、教学效能感、教学能力、教学机制等方面都影响教师教学的有效性，进而影响学生学习的有效性。以有效教学作为学生评教指标设计的核心理念，既要关注教师的"教"，更要关注学生的"学"，考察"学"的指标要占据主要的比重，因为"学"的结果是"教"的有效性的直接体现。"教"的方面，主要考察教师的有效教学行为，即可被学生观测、感受到的显性、隐性教学行为与方法，之所以强调被学生"观测、感受"，原因是要与学生的经历及评价能力相匹配，不被学生感知，学生无法进行评价，即使勉强进行评价，其结果也不具有效性。不考察超出学生评价能力的教学理念、教学能力等，这些方面交由同行评价等更为适切的评价来进行。"学"的方面主要考察有效教学的成效：学生的学习投入、学习兴趣、学业成绩、能力提升等。学生对自己的学习是最为了解的，当然其评价也是最真实有效的。

---

[1] 姚利民：《有效教学研究》，博士学位论文，华东师范大学，2004年，第15页。

（二）同行评教指标体系：指向教学学术能力

同行评价具有专业性优势，最适宜评价教师的教学学术能力。因此，同行评价的指标体系设计要尽量突出这一优势，在指标内容上也尽量减少与学生评教指标的重复度，力求从不同的角度反映教师教学的实际状况与教师真实的教学能力。本书所指的同行评价，不等同于简单的同行互相听课，而是由优秀教师同行对教师进行课内课外全方位的整体评价。评价指标的语言表述可以较为专业化、学术化；指标内容可以适当抽象化（不局限于客观事实描述）；由于教学本身的复杂性，可以多增加定性指标由教师同行理性把握。同行评价的指标体系以教学学术能力的五个维度（知识维度、交流维度、反思维度、观念维度、素质维度）为评价内容。由于评价的对象是抽象的教学学术能力，因此需要将教学学术能力的五个维度转换为可测评的指标，可以是定性指标也可以是定量指标。

教学学术能力的知识维度，主要考察教学中教师对所授学科知识的整合、创新程度以及是否将创新知识运用到教学。教学学术能力的交流维度主要评价教师将教育理论和研究运用于教学实践的状况，主要包括课堂组织与教学互动。反思维度的教学学术能力评价主要考察教师是否全面和持续地开展学术性自省和思辨、创新建构有效促进师生协同发展的研究理论，并通过教师团队的互动评价，促进、升华和发表学术成果。观念维度的教学学术能力评价，一是评价者可以通过前面三个维度评价中的显性教学资料、教学行为、教学效果及教学学术研究成果等，透析蕴含于其中的教育教学观念，考察其是否与当前主流的教育教学观念吻合或有观念创新；二是评价者可以通过与教师的相关专题讨论考察其教育教学观念的积淀与更新状况。素质维度的教学学术能力最难评价，教师个人的人格魅力与学术魅力渗透于教学的各个角落，需要评价者去捕捉和感性领悟，适宜采用定性指标进行开放式评价；教师的角色情感可以从教师的授课情绪、与学生交流的态度等显性行为来进行评价。

（三）督导评教指标体系："督管"与"督教"结合

教学督导评价是管理价值与教育价值的结合，以管理价值为主，

第十三章 大学教学评价标准及其制定

因此,要凸显管理需要,考察教师的教学行为是否符合教学管理要求,通过自己的专业性督导活动为学校行政管理部门提供决策咨询和建议,此为"督管"。同时,教学督导也要对教学工作进行评价和指导,促进教师教学发展与教学质量提升,兼顾教育价值,此为"督教"。此外,教学督导还要"督学",督导与规范学生的学习行为。由于教学督导的多重功能,评价指标的设计必须满足这些功能需求。大学教学督导评价指标可以分为三部分。第一部分是教师的显性教学行为与该教师教学下的学生学习行为,这也是"督管"与"督学"的指标。比如教师仪表、教学准备、语言表达、教学态度、教学手段运用、教学过程管控等;学生的到课率、课堂纪律、讨论参与度等。第二部分是对教师教学能力的全面把握,获得深层次的教学信息,主要采用以下指标:教学理念是否先进;学科知识是否深厚;教学方法运用是否得当、是否创新;是否能有效营造活跃的课堂氛围;是否能引导学生的创新性思维等。第三部分是对教师教学的整体性评价,对教师教学的诊断与指导。一般不设置具体指标,要求进行开放性的陈述,为具体的教师个人教学提出有针对性的、个性化的教学指导与建议。

第十四章　从"以学生为中心"到"以同行为中心"的大学评教

近 20 余年里，西方部分学者提出了从"以学生为中心"向"以同行为中心"的教学评价转向，并证明了其推行的教学同行评价与科研同行评议一样是行之有效的。本章在对西方教学同行评价的逻辑起点、内容框架、优势劣势进行系统分析的基础上认为，教学同行评价可能会成为教学评价新趋势，对扭转当前中国高校教学科研失衡状况可能发挥出关键作用。但若要教学同行评价能够科学地运转起来，须突破传统的教学评价方法和技术，突出外部同行评价，加强教学全过程信息的采集与传递，强调统筹协调和差异化原则，并注重教学同行评价方法和技术的本土化改造。

第一节　反思教学评价存在的问题：学生评教问题多

近年来，提高高等教育质量，尤其是提升教育教学和人才培养质量成为高教发展的关键目标。但由于各种原因，教学工作相比于科研工作，在高校仍未获得应有重视。学术界大多将之归咎于现行教学科

❖ 第十四章 从"以学生为中心"到"以同行为中心"的大学评教 ❖

研评估制度造成的必然结果①,一方面认为教学工作存在的可评价性差、评估成本高、评估过程中师生互信度低等问题是导致重科研评价、轻教学评价的主因;另一方面,将重视教学程度不够的"罪责"推到科研评估过于强势、方法简单、易于量化、评估与激励方便匹配、便于与国际接轨等上面。即认为教学本身的可评估性差是导致教学科研失衡问题的关键原因。但是,教学评估存在的上述"方法和技术困境"真的无法改变吗?本章认为,开展科学、有效、持续的教学评价"非不能也,实不为尔"。一段时期以来,西方学术界认为教学评估的本质应该是管理者和教师抓住一切可能的机会以改善教学活动。② 学者们普遍认为应该显著改善大学教学,但又普遍感到担忧,在重视科研和其他专业活动的程度大于教学的大学文化中,通过评估到底能使教学改善多少。与续聘、终身职、晋升和薪酬相关的评估活动可能对改善教学的作用非常有限。美国等西方国家也曾面临因教学难以评价引发教学科研失衡的相关问题,但近20年来,部分国家开始逐步尝试借鉴科研同行评议的方法,引入教学同行评议(Peer Review of Teaching, PRT)理念,为科学评价教师教学工作提供了新思路。然而,西方这一重大改革动向迄今仍未被国内学界充分认知、讨论和应用。教学同行评议是否可以彻底扭转教学科研评价导向,成为教学科研再平衡的可能方向?本研究尝试在比较研究基础上做出回答。

在较长时期内,学生评教是评估教师教学质量的核心方法之一,但随着大量研究与讨论的深入,学术界对于将学生作为评教绝对主体的现状不断提出方法论质疑。其核心主张在于,将学生作为评教主体违背了教学工作具有极强专业性的实际。西方学界曾将大众化时期的师生比喻为"超市"与"顾客"的关系,但"高等教育超市"所"兜售"的是代表学科基础、研究前沿和人类智力结晶的特殊知识,

---

① 佘远富、王庆仁:《高校研究性教学评价体系的构建》,《高等工程教育研究》2011年第6期。

② A. E. Austin, "Supporting Junior Faculty Through a Teaching Fellows Program", *New Directions for Teaching and Learning*, No. 50, 1992.

❖ 第二部分 理论与逻辑 ❖

"顾客"由于自身知识基础、学习能力、信息对称性、学龄阶段性特征等原因,并不具备全面评价知识商品的能力。同时,教师教学考核和学生学业考核存在复杂的利益联系,这也违背了教学评价的独立性原则。20世纪末,欧美国家这一问题也曾非常突出,虽然期待学生评教能改善教学状况,但却很少有证据显示学生评教达到了这一目标。[1] 也有研究尖锐指出,过度依赖基于学生问卷调查评分的学生评教结果,是一种错误[2]。教师们对于传统教学评估过度倚重学生评教的问题抱有持续的质疑[3],认为只有在少数情况下(比如当学生写下对课程和对教师的认真评论、教师们相互提供教师教学描述或教师自己提供基于改进教学目的的教学自评报告等),学生评教才可能真正对改进教学有作用。[4]

这些国家在探寻新的教学评价方法过程中逐渐将重点聚焦到借鉴和学习科研同行评价上,开始引入教学同行评议的概念,并且教学同行评议被证明与科研同行评议一样行之有效。大量研究证据显示,只有使用恰当、全面性的教学评估才可能真正改善教学状况。[5] 学术界所认为的"恰当、全面性"的评估一般包含三个方面:第一,评估被专门设计用来提高教学表现和供个人选择,而不是简单用来考核教师教学业绩或决定是否有资格获得晋升;第二,评估参与者包括同事、学术管理者、教师发展专家、外部同行评议者、教师自己以及学生;

---

[1] K. P. Cross, "Using Assessment to Improve Instruction", *Classroom Research*, No. 9, 1986.

[2] Paul Ramsden, *Learning to Teach in Higher Education*, London: Routledge Falmer, 2000, p. 305.

[3] Peter Seldin, "How Colleges Evaluate Teaching, 1988 vs. 1983", *AAHE Bulletin*, Vol. 41, No. 7, March 1989.

[4] J. A. Centra, *Reflective Faculty Evaluation: Enhancing Teaching and Determining Faculty Effectiveness*, San Francisco: Jossey-Bass, 1993, p. 244.

[5] L. M. Aleamoni, *Standards for Evaluation of Instruction*, Note to the Faculty Tucson, AZ: University of Arizona, Office of Instructional Research and Development, No. 11, March 1981. Peter A. Cohen and Wilbert J. McKeachie, "The Role of Colleagues in the Evaluation of College Teaching", *Improving College and University Teaching*, Vol. 28, No. 4, 1980. Larry W. Keig and Michael D. Waggoner, "Peer Review of Teaching: Improving College Instruction Through Formative Assessment", *Journal on Excellence in College Teaching*, Vol. 6, January 1995.

第十四章 从"以学生为中心"到"以同行为中心"的大学评教

第三,教学表现信息来自课堂观察、分析教学录像带、评价教学材料、教师对学生学业表现进行评价的情况、与学生/同事个别访谈或集体访谈、评价学生在课程中的收获、学生对课程和教师评价等。[1]

按照上述标准,西方学界倾向于认为同行评议应在教师教学评价中得到更广泛使用。这是因为,第一,"教师在评价教学的多个方面占据比学生、管理者和其他学术社区成员更为有利的位置"。[2] 第二,教学同行评议具有深厚的历史基础和制度合法性,其并不被认为是教学评估上的创举,而是长期以来用以提高教师教学效果的一种古老但又流行的方法。[3] 第三,教学同行评议被认为具有普适性,不受学科等差异的影响,"不管在任何学科,这种教学同行评议模式都比其他传统模式更能改善教学效果"。[4] 第四,教学同行评议在实践中被认为和科研同行评议一样规范而重要,"已经被广泛应用到高等学校的教学之中"。[5]

上述教学同行评议的方法论转向同样有可能发生在中国。一方面,近年来中国学术界已开始对"以学生为中心"教学评价的深刻反思。一些研究认为,传统以学生问卷量表进行教学评价的方法方式

---

[1] A. Arreola Raoul, *Developing a Comprehensive Faculty Evaluation System*: *A Handbook for College Faculty and Administrators on Designing and Operating a Comprehensive Faculty Evaluation System*, Anker, 2000, p. 230. Larry W. Keig and Michael D. Waggoner, "Peer Review of Teaching: Improving College Instruction Through Formative Assessment", *Journal on Excellence in College Teaching*, Vol. 6, January 1995.

[2] Larry W. Keig, "Formative Peer Review of Teaching: Attitudes of Faculty at Liberal Arts Colleges Toward Colleague Assessment", *Journal of Personnel Evaluation in Education*, Vol. 14, No. 1, March 2000.

[3] Carol-Ann Courneya, Daniel D. Pratt and John Collins, "Through What Perspective Do We Judge the Teaching of Peers", *Teaching and Teacher Education*, Vol. 24, No. 1, January 2008. Nathaniel Lasry, Eric Mazur and Jessica Watkins, "Peer Instruction: From Harvard to the Two-year College", *American Journal of Physics*, Vol. 76, No. 11, November 2008.

[4] Marc Buelens, Mieke Van De Woestyne, Steven Mestdagh and Dave Bouckenooghe, "Methodological Issues in Negotiation Research: A State-of-the-Art-Review", *Group Decision and Negotiation*, Vol. 17, No. 4, July 2007.

[5] Carol-Ann Courneya, Daniel D. Pratt and John Collins, "Through What Perspective Do We Judge the Teaching of Peers", *Teaching and Teacher Education*, Vol. 24, No. 1, January 2008.

❖ 第二部分 理论与逻辑 ❖

单一,大学生积极性不高,"应付差事"的情况非常普遍①,也缺乏必要的学科差异,更不可能实现课程层面的差异性评价。最根本的是,一些研究发现,学生评教信效度很低②,学生不愿说真话、不会说真话、不敢说真话的问题突出,学生评教甚至被称为一种"伪量化"③的评价方法。另一方面,当前中国的教学评价"重形式轻内容"问题突出,也可理解为同行评价缺位的必然结果。由于学科分化越来越细,同一高校真正具备评价某学科某门课程能力的师资不多,且由于在相同单位就职,"人情因素"也易使本应发挥重要作用的同行评价形同虚设。导致高校教学工作评估无法深入教学内容本身,大多停留在教学材料是否完备、板书是否规范、课件是否精美、信息技术是否得到使用等表象上,而对教学内容是否符合学科规范、是否联系学科前沿甚至教学内容是否正确都无法做出应有评价,一些"教学基本功大赛"甚至变成了"教学表演大赛",这种"重形式轻内容"的教学评价问题非常普遍和突出。从此种意义上说,中国重构教学同行评议系统也具有迫切性。此外,近年来中国学界也发出了通过同行评议来评估教学的呼声,认为只有它才"最有资格对教师教学质量进行评价"。④

第二节 来自西方大学的改革经验:
同行参与评教中

一 教学同行评议的逻辑起点

西方学术界从未放弃通过教学评价促进教学改进的努力,在分析

---

① 宋洁:《多元化:高校教学评价的当代转向》,《中国成人教育》2015年第7期。吴建强:《完善大学教师教学质量评价的几点思考》,《中国成人教育》2015年第4期。周宏:《对课堂教学评价失衡的思考》,《教学与管理》2012年第5期。

② 林光彬、张苏、樊彬彬:《大学生评价教学质量的逻辑——来自调查研究的证据》,《教育研究》2012年第10期。付八军、冯晓玲:《大学生评教客观度的调查研究》,《大学教育科学》2011年第1期。

③ 童幸生、刘义:《地方高校教师教学评价多元化探索》,《教育探索》2011年第7期。

④ 陈建:《多元化评价在高校中的应用》,《中国成人教育》2013年第17期。

❖ 第十四章 从"以学生为中心"到"以同行为中心"的大学评教 ❖

了学生评教的诸多问题之后,一些学者开始认为,本学科同事才最可能提供高质量的教学同行评议设计。[1] 早在 1986 年就有学者提出,学术同事相比于学生、管理者而言,可以更好地在多个方面开展教学评价,"除非教师们愿意将评估交给学生(他们只有一点知识),交给管理者(他们多数情况下没有时间和学科背景),否则,他们肯定更愿意把教学评议的权力交给同行"。[2] 拉里·基格(Larry Keig)和迈克尔·瓦戈纳(Michael Waggoner)最早将这种来自同行的评价称为"协作同行评议"(Collaborative Peer Review),他们的定义是"教师们在一起工作,评价彼此教学,并协助彼此努力改善教学的过程……这一过程包含教师彼此学习如何更加有效地开展教学,学习新的教学技术和模式,获得关于他们课堂教学表现的有效回馈,以及收到来自同事和顾问们的教学训练"。[3] 其基本原理是,充分调动教师参与的积极性和志愿精神,"志愿精神能从本质上强化动机并克服困难"。[4] 此种背景下,早期学术界对教学同行评议与其他教学质量评估工具的对比研究认为,教学同行评议在严格意义上说并不是一种测量教学业绩质量的方法,而更多是为了提高教育质量、改变教学实践的改善性活动。因此,西方学术界关于教学同行评议的逻辑起点可以概括为:从"以学生为中心"的教学评价过渡到"以同行教师为中心"的教学评价。基本原理是充分发挥志愿者专业互助精神,核心保障在于对同行大学教师专业知识与专业精神的恰当使用。如果开展严谨的概念分析,可更容易理解上述教学同行评议的逻辑起点。20

---

[1] A. Cancelli, "Methods for Arriving at Clinical Judgments in Peer Evaluation", *Cognitive Ability*, April 1987. John A. Centra, *Reflective Faculty Evaluation: Enhancing Teaching and Determining Faculty Effectiveness*, San Francisco, CA: Jossey-Bass, 1993, p. 244. B. J. Millis and B. B. Kaplan, *Enhancing Teaching Through Peer Classroom Observations Improving College Teaching*, Boston, MA: Anker, 1995, pp. 137 – 151.

[2] J. A. Central, "Colleague Evaluation: The Critical Link", *College Faculty*, April 1986.

[3] Larry Keig and Michael Waggoner, "Peer Review of Teaching: Improving College Instruction Through Formative Assessment", *Journal on Excellence in College Teaching*, Vol. 6, No. 3, January 1995.

[4] Roger G. Baldwin, "Faculty Vitality Beyond the Research University", *Journal of Higher Education*, Vol. 61, No. 2, 1990.

❖ 第二部分 理论与逻辑 ❖

世纪后期，西方学界陆续出现关涉实行教学同行评议诉求的类似词汇，比如"考核与绩效挂钩的薪酬实践"（Appraisal and Performance Related Pay Practice）①，"教学评价"，"教学绩效考核"（Performance Appraisal）② 等，但使用最多的词汇仍是"教学同行评议"PRT。那么，到底什么是教学同行评议，学术界也并无统一概念界定。博耶等人认为，教学中的同行评议，就像解读一组陌生的历史文献，是一种需要智力推理和大量经验的学术行为。③ 科尔（R. E. Cole）则将教学同行评议定义为"一个接受意见审查、捕捉错误、提高教学质量的必要过程"。④ 他还强调，教学同行评议特别需要以批判性文化为基础，"（批判性文化）带来高质量教育文化的营造"。加里·罗伯特（G. E. Robert）认为，无论何种形式的业绩评估都是一个复杂而有争议的人力资源管理方法（技术），而教学同行评议的方法本质上是"基于伦理的业绩评价"。奥斯本（W. L. Osburne）等认为，美国的教学同行评议"在传统上被用于对个体教学中的优缺点进行反馈"。⑤ 罗西·宾厄姆（Rosie Bingham）和罗杰·奥特威尔（Roger Ottewill）认为，教学同行评议，是创建对于学习评价的"平衡图景"，从而实现对教师的"专业评价"。⑥ 从上述概念剖析可以发现，虽然学者们

---

① S. Shelley, "Diversity of Appraisal-and-Performance-Related Pay Practices in Higher Education", *Personnel Review*, Vol. 28, No. 5/6, 1999.

② Alan Bryman, Cheryl Haslam and Adrian Webb, "Performance Appraisal in UK Universities: A Case of Procedural Compliance?" *Assessment and Evaluation in Higher Education*, Vol. 19, No. 3, 1994.

③ Ernest L. Boyer, "Scholarship Reconsidered: Priorities of the Professoriate", *Academe*, Vol. 42, No. 1, December 1990. K. M. Quinlan, "Inside the Peer Review Process: How Academics Review a Colleague's Teaching Portfolio", *Teaching and Teacher Education*, Vol. 18, No. 8, November 2002.

④ R. E. Cole, "New Organizational Designs for Sustainable Quality Improvement", Key Note Address, *Proceedings From the 6th International Conference on Quality Management and Organizational Development*（QMOD）, Paris, 2003.

⑤ W. L. Osburne, W. W. Purkey, "A Model Faculty Peer Review Process for Counsellor Education Programme", *Journal of Counselling and Development*, Vol. 73, 1995.

⑥ Rosie Bingham and Roger Ottewill, "Whatever Happened to Peer Review? Revitalizing the Contribution of Tutors to Course Evaluation", *Quality Assurance in Education*, Vol. 9, No. 1, 2001.

❖ 第十四章 从"以学生为中心"到"以同行为中心"的大学评教 ❖

对于教学同行评议概念的理解不尽相同,但都表达了通过来自同领域学术同行提供对于教学活动专业表现客观评价的基本诉求,学者们对于教学同行评议的本质内涵的理解是一致的。

二 教学同行评议的方法内容

1994年,美国高等教育学会开始推行"从理念到原型:教学同行评议"(From Idea to Prototype: the Peer Review of Teaching)的重大项目,明确了教学同行评议的方法和内容,被认为是教学同行评议正式启动的标志。学会当时召集几十所高校在斯坦福大学进行了历时一周的密集研讨,确定了教学同行评议的基本进程,开列了通过教学同行评议改善教与学的相关清单,基本方法内容如表14—1所示,主要包含八个方面。可以看出,当时的教学同行评议仍停留在传统多维度教学评价方法的基础上,但在教学和课程档案袋、反馈备忘录等方面已经引入了全程跟踪评估的基本理念。

表14—1 教学同行评议的基本工具

序号	名称	内容
1	教学和课程档案袋 Teaching and Course Portfolios	包含教学材料和教师对学生学习过程信息的汇总,其强调对教学进行描绘,加强教学与学生学习的联系。档案袋被认为是提升教师对课堂质量的责任意识,促其改进教学的非常好的方法
2	交互课堂访问 Reciprocal Classroom Visits	一对教师考察彼此课堂并彼此与对方的学生进行访谈,从而提供来自同行视角的对于教学活动的反馈。而且,跨学科的互访被认为对形成教学方法创新非常有效
3	反馈备忘录 Reflective Memo	一种证明学习目标的反馈性文件,将提供给教师,包括他们的课程如何被评价,以及特定课堂中存在的问题是什么等反馈
4	部门教学研讨 Departmental Teaching Seminars	一种传统的教师之间交换教与学意见的方式,与研究沙龙非常类似
5	教学圆环 Teaching Circle	分小组教师之间讨论教学和学生学习的活动

❖ 第二部分　理论与逻辑 ❖

续表

序号	名称	内容
6	教学沙龙 Teaching Seminar	在雇用教师过程中询问候选人的方式，与研究沙龙类似，有时采取由委员会成员与候选人讨论其对教学的期待的方式
7	辅导和指导 Coaching and Mentoring	以小组或个体方式促进教学发展的互动
8	外部同行评议 External Peer Review	模仿学术同行评议，教学材料被送往同领域的学者进行评价，上述方面的材料也可包含其中

注：G. J. Greguras, C. Robie and M. P. Born, "Applying the Social Relations Model to Self and Peer Evaluations", *Journal of Management Development*, Vol. 20, No. 6, August 2001.

资料来源：James W. Taylor, Charles H. Atwood and Pat A. Hutchings, "Why Are Chemists and Other Scientists Afraid of the Peer Review of Teaching", *Journal of Chemical Education*, Vol. 77, No. 2, February 2000, p. 239.

三　教学同行评议的框架模型

西方理论界还初步构建了开展教学同行评议的基本框架模型。其中，拉乌尔·阿雷奥拉（Raoul Arreola）有关教学同行评议组成要素的论述，在过去20年里在一些研究型大学得到比较广泛的使用。他认为，教学同行评议建构活动的特点包括：第一，面向的是那些希望变成好教师的人，而不是不合格需要矫治的教师；第二，是自愿的而不是强制的；第三，将相互信任和依靠的教师们联结在一起；第四，各项活动应该是自然发生的，如同事们彼此互访课堂，互相阅读课程材料，互相讨论对于学生评价的方法等；第五，潜心收集参与者接受的评估和方法的数据；第六，强调坦白，参与者之间彼此进行委婉地回馈，真诚地赞美，诚恳地提出问题、帮助性建议和建设性批评；第七，根本上在于让参与者从彼此身上学习到有益的东西。[1]

---

[1] Raoul A. Arreola, *Developing a Comprehensive Faculty Evaluation System: A Handbook for College Faculty and Administrators on Designing and Operating a Comprehensive Faculty Evaluation System*, Anker, 2000, p. 230.

❖ 第十四章 从"以学生为中心"到"以同行为中心"的大学评教 ❖

当然，除了阿雷奥拉之外，也有大量研究围绕教学同行评议最佳框架展开阐述，如表14—2所示。此外，还有不少学者从教学同行评议模型的角度加以阐述，比如大卫·高斯林（David Gosling）构建了三种主要类型的教与学同行评议模型，分别是涉及对高级别教师考察的"评估模型"（Evaluation Model），适应于教育发展提供者、教育专家、教与学实践者的"发展模型"（Development Model），用于教师们彼此观察和评价的"同行评议模型"（Peer Review Model）。[1]

表14—2　西方学术界有关教学同行评议最佳框架的部分研究

序号	观点	代表学者和年代
1	对评估者和被评估者都要培训	Bingham and Ottewill, 2001
2	定期改变评估分组，确保经验丰富者与经验不足者能配对	Landy and Farr, 1983
3	与非教师人员也要建立联系，确保路径畅通	Bingham and Ottewill, 2001
4	三角测量，如加入学生反馈	Ramsden, 2000
5	基于一种批判性文化中的开放、信任的联系	Bingham and Ottewill, 2001; Cole, 2003
6	经常参加小组活动	Smith et al., 2002
7	检查，平衡，确保不是过度地以自我为中心，或者更糟	Bingham and Ottewill, 2001
8	提供清晰的和很好印制的对于改善教学实践的证据	Cox and Inglby, 1997
9	配对的时候涉及多学科专家	Bingham and Ottewill, 2001
10	常规性对所有参与者进行教学同行评议	Bingham and Ottewill, 2001

---

[1] David Gosling, "Models of Peer Observation of Teaching", *Higher Education Academy*, Vol. 2, No. 9, January 2002.

❖ 第二部分 理论与逻辑 ❖

第三节 从"以学生为中心"到"以同行为中心":教学评价新模式

西方国家试行的教学同行评议制度收获了学术界大量肯定性评价。比如,有研究认为教学同行评议比管理者评价结果更为可信。[1] 教学同行评议过程中,同行们彼此亲近,遵守了真正的教学表现至上的态度。但与此同时,学术界也存在对于教学同行评议可能存在缺陷的担忧。一是"同行"本身过度自大可能带来的问题。如罗西·宾厄姆和罗杰·奥特威尔认为,教学同行评议参与者可能因为过于沾沾自喜而导致评价结论不准确[2]。史密斯·胡力(Smith Hooly)等也认为,开展同行教学评价任务是艰巨的,因为每一位参与者都会有阻力,而且教学同行评议需要满足多种辅助条件[3]。皮戈特-欧文·艾利(Piggot-Irvine Eileen)认为,教学同行评议特别需要信任、开放、共享与控制,也非常有必要对参与评估的人进行正确的培训[4]。比尔·考克斯(Bill Cox)等认为,教学同行评议与教学活动是一个整体,被观察者会受到观察者的影响,没有人有资格去评价别人的教学。[5] 其他抨击教学同行评议的观点还包括被评价者害怕受到批评等。[6] 为保障

---

[1] G. J. Greguras, C. Robie and M. P. Born, "Applying the Social Relations Model to Self and Peer Evaluations", *Journal of Management Development*, Vol. 20, No. 6, August 2001.

[2] Rosie Bingham and Roger Ottewill, "Whatever Happened to Peer Review? Revitalizing the Contribution of Tutors to Course Evaluation", *Quality Assurance in Education*, Vol. 9, No. 1, 2001.

[3] Smith Hooly, Ali Cooper and Les Lancaster, "Improving the Quality of Undergraduate Peer Assessment: A Case for Student and Staff Development", *Innovations in Education and Teaching International*, Vol. 39, No. 1, December 2002.

[4] Piggot-Irvine Eileen, "Appraisal Training Focused on What Really Matters", *International Journal of Educational Management*, Vol. 17, No. 6, November 2003.

[5] Bill Cox and Amanda Ingleby, *Practical Pointers for Quality Assessment*, London: Kogan Page, 1997, p. 199.

[6] Jacqueline A. Blackmore, "A Critical Evaluation of Peer Review via Teaching Observation Within Higher Education", *International Journal of Educational Management*, Vol. 19, No. 3, May 2005.

❖ 第十四章 从"以学生为中心"到"以同行为中心"的大学评教 ❖

教学同行评议成功,也应针对职员和教辅人员形成一套同行评议方案,以传播好的教学方法。二是教学同行评议要克服畏惧和时间两大困难。美国一位化学家谈到教学同行评议可能存在的问题时尖锐指出,教学同行评议首先可能导致害怕。他认为在同行评议过程中,恐惧是天然存在的,教师们对于用什么来评议、如何引导评议、谁来主导教学同行评议都存在担忧。其次是时间。教学同行评议相比于传统教学评价需要投入的时间显然要多很多。①

通过对西方高校教学同行评议的深入分析,结合当前高等教育发展实际,本章认为,教学同行评议制度应引入中国高校教学评价制度改革之中。本团队于2014年对全国5186名大学教师的调查也显示,教师们在回答应该由谁"进行教学评价"这一问题时,虽然大多数仍认为学生(60.4%)应该是评教主体,但排名第二、第三的依次是"校内同行"(14.1%)和"校外同行"(6.0%)。可见引入教学同行评议制度已具备一定的认识基础。但同时应特别注意,中国开展教学同行评议应在学习西方的基础上进行彻底的本土化改革,其核心方向是:以同行专家为评教主体,以大数据与现代信息技术为依托,形成深入课程层面的内容性评价,彻底扭转教学科研失衡的评估格局,形成更加重视教学的大学文化。

一 突出外部同行和采集教学过程信息

西方国家教学同行评议包含三个部分,一是本院、系和学部教师间的相互评价,二是校外匿名同行的评议,三是专家们对于全部可能采集到的教学过程信息的人工甄别。总体而言,西方国家教学同行评议制度最有价值、也最可能被中国所参考借鉴的,可能是"外部同行评议"和全过程教学信息采集举措。美国绝大多数教学同行评议活动仍以所在学院/学系的同事为同行评议专家,缺乏匿名性,这在美国特殊的学术文化中可以实现,但在中国情况则不然,交由本院教

---

① James W. Taylor, Charles H. Atwood and Pat A. Hutchings, "Why Are Chemists and Other Scientists Afraid of the Peer Review of Teaching", *Journal of Chemical Education*, Vol. 77, No. 2, February 2000, p. 239.

师评价可能存在很多问题。在中国推广教学同行评议仍应坚持独立性和匿名性两条基本标准。因为，虽然西方高校特别强调在同一学术组织内部学者们对教学情况开展互评，但经过近年的实践检验，以本学术组织成员为主体的教学同行评议方式在中国不具有合理性，这与中国特殊的人与人之间的强关系社会资本有紧密联系。因此，本文所谓的教学同行评议更接近于美国"外部教学同行评议"的概念。而且需要特别说明的是，中国传统的教学评价也存在来自本学部、本学院、本学系同行听课打分的情况，但显然，这一评价方法并非严格意义上的教学同行评议，根本原因在于这一评价方法未达到匿名性和中立性原则，也未深入到对课程内容本身的评价中。为此，应该更多学习西方教学同行评议中关于外部同行评议的举措，严格实行以外部专家为主导的教学同行评议制度，突出各类可采集到的教学过程信息的保存与传输，形成以匿名外部专家为主导的刚性的教学同行评议体系，这才有可能从根本上突破当前的评价体系尤其是评价文化，最终通过教学评价变革实现高校教学科研的再平衡。

二 利用大数据手段并突破传统的同行评议

西方虽然很早就提出了教学同行评议的概念，但因为受限于操作方法和技术，往往难以达到类似科研同行评议的目标和效果。比如在1995年，佐治亚大学和密歇根大学就遵循教学同行评议理念，运用视频会议技术（Video-conferencing Technology）进行两校师生的教学多校园互评[1]，部分实现了学生和教师的远程视频和有效沟通，但成本较高（约150美元/小时），便利性和灵活性也不足。虽然如此，该种尝试仍让学术界看到了运用信息技术开展连续性、过程性、动态性教学评价活动的可能，这其实也正是新时期运用大数据思维进行教学评价的基础。事实上，传统的教学评价本质上是"小数据"评价，通过少次的随堂听课、以学期为单位的学生评教甚至以3—5年为单

---

[1] J. W. Morehead and P. J. Shedd, "Student Interviews: A Vital Role in the Scholarship of Teaching", *Innovative Higher Education*, Vol. 20, No. 4, June 1996.

位的教学工作复查来评定每时每刻都在发生的教学活动，必然无法绝对真实有效，也导致了大量问题出现。比如，教师不认同教学评价结果，形成"我课讲得很好只是你们不懂"的对抗心理；人事部门也可能认为，既然教学评价存在技术困难，那么在职称晋升中就只能"奖励优秀"（如重奖教学名师）和"打击落后"（如教学事故的"一票否决"制），忽略了对绝大多数在教学工作中"不上不下"的教师的有效评价，最终导致科研评价占据教师职称评定的主导地位。大数据时代通过大量、多样、快速和价值化的评价信息采集，尤其是借鉴科研评价过程中的同行评议制度，将学科专家引入教学评价一线，有望彻底扭转传统教学评价的方法论缺陷。全面引入大数据评估技术，可将教学工作全程展现在评估专家面前，为建立信息化教学过程性评估提供新的方法和技术手段。比如，全程采集评估对象的教学音视频内容并妥善保存和有效分析。"全程采集"既可改造现有的高校教室多媒体设施，也可委托专业机构单独全程录制评估对象的课程音视频（不是传统的小样本微课录制）；"妥善保存"即形成规定时限的教学内容保存制度；"有效分析"既可直接将音视频资料提供给评估专家，也可运用相关软件提取讲授内容的文字。最终，将通过以信息化手段采集到的教学过程资料进行有效存储，形成类似于MOOC授课专家的大数据资料库，结合教师教学的其他资料共同形成教学评估的核心数据库。

三 同行评议教学与同行评议科研融合

引入教学同行评议制度，并与科研同行评议有机融合，将彻底破除教学与科研对抗、割裂的现实困境。为此，一要在学科发展评估中纳入教学同行评议结果。如新学科建设、博士点设立、学科评估等活动中，不能仅提供科研同行评议结果，也应纳入教学质量的同行评议结果，真正保证学科评估内容的完整性。二要在职称评定中纳入教学同行评议结果。通过教学同行评议，形成科学的评估结果，并真正运用到涉及教师根本利益的职称评定中，这才能真正扭转所谓"重科研轻教学"的格局。本章认为部分高校设立的"教学岗教授"的举措，仅是面对传统教学评估方法缺陷而不得已采取的鼓励教学的权宜之计，一旦教学同行评议制度构建完成，仍应回归到教学与科研融合的评估理念。三是在薪酬设计中纳入教学同行评议结果。传统教学工作因为评估科学性不佳存在"吃大锅饭"状况，甚至被批评为"拿着教学发的钱来做研究"。引入教学同行评议制度后，可对教学工作的数量和质量进行科学有效的计量，薪酬设计与教学紧密挂钩也会彻底扭转教学科研薪酬倒挂的问题。

四 建立同行教学评价专家库

应建立真正的学科专家库，通过制度规范工作机制。教学评估的核心在于引入真正的学科专家，为此，应由教育主管部门统筹或由各高校选择对口高校，建立教学同行评议的学科专家库，实现同学科、同专业、同领域直至同名称课程的同行评议，切实对课程讲授内容的正确性、准确性、前沿性、拓展性和启发性等进行同行评议。此外，还应将传统的校内评估力量整合进"教学方法评估专家"系列，只对教学形式、教学方法、教学技术等进行评价而不涉及教学内容本身。这样，"教学学科专家"与"教学方法专家"共同组成教学同行评议专家库，实现对每门课程的有效评价。大数据方法和技术的引入，教学同行评议专家库的构建，可以形成全过程、动态化、学科性的教学评价制度，最终实现传统教学评价工作的方法论"突围"。

五 统筹协调

无论中西方，实行教学同行评议尤其是外部同行评议都意味着高成本，核心是组织成本、经济成本和时间成本。此种情况下，需要教育主管部门、高等学校及学术组织实施统筹协调，充分发挥同行互评的志愿者精神，形成有效的组织架构和合作机制。其核心在于三个方面。一是推动构建教学同行评议制度体系，形成刚性的教学同行评议组织，推行结果认定和使用制度，从根本上保障教学同行评议的制度合法性、过程合理性和结果可用性。二是推动构建教学同行评议专家互评网络，形成深入课程层面和教学内容的全国性、地区性或行业性

❖ 第十四章 从"以学生为中心"到"以同行为中心"的大学评教 ❖

同行评议专家库,为教学同行评议做好组织与人员准备,从根本上保障教师参与教学同行评议、教师受益于教学同行评议的良性互评模式。三是保障经费投入,按照教学经费投入的一定比例配备教学同行评议经费,维护教学同行评议系统运行并有效调动评估者与被评估者积极性。

六 允许差异

虽然教学同行评议在 1994 年之后逐渐被美国高校所接受,但从中国视角看,其仍存在一些缺陷,以至于无法直接在中国高校推广和使用。因此,教学同行评议要特别注意中西差异与本土化改造问题。比如高校层次与类型问题。大多数教学同行评议研究是针对研究型大学的,很少有研究关注到其他类型高校,是否适用中国广大非研究型大学仍然存疑。再如同行评议的技术问题。从文献中可以看出,美国教学同行评议采用了大量评估方法,但仍以传统的非信息化手段为主,虽然密歇根大学等高校曾尝试引入信息化技术,但因为当时技术条件所限并未大范围推广。我们认为,当前情况下,不仅可能而且应该通过信息化手段开展教学同行评议,信息化手段是教学同行评议在大数据状态下运行的保障。

第十五章 同行评议的理论优势与实践困境

学术同行评议是学术界普遍采用的一种学术评价方法，或者说制度。有学者从不同的视角对学术同行评议的定义、功能、优势和局限进行过不同的阐述。本章以文献研究，特别是经典文献研究为基础，系统阐述学术同行评议的历史性存在；阐述其固有的理论优势，如，是学术自治的保障机制，是学术质量的"守门人"，可作为学术资源的配置机制；然后，分析了学术同行评议面临的实践困境，如，难有真正的同行，受制于精英主导，受到关系网对其公正性的挑战；最后论述了学术同行评议过程中的三对冲突：有限的评议方法与超限的使用情境相冲突，系统内学术自治与系统外政府干预相冲突，学术共同体内部的普遍主义与特殊主义相冲突。

第一节 同行评议的历史性存在

同行评议，又称同行评价[①]、同行评审、同行判断、同行审查等，是学术界普遍采用的一种学术评价方法。目前，对同行评议的内涵界定有多种，尚没有一个普遍为人们所接受的概念。曾任美国国会技术评估办公室高级分析师的达里尔·楚宾（Daryl E. Chubin）和爱

---

① 在本书中，"同行评议"与"同行评价"通用。

❖ 第十五章　同行评议的理论优势与实践困境 ❖

德华·哈克特（Edward J. Gackett）在《难有同行的科学：同行评议与美国科学政策》专著中，把同行评议简要的界定为"就是一套用来评价科学工作的有条理的方法，科学家用来证明程序的正确性、确认结果的合理性以及分配稀缺资源"。① 美国阿拉巴马大学的戴尔·伯纳斯（Dale J. Benos）认为，同行评议是指"由具备资格的专家对研究发现的价值、意义、重要性和创新性进行评价"。② 中国在1995年才开始第一次集中且系统地研究同行评议制度，为的是改进国家自然科学基金的工作。中国学者在研究报告中把同行评议定义为："从广义上说，同行评议是充分依靠科学家群体进行民主管理，引入竞争机制，择优支持，从而使得知识生产的要素得到优化配置的一种方法。具体来讲，同行评议是某一或者若干领域的专家采用一种评价标准，共同对涉及相关领域的一项事务进行评价的活动，其评议结果对相关部门进行决策有重要的参考价值。"③

同行评议最早并非诞生在学术界内，其他行业也存在类似的同行评价体系。历史地看，中世纪欧洲的行会是同行评议方法出现的基石，它们不但是业内人员联合起来以保护本行业利益的群体力量，还负责制定本行业的规章制度、从业资格和质量标准。④ 1416年威尼斯共和国在世界上首先实行的专利制度便是同行评议方法诞生的标志。（那时的）专利制度采用类似今天的同行评议的方法对发明者提出的新发明、新技艺等进行审查，以确定是否授予发明者对其发明专利的垄断权。⑤

学术同行评议诞生的标志则是1665年英国皇家学会主办的《哲学学报》（Philosophical Transaction）的开办。在授权其予以出版的时

---

① [美] 达里尔·楚宾、爱德华·哈克特：《难有同行的科学：同行评议与美国科学政策》，谭文华等译，北京大学出版社2011年版，第1页。
② Dale J. Benos (ed.), "The Ups and Downs of Peer Review", *Advances in Physiology Education*, Vol. 31, No. 2, June 2007.
③ 吴述尧：《同行评议方法论》，科学出版社1996年版，第3页。
④ 蒋凯：《教育学术共同体建设中的同行评议制度》，《北京大学学报》（哲学社会科学版）2012年第2期。
⑤ 吴述尧：《同行评议方法论》，科学出版社1996年版，第1页。

❖ 第二部分 理论与逻辑 ❖

候,皇家学会委员会规定,"《哲学会刊》……得到学会委员会宪章的许可,并首先由该领域的一些成员进行评议"。[①] 在这样的发展中,科学家对其他科学家著作质量进行评价的"守门人"功能就此诞生,然后才有不断演变而来的有关期刊的"同行评审系统"。20 世纪 40 年代末 50 年代初,同行评议作为一种研究资助的分配机制在美国建立起来,形成了独立的项目申请"同行评鉴系统"。这种有关研究资助的分配机制的建立,意味着学术同行评议由原本仅限于学术界内部的、由内行进行学术认可和管理的制度,延伸到学术资源的分配制度中。在之后的研究和实践中,项目申请同行评议系统成为同行评议是非之辨的焦点所在。除了期刊同行评审系统和项目申请同行评审系统之外,学术同行评议的应用情境还广泛存于奖励评审、荣誉授予、学术团体会员资格评选、学术人员招聘、学术人员晋升和终身教职授予等具体的学术活动中,这后一种,我们将其称为"学术声望同行认定系统"。尽管上述三种同行评议系统使用在不同的情境,发挥着不同的功能,运行着不同的程序,却都蕴含同行评议共同的本质属性,这就是学术共同体同行领域内的质量控制。

随着学术同行评议体系在学术活动中应用范畴的不断扩大,对其有效性和公正性的质疑就不断增多,甚至有学者批评"同行评议是一个横亘在'好科学路上'的'完全功能退化的仪式',它俨然是科学共同体内部的一个象征,如同一个用来抵制外界责备的咒语和护身符"。[②] 尤其是在科学计量学不断兴盛的背景下,学术评价过程中人们对论文发表数量、期刊等级、影响因子等方面进行的定量评价,不断侵蚀同行评议的原本的合法地位。

虽然学术同行评议制度存在一些弊端,不时引起抱怨,有的时候评审结果还会遭到投诉,但是在专业判断上在学术界迄今还没有比它更好的替代办法。2012 年在美国细胞生物学学会年会期间,150 多位著名科学家签署的、旨在呼吁科学界停止使用影响因子来评价科学家

[①] [美]达里尔·楚宾、爱德华·哈克特:《难有同行的科学:同行评议与美国科学政策》,谭文华等译,北京大学出版社 2011 年版,第 19 页。
[②] 同上书,第 34 页。

❖ 第十五章　同行评议的理论优势与实践困境 ❖

个人工作的《关于研究评价的旧金山宣言》（San Francisco Declaration On Research Assessment，DORA），也被认为是同行评议方法复归的一场胜利。为什么学术同行评议可持续这么长久的历史时期，并经历从式微到复归的过程？学术同行评议制度本身一定存在其有效性与合理性。

作为一种学术评价的方法，判断同行评议的优劣标准主要体现在有效性和公正性两个方面。对于科学家来说，同行评议系统应当是一个分配资源和交流优先权的有效机制。这意味着，在支持某些领域所需要的研究方面，同行评议应当是成功的，并且这些研究有足够的质量以促进科学知识。① 有效性还表现在同行评议方法对不同的评议对象的适用程度。评议活动的目的不同，评议对象的属性不同，同行评议方法的适用性可能存在差异。例如，吴述尧指出，对科学基金申请项目的同行评议，对革新性的申请项目的评审效果往往要比对革命性的申请项目的评审结果要好。② 关于学术同行评议的公正性，楚宾等人认为，同行评议的公正性就是"坚持平等待人的社会规范以及科学规范中的普遍性和无私利性"。③ 吴述尧主编的《同行评议方法论》中的定义与之类似，称"公正性是指在同行评议过程中要保证申请者（被评议人）的申请得到客观和无偏见的评审即同行评议专家在评审申请项目时应不受与申请者本身有关的因素，诸如年龄、性别、民族、声望、学术地位、所在工作单位等因素的影响"。但作者也承认，公正性是"一个内涵十分丰富的概念"，上述定义是"大为简化了的"。④

第二节　同行评议的理论优势

同行评议制度在发展历程中曾经出现过多次大的信任危机，在危

---

① ［美］达里尔·楚宾、爱德华·哈克特：《难有同行的科学：同行评议与美国科学政策》，谭文华等译，北京大学出版社2011年版，第39页。
② 吴述尧：《同行评议方法论》，科学出版社1996年版，第20页。
③ 同上。
④ 同上书，第21页。

❖ 第二部分 理论与逻辑 ❖

机中也出现过不少拟取代同行评议的建议和实践。但是各种尝试性的改革实践,在现实操作中都存在问题,同行评议依然是学术界认可的惯例和通则。正如20世纪80年代美国教育部的切斯特·芬(Chester E. Finn)所言:"正如人们对民主的评论,同行评议不是完美的,但它比其他选项要好。同行评议的过程至少可以使人们放弃最糟糕的安排,也可以在几种尽管不是最好的安排中选择相对较好的。"[①] 本书认为,学术同行评议相比于其他的学术评价方法来说,之所以能够长期存在,关键是其具有如下三个方面的理论优势。

一 学术同行评议成为学术自治的保障机制

学术是一种围绕高深知识展开的事业,具有相对独立性,科学社会学家通常将学术共同体视为稳定的、自主运转的系统。在这个系统中,对学术研究的"合法性"权力及其限度、学者的社会责任、学者的职业伦理等问题的讨论,一直是学术共同体的内部事物。约翰·布鲁贝克从高深知识生产的角度论述了学术自治的合理性。他指出,学术自治是高深学问的最悠久的传统之一,无论经费来自民间还是政府资助,也不论依据何种有法律效力的文件成立,学者行会(guild)都自己管理自己的事情。学术自治传统的充分理由在于,高深学问需要一般的、复杂的甚至是神秘的知识,只有学者才能理解它的复杂性;因而,在知识的问题上,应当由专家单独解决这一领域的问题,他们应当是一个自治团体。[②] 学术共同体作为专业人员构成的权威组织的属性同样决定了学术自治的必然性。作为一种由专业人员组成的权威组织,学术研究基本上是个体的,专业人员只能在很有限的范围内被上级协调和控制,自治是保证有效学术工作所必需的,专业人员通过自我管理的方式保证学术质量。我们可以发现,有专职的音乐批评家、美术批评家、诗歌和文学批评家,但却没有专职的科学批评

[①] Chester E. Finn, "Strengths and Weaknesses of Peer Review", *Educational Researcher*, Vol. 15, No. 7, August-September 1986.

[②] [美]约翰·布鲁贝克:《高等教育哲学》,王承绪等译,浙江教育出版社1998年版,第31页。

❖ 第十五章 同行评议的理论优势与实践困境 ❖

家,因为科学家认为他们自己就可以胜任这一角色。

在学者们看来,自我管理是学术自治的保障,而学术同行评议处于学术自我管理机制的核心地位。学术场域中的学术共同体通过同行评议、论文审查制、重复实验等学术同行评议手段对科学场域进行自主治理,而"外行"以及公众由于缺乏相应的专业知识,并不拥有对科学研究进行评议的"资格";他们甚至认为,公众对于科学研究的过度关注甚至会造成对科学研究不必要的限制以及干预,也侵扰了科学家们的潜心研究。① 对置身于专业性强的组织的学术人员来说,学术共同体的自我控制系统在原则上是由科学的精神特质构成的,这些精神特质被罗伯特·默顿概括为:公有性、普遍主义、无私利性、有组织的怀疑态度。他指出,"科学的精神特质是约束科学家的有情感色彩的价值规范的综合体。这些规范以规定、禁止、偏好和许可的形式表达。它们借助于制度性价值而合法化"。当这种"精神特质"内化为科学家的科学良心后,它就是学术工作中的超我,在道德层面形成内在的自我约束。这种道德层面的内在约束能使学者们在现实利益的诱惑面前仍自觉地坚持"科学知识良心",始终以"理性代言人"的角色从事学术活动。② 实现公有性、普遍主义和无私利性的原则,必然要求学术同行评议作为制度保障。换言之,学术界的质量标准是由学术界成员选出的代表共同制定的,不受或较少受到外部力量的干预。③ 如此可说,学术同行评议制度是保障学术自治的基石。

二 学术同行评议充当学术质量的"守门人"

学术同行评议应用的三大系统——期刊同行评审系统、项目申请同行评鉴系统、学术声望同行认定系统——的共同之处在于对学术质

---

① 杨光飞:《"公众评议"之于科学研究的功能》,《自然辩证法研究》2007年第6期。

② [美]R. K. 默顿:《科学社会学》,鲁旭东等译,商务印书馆2016年版,第365页。

③ 王德禄:《对科学共同体自主运转的诘难——评W. 布劳德和N. 韦德的〈背叛真理的人们〉》,《自然辩证法研究》1993年第2期。

量的筛选和控制。学术交流机制的有效运行取决于学术交流的质量。自同行评议引入期刊评审以后，期刊才逐渐取代了学者之间的私人信件，真正成为学术交流的高质量平台。

在学术共同体中，任何知识产品都要接受科学同行的严格审查，只有真正具有科学价值的学术申请或学术成果才能得到科学共同体的承认。换言之，同行评议可以防止劣质知识流入社会。另一方面，学者的学术声望和社会承认，是根据他们的学术成果经同行评议之后才得到的，这就是说，学者们要获得学术声望和学术奖励必须遵守学术共同体的行为规范。实际上，这就构成了学术共同体的社会行为约束。学术共同体通过学术同行评议充当了研究价值评判的"守门人"角色，这是任何科学家个人或其他社会角色所无法替代的。

三 学术同行评议成为学术资源的配置机制

在金字塔形态的学术共同体中，学术资助、学术声望和学术奖励等学术资源都是稀缺的，必须依靠一种有效而公正的方法对这些资源进行合理的配置。而学术同行评议则是学术共同体配置这些资源的基本机制。对于学术研究者而言，其学术声望、学术奖励和学术发展，离不开学术同行评议系统的高效运行。通过学术共同体内部的同行评议对学者的学术成果进行审查和评价，然后通过学术声望和学术资源等外在表现形式，对知识生产者的学术能力和学术成果予以承认。这种外在表现形式具体包括授予学术职称、同行的评价、各种学术奖项和人才计划等。在学术共同体中，学术声望的认可标志着学术共同体对某一个人的学术能力的承认，并能对那些有志于学术职业的学者起到激励和奖励的作用。

由于不同的学术共同体具有不同的范式，因此同一个学术共同体的学者的学术能力及其学术成果必须采用同行评议的方法进行评价。其基本的逻辑是：发表接受学术同行评议的成果获得学术共同体的认可，从而获得相应的学术声望，学术声望与相应的学术资源结合，为学者的学术发展提供基础。

❖ 第十五章 同行评议的理论优势与实践困境 ❖

第三节 同行评议的实践困境

20世纪70年代以来，随着科学研究的规模及其所需投入的持续增大，公众对研究产出以及政府管理科学事业的效率提出新的要求，作为一种科研资源配置方式的同行评议越来越多地受到科学界和社会其他各界的关注，特别是同行评议本身存在的不足及其相关问题遭到了广泛的批评。这些批评集中在系统性偏向或评议人偏见，评议中的"马太效应"以及利益冲突导致的公正性缺失等问题。综合而言，学术同行评议的实践困境可以概括为以下三种。

一 难有真正的同行

同行评议人的合适性及其评议过程中的公正性一直以来是学术界担忧的重点。在几个调查的统计结果中，回答者都指明，评议过程的低质量以及评议人资格的不合适，是同行评议系统中最严重的弱点。[1]

现代科学研究方向的划分越来越专业化，哪怕是同领域的专家在实际研究方向上仍可能存在很大差异，合格的评议人来源不断缩小，评审过程难以避免"外行评内行"的现象，尤其当跨学科、跨领域评价时，评价组织者更是难以恰当地选择同行评议专家，导致专家对定量数据的把握未必完全符合研究领域的实际情况。另一方面，正如沃尔特·斯图普夫（Walter E. Stumpf）在给《科学》期刊的信中所说，最终的评议往往是由"准同行"参与，结果是有价值的新研究反而不受欣赏。[2] 阎光才也表达了类似的观点，许多最前沿的研究并无共识和"规范"可言，更难以找到真正的同行专家。[3]

---

[1] ［美］达里尔·楚宾、爱德华·哈克特：《难有同行的科学：同行评议与美国科学政策》，谭文华等译，北京大学出版社2011年版，第73页。

[2] Walter E. Stumpf, "Peer Review", *Science New Series*, Vol. 207, No. 4433, November 1980.

[3] 阎光才：《学术共同体内外的权力博弈与同行评议制度》，《北京大学教育评论》2009年第1期。

❖ 第二部分 理论与逻辑 ❖

其次,"同行"既是同业者,但同时又可能是"竞争者",而且越是研究方向接近的同行,相互间越容易形成潜在竞争和冲突。这种局面显然对申请者极为不利,很可能挫伤个体乃至整个共同体内部的创新活力。① 因此,现有的关于学术同行评议的改进措施主要集中在增加评审人的适切度和提高评审过程的公正性。

二 受制于精英主导

学术共同体是一种社会建制的群体,这个群体当中学术资源的分配是典型的金字塔结构,处于学术共同体顶端的学者控制着主要的学术声望和物质资源。而学术同行评议制度本身就是学术精英维持和扩大自身资源优势的一种机制。一般而言,资深的专家学者通过评审的机会要大得多,他们往往以缺乏名气的研究者的利益为代价换取并维护自己的特权。

斯蒂芬·科尔（Jonathan R. Cole）等人把学术同行评议制度中的金字塔结构描述为一个基本上为极少数杰出的学者谋取利益的精英主导制度。他指出在学术同行评议的过程中,负责国家资助项目的管理者往往依靠他们信赖的老朋友来对研究申请书进行评审,并让这些人再提请他们的朋友作为评审专家,它完全是一个"乱伦的密友体制"（an incestuous buddy system）,窒息了科学新理念诞生和科学突破的生机。故而,联邦研究和教育"蛋糕"的派送不过是一个垄断者的游戏。②

三 关系网挑战公正

学术评议应该是一种"受提倡的仅仅通过学术能力来配置学术资源的普遍主义"理想状态,对学术共同体贡献的程度应该成为学术同行评议确定学术声望、分配学术资源的唯一标准,但实际状况与

---

① Arie Rip, "Commentary: Peer Review Is Alive and Well in the United States", *Science Technology & Human Values*, Vol. 10, No. 3, Summer 1985.

② Stephen Cole, Leonard Rubin and Jonathan R. Cole, "Peer Review and the Support of Science", *Scientific American*, Vol. 237, No. 4, October 1977.

❖ 第十五章 同行评议的理论优势与实践困境 ❖

应然状态大相径庭。

具有特殊主义的特征的关系网络在同行评议过程中普遍存在，并且成为同行评议饱受诟病的重点之一。蒋凯用地方庇护主义的概念表述这种关系网络，他指出，在奖励和荣誉评审、课题立项、学术人员聘任、学会成员选举等方面均不同程度地存在地方庇护主义的问题。[①]

特拉维斯（G. D. L. Travis）用"老友网络"的概念界定学术关系网络中的特殊主义现象。他指出，所谓的"老友"并非指涉学术界中一般人相互间普通的友情和友谊关系，而是指那些有显赫地位的行政、学术精英之间的人脉以及围绕他们所形成的特殊人际关系网络。[②] 阎光才指出，学术网络不仅限于特拉维斯笔下的"老友网络"，还包括学者与行政官员间的友谊、经常会面的委员会成员和专家间的熟人往来、师生关系、校友关系等，而社会地位即指在存在内部结构分化的学术系统中的位置，越处于上层的人们往往关系资本就越丰厚。[③]《难有同行的科学》一书也同样指出，在国家科学基金的同行评议中，存在一种所谓的政治模式，关系资源或者说社会资本常常在其中发生作用。正因为如此，国家科学基金的资助以及其他学术资源往往更倾向于向少数专家、少数名校和与权威有学缘关系的研究者集中，从而破坏了学术共同体内部业绩至上的普遍主义原则。[④] 在学术同行评议的过程中，评审专家受到自身的人情网络的限制，利用自己的学术权力并通过结盟、策略性投票和讨价还价等方式，为自己所在的学术机构、同事、朋友或学生等关系密切者谋求利好结果。在这个

[①] 蒋凯：《教育学术共同体建设中的同行评议制度》，《北京大学学报》（哲学社会科学版）2012年第2期。

[②] G. D. L. Travis and Harry M. Collins, "New Light on Old Boys: Cognitive and Institutional Particularism in the Peer Review System", Science, Technology, & Human Values, Vol. 16, No. 3, July 1991.

[③] 阎光才：《学术共同体内外的权力博弈与同行评议制度》，《北京大学教育评论》2009年第1期。

[④] [美] 达里尔·楚宾、爱德华·哈克特：《难有同行的科学：同行评议与美国科学政策》，谭文华等译，北京大学出版社2011年版，第79页。

人情网络当中，学术"社会资本"丰富的人员能得到更多的机会。学术同行评议中的人情网络背离了学术共同体运行中的普遍主义的原则，损害了同行评议的公正性。

第四节　同行评议的关系冲突

一　方法上的限度与情境上的超限相冲突

每一种评价方法都有其优势和限度。同行评议作为最早起源于学术共同体质量评价和学术交流的活动，正在被应用到越来越多的资源配置的活动当中。然而，学术界的资源是有限的，特别是荣誉和奖励、科研资助和基金、在权威杂志发表论文的机会、著名大学的聘任晋升机会和终身教职都属于稀缺资源，过于激烈的学术资源竞争使得学者将矛头指向了资源的配置机制——学术同行评议系统。项目申请中的外部资源还受到更多的行政力量的控制，由于行政力量干涉导致同行评议过程的公正性受到质疑，如此进一步加剧学术同行评议系统的危机。正如楚宾和哈克特所言，同行评议最本质的问题，是建立在对稀有研究资源的分配、职业发展和流动的类型、现代科学的社会组织，以及科学与社会之间的更普遍的关注之上。[1] 承担过多的学术评审和学术资源配置的功能使得学术同行评议系统不堪重负，这是一种情景超限。

另一方面，定性的学术同行评议存在信度不足和精度不足的困境。当有限资源面对大量的竞争时，同行评议情境中的项目资助、职称评审和奖励系统对信度和精度的需求更加强烈。单独依靠学术同行评议系统难以分辨学者能力和学术成果之间的细微的差别，因此只有辅助使用信度和精度更高的文献计量方法才能使其走出困境。

二　学术自治与政府干预相冲突

学术自治是高深知识生产的必然要求，长期以来学术共同体通过

---

[1] ［美］达里尔·楚宾、爱德华·哈克特：《难有同行的科学：同行评议与美国科学政策》，谭文华等译，北京大学出版社 2011 年版，第 73 页。

❖ 第十五章 同行评议的理论优势与实践困境 ❖

学术同行评议的传统方式进行自我管理。在学术共同体组织和制度相对成熟的国家，即使有的科学研究项目由政府提供资助，政府也更多地选择将研究项目的选题和评审过程委托给由专家组成的同行评议组，根据同行评议的结果择优资助。

但随着高等教育从社会边缘走向中心，知识生产方式的不断变革，外部社会及其权力介入学术活动不仅是无法避免的，而且是学术活动过程所必需的动力。自二战以来，学术活动的外部介入特征日益凸显，几乎所有影响力深远的研究都离不开外部特别是国家资金的注入。[①] 蒋凯认为，在任何一个正常国家，政府都具有强大的控制力和影响力，如果政府介入同行评议，同行评议的独立性就得不到保障，也难以保障同行评议的公正性。进一步说，如果政府介入同行评议过程，这种评议就已经不再是同行评议，而很可能变成了政府主导、专家为辅的评审。[②]

而在中国，政府介入学术同行评议过程的现象并不少见，特别是在重大科研项目的选题和立项上，政府的介入较为明显，且在近年表现出不断加强的趋势。政府介入乃至主导一些重大科研项目的选题和立项，会产生积极和消极的正负影响。积极方面是这种介入会加强研究项目的实践性、时效性和政策指导性，不利之处是这种介入会削弱研究项目的学术性、长远性和理论价值，并且有损同行评议的独立和公正。[③] 米歇尔·拉蒙特（Michele Lamont）就曾担心地指出，在同行评议体系仍处于建设中的国家，"（政府）对资助决议的政治干涉，会削弱有关一流学术的文化，并导致年轻学者失去对同行评议体系的信仰"。[④]

面对政府不断介入学术同行评议的趋势，楚宾、哈克特认为应该

[①] 阎光才：《学术共同体内外的权力博弈与同行评议制度》，《北京大学教育评论》2009年第1期。

[②] 蒋凯：《教育学术共同体建设中的同行评议制度》，《北京大学学报》（哲学社会科学版）2012年第2期。

[③] 同上。

[④] [美]米歇尔·拉蒙特：《教授们怎么想：在神秘的学术评判体系内》，孟凡礼等译，高等教育出版社2011年版，中文版序言第Ⅳ—Ⅴ页。

回归学术自由、学术自治的时代，只有在大学不依靠政府的拨款而生存的时代同行评议才能有效运行。但目前的现实趋势表明，学术研究的外部资源依赖性不断增强。当政治家为科学直接分配资源，并使用超科学的标准指导他们的评判时，工作质量和科学事业秩序就会遭到危害。[1]

三 普遍主义与特殊主义相冲突

默顿提出的普遍主义原则像其他社会规范一样，依靠科学家们的情操而非其他的外在强制性力量来维持学术共同体内的筛选和认可体系。美国社会学家克里斯托弗·詹克斯（Christopher Jencks）和大卫·里斯曼（David Riesman）的观点与科学社会学家默顿的学术共同体普遍主义的主张相契合。他们认为，现代大学不再提倡地方主义、宗派主义和偏见，唯一被认可的宗派主义就是"高质量学术"。[2] 按照普遍主义的理想，在学术评议过程中学者的学术贡献应该是其学术地位的唯一的判定标准，评议过程更不能夹杂评审者的任何个人偏见和私利。

然而，更多的研究者证明，现实的学术评议过程远没有默顿笔下的普遍主义那么美好。20世纪60年代以来，哈里特·朱克曼（Harriet Zuckerman）、科尔兄弟（Stephen Cole & Jonathan Cole）等众多学者，都曾对学术认可究竟是建立在普遍主义的学术能力上还是建立在特殊主义的社会资本基础上展开过广泛的研究，他们发现在学术认可体系中虽然普遍主义是内化在学者内心的共同特质，但在学术评议和学术认可过程中，特殊主义普遍存在。尤其是学术系统内部权力等级的分布格局、社会精英之间的互动关系、学缘关系（如名校和名师

---

[1] ［美］达里尔·楚宾、爱德华·哈克特：《难有同行的科学：同行评议与美国科学政策》，谭文华等译，北京大学出版社2011年版，第141页。

[2] Christopher Jencks and David Riesman, The Academic Revolution, Chicago: University of Chicago Press, 1977, pp. 18–19.

❖ 第十五章 同行评议的理论优势与实践困境 ❖

效应)等的存在,一直让人们对学术资源分配过程的公正性饱受质疑。[1] 现有的同行评议系统正在尝试通过匿名评审、回避制度和量化标准等措施,限制评审过程中的特殊主义,维护学术共同体应有的普遍主义理想。

---

[1] 阎光才:《学术共同体内外的权力博弈与同行评议制度》,《北京大学教育评论》2009年第1期。

第三部分

比较与借鉴

第十六章　德国研究型大学的学术职位制度

作为学术机构配置人力资源的重要制度，学术职位对以科研创新为主要职能的研究型大学尤为重要。研究型大学最早发轫于德国，在其发展历程中形成了以讲座制为核心的独特的学术职位体系。然而，其政府主导、等级分明和非连续性的特征带来了学术职业人员的阶层分化和制度性分割，影响了研究型大学学术水平的整体发展，并逐渐成为德国大学学术创新的阻力。近年来，德国已尝试着对学术职位制度进行多方面改革，如，职位权力从集中走向分化，职位设置从存量变为增量，职位变革从单项转向综合。采取这些措施的目的，是力图优化德国研究型大学的学术职位制度，促进高等教育系统多元化，提升德国的学术竞争力。

学术职位制度是学术机构中以职位为依托，与从业者聘任和晋升等环节有关的一套职业规制。学术研究活动的职业化发展，促使学术职位逐渐成为现代学术制度的重要内容。作为大学人才配置和管理的重要制度，学术职位制度影响甚至决定着大学学术水平的发展，也直接关系着学术职业从业者发展的空间。随着大学在国家经济、文化竞争中作用的凸显，大学尤其是研究型大学成为推动现代科技发展的学术重镇，日益受到社会广泛的重视。尽管德国并无

❖ 第三部分 比较与借鉴 ❖

官方认定的研究型大学①，但德国是最早建立"研究型大学"的国家，在长期发展历程中，形成了独特的学术职位制度，这种独特的学术职位制度反过来又直接影响着德国研究型大学的发展，二者形成了相辅相成的关系，诠释着德国近现代高等教育的发展轨迹。

第一节 德国学术职位制度的衍化

研究型大学是科学研究近代化进程中形成的学术组织，被普遍认为是现代高等教育系统的核心机构。1810年，时任普鲁士教育大臣的威廉·冯·洪堡以"教学与研究合一"为办学理念创立的柏林大学，客观上使大学传统上以教学为主的单一职能得到了拓展，由此开启了研究型大学建立的先河，成为大学发展的理想模式。洪堡倡导通过科研进行教育，认为教授不仅仅是教师，更是学者和研究人员，大学应以学术自由和重视科学研究为特征。② 以此理念为办学基点的柏林大学创建了以讲座制为核心的研究所，并在欧洲范围内大力聘请顶尖学者担任讲座教授。在讲座制这一学术组织体制下，大学的学术职位通常设置为正教授（Ordenthcher Professor）、副教授（或称为临时教授（Ausserordentlicher Professor）、编外讲师（Privat Dozenten）三级，其中正教授在讲座内拥有学术和行政的双重领导权，副教授仅参与学术事务，没有行政决策权和行政选举权，编外讲师则是大学的非正式教师。这种以讲座教授为核心、其他学术人员为外围的学术职位架构为大学功能变革提供了学术组织形式的承载，最大限度地保障了教授的学术自由和学术权力，成为研究型大学崛起的制度性保障，有力地促进了德国19世纪末到20世纪初科学研究的发展，使德国的大学迅速成为世界的学术研究中心，成为近代学术和科学的源泉地，并成了众多大学效仿和学习的对象。在随后的一百多年里，大批外国留学生到德国学习，并把讲座制模式移植到自己的国家，促使研究型大

---

① 本章中的德国"研究型大学"，实际上指德国以科研为主的大学。
② Burton R. Clark, *The Research Foundations of Graduate Education: Germany, Britain, France, United States, Japan*, Berkeley: University of California Press, 1993, p. 8.

❖ 第十六章 德国研究型大学的学术职位制度 ❖

学在世界范围内扩散,从而对世界高等教育的理念和发展模式产生了巨大的影响。

依照德国洪堡模式延续下来的传统,大学以开展理论和基础研究为主,是国家科研计划的主要参与者。[1] 由于颁布的高等教育法规或章程一般都带有时代的印记,德国"研究型大学"的学术职位在各个时期出现了差异。1976年联邦政府颁布《高等学校总纲法》,对高校的任务、教学与科研的原则、人员构成等做出了详细规定,其后进行了四次修改,成为高校改革和发展的纲领性文件,也为研究型大学学术职位的架构提供了基本框架。近几十年来,除教授职位相对固定外,其他学术人员职位具有很大的不确定性,曾一度设立过助理教授、学术顾问、科学顾问、高级讲师、学术助理、助教等。目前德国大学的学术职位主要分为教授和非教授两个主要层级,其中正教授是德国大学科研及教学的核心力量,非教授职务的学术人员作为德国最大的学者群体,其身份则是学术雇员。由于职位等级的区隔划分,教授与非教授人员在身份和掌握资源上存在巨大的差异,致使研究型大学内部的学术人员呈现出两个群体的制度性分割。

第二节 学术职位制度的德国特点

德国"研究型大学"自发轫起,就对国家的经济、文化、社会等方面产生着重要的影响。学术职位制度作为一种微观的社会组织制度,与国家宏观的政策体制和学术系统的历史传统密切相关。德国研究型大学的建立开辟了大学发展模式的新篇章,由于历史传统和社会体制等原因,德国研究型大学的学术职位制度形成了自己独特的特点。

一 政府主导

德国高等教育根植于联邦制,联邦政府最初没有设立国家一级的

---

[1] T. Agasisti and C. Pohl, "Comparing German and Italian Public Universities: Convergence or Divergence in the Higher Education Landscape?" *Managerial and Decision Economics*, Vol. 37, No. 2, June 2012.

❖ 第三部分 比较与借鉴 ❖

教育部，在大学的法律地位和大学教师的身份由联邦法律框架确定的前提下，各州教育部自行制定具体的高等教育政策及实施细则。① 二战后，随着德国经济的复兴和高等教育规模的扩张，联邦政府和州政府协作共同管理高等教育的"新文化联邦主义"成为重要的趋势，通过财政资助等措施，联邦政府逐步介入高等教育的发展中。尤其是1957年科学审议会成立，标志着国家和学术界的关系进入制度化阶段。1969年，德国修改宪法，提出了联邦政府和州政府共同负责高等教育组织的新设和扩充，相关经费由双方各承担一半。与此同时，科学研究所需的巨大经费开支不断促使以科研为主业的研究型大学向联邦政府靠拢以寻求资助，政府作为资源提供者，承担了大部分的经费投入。在教育经费上主要依赖政府的供给，加之大学属于国家公共部门组织范畴的传统使得政府掌控了研究型大学学术职位制度的话语权，教师的选择、晋升和聘任制度都体现着行政的力量，如教授的招聘信息，包括招聘人数和条件要通过州和直辖市政府的公告和新闻媒体向社会公布，大学对应聘教授的学者进行初审后，向州或直辖市教育行政主管部门上报已排好顺序的三名候选人名单，由政府决定最终人选。独特的学术职位选聘制度使德国大学必须遵循学术和政治的双重逻辑，同时对学术和行政权力负责。由于研究型大学对教师的选聘任用和州教育部的任命之间关系密切，德国学术职业不可避免地具有强烈的国家主义倾向的印记，德国大学与其说是学者的行会，不如说是国家的机关。② 政府通过立法确定教师的公务员身份，并通过大学教师执教资格考试和教授任用的最终决定权牢牢控制了大学学术职位的管理权。德国大学教授是所在州的终身公务员，相对于所在院校的责任，他们更对州政府负责。尤其是教授的专业特权和官僚身份的奇特结合③，使得数量相对较少的德国研究型大学的教授曾被戏称为

---

① Renate Mayntz, "University Councils: An Institutional Innovation in German Universities", *European Journal of Education*, Vol. 37, No. 1, January 2002.

② 张小杰：《从学部制度看早期德国大学模式》，《清华大学教育研究》2006年第3期。

③ 陈伟：《西方大学教师专业化》，北京大学出版社2008年版，第196页。

❖ 第十六章 德国研究型大学的学术职位制度 ❖

"官员、名流"。这一模式最典型的意义是大学既享有作为学术社团的一定程度的学术自治，又是严格处于政府管理与监督之下的国家机构。

二 等级分明

德国研究型大学学术职业的基层结构是"讲座—学部"模式，传统上就是在一个学科领域任命一位高级教授，同时一批初级教师就在讲座教授的领导下工作。以讲座教授为核心的研究所是开展学术活动的基本组织形式，其突出的特征在于讲座的持有者——讲座教授是开展学术工作的中心，拥有举足轻重的地位。虽然大量的教学及科研工作实际上由中下层学术人员所完成，但这些工作都是围绕讲座教授组织，并由其进行决策和管理。从某种意义上说，研究型大学基本是讲座教授"一统天下"的场所，教学、科研、经费分配等事项基本由其主宰。在大学内部的具体学科内，讲座教授是"没有上司的实权者"，校长、系主任和其是平等的同事关系，不能干预教学与研究的核心活动。相反，教授层次之上的唯一权威是州教育部，但它与教授又相距甚远，不能监督教授日常的学术活动。德国大学的讲座在内部结构方面表现为学徒模式，即讲座教授同其他学术人员——包括学生、教学和科研助手等人之间的关系犹如行会中的师傅和学徒的关系。[1] 讲座制在高级教授与普通教师间设定的权力、地位差距过于悬殊，讲座教授对下属人员拥有绝对的支配权，普通教师的学术工作独立性不够，在学术事务上的发言权很小，其职位的稳定性和安全性很大程度上取决于讲座教授个人，因而对于讲座讲授有着严重的依赖性，因此，讲座制度明显是一种等级体系，这种制度为讲座教授提供较高个人权威和学术自由保障的同时，也为其滥用这种权威提供了温床。在大众媒体的话语中，教授的典型形象是一个被宠坏了的、自我

---

[1] G. Neave and G. Rhoades, *The Academic Estate in Western Europe*, in Burton R. Clark, *The Academic Profession: National, Disciplinary, and Institutional Settings*, Berkeley: University of California Press, 1987, p. 220.

陶醉的、懒散的雇员。① 大学内部的等级序列和"分层化"致使正教授作为特权教师群体，对教授会行使着垄断性的权力，成为学术寡头，致使学术自治和学术自由的权利高度集中于教授群体，在系所内部容易产生不利于团结的阶层分化，故德国研究型大学的职位结构具有明显的与现代学术发展需求相悖的非民主、非理性倾向。

三 非连续性

德国的学术职位制度是在洪堡的讲座制基础上发展起来的，教授职位的门槛极高，博士学位是获得教授资格的最基本条件。在此基础之上，被认为有学术前途的毕业生被聘任为学术助理等初级学术人员，在大学从事教学和科研的辅助工作，开始学术生涯。初级学者是有任期的，工作9年之后，这些学术助理教师需完成一篇"大学授课资格"（habilitation）论文，成为编外讲师，编外讲师不是正式教师，靠微薄的课时费谋生。由于德国高等教育系统的外部晋升原则，非教授学术人员不能在同一所大学晋升到教授，而是必须到其他大学去竞争任何可能的空缺职位，或者在其任期届满后，到另一所大学谋求一个相同的职位。② 在德国，72%的大学教师是固定任期人员，没有教授头衔，也没有终身制地位，大部分持有的是固定期限合同，一般来讲，非教授任职者都不太可能晋升为终身职教授。终身教授是德国非教授职位学术人员的奋斗目标，而职称晋升是一个漫长而又艰辛的过程，在通往教授的道路上充满许多不确定的因素，没有明确的期限要求、晋升程序与规则，年轻的学者面对成为学术界正式成员的机会非常有限。其中不少是临时职位，往往面临恶劣的工作条件和不明朗的职业预期。漫长的学术生涯前景不甚明朗，从而导致了学术职业的负面形象。较高的淘汰率致使学术职业初期的生涯艰

---

① Jürgen Enders, "A Chair System in Transition: Appointments, Promotions, and Gate-Keeping in German Higher Education", *Higher Education*, Vol. 41, No. 1 – 2, January-March 2001.

② Philip G. Altbach, *The Changing Academic Workplace: Comparative Perspectives*, Chestnut Hill, MA: Center for International Higher Education, Boston College, 2000, p. 24.

❖ 第十六章 德国研究型大学的学术职位制度 ❖

难异常①，年轻学者缺乏明晰的、可预期的攀升路径，几乎不能预测学术生涯发展的前景，职业生涯的不可预测性对其职业信念无疑也产生了影响，青年教师缺乏对大学的归属感和忠诚感。与其他社会发展状况和研究传统类似的国家相比，德国的大学没有设立明确的学术职业阶梯，从某种程度上说，其学术职位设置是断裂的。②

第三节 德国学术职位制度的变革

研究型大学作为德国高等教育的主体力量，其职位制度形成了学术职业高度的筛选性和较长的预备期，有力地保障了德国研究型大学学术水平的高质量。然而，这种极端形式化的组织结构，无法适应大学功能的变化③，逐渐成为学术创新的阻力，影响了德国高等教育系统改革的多元化和竞争性。20世纪60年代以来，德国的教育陷入一场史无前例的危机。1964年，大学教授皮希特发表了振聋发聩的《德国教育的灾难》系列文章，提出了如教育危机、教育灾难的概念，典型地反映了当时人们对整个教育的态度，高等教育也赫然在列。人们对由于政府严密的管制所造成的高等教育系统的僵化问题不断提出尖锐的批评，基于民众的呼声和大学发展的现实需求，德国政府开始尝试对高等教育系统进行改革，并通过立法，改革大学的人事制度尤其是初级学术人员的职位结构模式，使德国研究型大学的学术职位结构呈现出新的趋势。

一 职位权力上从集中走向分化

20世纪70年代以来，随着德国高等教育大众化的到来，大学学

---

① Beate Krais, "Academia as A Profession and the Hierarchy of the Sexes: Paths Out of Research in German Universities", *Higher Education Quarterly*, Vol. 56, No. 4, December 2002.
② 顾建民:《自由与责任——西方大学终身教职制度研究》，浙江教育出版社2007年版，第138页。
③ 阎凤桥:《本-大卫对世界科学中心转移的制度分析》，《高等工程教育研究》2010年第4期。

❖ 第三部分 比较与借鉴 ❖

生和教师的人数都有了很大幅度的增长,但大学的组织结构却没有任何变化,研究型大学仍然保留着讲座教授的法人地位,甚至保持了他们与其他学术成员的比例。① 陡峭的金字塔式的学术职位制度造成了学术资源的垄断和学科的封闭,初级学术人员对于教授的严重依赖性和较大的职业风险不利于学术后备人才的成长和培养,政府部门严密的政治管制和教授主导的学术寡头自治相结合的传统,越来越成为高等教育改革和发展的主要障碍。讲座制中教授"凝固的权力"使得学术权力出现固化,非教授学术人员处于学术权力金字塔的底层,激化了大学内部的矛盾。近年来,德国研究型大学的职位结构发生了一些革命性的变化。具体表现为大学校长和系主任的地位得到加强,校务会议在大学教学、研究等与学术相关事务中的作用被强化,并共同负责对学术人员定期进行评估;在不改变原有职位数量的前提下增设了一些新的职位,这样至少在一个系或学科领域可以拥有不止一位高级教授。同时,正教授职位永久性的资源配置制度被废除,以5—7年作为一个绩效评估和资源配给周期,根据综合评估结果进行学术资源分配;引进包括外部成员所组成的校务咨询委员会,把研究资源转变为独立的预算经费,促使教授角色更多地向专业项目申请人和项目管理者转换。通过这些举措,学术权力高度集中于正教授的状况逐步得以改变。然而,德国研究型大学的学术系统仍然保持了严格的等级制,拥有公务员身份的教授和其他从事教学、研究的学术人员之间仍然存在较大的差别。

二 职位设置上从存量变为增量

由于德国研究型大学的教授职位通常都是经过激烈竞争和严格评审后,经州政府教育部门批准之后才获得正式任命,其公务员的身份和终身的任期致使教授的流动性较低,大部分教授职位被长期占据,严重影响了优秀教师的补充和年轻教师的合理利用。学术职位制度过

---

① [美]约瑟夫·本-大卫:《科学家在社会中的角色》,赵佳苓等译,四川人民出版社1988年版,第247页。

❖ 第十六章 德国研究型大学的学术职位制度 ❖

于呆板和僵化使得从进入学术职业到获得终身职位的道路非常漫长，年轻人难以脱颖而出。在德国研究型大学里，教师首次获得教授职位的年龄通常在 40 岁以上，使得大学在延揽优秀人才方面与政府、企业相比缺乏足够的吸引力。此外，英美等国相对更快的学术职位升迁促使许多德国研究人员选择留在国外，据统计，12%—14% 具有博士学位的德国科研人员去了美国，其中有四分之一到三分之一的科研人员长期留在美国，而其中绝大多数是经由国家资助去美国留学或进行学术研究工作的。[①] 在德国现行的学术职位制度下，许多优秀的研究人员和年轻的学术人才选择留在国外从事博士后研究，"人才外流"无疑削弱了德国在世界上的学术竞争力。为了扭转学术发展与创新的不利地位，德国政府主导了一系列的改革，以打破传统僵化的教授晋升体制，推动高校教师学术职位的增量改革：大学教授公务员的身份得以保留，在原有制度的基础上增设一些非公务员身份的学术职位。2002 年，联邦教育部出台《高等学校框架法草案》，启动"青年教授制度"，目的是促成获得博士学位的青年学者能独立承担研究与教学任务，为年轻学者开辟更多的职业发展空间。其改革更多的是在不触动现行制度基础上的增量变革，并尝试通过立法改革探索初级职业阶段人员新的结构模式，努力在非教授学术职位的流动性和稳定性之间寻求平衡。

三 职位变革上从单项转向综合

经过多年的延迟改革，德国的高等教育系统不堪重负。[②] 以往的单项改革往往难以撼动既存的制度、触及阻碍大学发展的实质性问题，也不可能达到预期的效果。到 20 世纪末，德国政府大力改革高等教育体制，开始进行综合改革尝试，先后颁布了一系列的改革法令，从改革学术职位制度入手，辅以工资制度、教师资格制度以及大

[①] 彭正梅：《德国高等教育的改革动向》，《全球教育展望》2002 年第 9 期。

[②] Anna Kosmützky, "Between Mission and Market Position: Empirical Findings on Mission Statements of German Higher Education Institutions", *Tertiary Education and Management*, Vol. 18, No. 1, March 2012.

学竞争的战略，力图提高研究型大学的竞争力。1998 年，德国政府修订《高等教育总纲法》，提出了弱化政府管制和实施绩效激励的改革主旨，迈出了增强德国高等教育竞争性和多样性的第一步。2000 年，联邦教育部颁布《21 世纪德国高等学校服务法》，重新制定了学术职位的聘任标准与条件，提出了高等学校教师工资与人事制度的改革方案，试图通过改革高等教育的总体结构来调整大学学术职位的内在形式，提升初级学术人才的处境和职业预期。2002 年，为适应欧洲一体化进程的发展，增强德国大学学术职位的吸引力，促使教授队伍年轻化，联邦政府决定首批遴选 3000 名青年教授（junior professor），给予这些处于职业初期的年轻学者 6 万欧元的补助，并鼓励大学根据自身的状况制定相应补贴。[①] 除此之外，政府还提出废除大学教师资格制度，建立三级工资制度，基于教师承担的任务及其成绩实施绩效激励等一系列政策。2005 年，为促进德国大学科技研究和学术创新水平的提升，联邦教育和研究部、科学基金会发起了"卓越计划"，通过选拔性的重点资助，扶持特定的精英大学、杰出青年科研人员和优秀博士生，加强德国大学间以及与国际范围内学术机构的合作。2006 年，联邦与各州签订《2020 高等学校协定》，明确各自权限和责任，实施"合作式联邦主义"，增强各州高等教育改革的权限。这些举措无疑标志着德国研究型大学学术职位结构正实现由等级化到多元化的转变，也预示着德国突出和强化研究型大学的科研优势，踏上了谋求重返世界高等教育引领者地位的历史征程。

第四节 德国经验于中国改革的借鉴

德国高等教育中行政主导的管理模式，以讲座教授主导研究所为核心的学术组织形式和学术人员晋升的外部选拔制度，形成了学术职业较高的准入和晋升门槛，学术职位的强筛选性带来的初级学术人员

[①] Michael Gross, "Hidden Success of German University Reform", *Current Biology*, Vol. 12, No. 18, September 2002.

❖ 第十六章 德国研究型大学的学术职位制度 ❖

晋升的激烈竞争有效保证了较高的学术质量标准，促进了德国研究型大学初期发展阶段的辉煌。然而，随着学术职业的日渐成熟和现代科学复杂化、交叉性的发展态势，其保守和僵化的体制已然无法应对，德国研究型大学的世界影响力从此一落千丈。虽然近年来德国对大学学术职位制度进行了多层面的改革，但依然保留了学术聘任制的核心组织原则，即重视资历、学术区分度过高，由此带来的教师流动导致德国学术系统存在较大的不稳定性，影响着研究型大学的功能发挥，因此，德国研究型大学的学术职位制度尚需进一步的改革。

研究型大学是典型的以学术创新为目标的社会组织，其学术研究和教学有强大的溢出效应，对社会政治、经济文化和科技等各个方面的发展有巨大的推动作用。[1] 学术职位制度作为学术管理制度的重要内容，对促进研究型大学创新力量和资源的重组与整合有着重要的意义。随着中国"高等学校创新能力提升计划"（2011 计划）的实施，研究型大学作为科技协同创新的重要力量，必将在国家创新体系中承担起更大的责任。在此背景下，分析德国学术职位制度的特点和变革的历程，可以得出一些有益的启示。

一 明晰政府权力的边界，保持研究型大学的学术制度自主

德国研究型大学的经验表明，国家对大学具体学术制度的过度介入、学术职位设计与学术发展需求的不匹配无疑会阻碍学术的发展，进而影响研究型大学对国家科技发展的贡献。"服从于政府压力或短期政治行为，不可能建立符合长远公共利益的高等教育系统。"[2] 在推动中国大学走内涵式发展道路的现实背景下，促进现代大学制度建设、改变以往政府管理大学的模式和大学对教育行政部门的依附，使政府从大学细节管控中抽身，从以往直接的管理控制转向间接的服务参与和政策指导，确保大学在学术制度上的自主权，无疑是大学治理

---

[1] Susanne Warning, "Performance Differences in German Higher Education: Empirical Analysis of Strategic Groups", *Review of Industrial Organization*, Vol. 24, No. 4, December 2004.

[2] Task Force on Higher Education, *Higher education in Developing Countries: Peril and Promise*, World Bank, 2000, p.45.

❖ 第三部分 比较与借鉴 ❖

模式改革的重要方向。

二 优化学术职位的顶层设计,避免职位等级的过度区隔

教师是大学这一学术组织的心脏。[①] 学术职位制度作为学术性组织的具体承载,是实现学术人员松散联合的重要途径。德国研究型大学的传统结构与组织模式重视资历、学术区分度过高,以传统的讲座制度为主导形成的初级学术人员对教授的过度依赖,与大学学术自由的内在要求相悖,也造成了教师内部的身份隔阂和地位的严重不平等,由此带来的教师高度流动性导致师资队伍存在较大的不稳定性,影响着研究型大学的功能发挥。构建良好的学术职位制度,才能更好地凝练大学发展所需的各种资源,充分发挥教师个体的学术潜能。研究型大学只有以当前的岗位设置和人事制度改革为契机,以促进学术发展为出发点,优化学术职位的制度安排,在促进教师适当流动的同时,又保持制度的弹性,避免职位制度的过分区隔和僵化,才能为青年教师发展提供宽松的环境和良好的平台,促进学术新生力量的成长和良好组织文化的构建。

三 以学术卓越为本,探索多元的教师职位模式

学术职位制度安排作为大学内部的重要组织机制,直接影响着教师的工作动力及学术的产出和效率,美国借鉴德国研究型大学的模式并实现本土化的改良后,尤其是终身教职制度的建立和完善,促使美国研究型大学迅速崛起,取代德国成为世界科学研究的中心,著名社会学家本－大卫(Joseph Ben-David)认为,德国大学的衰落与内部学术制度的落后有着不可分割的联系,[②] 这也是影响科学中心转移的一个重要制度因素。"2011 计划"的提出,标志着中国协同创新体系建设进入新的阶段。在当前学术发展日益交叉化的背景下,中国的研

---

① Philip G. Altbach, *Comparative Perspectives on the Academic Profession*, New York: Praeger Publishers, 1977, p. 2.
② 阎凤桥:《本－大卫对世界科学中心转移的制度分析》,《高等工程教育研究》2010 年第 4 期。

第十六章 德国研究型大学的学术职位制度

究型大学要坚持以学术卓越为根本,在实施教师聘任制的基础上,探索多元化的职位模式,根据自身定位和发展的需要科学设岗,对教师进行分类管理和分类评价,将教师的晋升和职业发展结合起来,提升教师开展重大科研项目攻关的动力,从而增强研究型大学的自主创新能力和总体实力,为国家经济发展和社会进步做出更大贡献。

第十七章　英国大学教师评价的改革与借鉴

英国大学教师评价兴起于 20 世纪后半叶，成为被高等院校管理者作为实施绩效管理的工具，被政府作为推行新自由主义政策的手段和被社会作为提升公共话语权的途径。自 1992 年英国高等教育系统"并轨"以来，大学教师评价政策领域产生了一系列变革，如面向世界一流，聚焦科研成果的国际影响力；发挥董事会外部治理作用，建立广泛的协调机制；实施多维度系统性评价，注重教师的学术公民身份；提升大学教师评价效能，优化大学教师学术职业发展路径等。尽管中英两国的大学教师评价具有不同的历史沿革与阶段性特征，但英国大学教师评价的改革实践仍对中国大学教师评价的发展具有借鉴意义。

第一节　英国社会各界关注大学教师评价

自中世纪大学肇始以来，在"闲逸的好奇"驱使下，高深知识在自发和无序的空间里缓慢地扩散和蔓延。二战结束后，稀缺的高等教育资源和持续扩张的高等教育规模这对矛盾推动着高等教育在竞争中从自发走向规约、从无序迈向有序，以至于"像牛津、剑桥这样独树

❖ 第十七章　英国大学教师评价的改革与借鉴 ❖

一帜于一国高等教育系统里的时代早已一去不复返了"。① 根据2016年世界大学学术排名（ARWU），在英国大学中牛津和剑桥两所大学均进入世界前10名，8所大学进入前100名，37所进入前500名。② 在当代世界高等教育格局中，英国一流大学的数量仍位居前列并领跑欧洲。

政策制定是由"一个或一批行动者为处理某一问题或有关事务而采取的有目的的活动过程"。③ 现代博弈理论将政策制定看作竞争状态下的理性选择过程，政策的形成依赖于达成社会目标过程中不同利益主体之间的博弈。因此，政策不仅是文本，同时也是话语体系和实践体系；不仅是官方意图的表达，同时也是政府的行为及其结果。④ 20世纪80年代以来，院校管理者将治理理论应用于高等教育系统中，通过协调各利益相关者的一系列政策措施提升大学办学质量和管理效益。现代大学治理在于解决高等教育各利益相关者相互作用时所产生的诸多问题，其核心是谁受益以及谁应该受益的问题。第三次工业革命促进了体制化、组织化的科学研究和"大科学"的崛起，在促进生产发展和提高科学管理水平的实践中，工业领域和管理领域相继产生了以绩效考核和问责为主要形式的各类管理评价活动，这些评价活动也对现代大学治理体系和大学教师的知识生产方式带来了深远影响。一流大学必然有一流的教师，也必然有一流的教师政策服务于院校治理和大学教师的学术职业发展。从治理的视角聚焦英国大学中的教师评价改革政策，对当前我国高等教育"双一流"建设、完善大学教师评价政策体系具有重要意义。

一　大学教师评价被院校作为实施绩效管理的工具

首先，从高等教育系统运行的内在结构看，传统的英国高等教育

---

① Burton R. Clark, *The Academic Life: Small Worlds, Different Worlds, A Carnegie Foundation Special Report*, New Jewsey: Princeton University Press, 1987, p. 47.

② World University Rangkings（http://www.shanghairanking.com/World-University-Rankings-2016/UK.htm）.

③ Anderson J. E. *Public Policymaking: An Introduction*, 4th, Boston: Houghton Mifflin, 2000, p. 8.

④ 涂端午：《论理论导向的教育政策分类》，《现代大学教育》2007年第5期。

❖ 第三部分 比较与借鉴 ❖

系统具有典型的"底部下沉"的特征[1]。英国大学教师职称体系一般包括教授（professor）、副教授（reader）、高级讲师（senior lecturer）、讲师（lecturer）（参见表17—1的英国格拉斯哥大学案例）。教授在学术权力中处于主导地位，基层学术组织在院校治理体系中起决定性作用。在对学术卡里斯玛的传统崇拜中，英国学术界对学术自由的推崇意味着排斥国家主义和政府干预。[2] 而新公共管理思潮的盛行使个人主义与国家主义难以完全对立开来，两者的缝隙在高等教育经费日益缩减的窘境下愈渐弥合。基于学者共同体和科层管理的大学倾向于借鉴生产部门的经验将院校管理重心逐步上移。院校在大学教师人事管理中有绝对的控制权，由院校层面主导教师评价活动能够减少院校人事部门和院系的重复工作，节约评价过程中的隐性成本。其次，从高等教育系统运行的外部环境看，在现代大学治理体系中引入评价管理有其必然性。一方面，物质生产部门中的组织管理理念对知识生产部门具有一般性的适用价值；另一方面，英国新自由主义作为一种社会思潮带来了一系列连锁效应，管理者倾向于将经济领域中较为成熟的绩效管理经验应用到公共领域[3]。绩效管理是根据绩效目标和标准科学地评定员工的实际工作、履职程度、个人发展并将结果反馈给员工的过程。以考核和评价为核心的绩效管理彰显了高等教育管理过程中的工具理性，即通过大学教师评价管理实践来确认评价作为一种教师管理工具的有效性。它规定教师在一定的评价周期内必须完成的教学、科研任务量，承担一定的学术和社会服务。作为激励手段，绩效管理的重要形式是将绩效工资纳入大学教师的薪酬结构中。

---

[1] [美]伯顿·克拉克：《高等教育系统——学术组织的跨国研究》，王承绪等译，浙江教育出版社1994年版，第145页。
[2] [美]威廉·克拉克：《象牙塔的变迁——学术卡里斯玛与研究性大学的起源》，徐震宇译，商务印书馆2013年版，第540页。
[3] M. Bottery, "The Education of Business Management", *Oxford Review of Education*, Vol. 15, No. 2, 1989.

❖ 第十七章 英国大学教师评价的改革与借鉴 ❖

表17—1　英国大学教师职称体系（格拉斯哥大学案例）①

级别	科研与教学		科研	学习、教育与学术	临床医学
10	教授		教授	教授	教授
9	高级讲师	副教授	高级研究员	资深大学教师	高级讲师
8	讲师		研究员	大学教师	讲师
7	讲师		副研究员	大学教师	讲师
6			助理研究员	教学助理	

注：University of Glasgow，1451年成立的老牌名校，"罗素大学集团"成员。

二　大学教师评价被政府作为推行政策改革的手段

在20世纪80年代的英国，以撒切尔政府为代表的新自由主义试图"铲除社会上一切无用之物"并削减公共领域开支②，高等教育市场化作为一场影响深远的变革正悄然发生并掀起了一场以效率为核心的学校改进运动。英国教育部在《教学质量》（Teaching Quality）和《改进学校》（Better Schools）中都宣称要通过改进教师评价来提升办学水平；《大学效率研究指导委员会报告》（Report of the Steering Committee for Efficiency Studies in Universities）则提出，在提升效率的同时应鼓励大学与社会相互联系，逐步形成治理主体多元化和"企业家式"的共同治理模式。③ 在鼓吹"小政府、大社会"的新自由主义和"绩效优先"的新公共管理主义影响下，现代大学治理体系不得不在大学自治和绩效管理之间寻求一种隐性的平衡。与此同时，研究主导型大学（Research-dominated University）的崛起、教学经费与研究经费的分离、从经常性经费转向研究性经费的趋势正有力地改变着英国大学科研环境。④ 在高等教育入学人口和大学教师规模保持相对稳定的背景下，绩效导向的科研经费拨款比重逐步提升。英国高等教育

---

① Human Resources（http://www.gla.ac.uk/services/humanresources/all/pay/promotion/）.

② ［美］林塞·沃特斯：《希望的敌人：不发表则灭亡如何导致了学术的衰落》，王小莹译，商务印书馆2011年版，第64页。

③ W. A. C. Stewart, *Higher Education in Postwar Britain*, London: The Macmillan Press LTD, 1989, p. 234.

④ 沈红：《美国研究型大学的形成与发展》，华中理工大学出版社1999年版，第243页。

❖ 第三部分　比较与借鉴 ❖

基金委员会的资助政策也影响了对大学教师从事知识生产和科学研究的评价规则，科研活动的社会效应正正逐渐显现。英国高等教育基金委员会推行的"研究卓越框架"（Research Excellence Framework，REF）在评价教师的科研成果时突出了科学研究与国家发展战略的契合程度。可见，大学教师评价面临的是一个多元利益的格局，政府始终以直接或间接的方式影响着现代大学治理结构和象牙塔里"闲逸的好奇者"。

三　大学教师评价被社会作为提升公共话语权的途径

在"谁应该受益"的问题上，由于高等教育所具有的准公共产品属性和高等教育发展带来的外部效应，公共话语权始终围绕在现代大学的多元治理格局中。大学教师评价政策不仅源于现代大学治理体系自身所彰显的工具理性和政府对高等教育的改革预期，社会对大学和对大学教师群体的聚焦也使教师评价迅速上升为公共议题。在20世纪以前，英国大学对教授的任命首先建立在创建人意愿及选举团体基础之上，以至于在古老的"牛剑"（Oxbridge）教授候选者首先应该是一名教士而并非一位学者。[①] 20世纪80年代以来，绩效理念的出现为大学中管理主义的泛滥提供了一种话语权力。对知识生产效率的追求反映了政府和公众普遍的心理诉求并集中体现在高等教育消费者权利意识的提升上。克拉克·克尔把从注重学术价值到注重高等教育消费者权利的过渡视为高等教育发展史上重大的转折，[②]它使大学重新审视高等教育系统的多元主体格局，并把提供多样化、优质的高等教育作为提升高等教育机构竞争力的关键。在这层意义上对大学教师的评价为学生获得优质高等教育资源、提升高等教育收益提供了制度保障。英国大学教师评价活动是多元利益主体交互影响下的产物。院校

---

① ［美］威廉·克拉克：《象牙塔的变迁——学术卡里斯玛与研究性大学的起源》，徐震宇译，商务印书馆2013年版，第454页。
② David Riesman, *On Higher Education*, San Francisco: Jossey-Bass Publishers, 1980, Foreword.

❖ 第十七章 英国大学教师评价的改革与借鉴 ❖

管理者和大学教师一样,把教师评价政策作为一种"政治套话",①以此来回应社会和公众对大学在排行榜上停滞不前的抱怨。

第二节 英国大学教师评价的多方面改进

英国大学当前的教师职称体系中并没有类似于美国大学中的"终身教授"。英国1988年颁布实施的《教育改革法》(Education Reform Act 1988)正式废除了终身教职,大学教师实际上成为了大学的"雇员"。当前英国大学教师的聘任方式一般采用固定合同或无限期合同的形式。然而,英国关于终身职的讨论并未随着国家层面的取消而停止。在竞争激烈、日趋多元的学术劳动力市场中,维护学术自由、保护教师利益而备受"压制"的终身职确实遭到了不少人的质疑②。这也为英国大学教师评价的改革提供了契机。1991年英国发布了著名的高等教育白皮书——《高等教育:一个新的框架》(Higher Education: A New Framework),全面展望了英国高等教育的未来,并建议继续提高高等教育毛入学率,通过废除"二元制"来建立一个统一的高等教育框架。1992年大学和多科技术学院并轨后英国启动了全国范围内的大学教师评价活动,"追求卓越"成为英国研究型大学教师评价改革的主题。在高等教育发展的新时期,大学教师评价在变革中不断调整和完善以适应高等教育发展的时代诉求。

一 始终面向世界一流,聚焦大学教师科研成果的国际影响力

研究型大学卓越的学术声望使英国始终保持高等教育的强国地位,这与其历来重视科研评价和科研成果的国际影响力有关。2012年起英国推行全新的研究卓越框架,为高等教育拨款机构提供经费分配方案,并向大学推广卓越研究的评价标准。在研究卓越框架里科研

---

① [美]爱德华·希尔斯:《学术的秩序——当代大学论文集》,李家永译,商务印书馆2007年版,第107页。

② C. Musselin, "European Academic Labor Markets in Transition", *Higher Education*, Vol. 49, No. 1, 2005.

❖ 第三部分 比较与借鉴 ❖

成果、学科声誉和科研环境分别占65%、20%和15%的比重,科研成果划分为"国际领先""国际著名""国际知名""国内知名"四个等级①。根据这一方案,大学教师须将四项代表性成果提交评议小组,后者采用专家评议的形式对科研成果的引用率等其他指标进行具体判定,最后纳入科研成果综合分数。

英国研究型大学在对教师的科研成果进行评价时也采用与研究卓越框架相一致的评价标准。格拉斯哥大学把专职科研人员划分为助理研究员、研究员和高级研究员三类。从助理研究员到研究员需要在近6年内有至少4项研究成果达到国际著名,且至少有1项成果具有达到国际领先的潜力;从研究员到高级研究员则需要在近6年内至少4项研究成果达到国际著名,且至少有1项成果处于国际领先地位。②在同为"罗素大学集团"(The Russell Group)成员之一的约克大学(The University of York)要成为教授不仅需要至少1项国际著名的学术成果,同时也需要在跨学科、跨院校科研活动中做出自己的贡献。③ 2014年,研究卓越框架评估累计有超过5万名教师申报近20万项科研成果;经过长达一年的评审,在所申报的科研成果中有30%处于世界领先地位,46%超过世界平均水平。④ 研究卓越框架中"具有原创性、重要性及其得到国际认同的研究成果"成为了教师在提交评价材料中的核心内容。除了政府层面的科研评估之外,大学排行榜也把科研成果纳入其指标体系之中。如在QS世界大学排行榜中"学术领域的同行评价"占40%的比重,"教师人均被引"占20%⑤;而在THES世界大学排行榜中,科研(发表总数、经费数、学术声望)和被引数(科研影响力)各占30%的比重⑥。

---

① Research Excellence Framework (http://www.ref.ac.uk/).
② Academic Promotion Criteria (http://www.gla.ac.uk/media/media_482552_en.pdf).
③ Criteria and Procedures 2016 - 2017 (http://www.york.ac.uk/about/departments/support-and-admin/registrars-secretary/academic-promotions/).
④ Research Excellence Framework (http://www.ref.ac.uk/).
⑤ Ranking Overviews (https://www.topuniversities.com/university-rankings).
⑥ The World University Rankings (https://www.timeshighereducation.com/world-university-rankings).

❖ 第十七章 英国大学教师评价的改革与借鉴 ❖

二 发挥董事会外部治理作用，建立广泛的大学教师评价协调机制

英国大学治理模式可以分为牛津、剑桥大学的学者主导的学术治理模式、城市大学的政治治理模式以及创业型大学治理模式①。牛津大学章程规定董事会负责制定院校发展政策，负责行政事务、大学财政及资产的管理并拥有履行这些职责的最高权力。董事会在研究型大学教师评价管理中具有重要地位。剑桥大学教师晋升委员会首先对候选人进行两轮初评，初评报告提交给剑桥大学人力资源部；人力资源部将评价材料提交有五名董事参加的董事会议，随后上报剑桥大学校董事会议；最后校董会签署材料并批准教师晋升。学术委员会与董事会之间在教师晋升上的互动保障了教师晋升评价既能够遵循学术治理的基本原则，同时也能够与院校治理目标保持一致。独特的英国城市大学治理模式是政治治理的典范，董事会既是大学的重要外部治理机构也是最高决策机构。如在曼彻斯特大学，校董事会具有教师聘用的最终决策权和解释权②。

英国大学在开展教师评价的活动中充分尊重被评人的知情权和隐私权并广泛协调，一旦教师对院系或院校层面的评价结果存有异议可随时提起申诉与复核。英国大学教师评价过程中协调机制的建立与英国大学的自治传统有关。传统的英国高等教育权力系统中基层学术自治组织坚如磐石；院校权力建立在强大的教授权力之上；政府权力仅限于为大学颁发特许状、为大学改革法案组织听证会或仲裁等少数场合。而随着英国高等教育市场化改革的推进，政府对大学的介入逐渐加强，并通过"委托—代理"方式借助第三方机构和外部力量控制资源分配。因此教师评价协调机制即意味着打破现有利益格局，以学术发展和院校发展为目标形成各利益主体都可接受的评价政策。例如从 2011 起，牛津大学开始为固定合同期限的教师提供职业发展计划，

---

① 李立国：《大学治理的转型与现代化》，《大学教育科学》2016 年第 1 期。
② Our Foundations（https://www.manchester.ac.uk/discover/governance/foundations/）.

并为那些具备良好的科研潜质且临近合同期满的教师继续提供经费资助①。职业发展计划的申请材料和评价方案由申请者个人、系主任、校人事部门共同商定，获得该计划的教师将由校方提供最多长达 12 个月的科研项目资助。当合同期满之后，对这类教师的评价及去留问题将主要取决于他们在资助项目中所取得的科研成果。

三 实施多维度系统性评价，注重大学教师的学术公民身份

作为学术职业者的大学教师对所属学科的忠诚远大于对组织的忠诚。大学教师评价的外部效应提升了学术劳动力市场的流动性与开放性，大学教师在改变其组织忠诚的同时依然可以在专业领域之内从事知识的生产与传播。英国大学对教师的评价不仅限于某一学科内的知识生产，而是针对教师在教学、科研和服务等多个维度的系统性评价。它不仅包含基本教学时数、发表数量、社会服务参与量等可量化性指标，也包括个人特质、业务素养、服务意识、协作精神等非量化指标。

传统英国大学教师评价中并不注重教师的社会服务活动，而在现代大学的多元治理时代大学教师的学者身份被重新定义，大学社会服务的边界也被拓展。学生服务、专业服务、学者共同体服务、院校服务、社会公共服务等构成了当前英国大学教师服务评价体系。在过去大多数教师并不经常提及作为消费者的学生，而在现代大学治理时代大学更加关注高等教育的直接和间接消费者，包括学生、家长、大学、社区和国家及其他利益相关者等。大学教师评价也围绕这些方面展开，如引入学生评教、实施对教师参与校内管理和社会服务的评价等。约克大学在教师评价政策中强调大学教师的"学术公民"（Academic Citizenship）身份②。作为学术公民，教师在开展教学和科研活动的过程中也不能忽视与知识转化机构及社区的交流，这些活动对于活跃大学学术氛围，保持大学与社区之间的互动关系具有重要意义。

---

① Career Support Scheme（http://www.admin.ox.ac.uk/personnel/end/bridging/career-support/）.

② Academic Citizenship（http://www.york.ac.uk/about/departments/support-and-admin/registrars-secretary/academic-promotions/）.

❖ 第十七章 英国大学教师评价的改革与借鉴 ❖

在伯明翰大学，教师在提交评价材料时同时要提交一份如何践行学术公民身份的自我评估报告。学术公民身份体现在正式和非正式两个层面：在正式层面，教师作为大学中的一员需要提供一系列管理和咨询服务；在非正式层面，教师的学术服务应突破学科、专业和院校的边界，如宣传与推广科学知识，积极参与社会治理等①。

四 提升大学教师评价效能，优化大学教师学术职业发展路径

"效能"注重在时间和资源投入最小化的前提下达到现实的和潜在的收益最大化。大学教师评价效能的核心是大学教师评价在多大程度上提升了教师的学术职业发展和大学的组织发展水平。20世纪中后期西方发达国家开始关注与教育相关的效能问题，包括学校效能、教师效能、教学效能、学校管理效能等。随着各种大学教师评价活动的开展，人们的注意力转向评价活动自身，继而产生了对评价目的、评价方法、评价模型、评价效能等涉及"元评价"问题的系统研究。

对教师评价效能的关注让教师评价回归到教师职业发展的轨道上，促进教师开展自我反思。尽管越来越多的大学开始采用量化指标对教师的工作绩效进行评定，教师的合同聘用形式也更加多样，然而教师评价和教师聘用合同并不能确保大学教师产生有创造性的学术成果；况且，每个教师仍然会以不同的教学方式获得各种各样的教学成果。②因此，大学教师评价应该立足于一个相对稳定的战略基点上——促进大学教师的学术职业发展。华威大学（The University of Warwick）的教师成长方案（Grow），整合了教师的职业发展目标（Goal）、现实挑战（Reality）、可选择的行动（Options）及意愿行动方案（Will），③形成了一个完善的教师自我反思框架。伦敦帝国理工学院（Imperial College London）也制定了一系列项目促进教师发展

---

① Recruitment and Selevtion（https：//www.birmingham.ac.uk/staff/jobs/index.aspx）.
② ［英］亚伦·博尔顿：《高等院校学术组织管理》，宋维红译，江苏教育出版社2010年版，第94页。
③ Self Evaluation（https：//www2.warwick.ac.uk/services/ldc/resource/evaluation/tools/self/）.

· 297 ·

水平提升，如"领导与管理发展项目"、"专业发展项目"和"个人评估与发展规划"等。① 英国著名的教师组织"新教师项目"（The New Teacher Project）提出教师评价的"2.0 时代"——教师评价不仅应该满足教师教学与科研发展需求，同时也应该关涉院校发展的诉求。"新教师项目"在报告中提出，教师评价应更加关注自身效能的实现，重视对评价结果的分析与反馈；将教师评价结果作为教师发展的基础性材料，并在院校师资管理和教师政策制定过程中发挥重要作用。② 在研究型大学中，教师评价结果不仅与教师的聘任、留任和晋升直接挂钩，也成为提高大学教师薪酬的必要条件。

第三节 英国经验于中国教师评价的借鉴

大学教师评价是时代的产物。在高等教育繁荣发展时期，教师评价应运而生，回应着高等教育的利益相关者对提升高等教育质量的时代诉求。中国的大学教师评价活动兴起于 20 世纪末，高等教育规模扩张是这一时期中国大学教师评价活动开展的重要时代背景。然而，扩招也给大学的教学和科研管理活动带来了挑战，涉及教师聘任、晋升等重大事宜的各类评价活动成为大学提升教学和科研水平的重要手段。中国高等教育"双一流"建设方案提出要加快完善大学教师分类管理、分类评价，促进教师队伍合理流动。当前中国大学教师评价政策的调整与改革也需要在"双一流"建设的框架内进行系统设计以适应院校治理与学术治理环境变化的需要。

一 中国大学教师评价活动的特征

第一，行政权力介入学术评价。中国的学术评价难以独立运行，行政力量往往会对教师评价过程进行政策"引导"，并介入评价结果。

---

① Organisational and Staff Development（http：//www.imperial.ac.uk/staff-development/development-options/planning-your-development/prdp/）.

② TNTP（http：//tntp.org/ideas-and-innovations/view/teacher-evaluation-2.0）.

❖ 第十七章 英国大学教师评价的改革与借鉴 ❖

第二，过度重视绩效而缺乏问责，效能低下；"优胜"有余、"劣汰"不足。中国大学教师评价体系还没有建立起科学、有效的问责机制和退出机制，这不仅导致评价效能的降低，也不利于大学教师的合理流动。

第三，教师评价缺乏人文关怀。发表至上的评价氛围不仅不利于营造学者潜心治学的环境，也使广大教师尤其是青年教师感到生存和发展的压力。而作为被评价者，教师难以依据自己的意愿和期望选择发展道路，他们的呼声往往得不到有效的回应。从高等教育管理体制来看，英国属于分权型，中国属于集权型。两种体制下的大学教师评价具有不同的特点和适用条件。尽管如此，英国大学教师评价对中国仍有值得借鉴之处。

二 英国大学教师评价于中国借鉴

第一，强化大学教师的主体意识，突出教师评价活动服务学术职业发展的价值导向。大学教师作为教师评价活动的重要利益相关者，在评价过程中扮演着关键角色。随着"双一流"建设方案的提出，学术评价的激励效应愈加彰显。在教师评价实施过程中，教师个体对评价的认识直接影响着评价效能。学术评价致力于在学者共同体内建立广泛的学术认可机制，它以学术职业发展为导向而并非简单的绩效排名。强化大学教师在教师评价过程中的主体意识需要院校管理者充分尊重和认识每一位教师作为价值主体的意义，并以服务大学教师学术职业发展为导向，突出学术评价活动的价值理性特征。一方面应从完善教师评价参与机制入手，发挥教师自我评价在教师评价实施过程中的作用，通过教师自我评价与反馈机制的建立，帮助教师反思在专业发展过程中的问题与不足；另一方面也要从制度建设层面入手，确保院校、院系学术委员会和教师个人充分行使学术权力，发挥教师评价在大学学术共同体建设和院校治理体系中应有的作用。

第二，加强大学学术委员会建设，制定科学的教师学术评价指标体系。英国研究型大学教师评价由专门的评审委员会独立承担，行政部门在评价中仅作为服务者提供组织和协调。英国大学董事会与学术

❖ 第三部分 比较与借鉴 ❖

委员会在推进教师评价政策制定与实施过程中各司其职、相互配合，既能够保持教师评价政策与院校发展目标相一致，同时也能够充分尊重院校学术委员会和国际学术同行在教师评价过程中的主导地位。中国在推进大学学术委员会建设的过程中应进一步强调委员会成员遴选的学术成就与声望，健全学术领导体制，弱化非学术因素（如行政级别）对学术评价的干预与影响。确保大学教师评价的独立性，既要加强院校和院系学术委员会建设，同时也要结合院校实情制定科学、合理的教师评价标准与指标体系，保持评价政策与实施方案的稳定性与连续性；教师评价指标体系的设计既需要统筹学科发展与院校发展的需求，同时也需要兼顾身处不同职业发展阶段教师的诉求，让他们在学术职业发展中找到使命感与归属感。

第三，完善教师评价协调机制，建立能上能下、能进能出的人才评价体系。大学教师评价是一个多方参与、多主体博弈的过程。有效的协调不仅是评价顺利开展的保障，也是彰显与提高评价效能的关键。协调机制的建立需要在院校管理者和教师之间建立高效的信息沟通渠道，引导广大教师了解院校教师评价政策措施，在评价实施过程中寻求价值认同，减少政策推进阻力。与此同时，随着中国事业单位分类管理改革的深入推进，一些大学也尝试通过改革大学教师学术评价与聘任制度激发教师的学术活力和组织士气。多样化的教师聘任方式顺应了日趋多元的学术劳动力市场对于各类优秀人才的需求，有利于实现大学教师队伍的合理流动。一方面，中国大学教师评价和分类管理改革应积极吸收试点院校在教师评、聘制度改革中的成功做法，在落实高校人事自主权的基础之上依法、依章、因地制宜地制定实施细则；另一方面，教师评价与分类管理制度设计也要立足于兼顾与协调多方利益，按照事业单位分类改革和人事制度改革的基本要求，完善大学教师聘用制度、岗位管理制度和公开招聘制度，逐步形成能上能下、能进能出的人才评价体系。

第十八章　美国大学教师评价的导向与价值

美国大学教师评价先后经历了科学管理导向和价值导向的历史阶段，二者都曾主导着美国大学教师评价的发展方向。在既强调公共问责又强调学术自由的当代美国大学教师评价中，教师工作价值的判定融合了这两种评价导向，在组织文化和学科文化的影响下，形成了期望价值、优先价值、等级价值的教师工作价值层次，即在尊重学校、尊重学术共同体、尊重教师个体的各自差异下，运用较为科学的评价方式来判定教师价值。本章在梳理大学教师评价的导向流变和价值层次的基础上，以美国公立研究型大学伊利诺伊大学香槟分校及其机械工程系为例，论述两种导向和价值的三层次在教师评价中的作用。两种导向的整合和价值的三层次同时具有约束性和灵活性，体现了一种"自由中不失却法度"的评价精神和评价理念。

美国高等教育的演进经历了大学从关注学习者道德和精神的殿堂，到成为国家经济和实践发展的助推器，再到关注研究和职业发展的理性组织的过程。[①] 在这样的发展过程中，大学对教师评价的关注也随着高等教育的演进而变化。在大学成为学习者道德和精神殿堂的

---

① Ernest L. Boyer, *Scholarship Reconsidered: Priorities of the Professoriate*, Lawrenceville, NJ: Princeton University Press, 1990, p. 5.

❖ 第三部分 比较与借鉴 ❖

时期，教师是自由的，一切学术和教学活动都遵循教师的自我爱好和兴趣，象牙塔的舒适和独立使得教师的工作并没有太多的束缚和社会责任，"知识即为目的"是教师的追求和精神支柱。[①] 随着大学走到了社会舞台的中心，它已经从一个相对封闭的系统向开放的系统转变，新的运行模式开始从关注内部人员和过程向关注大学运行环境转变，科学知识精英开始取代传统的宗教知识精英成为社会的主导，而大学也在科学管理思想和目标管理思想的影响下，对教师工作开始了监督和约束。二战之后，随着美国研究型大学群体的崛起，学科发展和教师发展也更加专业化，教师在不同高校类别中的工作逐渐分化，即使在同一所学校中由于院系环境的制约，各自的工作也存在差异。学校、院系和教师个人兴趣成为教师工作的三个重要语境。美国大学教师评价在导向上先后经历了科学管理导向和价值导向，它们都曾在不同的历史阶段主导着教师评价的方向。在既强调公共问责又强调学术自由的当代美国大学教师评价中，教师工作价值的判定融合了两种评价导向，在组织文化和学科文化的影响下，形成了期望价值—优先价值—等级价值的教师工作价值层次。在尊重学校、共同体和教师个体的差异下，运用较为科学的评价方式判定教师的工作价值。以尊重教师工作多样性为基础的价值导向和以强调客观的科学准则为导向的科学管理导向在教师工作价值层次中扮演着不同的角色。在教师评价的期望价值和优先价值层次，体现了以组织和学科差异为核心的价值导向；在等级价值层次则更多的体现了教师在同等环境和条件下，科学管理导向的精神。

第一节　美国大学教师评价的导向流变

美国大学教师评价的发展经历了三个时期，而指引每一个时期的评价导向也是不同的。美国大学教师评价理论大致经历了两个阶段：

[①] ［英］约翰 H. 纽曼：《大学的理想》，徐辉等译，浙江教育出版社 2001 年版，第 12 页。

· 302 ·

❖ 第十八章 美国大学教师评价的导向与价值 ❖

科学管理导向和价值导向。

一 科学管理导向（1930—1970年）

美国对教师工作评价的关注最开始受到了来自三种思潮的影响：教育评价运动（Educational Evaluation Movement）、科学的兴起和发展以及工业革命。教育评价运动首先发起于初等和中等教育，一批基础教育学家希望通过数据收集和分析了解学生的学业成就，而这种运动也很快对高等教育产生了影响。德国的科学研究模式被移植到美国后，又与当时的工业革命所带来的影响交织在一起，使测量和效率等成为当时社会的行为准则，对输出和生产力客观测量的重视也影响到了高等教育领域。乔治·兰德（George Ladd）就曾提到，事实上，教师是按照流行标准评价的，但这些流行标准却是错误的、没有价值的，而且是不充分的。① 随着流行观念的深入，人们开始要求一种快餐式的、有效率的高等教育，对教师工作的评价越来越像对企业员工的评价，要求他们所有的工作都是有形的、能被观察的、可以计数的。学术成功的标准来自市场，而非高校内部的评价准则。② "一个年轻的大学教师不可避免地要被'效率'控制着，如果他要想证明自己是一名优秀的教师和学者，他就必须在对学生和公众的服务上有效率。"③ 这种科学管理理论引导下的教师评价存在极大的潜在风险，没有遵循和寄托于这种评价方式的教师很容易被校长解雇。在这种评价文化下，教师群体充斥着机会主义者、马屁精或者中庸主义者。教师聘任在这种评价文化下也更像是一种高校的"自杀"，教师必须在一两年之内证明自己的竞争实力，而在如此短的时间内，对于高校教师这个行业而言，是很难鉴别一个教师的能力的。在科学管理理论的指导下，大学开始制定标准化的管理机制，教师被要求报告他们的时间应用效率，而给教师的工作加权则被认为是一种简单的评价方式，

---

① George T. Ladd, "The Degradation of the Professorial Office", *Forum*, Vol. 33. 1902.
② H. S. Candy, "The Professor", *Haper's Magazine*, Vol. 126, April 1913.
③ J. Astrow, "Academic Aspects of Administration", *Popular Science Monthly*, Vol. 121, 1908.

尤其是对研究的定量评价被认为是一种最直接、最有效的鉴定教师工作效率的方式，因此，这种方法很快就被高校认可，并作为教师晋升的依据。① 计算教师的工作时间和对研究成果的计数都反映了科学管理的评价范式，教师晋升的准则开始依照发表成果的数量、学位数、期刊文章数以及正在或者已经完成的研究项目数。这种评价范式的一个诟病就是教学被抛之脑后，詹姆斯·沃德（James Word）认为教学首先被抛弃的原因并不是它不重要，而是因为科学管理范式对教学的评价显得无能为力。② 1950年以后，科学管理模式得到了进一步修正和改进，大学也开始在教师和学生评价中逐渐增加了标准化管理。但是，科学管理在评价教师上并没有像大学管理者预想的那样有效果，"梦想着用一个标准的评价系统来比较两个教师的效率在现实中真的就只是一个梦，设计系统的时候期望是如此美好，但应用的时候简直就是一个梦魇，现在根本没有任何一个完美方法来测量教师的效率"。③ 千篇一律地应用过分细化的考核标准是目标导向范式得不到教师支持的主要原因，发表上的生产力、科研经费、引用率等这些衡量教师工作绩效的标准化刻度在教师看来却根本无法真正衡量他们所产出的学术质量和贡献。

二 价值导向（1970年至今）

20世纪60年代后期，学者们开始注意到了在评价领域的两个变化：第一，学者们对评价的哲学和方法开始了研究和探讨；第二，学者们开始走出了传统的、千篇一律的实验游戏。教育评价领域中出现了新的理论方向。尽管在当时，"科学"依然是评价领域不可撼动的准则，但是在社会研究领域已经开始出现了对评价和决策更为理性的

---

① Van Hise and Charles Richard, "The Appointment and Tenure of University Professors", *Science*, Vol. 33, February 1911.

② James Word, "Promotion Factors in College Teachers", *Journal of Higher Education*, August 1937.

③ Robert M. W. Trave, "Appraisal of the Teaching of the College Faculty", *Journal of Higher Education*, Vol. 21, No. 41, 1950.

❖ 第十八章 美国大学教师评价的导向与价值 ❖

方式，学者们开始在科学导向评价和价值导向评价上争论不休。坚持价值导向评价的学者们认识到了这样一个问题：任何一个评价都必须在不同的价值系统中实行，价值系统包括了人们对现实、态度、科学信念、文化传统等方面的看法，这些价值系统是决然不同的。当对人类的智慧成果进行评价时必然要包括从传统而来的价值规则和准则，而这些规则和准则由于历史、民族、地域等多方面的原因存在极大的差别。但在西方价值观中，有两类价值——Merit 和 Worth（可称作等级价值和场域价值），二者之间是有冲突的，Merit 是一种背景无涉（Context-free）的价值，事物或者对象有自身固有的、独立于任何需求或使用性，即强调所有人或物在同等环境下的价值优劣，这种评价方式更倾向于科学范式；但 Worth 却恰恰相反，强调的是在一定的现实背景中被人们所尊重和认可的价值。以一个教授为例，一个教授的学术内在（Scholarshipness）可以用 Merit 来判断，他的同行可以判断他对学术共同体或者本学科的贡献，不涉及他来自哪种学校、性别如何，等等，因为学术内在正是 Merit 所强调的个人内在特征，不涉及其他个人所生活的背景；但当一个教授的学术内在受到了来自局部语境（Local Context）的制约，其价值就会随着局部语境的重视度而增加或减少。[1] 随着社会学领域学者在研究中发现环境和背景对人类思想和行为影响的重要性，价值导向理论在评价中也逐渐得到重视，因为无论你应用何种模式和方法来评价事物，评价中的复杂程度会超出模式和方法的限制，归根结底是评价人所持的价值观在起作用，无论是设计评价还是执行评价，评价过程中所谓的价值无涉是根本做不到的。这种从科学导向向强调社会背景和环境的价值导向的转换使教师评价从强调定量、科学范式向强调背景和环境导向的质量范式转变，但这并不意味着科学管理导向完全被价值导向取代，起码在对教师工作的评价中，两种导向会经常同时出现，高校管理者通常会结合两种评价导向来判定教师工作的价值。

---

[1] Yvonna S. Lincoln and Egon G. Guba, "The Distinction between Merit and Worth in Evaluation", *Educational Evaluation and Policy Analysis*, Vol. 2, July 1980.

❖ 第三部分 比较与借鉴 ❖

第二节 美国大学教师评价的价值层次

当今美国大学教师评价清晰的结合了价值导向和科学管理导向两种评价范式,即在以大学和院系共同价值体系为背景下,用科学和客观的程序和方法对教师工作进行判断。对教师工作的价值判断最终遵循整体的理性思考,但是为了说明评价过程中大学、院系和教师群体在价值判断中的角色和作用,本书将大学教师的工作价值分为如下三个层次。

一 期望价值（Expectation）

教师的晋升和终身教职的获得必然与学校使命和院系目标密切相连,从某种程度上来说,教师工作与学校和院系的要求契合度越高,其价值就越高,"教师的工作都是有价值的,但是在不同的学校和院系有些工作的价值会高一些"。[1] 对于教师工作价值的分层,第一个层次被设定为期望价值,即作为教师所在学校最高领导层、学校使命、历史传承和精神气质共同决定的教师被期望完成的任务和做出的贡献。大学,作为决定教师工作价值的第一个层次,首先要做的就是规定教师的工作角色和任务;其次,对这些工作角色和任务给出期望,让教师明确自己在特定的校园中,应该履行哪些职责,学校期望教师在履行这些职责时需要做出哪些努力和贡献,所以在学校关于教师晋升和终身职评价的政策文本中,都会清楚地列出教师的哪些工作角色会被列入评价范围,以及学校期望教师在这些工作角色中做出何种成绩和贡献。

学校设立的期望价值往往来自两个方面的考量。第一,学校的使命和历史传承。根据价值导向理论,评价是不可能做到背景无涉的,教师的行为和贡献不可能脱离现实环境而被当作抽象的或是孤立的,

---

[1] Peter Seldin, *Changing Practices in Faculty Evaluation: A Critical Assessment and Recommendations for Improvement*, San-Francisco, CA: Jossey-Bass Inc., 1984, p. 23.

❖ 第十八章 美国大学教师评价的导向与价值 ❖

而学校使命和历史传承无疑是最为重要的影响因素之一。[1] 学校使命和历史传承会为教师的工作提供一个清晰的努力方向和存在意义，而使命在教师职业生涯中的内化也会塑造教师对学校的忠诚以及增加教师工作的动力。因此，清晰的大学使命和厚重的历史传承会对教师的期望价值产生积极的影响。当然，大学的使命也不会一成不变，尤其是赠地学院，经常受到外部力量的制约和影响，大学外部利益相关者对大学的需求也在不断改变着大学的使命。大学组织会根据外部利益相关者的需求调整对教师工作的期望价值，用以回应公众问责和减少外部压力。毕竟大学的生存依赖于公共和私有资源的支持，如果一味地忽略外部利益相关者的需求就会使大学陷入资源短缺或孤立的状态。当政府、公众和企业要求大学在某些方面做出改变的时候，大学的领导层就会通过在保持现有大学的观念和制度不变的情况下，增加一些机构或者形式，用以回应社会变革对大学的冲击。[2] 第二，教师个人目标。由于学校和工作环境的差异，教师对个人的目标和期望是不同的，在研究型大学中的教师比在文理学院的教师更加具有目标导向性、独立性、竞争性，更加追求学术对他人的控制力和影响力。同时，教师在不同的职业发展阶段其动力和追求也会发生改变。通常助理教授的职业目标相对窄化，他们更加注重短期内个人目标和任务的完成；而到职业中期的教师则会减少对经济导向事物的依赖，追求学术成果的多样化，更加愿意帮助其他学者；而已经在学术职业晚期的教授则更倾向于工作的多样性，写作、咨询、教学、管理，他们的工作更加自由和多样化。加之学科、性别等其他因素的影响，教师的个人目标在环境和背景的制约下差异很大。如果学校在设定期望价值的时候没有考虑到教师职业生涯和个人贡献的差异性，就会忽略或者降低教师在学术上的贡献。

期望价值是对教师工作最基本的价值假设，也是最宽泛和最包容

---

[1] Robert M. Diamond, *Aligning Faculty Rewards with Institutional Mission, Statements, Policies, and Guidelines*, Jaffrey, NH: Anker Publishing Company, 1999, p. 156.

[2] Jane Robbins, "Toward A Theory of the University: Mapping the American Research University in Space and Time", *American Journal of Education*, Vol. 114, No. 2, 2007.

的价值要求，期望价值是学校所有院系单位对教师工作要求的整合，是学校与社会和教师博弈后的妥协价值，它体现的是教师工作价值的开放性、包容性和灵活性，体现的是学校对教师多样工作价值的认可和尊重。多样性，而不是统一性，才是发掘教师潜力的关键。

二 优先价值（Priority）

期望价值是教师工作的基础价值，是学校对教师最基本和最宽容的期望。作为学校次组织的院系等单位，各自分担着学校的不同功能以及外部给予高校的需求压力。因此，我们会发现，即使学校对教师工作给出了基本的期望价值，但是各院系所承担的功能不同、发展重点不同、学科性质也不同，这就导致了各院系的文化目标及其价值排列上也会不同。学院和学系是两个不同层级的单位，但是在分权制的美国高等教育系统中，学院只是各学系松散的组合，在教师评价上并不具有实质性的作用，真正决定教师工作价值的是学系的评价。学系是学校文化和学科文化的节点，它是科层制中最不起眼的单位，却是教师评价中最货真价实的单位。随着学科的逐渐专业化，美国的学者们将学系称为"最基本的组织元素和最基础的运行单位"，[1] 伯顿·克拉克则称之为"美国大学的中心基石"。[2] 尽管学系是大学的组织部分，但是它们依然在学术功能协调和管理过程中独立运行。学系可以自己分配权力和资源，可以任意开设课程，甚至有权力设置财务预算和遴选行政领导。学系不是"摆设"，它具有实质性的权力和影响力，所有的大学和学院都要依赖学系改变课程供给和课程内容、任命和晋升，以及代表学校为教师和学生提供服务。在美国，一所大型的研究型大学可以拥有至少50个独立学系，学系之间的结构差异很大，化学系以实验室研究为单位分配资源，而艺术系则会更专注于创意。

---

[1] Jenny J. Lee, "The Shaping of the Departmental Culture: Measuring the Relative Influences of the Institution and Discipline", *Journal of Higher Education Policy and Management*, Vol. 29, No. 1, 2007.

[2] Burton R. Clark (ed.), *The Academic Profession: National, Disciplinary, and Institutional Settings*, Oakland, CA: University of California Press, 1987, p. 371.

❖ 第十八章 美国大学教师评价的导向与价值 ❖

它们也都会以同行评议的方式对教师的晋升和终身职进行评价，但却又履行着截然不同的评价标准，师生关系、教学和研究方式、课程供给等，都会对教师评价产生直接或间接的影响。"学系是灵活的输送带，而不是刚性齿轮，它将知识转化为多种服务传送给多种顾客。某种程度上，学系代表了机构和学科的文化联合，但两种文化并不是平等的塑造着学系文化，这要取决于两者的相对地位。"[1]

学系对教师评价标准和程序的设定和执行是教师评价成功的关键。优先价值是各学系对教师工作的文化目标设定、目标内涵理解及目标价值排序。每一个学系在组织文化和学科文化的影响下，都会形成独特的文化目标价值群，用以衡量教师工作在共同体内的价值大小。学系对教师工作角色的目标规制，根据学系的传统、工作重点和外部需求，在期望价值的基础上，突出部分工作角色的重要性或对教师工作角色和职责进行赋权，教师在重点突出领域或者赋权高的领域所做工作的贡献和影响越多，其获得晋升的机会就越大。从某种程度上来说，优先价值依然是对教师工作的一种外部规制，看教师工作是否满足了利益相关者的要求，利益相关者既包括了教师和学生等内部成员，也包括了政府、社区、企业等外部成员。当内外部利益相关者的需求发生改变时，教师工作的优先价值也会相应发生转变，这种转变有可能来自院系单位所面临的外部环境发生改变，也有可能来自学校内部期望价值的改变。因此，当分析优先价值时，我们需要把更多的精力放在学系结构、任务、目标和服务群等局部语境上。美国的评价模式越来越反映出这个国家的多元价值结构，同样的事物在不同的情景或者人群中得到不同的价值反应，所以某个教师工作角色在一个学系的地位和在另外一个学系的地位是不同的，最极端的现象是同样的工作在一个学系被认为是具有至高的价值而在另外一个学系被认为是毫无用处的。优先价值决定了教师工作角色在不同院系的排序和比重，会引导教师在精力、时间和注意力上的投入和分配比例。

---

[1] Yvonna S. Lincoln and Egon G. Guba, "The Distinction between Merit and Worth in Evaluation", *Educational Evaluation and Policy Analysis*, Vol. 2, No. 4, 1980.

❖ 第三部分 比较与借鉴 ❖

三 等级价值（Merit）

等级价值是在优先价值的约束下，对教师各种工作角色所取得的成绩分别进行鉴别和排序。等级价值被看作是对教师学术工作内在特质的评价，相对优先价值而言，等级价值更偏向于科学和客观的评价理念。对教师工作的等级评价通常有两种方式：绝对和相对等级评价。绝对等级评价是一组专家或者专业人士在特定的评价准则和标准的指导下对教师各项工作进行评价；相对等级价值评价是指对同时竞争同等职位的教师进行比较的评价。[1] 在对教师工作进行等级评价的过程中，这两种评价方式都会用到，尤其是在晋升中对有名额限制的学校，第二种方式更为明显。对教师工作等级价值的判断，实际上是按照准则和标准对教师工作质量的判断。在教师评价发展中，以数量为核心的等级价值判断已经让位于以质量为核心的等级价值判断，尤其在美国的研究型大学，发表文章的数量、引用率等都已经被视为"数字游戏"，与质量相比只能退居次席，只有在质量相近的情况下，数量才会显示出它的重要性。"对所有教师的工作判断都应该依赖其质量，而不是数量，因为质量才是教师工作改进的柱石。"[2] 不同的工作对质量的定义和要求是不同的，但判断工作的质量无论是研究、教学还是服务都可以从以下几个方面来分析：专业化程度、原创性、创新程度、难度、应用或影响的范围以及重要程度。[3]

对教师工作质量的判断和等级划分需要有明确和详细的准则（Criteria）和标准（Standards），准则和标准是有区别的，准则通常指质量指标，可以理解为质量评判操作性定义；标准是对准则即操作性定义的一种数字化或者等级化划分，将评价准则细分到各种水平和

---

[1] Richard Edwards, "The Academic Department: How Does It Fit Into the University Reform Agenda?" *Change: The Magazine of Higher Learning*, Vol. 31, October, 1999.

[2] David A. Dilts, *Assessing Faculty Work: Enhancing Individual and Institutional Performance*, San Francisco, CA: Jossey-Bass Inc., 1995, pp. 487 – 489.

[3] Ernest L. Boyer, "Scholarship Recognized", Unpublished Manuscript Submitted to the Carnegie Foundation for the Advancement of Teaching, January 1992.

❖ 第十八章 美国大学教师评价的导向与价值 ❖

等级，用以区分质量优劣，它们是判定质量优劣的最小单位。标准总与标杆（Benchmark）相联系，无论是研究和教学，人们总会按照一些榜样或者经过长期学术训练而积累起来的认识论来作为"标杆"，将被评价者的工作与这些标杆进行比较，然后得出质量等级的结论。当准则和标准确定之后，最后一个重要的问题就是用何种证据来证明质量，用于评价的证据一般包括数据、信息、事实和统计，更广泛的证据还包括评语、录像和录音等资料。证据总是为一定目的的服务的，证据的选择遵循系统性和多样性，单独的证据会导致评价的片面性和不公正性。质量、准则和标准、证据共同架构了教师工作的等级价值，也是教师工作价值层次的最后一个层次。教师工作的等级价值的判断通常由利益相关者来完成。作为教学活动直接受益者和资源支持者，学生有权力对教师的课程内容、上课方式，以及课程选择做出自己的抉择；为了平衡学生在教学评价中的权力，来自同学系的教学委员会会组成听课组对教学进行评价；在涉及对"高深知识"的评价上，教师们表现出来的是一种"当仁不让"和"唯我独尊"的态度。因此，在对研究领域的评价上，无论是大同行还是小同行评价，外部评价还是内部评价，教师们只接受高于自己地位和拥有相似知识背景的权威同行进行评价，因为对"学术内在"的等级评价关注和重视的是学术质量和影响力本身，所以以专业知识为共同特征的大小同行是决定教师工作等级价值的最佳人选。

第三节 教师评价价值层次 UIUC 案例

伊利诺伊大学香槟分校（University of Illinois at Urbana-Champaign，UIUC）是一所享誉世界的一流大学，是美国公立研究型大学的典范。2006 年，学校对教师评价政策进行了改革。改革主要强调和明确跨学科学术、转化研究和外展型服务在教师评价中的地位和作用，以及重申教学在教师晋升中的重要性，并尊重多样化的教师工作和学术活动。经过两年多的调查和商讨，UIUC 评价改革委员最终发布了新的政策作为教师晋升和终身职评价的指南。本书作者在

❖ 第三部分 比较与借鉴 ❖

2014—2015 年间现场访谈了近 40 位院长、系主任和评价委员会成员。在访谈基础上，按照教师工作价值判断的三个层次，本章详细分析了 UIUC 的教师评价政策。

一 期望价值

终身职轨道教师晋升的首要准则是符合伊利诺伊大学的最大利益。这种利益体现在三个方面：候选人的晋升是否可以提升所在单位其他教师的质量；候选人的晋升是否可以提升所在单位的质量；候选人是否可以在长时间内提高或者保持对所在单位的贡献。从助理教授到副教授的晋升即是终身教职的获得，所晋升的教师必须通过明确的证据证明其在未来可以成为领袖级的学者、教师、艺术家或者公共服务者。候选人必须在研究、教学和服务上做出重要的贡献，并可以展现持续做出贡献的潜力。从副教授到正教授的晋升必须通过明确的证据证明在该领域已经成为领袖级的学者、教师、艺术家或者公共服务者，并且所指导的研究生在学位完成率上达到一定的标准。在任何晋升评价中，候选人都必须提供教学、研究和服务方面的内容，但对三方面的赋权则因人因岗而异。[1]"研究"在这里的表述并不是狭隘的研究和学术，而是包括跨学科和转化研究等创造性的学术工作；"服务"在该校指的是"公共服务和外展型活动"。

对于大部分教师来说，晋升的首选是提供高质量的教学和研究，学校同样尊重把主要精力放在服务上的教师，但在这三方面都出色的教师非常少见。由于教师在时间、精力和工作兴趣上的差异，UIUC 为教师的晋升和终身职的获得提供了两种模式：第一是"出色的研究（Excellent）+较出色的教学（Strong）或服务"；第二是"出色的教学或服务+较出色的研究"。作为研究型大学的教师，高质量的研究是任何教师必须具备的晋升条件，若只在其中一项上表现优秀而在其他两个方面表现平平的话，同样无法得到晋升。学校允许教师在

---

[1] "Promotion and Tenure", Office of The Provost Communication No. 9 (http://provost. illinois. edu/communication/09/2013/Communication_9. pdf).

◆ 第十八章 美国大学教师评价的导向与价值 ◆

三个领域分配的时间和精力不同,但如果教师在教学或研究中的任何一项表现较弱,都不符合 UIUC 的最大利益。为了促进学校在公共服务和外展型活动上的发展,UIUC 为以"服务"为主要职责的教师设立了终身职晋升轨道和准则。这样看来,教师工作的整合性越来越强,尽管在评价中将教学、研究和服务分开,但在现实中,教师的很多工作是交织在一起的,因此,在评价中,如何对待教师具有的交叉性工作由各院系自己决定,但一般情况下,如果教师的教学是参与公共服务的重要组成部分,比如,继续教育或成人教育,判断标准应该依据教学评价来执行;如果研究是参与公共活动的重要组成部分,比如,社区发展、技术商业化的转化型研究、学校改革或行动研究等,判断标准应该依据研究评价来执行。教师晋升分三级执行:单位—学院—学校,任何一级都由晋升委员会和执行长组成,执行长不参与晋升委员会投票,独立行使评价权,任何一级的晋升委员会向同级执行长负责。

二 优先价值

教师评价的优先价值主要体现在学系一级在教师工作文化目标上的排序。其优先价值受到学系的学科文化和组织文化的双重制约,本章具体以 UIUC 最具盛名的机械工程系为例,展现该系在教师评价中的优先价值。通过对机械工程系教师的访谈,研究者总结出机械工程系教师评价的文化目标由教学、发现的学术、跨学科学术、转化型学术和公共服务组成。从制度化程度来看,发现的学术、跨学科学术和教学已经达到了合作性制度化,公共服务达到了结构上的制度化。教学在教师评价体系中达到了合作性制度化的程度,在这样一所研究型大学,机械工程系对教学的重视程度是让人印象深刻的。多位受访教师在访谈中都提到教学对学系发展的重要性,一些研究非常出色但教学上做的不好的教师没有得到晋升,也是令人叹息的。跨学科研究已经成为研究的一种常态,机械工程系的受访教师表示,他们都在进行交叉学科的研究,学者们可以无缝跨越学科边界,探究更为复杂和困惑的问题。很多学科经交叉后又形成了新的成熟的学科,这种学科本身就是跨学科研究的结果。跨学科研究已经成为包括机械工程系在内的整个工学院的研究传统，成为工学院引以为傲的信仰。在所有工程学领域，跨学科学术已经成为发现的学术的主要推动力。在现代工程学的发展轨迹中，跨学科学术为工程学的交融、合作和推动科技造福人类做出了巨大的贡献。以跨学科学术为核心的发现的学术已经在包括机械科学和工程学科在内的工程学研究中占据了最主导的和最显赫的地位。机械工程系将教师与社会的关系活动分为两部分，一部分是教师的公共和专业服务，另一部分是教师参与企业界研发或者科研成果转化为商品的公共服务参与和外展型学术，通常被称为企业参与（Corporate Engagement）和转化型研究（Translational Research），这两种活动在教师评价中的制度化程度截然不同。机械工程系在教师评价中对公共和专业服务依然保持传统的态度，只是作为教师评价结构上存在的一部分，大约占到10%—20%的比例。高质量的论文和专利同属于发现的学术，但从专利到专利许可，即技术转化，被视为转化型研究，机械工程系教师并不刻意追求技术转化，它只是高质量研究的附带品，但将研究转化成产品依然被视为对社会和公众最直接的贡献。

从优先价值来看，达到合作性制度化的教学、跨学科学术、发现的学术和转化型研究在教师评价中都占有重要地位，而达到结构性制度化的公共和专业服务部分则被认为是极不重要的。在机械工程系，教学和研究都达到了合作性制度化的程度，教师对候选人的晋升达成的共识是两种模式：出色的研究＋出色的教学，或者是出色的研究＋较出色的教学。如果只在一个方面表现出色，则无法得到晋升，从两种晋升模式来看，对于研究的要求更为严苛。因此，在机械工程系，对于教师工作的优先价值排序应该是研究＞教学＞公共和专业服务。

三 等级价值

为了实现文化目标价值群，机械工程系形成了教师评价的常规模式，常规模式中既包括机械工程系用于评价教师工作的制度化手段，更包括对这些手段的理性认知。

❖ 第十八章 美国大学教师评价的导向与价值 ❖

机械工程系在对达到合作性制度化的教育教学评价上十分全面。在课堂教学方面主要采用学生评价，用的是"讲师和课程评价系统"（Instructor and Course Evaluation System, ICES）、同行听课（Peer Observation）、系主任和学生座谈；在对研究生教育上主要关注研究生的项目参与和学术成果；公共工程教育主要关注在校外所开的课程。同时，在晋升时，学系也要求教师提供教育创新的贡献。完整的教育教学档案袋必须包括：学生评价、同行听课、本科生和研究生学业成就、系主任评价和自我教学陈述。在学术上，机械工程系是世界机械工程的领导者，同行评议是对学术评价最重要的制度化手段。机械工程系对每一个候选人都要经过4—6位外审同行的评议。外审专家的意见是学术评价最重要的依据，胜过任何其他证据。在广义的工程领域，作为教师学术贡献的证据包括同行评议的文章、专利、研究基金、会议论文和演讲。在机械工程系，除去转化型学术，其余专业性服务和企业服务都算在公共服务之内，如果没有产品和专利的转化，再优秀的服务也都被视为结构性制度化的公共服务。之所以是结构性制度化，就是因为委员会在评价的时候只会看该教师有没有这部分，对他们的公共服务的质量并不会去评价，或者只是粗略的检查一下教师的公共服务是否在数量上或者在知名的企业和专业行会做出过不错的成绩。

前文已经提到，机械工程系对于候选人的晋升达成的共识是两种模式：出色的研究+出色的教学，或者出色的研究+较出色的教学。对于出色的研究的评价，主要取决于同行评议，外审信中全部给出正评价，则被认为是出色的研究最有利的证明；如果出现一封负评价信，委员会成员则会视负评价的程度和来源做出决定，如果这封外审信的某个部分提到候选人的研究缺陷，那委员会可以勉强接受。但是如果两封信都带有这种轻微的质疑，就有可能导致委员会发生分裂性投票。而如果出现一封非常严重的负评价，且负评价来自候选人推荐的外审名单，委员会在多数情况下会拒绝候选人的晋升；如果负评价来自委员会推荐的外审名单，则委员会要对负评价的外审信进行研究，然后对负评价进行投票，决定是接受负评价还是否决负评价；两

❖ 第三部分　比较与借鉴 ❖

封以上严重的负评价则会直接断送候选人晋升的命运。在教学评价上，委员会必须依靠候选人的教学档案袋对候选人的教学进行判定，其中学生评价所起到的作用是第一位的。委员会并不会给学生评价设定明确的合格线，但在一般情况下，高于 3 分的教学被认为是较出色的，2.5—3 分的教学被认为是合格的，低于 2.5 分的教学则被认为是不合格的，会被晋升委员会直接否决。学生评价得分的共识域是在 3 分及以上和 2.5 分以下，一个是被认可，一个是被直接否决的教学表现。2.5—3 分之间的教学表现，要根据该教师六年内得到的学生评价的状况而定。关于教师听课，其听课报告并不直接给教师打分，只是起到叙述性评价的作用，听课没有学生评价在教师晋升中的作用大。如果听课报告显示教师在六年内的教学情况良好，而且和学生评价表现相一致，则该教师得到的教学评价会被委员会一致认可。

第四节　美国经验"自由且不失却法度"

在访谈中，研究对象们对学校关于教师评价政策文本惯性地称为"指南"（Guideline），指南的意思就是一般的规则、原则或者建议。因此，学校的教师评价政策对院系和教师来说更像是一种说明和学校的期望，而不是强制性的命令。教师在对指南进行解释时，他们通常会表现出这样的看法：学校只是在试图说明我们学校的利益在哪里，什么样的教师是学校需要的，应该怎样来评价我们的教师，但具体如何操作，这不是"指南"能够说明的，因为各个学术共同体的差异实在是太大了。这种"指南"性的政策实际上是学校向全体教师表现的一种"期望"，这种期望不仅仅是对教师在价值和规范上的引导，更是通过这种期望向以董事会为代表的公众所表现出的一种姿态，至于"期望"是不是能够真正达到，在一所巨型大学里，并不是学校的约束力和权力所能够控制的。在访谈过程中，研究者注意到院系负责人、晋升委员会委员和教师们对指南上的规范有着自觉性的一致遵从或选择遵从，但在指南中并没有明确说明哪些是强制性遵从，哪些是选择性遵从。对期望价值的遵从度要依据各个学术单位的

第十八章 美国大学教师评价的导向与价值

优先价值而定。为了给各个院系在评价中留出更大的自由度，指南在对除程序和过程以外的规范部分都采用了象征性的语言，比如"出色""较出色""重大的成就"等模糊性的和具有分歧性的语言，并没有具体含义。这些抽象的词语与现实世界并没有具体的细节联系，在不同的语境下可以冠以不同的理解标准，"能够证明卓越的证据和判断过程会根据不同领域的研究、教学和公共服务而变化，在应用的标准上必须给予更多的灵活性"。机械工程系对于优先价值的设定和分层会不同于历史系、物理系或者其他学术单位，它们会根据学术单位的学科文化和组织文化决定以何种方式和态度对待期望价值。在等级价值上，每一个学术单位都保持着较为客观而科学的评价方式，单一且以数字为基础的科学评价已经让位于多元且侧重于质量的评价方式，评价方式的多样化会避免以一种方式评价带来的片面性，而质量对于数量而言，更强调教师在工作中对研究、教学和公共服务的实质性影响和贡献。

对教师工作价值的三个层次划分，是按照评价的逻辑和视角来确定的，这种划分有助于了解和清晰地呈现教师工作价值在晋升和终身职评价中的表现方式以及学校、院系和教师群体三方在评价中对教师工作价值的侧重点考量，但这并不意味着在现实评价中，三个层次的价值是彼此分离和对立的，它们是一个整体，共同构成了评价中的教师工作价值。期望价值包含了被公开宣扬或赞许的价值和理想价值，即一套关于道德、法制、社会和教育的整合价值体系，用来修正或调整优先价值的偏差；优先价值是期望价值在各院系单位的特色化和各方利益的匹配，优先价值是现实价值和利益价值，这两种价值是各院系真实的行为或实践价值以及能够增加单位利益和福祉的价值，各院系会根据自我利益生成相应的价值文化目标和对目标的比例和排序；而等级价值则是在优先价值的约束下，以较为客观和专业的评价准则、标准、证据等分辨教师工作质量。没有脱离期望价值和优先价值的等级价值，即使是最客观的评价标准和程序也必然要适应特定的环境、背景和利益群体，当某一教师的工作角色脱离了学校的期望价值或者其在院系的优先价值为零或最低时，即使其等级价值最高，也不

❖ 第三部分 比较与借鉴 ❖

会被院系领导层和同事认可，在晋升中必然处于劣势。融合了价值导向和科学导向的美国高校教师工作价值层次，首先表现出学校对公众需求的重视和教师多样工作价值的尊重，具有良好的宣传和维护形象的作用；其次，在不同语境的制约下，各院系会按照各自学科文化和组织文化进行真正的价值和利益分配，并得到学校的认可。在崇尚自由的美国大学中，尤其是具有多目标、多传统、多价值取向的巨型大学中，通过正规组织和集中化的社会控制实现教师工作价值的整合是无法实现的，管理者和教师们更多的是通过一组引导教师评价活动的文化规范来控制整个评价的价值取向，因此，这样的价值层次同时具有约束性和灵活性，体现了一种"自由中不失却法度"的精神和理念。

第十九章　美国大学教师评价的制约与平衡

制约与平衡是美国社会的基本政治哲学，也体现在大学教师评价系统的发展过程中。美国大学对自身传统的守护和对外部力量的适应促成了大学教师评价中八股力量四对关系的产生——学术自由和公共问责、教师发展和人事决策、偏好多样和准则趋同、共同治理和官僚管理。大学内外环境的变化会引起教师评价中各种力量在方向和大小上的变化，但这些变化并非是简单的此消彼长，而是在各种力量的相互较量中彼此寻求更准确的认识和判断，以维持大学教师评价系统的动态制约与平衡。

二战之后，美国大学再也无法按照传统模式运行，精英教育、象牙塔的时代一去不复返。和其他组织一样，大学已经从一个相对封闭的系统向开放系统转变，新的运行模式开始从关注内部人员和过程向关注大学运行环境转变。为了应对诸多内外压力的挑战，美国高校从20世纪70年代开始制定详细的教师评价政策和标准来取代60年代以政治正确性为前提的教师评价[①]。随着战后大学之间的竞争愈演愈烈，学术劳动力市场也越发成熟，大部分高校逐渐制定了一套系统的

---

① 20世纪60年代美国大学经历了学生骚乱，此时教师的聘任、留任和晋升的标准主要以支持政府、反对学生闹事为前提。

❖ 第三部分 比较与借鉴 ❖

包括聘任、晋升、留任和终身职的评价方案。从 50 年代开始的大众化进程到近十年全球化、新学习市场的形成、资源限制等，各种力量的冲击对大学运行和学术职业产生了剧烈的影响。这些外部压力通过大学结构调整和政策转变间接转嫁到教师身上。大学教师评价再也无法漠视这些力量的冲击，开始在防御中逐渐改变。大学对自身传统的守护和对外部力量的适应促成了大学教师评价四对关系的产生，它们彼此制约，在碰撞中寻找和维持平衡。

第一节　学术自由和公共问责

学术自由和公共问责的关系既紧张又密切。一方面大学需要自由来决定学术事务，它给予教师在教学和研究时高度的心智独立，在追求真理时不受任意的或不合理的限制；另一方面，外部资源又在控制大学的发展，随着外部力量对高校要求的不断增加，问责制、质量评估、绩效预算等给予了大学更大的压力。美国"学术自由"思想最大的特点就是折中主义。由于美国没有权力强大的教育部，也没有严密一致的高等教育体系，这使得美国高校受到公立和私立、地方和联邦、世俗和专业等各种力量的影响，所以形成了不同种类在功能上相互交织，知识上兼容并蓄的大学，美国大学可以融合两种不同含义的研究——德式的纯粹知识性研究与适应工业化、城市化甚至企业需要而创立的应用性研究。这种折中主义模糊了公众对大学使命和职责的认识，人们分不清大学到底是知识探究的场所还是公共服务站。[①] 在这种模糊的认识之下，关于学术自由和公共问责的关系，产生了两种截然不同的看法：一种观点认为，国家对高等教育投资巨大，因此学术自由必须为追求公共福利和社会正义服务；另一种观点则认为，学术自由应该用来发现和传播知识，而不是为了追求社会福利而存在，但知识的发现和传播引起的社会经济发展、民主重构等社会福利也被

---

① [美]沃特·梅兹格：《美国大学时代的学术自由》，李子江、罗慧芳译，北京大学出版社 2010 年版，第 125 页。

❖ 第十九章 美国大学教师评价的制约与平衡 ❖

乐观其成。[1]

重视对大学教师的评价并不是什么新鲜事，所不同的是在折中的"学术自由"思想下，越来越多的外部压力开始介入大学教师评价。公众对高等教育的要求主要通过政府决策和司法介入来实现。联邦政府的科研政策直接导致了科研发展的优先顺序。在教师评价中，研究和发表成果已经成为学校制定的教师评价的主要指标，学校的生存和发展主要依靠教师的学术成果和参与的学术活动，联邦政府和商业团体对科研的竞争性资助远超对教学的资助；联邦政府在对学生贷款项目上要求更加严格，学生毕业率和学业成就已经成为联邦政府学生资助政策重要的考虑因素，以毕业率和学业成就作为考量教师教学成果的标准已经得到越来越多的赞同；此外，在教师的聘用和晋升上，联邦政府起着促进公平的角色，联邦政府拒绝有性别和民族歧视等现象存在，但这样的行为也减少了高校在教师聘用和晋升上的自主权。州政府和议会对本州公立高校拥有直接的领导权，在对公立高校拨款上越来越重视教师工作量和学生学业完成率，他们已经开始制定各种方案审查和评价学术事务，以促使学校能够有合适的政策和程序来评估学生的学习成果和课程的有效性；[2]而且州政府对公立高校的财政紧缩也使得很多学校提高了教师聘任和晋升标准，尤其是对终身职教授的要求。司法介入直接宣告了大学失去了自我规制的权力。诉诸法律已经成为很多教师在解雇、聘用、终身任期等问题上的主要申诉手段，美国法院越来越多的对大学的聘任和晋升做出裁决。[3]

有些学者认为，大学教师评价中"学术自由"和"问责制"的矛盾是根深蒂固的。[4] 由于学术工作的复杂性和特殊性，如果教师追求卓越，有两个条件就必须得到满足。第一，由于人的思想的局限

---

[1] Thaddeus Metz, "A Dilemma Regarding Academic Freedom and Public Accountability in Higher Education", *Journal of Philosophy of Education*, Vol. 44, No. 4, 2010.

[2] [美]弗兰克·纽曼、莱拉·科特瑞亚、杰米·斯葛瑞：《高等教育的未来、浮言、现实与市场风险》，李沁译，北京大学出版社2012年版，第60页。

[3] 同上书，第231页。

[4] Gene V. Glass, "A Paradox About Excellence of Schools and the People in Them", *Educational Researcher*, Vol. 4, No. 3, 1975.

性、狭隘性以及探究的不确定性，学术研究经常会面临无效的实验和反复的失败，这种从知识中发现真理的过程，必然伴随着挫折和失败，因此，在探究过程中，失败是应该被理解和接受的。第二，从事学术研究的人有选择自己研究课题的权利，并同时根据自己的意见，教授、出版、传播自己研究的课题的自由，因此，他们的工作不受外界的干预和评判。与此相反，教师的成功和卓越又必须通过达到一些特殊的目标和得到他人的评价或者反馈才能显现。学校必须通过设定一系列标准来对教师进行奖惩，教师的聘任、留任、晋升、终身职的授予和工资的提升都要靠细致、清晰和公正的评价来执行；政府和公众更需要通过学校对教师的评价来判断人事决策的有效性以及公共资源的利用率。

学术自由和公共问责，一个是大学的传统精神，一个是大学的现代必然要求，在教师评价中坚守学术自由是一种美德，在宽松环境保护下的自由发展是教师自我实现的基本要求，但对教师履行其职责的能力进行公正的评价在公众看来是非常合理的，而且并不构成对教师的侵犯。尽管外部正在对高校增加更多的控制，但是高校教师作为专业人员，主要是对自己的学术良知负责。公共问责的基础，首先在教师的自我良知；其次在同行通过资格认定、出版物的评定、研究计划评定等方式对共同体进行约束；最后才是外部力量的介入和控制。当教师和学术共同体在"学术自由"的庇护之下，浪费资源、故步自封时，公众就会借助政府和市场的力量迫使大学和教师做出改变，激发古老机构的活力，使其基业长青；而当公共力量过度干预大学运行和教师学术发展时，这个古老的机构又会凭借"学术自由"，坚守住教师的独立探求精神和创新能力，在狂热中保持冷静，持续对社会的怀疑和批判。

第二节　教师发展和人事决策

很多文献认为大学教师评价主要有两个目的：第一是支持教师的

第十九章 美国大学教师评价的制约与平衡

发展和改进;第二是为教师的晋升、留任和终身职评定提供决策信息。[1] 自中世纪开始,大学便以教师的存在为根本前提,教师是高等教育的核心,教师坚定的思想信念、正确的价值取向、高涨的工作士气、娴熟的知识与技能都直接影响到高等教育的质量和高等教育事业的成败。学校的发展在极大程度上依赖教师的发展。在一所传统的大学或学院,教师个人是最基本的投资单位,是知识传播的基本形式和学术质量的基本保障者。[2] 重视教师的成长和发展就是尊重以学识为轴心建立起来的大学规范和精神。20世纪70年代以前,美国大学教师发展主要强调学科领域内的自我发展,70年代之后大学教师发展开始转向教学发展和职业发展。教师发展大致可以分为三个方面:个人发展,职业发展以及教学和课程发展。[3] 评价对教师发展的三个层次都有着重要的促进作用。首先,教师评价是教师进行自我检查和自我意识提高的有效途径,促进教师教学和科研活动的不断革新;其次,教师评价是对教师学术生涯的发展和在学术共同体中的地位和作用的一种审视和鉴察;最后,教师评价会提供有利于教学技能、课程设计等方面的改进信息。正确的教师评价所体现的是共同体内的集体价值观,这些价值观将极大地支持和帮助教师成长为专业人员。教师评价的第二个目的是提供人事决策信息。从某种意义上说,美国大学正式教师评价制度的出现正是为了制定新的人事决策。20世纪70年代,由于美国高校出现了经济困难,入学人数减少,财政拮据,学校运行费用增加等诸多难题,加上社会和政府对学校问责制的要求,美国高校制定了系统的教师评价政策,以学术价值为标准,指引教师的晋升、留任和终身职评定。[4] 以教师评价为基础的人事决策是对问责

---

[1] Pamela J. Eckard, "Issues and Trends in American Education", *Peabody Journal of Education*, Vol. 57, January 1980.

[2] 陈伟:《西方大学教师专业化》,北京大学出版社2008年版,第180页。

[3] L. A. Braskamp, "The Role of Evaluation in Faculty Development", *Studies in Higher Education*, Vol. 5, No. 1, 1980.

[4] Neal Whitman and Elaine Weiss, *Faculty Evaluation: The Use of Explicit Criteria for Promotion, Retention, and Tenure*, Washington D. C.: AAHE-ERIC Higher Education Research Report, 1982, p. 16.

❖ 第三部分 比较与借鉴 ❖

制的回应。社会和政府要求高校拿出聘任和晋升优秀教师的证据，证明纳税人的钱的确是用来支付最有价值教师的工资；法院同样需要学校提供翔实的人事决策记录用来处理诸如聘任和晋升中的性别和种族歧视或终身职的纠纷。

人事决策归根到底是为了促进教师职业发展，但教师发展和人事决策却有着显著的差异，教师发展更倾向于发展性评价，人事决策则倾向于终结性评价。教师发展是教师通过自我评价和教学日志等方式，了解自我优势和缺点并参加教师发展项目的过程；人事决策是学校管理人员和其他利益相关者通过组织控制，保证教学质量、学生满意度和组织责任的过程。那么，用于促进教师发展和制定人事决策的评价程序主要有以下不同，如表19—1所示。

表19—1 促进教师发展和制定人事决策的评价过程的价值观差异

	促进教师发展评价	制定人事决策评价
主导者	教师	学校管理层
成果	推动教师职业发展和成长	最终完成的人事决策方案，并加以执行
话语权	属于集体协商性质，掌握在所有人手中	属于指定性质，掌握在校长、院系领导和管理人员手中
外部关注点	向外部展现的是教师对多样化的学生和客户的适应力	向外部（国家、州、利益相关者）展现的是效率和生产力
内部关注点	向内部展现的是灵活性和创造性	向内部展现的是控制力和稳定性
组织重点	强调分权和多样	强调集权和整合
教师角色	处于主动地位，积极参与到学习之中	处于被动地位，经常怀着防备的心态
面向的时间段	对未来的展望	对过去的评价

转引自 Michael Mills and Adrienne E. Hyle, Faculty Evaluation: A Prickly Pair, *Higher Education*, Vol. 38, No. 3, October 1999.

很多教师坚持认为评价的首要目的应该是促进教师的改进和发

❖ 第十九章 美国大学教师评价的制约与平衡 ❖

展,但是大量文献显示教师评价在服务人事决策上明显好于促进教师改进和发展,也就是说教师评价更多地被用来作为人事决策的工具,而不是教师发展的助推器。[1] 因此,大学教师评价面临两种目的之间本末倒置的境地。关于双重目的之间的关系,学术界有两种看法。第一种认为这属于内在矛盾,即二者之间天生就存在冲突,且不可调和。罗伯特·霍利(Robert C. Hawley)认为,如果评价的目的是为了改进教学质量,但当评价同时被用来作为晋升和工资调整的决策时,教师就会感到评价的作用正在遭受肆意的破坏。评价被用来改进教学质量时,它被视为有益的;但被用来进行决策时,却具有明显的侵略性[2]。第二种观点认为二者之间具有可调节性。双重目的之间之所以会有矛盾,是因为很多人并不了解决策并不是评价的结束,评价最终的效果是要达到提高教学质量,促进学生学习,当教师评价的双重目的同时服务于这个最终目标时,二者就可以很好的统一起来。[3]

大学的组织文化还是倾向于将二者融合在一个评价系统之中,同时为教师和学校服务。值得注意的是,即使在混合型的评价系统中,评价的判断和决策功能依然大于教师发展的功能。评价准则和标准的设定主要是为了测量教师的工作成果,从而提供教师晋升的依据。不能否认,人事决策对教师学术生涯发展具有重要意义,可以帮助教师获得学术认可和声誉、获得与其能力和地位相匹配的资源等。但是,当过多的精力和关注被放入人事决策上时,学校领导者和教师就会忽略教师的自我改进,尤其是教学和课程上的自我发展。为了平衡教师对自我改进和人事决策上的关注,更多的力量和措施应该施加在关注教师发展和成长上来。美国大学开始在评价申请材料中增加有助于教

---

[1] Moomaw W. Edmund, William R. O'Connell, E. F. Jr Schietinger and Smartt Steven, *Faculty Evaluation for Improved Learning*, Atlanta: Southern Regional Education Board, 1977, p. 149.

[2] Robert C. Hawley, "Faculty Evaluation Some Common Pitfalls", *Independent School*, Vol. 36, May1977.

[3] Clare Rose, "Faculty Evaluation in an Accountable World: How Do You Do It?" Chicago: *Paper Presented to National Conference of American Association of Higher Education*, 1976, p. 8.

师提高教学效率和职业成长的信息源，比如教学档案袋、教师委员会成员在评价后负责向被评价教师提供的改进意见等。不重视教师发展的评价不会走得很远，不重视人事决策的评价也无法提供教师成就的价值判断。评价的导向是其核心功能，高于评价的判断和选择功能。教师评价的导向功能是着眼于教师未来发展，并提供达到目标的有效途径和方法。

第三节　偏好多样和准则趋同

教师的偏好多样和评价的准则趋同一直是很多高校无法解决的难题。多样性能使教师各尽其才，各展其能，保障学术自由和学术观点广泛传播；明确的评价准则使学校的宗旨和理念得以传播和成功的榜样得以效仿。为了保持教师的多样性和个性化发展，竞争必须限制在一定的范围之内，千篇一律地应用过分细化的考核标准，必然适得其反。如果每个人在同样的环境之下追求同样的薪水，完成同样的指标，最后就会有同样的表现，这样均质化的发展是大学的灾难[1]。同理，没有竞争的学术孤岛，没有明确的评价准则，势必会滋生教师的倦怠心理，导致效率低下，反应迟钝，同时也会使评价受到诸多外来因素或不确定因素的影响，从而导致评价朝着不公正的方向发展。[2]

大学教师评价准则趋同有一定的合理性。大学是一个世界性制度的运用组织，在制度扩散过程中，它自动追求同构性的精神和内容。大学同时根植于统一的、全球的知识系统，全球知识社会的形成推动了大学制度标准化的进程。教师作为知识的创造者和传播者，在这种制度化的系统中也无法摆脱同构化的命运。[3]

---

[1] [美]索尔斯坦·凡勃伦：《学与商的博弈：论美国高等教育》，惠圣译，上海人民出版社 2009 年版，第 144 页。

[2] H. Wayne Elmore, "Toward Objectivity in Faculty Evaluation", *Academe*, Vol. 94, No. 3, May-June 2008.

[3] John W. Meyer (ed.), Higher Education as an Institution, In Patricia Gumport, *Sociology of Higher Education: Contributions and Their Contexts*, Baltimore: Johns Hopkins University Press, 2007, pp. 23–26.

❖ 第十九章 美国大学教师评价的制约与平衡 ❖

美国大学教师评价准则的趋同性主要表现在两个方面。第一个表现是普遍重视教师绩效评价。随着外部环境的变化，竞争的加剧，公众和政府对大学的提高运行效率的要求，高校内部的组织规则和价值也发生了巨大转变，学校把更多精力和资源放在了提高教师绩效上。在美国很多大学教师评价的文献里，教师评价基本等于教师绩效评价。教师评价准则趋同的第二个表现是科研在教师评价系统中的支配地位。一些调查显示，发表生产力、科研经费、引用率等，已经成为每个学校衡量教师评价的主要指标，学校的生存和发展主要依靠教师的学术成果和参与的学术活动，而教师对教学的关注，对学生学习的指导已经没有那么重要了。[1] 真正能够获得较高评价的教师大部分在研究上出类拔萃，但教学和科研在教师评价中的比例根据学校类型的不同而有所变化。在研究型大学，尤其是在哈佛、斯坦福和芝加哥大学这样的私立院校，科研占据了大学评价的百分之六十以上，这些学校以引领世界科研潮流为职责，教师的工作和声望都取决于研究成果；而在文理学院或者较低层次的大学，教学的比例会相对较高，但较之以前，教学的比例也是呈明显下降趋势。

偏重科研和绩效曾使美国研究型大学群体崛起，一跃成为世界高等教育中心，榜样的作用使得评价准则过度偏向科研和绩效合情合理，但过度趋同已经带来了很多负面结果，其中最重要的是忽略教师工作偏好的多样性，抹杀教师的创造力和积极性。由于教师在性格、教育经历和所属学科上的差异，不同的教师有着不同的工作偏好。尤其是教师分属于不同的学科，美国在建国之后的小型学院发展时期，就出现了教师对学科专业的忠诚度超过了对某个学校的忠诚度的情况。教师的文化和工作生活会因学科的不同而有所差别。不同学科的知识专门化、规范化和理论化不同，其知识体系、方法体系和工作体系也不同。各个院系在教学、科研和服务上的任务和职责也有很大的区别；即使在同一个院系，教师在教学和科研上的工作兴趣、教学内

---

[1] Peter Seldin, "Faculty Evaluation: Surveying Policy and Practices", *Change*, Vol. 16, No. 3, April 1984.

❖ 第三部分 比较与借鉴 ❖

容和方式、研究方向和模式都有极大的差别。教师工作偏好多样性是学术卓越性的保障。首先，寻求偏好多样性将提高教育质量，他们能保持各种不同的观点，为学生提供更多的机会去接受不同的思想、观点和经验。科学的本质具有不确定性，谁也无法肯定何种研究和教学将会在未来产生价值。其次，寻求多样性将激发知识活力。教师是具有专业知识的特殊人才，各尽所长将会对学校发展做出个人独特的贡献。杜德斯达认为："多样性是增强学术活力与拓宽学术领域的基础。"[1] 这个复杂多变的社会越来越需要人类智慧的整合，一个海纳百川、兼容并蓄的大学无疑是开发人类智慧资源的福地。

为了应对公共批判，解决偏好多样和准则趋同之间的矛盾，大学领导者开始逐步放松对教师评价规则的控制。一般来说，美国高校都会在教学、科研和服务三个领域对教师应该完成的工作进行阐述，然后由院系具体设定指标，并加以监督完成。在学校一级，学校会说明哪些材料将会被用来作为教师评价的信息输入，比如学生评教（评分卡、学生访谈等），出版刊物，服务活动等；院系将具体负责每一个评价领域的权重，哪些出版物将被计算在教师评价的标准内等这种细化标准。[2] 这种方式对解决学科间的差异具有积极的意义。一些院系为了尊重教师的工作成果和教师的工作偏好，以及他们对教师这份工作不同的价值理念，在评价之前，院系领导会与教师共同协商，确定每位教师在不同领域的权重，但为了同时兼顾院系目标和利益，管理层会在共同协商的基础上设定每个领域的最高和最低权重，以平衡教师和学院之间的利益。但是，评价系统必须体现教师在教学、科研和服务上的不同特点，以及他们在工作上独特的格调和贡献。

---

[1] James J. Duderstadt, "Diversity Management in American Universities", August 22, 2011 (http://milproj.ummu.umich.edu/pdfs/2010/CHE_Berlin_Oct_2010.pdf).

[2] Pamela J. Eckard, "Faculty Evaluation: The Basis for Rewards in Higher Education", *Peabody Journal of Education*, Vol. 57, No. 2, January 1980.

❖ 第十九章 美国大学教师评价的制约与平衡 ❖

第四节 共同治理和官僚管理

在大学教师评价中，教师是评价的客体，受到包括学校、同行和学生在内诸多评价主体的价值判断，但这并不代表评价程序的制定和执行可以完全忽略教师的意见和建议，将教师排除在决策制定之外。教师参与大学管理的传统由来已久，但这种权力的获得伴随着大学教师坚持不懈的奋斗。从19世纪初开始，教师便逐步开始参与包括招聘和新教师任命在内的一些重大决策。20世纪初，美国大学教师参与管理的权力进一步增大。美国大学教授学会的建立和终身职的确立，实现了教师权力地位的根本转变，大学开始在教师聘任和晋升上逐渐实现权力的转移，教师作为大学利益相关者，与大学行政人员一起共同参与大学决策。教师评价与教师利益息息相关，这些利益涉及教师的聘任、晋升、工资、工作条件等方面，直接影响到教师的精神状态和学术产出。作为评价客体的教师理当在教师评价政策的制定和执行中享有高度的发言权和参与度，这不仅仅是民主的体现，更是教师评价的指标和程序充分契合教师意愿和学术传统的保证。没有任何一个教师评价系统是完美无缺的，成功的教师评价系统取决于教师的价值观，教师群体的价值观应该成为教师评价系统的基础。[①]

但是，美国大学教师评价体系正式建立之时正值管理主义风靡全球，且在美国大学转型期，大学管理结构已明显向科层制和官僚体制转变，以校长为代表的科层制管理体系基本建立，官僚行政统治地位得以确立，这种管理模式一直影响至今。大学教师评价过程中，管理人员同样拥有强大的权力，教师评价体系的设计权掌握在管理人员手中，院系主任在评价过程中占据着重要地位。当评价被用来作为人事决策工具时，管理人员便掌握了评价的主导权。在很多高校，院系领

[①] Raoul A. Arreola, "Issues in Developing a Faculty Evaluation System", *American Journal of Occupational Therapy*, Vol. 53, No. 1, 1999.

❖ 第三部分 比较与借鉴 ❖

导、学术副校长和校长拥有人事决策的最终决定权，由高级别教师组成的院系教师委员会的投票在决策过程中起到参考的作用，院系领导拥有独立推荐权，级别较低的教师则毫无话语权。一旦评价进入数据收集的程序，教师便直接失去了评价的参与权。关于管理人员在教师评价中的主导地位，一种观点认为管理人员掌控人事决策过程是合适的，因为这是他们的职责，而且没有人比他们更懂得如何做出最合适的决策。但事实是，管理人员在评价过程中强大的权力，引起了教师的强烈不满，教师认为管理人员在评价过程中的权力应该被限制在一定范围之内，管理人员的主导地位被教师认为是教师评价体系中的巨大缺陷。

既然管理人员是为教师评价服务的，就不应该将教师排除在评价过程之外。很多研究显示，减少教师的不满和抵抗是教师评价成功的关键，而提高教师参与度无疑是消除不满最有效的方式。安东尼·格拉莎（Anthony F. Grasha）认为，当教师强烈地意识到评价活动是为了他们自身的发展，在评价活动中能够掌握自己的命运时，他们就会更加信任、接受、执行这项活动，并且高度承认程序的可执行性和结果的公正性。[1] 评价过程中教师参与度的提高意味着管理人员权力的减少。一方面，以校长为首的行政管理人员拥有强大的权力，而且美国大学的管理人员专业化程度很高，拥有丰富的高等教育管理经验；另一方面，随着美国教师专业化程度的提高，他们开始通过各种途径为自己争取学术权力，大学教师已经部分获得了参与聘任和晋升其同事的过程、确定课程、保留其喜欢的上课方式等学术管理的权力，"共同治理"的概念已经越来越深入人心。美国大学已经通过评价程序的设定、评价标准和指标的选择、指标权重的设定以及评价系统信度和效度的检测等环节来实现教师参与评价。这种扩大教师参与程度的措施，包括建立教师评价委员会来指导教师参加教师评价活动、在院系教师会议和论坛上公开探讨评价事项、全体教师对新评价系统进

---

[1] Anthony F. Grasha, *Assessing and Developing Faculty Performance: Principles and Models*, Bloomington, IL: Communication and Education Associates Inc., 1977, p. 49.

❖ 第十九章 美国大学教师评价的制约与平衡 ❖

行测试等。[1]

美国高等教育系统的多样化,使得教师和管理人员在教师评价中的权力分配异常复杂。从学校规模上分析,一般在规模较大的学校,科层制管理比较严重,教师晋升要经历本系教师投票、系主任推荐、本院教师委员会投票、院长推荐的过程,其中系主任推荐和院长推荐起到决定性作用,但系主任和院长会考虑和尊重教师的意见;在规模较小的学校,科层制管理相对较弱,教师委员会人员数量也相对较少,教师的晋升直接由院长或者院教师委员会推荐。从学校声望上分析,具有崇高声望的大学,各级教师委员会拥有最终决定权,系主任和院长权力相对较弱;在一般大学里,各级教师委员会负责向系主任或院长提供教师晋升的意见和建议,不具有人事决定权。因此,不同类型和不同声望的高校在平衡教师和管理人员权力上会有不同的措施和力度。

第五节 四对关系的相互制衡

随着更多利益相关者的介入,美国大学在评价中拥有绝对权力的群体越来越少。美国是一个权力多元化的社会,各种社会力量如政党、利益集团、媒体同样参与政策制定。现代美国政治学家罗伯特·达尔(Robert Alan Dahl)认为,美国是典型的多元民主政体国家,在多元民主社会,人们生活在不同的利益集团中,民主的决策"并不是一个许多人在特定的政策上联合起来向政府庄严进军的过程,而是集团之间的稳步的妥协过程"。[2] 美国多元民主的特征是权力分散,或曰权力中心的多元化。因此,美国的政治生活表现为多个权力中心相互作用的过程和结果。美国高等教育一直处在分散控制和市场体制之中,它在传统上就是一个缺少集权和权威控制的集体。在内外各种复杂力量交织和博弈的过程中,制衡原则一直是各方遵守的基本政治

---

[1] Peter Seldin, "Faculty Evaluation: Surveying Policy and Practices", *Change*, Vol. 16, No. 3, April 1984.

[2] 王浦劬:《政治学基础》,北京大学出版社1995年版,第414—415页。

❖ 第三部分 比较与借鉴 ❖

哲学。美国高等教育是深深扎根于整个国家的政治和文化环境之中的。制衡原则能够让各种力量在争论协商后相互妥协，找到各方接受或默认的平衡点。在面对冲突和矛盾时，人们会自觉寻求对话和协商，合理地评估自我和他人利益，以达到各自利益可接受的平衡点，而不是寻求自私的和非理性的个人主义，以获取自我利益最大化为根本目的而忽视他人和社会公共利益，经过协商和对话建立起来的相对稳定的契约关系可以保证各自所在利益集团和其他利益集团和平相处，并且在观念上以渐进的方式彼此了解和修正，始终保持一个相对的权力和利益的平衡。制衡原则有两大优点：保证渐进性的改革和包容多元文化的形成。大学被认为是古老而传统的机构，大学教师也被认为是保守而谨慎的群体，但外界对大学的要求已经不仅仅是"学术组织"，更将其看作"生产组织"，不断提出改变传统、适应社会的需求。但大学毕竟是传授高深知识的组织，在各种行业中，高等教育又最重视各种潜能的发挥，而不是产出产品的多少。教师作为大学存在和发展的关键，其评价过程也无不受到内外力量的左右。制衡原则一方面保证对教师评价的改革循序渐进、谨慎前行，遵循大学和教师的文化特点；另一方面确保各种声音和意见得到充分表达，尊重同时来自大学内部和社会外部的共同诉求。

学术自由和公共问责是最基本的博弈力量，学术自由可以保障大学在激烈的社会变革中坚守大学灵魂及独立的批判和创造精神，公共问责则代表社会力量监督和防范学者对契约权力的滥用。教师发展和人事决策作为教师评价的两个重要目的，对教师评价都具有重要意义，但由于在现实中教师评价更加强调人事决策的作用，而忽略教师发展的作用，使得评价向着功利化方向发展，但美国高校已经意识到这种问题的存在，正在通过增加评价反馈、培训和档案袋的日常管理等方式增加评价在促进教师发展上的作用。偏好多样和准则趋同是在制定评价标准上无法避免的一对矛盾，当考虑到教师多样的才能时就需要制定多样化的评价标准，但是多样化的评价标准会为教师晋升决策和提升绩效、回应公共问责带来麻烦，作为决策者和管理者更希望采用相对统一的评价准则。共同治理和官僚管理是在教师评价管理过

第十九章 美国大学教师评价的制约与平衡

程中出现的矛盾,在越来越多的力量加入教师评价中后,共同治理仿佛已经成为普遍接受的权力治理方式,但是在美国很多大学中,依然给予院长、系主任等管理人员最终决策权,以防止在教师评价中各方群体为了自我利益而忽视学校及院系长远和集体利益的情况发生,因为作为院长或系主任是需要从大局和未来愿景来考虑院系发展的。大学内外环境的变化会引起教师评价中各种力量的变化,但这种变化并非是简单的此消彼长,而是在相互较量中彼此寻求对对方,对自己更准确的认识和判断,维持评价系统的动态平衡,确定在某一时间段处于某种特定环境下的优势力量会对大学和社会的发展起到积极的推动作用。

第二十章　大学教师评价学科差异的美国案例

本章采用的是质性研究方法，访谈了一所地处美国中部的大型公立研究型大学，即第十八章中提及的伊利诺伊大学香槟分校的30位教师，以数学系、机械系、历史系、会计系作为自然科学学科、工程学科、人文学科、社会科学学科的典型代表，研究了在该校自2006年开展至今的大学教师评价改革中，不同学科所在院系采取的教师评价应对行动。研究发现，在这所大学中，尽管校一级的评价政策文本统一，但各院系采取的教师评价行动不同，存在明显的学科差异。而这些差异正是由学科的知识特征、社会特征、价值倾向特征所构成的学科文化特征不同而形成的。

第一节　公立研究型大学的案例选择

自20世纪90年代开始，美国大学就在改革教师评价系统，不仅强调"多元学术"在教师评价中的价值，同时加强了教学和服务在教师工作中的重要性。从本书前面的章节中我们已经知道，在美国大学中，基层的以学科为单位的院系组织是权力实体，学科发展和教师职业追求使学术职业更为专业化，导致以学校为中心的文化向以学科和学术职业为中心的文化转变，教师们被按其学科背景分配到不同的

第二十章 大学教师评价学科差异的美国案例

院系组织中。正如本书作者在 20 多年前提出的,以学科为基本要素构成的"院"或"系",是大学中最基层的学术组织,也被称作学科组织。[1] 那么,在分权的美国高等教育系统中,真正决定教师工作价值的是以学科和学科群为基础而建立的基层学科组织——院或系。本章要研究的是,在大学范围内统一开展的教师评价工作面前,以学科甚至以专业为基础的最基层的、享有学术分权的学科组织——系——是采取怎样的行动加以应对的呢?

本书选取美国中部一所著名的以工科为主的公立研究型大学为案例,并选取该校拥有的理科、工科、人文、社科中的数学系、机械系、历史系、会计系为具体的研究对象。选择这些"学科"的理由:从"纯与应用"和"软与硬"交叉构成的"二维四象限"图上看,四个学科分别处在"纯与硬、纯与软、硬与应用、软与应用"的四个区间内,且都在大规模、历史悠久、学术声望高的最基层学术单位中。选择该"校"的理由:它于 2006 年开始对全校教师晋升和终身职评价进行了整体性改革,校级教师晋升和终身职委员会(Promotion and Tenure Committee,本书简称"教师晋升委员会")由 16 名成员构成,除了工学院院长为委员会主席外,成员都是各院系的普通全职教授。教师评价改革的重点有四:对跨学科学术的认可和奖励;对转化研究(translational research)的推动和认可;对扩展与参与服务(outreach and engagement)的鉴定和奖励;对晋升和终身职评价过程清晰度和透明度的改进。

本书作者于 2015 年上半年间对该校的 30 位教师进行了访谈,对每位教师的访谈时间都在 1—2 个小时之间。拟研究的问题是,该校的教师晋升和终身职评价改革已进行十年,反思起来,这四个系的教师评价是统一行动还是各有特点?这些行动和特点是如何反映在该系教师的教学评价、研究评价和服务评价上的?

---

[1] 沈红:《大学学术目标与学术行政管理》,《教育研究》1994 年第 12 期。

❖ 第三部分 比较与借鉴 ❖

第二节 数学系的教师评价

数学系在该校已有 120 多年的历史，是最古老的系之一，发展到今天已经形成包括精算、代数、代数几何、解析、组合数学、微分数学和应用数学、几何与拓扑学、逻辑学、数论、概率、生物数学、应用数学等在内的综合性数学研究和教学机构，拥有庞大的研究生和博士后队伍，也是全美最大、最综合的大学数学系之一，研究实力居全美前 20 名之列。

数学是"纯的硬学科"，它关注普遍性、数量和简化，以发现和说明为目标。[1] 在相当长的时间内，数学家们以相同或相似的理论和思维模式进行研究、且特别注重独立性研究，成果周期比其他基础学科领域的长。从事纯数学研究的教师很少涉猎应用数学、很少和物理学以外的学科进行跨学科交流；"发现的学术"成果必须在最顶尖的数学期刊上发表。随着学科和社会的互动发展，数学被分裂为纯数学和应用数学，且前者的研究成果周期比后者更长，如此，使从事应用数学研究的学者的发表速度快于从事纯数学的研究者。同时，随着大科学和数据时代的到来以及数学的地位上升，学科疆界不断扩大，以本体价值为核心的纯数学开始寻求与应用数学的合作，其他学科的发展也广受数学的影响，如，各种计算和模拟、各种数据提炼和分析、金融理财产品、医疗设备设计、军事信号分析等都可能要用到数学语言。这样的发展，大大改变了数学学者的学术工作方式。应用数学与其他学科交叉更容易有创新性的成果产出。

现代科技让数学的用途更加广泛，学生们也认识到数学对终身学习和就业求职的帮助，选修数学课程的学生越来越多，选修数学会让学生在就业中更有优势。这就给数学教育带来了创新和突破的需求，如增加现代数学课程，尤其是与计算机和大数据相关的课程，如集群

---

[1] John A. Dossey, *The Nature of Mathematics: Its Role and Its Influence*, In *Handbook of Research on Mathematics Teaching and Learning*, Washington, D. C.: The National Academics Press, 1992, p. 48.

第二十章　大学教师评价学科差异的美国案例

代数、模曲线等；如改变过去纯数学课程的课堂教学模式，提高大课教学效率等。

在教师的学术工作重点和方式上，数学系发生了两个重要转变：一是积极发展应用数学，二是在教学上以不同学生群体的需求为导向。面对开始于2006年的在大学层面进行的教师评价改革，该系的应对性行动是将上述的变革或转变渗透进教学、研究和服务之中。

教学上，强调学生需求但评价则注重学生评教和同行评教的结合。作为该校唯一的向全校提供数学教学的系，由75人构成的教师队伍面临沉重的教学压力：要教数学补修生、数学专业生、与数学有一定联系的他院他系学生。每年至少开具24门课，全校3万多本科生中至少40%的人会至少上一门数学课。该系要按知识系列（代数、几何、拓扑、分析等）、教育层次（本、硕、博）、学生基础（补修、专业、为其他学科服务）对数学知识体系予以分类，带来了数学课程教学的多样化。在教学评价中，学生评教得以重视，但同时保持教师同行在教学评价上的权力。采用"基于课程的学生评教模式"：把某门课程历年的学生评教分数均值作为常模，把该门课程任课教师得到的学生评教得分与常模相比较，得出高低分，且每门课不同。同行评教的主要方式是"基于mentor的听课制度"，通过资深教师对年轻教师长期的交流、观察、辅导和帮助，集培训和评价为一体。用这种建立在同事间的日常细致观察上的证据，来弥补学生评教中只见结果不见过程的缺陷，修正因学生情感偏激和知识不足带来的评教结果偏差。

研究上强调学术内涵的扩展，但研究评价上仍以"文章为天大事"。尽管应用数学在全球范围都得到了长足发展，但该数学系重纯数学的传统依然强大，传统的纯数学研究与新兴的应用数学研究之间还存在隔膜，两者的"学术地位"存在差别。该系的大部分正教授仍然从事着纯数学研究，他们认为数学是一门绝对理性的科学、抽象的科学、自由的科学。相应地，应用数学研究则力量较弱。这就出现了教师评价中对纯数学的强调。被评价人提交的材料包括论文、基金项目、重要的会议演讲等。但外审专家主要看其经同行评议发表的论文，仅看重两类期刊：整个数学界认可的顶级期刊和各数学分支的顶级期刊。不用 SCI 期刊列表、期刊影响因子、论文引用率等，他们认为，"用这些来比较数学家的学术成就是非常不理智的"[1]。另外，基金项目和经费额度不是教师评价的主要依据，因为美国对数学学科的基金支持主要还是来自国家科学基金会（NSF），数学系一贯激励教师争取 NSF 项目，将获得 NSF 基金的教师判断为得到同行高度重视。在学术影响力上，该系注重教师在国际顶级会议上的发言，如国际数学家大会，因为每 4 年才有 200 个左右的数学家能受邀在此会上做主题报告人。在上述的论文、基金项目、国际会议发言中，只有在顶级期刊上发表论文才被该系认可是做了"天大的事"。

在社会服务及其评价上该系以专业服务为主。他们认为，研究型大学的数学教师无论在知识结构还是在教学方式上都不适合公共数学教育，因为他们的研究太高深，"他们需要把专业知识运用到合适的地方去"，如组织专业性会议，担任专业杂志编委等。为了让年轻的助理教授能够很好地发展学术，该系尽量减少他们的服务活动，让其专心致力于教学和研究。但从副教授晋升到正教授的过程中必须提供足够的服务工作证明，这种服务主要指的是指导研究生。因为该系提供研究生尤其是博士生的培养经费，导师只是代表系进行研究生的培养工作，研究生是数学系的而不是导师个人的资源。

第三节 机械系的教师评价

该校工学院建有机械科学与工程系，航天工程系，核能、等离子体与辐射工程系。本书仅以机械科学与工程系（简称机械系）为研究对象，该系终身轨教师有 50 多人，其中的讲席教授高达近 40%，是一个强大的基层学术单位，其研究生和本科生教育在《美国新闻与世界报道》的排名中均处在前 10 名之列。机械工程具有极强的实用性和目的性，以产品或技术为最终产出，在"硬的应用学科"中

---

[1] 本章所有斜体字的引文均为访谈中被访谈者的原话。

第二十章　大学教师评价学科差异的美国案例

最具代表性。尽管其既有的知识逻辑决定了应用性是其归宿，但研究方向上也有一个标准的二分："工程科学"和"工程应用"。前者代表学科的本体价值，倾向于基本原则而不是实际应用程序；后者代表学科的社会价值，倾向于技术和应用。

机械工程是当今知识和技术更新最快的一门学科。技术更新速度之快使学者们不敢在研究上有所放松，并且放弃撰写著作，因为著作对于工程学学者来说是在总结前人经验，少有创新，且发表速度慢。正因为知识和技术快速的创新决定着该学科的发展及教师的地位和声望，该学科领域的教授们需要具备创新、冒险和团队合作的品质，而其中的创新是这个学科最珍贵的品格，它涵盖了从细微的质量改进到尖端研究和服务领域。

机械工程也是一个最为开放的学科，主要体现在跨越"传统与现代、学科与学科、基础与应用、大学和社会"的疆界上。工程学在跨学科研究的基础上，正在为人类创造更多的福利。正是因为上面的四个"跨越疆界"，机械工程学科教师的身份变得模糊。在跨学科甚至跨院系上，机械工程教师有可能被不同的院系聘任，并发现在其他院系中也有和自己研究领域相同或相似的教授存在。在所从事的研究的性质上，他们不强调做的是"基础研究"或"应用研究"，仅关心创新性和影响力。

工程学科的科学性、应用型、开放性、创新性以及教师们的跨界身份，影响着该系的教师评价。

在教学上，机械系提供了近70门课程，课堂教学评价采用的是标准化的学生评教、同行听课、系主任与学生座谈等方式；研究生教育评价则主要关注研究生参与研究和学术成果状况；在公共工程教育评价上主要关注为校外提供的公共服务课程。教师评价档案袋包括学生评价、同行听课、研究生学业成就、系主任评价、自我陈述等。其中，来自学生的评价意见和研究生学业成就最具说服力。教师往往需要具有多倍于教科书上的学识才能与学生在课堂上进行互动和交流，并做到教学相长。该系的教学评价方式很有特色，采用"比较曲线法"（Comparative Curve），也称为"象形曲线"法：纵轴表示该教师

❖ 第三部分 比较与借鉴 ❖

"课程教学效率和质量"评价所得平均分,横轴表示该教师"学生评教均分在全系的排名"。得出的曲线可呈现该教师任教课程在学生评教中的得分趋势以及在系里的相对位置。"硬学科"的教师喜欢这种不需多争论的理性定量分析模式。同行听课在该系不是主要的教学评价方式,他们认为,"同行听课的主要作用是改进,而不是评价"。

在研究上,机械工程专家最看重的是学术创新及应用前景。同行评议成为最重要的制度化手段。对每一个被评议人都要经过4—6位外审同行的评议,外审专家需是同水平大学中被评议人所在领域的顶尖教授。评价档案袋中包括经同行评议发表的论文、专利、研究基金项目、会议论文和演讲等。影响力更是整个工学院所重视的,对影响力的判断需要依靠足够专业的、来自广泛研究领域的学者。专利并不能说明影响力,只有专利许可和应用才能说明影响力。另外,获得研究基金项目,代表学术同行、企业或非营利组织对该研究问题重要性的认定,其中,来自同行评议的基金,尤其是从国立卫生研究院(NIH)和国家科学基金会(NSF)获得的基金项目,比来自企业的项目更具说服力,但研究项目不是科研评价的独立指标。基金项目的作用是为了培养人才和学术贡献。如果得到了基金项目但没有培养学生,也没有学术成果,这就是毫无价值的。换句话说,由基金产生的教育价值和研究价值才是根本。在会议论文和演讲中,重要会议上的主题演讲被视为学术声望的象征。因为工程领域的知识更新太快,撰写著作和编写教材被认为是浪费时间。

在服务上,专业和企业咨询都属于"参与和推广服务",如果没有产品和专利的转化,再优秀的服务都只会被视为参与和推广。教师服务是一种刚性但只是象征性的要求,教师晋升委员会只看其工作记录,并不评价其质量。机械系会关注教师是否与企业界合作、与学术界交流、和高中生交谈,是否给公众介绍工程学的基本知识等,这些作为公共服务的内容。但若涉及教学服务和企业产品服务,则会用教学和研究的标准予以评价,而不是放在服务中来评价。

❖ 第二十章　大学教师评价学科差异的美国案例 ❖

第四节　历史系的教师评价

"历史"是最悠久的学科之一，是"纯的软学科"的代表，强调对事物特殊性、质性和复杂性的研究，需要用逐步进化的规则和工具来合理地解释过去，其首要任务是通过证据和信息资料来解释事件的发生和变化的连续性，研究历史事件的客观性、因果关系、与当下情境的相关性。历史学者在思维上对"解释"的认知是千变万化的，不同学者对同一历史实践经常会得出不同的结论。

尽管现代社会对科技的需求高涨，但对历史学科的需求则不很明显，历史学研究领域至今仍在以知识的本体价值为本学科价值的情况下拓展与社会的交流渠道。这样，在清净舒适的环境中坚持独立研究，通过教学、著作、文章、展览及其他媒介传播最新研究成果，促进历史知识在学术界、公众和社会的扩散和应用，成为历史学教师的工作方式，而最传统、最受历史学家们重视的是著作和同行评价文章，其中的专著被认为是最具说服力和创造性的成果。该校历史系与这所大学同时诞生，研究实力在全美居前 20 之列。那么，在 2006 年全校范围开始的教师评价改革面前，该校成立最早的、传统的、研究领域涵盖欧洲史、美国史和全球史的历史系是怎样应对的呢？主体答案是坚守传统。

在教学上，该系教师承担历史专业的人才培养和全校历史通识课教学，主要根据教师的研究特长设课。年代和地域史有：从古罗马到现代中国、从拉美到非洲、从美国内战到越南战争、从一战前的德国到当代的伊朗；专题史有性别与性、法律与社会、科学与技术、人种与种族、金钱和权力等。在教学评价上，历史系拥有一套完整的教学活动和评价体系，但文本内容和执行情况之间有差距。文本上说"教学与研究同比重"，但执行中教学的重要性低于研究。在研究型大学，政策文本中给予教学与研究同样的重视，意欲期望教师重视教学，但并不代表在实际评价中会给教学和研究以同样重要的地位。当教学只是"合格"但研究为高水平时，可以得到晋升的机

❖ 第三部分 比较与借鉴 ❖

会；当被专家认定为"研究明星"时，即使教学上存在问题也会得到晋升机会。历史系在组织上隶属文理学院，系与院的教学评价标准有所不同。这样，系里提高了对教学评价的要求，拟晋升教师的教学必须达到"均分"以上，系里对一些教学不达标的教师加强了教学培训与指导，尤其是在教师进校的前三年会安排资深教师进行督导。

研究上，历史系教师将原创和专著相联系，几乎所有受访的历史系教师都认为，历史最独特的部分就是所有的知识发现都必须通过写作专著来完成。在研究评价中，专著和经同行评议的论文得以重视，且前者比后者更为重要。该系的明确要求是：从助理教授晋升到副教授至少要有1本专著和3篇论文，从副教授晋升到教授至少要有1本专著和4篇论文，著作是底线，文章数量可以商议。但历史系不用"引用率"来衡量研究质量，也不将基金项目作为评价指标，尽管基金项目和会议演讲等其他证据在评价中可作为加分条件存在。然而，由于每年有1200部历史专著出版，其中的大部分很少受到本学科以外的读者的关注，有的著作只销售100多册，[①] 美国历史学会及其他历史学专业学会都提出了扩展"历史学术"的内涵与形式，增加历史叙事、新兴史学传播等方式。该系教师表达了对扩展"历史学术"的理解和支持，但在行动上仍坚守以专著为核心的原创性学术。另外，由于历史学研究与公众始终保持距离，历史学者从企业和政府获得研究资源的机会很少，这一方面带来了研究经费的紧张，另一方面则保持了极高的学术独立性和写作自主性。

服务上，历史系教师的社会服务指的是用历史知识为专业、公共、社区事务服务，但迄今为止，还没有一位历史系教师愿意将服务作为晋升的主要途径。在该系，社会服务不可能成为学术内容，它必须与教学和研究结合后才会体现学术的性质。在服务评价中，教师只需提供服务的证据，不需要看其质量和影响力。由于历史学科的特殊

---

① Gordon Wood, "In Defense of Academic History Writing", *Perspectives on History*, Vol. 48, April 2010.

❖ 第二十章 大学教师评价学科差异的美国案例 ❖

性,该系越来越多的教师提供了他们在中小学做公共历史教育及其调研的证据。这也是一种进步,说明历史系教师开始注重与公众和社区的交往,将其研究领域和服务范围向社会扩展。

第五节 会计系的教师评价

会计学是商学门类的重要组成,在研究财务活动和成本资料的收集、分类、综合、分析和解释的基础上形成协助决策的信息系统,其研究对象是资金的运动,服务对象是经济实体活动。与其他学科不同的是,会计的学科独立是通过强调科学研究方法和转变博士培养方式、理论性知识进化完成,使其获得和其他经济类学科同等的学科地位。会计学主体上是一门倾向于以服务各种社会组织的经济发展为社会价值的学科,属于"软的应用学科",它起源、发展、服务于现实应用。该校会计系是全美最顶尖的会计系之一,该系各类学科在全美排名均在前五之列,从建立之初即引领着美国会计学的发展方向,并通过一些传奇式教授和会计学教学的高质量博得了至高的学术声望。

在教学上:该系会计学的课程是为了满足经济和法律的需求开设的。教师要把社会组织所认可的基本会计知识和技能教给学生,高级课程中涉及会计准则和制度、审计和内部控制等。大部分教师拥有会计资格证书,如注册会计师 CPA 或注册管理会计师 CMA 或注册内部审计师 CIA,他们还要让尽可能多的教学对象——学生——能够获得这样的职业证书,因为学生参加注册会计师考试的分数和通过率几乎是全美大学会计系学术声望的重要标尺。这就带来了教学中以教会学生面向市场的从业技能和能力为重点。在教学评价中,学生评教的作用是基础性和决定性的,近乎极端化:在 5 分为满分的学生评教体系中,4 分为职称晋升的最低标准,低于 4 分者则失去当年的晋升机会。会计系对教学的要求非常高,要求学生为每一位教师提供课堂教学报告。若教师的教学不能满足学生要求,学生还很有可能拒绝提供课堂教学报告。

第三部分 比较与借鉴

教学设有"门槛",新教师的第一学期不可单独授课,只能参与团队教学,经资深教师的培训和认可后才能在资深教师的现场监督下进行试验性授课。会计系曾出现不少的教学传奇人物,其中,理查德·齐格勒(Richard E. Ziegler)教授被誉为"传奇中的传奇",他通过教学和辅导,吸引更多的学生注册会计课程和从事会计职业,获得过很多项杰出教师奖。

在研究上:会计系只承认具有原创性的基础研究。资深教师建议年轻人不要在终身职前去做与原创性研究无关的事。会计系只重视具有开创性的基础研究。非终身职轨道的教师一般把精力放在应用研究上。终身职轨道上的教师要想获得晋升,就必须在只重视创造性新研究的顶级期刊发表文章。该系的研究评价只承认本学科 3 种"A$^+$"和 3 种"A"类期刊,"A$^+$"期刊是《会计评论》(Accounting Review)、《会计研究》(Journal of Accounting Research)、《会计和经济》(Journal of Accounting and Economics)。

会计学原本是以会计实务为主的,以统计学、信息学和行为科学的研究方法作为会计学研究方法的基础。后来,以经济学为基础的财政、市场、管理等相关研究进入会计学中,因此,会计学与数学、行为科学、经济学的"联姻"在会计系的很多教师看来不能算作跨学科研究,理由是会计学是在与这三种学科的知识与方法相融合的过程中才得以成为一门学科的。会计系教师开展跨学科研究要掌握好"时间火候"。在获得终身教职之前开展跨学科研究有极大的风险。跨学科的研究兴趣有可能有重大发现,同样也有可能一无所获。所在学科有同行公认的评价方式和惯性思维,但在跨学科领域,创新有可能不被接受。该系对跨学科期刊论文有数量限制,超过 2 篇或在数量上多于会计学类期刊的论文,就会受到教师晋升委员会的质疑。在评价指标上,会计系以同行评议期刊文章为主,不重视著作,也不重视项目经费,有的教师没有基金也同样取得了丰硕的科研成果。

会计系广义的服务活动表现在两个方面。一是应用研究,如解决企业和非营利机构的现实会计问题;对会计方法和用于改进实践技术的经验规律予以测试;使用学科调查和行动研究产生的实证结果来增

❖ 第二十章 大学教师评价学科差异的美国案例 ❖

加经济实体利益或功能。① 应用研究具有学术性，也是会计学重要的组成部分，在其他非研究型大学的会计学科组织会视为重要的学术工作，但是在这种顶级的会计学科组织，已经失去了和基础研究同等重要的地位。二是传统的服务。其一为政府机构、营利和非营利机构开展会计事务的公共服务；其二是专业内服务，强调付出而不是有目的的回报，不包括可观收入的咨询工作；其三指为学校提供的行政服务和委员会服务。对服务的要求仅限于从副教授向教授晋升，助理教授向副教授晋升无须提供服务清单。

第六节 学科特征带来教师评价的差异

学科是大学教师学术身份的核心。托尼·比彻（Tony Becher）强调，学科也是一种文化现象，它们由一群具有相似思维的学者将自己的行为准则、一系列的价值观和特殊的智力任务汇聚而成。② 基础学科组织是以学科为中心筹建的。在比彻看来，独特的学科文化是在由传统、符号和交流模式，假设、价值观和信仰所塑造的思考与获取知识的方式中逐步形成的。③

从学科内部知识生产的逻辑规则以及后现代主义的知识观出发，学科文化有三个特征：一是体现知识生产内部逻辑规则的学科知识特征；二是体现知识生产外部条件制约的学科社会特征；三是体现知识与社会关系的学科价值倾向特征。那么，学科文化的这三个特征是怎样影响到最基层的学科组织——系——的教师工作及评价的特点的呢？

第一是"学科的知识特征"，即比彻提出的从认知论上对学科进

---

① Alan J. Richardson, "Applied Research in Accounting: A Commentary", *Canadian Accounting Perspectives*, Vol. 3, No. 2, 2004.

② Tony Becher, "Towards a Definition of Disciplinary Cultures", *Studies in Higher Education*, Vol. 6, No. 2, 1981.

③ Tony Becher and Paul R. Trowler, *Academic Tribes and Territories: Intellectual Enquiry and the Culture of Disciplines*, London, UK: McGraw-hill Education, 2001, pp. 41–44.

❖ 第三部分 比较与借鉴 ❖

行分析。他将存在的所有学科分为"纯的硬学科,纯的软学科,硬的应用学科,软的应用学科"四大类,这四大类学科在研究范式上存在巨大差异。研究范式实际上揭示了学科知识生产在一定时期内的内部逻辑规则,正是这种逻辑规则形成了一个学科的精神气质和独特魅力。本书已指明的,"理科的数学为纯的硬学科,工科的机械为硬的应用学科,文科的历史为纯的软学科,商科的会计为软的应用学科",恰好揭示了本书研究中的四大学科的知识特征。

第二是"学科的社会特征",即学者的生活样态和社会环境。仍然是比彻,他从学科社群和学术网络来分析学科群体组织的社会特征。从学科社群上分析:趋同性学科社群具有共同的范式和非渗透性边界,具有规范的学科范式,保持较为相似的学术判断标准,从而享有较高的认同感和较为一致的研究目标;趋异性学科社群拥有较为分裂且稳定的边界,学者思维方式和价值观相差较大,学术判断标准迥异,缺乏较为一致的研究范式和认同感。从学术网络上分析:都市型学术网络往往占据一片狭小的学术领地,学者倾向以团队方式合作,知识更新较快,竞争较激烈;田园型学术网络往往研究领域比较广泛,研究问题分布零散,需要较长的时间去寻找问题的答案,竞争性相对较小。[1] 会计学在研究论题的多样性以及研究范式上的差异、数学在研究范式上的高度统一和共同的话语模式分别呈现出趋异和趋同的学科社群特征;机械工程学科面对的知识更新特别快、竞争特别激烈,学者多倾向于团队合作;历史学科中的研究问题分布零散,需要学者长时间的解释与分析才能出版历史专著,竞争性不大。这就表现出它们分别具有的"都市型"和"田园型"的学术网络特征。

第三是"学科的价值倾向特征",包括本体价值倾向和社会价值倾向。高深知识的本体价值表现在真理性和认知价值上,真理本身就是价值。正如约翰·亨利·纽曼在《大学的理想》中表达的:为知

---

[1] [英]托尼·比彻、保罗·特罗勒尔:《学术部落及其领地》,唐跃勤等译,北京大学出版社 2008 年版,第 123—125 页。

第二十章 大学教师评价学科差异的美国案例

识本身的目的而追求知识。① 随着现代社会的发展,高深知识的本体价值已无法满足社会的需求,其社会价值日益凸显。在功利的、实用的知识观指导下,现代大学的知识目标更加世俗化,从培养学生的精神理性与道德,转变为使学生成为社会需要的科技人才。上文曾经指出,机械工程学和会计学都是既坚持其本体价值,又大力发展其社会价值的学科,且它们的社会价值倾向更为明确,如为了满足学生通过职业考试、就业、职业发展的需要,这两个系在课程安排、教学评价上都对教师工作的社会价值有所侧重。

这里将理科中的数学、工科中的机械、人文中的历史、社会中的会计所具有的独特的学科文化整理成表20—1,可以发现明显的差异性。

表20—1 四学科所具有的学科文化特征

	数学	机械	历史	会计
学科文化的知识特征	纯的硬学科	硬的应用学科	纯的软学科	软的应用学科
学科文化的社会特征	分散、独立;对环境越来越关注,竞争和合作不断增强	群聚、合作;对环境反应迅速,竞争激烈	分散、独立;较少关注环境,研究周期长,竞争缓和	教学上合作,研究上独立;竞争激烈
学科文化的价值倾向	从本体价值向社会价值倾斜	社会价值倾向	本体价值倾向	本体价值和社会价值分裂

我们分基础和应用两大学科类型来讨论学科文化对大学教师评价及发展的影响。

纯学科,如数学和历史学,更追求知识本体价值,以一种"内向"型的知识发现方式,保持与社会的距离,实用性和工具性不是

---

① [英]亨利 H. 纽曼:《大学的理想》,王承绪等译,浙江教育出版社2001年版,第23页。

❖ 第三部分 比较与借鉴 ❖

其首要考虑的因素。但是，当社会增加了对纯学科知识的需求时，它们的社会价值就会凸显，迫使学科向着更加功利性的方向发展。本来同属纯学科范畴的数学系和历史系，在学科价值上走了不同的发展路线。数学系表现出向社会的倾斜，由坚守知识本体价值逐渐开始关注知识的应用，关注应用数学在促进大科学和大数据发展中的作用和贡献，关注从纯数学向应用数学的转化以及两者的交融。数学教授参与高新技术开发、经济发展和国家安全事务的例子越来越多，使得数学已成为科技和经济发展的支柱学科。历史学则继续保持知识的本体价值倾向，通过对"写史"和"历史理性"的坚守，寻求历史的本来面貌，并以此为基础，行使独立的"以史为鉴"的社会职责。历史学的毕业生多以非营利机构为就业取向，如教师、编辑和博物馆工作人员等。2013 年美国历史学会完成的全美 1998—2009 年间历史学博士就业状况调查显示，近 75% 的人从事学术职业。[①] 相对封闭的知识发展和需求通道，让历史学科更加专注于知识的本体价值而非社会价值。

应用学科，如机械工程和会计学，受到外部社会需求和实践的驱动，更强调社会价值，知识的实用性和工具性成为学科发展的基础。但学科之所以被称为学科，不是因为其对社会的贡献，而是因为其对纯粹学术理想的追求。如果没有规范的基础研究和对知识本体价值的追寻，应用学科是很难获得被广泛承认的学科地位的。机械工程学在社会发展的迫切需求下，已经跨越了上文所说的"四大疆界"，形成了一个全然开放的机械工程学科。这种开放性让该学科具有高度的改革适应性，在学科文化变革中也能立足前沿，引领多种新型学术形式的诞生，并建立起大学和社会的多种新型合作关系。会计学作为一个学科，受到广泛认可的时间较短，至今仍受到其他规范经济类学科学者的质疑。作为应用学科的会计学正在不遗余力地通过建立规范和成熟的基础研究范式、摒弃原来的以现实应用为导向的研究，以求赢得

---

① L. Maren Wood and B. Townsend Robert, *The Many Careers of History PhDs: A Study of Job Outcomes*, Washington D. C.: American Historical Association, Spring 2013, p. 2.

第二十章 大学教师评价学科差异的美国案例

其他学科共同体的认可。但对基础研究的强调会降低会计学赖以生存的应用性，降低社会价值和公众支持，因此，只能通过强调教学的应用性，来保持社会所需要的会计人才的专业技能和人才输出的应用能力，以此获得社会资源的稳定与发展。

总体上看，这所美国公立研究型大学的教师评价，尽管学校层面的评价政策文本相同，但是作为最基层学科组织的院系所采取的教师评价应对行动不同，表现出明显的学科差异性。这些学科差异，体现了对各具特色的学科文化的包容与尊重，对大学治理中基层学术组织的信任与自由，给予基层教师晋升委员会在教师评价及发展过程中可实现作为的自主性和主动性。这些，可引为中国大学教师评价工作之参考。

第二十一章　在改革中存续的大学教师终身职

　　终身职是美国一流大学通行的教师人事管理制度，在百余年的时间里为奠定学术自由的基本原则、提升学术职业价值、激励一流教师脱颖而出发挥了不可替代的作用。然而，对终身职的批判即使在其发源地美国也从未消弭过，"特权人士"和"二等公民"的产生连同低效的学术分层，一度让终身职制度饱受诟病。但后来的改革尝试，无论是拓宽横向口径，还是伸展纵向通道，实际上都是回应学术界和社会各方质疑的"权宜之计"。诸多改革并没有否定终身职制度存在的价值，在保守与变革之间，大学教师终身职制度还将继续存续下去。

　　世界范围内，一流大学必有一流学科，一流学科必有一流教师，而一流教师与一流人才需要有良好的制度设计来保障其学术发展、延续其学术生命。"终身职"（tenure）原本是一种为保障大学教师职业安全和学术自由而设立的人事制度。作为一种制度性的承诺，大学教师从入职起一般有不超过七年的试用期限，通过评价、晋升后可获得终身职并确保在该校任职直至退休，没有充分的理由学校不得解聘。大学教师终身职制度肇始于美国并成为学术职业的显著特征。尽管美国大学教授协会于1915年发表了"原则宣言"，标志着终身职制度的初步确立，但自其诞生以来，无论在学术层面还是在实践层面，人们对这一制度的争议就从未

❖ 第二十一章 在改革中存续的大学教师终身职 ❖

停止过,终身职制度在"变"与"不变"之间徘徊,并在争议中改革。然而,历史地看,终身职制度在美国大学、特别是在一流大学中并没有完全被"废除"的迹象,一些权变中的改革方案和终身职的"替代产品"并没有否定终身职制度的历史意义。可以说,终身职制度在保护学术自由,促进学术职业发展,让更多的一流教师脱颖而出等方面仍有着不可替代的价值。

第一节 大学教师终身职的历史形成与时代价值

一 大学教师终身职的历史形成

"在历史上,高等教育多半受到来自校外的威胁,特别是它的自治和学术自由……现在更大的威胁也许来自内部,但高等教育并未进行较多的内部反省。"[1] 学术场域内的政治逻辑如一双"无形的手",挥动在大学象牙塔的塔尖。1900 年,斯坦福大学经济学家爱德华·罗斯(Edward Ross)持有的关于移民劳工和铁路垄断的观点受到莉兰德·斯坦福(Leland Stanford)夫人的反对并因此失去了在斯坦福大学的职位。[2] 斯坦福大学的 7 名教授因抗议此事而集体辞职,并促使"学术自由"成为 20 世纪初美国学术界讨论的热点。1915 年成立的美国大学教授协会于当年发表了保护学术自由的"原则宣言",提出建立长期聘任制度和教授裁判制度的核心主张,即学术自由的两大保障机制。"原则宣言"(1915)指出,"为确保实现大学使命及保障教师学术自由的权利,大学管理层须就教师的终身任职条件做出明确规定,在经过 10 年的准聘期后,教授、副教授以及拥有讲师以上职称的专业技术人员均应终身聘用"。[3] 其后的几十年间,美国大学教

---

[1] [美]克拉克·克尔:《高等教育不能回避历史——21 世纪的问题》,王承绪译,浙江教育出版社 2001 年版,第 160 页。

[2] History of the AAUP (http://www.aaup.org/about/history-aaup).

[3] J. S. Brubacher and W. Rudy, *Higher Education in Transition: A History of American Colleges and Universities*, New Jersey: Transaction Publishers, 1997, pp. 312–318.

❖ 第三部分　比较与借鉴 ❖

授协会又先后发表了一系列"原则声明"。因这些"原则声明"条款曾被美国法院所援引,在实施"判例法"的美国,法院的援引使一些条款具有了一定的法律效力。

1940年,美国大学教授协会和美国大学与学院联合会(Association of American Colleges and Universities,AAC&U)共同发表了关于学术自由与教授终身职的"原则宣言"(1940),第一次给美国大学教师终身职以明确的程序界定:"大学教师和研究人员经过最长不超过7年的试用期,经同行评议,就应享有永久的或续任的资格,除非是在财政危机的特殊情况下,终止这种任期必须要有充足的理由。"[1]同时,美国大学教授协会还建议:"为了保证研究和教学的自由,在解雇和处罚大学教师之前,应先由学校的教授、副教授和所有讲师以上职位的人员组成的公正团体审议。仅有下述情况可以考虑终身职教师的解职:教师的行为直接损害了学校的声望;教师的行为严重违反社会公认的道德规范;学校陷于严重的财政危机;相关学科专业或学术计划被取消等。"[2] 1970年,美国大学教授协会对1940年的原则宣言进行了如下补充:"试用期到期前至少12个月,必须对教师做出试用期结束后是否给予终身职的决定。如果'是',试用期结束后即授予终身职;如果'否',试用期的最后一年即是该教师被聘任的最后一年。"[3]综上所述,美国大学教授协会的成立及其在1915年发表的原则宣言,标志着大学教师终身职制度的确立;经1940年、1970年的倡导和力争,美国最终建立起以教授终身聘任制为核心的大学教师人事管理制度,履行着教师的聘任、解聘、晋升的正当程序,保障着教师的职业安全和经济安全,维护着教师享有的学术自由的权利。

---

[1] Statement of Principles on Academic Freedom and Tenure (http://www.aaup.org/report/1940-statement-principles-academic-freedom-and-tenure.).
[2] Ibid..
[3] Ibid..

❖ 第二十一章 在改革中存续的大学教师终身职 ❖

二 大学教师终身职的时代价值

（一）维护学术独立，捍卫学术自由

美国大学教授协会在1940年的"原则宣言"中指出，高等教育机构存在的全部价值在于服务社会，服务全体民众的共同利益，而不仅仅是满足教师个人的兴趣以及保证个别大学自身的利益。学术自由是实现大学及学者更好服务于社会与民众整体利益的根本保证。自由的学术研究是追求真理的基础，自由的教学是教师传授已有知识及自己科学研究成果的根本保障。从1900年斯坦福大学罗斯教授被解职以及7名教授的集体辞职事件、1915年AAUP的"原则宣言"来看，美国大学教师终身职制度形成的直接原因是要将其作为一种制度性承诺和约束，确保大学教师不被随意解聘，维护学术自由的原则不被随意侵犯。斯坦福大学前校长唐纳德·肯尼迪（Donald Kennedy）在1997年指出，终身职并不是一个古老的制度，它被认为是大学教师表达异端观点而又不遭到政治报复必不可少的保证，并成为美国高等教育中一个不可分割的组成部分[1]。终身职制度建立的初衷在于保持学术相对于政治的独立性，保护大学教师的学术工作免受政治侵犯和迫害，最终捍卫学术自由这一被称作现代大学精神的精髓与灵魂。

（二）提升职业价值，建立黄金标准

不可否认，终身职制度"已经成为美国学术肌体中不可或缺的组成部分，它的生命是独立的，是成就和资历的象征，即使本身没有什么实际含义也是需要保留的"，[2] 因为"终身职"已经作为一种具有符号意义的制度嵌入学术职业的发展中。其理由有如下几条。第一，终身职带来的声望和效应无形中增加了学术职业的魅力和吸引力。终身职制度为大学教授提供了一种利益和声望的补偿机制，大学虽不能确保教授获得像在金融和商业领域中那样丰厚的报酬，但却可以保证为他们提供相对稳定的职位和学术声誉等无形价值，并在此基

---

[1] ［美］唐纳德·肯尼迪：《学术责任》，阎凤桥等译，新华出版社2002年版，第164页。

[2] 同上书，第166页。

❖ 第三部分 比较与借鉴 ❖

础上自由地选择自己感兴趣的领域。第二,终身职确保了学术劳动力市场的独特性。终身职制度是学术劳动力市场的独特性之一[1],终身职制度能够有效地引导享有盛誉的大学严格、谨慎地挑选有资格进入终身职轨道的学者,保持学术劳动力市场的高度选择性。相对于在19世纪确立的研究型大学教学与研究结合的基本特征和20世纪应对的市场经济对大学"象牙塔"的冲击,终身职更像是一个评判和检验大学教师个体发展水平的"黄金标准"(gold standard)[2],它坚守着学术劳动力市场的独特性和核心竞争力,提升着学术职业应有的价值。

(三)鼓励潜心学术,激励一流教师

"终身职"通过与教师签订一种"创造性契约""终身契约"来鼓励教师潜心学术研究,这就为一流的青年教师尽快脱颖而出、已做出成绩的中年教师持续挖潜、声誉崇高的资深教师总结自己培养青年教师的经验创造了条件。从大学管理的角度来看,终身职制度能够解决大学教师人力资源管理中的信息和激励问题。通过六七年的"终身轨"经历,学校管理者和教师个体双方达到了"信息对称"的程度,一方仍然愿意受聘,一方愿意持续聘用。大学的人事行政还通过与教师签订"事前协议"和"事后问责"条例达到管理的目的。"事前协议"是教师入职时与学校签订的"创造性契约",在充分了解并反映大学和入职教师双方真实意愿的基础上,明确教师在职期间的权利,提出教师需要履行的在教学、科研和社会服务等方面的义务;"事后问责"表现为,若教师不能完成相应的考核或达不到相应的要求,教师只能选择离开或"被迫"离开,即"非升即走"(up or out)。鉴于以法定程序确立的教师晋升规则和"非升即走"的做法在鼓励一流教师成长中的作用,尽管教师聘任类型越来越丰富、教师的"头衔"越来越多样,但以终身职为代表的教师人事管理和晋升制度

---

[1] Cathy A. Trower, "Can Colleges Competitively Recruit Faculty Without the Prospect of Tenure?" In Richard P. Chait (ed.), *The Questions of Tenure*, Massachusetts: Harvard University Press, 2002, pp. 182–220.

[2] Philip G. Altbach, "How Are Faculty Faring in Other Countries?" In Richard P. Chait (ed.), *The Questions of Tenure*, Massachusetts: Harvard University Press, 2002, pp. 160–181.

❖ 第二十一章 在改革中存续的大学教师终身职 ❖

在短期内并不会发生革命性的变化①。作为学术职业中教师发展"黄金标准"的终身职制度在保持一流教师队伍、维护一流大学的学术声望等方面仍有难以替代的作用。

第二节 大学教师终身职加剧学术分层与教授特权

一 特权人士与学术自由

克拉克·克尔在半个世纪以前曾说:"在大学,并没有长期有约束力的协议——只有易受变化的当前的职位。"② 从保护学术自由的角度来看,尽管推行终身职制度有着充分的理由和价值,然而随着现代大学治理结构的不断完善和大学排名竞争的日趋白热化,学术自由的语境和约束力已远不同于20世纪初。终身职制度在保护学术自由上的负面效应和有限程度引起了人们的质疑与批判。首先,终身职制度在学术资源分配中的影响较为消极。人们认为,大学应该像企业那样提高运行效率或通过精简机构和缩减编制来降低管理成本,但大学长期坚守的学术自由原则把一些大学教师置于终身职制度的"保护伞"之下,甚至蜕变为一种"特权",他们享受着资源、声望、权力上的优厚待遇,那些享有终身职的大学教授们俨然是大学中的"特权人士"。其次,终身职制度建立的保障学术自由的初衷在现代大学中的作用开始变得有限起来。根据哈佛大学教育研究生院在2002年对1304位大学教师和5225位博士候选人的问卷调查,尽管终身职对绝大多数教师和博士候选人都有吸引力,然而他们考虑终身职的最主要原因并非是学术自由,而是终身职所带来的经济保障③。一位教授

---

① Philip G. Altbach, "How Are Faculty Faring in Other Countries?" In Richard P. Chait (ed.), *The Questions of Tenure*, Massachusetts: Harvard University Press, 2002, pp. 160–181.

② [美]克拉克·克尔:《高等教育不能回避历史——21世纪的问题》,王承绪译,浙江教育出版社2001年版,第165页。

③ Cathy A. Trower, "Can Colleges Competitively Recruit Faculty Without the Prospect of Tenure?" In Richard P. Chait (ed.), *The Questions of Tenure*, Massachusetts: Harvard University Press, 2002, pp. 182–220.

❖ 第三部分 比较与借鉴 ❖

犀利地指出:"如果哪位新晋终身教授说'我的学术自由再也不会受到威胁了',那么我一定会从凳子上跌下来!"① 这么说,学术自由已不再是终身职制度存续的充分条件,在一定程度上,"只有终身职才能保护学术自由"已经沦为一个不攻自破的伪命题。再次,终身职制度在学术治理体系中的角色较为模糊。终身职教授和以终身职教授为主体的职称评定委员会能有效地减少系主任等行政人员对学术事务的独断专行。然而,实行终身职制度与良好的学术治理环境之间并没有直接关联。更何况,"终身职教授们太自以为是,一些不太友好的评审委员们滥用他们手中的'生杀大权',拒绝为那些他们不喜欢的教授提供终身职"。②

二 二等公民与上升管道

因为终身职制度在一定程度上压缩了青年教师的上升空间,青年教师对终身职制度的不满是显而易见的。科研人员的成长和发展过程像一个"管道"(pipeline):在这一"管道"中,女性和少数族裔科研人员的比例正在减小,她们被不断地"渗出管道",获得终身职的女性教师也少于男性。③ 相似地,青年教师的职业发展过程也像是通过一段一段不断上升的"管道",即"终身轨"的讲师—助理教授—副教授—教授,在终身轨"管道"上的节节攀升成为青年教师实现其学术身份合法化的唯一途径。而那些没有终身职保障的、不在终身轨和在终身轨但未升为终身职的教师,往往会把自己当作教师群体中的二等公民④。更加残酷的事实是,大学对这类焦虑的教师群体也并

---

① William T. Mallon, "Why Is Tenure One College's Problem and Another's Solution?" In Richard P. Chait (ed.), *The Questions of Tenure*, Massachusetts: Harvard University Press, 2002, pp. 246 – 272.

② Ibid., pp. 246 – 272.

③ G. Sonnert and G. J. Holton, *Gender Differences in Science Careers: The Project Access Study*, New Jersey: Rutgers University Press, 1995, p. 187.

④ Cathy A. Trower, "Can Colleges Competitively Recruit Faculty Without the Prospect of Tenure?" In Richard P. Chait (ed.), *The Questions of Tenure*, Massachusetts: Harvard University Press, 2002, pp. 182 – 220.

❖ 第二十一章 在改革中存续的大学教师终身职 ❖

没有给予足够的同情和怜悯,这使他们不仅被排除在大学治理结构之外,而且还常常在学术事业中被边缘化。伯顿·克拉克把终身职和非终身职的"分化"视为美国学术职业发展史上的重要分水岭,非终身职被冠以各种戏谑的"标签",如,"无照经营的学者""无处安放的学者""快车道上的学者",这些学者的共同点在于他们都从事着零散的工作①。学术世界里"二等公民"的尴尬处境和被极度压缩的上升空间迫使非终身职教师不得不留意合同文本上"非升即走"的隐喻。因此,要保持学术职业的持续发展,他们必然要通过终身职制度的筛选和检验。在这层意义上,社会学家马克斯·韦伯所说的一场"鲁莽的赌博"②,成为对无保障的学术生涯最生动的诠释。

三 优胜劣汰与学术分层

如果把优胜劣汰的终身职视作一种甄别和筛选一流教师、吸引一流人才终身执教的机制,那么,学术分层就是这一机制运行的客观结果,"特权人士"与"二等公民"的迥异命运就是这一筛选机制运行的生动写照。然而,一旦大学里已获得终身职的"明星教授"不再继续发光,大学又不能把他们从学术的"聚光灯"下移开,那么,这种学术分层显然是低效或无效的。大学管理者最担心的是获得终身职的教师不能保持学术探究的动力和热情,若大学本身又未能建立起灵活有效的退出机制,消极和怠慢的情绪就会在更大的范围内蔓延。一方面,终身职本身是一个管理问题。"朽木"问题的根源不在于终身职本身,而在于大学在授予终身职之前没有对候选人进行认真的评价,当出现问题时又没有进行有效的帮助,或者没有采取适当的措施及时终止其终身职位③。另一方面,终身职本身的制度设计并非无懈

---

① Burton. R. Clark, *The Academic Life*: *Small Worlds*, *Different Worlds*, *A Carnegie Foundation Special Report*, New Jewsey: Princeton University Press, 1987, p. 209.

② [德]马克斯·韦伯:《学术与政治:韦伯的两篇演说》,冯克利译,生活·读书·新知三联书店2005年版,第27页。

③ J. Perly, "Problems in the Academy: Tenure, Academic Freedom, and Governance", *Academe*, Vol. 81, No. 1, 1995.

可击：6—7年的考核期以及职称评审时的高标准并不适合所有类型的大学，一些社区学院在教师入职一两年后就确保他们可以获得终身职位；更严重的是，如果没有教师工会的介入，系主任甚至具有一票否决权。20世纪90年代以来，对美国大学教师终身职的质疑和批评达到了前所未有的高潮。人们批评终身职教师躺在自己过去的"功劳簿"上，进取意识减弱，不再向学生提供高质量的教学服务。[①] 这些来自实践的众多争议和质疑同时引发了学术界对美国大学教师终身职制度的反思和审视。

回应这些对处于学术职业金字塔塔尖和"管道"顶端的教授群体懈怠工作的质疑，不仅要公正地评价他们的业绩，也要从学术发展和院校管理的角度进行反思。鉴于此，美国高等教育学会（Association for the Study of Higher Education，ASHE）从20世纪90年代起就集中探讨大学教师终身职制度的优缺点，探寻除终身职之外其他可以保障大学学术自由的途径，以及终身职制度对大学教师的经济价值等问题。[②] 这些都反映出学界内部已经开始重新审视、甚至改造历经一个世纪的大学教师终身职，终身职制度的改革也呼之欲出。

第三节 大学教师终身职的横向拓宽与纵向伸展

20世纪70年代以来，美国大学终身职教师占全国大学教师总数的比例呈现不断下降的趋势。根据美国大学教授协会2016年的报告，全职终身职教师仅占全国大学教师总数的21.45%[③]。面对20世纪90年代以来财政紧缩、绩效问责和多元化发展的压力，美国大学教师终

[①] 王保星：《美国大学教师终身教职的学术自由意义》，《高等教育研究》2006年第3期。

[②] E. Grady Bogue and Jeffery Aper, *Exploring the Heritage of American Higher Education: The Evolution of Philosophy and policy*, New York: The American Council on Education and The Oryx Press, 2000, p.172.

[③] Economic Status Report (https://www.aaup.org/sites/default/files/2015－2016 Economic Status Report.pdf).

❖ 第二十一章 在改革中存续的大学教师终身职 ❖

身职制度经历了多方面的改革,如增加非终身轨教师和各种兼职教师的数量;延长试用期限,暂停或取消"非升即走";实施与完善终身职后评价等。然而,这些权变的改革措施并没有从根本上撼动终身职制度在一流大学教师管理体系中的地位;终身职制度所确立的"优胜劣汰""能上能下""能进能出"等基本原则再一次得到了彰显。

一 拓宽横向口径:提高非终身职教师比例

在美国现行的大学教师管理体系里,若要彻底改变非终身轨教师在大学教师队伍中二等公民的尴尬境地,必须经历一个提高非终身职教师(包括兼职教师)的数量和比例的过程①。美国大学终身职聘任制度是面向全职教师的,兼职教师承担的主要工作、所拥有的权利和义务、享受的待遇等与全职教师不同。提高兼职教师数量及其在全体教师中的比例是近年来美国一流大学教师管理的重要举措,能起到降低成本、减少开支、活跃教师队伍的作用。与1975年的情况相比,2014年兼职教师增加了70%,全职非终身职教师增加了近60%,而终身职教师减少了26%。②

一些大学在学校层面限制终身职教师的比例:爱达荷州立大学规定终身职教师不得超过全职教师的75%;加州路德教会大学终身职教师的比例上限是66%;斯普林菲尔德学院规定的终身职教师的比例在55%—67%之间;埃伦大学规定的这个比例区间为50%—75%。③ 与此同时,兼职教师的绝对数量和比例持续上升,使制定可促进兼职教师职业发展的政策成为院校治理中的一项重要工作。在一流大学中这一政策的发展趋势更为明显,它们为兼职教师打通了向上流动的"管道"。如佛罗里达大学规定,非终身轨教师可随时申请终

---

① Cathy A. Trower, "Can Colleges Competitively Recruit Faculty Without the Prospect of Tenure?" In Richard P. Chait (ed.), *The Questions of Tenure*, Massachusetts: Harvard University Press, 2002, pp. 182 – 220.

② Economic Status Report (https://www.aaup.org/sites/default/files/2015 – 2016 Economic Status Report.pdf).

③ 丁宁:《美国大学终身教职制度的改革走向》,《复旦教育论坛》2007年第3期。

身职位，当服务年限届满时有资格转为终身职。在匹兹堡大学，兼职教师转入终身轨的前提是至少一半的工作量与同等职位的终身轨教师相同。斯坦福大学中的兼职教师若要转入终身轨，其兼职工作年限不能超过 10 年。在这些大学里，兼职教师的晋升并没有被人为地设定约束性门槛。相反，当达到类似全职教师晋升终身职的标准后，兼职教师也有机会获得终身职。这样，越来越多的兼职教师和非终身轨教师被长期聘用，从根本上冲击和削弱了终身职制度，在降低了终身职教授的光环效应的同时，为更多的各种类型的大学教师提供了学术职业的上升通道。

二 伸展纵向通道：延长非终身职教师聘期

入职第 7 年是大学教师个人职业发展的关键节点，在终身职制度的改革中，一些大学灵活有度地设定终身职晋升门槛。如密歇根大学在 2005 年调整了终身职晋升政策，将非终身轨上可持续的最长工作时间由以前规定的 8 年延长为 10 年。延长非终身轨上限时间的理由主要是学术环境的变化，同时也有学术成果发表条件的变化，因此对终身职候选人评价的时间节点也应适当变化。值得注意的是，延长非终身职教师年限的做法较多地出现在一流大学，如加州大学洛杉矶分校延长至 8 年[1]，耶鲁大学延长至 10 年[2]。在威斯康星大学，聘用兼职教师的最长期限是 14 年，该校对兼职教师可否获得终身职以及获得的条件没有做出具体说明[3]。

大学对一流人才的吸引力来自其卓越的学术声望和相对丰厚的薪酬和待遇。签订教师聘任合同意味着教师作为独立的个体进入学术组织之中，也意味着院校管理上的"风险决策"。从经济学角度看，教

---

[1] UCLA Faculty Review Process (https：//www.apo.ucla.edu/resources/trifolds/counting-on-the-tenure-clock/).

[2] New Tenure and Appointments Policies (http：//www.yale.edu/gateways/6_21_07_Faculty_Memo.pdf).

[3] Cathy A. Trower, "Can Colleges Competitively Recruit Faculty Without the Prospect of Tenure?" In Richard P. Chait (ed.), *The Questions of Tenure*, Massachusetts：Harvard University Press, 2002, pp. 182–220.

❖ 第二十一章 在改革中存续的大学教师终身职 ❖

师聘任是根据教师个人的学术资质来判断和预测其未来学术产出及收益的过程。在这一过程中，大学对教师个体的人力资本投资始终带有一定的不可预见性。一流大学往往有足够的财力来保障院校与教师之间开展的这场旷日持久的博弈，借助延长非终身职教师聘用期的举措，既能够吸引到一流教师，也能够让一流教师在充分的时间条件下脱颖而出。普通州立大学很少有这样的例子，迫于财政压力，他们难以将纳税人的钱支付非终身职教师延长聘用期间的报酬。

三 改革尝试：实施终身职后的再评价

对终身职制度的诟病早在20世纪80年代就已经出现。把终身聘任制看作保护教师免受评价的盾牌是对该制度本身最大的削弱。因此，终身职后评审就成为高等教育面临的紧迫问题。根据美国大学协会1989年的报告，协会的成员大学中实行终身职后评审的比例不到1%。但在随后的几年里这一比例迅速增加，到1996年有61%的大学实施了不同形式的终身职后评审政策。[①] 1998年，美国大学教授协会在题为《终身职后评审：美国大学教授协会的回应》（Post-tenure Review：An AAUP Response）的报告中指出，有些教授未能很好地履行其学术责任，应该考虑并组织一些针对终身职教授的评审。报告还提出了实施终身职后评审的指导原则，如"终身职后评审的目标应该是教师的发展，必须按照保护学术自由和教育质量的原则来进行"。[②]

大学教师终身职后评审一般采用同行评议的方式进行。由于终身职评审主要是提前认定教师在获得终身职之后的学术成就，那么终身职后评审的主要目的就并非停留在教师人事决策层面，而是鼓励和促进教师的学术职业生涯向纵深方向继续发展，当然也有一些大学对"不作为"的终身教授实行评审后的惩罚（措施见表21—1）。不过，

---

① 王正青、徐辉：《美国高校终身教职后评估制度的兴起、内涵及其评价》，《高等教育研究》2006年第3期。

② Post-tenure Review：An AAUP Response（http：//www.aaup.org/report/post-tenure-review-aaup-response）。

❖ 第三部分　比较与借鉴 ❖

表 21—1　　美国大学对"不作为"终身教授的惩罚措施

大学	惩罚措施
加利福尼亚州路德大学（California Lutheran University）	重新定岗；撤销终身教授身份；工资冻结
科罗拉多大学（University of Colorado）	降级；取消学术休假；停发差旅补贴；重新定岗
弗吉尼亚州立理工大学（Virginia Polytechnic and State University）	降级；撤销终身教授身份；停职
得克萨斯州女子大学（Texas Woman's University）	撤销终身教授身份
詹姆斯麦迪逊大学（James Madison University）	降薪
泰勒大学（Taylor University）	试用

学者们对终身职后评审并非没有异议。玛德琳·古德曼（M. J. Goodman）研究了夏威夷大学 1987—1997 年的终身职后评审，发现尽管这种评审提升了教师的士气，却仍有教师质疑其存在的必要性。[1] 原因在于，终身职后评审本质上只是一种监督机制，并不能切实起到正向激励的作用。因此，终身职后评审在促进终身职教师学术发展方面的效果和作用仍值得怀疑。

第四节　大学教师终身职在摇摆的改革中存续

在韦伯所处的时代，德国青年教师面临"令人望而生畏的制度安排"，因为一位讲师是否能够升任正教授纯粹受机遇的左右[2]。尽管大学教师的发展机遇和上升空间早已今非昔比，但学者之间的竞争仍然是愈演愈烈，学术劳动力市场更倾向用一条"黄金标准"来衡量

---

[1]　M. J. Goodman, "The Review of Tenured Faculty at a Research University: Outcomes and Appraisals", *The Review of Higher Education*, Vol. 18, No. 1, 1994.

[2]　[德] 马克斯·韦伯：《学术与政治：韦伯的两篇演说》，冯克利译，生活·读书·新知三联书店 2005 年版，第 20 页。

❖ 第二十一章 在改革中存续的大学教师终身职 ❖

大学教师的学术水平和声望。尽管有关大学教师终身职的"存废之争"此起彼伏,改革之声也不绝于耳,然而时至今日,终身职制度并未在美国高等教育中消失。在变与不变之间,对大学教师终身职的改革更像是一种标榜"激进"或"保守"的"权宜之计"。

第一,大学教师终身职改革形式重于内容。美国大学教师终身职改革产生了一系列终身职的"替代产品",然而,当把这些"产品"拿到竞争激烈的学术劳动力市场上时,人们会发现这些只不过是终身职的"衍生物"。因此,大学教师的(固定)合同制本质上仍被看作一种终身职制度[1]。终身职制度在100年的时间里为学术自由奠定的基本原则、为提升学术职业价值和卓越人才建设做出了不朽贡献,至今仍闪烁着时代的光芒。在一流大学中,被称作"黄金标准"的终身职制度为一流学科的建设发挥了人才储备的作用,也只有继续保障这种有利于人才脱颖而出的筛选机制,才能让终身职制度本身焕发出持久的生命力。

第二,大学教师终身职改革求同大于存异。如果把美国大学中所有正在推行的非终身职制度看作一个"集合",那么这个集合中的"元素"仍在不断扩充,集合的边界也正逐渐扩展。教师聘用类型的多样化既反映了大学职能的扩展和岗位需求的变化,同时也在一定程度上反映出大学对一流人才的认可与包容。这种包容集中地体现在即使对兼职教师来说他们仍有继续上升甚至获得终身职的机会。从一流大学的整体情况看,终身职制度和合同聘用制度仍然呈现出相互补充而非相互替代的关系,二者都能在一流大学和一流学科的建设中发挥应有的作用。

第三,大学教师终身职改革固守多于改变。终身职制度改革历来是一个高危领域,改革的失败往往令大学停滞不前甚至卷入舆论的旋涡,推向风口浪尖。美国大学终身职制度历经100年,无论制度形式如何改变,执行方式如何多样,人们对终身职制度已经在实然层面形

---

[1] William T. Mallon, "Why Is Tenure One College's Problem and Another's Solution?" In Richard P. Chait (ed.), *The Questions of Tenure*, Massachusetts: Harvard University Press, 2002, pp. 246–272.

❖ 第三部分 比较与借鉴 ❖

成了一种不易改变的路径依赖。在这个大变革的时代，克尔的话或许仍能让激进的改革家们重新反思终身职制度的"存废之争"："今天的大学，像昨天的大学一样，也许比社会的其余部分的大多数改变得少；这是一种相对静止的机构；它并非像有些人说的那样接近于衰败，或者像其他人希望的那样接近于一次重大的改造；它将继续变化，但是比它周围的社会变化得要少。"① 从这层意义上看，作为"权宜之计"的终身职制度改革无异于物竞天择的"丛林法则"和"社会达尔文主义"在学术领域中的又一场胜利。

---

① ［美］克拉克·克尔：《高等教育不能回避历史——21世纪的问题》，王承绪译，浙江教育出版社2001年版，第258页。

第二十二章　世界一流大学教师评价的共同经验

建设一流大学、一流学科的前提是建设一支一流的教师队伍，因为教师是学科和大学存在与发展的"心脏"。为了了解世界一流大学在教师评价和晋升方面的具体做法，本书作者于2015年5月实地考察了四所地处美国的世界一流大学（哈佛大学、麻省理工大学、西北大学、伊利诺伊大学香槟分校），并重点调研了这四所大学都拥有的两个一流学科（工科和医科）。考察发现，世界一流大学和一流学科所在的院系，在新教师的入职招募评价、在职教师的职中晋级评价和终身教职评价等关键点上，历史性地、自发地建立了一套首尾衔接的教师评价与晋升体系，使得"只有一流人才能够：进得来、留下来、献终身"，这就是一流教师队伍的建设体系，也是世界一流大学教师评价与发展的共同经验。

大学和学科建设的着力点很多，如，现代大学制度、大学管理与利益相关者治理、大学与学科的关系、学科建设的战略与策略等。然而，无论什么建设，也无论建设什么，其具体任务最终都要落在"建设者"身上，一流大学和一流学科的建设需要一流的教师队伍来承担。因此，"双一流"建设的前提与实质是建设一支一流的教师队伍。若某学科有几名一流教师，该学科就有可能建成一流学科；若某校有一批一流教师，该校就不愁办不成一流大学。

❖ 第三部分　比较与借鉴 ❖

那么，在那些已经成为世界一流大学和一流学科所在的院系，是怎样进行教师队伍建设的呢？在现代信息社会，网传二手资料丰富，但深入分析它们却"不得要领"，若想引参考资料入改革实践则"无从下手"。为了得到"非网传"的事实、得到分析问题和改革实践的"要领"，了解既成的世界一流大学和一流学科在教师队伍建设上的奥秘，本书作者于2015年5月在美国的波士顿地区和芝加哥地区实地考察了四所地处美国东部和中部的世界一流大学，并重点调研了这四所大学的两个一流学科，它们是哈佛大学和西北大学的医学院，麻省理工学院（本章简称MIT）工学院的机械工程系和伊利诺伊大学香槟分校（本文简称UIUC）工学院，[①] 访谈了约20人。从职位看，有正副院长、系主任和正副教授；从种族看，有长期在美国生活和工作的华人教授和其他少数族裔教授，也有美国本土教授；性别上，男性为主，仅有两位女性；年龄上，受访主体人员在40—55岁之间。[②] 采用开放式访谈方法，没有提供逻辑严密的访谈提纲，同每位受访者的交谈最少是1小时，形式上如同中美研究型大学教授之间的友好对话，但问题聚焦在"本校、本院、本系的教师队伍建设"上。本章是在对历时几十个小时、20份各有风格的访谈记录和录音材料整理的基础上，依教师职业生涯的时间逻辑，对美国这四所世界一流大学、两个世界一流学科的教师的入职招聘、职中发展、晋升评价等过程进行系统地来自"第一手资料"的分析，并尝试归纳得出世界一流大学和一流学科教师评价与发展的共同经验。

[①] 在2015年上海交通大学"世界大学学术排名"中，哈佛大学第1、麻省理工学院（MIT）第3、西北大学第27、伊利诺伊大学香槟分校（UIUC）第29名。哈佛大学和西北大学的医学学科分别为第1和第29名，MIT和UIUC的工学学科分别为第1和第4名。因英国QS学科排名与本章的研究口径不同，故仅采用上海交通大学的排名作为参考。我们也实地调研了芝加哥大学，但因调研不是在医学和工学学科故未将其作为案例收入本书。

[②] 实际上，我们还访谈了UIUC的数学系主任，教育学院副院长，并与UIUC教师教学促进中心全体人员座谈等。但因没有调查其他几所案例大学的相同学科所在的院系，故本章放弃这部分信息的整体使用，除非专有提及。

❖ 第二十二章 世界一流大学教师评价的共同经验 ❖

第一节 入职评价：只有一流人才能够进得来

建设一流大学教师队伍的第一步就是严把教师招聘关。随着美国大学教师职位的逐渐饱和，要想在一所意愿中的大学谋得教师职位，绝大多数应聘者都备感艰难。世界一流大学所要求的教师队伍极为活跃的国际化、极为多元的个人背景、极高的学术水准，自然使所有的新教师职位对全球学术人才市场开放。相对于中国"985大学"教师招聘过程中"轻、重点"的选择，本文把案例大学的教师招聘工作归纳出三个要点。

一 基层系拥有最大的招募评价权

在MIT的机械工程系，应聘者要经过由系、院、校组成的三层招聘委员会的筛选，最基础、最重要的是在系级层面。系级招聘委员会包括该系所有的七个机械工程学研究领域①的教授代表，先通过网络面试筛选出二三十人进入校面试程序，委员会成员和系主任分别对每位应聘者进行独立面试：应聘者提供1小时的讲课或讲座；委员会对每位到校应聘者进行1小时的评论，然后从应聘者中选出4至5位候选人名单提交给系主任；系主任与每位候选人进行1小时的非正式谈话，在不干涉委员会操作程序的条件下，独立做出抉择。最基层的学术单位"系"在进人上主要考虑三点：应聘者当前的学术水平、预测的发展潜力、到本系工作的适切性。委员会成员和系主任在进人程序上花的精力比中国的"985大学"要多得多，且特别强调工作规范（如程序公正）和道德规范（如尊重事实、"利益相关者"回避等）。正如已有研究文献所评论的，由于世界一流大学代表的是世界高等教育的最高学术追求，为了保证最优秀人才能进入该学术共同

---

① MIT工学院机械工程系由下列7个领域构成：力学，控制、仪器仪表和机器人，设计、制造和产品开发，能源科学和工程，海洋科学和工程，生物工程，纳米、微科学和技术。

体，学校在招聘程序和规则上极为严谨，遵循美国教授协会1993年发布的"教师招聘道德宣言"中明确的规则。① 因为在美国学术界，违反道德规范要付出巨大成本，甚至会导致学校、院系或者参与者个人的信誉"破产"。通过系级评审后，系主任的评审意见、系招聘委员会的意见和投票结果以及全部评审材料被提交给院级层面，由院招聘委员会和院长进行第二轮相对于"系"来说并非那么严格的评估选择。通过学院评审的幸运者的所有材料，加上院长的评审意见和院招聘委员会的意见，一并提交给校级招聘委员会。到了学校层面，基本上只是签字盖章的程序，如无特别理由，一般得以通过，报董事会备案。然后由系主任通知应聘者最终结果，商谈具体薪水、办公室分配、实验室建设、教学任务、研究生招生等事宜。所以说，在以MIT机械工程系为代表的一流大学和学科里，拥有最大招聘权的是最基层的"系"。之所以"系"有权，因为这些系足够"大"，集中的著名教授多，学术力量强，话语权就大。

二 同行评价最具人才辨识度

塔尔科特·帕森斯（Talcott Parsons）认为，现代社会和传统社会评判人的主要区别之一，是看其后致性因素还是看其先赋性条件。现代社会以后致性的实际表现和成就来评价，传统社会则根据先赋性条件，如家庭背景和社会关系等来评价。② 世界一流大学的教师招聘过程尽可能对应聘者的先赋性要求降到最低，重在其后致性成就。中国大学特别强调、甚至唯一强调的"学术出身"（如所有学历出自"985大学"或"211大学"），被案例大学认为是一种"先赋性条件"，在招聘中得以淡化。UIUC工学院在招聘中将注意力聚焦到应聘者的独立思想上。他们认为，博士生时期的发表有可能只是执行导师的思想，可能是导师研究计划中的一部分，而他们需要的是"学

---

① AAUP, "The Ethics of Recruitment and Faculty Appointments", *Academe*, Vol. 79, No. 2, 1993.

② Talcott Parsons, "Pattern Variables Revisited: A Response to Robert Dubin", *American Sociological Review*, Vol. 25, No. 4, 1960.

❖ 第二十二章 世界一流大学教师评价的共同经验 ❖

者",不是强调执行的"高级技术员"。尽管经验告知,不是在高水平大学攻读学位的人,难以达到学术上的高水平,但他们不否认有许多例外。在应聘过程中,如果招聘委员会看不出某些出身于"学术殿堂"或曾由大师级导师指导的应聘者的学习能力和未来潜力,他们在出身上的各种"光环"都对其应聘"于事无补"。不是那么高度地看"出身"而是重视"同行评价",在招聘新人和其后的教师评价中,人才辨识的要素是同行专家推荐信或评价信中表述的被评审人具有的独立思想和将思想转变为研究现实的能力。同样,在 UIUC 居于理科的数学系看重应聘者博士后所在大学或科研机构的学术声望,说这不是强调学历"出身",而是强调基础科研训练,认为在学术水平高的地方经历过科研训练的人,一定会胜任 UIUC 自然科学领域的学术工作。来自同行专家的推荐评议信对 UIUC 工学院的新教师聘用产生重要影响,因为所有的一流大学都充分信任同行专家判断的准确性、语言的真实性、评价的诚信度,这种信任对同行专家本人也是一种学术良心考验。当然,他们选择的外审专家必须是被评价人所在领域具有崇高学术声望和出色学术水平的国际学者。这样看来,在以 UIUC 工学院为代表的一流大学和学科里,辨识应聘者甚至其后的晋升者以及终身职位申请者优秀程度最重要的参考是同行评议专家的意见。

三 合理评价人才的群聚效应

聘用一个新人,不仅看其"单打独斗"的本领,还要看其与院系人员融合、合作发展的可能性。在 MIT 机械工程系和 UIUC 工学院,招聘新教师时都非常注重应聘者的研究方向,要能和本院系已有的或准备建设的研究方向相匹配或相融合,不倾向于因新进一人而引入一个独立的、难与他人合作的、该新教师也会感到学术孤单的研究领域。也就是说,即使是一流大学,也并不倾向于在专业领域上的"全面开花"。我们知道,现代工程科学研究具有创新性、实践性、易转化性、大规模和复杂性,如此使得美国研究型大学工程科学领域的研究已超出了个人甚至单个实验室所能承担的范围,传统的一个导

❖ 第三部分　比较与借鉴 ❖

师带领一群研究生进行科研攻关的条件已不足够,因而强烈需要高水平教授间的合作。MIT 机械工程系由七个专业领域构成,这些专业领域相当于中国大学中的七个系,甚至相当于某些中国大学中的七个学院,MIT 这七个专业领域的正教授都处在本研究领域的"全球第一方阵",招聘新教师就要求他们有可能与系里的既有教师构成研究领域上的、至少是研究方向上的群聚效应(Critical Mass),而一个群聚效应的形成至少需要有 4—5 人,群聚效应可产生具有竞争力的核心教授和核心课题。研究领域或者至少是研究兴趣相近的教师们容易自发地、非组织建制地形成这种科研合作平台并由此产生研究核心,产生该系新的学科专业生长点。这种群聚效应的形成者们可时时、事事、处处地因科学问题而交流、讨论、争辩,碰撞出思想的火花和创新的支点。MIT 机械系在招聘新人上的倾向性,部分验证了如同某些学者归纳的那样,合作是提高学术生产力最有效的途径之一,教师与本系内同行合作的学术生产力要远高于独立研究或与其他机构同行合作的学术生产力。[①] 因此,MIT 和 UIUC 的工程学科在新教师招聘中必须考虑应聘者的发展方向,至少是研究兴趣与所在院系既有的、或者是计划发展中的学科领域的契合度,他们看重那些可形成群聚效应的应聘者为适合本院系的教师。

基层学术单位是真正的"用人机构",既知晓自身需求又了解同领域的人才供给,可将新教师招聘权用到极致;同行专家特别是"小同行",既了解本领域的前沿及其发展,又了解相关期刊的水平、同领域队伍的力量、甚至高水平学者的分布,有资格评判被评审人所在的学术位置;可形成群聚效应的人,既有当前的知识、能力、水平,还有潜在的独立思想和创新力量,更有搭建或加固院系发展平台、产生"1+1>2"的功效。经此三关,"只有一流人才能够进得"世界一流大学和一流学科来。

[①] Mary F. Fox and Mohapatra Sushanta, "Social-organizational Characteristics of Work and Publication Productivity Among Academic Scientists in Doctoral-granting Departments", *The Journal of Higher Education*, Vol. 78, No. 5, 2007.

❖ 第二十二章　世界一流大学教师评价的共同经验 ❖

第二节　晋级评价：院系支持一流人才留下来

美国的研究型大学，无论是否声称、实际上都是"非升即走"的，在规定的最长年限内得不到晋升就要离开这所学校，到下一层次大学[①]"晋升"，或者退出学术职业。如果说"非升即走"带有负面含义的话，那导致其发生的责任归咎于谁？只是因为教师个人的能力不够、努力不够吗？在中国"985 大学"里，这就是答案。然而，地处美国的世界一流大学与我们不同。一方面，教师"非升即走"不一定是失败：若到下一层次院校，教师个人的几年努力可转变为在另一所院校晋升的"原始资本"；若是"逃离"学术职业，教师个人在世界一流大学的学术经历为其在学术外职业的发展也提供了一笔财富。另一方面，本研究的案例大学和学科所在院系考虑更多的是"组织受损"：学校提供的入职启动资金还未得到全程回报；院系要为同一职位开展另一招聘过程而费时费力；学校要提供一个新的伴随相同离职风险的入职启动。他们认为院系要为教师的"非升即走"至少承担两重责任：一是当年招聘的不是最优秀最具发展潜力的人；二是院系没有提供足够的组织支持与教师保护。本章结合中国"985 大学"在为教师发展提供组织帮助上的实际状况，细致分析案例大学和学科所在院系是怎样帮助已入职教师在一流大学一流学科中"留下来"的。

一　投资教师的经济成本与学术收益

中国的"985 大学"近年来也给新入职教师几万元到几十万元不等的科研启动经费；美国的研究型大学具有给新教师提供近百万美元"财政包"的传统。作为高等教育研究学者，笔者认为，从开支类目来说，中国的启动经费就是用于科研启动的，但美国的"财政包"

[①] 根据卡内基高等教育机构分类，美国的大学和学院分成不同的类型和层次。

·371·

◆ 第三部分 比较与借鉴 ◆

体现的是"包"的含义：包含多种类型开支，包含成本与收益匹配，包含当下和将来。

美国是个高度市场化的国家，学术劳动力市场已发育成熟，大学教师就是一种"学术劳动力"，在学术场域——大学或学科所在院系——遵循成本与收益的规则。这种"财政包"是在教师身上投资的成本，教师对大学和学科的将来贡献是对这种成本的收益回报。"财政包"来源于学校层面，或者是校与院合作提供，"包"内是入职初期三年的科研启动、实验室建设和研究生培养所需等，以系主任与新教师面商后的数额为准，因校、因学科、因教师个人而异，"包"与"包"之间的差别很大。对刚进入学校终身轨的年轻教师（junior/entry level tenure-track faculty），MIT机械工程系的"财政包"约100万美元，西北大学医学院的"财政包"约75万美元。谈薪酬的话，美国的多数公立院校将年薪分摊在10个月中而私立院校为9个月。在不领薪水的2或3个月中，教师可以从已有预算的项目经费中按年薪的月标准提取酬劳，也可以靠假期兼课赚取课酬。在哈佛大学和西北大学的医学院，入职三年后，薪酬中的大部分比例都要由自己的科研经费支付，没有科研课题就意味着失去了部分薪资来源。MIT给教师工资定有上限，机械工程系的助理教授年薪约10万美元。西北大学医学院对教师工资没有设定上限，学院根据教师进校时间的长短、所在专业的基础性或应用性等因素来支付教师薪水的40%—75%。对进校时间长的教师和应用性强的专业领域，教师需要从来自校外的科研项目中自付较高比例的薪水；很难得到校外科研项目的基础学科如解剖学，学院就要支付较高比例的教师薪酬，但因为他们的科研项目可提供的经费额度较低，这些教师的整体薪酬就较低。由于科研项目经费基本上决定了个人收入的高低，所以即使在医学院内部，各系教师的薪酬水平差别也很大。这样看来，美国研究型大学提供的新入职教师的"财政包"仅相当于教师将来获取科研项目的"本金"，"财政包"的额度和时效，从另一个角度验证了"非升即走"的必然性：科研经费额度虽不一定直接作用于晋升，但它直接影响到教师的薪酬水平，科研经费太低甚至会影响到教师的生活。比

❖ 第二十二章 世界一流大学教师评价的共同经验 ❖

较而言，中国大学的教师队伍没有这样严峻的生存压力，不存在劳动力市场中对大学教师的经济投资成本与学术收益回报的完全匹配效应。但我们的初期启动经费额度较低，薪酬标准很低，基本上没有体现出"投资于教师"的含义。

二 培训教师的组织行为与院系服务

尽管一流大学一流学科新入职教师都是博士或博士后，但科技的发展日新月异，学科的"跨"、"边缘"与"交叉"，研究方法的借用与突破，还有世界政治经济格局的影响，学术职业发展需要现代大学教师成为"全能型"人才，要能教学、能科研、能服务、能转化。无论经历怎样严格考核入职的教师也需要进行入职后的培训。尽管案例大学各校各院系的培训体系有差别，但培训的系统性和持续性是相似的，不是一次性"中国式"岗前培训，而是在教师生涯中不同阶段的全程培训，目的是提高教师的能力与水平，减少"非升即走"的人。从组织工作来看，教师培训体系分布在系、院、校三级，每一级都有相应的教学和研究培训项目。系级层面由系主任和系教学委员会督导。如在MIT机械工程系，系主任每学期至少有一次与新入职教师的正式谈话，系里成立了由3—4名教师构成的培训委员会，帮助青年教师改进教学和申请各种教学支持项目，安排有经验的教师陪同新教师上第一学期的课程。委员会成员的工作被记载到其"服务绩效"上。UIUC的教师培训呈分层安排，最上的学校层面有教师教学促进中心；最下的系层面是系主任与每位教师至少一年有一次正式的谈话，有的系为新教师配备一名资深教师作为"导师"（mentor）；中间的院级层面的教师教学培训体系，如工学院的"卓越工程教育学园"（Academy for Excellence in Engineering Education，AEEE）教学项目对教师的帮助就很大。UIUC的教师培训不仅针对新入职者，只要是同行听课反馈或学生评教结果不好的教师，会随时被要求进行"回炉"式培训。为了保护教师、不让教学中的缺陷成为将来晋升的阻碍，UIUC工学院在教学的日常改进上做了大量工作，以保证教师能够随时发现教学中的问题并加以改进。这些做法已经成为该院的传

❖ 第三部分 比较与借鉴 ❖

统,这种来自院系的对教学特别重视的组织支持措施得到教师们的理解和好评,教师们认为增加培训机会、对教学要求严格是来自所在院系的对教师的组织保护。

三 理解教师的任务弹性与时间管理

从外表上看,全球的大学教师都一样,时间自由假期充分,但实际上研究型大学教师非常忙。笔者的研究发现,中国"985大学"正教授的工作时间最长,一周达到56.5小时,而3612名中国大学教师的周平均工作时间是43.7小时。[①] 教师不仅时间紧张而且周工作时间需要在教学、研究和服务这些不同类型的学术工作中进行分配,本研究中案例大学的院系就尽力帮助教师、特别是新进教师在多种学术任务上进行弹性分配,做好时间协调服务。MIT机械工程系和UIUC工学院新教师第一学期一般不安排教学任务,如果必须授课,也是安排他们与资深教师一起承担课程;入职初的三年中教师的教学工作量可以调节,每学年不超过3门课程(MIT机械工程系教师只被要求一学期教1门课,一周4学时);科研上有成就且科研项目重大的教师可减少其教学课程门数;暂时没有在研项目或科研产出较低的教师可适量增加教学课程门数。这样的"人性化安排",短期而言可解决教师多种任务之间的时间冲突,长期来说,院系出面调整任务类型和时间安排,可帮助教师较好满足学校要求,顺利通过绩效评价,在一定时期内免遭"扫地出门",是一种实实在在的保护。

这种任务与时间的调节在哈佛大学医学院表现得更有特色。在全球范围内,医科的教学、研究、服务、甚至在组织建制上都与其他学科不同,要建设一流的医科、建设拥有医科的一流大学,在具有大学合并历史的中国更是一件不容易的事。因此我们把哈佛大学和西北大学医学院作为这次调研的特殊重点。哈佛大学的医科分为以教学与科研为主的医学院体系和以门诊与带徒弟为主的医院体系,与中国大学

---

① 沈红、谷志远、刘茜:《大学教师工作时间影响因素的实证研究》,《高等教育研究》2011年第9期。

❖ 第二十二章 世界一流大学教师评价的共同经验 ❖

及附属医院相似的是，医学院教师的入职和晋升与其他学科相同，医院医生则以门诊任务为主。哈佛大学的这两个体系相互独立但彼此密切合作，医学院教师和医院医生可以在两个体系中以主职和兼职的身份交叉任职，兼职岗位被称为"第二任职"（the secondary appointment），薪酬由主职体系发放（医学院教师和医院医生分别实发9和12个月工资）。两个系统的密切合作主要是在时间分配和任务类型上灵活方便，以医学院教师或医院医生应该完成的工作量为主，互为兼职可以使受聘者用教学量、科研量、门诊量之和来保住在哈佛大学的"饭碗"。当某医生申请到大项目时，可以减少门诊量；当某教师研究量不足时，可以加大门诊量。西北大学医学院则不同，采用"首席研究员或称为项目负责人制度（Principal Investigator，PI），因此，西北大学医学教师与别的学科的教师在管理方式上差异不大，如给新教师一个"财政包"，用科研项目经费支付个人部分薪酬，等等。

第三节 终身职评价：让一流人才本校献终身

终身职的设立是为了让具有强劲学术能力和潜力的大学教师在学术有自由、生活有保障的环境中持续发挥创造力，拟被聘为终身职的教师要经过学校和同行的严格评价。尽管近年来要求废除终身职的呼声此起彼伏，全国已大大降低了终身职教师的比例（2014年与1975年相比，兼职教师和全职非终身职教师占全美大学教师的比例分别提高了70%和近60%，但终身职教师的相应比例减少了26%[1]），但本调研中的四所世界一流大学依然执行着教师终身职制度。实地调研发现，无论是得到终身职还是其前的职称晋升，都需要相对完善的教师评价系统，它是教师有效发展的基石。对教师而言，入职不是目的，目的是能够"终身"留在有学术自由、有经济保障、有学术声望的

---

[1] John Barnshaw, "Higher Education at a Crossroads: The Annual Report on the Economic Status of the Profession 2015 - 2016", *Academe*, Vol. 102, No. 2, 2016.

❖ 第三部分　比较与借鉴 ❖

大学里；对所在大学和院系而言，得到年轻学者也不是目的，目的是能够得到最顶尖一批人的终身贡献。教师评价正是一个作用于教师个人和校院系组织双方的有效力量。本章仍以中国"985大学"的现实为对照基础，归纳得出案例大学教师评价的几个要点。

一　教师评价要表达基础民意

如上所述，无论是入职还是晋升或是终身职评定，都要经过系、院、校三级评审委员会的审核，关键在于基层"系"。MIT 终身轨（tenure track）时间是 7 年，系负责每年的年终考核，方式相当于"更新个人简历"。系主任根据教师们上年度的工作绩效和年终考核结果评定下一年度的薪资标准，不能平均分配。MIT 机械工程系的终身职评审，要求申请者提供 5 篇代表作，填写教学和服务情况，写出自评意见；系主任先从申请人提供的 7 个外审专家中挑选 4 至 5 个，再补足到 10 个，他们并不是向世界最高声望大学征求专家，而是向本领域中世界最高水平的专家发函，该系的特殊做法是还征集五位校内专家的评价意见。所以，系级评审是校外 10 名、校内 5 名专家对申请人的学术水平和拟晋升职称或终身职资格做出评价。从 MIT 和 UIUC 工程学科的做法来看，建立在外审专家评议信审读基础上的系评价委员会的投票将直接影响教师评价的结果。如果系评价委员会的表决票数有分歧但支持数仍在规定的比例范围时，院或校层面评价委员会给予否定的概率就会增大。与系级层面的评价过程相比，院级评审比较关注显性指标，如投票结果、同行评议中的负面意见、学生评教分数等；校级评价更多地是关注程序公正和材料的真实性。UIUC 工学院的晋升和终身职评价所走程序与 MIT 工学院的机械工程系类似，但终身轨的时间为 6 年，如果在第 6 年末没有通过终身职评审，就要"走人"。

"系"是美国大学教师评价体系中最具实权的最基层单位，是教师晋升或终身职升职成功最"底部"层级的起始点和关键点，也最能代表基础民意，此过程体现出美国大学人事管理上底部厚重的决策机制。

❖ 第二十二章 世界一流大学教师评价的共同经验 ❖

二 教师评价要注重多重差异

学科是学术系统的基本组织单元,以不同的知识内容和与行业的关系划分边界。各个学科在知识传统、科学信仰、探究模式、交流网络等方面都具有显著差异。托尼·比彻在《学术部落及其领地》中说:"学科还包含子学科,即专业领域,一些子学科或称为专业的领域又体现出一系列与其他领域不同的特征。"[①] 在本次实地调查中,我们没有发现案例大学对教师的论文篇数、论文被引率、科研项目资金数等"数字"做出强制性规定,但我们发现不同学科或者不同专业在评价证据和学术成就的表现形式上存在差异。访谈所涉及的医科和工科是最具跨学科特色的两个学科门类,其中包含了诸多大大小小的子学科(或称为专业)。在 MIT 机械工程系,教师评价委员会并不要求本系教师成为机械工程学科的佼佼者,而是鉴定他们是否在自己所属的专业领域具有比同辈人更为突出的贡献和创造力。哈佛大学医学院也同样只是要求教师在自己的专业领域成为最优秀的学者。与中国相似的是,每个专业都有几种被公认的经同行评议才可发表论文的权威期刊(与 SCI 和 SSCI 表列期刊无关),在这些期刊上发表论文被认为是学术引领者的有力证据。尽管如此,最有力量的决定因素仍是来自外审专家的评价意见。总的来看,知识的分化和重组,让学科或专业朝着多样化和复杂化的方向发展,相近学科或专业的教师拥有相似的认知、语境和文化模式,如此使各学科各专业的教师工作体现了突出的差异性和多样化。承认并保护学科或专业的差异和多样,才能使教师评价走向真实和脚踏实地,也才能保证活跃在不同学科和专业的教师拥有科学而平等的被评价权。

教师评价本身也存在明显的校际差异。美国研究型大学教师终身轨的时间一般为 6—9 年,有些大学或专业相对延长了这个年限(这个延长对教师有保护作用),如,卡耐基·梅隆大学是 7 年并给女性

[①] [英]托尼·比彻、保罗·特罗勒尔:《学术部落及其领地》,唐跃勤等译,北京大学出版社 2008 年版,第 70 页。

多1年；西北大学医学院为9年。对那些想"流动出去"的已聘为终身职的教授，大学和院系往往通过加薪、给予荣誉头衔、追加新"财政包"等方式予以挽留。MIT教授薪水有上限限制，只能用荣誉头衔来挽留；作为公立大学的UIUC对教授薪水不设上限规定，可通过加薪来留住人才。当然，这些教授家人的工作单位和子女受教育机构所在的地理位置、长期科研合作的伙伴关系、全家人的健康与气候等原因，也影响到一些拟"流动出去"的终身职教授的最终决策。

三 教师评价要体现学科特色

教师评价，不能只有宏观而无微观、只有过程而无内容。同上述相似的是，这里仍以中国大学教师评价的现实作为背景铺垫，分析案例大学教师评价中的某些具体内容。

对科研成果的评价。大部分工科领域要在顶级杂志发表文章，但MIT和UIUC并没有提出发文的数量，只需同行专家给出被评价人的学术表现在全球同领域中的位置；在工科的某些学科如计算机，那些必须通过同行评议才能得到发言机会甚至参会资格的学术会议也被记入评价内容。在商学、教育学、数学等学科里，将发表论文看得很重。在历史学中，出版专著很重要，他们把专著的质量判断提交给同行评议，但出版社的声望影响到对质量的判断。

对论文被引率的看法。一流大学或学科并不看重被引率，但水平相对较低的院校则比较看重。因为被引率的参考价值是视学科而定的。在美国的工程领域，传统学科之间的界限已经模糊，大量发展中的是交叉学科，而被引率的比较只应在细分领域才有价值。以数学为例，某些领域的论文的被引率就比其他领域的高很多，但并不能证明在这"某些"领域中论文被引率高的教师比其他领域的教师的水平高。在人文和社会科学领域，被引率并不作为教师晋升的考量标准，尤其是在历史学科，大部分学者阅读和引用的是著作，若用论文引用率来评价教师就不合理。

对科研项目的评价。一是获得竞争性项目可为晋升加分，他们强调项目来源的层次，来自国家层面的项目高于来自非政府组织

❖ 第二十二章 世界一流大学教师评价的共同经验 ❖

（NGO）支持的项目，而来自 NGO 的项目又高于非竞争可得的项目。二是项目经费额度是为了推动研究的可持续发展，资金本身不是目的，也不是教师评价的主要标准，但没有钱或经费不足就无法支付教师的部分薪水，也无法维持研究团队运行。在这两点——项目层次和经费——上的重要性也存在学科差异：高层次和高经费的项目，在工科和医科体现的是能持续研究，在教育学和数学学科被看作学术能力和声望，但在很难获得基金支持的商科尤其是会计学中就不那么重要了。

在社会服务问题上，不同的学校要求不同。MIT 机械工程系有良好的创业环境和氛围，鼓励教师开办公司但同时给出三点限制：一是仅被允许一周一个工作日在外工作（需填表报告）；二是教师开办的公司不能聘用在校生；三是教师的公司和学校之间不能有合作。UIUC 工学院则正好相反：一是不允许教师开公司，理由是要保证教师专心学术工作的时间；二是教师在其他公司任职和获得薪酬必须报告；三是教师可以和校外公司进行合作研究，但不能作为赚钱的重复性或仅提供劳动力的工作。本调查发现，在在职教师是否可以开办公司的问题上，美国的公立、私立一流大学是存在差异的，公立大学比私立大学的限制要严格得多。

医学教师评价更具有特殊性。哈佛大学医学院在 2000 年后将单一的教师轨改为三轨：教学、科研和临床，晋升级别分四档：讲师、助理教授、副教授、教授，比其他学校或同校的其他学科多一个"讲师"（instructor）级。他们的科研评价主要看发表，由同行评价来判断其发表的创造性，甚至看其研究是否改变了该领域的学科现状；临床评价主要看诊断，看其诊断是否在技术和方法上有创新，甚至是否改变了临床医学的实践；教学评价正在不断地尝试改革，但特色不明显。医学教师可选择做三类工作中一类或两类，也可以三类都做，给出定量比例。如对三类工作都做的教师，可定量为 50% 的临床，各 25% 的教学和科研，或者给予其他比例。这种定量管理方法方便薪酬调整和工作绩效计算。比较来看，科研轨教师的晋升相对较快。另一个案例中的西北大学医学院采用"复杂的"四轨制：终身

❖ 第三部分 比较与借鉴 ❖

轨研究员（investigator-track）、非终身轨的临床教师（clinician-educator）、团队科学家（team-scientist-track）、研究师资（research-faculty）。该校医学教师的晋升主要看以下几个方面：一是科研经费，他们认为要维持学校规模，招收研究生就需要钱；二是学术认可度，从重要期刊编委、国家级基金评委、国际会议报告人、经选举产生的学会职务等方面来判断；三是论文，与中国相似的是主要看《自然》和《科学》杂志上发表的论文；四是看教学表现。

四 教师评价要做到多权制衡

"制衡"本是美国社会基本的政治哲学，包括大学在内的所有机构实际上都涌动着制衡的力量。美国是在"三权分立"宪政契约上建立起来的国家，崇尚权力的分散和权力间的制衡，防止任何一个分支积累过多权力，以相互尊重和承认对方权力的存在和行使作为前提。

科层制比较明显的公立大学（如 UIUC）和大型私立大学（如 MIT），偏好于行政执行官（executive officer，如院长或系主任）领导下的委员会咨询制度，行政执行官和同级学术委员会分别独立进行教师评价，委员会只"咨询"而非决策，但行政执行官并不轻易推翻委员会的意见。另一种是行政执行官领导下的委员会决策制度，行政执行官作为同级学术委员会的主席或其中一员，负责委员会的召集和日常管理，和同级学术委员会其他成员共同行使决策权，但不具备独立做出评价决策的资格和权力。这两种——行政执行官领导下的委员会咨询制度和行政执行官参与下的委员会决策制度——都以参与评价的教授的专业知识为依据，不以集权式的行政命令或行政执行官的个人意志为依据。在决策上，代表学术权力的评价委员会和代表行政权力的系主任在相互制衡中履行各自的职责，以委员会的专业意见为基础。这种带着制衡力量的教师评价制度使大学的利益相关者能够清晰的认知各自在评价中所扮演的角色和行使的权力：基层学术单位"系"在评价中享有自治权，学生在教学评价中、同行在学术评价中享有主导权，执行官和评价委员会也是各司其职，这些都是依据无形

❖ 第二十二章 世界一流大学教师评价的共同经验 ❖

的制衡的契约精神在多年的对话和协商基础上形成的。这样的教师评价制度所体现的是美国契约精神的价值原则——合理的利己主义。① 在契约精神上建立起来的教师晋升评价和终身职评价是多方力量制衡中利益各方对各自权利和权力的理性追求，也比较容易实现评价过程及结果的公平公正。

本章发现，在中国呼吁"去行政化"的时候，美国的世界一流大学正在用行政的力量调适学术力量的使用偏差。如德国学者亨克·罗贝肯（Heinke Roebken）发现的，教师们总喜欢招聘那些在学术背景上和自己相似的新人，大学的招聘模式倾向于相似性吸引（similarity-attraction）范式。② 也就是说，教师们在招聘新人的过程中往往会忽略学校或院系的长远规划，而作为行政执行官的院系领导的作用之一是修正学术群体的决策偏差，在众多优秀的候选人中挑选出最符合学校和院系利益的、可形成学术群聚效应的人。

第四节　世界一流大学教师评价与发展的经验

菲利普·阿特巴赫曾说："20 世纪初的芝加哥大学利用 20 年时间建成了世界一流大学，花了洛克菲勒基金 500 多万美元，但大学的当今发展比那时要昂贵，竞争也更为激烈。"③ 尽管大学的开支没有上限，但具体花在哪里却有讲究，校园建设、行政管理、学生事务都很重要，然而大学中最宝贵的财富是教师，没有高声望和高水平的教师，大学就得不到可持续发展的强大资源，也用不好已经得到的资源，因为缺少高水平智者去发现各学科的前进方向。诺尔·塞提纳

---

① 陈秀萍：《契约的伦理内核——西方契约精神的伦理解析》，《南京社会科学》2006 年第 8 期。
② Heinke Roebken, "Similarity Attracts: An Analysis of Recruitment Decisions in Academia", *Educational Management Administration & Leadership*, Vol. 38, No. 4, 2010.
③ Philip G. Altbach, "The Costs and Benefits of World-class Universities", *International Higher Education*, Vol. 90, No. 1, 2015.

❖ 第三部分 比较与借鉴 ❖

(Knorr Cetina)曾说,"在科学家的价值体系中起到关键作用的不是某些成果的价值,而是科学家本身的价值"。① 美国的世界一流大学和一流学科成功的奥秘,正是因为它们将教师本身的价值置于教师得到的成就的价值之上。说此话的理由是充分的:教师个人优秀为第一位,院系只不过提供教师发展的平台,对教师实行的多次严格评价不是为了难倒甚至"赶走"教师,而是为教师发展提供保障。

一 教师个人优秀:世界一流大学的教师本身都是世界顶尖人才

本章的案例大学,从招聘教师,到稳住教师,再到教师晋升、给予终身职资格,保住了众多的世界一流人才。实际上,中国"985大学"的教师流动和竞争也走着一条与世界一流大学相同的国际路线,只不过,世界范围最顶尖学者的去向是已经成为世界一流的地方。"而一流大学,除了花大量时间为自己招聘杰出教师之外,还要阻挡其他大学'挖'走自己的优秀教师。"② 比较来看,中国一流大学和世界一流大学在判断优秀人才上的差异是"今天的外在数量"和"明天的内在质量",因为前者重视的是可测量的成果:SCI/SSCI篇数、著作字数、项目经费、影响因子"阿拉伯数"等;后者重视的是不可测量的特质:求异思维基础上的创造性、独立思想基础上的合作性、现有成就基础上的潜在后劲,这些正是世界顶尖人才的特质。

二 院系组织支持:世界一流大学的院系都为教师发展提供服务

中国大学重视教师招聘,但入职后的发展主要靠教师自己,即使得到组织支持,也只停留在学校层面,如岗前培训、教学竞赛、科研启动等。院系主要履行教师管理职责。这就使中国大学教师对学科、院系和学校从属感发生了变化。西方国家大学教师从属感从重到轻分别为"学科>院系>大学",笔者的"2007中国大学教师调查"结

---

① 蒋洪池:《大学学科文化研究》,光明日报出版社2011年版,第124页。
② [美]詹姆斯·杜德斯:《21世纪的大学》,刘彤等译,北京大学出版社2005年版,第124页。

❖ 第二十二章 世界一流大学教师评价的共同经验 ❖

果与国际表现一致,①但笔者的"2014中国大学教师调查"发现,教师最强从属感变化为"学科=大学>院系"②。心理学家罗伯特·艾森伯格(Robert Eisenberger)曾说,"当员工感到组织轻视自己的贡献和福利时,他们所认知的组织责任就会降低,也会相应降低情感性承诺并有可能产生离职意愿"。③ 本章的案例院系普遍重视教师的从属感培育,具体做法如兑现对教师的承诺,尽可能提供资源和日常工作帮助,对教师晋升实行向上推力而不是向下压力,院系领导花很大的精力从事行政管理工作。这些,不仅增强了教师对院系的情感,更换得院系乃至大学所需要的学术成果和声望。

三 评价提供保障:世界一流大学的教师评价都是为了确保顶尖学者的终身贡献

教师发展制度包含许多具体内容,本章只是调研了与大学教师评价相关的几点。人们一般以为教师评价是为了让通不过者受罚,本研究则强调另一个侧面,教师评价是为了让教师不断提高、得以达到要求并做出终身奉献。尽管多数大学要求教师每年填写年度绩效考核表,但在教师职业生涯中真正被严苛评价的只是三个时点:入职招聘、副教授晋升+终身职或教授晋升+终身职,特别是"终身职评价"。④ 一般而言,"终身职的存在的确降低了大学适应市场需要和学

---

① 沈红:《论学术职业的独特性》,《北京大学教育评论》2011年第3期。

② "2014中国大学教师发展状况调查"发现,在中国来自88所四年制大学的5186位教师对"最强从属感"的选择中,47%和46.5%的教师分别认为他们最从属于"大学"和"学科",只有6.5%的教师最从属于"院系"。有关这次调查的整体信息参见沈红《中国大学教师发展状况——基于"2014中国大学教师调查"的分析》,《高等教育研究》2016年第2期。

③ Robert Eisenberger, Fasolo Peter and Davis-LaMastro Valerie, "Perceived Organizational Support and Employee Diligence, Commitment, and Innovation", *Journal of Applied Psychology*, Vol. 75, No. 1, 1990.

④ 一般来说,美国大学的教师终身职评定与其副教授晋升同时进行,但极少数大学,如哈佛大学,教师终身职评定与其正教授晋升同时进行,也有大学的教师终身职评定发生在其晋升为副教授之后。

科结构调整的灵活性,教师在获得终身职后也容易缺乏进步动力",①如此使得研究中的案例大学在教师终身职评定时更为谨慎,评价程序和标准也越来越严苛,也进行终身职后的督促性和提醒性评价。这些做法,只不过是保证已在本大学或本学科工作几十年的教师,为学校、为学科的发展做出其终身贡献。

四 "教师个人优秀、院系组织支持、评价提供保障"的体系化

对于世界一流大学和一流学科的教师队伍建设来说,"个人、组织、评价"三者不能分离,其中,评价成为教师个体和院系组织间的桥梁。仅做到教师个人优秀,优秀者不一定会留下来,也不一定做出大贡献;仅强调院系组织支持,若支持的对象不明、方向不正,结果可能是"南辕北辙";仅强调"评价提供保障",反而会滥用评价的选人和"树榜样"作用。上述三者,在教师发展的时间序列上前、中、后(招聘、职中、终身职)观照,培养序列上左、中、右(财政启动、培训服务、评估激励)兼顾,制度序列上上、中、下(多权制衡、体现差异、底部厚重)并举。总的来看,世界一流大学一流学科教师队伍建设中"教师个人优秀、院系组织支持、评价提供保障的体系化",正是本书归纳得出的世界一流大学的教师评价和发展的共同经验。

"一流"是个层次概念,有一流就会有相应的二流和三流。一流大学一流学科走的是卓越路线,当然需要"一流的人"来走这个路线。然而一流不是排名,一流也是一个"群概念",只不过,"世界一流"群很小,群成员间还体现着丰富的多样性。我们清楚地记得哈佛大学的亨利·罗索夫斯基(Henry Rosovsky)曾说的话:"哈佛大学成功的关键就是聘请了高素质的教师。因此选聘最好的教师和评定他们终身教授,就是大学教师队伍建设的最重要内容。哈佛大学面向

---

① 王保星、张斌贤:《"大学教师终身教职"的存废之争——美国大学教师学术自由权利保障的制度分析》,《教育研究》2004年第9期。

第二十二章　世界一流大学教师评价的共同经验

世界招聘的教授被要求在其学术领域居世界前三。有了这样的著名教授才会有领先于世界的研究成果，他们决定了哈佛大学在世界大学前列的学术地位。"[1] 本章以中国"985大学"发展现状作为研究背景，分析的正是包含哈佛大学在内的四所世界一流大学以及两个世界一流学科在教师发展上的系统做法，并归纳得出世界一流大学教师评价与发展的共同经验。尽管中国集国家之力、汇政府之策、融学者之智进行的"双一流"建设，在世界范围内都是一个创举，这样的建设工程是没有现成的样板可供模仿的，但本调查中的世界一流案例大学和案例学科的经验及其理想模式，仍从大学发展和学科发展规律上给我们许多启示。中国"双一流"的建设过程，也必将给其他的发展中、转型中、经济后发国家的高等教育发展、科学技术繁荣、国家实力增强等方面带来有效的借鉴。

---

[1]［美］亨利·罗索夫斯基：《美国校园文化》，谢宗仙等译，山东人民出版社1996年版，第24页。

第四部分

结果与效能

第二十三章 以评价为基础的中国大学教师的晋升时间

基于本项目进行的"2014 中国大学教师发展状况调查"数据,本章采用多元线性回归分析方法,对影响大学教师从讲师到教授的晋升时间长短的个人背景、院校特征、学科特征、人力资本积累、社会资本积累进行了统计分析,测度了以上各因素对大学教师晋升时间长短的影响程度。研究发现,个人背景(性别和所处的社会阶层)和人力资本积累(博士学位和博士后经历)是决定大学教师晋升时间长短的关键因素:女教师比男教师晋升得慢,社会阶层背景越好的教师晋升得越慢,具有博士后经历的教师晋升得快。相对来说,所在院校特征、所在学科特征、以学缘为代表的社会资本积累因素对大学教师晋升时间长短的影响不显著。然而,所有这些,都要通过大学教师评价的过程才能起作用。

第一节 研究的分析框架、假设与变量

大学教师从事的是学术职业,学术职业的进步表现为学术声望的提高、学术生产力和影响力的增长等方面,但是不可否认的是,无论是在国内还是国际上,大学教师的职称晋升都需要以学术能力的不断增长并达到一定的标准为条件。因此,成功晋升是大学教师专业能力得到学术共同体认可的重要标志,晋升时间的长短在一定程度上能够

❖ 第四部分 结果与效能 ❖

反映大学教师的专业能力及其职业发展的顺利程度，也是衡量大学教师职业发展最直接的一个观测点。

一 相关文献

对大学教师的晋升及其影响因素的研究已经有很多的成果，学者们关注了科研产出（发表数量）、性别、学科、人力资本（学历与学位）和社会资本（学缘关系）等因素对大学教师晋升的影响。第一，科研产出与晋升。史提芬·格罗弗（Steven Glover）的研究团队首先对1995—2003年晋升教授和副教授的美国大学教师的发表数量进行了研究，然后继续研究了2004—2009年获得晋升的教师的论文发表数量，并于2012年将其发现发表出来。他们发现，晋升期的大学教师的论文发表数量呈增加趋势，即实现晋升所需的科研产出量呈增加趋势。[1] 第二，性别与晋升。拉斐尔·库纳等人（Raphael Cunha）对社会科学领域大学教师晋升的性别差异进行了考察，指出虽然性别差异在统计意义上并不显著，但事实上男性大学教师比女性更容易取得终身教职。[2] 王传敏和孙钰对T大学所有教师的晋升数据进行的考察结果显示，性别对大学教师的晋升产生了显著影响。[3] 第三，学科与晋升。王传敏和孙钰对T大学教师晋升的研究还关注了学科的影响，结果显示，作为T大学的优势学科，工科和理科的大学教师在晋升中具有优势。[4] 第四，人力资本积累与晋升。王传敏和孙钰还关注了有无博士学位、毕业院校层次对晋升时间的影响，研究结果显示，这二项因素在T大学，对教师的晋升没有产生显著影响。第五，社会资本与晋升。钟云华以H大学为个案研究时发现，虽然人力资本

---

[1] Steven Glover, Douglas F. Prawitt, Scott L. Summers and David A. Wood, "Publication Benchmarking Data Based on Faculty Promoted at the Top 75 U. S. Accounting Research Institutions", *Issues in Accounting Education*, Vol. 27, No. 3, 2012.

[2] Janet M. Box-steffensmeier and Raphael Cunha et al., "Survival Analysis of Faculty Retention and Promotion in the Social Sciences by Gender", *Plos One*, November 2015.

[3] 王传敏、孙钰：《大学教师学术职业发展的影响因素研究》，《现代教育管理》2014年第3期。

[4] 同上。

❖ 第二十三章 以评价为基础的中国大学教师的晋升时间 ❖

（学位及毕业院校层次）仍是学术职业发展的内在力量，但是学缘关系对大学教师的职业发展有重要的影响，学缘关系丰富的大学教师发展得更好。[①]

上述成果，要么是以西方大学管理与评价政策为基础的研究，要么是对中国某一所大学的样本研究，两种情况，都存在一定的局限性。而本章是基于全国调查数据进行的研究。

二 分析框架

根据文献分析，本章将影响大学教师晋升的主要因素归纳为以下几个方面：个人背景（性别、社会阶层背景），学科因素（现任岗位所属学科），院校因素（院校类型），人力资本积累因素（博士学位、博士毕业院校类型、博士后经历），社会资本因素（学缘关系）。具体分析框架如图23—1所示。

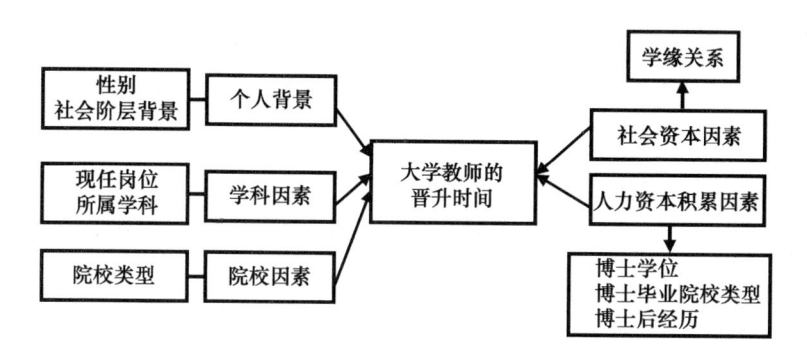

图23—1 分析框架

三 研究假设

（一）个人背景与大学教师的晋升时间

性别差异一直是备受学术职业研究关注的问题。性别理论、工作—家庭关系理论和性别差异研究对大学教师晋升的性别差异

---

① 钟云华：《学缘关系对大学教师职业发展影响的实证研究——以H大学为个案》，《教育发展研究》2012年第1期。

❖ 第四部分　结果与效能 ❖

给予了可能的理论解释：职业女性相对于男性往往需要花费较多的时间照顾家庭，从事学术职业的女性也不例外，有研究称，相对于男性来说，女性大学教师的家庭和事业压力更大。① 就性别差异对科研产出的影响来看，尽管男女大学教师研究产出之间的差距正在缩小②，但是女教授的产出仍然普遍低于男教授③。就性别对晋升的影响来看，王传敏和孙钰的研究指出：男性大学教师比女性大学教师在副高晋升速度上占优势，但是随着时间推移，性别因素的影响逐渐减弱，作者推测原因可能是家庭趋于稳定之后，女性大学教师被家庭占用的精力和时间减少；在正高职称晋升中产生的性别差异，则是由性别间的生理差异和退休年龄差异造成的。④ 社会阶层背景侧重对个人出身渊源及其"生成环境"的社会背景的强调。个人努力固然是职业成就的重要原因，但是阶层背景的影响也不可小觑。这种影响不仅深刻而且持久。根据社会学和心理学的研究，社会阶层背景对个人的职业发展存在直接和间接的影响。布迪厄、伊莲·凯利（Elaine Kelly）、巴尼·露丝（Barney Dews）等都曾关注社会阶层背景对大学教师职业发展和个人生活的影响。⑤ 如此，本章提出两个假设：

假设1：男性大学教师的晋升速度快于女性大学教师；

假设2：社会阶层背景越高，大学教师的晋升速度越快。

---

① 谷志远：《高校青年教师学术产出绩效影响因素的实证研究》，《高教探索》2011年第1期。

② Y. Xie and K. A. Shauman, "Sex Differences in Research Productivity Revisited: New Evidence about an old Puzzle", *American Sociological Review*, Vol. 63, No. 6, 1998.

③ L. J. Sex, L. S. Hagedorn and M. Arredondo et al., "Faculty Research Productivity: Exploring the Role of Gender and Family-related Factors", *Research in Higher Education*, Vol. 43, No. 4, 2002.

④ 王传敏、孙钰：《大学教师学术职业发展的影响因素研究》，《现代教育管理》2014年第3期。

⑤ [法] 皮埃尔·布迪厄：《人：学术者》，王作虹译，贵州人民出版社2006年版，第1页。Elaine Kelly, *In Search of One's Pack: A Narrative Study of a Working-class Woman in the Academy*, Doctoral Dissertation, Indiana University of Pennsylvania, 2008. C. L. Barney Dews, *This Fine Place So Far from Home: Voices of Academics from the Working Class*, Philadelphia: Temple University Press, 1995, pp. 159 – 176.

❖ 第二十三章 以评价为基础的中国大学教师的晋升时间 ❖

（二）院校特征与大学教师的晋升时间

院校因素指院校的类型，包括"985工程"高校、"211工程"高校和一般本科院校三类。谷志远研究了院校因素对大学青年教师科研产出的影响，结果显示，院校声望越高，青年教师的科研产出越多[1]。为此，提出：

假设3：所在院校的声望越高，其大学教师的晋升速度越快。

（三）学科特征与大学教师的晋升时间

学科的影响力是显著存在的，已经有大量的研究关注了理工科大学教师与文科教师的差异，除王传敏等人研究指出的工科和理科教师在晋升上存在优势外，谷志远的研究也指出理科教师的科研产出多于文科教师[2]。为此，提出：

假设4：理工科大学教师的晋升速度快于文科教师。

（四）人力资本积累与大学教师的晋升时间

王传敏等人还研究了是否有博士学位以及博士毕业院校所在层次对大学教师晋升时间的影响[3]。本章将继续考察博士后经历的影响。由此，提出以下三点假设：

假设5：有博士学位的大学教师的晋升速度更快；

假设6：有博士后经历的大学教师晋升速度更快；

假设7：博士毕业院校的声望越高，大学教师的晋升速度越快。

（五）社会资本积累与大学教师的晋升时间

钟云华以H大学的教师为样本研究后指出，学缘关系丰富的教师更易发展，本章提出：

假设8：学缘关系越丰富，大学教师的晋升速度越快。

---

[1] 谷志远：《高校青年教师学术产出绩效影响因素的实证研究》，《高教探索》2011年第1期。

[2] 同上。

[3] 王传敏、孙钰：《大学教师学术职业发展的影响因素研究》，《现代教育管理》2014年第3期。

❖ 第四部分 结果与效能 ❖

四 变量定义

因变量：借鉴既有研究成果，并在综合考虑研究数据充分可得的基础上，本章选取正教授为研究对象，样本量为1959。对他们职称晋升的考察以其由中级职称晋升至正高级职称的时间来表征。

自变量：影响大学教师晋升时间的因素很多。首先就是晋升中的教师评价政策。由于所有人的晋升都是要通过大学教师评价过程的，我们将其作为一个背景变量隐含其中。本章关注的显性自变量有以下几组。

第一是个人背景，主要指性别和社会阶层背景。首先是性别，以"女性"为基准变量。然后是社会阶层背景，用来考察教师出身家庭的社会经济地位和父母教育水平对其晋升时间的影响。主要借鉴陆学艺的观点[①]，将父亲职业作为衡量社会阶层背景的主要指标，并综合考虑大学教师本人高中前的生长地、父亲的受教育程度以及大学教师本人对父亲社会地位的感知等因素。相较于高中前的成长地和父亲的受教育程度，父亲的职业在决定一个家庭的组织资源、经济资源和文化资源上的影响是最重要的，父亲的受教育程度次之，高中前成长地再次之。本章尝试将教师高中前的成长地、父亲的受教育程度、父亲的职业和教师个人对父亲社会地位的感知以1:1.2:1.5:1.5的权重来考量。基于以上考虑，本章提出了社会阶层背景综合指数的计算公式，即 $S = 1 \times P + 1.2 \times E + 1.5 \times J + 1.5 \times S$（P表示教师高中前的成长地，E表示父亲的受教育程度，J表示父亲的职业，S表示教师对父亲社会地位的感性认识），将每位大学教师的社会阶层背景转化成具体的数值即为社会阶层背景指数，并将其分为社会上层、中上层、中下层、下层、下下层五组。

第二是院校因素。院校类型包括"985工程"院校、"211工程"院校和一般本科院校三类。

---

① 陆学艺：《当代中国社会阶层研究报告》，社会科学文献出版社2002年版，第7—23页。

◆ 第二十三章　以评价为基础的中国大学教师的晋升时间 ◆

第三是学科因素。本文重点考察了文科（文学、法学、历史、哲学、教育学等）和理工科（生命/医学、理学、工学）两大学科类别的大学教师晋升时间的差异。

第四是人力资本积累因素。主要包括博士学位、博士后经历。博士学位对晋升时间的积极作用已经被多次论证，本章在此基础上，进一步考察博士后经历对晋升时间的影响。

第五是社会资本因素。以学缘关系的丰富程度来表征大学教师的社会资本。学缘关系主要通过大学教师的学历背景来反映，[①] 尝试将学缘关系设置成四个虚拟变量：本硕博三个学历、本硕博中任意两个学历、本硕博中任意一个学历毕业于现工作高校，本硕博均不毕业于现工作高校。

五　统计分析

采用 SPSS17.0 进行统计分析。数据分析的第一部分描述个人背景、院校因素、学科因素、人力资本积累因素、社会资本因素对大学教师晋升时间的影响。第二部分使用多元线性回归分析方法考证这些因素对大学教师晋升时间的影响及影响程度。

第二节　影响大学教师晋升时间的证据

一　描述统计结果

（一）个人背景对大学教师晋升时间的影响

如表 23—1 所示，从中级职称到高级职称，男、女性大学教师晋升的平均时间分别是 11.02 年和 12.45 年，男性教师的平均晋升时间快于女性教师。根据性别与晋升时间的单因素方差分析结果（F = 31.726，Sig. = 0.000）说明，性别对大学教师的晋升时间产生了显著影响，男性教师的晋升时间更短，即，晋升速度更快。

[①] 陈苑、阎凤桥：《北京市高校教师学缘关系与职业发展轨迹的调查与分析》，《大学：教育与评价》2008 年第 3 期。

❖ 第四部分 结果与效能 ❖

由表23—1可看出，具有中上层家庭背景的大学教师的平均晋升速度最慢（12.08年），具有下层社会背景的大学教师的平均晋升速度最快（10.75年），呈现出社会阶层背景越高，晋升时间越长，晋升速度越慢的趋势。社会阶层背景与大学教师职称由中级晋升至正高级时间的单因素方差分析结果（F=1.339，Sig.=0.001）说明，阶层背景对大学教师的晋升时间存在显著影响，社会阶层背景越高，大学教师的晋升时间越长，晋升速度越慢。

（二）所在院校对大学教师晋升时间的影响

大学教师所在院校是教师具体的工作单位，其拥有的学术平台与学术氛围都对大学教师的职业发展产生影响。如表23—1所示，"985工程"院校、"211工程"院校和一般本科院校三类大学的教师的平均晋升时间呈现出，就职院校的声望越高，大学教师的平均晋升时间越短，晋升速度越快的趋势。根据二者的单因素方差分析结果（F=4.653，Sig.=0.01），可以看出，就职的院校类型对大学教师的晋升时间存在显著影响。

表23—1　具有不同背景和特征的大学教师从中级到正高级职称所需时间

变量		晋升时间（年）
性别	1. 男	11.02
	2. 女	12.45
阶层背景	1. 社会上层	11.92
	2. 社会中上层	12.08
	3. 社会中下层	11.18
	4. 社会下层	10.75
	5. 社会下下层	10.85
院校类型	1. "985工程"院校	10.99
	2. "211工程"院校	11.21
	3. 一般本科院校	11.70

❖ 第二十三章 以评价为基础的中国大学教师的晋升时间 ❖

续表

变量		晋升时间（年）
博士学位	1. 有博士学位	10.97
	2. 无博士学位	14.14
博士后经历	1. 有博后经历	10.23
	2. 无博后经历	12.00
博士院校类型	1. "985 工程"院校	10.68
	2. "211 工程"院校	11.72
	3. 一般本科院校	11.52
	4. 国外高校	11.55
	5. 科学院系统	9.21
学缘关系	1. 本硕博获得机构与现工作高校均同	10.92
	2. 本硕博获得机构中任意两个与现工作高校相同	11.65
	3. 本硕博获得机构中任意一个与现工作高校相同	11.97
	4. 本硕博获得机构均不与现工作高校相同	11.06

（三）所在学科对大学教师晋升时间的影响

理科教师的晋升时间最短，由中级职称晋升至正高级职称的时间为10.64年，工科教师次之（11.01年），"大文科"教师尽管分具体学科不同而晋升年限不同，但总体上最慢，如文学（11.52年）、法学（12.06年）、教育学（12.18年）和历史学（12.44年）。总体上呈现出理工科教师和管理学教师的晋升速度较快，生命科学（含医学）居中，文、史、法、教育学等文科教师晋升较慢。单因素分析结果（F=3.380，Sig.=0.000）显示，所在学科对大学教师的晋升时间存在显著影响（未列入表23—1）。

（四）人力资本积累对大学教师晋升时间的影响

在1959个样本中，有博士学位的大学教师的平均晋升时间（10.97年）远远短于无博士学位的大学教师（14.14年）。单因素分析结果（F=94.896，Sig.=0.000）显示，说明有无博士学位对大学教师的晋升时间具有显著影响。在总样本中，有博士后经历的大学教师为 814 人，占比 41.55%，从表 23—1 可见，有博士后经历的大学教师的晋升速度更快。二者的单因素方差分析结果（F = 78.515，Sig. = 0.000）显示，博士后经历对大学教师的晋升时间具有显著影响。

博士就读于中国科学院系统的大学教师的晋升时间最短（9.21 年），博士毕业于国外高校的大学教师的晋升时间较长（11.55 年），毕业于"985 工程"院校的大学教师晋升时间（10.68 年）比毕业于"211 工程"院校（11.72 年）、一般本科院校（11.52 年）都要短。二者的单因素方差分析结果（F = 21.208，Sig. = 0.000）显示，博士就读的院校类型对大学教师的晋升时间具有显著影响。

（五）社会资本对大学教师晋升时间的影响

如表 23—1 所示，本硕博三个学历都是在现工作高校获得的大学教师的晋升速度最快（10.92 年），本硕博均不是毕业于现工作高校的大学教师的晋升速度仅居其后。二者的单因素方差分析结果（F = 5.081，Sig. = 0.002）显示，学缘关系对大学教师的晋升时间具有显著影响。

二 多元回归分析结果

以上描述性统计的分析结果基本上论证了本研究的研究假设，但是上述结论是在没有控制其他自变量的情况下，仅考察各个自变量对大学教师晋升时间的影响得出的。如果研究仅止步于此，所得的研究结论是有失偏颇的，只有把个人背景、院校因素、学科因素、人力资本积累因素、社会资本因素等多个变量纳入一个线性回归方程中时，才能在有控制的条件下系统地检测各个自变量对大学教师晋升时间的单独影响和贡献程度。

表 23—2 为大学教师晋升时间各影响因素的线性回归分析结果。首先需要说明的是，本模型的决定性系数 R^2 = 0.082，方差检验 F 值为 21.777，Sig. 值为 0.000，小于概率 P 值 0.05，具有统计意义，说明本线性回归模型具有一定的解释力。从表 23—2 我们可以判断出，

♦ 第二十三章 以评价为基础的中国大学教师的晋升时间 ♦

性别、家庭社会阶层背景、有无博士学位、有无博士后经历等因素对大学教师的晋升时间存在显著影响。其中,有无博士学位(Beta = -0.165)对大学教师的晋升时间影响最大,其余依次是有无博士后经历(Beta = -0.151)、性别(Beta = 0.093)、家庭社会阶层背景(Beta = -0.070)。具体来说,有博士学位的大学教师要比没有博士学位的大学教师晋升时间平均快 2.372 年,女教师平均比男教师的晋升时间长 1 年(1.035 年);教师的家庭社会阶层背景每提高一个层次,平均晋升时间要增长 0.033 年;无博士后经历的比有博士后经历的大学教师的晋升平均时间长 1.331 年。另外,虽然大学教师所在学科、院校类型、博士院校毕业类型、学缘关系,在描述统计上对晋升时间存在影响,但是在多元回归模型中,这些因素的影响并不显著。详情如表 23—2 所示。

表 23—2　大学教师晋升时间影响因素的线性回归分析结果

	B	Std. Error	Beta	t	Sig.
(常量)	13.096	0.692		18.895	0
性别	1.035	0.257	0.093	4.021	0.000 ****
家庭社会阶层背景	-0.033	0.011	-0.070	-2.981	0.001 **
院校类型	0.163	0.119	0.032	1.367	0.172
所在学科	0.011	0.044	0.006	0.253	0.800
有无博士学位	-2.372	0.362	-0.165	-6.558	0.000 ****
博士院校毕业类型	0.042	0.065	0.017	0.643	0.520
有无博士后经历	-1.331	0.209	-0.151	-6.368	0.000 ****
学缘关系	0.005	0.086	0.001	0.062	0.956

注:****、***、**、* 分别表示通过显著性水平 0.001、0.01、0.05 和 0.1。

第三节　晋升时间受性别和学历及社会阶层背景的影响显著

一　研究结论

根据以上描述统计和回归分析的结果,本章可以得出如下结论。

❖ 第四部分 结果与效能 ❖

（一）性别和社会阶层背景对大学教师晋升时间长短具有显著影响

女教师的平均晋升时间比男教师长1.43年，在控制其他变量的条件下，女教师比男教师的晋升时间平均长1.035年。由此可见，性别对晋升时间具有显著影响，研究假设1得到验证。说明生理条件和社会角色分工等在一定程度上影响了性别间的学术职业发展。对研究假设2的考证显示，社会阶层背景对大学教师晋升的时间具有显著影响，但是与研究假设相反的是，大学教师的社会阶层背景每提高一个层次，平均晋升时间要增长0.033年，社会阶层背景越高，大学教师的晋升时间越长，晋升速度越慢。

（二）博士学位和博士后经历对大学教师晋升时间长短具有显著影响

对假设5—7的考证显示，有无博士学位、有无博士后经历对大学教师的晋升时间具有显著影响，博士毕业院校类型的影响并不显著。博士学位对大学教师的晋升时间影响最大，有博士学位的大学教师要比没有博士学位的人的晋升时间平均快约2.372年；有博士后经历的大学教师的晋升速度更快，没有博士后经历的大学教师晋升时间平均多花1.331年。由此可见，获得博士学位意味着拥有更高的个人资本积累，有助于大学教师提升晋升速度；随着大学教师队伍中学历的提升，博士后经历对晋升时间的影响效果将不断增强。

（三）院校特征对大学教师晋升时间长短的影响不显著

对研究假设3的考证显示，虽然不同类型高校的大学教师的平均晋升时间存在较大的差异，但是院校类型对其晋升时间并不具有显著影响。谷志远的研究曾指出，声望越高的院校其教师的科研产出越高，但本章对晋升时间的考察中，院校因素的影响并不显著，原因在于，声望较高的高校的晋升标准也较高，竞争也更为激烈。

（四）学科特征对大学教师晋升时间长短的影响不显著

对研究假设4的考证显示，单因素分析中，学科因素对大学教师的晋升时间具有显著影响，人文社会科学学科的大学教师的平均晋升时间长于理工科大学教师。在回归分析中，学科因素的影响效果并不显著。这一结论与王传敏和孙钰基于 T 大学的研究结论相悖。原因在于，他们的研究对象囿于一所高校，校内学科之间的资源强弱和优劣分明，所以学科因素的影响效果显著。本章的研究对象是全国范围的 88 所高校，各自学校特色和发展历史使得学科因素对教师晋升时间的影响被减弱。

（五）学缘特征对大学教师晋升时间长短的影响不显著

对研究假设 8 的考证显示，学缘关系对大学教师的晋升时间的影响并不显著。这一结论与钟云华的研究结果相悖。原因有以下两点：第一是取样的差异（同上），钟云华研究的是 H 大学 2003—2006 年职称评审期的大学教师的学缘关系，而本章研究的是全国 88 所高校已经晋升至正教授的 1959 名大学教师；第二，钟云华的研究重点是专门考察学缘关系，并将学缘关系分为 8 个类型进行考证，细致而深入。但在本章中，学缘关系只是其中的一个自变量，并没有对其进行细致分类，只是"粗线条"的"囊括"在内。如此，关于学缘关系对大学教师晋升的影响还将有待进一步探讨。

二 相关建议

根据以上研究结论，本章就高校的教师聘任制度和职称评审制度提出以下建议。

第一，聘任新教师可主要考量其学历层次和学术水平。本章发现，博士毕业院校类型对大学教师晋升时间的影响并不显著，对其晋升时间的关键性影响因素是博士学位、博士后经历等人力资本因素，因而高校对应聘者的筛选最主要的标准应该是学历层次以及个人的学术水平，对其毕业院校类型和排名的要求仅可作为参考，不可成为硬性的筛选标准。

第二，高校对于毕业于海外的博士人才应该提供相应的支持，帮助其更好更快地适应国内的学术环境。本章发现，博士就读于国外高校的大学教师完成晋升的时间平均需要 11.55 年，比国内"985 工程"院校毕业的大学教师晋升时间要长，可能的原因是，归国之后要花几年的时间和精力适应国内的学术环境。鉴于此，高校可给毕业

❖ 第四部分　结果与效能 ❖

于海外的教师提供相应的培训和指导，以使其尽快地适应工作环境。

第三，制定合理的招聘计划，优化教师群体的学缘结构，使教师群体学科背景多样化。本硕博三个学历都是在同一校（任职高校）获得的大学教师的晋升速度最快，但本硕博均不是在同一校（任职高校）获得的大学教师的晋升速度紧居其后，甚至快于学缘关系中的——本硕博中有某一或某二学历在同一校（任职高校）获得的大学教师的晋升速度。由此可见，优化学缘关系结构可在一定程度上缩短大学教师的晋升时间，提升其职业发展的速度。

第二十四章　以发表为基础的中国研究型大学教授分类

本章对"2014 中国大学教师发展状况调查"中得到的 13 所"985 工程"大学具有博士学位的全职正教授 604 人进行国内外期刊发表状况和引用状况的网络查询，用职业生涯发表论文的年均篇数代表产出的量，用查得并计算的发表论文的年均被引代表论文的质，得到中国研究型大学正教授学术论文的量和质的状况。用此作为二维，将这些正教授的论文数据分布在四个象限中，分别得到"高产高质、低产高质、高产低质、低产低质"四个教授类型，并得出四类教授论文的数据特征，如，论文篇数与被引次数正相关，高质者与低质者为"三七开"，高质者分布稀疏而低质者分布密集，低产并不意味高质。从对这些正教授的个人特征和科研工作取向的分析中得到四类大学教授的群体特征：论文高质者通常是那些相对年轻、偏好科研、感到研究压力较大的教授；论文高产者的合作研究频次较高；而论文的数量及质量均与教授的性别无关。

第一节　研究型大学教授水平代表国家学术水平

在全球竞争中，大学至少扮演着两个层面的角色：一方面是所在国参与全球科技竞争的主力军，因为"有充分的证据表明，大多数重

❖ 第四部分 结果与效能 ❖

要的纯科学发现主要是在大学的系所以及附属实验室中完成的";① 另一方面又是所在国高等教育系统内部科研工作的主体。高校的科研竞争力源自其内在属性（探索高深知识）和外在需求（学术声誉和资源）。声誉是一所大学最重要的财产，它是经过竞争取得的，科研在声誉积累中处于中心地位。②"世界上没有一所知名的大学之所以能够知名不是因为它的科研成果——发明和创新。"③ 相对其他大学而言，研究型大学普遍将科学研究和博士生教育排在本校"优先发展"列表的前端，并且它们还拥有数量规模和整体实力都占优势的学科，聘用相对更优秀的教师，招收综合素质更高的学生，拥有更好的研究资源和条件，承担的科研任务和取得的科研成果也相对更多。④ 因此，研究型大学在科研成就上毫无疑问地位于各国高等教育系统的顶端。

教授是研究型大学最宝贵的财富，在教学、科研和社会服务诸方面的杰出表现，使他们在成就自身的同时也提升了大学声誉。教授们也常常认为，"他们就是大学，高等教育最重要的使命都掌握在他们手中。没有教授，大学就不成其为大学"。⑤ 他们在广泛的基础学科和专业学科领域发表大量的学术论文及学术著作，⑥ 研究型大学教授实际上就是栖身于校园的科学家，他们赖以建立学术声誉与学术地位的科学成就通常就是用公开发表的学术论文及专著的数量和质量衡量的。这些学术论文及专著的数量和质量在塑造了教授个人的科学成就与职业发展的同时，⑦ 还给教授群体以"理想类型"般的分类，如有

---

① ［美］J. R. 科尔、S. 科尔:《科学界的社会分层》，赵佳苓等译，华夏出版社1989年版，第4页。
② ［美］伯顿·克拉克:《探究的场所：现代大学的科研和研究生教育》，王承绪译，浙江教育出版社2001年版，第264页。
③ 孔宪铎:《我的科大十年》，北京大学出版社2004年版，第80页。
④ ［美］菲利普·阿特巴赫:《高等教育变革的国际趋势》，蒋凯译，北京大学出版社2009年版，第74—77页。
⑤ ［美］亨利·罗索夫斯基:《美国校园文化：学生·教授·管理》，谢宗仙等译，山东人民出版社1996年版，第5页。
⑥ ［美］伯顿·克拉克:《探究的场所：现代大学的科研和研究生教育》，王承绪译，浙江教育出版社2001年版，第159页。
⑦ L. J. Sax, L. S. Hagedorn and M. Arredondo et al., "Faculty Research Productivity: Exploring the Role of Gender and Family-related Factors", *Research in Higher Education*, Vol. 43, No. 4, 2002.

❖ 第二十四章 以发表为基础的中国研究型大学教授分类 ❖

些教授科研产出高,迅速建立起学术声誉及地位,不断积累优势,跻身于所在研究领域中为数不多的著名学者之列;有些教授科研产出低,初时的科研激情慢慢地消磨殆尽,成为大学教授科研领域中为数众多的"垫底型"的"沉默者"(即不发声或少发声),在学术道路上举步维艰。

大学教授个体间和群体间的差异并不仅是教授个人学术职业发展之事,它还关乎所在院系、学校甚至国家的整体科研表现。如今,由教授们构成的大学正面临双重挑战:一方面,大学被赋予的职能不断增加(如教学、研究、服务、文化传承等),社会与公众对大学的期望和要求越来越高,最突出的是围绕大学教育质量与效率的社会评价(如大学排名)以及由此引致的资源竞争;另一方面,大学内部预算膨胀但能得到的可满足预算的资源有限,大学不得不从自身、从内部来谋求效率改进,对教授的教学与科研活动开展评估,并建立起以科研绩效评估为基础的激励制度。因此,在挑战面前,借助调查的力量,从"实然"数据的层面来判断教授个体和群体间的科研贡献差异是需要的。

在应用数理统计和计算技术等方法对科学论著进行定量分析的科学计量学领域,阿弗雷德·洛特卡(Alfred J. Lotka)和德瑞克·普赖斯(Derek de Solla Price)统计了科学家人数及其科研论文的数量,总结出经验性的"洛特卡定律"和"普赖斯定律"[①],表达了一个共同含义:科学家的科研论文发表数量存在较大差异,多数论文由少数科学家发表。但他们当时的研究只统计了科研论文的数量,没有对科研论文的质量进行计量,而我们今天知道论文质量和水平才是科学发展的核心。无独有偶,往常的一些关注科学家成就的相关研究多数只对论文数量进行计量和分析。本书认为,同时从科研论文的数量和质量两个维度,对科学家进行统计描述和分析,才能更客观地反映科学家群体的一些特征。具体而言,本章基于中国研究型大学(以"985工程"院校为代表)具有博士学位的全日制正教授的调查数据,试

---

① [美]德瑞克·普赖斯:《洛特卡定律与普赖斯定律》,《科学学与科学技术管理》1984年第9期。

❖ 第四部分 结果与效能 ❖

图从科研论文的数量和质量（用被引次数表示）两个维度，用二维四象限来呈现这些教授科研论文产出分布的四种类型，并分析不同类型教授的群体特征。本研究做这项工作的目的，是想知道，作为中国学术领导者群体的研究型大学正教授的学术论文的质和量如何？因为他们的水平代表着中国的学术水平！

第二节 教授分类模式与数据变量说明

一 教授分类的理想模式

科尔兄弟曾提出过一个基于科研论文的数量与质量对科学家进行分类的理想化模式（表 24—1），用它对 120 名物理学家做了分类，并检验这四类科学家在学术奖励及同行认可方面的差异。[1]

表 24—1 基于科研论文数量与质量的科学家理想分类模式

论文数量	论文质量	
	高	低
高	Ⅰ：多产者	Ⅳ：批量生产者
低	Ⅱ：完美主义者	Ⅲ：沉默者

资料来源：Stephen Cole and Jonathan R. Cole, "Scientific Output and Recognition: A study in the Operation of the Reward System in Science", *American Sociological Review*, Vol. 32, No. 3, 1967.

在这个理想分类模式中，类型Ⅰ是多产者，发表了大量富有影响力的论文；与其对应的另一个极端是类型Ⅲ，"沉默者"发表了相对较少的论文，而且也无法从被引用的角度来判断这些论文在学科领域中的影响。类型Ⅳ的科学家被称为"批量生产者"，似乎"开足马力"发表了很多篇论文，但若考虑这些发表论文的科学贡献，其中

---

[1] Stephen Cole and Jonathan R. Cole, "Scientific Output and Recognition: A Study in the Operation of the Reward System in Science", *American Sociological Review*, Vol. 32, No. 3, 1967.

❖ 第二十四章 以发表为基础的中国研究型大学教授分类 ❖

多数并没产生什么科学影响力，被引用得很少。类型Ⅱ的科学家被誉为"完美主义者"，发表的论文数量很少，但这少量的论文在学科领域却具有很大的影响，得到同行的关注和引用。类型Ⅱ中的典型代表是那些"绝不发表"自认为还达不到足够高水平的成果的科学家[①]。本书借鉴科尔兄弟的这个理想分类模式，建立一个较大的中国研究型大学全职正教授的样本数据库，对中国研究型大学教授进行分类。

二 论文产出及效率计量

科尔兄弟在研究中使用的是科学家职业生涯中科研论文的总数及其被引数来代表论文的数量和质量，他们考虑了科学家个体科研论文的总产出体量，但没有考虑科研论文产出的效率。然而，从第一篇论文发表到被测量的时间为止，被研究的科学家的生涯贡献是不同的，时间对科研论文的数量及被引次数具有积累效应。为消除职业生涯长短和论文发表时长对论文数量和被引次数产生的影响，让教授个体之间的科研论文产出更具可比性，本章用教授职业生涯中"第一作者"和"通讯作者"发表的科研论文的年均篇数（简写为 N）和年均被引次数（简写为 C）来表示科研论文产出的数量和质量。

三 数据来源与变量说明

本章所用第一数据源为本团队进行的"2014 中国大学教师发展状况调查"。在全国 88 所样本高校中，"985 工程"大学（我们称为"研究型大学"）13 所，具体是东部 7 所、中部 3 所、西部 3 所。在这 13 所"985 工程"大学中，拥有博士学位和正教授职称的全职教师 604 人（总样本 5186 人）。拟分析的变量有：主要包括性别和年龄在内的个人统计变量；主要包括工作偏好、研究压力、研究合作、教学与科研平衡状况在内的工作取向变量；科研论文产出。上述变量中的一部分数据可以直接从问卷调查反馈数据中选取。但由于调查问

---

① ［美］J. R. 科尔、S. 科尔：《科学界的社会分层》，赵佳苓等译，华夏出版社 1989 年版，第 103 页。

❖ **第四部分 结果与效能** ❖

卷对科研产出的测量仅限于教师们自我报告的"近三年的论文、专著、专利"等,不能满足本研究对大学教授整个职业生涯(从初次发表论文的年份至2014年)科研论文的数量和质量的需求,因此需要对科研论文产出数据进行专门的收集工作。为获得604个教授样本整个职业生涯中科研论文产出的数据,本章利用中国知网(CNKI)、WOS(Web of Science)两大中外"学术期刊论文检索数据库",对每个教授职业生涯中公开发表的期刊论文的篇数和每篇论文的被引次数进行补充收集,并结合每位教授的网络简历进行对照核实。本研究所用变量见表24—2。

表24—2　　　　　　　　**变量分布与说明**

变量	变量分布与说明(括号中为样本所占比例)	均值	标准误
年龄	实际年龄	48.17	0.28
性别	0 男(83.8%),1 女(16.2%)	—	—
工作偏好	0 偏好教学(10.4%),1 偏好科研(89.6%)	—	—
研究压力	用1—5表示从"非常小"到"非常大"	3.74	0.03
研究合作	与他人合作发表论文的"人*次数"①	304.10	20.19
教学与科研平衡	用1—5表示从"非常不好"到"非常好"	4.27	0.03
论文年均篇数(N)	N = 职业生涯全部论文数量/职业生涯发表年数②	1.55	0.05
论文年均被引次数(C)	$C = \{\sum_{i=1}^{n} P_i ($第i篇论文被引次数/第i篇论文发表时长$)\}$/职业生涯发表年数③	2.39	0.13

注:①举例,A 与 B 合作发表论文 3 篇,A 与 C、D 共同合作发表论文 1 篇,A 的研究合作频次为 3 + 2。

②举例,A 的职业生涯发表年数为 20 年,共发表论文 40 篇,则职业生涯的论文年均篇数为 N = 40/20。

③举例,A 的职业生涯发表年数为 20 年,第 i 篇论文发表了 5 年且被引次数为 40,则这 i 篇论文的年均被引次数为 P_i = 第 i 篇论文被引次数/第 i 篇论文发表时长 = 40/5;将整个职业生涯中每篇论文的年均被引次数相加再除以职业生涯发表年数,就得到整个职业生涯的论文年均被引次数:$C = (\sum_{i=1}^{n} P_i)/20$。

❖ 第二十四章 以发表为基础的中国研究型大学教授分类 ❖

四 量纲的标准化

要将大学教授职业生涯发表论文的年均篇数及年均被引次数在二维四象限坐标系中呈现出来，首先需要界定象限图的坐标原点。论文发表年均数量的单位是"篇"，年均被引次数的单位是"次"，两者具有不同的量纲。借助数据标准化方法可以将具有不同量纲的数据转化为无量纲数值，并将其按比例缩放，使之落入一个特定区间。本章使用"Z标准化"方法对论文年均篇数和年均被引次数进行转换。Z标准化也叫标准差标准化，是SPSS中最常用的标准化方法，它能在不改变原始数据分布特性的情况下，将其转换成均值为0，方差为1的符合标准正态分布的数据，转换函数为：$x^* = \dfrac{x - \mu}{\sigma}$，其中 μ 为所有样本数据的均值，σ 为所有样本数据的标准差。本章利用Z标准化的特性进行后台计算，建立起论文年均篇数和年均被引次数的二维四象限散点图。

第三节 研究型大学教授论文的质与量

一 基于论文发表质与量的教授类型

图24—1是经过Z标准化处理的中国研究型大学教授论文年均篇数和年均被引次数构成的二维四象限散点图，横轴为论文年均篇数，纵轴为论文年均被引次数。由于Z标准化处理数据的特征是均值为0，方差为1，所以论文年均篇数和论文年均被引次数的均值刚好可以重叠，构成坐标原点（0，0），其他数据都分布在以0为均值，1为方差的正、负区间内[1]。

上述二维四象限图利用发表论文的数量与质量数据将中国研究型大学604名正教授分成"高产高质、高产低质、低产高质、

---

[1] 论文年均篇数及年均被引次数的原始值并没有负值，但在Z标准化时，原始数据与所有样本均值（μ）相减就会出现负值。因此图24—1中出现的负值是标准化转换的结果。

❖ 第四部分 结果与效能 ❖

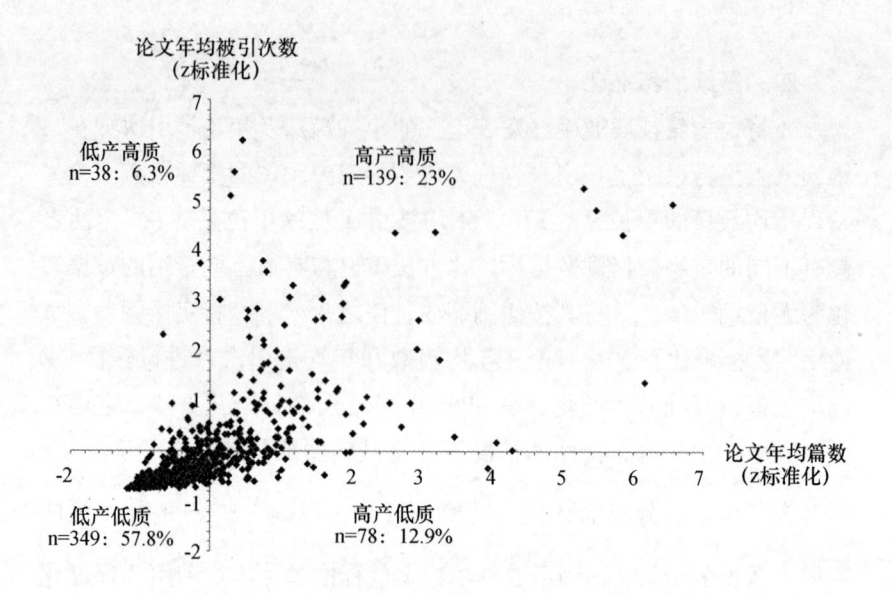

图 24—1 大学教授论文产出的四分类散点图

低产低质"四种类型。按散点密集的程度，可见在正教授中，论文为低产低质者占 57.8%，高产高质者占 23%，高产低质者占 12.9%，低产高质者占 6.3%。简单评价，利用"理想类型法"分类，即使在中国研究型大学，即使在正教授群体中，以低产低质者为众。

二 教授发表的论文篇数与被引次数正相关

图 24—1 中论文年均篇数与年均被引次数之间的皮尔逊相关系数 $r = 0.783$ ($p < 0.001$)，与科尔兄弟（1967）的研究结论基本一致，他们也发现科学家发表论文的数量与质量间存在显著的正相关：$r = 0.60$（$p < 0.05$）。科研论文产出数量与质量的高度正相关意味着大多数教授的论文发表数据要么落入"高产高质"区间，要么落入"低产低质"区间，图中的数据，前者占 23%，后者占 57.8%，二者之和超过 80%。这种科研论文数量与质量的高度正相关意味着数量与质量之间可能存在某种相互影响。从优势积累的角度来讲，科研

· 410 ·

❖ 第二十四章 以发表为基础的中国研究型大学教授分类 ❖

论文的质量对数量有积极的正向作用，高质量的论文为教授赢得更高的学术声誉及更多的资源，促使他们开展更多的研究，发表更多的成果。从科研能力提升的角度来讲，发表论文的数量对质量在一定程度上也有积极作用，论文发表得越多，经验与能力都会有增加，对以后发表更多、更好的论文是有帮助的。正如默顿所言，"在达到某一点后，科学家写的论文越多也就越容易写出下一篇"①。科尔等人还认为，科研论文数量和质量的强相关性至少有两方面的原因。一是从事大量的研究是产出高质量论文的必要条件。正如一些杰出科学家所言，做出高质量研究成果的过程充满风险和不确定性，科学家很难保证研究项目一定能出好成果。反复地实验、修正假设和再实验往往是必需的，特别是自然科学领域的研究更是如此。因此，大量的铺垫性研究（通常伴随较高的科研论文生产率）往往是做出重大发现的前提。二是科学界的奖励系统鼓励富有创造力的科学家成为高产者，并把创造力较弱的科学家区分出来。②

三 教授论文高质者与低质者的比例为"三七"开

从图 24—1 中可以看出，论文产出为高产高质的教授的比例是 23%，低产高质的教授的比例约为 6.3%。如果用科研论文的高质量（即高引用次数）代表科学研究中的重要成就，把高质者中高产和低产者的比例相加，可以发现，中国研究型大学教授贡献出的科学重要成就主要是由这不足 30% 的人做出的。这在一定程度上支持了科学家科研论文发表中的"二八定律"③。普赖斯曾发现多数科学家发表

---

① [美] D. 普赖斯：《小科学 大科学》，宋剑耕、戴振飞译，世界科学社 1982 年版，第 36—39 页。

② Stephen Cole and Jonathan R. Cole, "Scientific Output and Recognition: A Study in the Operation of the Reward System in Science", *American Sociological Review*, Vol. 32, No. 3, 1967.

③ 二八定律最早源于帕累托对社会财富分布不均的形象描述，社会生活各领域大量存在类似的不均衡现象。二八定律被广泛用于描述这种不均衡且无论统计结果是否刚好等于 20% 和 80%。科学计量学家们也曾借用二八定律来描述科研论文发表中的不均衡现象——科学研究中的主要贡献是由少数科学家完成的。本章只是借用它来描述并说明中国研究型大学教授的论文产出的分布。

· 411 ·

得很少，多数发表是由少数杰出的科学家完成的①。科尔也发现，从任一时期的观察中，某一学科领域里多数重要的高质量研究成果都出自极少数科学家之手。本章的分析结果进一步佐证了上述结论。只不过，他们所说的"二八定律"，在中国，在研究型大学正教授群体中，可能表现为特殊的"三七定律"，毕竟研究型大学正教授群体的覆盖范围比一般意义上的"科学家"更狭窄一些，且层次更高一些，因此，从较为陡峭的"二八开"呈现出较为平缓的"三七开"。

关于科研论文发表中存在的不均衡，科学学前辈曾有过有趣的评论。普赖斯认为，科学人力总体增长趋势是"水平较低的人才比水平较高的人才增长得快得多，而那些水平最高的人才支配着科学舞台，并做出科学总贡献的一半。尽管高水平科学家的数量也在不断地增加，但它是以降低平均标准为代价的"。② 默顿认为，在任何一个领域里的研究者和科研成果的数量及质量之间似乎都存在一种显著的关联，这可能是由于杰出科学家吸引着大量才能略低的追随者，也带来科学领域中的兴旺与繁荣。而任何领域里的明显成功，都很容易把大量才干平庸的人和有能力的人一起吸引到这一领域，导致科学研究者规模的急剧增加。但从科学发现的重要性来看，大多数人的贡献显得并不那么重要。③

四 教授论文高质者分布稀疏而低质者分布密集

在图24—1中，论文高质者的分布比较稀疏（年均篇数标准差为1.59，年均被引标准差为4.07），而论文低质者的分布则显得更密集（年均篇数标准差为0.7，年均被引标准差为0.67）。一方面，论

---

① Derek J. de Solla Price, *Little Science, Big Science*, New York: Columbia University Press, 1963, p.46.

② [美]D. 普赖斯：《小科学，大科学》，宋剑耕、戴振飞译，世界科学社1982年版，第89页。

③ [美]R. K. 默顿：《科学社会学：理论与经验研究》，鲁旭东、林聚任译，商务印书馆2003年版，第264页。

文低质者普遍聚集在横轴附近的一个较小的区域内，就论文产出质量而言，占70.7%的教授的科研论文产出处于平均水平（横轴）以下且分布非常密集。这说明，在教授中，大量所谓"低质"者的科研论文的"质"都非常相近，离横轴近表示加以努力就可能跨越横轴所代表的平均水平进入高质区域。因此，教授们需要明确自己所在的位置。另一方面，与低质区域相比，高质区域中教授的分布范围较广、密度较小，少数人甚至远离X轴或Y轴，显得格外地"与众不同"。这说明，那些在科研论文产出数量和质量上高于平均水平的"高产高质"者们，不仅是整个教授群体中的少数人，而且他们在论文产出的数量和质量上彼此的差距也较大。高产高质者中也出现了两种比较极端的科研论文产出趋向：有发表篇数很突出的（图中至少可见5人），也有引用次数很突出的（图中至少可见3人）。这种趋向会随着高产高质者加速追求学术成就的步伐而继续分化，高产高质者个体之间在科研论文产出数量和质量上的差距也会继续扩大。因为从某种程度上讲，科研论文产出的下限为零，但上限是无止境的。在高产高质区域离原点（0，0）越远（无论是在数量还是在质量维度上），教授的个人禀赋、优势积累过程、学科属性、大学组织特征等因素都会发挥出更大的影响力，从而使教授个体在科研论文产出上的差异更加明显。

五 教授论文低产不一定高质

首先，"低产低质"者众。其次，科学创新的艰难，使论文高质者永远不可能进入批量化的生产模式，高质高产者只会是那些兼具天赋、勤奋、条件、机遇有时甚至是幸运的极少数人，而高质低产的人总是有的。尽管中国大学科研评价政策存在过度量化的倾向，但近年来的"代表作"制度和评价制度改革已将成果的质量与水平判断放在比较重要的位置，这种改革已使得少量教师通过发表数量有限的高质量论文在研究型大学获得了教授职位，使其成为本章的研究对象。但在此之后，这些教授的科研论文产出没有大的进步。一类是极少数的教授，立志发表每篇论文都必须具有高质量、高水平，绝不粗制滥造，没有研究发现绝不发表。他们是追求学术完美的人，内心极其认同"有影响力和创新性的研究成果才是学术研究追求的唯一目标"。这是值得其他学者高度崇敬之人，可惜的是，这样的人在中国研究型大学中为数极少。另一类是，中国大学虽然并未实施正式的"终身职"制度，但终身职是事实存在的。大学教师一旦晋升为教授，若无特殊情况，可任职直到退休年龄。有的人确实是当上教授后缺乏足够的研究动力和激情了。当然，现代科学发展所引起的学科的高度分化与综合，使某些教授不能适应，继续努力者有之，能力逐渐低下者也有之。我们常说"慢工出细活，精雕细琢出好活"，但是在教授科研论文的产出上，缺少激情、缺少能力的"慢工"与"精细"，并不意味着必定出高质量的成果。在我们的研究中，也没有统计证据来表明保持较低的论文产出效率对论文质量会有积极的作用。

第四节 研究型大学教授类型的群体特征

一 四类教授的群体特征

本章已基于科研论文产出的数量和质量将大学教授分为"高产高质、低产高质、高产低质、低产低质"四种类型。那么，各种类型的教授在人口统计学和工作取向上有什么样的群体特征呢？本章将教授类型作为一个四分类变量，分别与人口统计变量（年龄与性别）和工作取向变量（工作偏好、研究压力、研究合作、教学与科研平衡状况）进行差异比较并做统计检验。因为教授类型是分类变量，所以它与连续型变量（年龄、研究压力、研究合作、教学与科研平衡状况）的关系可使用均值比较和方差检验方法，它与分类变量（性别和工作偏好）之间的关系可使用交叉表和卡方检验方法，数据分析结果见表24—3。

❖ 第二十四章 以发表为基础的中国研究型大学教授分类 ❖

表 24—3　　　　　　　　四类教授的群体特征

	高产高质 (n=139)	低产高质 (n=38)	高产低质 (n=78)	低产低质 (n=349)	统计检验
男	118 (23.3%)	29 (5.7%)	66 (13.0%)	293 (58.0%)①	$\chi^2=1.732$②
女	21 (21.4%)	9 (9.2%)	12 (12.2%)	56 (57.2%)	
偏好教学	6 (9.5%)	3 (4.8%)	10 (15.9%)	44 (69.8%)	$\chi^2=8.07^*$③
偏好科研	133 (24.6%)	35 (6.5%)	68 (12.6%)	305 (56.3%)	
年龄④	47.65	45.50	48.23	48.66	$F=2.781^*$
研究压力⑤	3.86	3.89	3.78	3.67	$F=2.67^*$
研究合作⑥	481.01	251.63	277.24	245.36	$F=8.01^{***}$
教学与科研平衡⑦	4.37	4.26	4.31	4.23	$F=1.62$

注：① 括号中为行百分比。
② χ^2 为卡方检验 (Pearson Chi-square)，F 为方差分析。
③ $* <0.05$，$** <0.01$，$*** <0.001$。
④ 生理年龄。
⑤ 用 1—5 表示感受到的研究压力从"非常小"到"非常大"。
⑥ 与他人合作发表论文的"人 * 次数"。
⑦ 用 1—5 表示教学科研平衡状况从"非常不好"到"非常好"。

二　论文高质教授更多具有科研偏好

与偏好教学的教授中成为高产高质者的比例 (9.5%) 相比，偏好科研的教授中成为高产高质者的比例 (24.6%) 要大得多。从数据差异来看，论文呈高质者与偏好科研之间存在正向关联。这说明，要发表高质量的研究论文，对科研保持足够强的兴趣和爱好是教授必不可少的内在激励因素。过去也有研究发现，论文高产者的整个职业生涯都将研究兴趣保持在相对较高的水平①，早期对研究的兴趣与后期的科研生产率高度相关②。默顿认为，对科学所表现出的兴趣程度

---

① R. T. Blackburn, C. E. Behymer and D. E. Hall, "Research Note: Correlates of Faculty Publications", *Sociology of Education*, Vol. 51, No. 2, 1978.
② F. Clemente, "Early Career Determinants of Research Productivity", *American Journal of Sociology*, Vol. 79, No. 2, 1973.

与科学生产率之间的互动关系是复杂的,对一专门领域的兴趣的增加,在一定时间可以导致较高的生产率,而科学发现在数量上的增加反过来又会引起人们更大的兴趣①。此外,学者与常人的区别是他们能在纷扰的全球资料中筛选出有价值的信息,并通过严谨的科学工具与方法来解答问题,这个过程往往是冷清、艰辛而又孤独的。撇开从探求新知识中获得内在的乐趣不谈,学术研究工作实际上近乎一种苦役。②无论偏好科研的动机是出于内心喜爱还是外部压力,对科研保持足够的兴趣是学者从事这项"艰苦"职业必不可少的动力之源。

三 论文高质教授更多感到研究压力

对研究压力感受较强的是论文低产高质和高产高质的教授,总之是一批论文呈高质量的教授,感到研究压力相对最小的是论文低产低质的教授。研究压力主要来自三个方面。一是工作量的大小。大学教师对科研的内在兴趣,大学组织对教师发表科研论文的要求都在不断提高,内在的兴趣驱动和外在的要求都会导致科研任务量增加。科研工作量大意味着教授在科研上投入的时间和精力相对更多,这有利于带来更高的科研产出,但大学组织对科研任务的要求与大学教师能用于科研的时间之间往往会发生冲突,这种冲突也会造成压力。对科研工作压力调适比较到位的教授,往往能够做出科研成绩。二是工作任务的难度。科研工作的难度跟教授个人的科研胜任力有关,难度越大越是挑战自己的能力,会造成更大压力。但一般来讲,经常寻找和面临富有挑战性的科研任务的教授,其进取心、个人能力都是相对较强的。因此,他们往往能够迎接挑战,化挑战为机遇,赢得科研的成功。三是自我目标设定的高低。对自己科研发表要求高的教授,会感到科研压力更大。一定的压力对科研产出具有积极正向作用。研究压力越大,意味着教授的科研任务更重、科研工作的投入也更大,当然

---

① [美] R. K. 默顿:《科学社会学:理论与经验研究》,鲁旭东、林聚任译,商务印书馆 2003 年版,第 267 页。
② 阎光才:《年长教师:不良资产还是被闲置的资源》,《北京大学教育评论》2015 年第 2 期。

❖ 第二十四章 以发表为基础的中国研究型大学教授分类 ❖

产出也会相应增加。布莱克本和本特利（Blackburn & Bentley）也曾发现在自然科学领域和在研究型大学中，教师的研究压力相对更大。[①]

四 论文高质教授更多的是年龄稍轻

表24—3显示，四种类型大学教授的平均年龄都在45—49岁之间，这也比较符合中国高等学校教授队伍的年龄状况[②]。比较来看，科研产出质量较高（高产高质和低产高质）的教授的年龄相对较轻，低产低质教授的年龄（平均48.66岁）比其他三类教授都要年长一些。这个结果与一些实证研究的结论是一致的。博耶尔和达顿（Bayer & Dutton）的研究显示，最高产的年龄组（40—44岁）与最低产的年龄组（60岁以上）之间存在3.06篇的差距，科研产出在45岁左右达到高峰后逐渐下降[③]。哈维·雷曼（Harvey C. Lehman）比较了科学史上重要发现者中科学家的年龄，发现年龄越小做出重要科学发现的比例越大，因此认为科学家的科研产出和创造能力随年龄增长而下降[④]。林曾的研究发现，研究型大学的教授的科研高峰出现在多个年龄段，在39岁、59岁和69岁有三个明显的高峰，而非研究型大学的教授在跨过45岁的科研高峰后便每况愈下，再也不能赶上45岁时的高峰[⑤]。另外，有关高产期的结论还可能会因学科领域不同而存在较大差异，例如，数学家和物理学家的多产期往往在他们比较年轻时，历史学家和哲学家的多产期则会在年龄上后移。

[①] R. T. Blackburn and R. J. Bentley, "Faculty Research Productivity: Some Moderators of Associated Stressors", *Research in Higher Education*, Vol. 34, No. 6, 1993.

[②] 根据教育部官网公布的"2014年教育统计数据"中"普通高校专任教师年龄情况"估算得出，2014年全国普通高校正教授的平均年龄在48—52岁之间。

[③] A. E. Bayer and J. E. Dutton, "Career Age and Research-professional Activities of Academic Scientists: Tests of Alternative Nonlinear Models and Some Implications for Higher Education Faculty Policies", *The Journal of Higher Education*, Vol. 48, No. 3, 1977.

[④] Harvey C. Lehman, *Age and Achievement*, Princeton NJ: Princeton University Press, 1953, p. 132.

[⑤] 林曾：《夕阳无限好：从美国大学教授发表期刊文章看年龄与科研能力之间的关系》，《北京大学教育评论》2009年第1期。

❖ 第四部分 结果与效能 ❖

五 论文高产教授更多的有科研合作

高产高质的教授是科研合作程度最高的,这类教授与其他人合作发表论文的"人*次数"远远高于其他三类教授。排在第二位的是高产低质类教授,低产低质类教授的科研合作程度最低。科学研究是创造性的活动,人类知识的不断积累使得知识创造活动的专业化程度越来越高,新知识的创造变得越来越具有挑战性,难度也越来越大。在研究中开展更多的合作,教授们能从"思想观点激发、智力支持、技能互补、信息交流、学术资源或设备共享、研究时间节省、研究成果发表"[①] 等方面受益,对提高科研论文产出具有积极正向作用。研究合作程度与科研产出的正相关关系也被一些研究所证实,朱克曼(Zukerman)对诺贝尔奖获得者的研究发现,科研合作与科研产出之间存在很强的联系,科研发表越多的诺贝尔奖获得者越倾向于跟别人合作。[②] 布莱克本也发现高产的教师总是与该学科校外其他机构的同行保持频繁的交流与合作。[③] 总之,研究合作中的积极因素一方面激励教师做更多的研究,发表更多的论文,另一方面也加快了科学研究的进展并缩短了科研成果发表的周期。因此,科研合作程度越高的教授,越有可能成为高产高质的教授。

六 教授论文产出与性别、与教学科研是否平衡无关

对男性和女性教授来说,他们或她们中的多数人(男性58%与女性57.2%)都属于低产低质者,极少数人(男性5.7%,女性9.2%)属于低产高质者;男教授中约23.3%的人属于高产高质者,比女性高产高质类教授(21.4%)略多。从分布比例来看,尽管四

---

① S. Lee and B. Bozeman, "The Impact of Research Collaboration on Scientific Productivity", *Social Studies of Science*, Vol. 35, No. 5, 2005.

② H. Zuckerman, "Nobel Laureates in Science: Patterns of Productivity, Collaboration, and Authorship", *American Sociological Review*, Vol. 32, No. 3, 1967.

③ R. T. Blackburn, C. E. Behymer and D. E. Hall, "Research Note: Correlates of Faculty Publications", *Sociology of Education*, Vol. 51, No. 2, 1978.

❖ 第二十四章 以发表为基础的中国研究型大学教授分类 ❖

类教授中,男性与女性的各自比例存在细微差异,但并不具有统计上的显著性。可以认为,中国研究型大学的男性和女性正教授在科研论文产出的分布上没有显著的差别。尽管性别上的先天性差异是客观存在的,尽管性别差异对年轻教师的科研成就也许有较大影响,在同一科学制度、学术规范与科研评价面前,45—49岁的具有博士学位的男女性正教授的科研论文成就并没有多大差异。

高产高质类教授的教学与科研平衡状况呈现得是最好的,其次是高产低质类教授;科研与教学的平衡问题处理得最不好的是低产低质类教授。但这种差异并不具有统计上的显著性。教学与科研是大学教授的两项最主要的工作,但教学与科研并不总是相互促进、相辅相成的,它们会争夺大学教授有限的时间和精力。如何在教学与科研之间合理分配时间和精力,保持一个最佳平衡点对大学教授的科研论文产出具有非常重要的意义。教学与科研平衡得越好,表明大学教授越能在教学与科研之间合理分配有限的时间、精力和资源,真正从教学与科研相互促进中受益,不仅在教书育人方面赢得较高的声誉,在科研论文产出上也能保持较高水平。但是,"要达到教学与研究之间理想的平衡并不是件容易事,令人惊奇的是,杰出的研究者往往是公认的富有责任感而善于启发学生的教师"。[1]

对研究型大学的教授而言,"要么发表,要么退出(Publish or Perish)"绝不只是一句口号,它代表一种生活方式。[2] 教授们为了学术理想、个人兴趣和职业发展而进行研究和发表,个体特征、制度规范、工作环境等因素使他们的科研论文产出呈现较大差异。尽管很难从数量上精确描述大学教授发表的论文究竟对学术的贡献有多大,但简化后的理想分类模式仍然帮助我们用数据描绘了一些基本事实:有些教授发表很少的论文却被认为对科学的贡献巨大;有些教授尽管发表很多论文但对科学的贡献却很小。本章基于科研论文产出的数量和

---

[1] [美]亚伯拉罕·弗莱克斯纳:《现代大学论:英美德大学研究》,徐辉、陈晓菲译,浙江教育出版社2001年版,第279页。
[2] [美]戴维·波普诺:《社会学》(第十版),中国人民大学出版社1999年版,第43页。

❖ 第四部分 结果与效能 ❖

质量将中国研究型大学教授分为四类,描述了这四类大学教授的论文产出的数据分布特征,并有重点的归纳出中国研究型大学具有博士学位的正教授在论文发表上的类型特征。

本章还在比较不同科研论文产出类型的教授的工作方式与行为取向方面发现了一些共性特征。譬如论文为高质的教授都是一些"年富力强、偏好科研、研究压力大并且热衷于研究合作"的人,这些教授在工作方式及行为取向方面的特征是值得其他教授群体参考的。同时本章也归纳出了为数众多的论文为低产低质的教授群体的工作方式和行为取向,如果了解并领悟到这些教授处在低产低质群体中的原因,有助于理解并找到提升这些教授的科研产出效率的路径,而这正是本研究的目的所在。总之,中国研究型大学需要越来越多的高产高质的教授,需要从政策改革和组织变革上尽可能减少论文为低产低质的教授的数量,推动多数的"科学沉默者"走进"科学发声活跃者"群体中,促进中国的科学进步和高等教育的发展。

第二十五章　教师评价对大学教师角色行为的影响

　　大学的学术发展根本上取决于大学教师群体的角色行为，有什么样的教师角色行为，就有什么样的大学学术。大学教师的角色行为不只是取决于大学教师的角色意识，更取决于社会对大学教师的角色期待和大学教师评价制度对教师的角色塑造。现行的大学教师评价制度旨在引导大学教师更好地从事学术生产活动，但其结果却与主旨不一，评价制度的功能异化牵引着教师的角色扮演偏离着其理想角色的方向。而调适大学教师角色行为的关键在于创新大学教师评价制度，可着力于大学教师的职业特性与教师评价功能的关系、评价程序的公平公正、行政管理部门及其人员的职责和权力合理合法等方面。

　　当前中国社会各界对大学的负面评价越来越多，从高耗费低效率到学术腐败，无一不指向大学存在的合法性。大学公信力下降已经成为值得高度关注的事实。考察公众对大学的种种抨击，我们会发现，矛头主要集中在大学的学术生产上。大学的学术生产没有遵循应有的规范，其学术产出不能满足社会的需要已经成为公论。问题的根源似乎出在学术生产环节，即作为学术生产者的大学教师没有按照合适的方式从事学术生产活动。在公众眼里，作为学术生产者的大学教师的形象，也不再是那么正面：他们学术境界不高，功利心重，无心教学，整天忙于跑课题、发文章，结果是在耗费了大量人力物力后制造了一批学术垃圾。但同时,大学教师也许并不认同这种指责。造成大学学术生产出现问题的真正根源到底是什么?本章将从社会角色的角度,考察大学教师评价制度是如何引导大学教师的角色行为的,最后探究造成大学学术生产问题的深层原因。

第一节　学术发展取决于大学教师的角色行为

角色理论的中心概念是角色,角色一词来源于戏剧,原指规定演员行为的脚本,后被引入社会行为分析。角色行为是指个体在角色自我意识和社会的角色期望的基础上,实现自己所扮演的角色的行为,即角色实现。角色实现的过程就是主体对环境的适应过程。

大学教师的社会角色可以定义为处于特定社会背景的大学教师,依据社会客观期望,借助自己的主体能力适应社会要求所表现出来的行为模式,其核心内容是社会期望和主体扮演。社会期望如同剧本,大学教师如同演员,可以依据剧本进行各种发挥,但绝不可以任意修改剧本。大学教师的角色行为构成剧情。科学社会学的研究已经发现,特定时期科学家的社会角色决定了科学的发展状态与发展水平。在古代,虽然人们对自然现象的规律感兴趣,但却不能造就现代科学,主要是因为认同这些自然兴趣的社会角色还没有真正出现,现代科学也就难以形成一种传统。只有当社会真正接受用逻辑和实验手段探索未知世界之时,现代科学家的角色才逐步形成,现代专业科学家共同体才会出现,现代科学组织和科学活动才会得到真正发展。[①] 在这个意义上,作为知识生产与传播主体的大学教师,应被视为大学学术生产的核心力量,大学学术产出的质量最终取决于教师的质量。大学学术发展的实现和前途最终取决于成千上万教师的角色行为,而很少取决于大学的管理部门和行政管理人员。

---

① [美]约瑟夫·本·戴维:《科学家在社会中的角色》,赵佳苓译,四川人民出版社1988年版,第27—28页。

❖ 第二十五章 教师评价对大学教师角色行为的影响 ❖

第二节 多重因素制约着大学教师的角色行为

一 角色行为的影响因素

人的社会行为的本质是什么,它究竟取决于哪些因素,这是20世纪以来社会科学研究的热门领域。在诸多研究中,乔治·米德(George Mead)、拉尔夫·林顿(Ralph Linton)等人提出的社会角色理论和塔尔科特·帕森斯(Talcott Parsons)的社会行动理论最值得关注。角色理论的代表人物是米德和林顿。最早把角色概念引进社会心理学的是米德。作为20世纪初美国最具影响力的社会学家、社会心理学家及哲学符号互动论的奠基人,米德在形成其自我理论和符号相互作用论时提出了角色理论。按照米德的观点,自我并不是意识的处理系统,它本身就是意识的对象。他认为,人的社会自我的形成与发展是通过角色采择实现的。个人由于有了来自外界的经验,才学会把自己设想为一个客体,产生了对自己的情感和态度,从而产生了自我意识。人的自我发展程度取决于人能在多大程度上采纳别人的意见,像他人对待自己那样对待自己。在米德看来,一个人如能接受他人的态度,像他人一样扮演自我角色,他就达到了"自我"的程度。不过,米德并没有给角色下一个明确的定义,只是用一种比喻以说明不同的人在类似情境中表现出类似行为这种现象。稍后,美国文化人类学家林顿将角色概念明确界定为在任何特定场合作为文化构成部分提供给行为者的一组规范。他区分了地位和角色,认为个体占有的是地位,扮演的是角色,即当个体根据他在社会中所处的地位实现自己的权利和义务时,他就扮演着相应的角色。角色扮演是一个身份或地位所代表的权利和义务实际发生效果的过程。在角色理论看来,人们是在社会化过程中受到角色规则的训练和教育的,偏离了社会角色规则会受到社会的排斥和制裁。每个人都在一定的文化中通过训练、模仿和认同逐步学会扮演各种角色。只要人们真正认同自己的角色,就会认真扮演,其角色行为就是真实的。而当人们不认同某个角色时,

❖ 第四部分 结果与效能 ❖

就会产生不真实的角色扮演，出现自我和角色分裂。

社会学家帕森斯从20世纪40年代开始致力于建立其结构—功能分析理论，并据此分析社会行为。他在《社会系统》一书及其他论著中，对结构—功能分析理论做了系统阐述。帕森斯认为，社会行动是一个庞大复杂的行动者互动过程的系统，它由四个子系统即行为有机体系统、人格系统、社会系统和文化系统组成。行为有机体系统与行动者的生物学方面有关。人格系统组织着个人行动者的各种习得性需要、要求和行动抉择。社会系统组织着社会互动中的个人或群体，使之处于一定的相互关系之中。文化系统由规范、价值观、信仰及其他一些与行动相联系的观念构成，是一个具有符号性质的意义模式系统。这四个系统都有自己的维持和生存边界，但又相互依存、相互作用，共同形成控制论意义上的层次控制系统。他进一步认为，每种社会行动都是由目的、手段、条件、规范这样一些要素构成的。任何社会行动都涉及主观目的，并构成行动中的自由意志。这种自由意志的作用，使行动情境得以区分为手段与条件，而价值规范对行动者起着调节作用。

这两种理论其实是从不同的角度审视人的社会行为及其影响因素。前者着重从微观个体的角度深入分析制约个人社会行为的因素，后者着重从宏观社会的角度阐释社会行为的影响因素。两种理论都认为，任何角色都包括一连串的行为，这些行为不仅受个人动机的影响，而且也受社会团体的共同文化心理的影响。一方面，人的社会行为取决于外在的文化与制度，前者从广义上提供了个体行为的可能选项，后者直接塑造了个体的现实行为。在这个意义上，角色行为是一种特定行为。一般人皆因担任某种角色而受到该角色的制约，以及人与人之间相互关系的制约。社会对担当不同社会角色的人的行为均提出了不同的要求。只要人意识到这种社会期待，就会自觉地按所规定的行为模式去做。这种按角色的社会要求而产生的行为，是一种外在目标诱发与控制的特定行为。另一方面，角色行为受自我意识的影响。自我意识和角色行为之间的关系，是一个互为因果的相当复杂的心理关系。要了解一个人为什么愿意接受这个角色，表现出这个角色

❖ 第二十五章 教师评价对大学教师角色行为的影响 ❖

的行为，而不愿意接受那个角色，表现出那个角色的行为，关键是看他对自己所担任角色的认识。这些理论为我们分析个体社会行为提供了极其宝贵的启示。

二 制约大学教师角色行为的因素

本章主要参照帕森斯的社会行动理论，同时借鉴角色理论关于个体社会行为影响因素的解释，对大学教师的角色行为的本质及其影响因素进行分析。我们可以将影响大学教师角色行为的主要因素归纳为以下五个方面。一是社会的期待，它蕴含理想角色的内容，但又不等于理想角色，我们可以将其视作文化因素。它对大学教师角色行为的影响似乎不够直接，力度也不大，但包含的信息量却极为丰富，可以制约那些信息量小而能量较大的因素，如制度规范和自我意志。二是评价与管理制度的规定和要求。它是决定大学教师角色行为的关键因素。它不仅直接影响大学教师的角色行为，而且直接影响着其他制约大学教师角色行为的因素，并起着整合其他因素的作用。三是大学教师对自身角色的意识，它与自由意志和主观能动性有关。如果大学教师认同社会对自己的角色期待，往往能够调动一切资源，发挥最大潜能，扮演好所担负的角色；反之，如果大学教师不认同自己所担负的社会角色，就很难表现出所期待的角色行为。四是大学教师的行动能力，主要体现为职业能力，包括基本身心素质和专业能力。五是客观环境与条件，它决定了个体行动者赖以行动的物质资源和技术条件。

第三节 现行教师评价误导了教师的角色行为

一 大学教师的理想角色与现实扮演

（一）大学教师的理想角色

大学教师是一个特殊的社会群体，它应有属于这个群体的本质特征，具有特定的社会角色。尽管不同大学和不同学科专业对教师的要求不同，学界的观点也不统一，很难明确界定大学教师的理想社会角色。但鉴于大学教师已经成为一种相对成熟的社会职业，社会对其职业行为已经逐步形成诸多共同期望，现实中的大学教师在行为模式上也体现出某些共同特征，我们可以尝试构建理想的大学教师的社会角色。从大学所担负的人才培养、科学研究和社会服务三大职能可以推知，大学教师的社会角色应该是教育者、研究者和社会服务者。① 作为教育者，大学教师应该热爱教师事业，理解和尊重学生，切实发挥对学生的指导示范作用。作为研究者，大学教师应该致力于探索未知世界，应该具有较高的学术境界、锲而不舍的学术追求、深厚的学术素养、广博的学术兴趣和独立从事科学研究的能力，应该参与和独立完成科研工作，产出高水平的研究成果。作为社会服务者，大学教师应该致力于运用专业知识服务于所在学校、所在社区、所在区域、所在国家乃至整个世界。在这三种角色中，教育者应该是大学教师的首要角色。因为大学要担负起培养人才的职责，必然要求大学教师担负起促进学生人格完善、知识发展和职业能力增强的责任。

（二）大学教师的角色扮演

在现实中，基于教师评价制度和教师的理性选择，大学教师往往更看重科研，把主要精力放在发表论文和申报课题上，在很大程度上淡化了"教育者"的角色，基本上变成了研究者。这种角色扮演自然难以得到认可。虽然也有人认为大学教师都在勤奋工作，但更多的人对大学教师的角色扮演表示失望和不满。似乎大学教师的角色扮演与其理想角色是不相符的。大学学术生产的现实和社会对大学学术生产的评价都表明了这一点。诚然，个体的理想角色或者说社会对个体的角色期待与个体的现实角色扮演之间存在差距是普遍现象。问题在于，大学学术生产关涉太广，社会的期望极高，这种差距及由此引发的失望与不满就尤其引人关注。

概括而言，社会上（其实也包括大学内）对大学教师角色行为的总体评价是大学教师思想境界不高，社会良知被淡化，人文关怀和

---

① 陈建文：《高校教师职业行为的心理学分析》，《高等工程教育研究》2009 年第 3 期。

❖ 第二十五章 教师评价对大学教师角色行为的影响 ❖

学术理性被忽视，过多考虑利益得失，少了道义担当；在学术工作中，表现过于浮躁，沉不下心，流于肤浅，缺乏深度，热衷于短平快科研，片面追求数量，不求质量，制造学术垃圾；过于功利化，重研究、轻教学，一切行为都以能否获取某种现实收益为考虑标准，如为挣钱而争取课题，为评职称而发表论文，为进一步发展而评奖，为扩大资源而竞聘行政职务。① 客观地说，这些现象某种程度上的确存在，很多大学教师也承认这是一个问题。但问题出在学术生产环节，问题的根源是否也出在学术生产者身上呢？答案恐怕不这么简单。

二 角色扮演偏离理想角色的制度原因

（一）评价制度功能异化与教师角色行为

导致大学教师角色扮演偏离理想角色的原因是多方面的，这其中当然包括社会文化的总体浮躁问题，也包括大学教师的态度和能力问题，或许还包括社会期待的过于理想化的问题，甚至包括客观条件问题，但制度诱导无疑是根本原因。本来，评价制度是大学组织为规范、引导和激励大学教师良好的角色行为而制定和实施的规则与要求，但管理部门在评价制度设计与实施中发出的信息与大学教师理想角色的不一致，导致了大学教师的角色冲突，使大学教师出现了自我和角色分裂，偏离了理想的社会角色。这就是说，评价制度出现了功能异化。

这种功能异化突出表现在以下两个方面。首先，这种评价制度的设计与实施直接引发了大学教师重科研、轻教学的角色行为。不少大学对教师的所有评价，包括职级晋升与年度考核都无一例外地强调科研成果的数量积累，且与津贴待遇挂钩。这样的制度设计与评价导向，直接导致教师重视科研而忽视教学。从经济学的角度看，个人所拥有的社会资源、经济资源和文化资源都是相对确定的、有限的，在特定情景中，个体只能将其资源优先投入到某种最有价值的角色行为

---

① 马陆亭：《建立让大学教师醉心于学术工作的制度》，《国家教育行政学院学报》2006年第8期。

❖ 第四部分 结果与效能 ❖

中,这也就意味着淡化或者基本放弃另一种角色行为,结果很可能是强化研究者角色行为而相对淡化教育者角色行为。其次,这种考评制度容易引发大学教师学术上的功利主义与短期行为。我们一方面鼓励教师产出高水平的科研成果,另一方面又过分强化短期量化评价,很少真正意识到,凡是高水平的科研成果均需很长时间,如果学校鼓励这类研究,就应该给予教师更多的研究自由。自然,作为研究者,大学教师应该发表学术论文,但受排名的影响强求教师在规定时间内发表大量论文,犹如为渊驱鱼,为丛驱雀,必然驱使大学教师去追求数量,忽略质量。① 2006 年,美国得克萨斯大学的艾伦·麦克德尔米德(Alan MacDiarmid,2000 年诺贝尔化学奖获得者)教授在由中国国家自然科学基金委员会举办的"21 世纪科学前沿与中国的机遇"高层论坛上指出:"对中国来说,拥有在 5 年内仅发表 1 篇论文、但该论文得到其他国家学者引用 20 次的科学家,比拥有 5 年内发表 10 篇论文、但这 10 篇论文仅得到 1 次引用的科学家要重要得多。"② 他的话值得我们的大学管理部门深思。由于大学教师的业绩完全靠量化指标来衡量,而管理部门往往不切实际地制定了较高的指标要求,教师们必然更关注教学、科研和社会服务等各项学术活动可能带来高显示度的个人业绩指标的增长,更热衷于短期行为,自觉不自觉地忽视自身知识结构的改造和学术水平的提升,甚至只思收获,不思耕耘(有些教师为了不影响评价业绩,甚至连必要的学习进修的机会都放弃了),学术浮躁和学术失范就在所难免。多项调查显示,中国大学教师普遍认为学校规定的工作任务超过了自己的承受能力,造成工作压力过大。很多大学更是明确强调学校管理就是要建立压力传导机制。在这样的制度环境下,大学教师不大可能沉下心来做学问,而大学教师所从事的工作又要求他力戒浮躁,潜心治学。换言之,在由现行评价制度营造的高强度的压力环境下,大学教师身不由己,很难从事高水平的学术生产工作。

---

① 刘海峰:《大学教师的生存方式》,《教育研究》2006 年第 12 期。
② 龚旭:《为世界科学把脉,为中国科学建言》,《中国科学基金》2006 年第 4 期。

❖ 第二十五章 教师评价对大学教师角色行为的影响 ❖

（二）评价制度功能异化的原因

导致评价制度功能异化的原因是多方面的，作为现实评价主体的管理部门的功能异化应该是其中的重要原因。所谓异化，指的是事物的性质被其结果所改变。为了实现某种功能必须形成相应的组织；而一个组织往往具有多重功能，其中最基本的包括维持自身生存的功能。如果不具备这种功能，它根本不能生存。"存在"本身的逻辑，从内部制约着一种组织结构必然对应着多重功能，包括负功能。事实上，人类任何一项经过设计的达到某种目的的活动，包括任何一项政策法令，以及具体负责这一活动的机构，都有功能异化的趋势。用任何一种固定的组织来实现某项特定的功能时，功能异化都必然会出现的。那些处于控制作用盲区中的部分不断增长，使控制性调节手段不得不经常改变。教师评价与管理要通过教师管理部门这种组织来实施，但"管理"这种组织一旦建立，它就不只是发挥评价考核引导的功能，而是具有多种功能，甚至必然具有负功能。但一个机构具有负功能，并不意味着它失去了存在的合理性。任何一个为特定目的而设计的组织机构及其活动，其影响都是多方面的，除了设计的功能外，必然带来附加影响。只要那些附加的多方面的影响在短期内无大害，这个机构及所从事的活动就是有效的。然而，某个组织一旦长期存在，某项活动一旦长期实施，附加影响就会逐渐积累起来，出现组织活动设计者根本考虑不到的后果。组织当然可以变革，活动当然可以得到调整，当那些附加影响造成的后果越来越严重时，可以改变组织的功能，可以增设新的组织，也可以取消活动或改变活动的方向。但问题比想象的要复杂。在大学中，有些重要组织及其开展的活动尽管已经偏离设计初衷，但它已经和大学密不可分了，除非大学出现重大变化，否则这些组织是很难被改变的，它所开展的活动也是不能被任意调整的。大学行政管理部门的科层组织结构强调自上而下的"命令—服从"的管理模式和金字塔式的行政控制关系，已经使大学行政组织由服务性组织异化为官僚性管控机构，效率优先的行政逻辑取代松散自由的学术逻辑，成为主导大学学术生产的根本原则，管理人员成了学校的主导型群体，教师群体成为被管控的对象，其自主性受到抑制。当管理部门对学校大小事务一概干预、一概要管时，它的"长手"就会伸向学校学术生产的每个领域、每个环节，结果可能造成一种窒息性力量，限制学校学术生产的活力。在此过程中，管理机构自身也逐步走向僵化，出现管理调控失灵现象。

大学管理部门功能异化的集中体现是管理本位主义，其核心是一切从管理的便利出发，无视学术工作的复杂性，单方面强调制度规则的简单易行及管理部门指令的有效贯彻，即所谓的执行力。结果导致管理部门对学校资源的高度掌控，对学校话语权的完全主导，对教师行为的强力塑造。其突出表现是在制定规则和实施管理时倾向于自行其是，不愿听取教师的意见，更不愿受教师意见的牵制。这时，管理部门的利益已经凌驾于大学学术生产活动之上，管理部门的角度成了看待学术生产的主要视角。有些学校的管理部门甚至可以不顾教师的反对，启动所谓的重大改革，推出重大工程。现行的很多大学所进行的评价与管理，在某种意义上就是管理部门以问责制为名，要求教师提高学术生产力并主导教师职业行为的手段。完全可以认为，这是企图要求教师承担管理部门管理不善的责任。管理本位主义带来的后果是严重的，中国大学行政组织机构对学术事务的过度控制已经导致了大学的行政化，成为中国大学的一个典型特征。在这种学术组织中，权力集中于高层，大量关键资源控制在行政部门和行政人员手中，管理人员的取向决定了大学的学术运行，大学中大量的学术生产活动是自上而下推动的，学术生产的活力和创造性自然会被抑制。

第四节 以创新型教师评价调适教师角色行为

在导致大学教师角色扮演偏离理想角色的诸因素中，评价制度起了根本性作用。在某种意义上，我们可以认为，正是作为学术生产关系的评价制度束缚了学术生产力的发展。故调适大学教师角色行为以解放学术生产力，其关键在于创新评价制度。

❖ 第二十五章 教师评价对大学教师角色行为的影响 ❖

一 明晰教师的职业特性及评价功能

要使大学教师的角色扮演尽可能接近理想角色，首先必须明晰大学教师的职业特性及大学教师评价制度的功能。大学教师工作，本质上是一种学术职业，理论上应该属于自由职业，其生存方式应该具有高度自主性。尽管受到学术生产的总体影响，但自己掌握工作方式是大学教师作为自由工作者区别于其他群体的根本标志。他们如同早期的手工艺人，享有劳动的自由。他们爱做什么、不爱做什么都应该自行决定，谁也不应去指令他们干活，工作时间的长短也应由他们自己决定，今天没有做的明天可以补上。也就是说，大学教师作为一种自由职业，在理论上应该是高度自主的，没有人可以对他们进行强制。对这个群体来说，工作时间和工作任务应该是自主控制的而不是被控制的。而工作一旦成为强制性的，就失去了自由的性质——尽管绝对的自由从来没有过。在现行评价与管理制度下，大学教师必须在某个固定的时间完成某类硬性的工作任务——申报课题、撰写文章、出版专著、结题等——尽管他们未必乐意做这些，工作的自由性消失了，创造性也会随之消失。

这里并非要完全否定现行的评价制度。的确，如管理部门所声称的那样，在有的时候，现行评价制度可以起到一定的激励作用，能够鼓励教师追求卓越，能够鼓舞士气，能够吸引和留住高水平人才。但更多的时候，大学教师所从事的工作极为独特，物质因素未必能够激励教师提高学术产出；这种评价很难做到合理公平，在更多的情况下起到的作用是损害教师的积极性而不是增强积极性；目前的评价还容易在同事之间造成猜疑和矛盾，破坏合作关系。特别值得指出的是，这种评价过分强调鼓励少数杰出者，有意无意忽视甚至损害了大多数教师的情感和利益，而多数教师无疑是学术工作赖以进行的基本力量。虽然，如前所述，任何制度难免产生副作用，但在现实中，如果一种制度的副作用远远超过其正面功能，其合理性就值得怀疑了。

总体上看，大学教师是一个受过较高专业教育的拥有较大创造力的专业人员群体，他们所从事的工作是富有创造性的工作（理论上如此），如何有效管理创造性人才及其创造性活动，对大学管理而言是一个巨大的挑战。也许，对于这样一个群体及其所从事的创造性活动，考评制度只能提供支持而不可施加管控。使学术活动能够自由开展起来，使教师能够充分自主地进行学术工作，而不是去主导学术生产过程，这些应是评价制度重要的也是唯一的任务。

二 完善评价程序

要使评价制度尽可能发挥正面功能，真正起到促进学术生产的作用，其具体途径在于完善评价程序，确保程序正义，增强评价的合法性。如同统治的合法性来自被统治者的认可，评价管理的合法性同样来自评价与管理对象的认可。这种认可不仅包括对评价与管理的目的（评价的形成性功能）的认可，而且还包括对评价与管理过程的认可。在这里，教师真正参与管理及教师与管理部门的对话至关重要。完善评价制度的关键是坚持治理理念，采用民主的方式进行评价制度的设计和实施，赋予教师以知情权和话语权，把教师参与并主导评价作为教师评价的根本制度切实建立起来。只有这样，才能使评价制度得到教师的真正认同，并改变多数教师从内心对考核评价与教师管理持反感态度的状况。美国大学在这方面为我们提供了很好的示范。美国大学教师评价中有一个重要环节，是教师提交自评报告，院系评审委员会在此基础上形成评审意见，但须指定专人与教师本人沟通，然后才能形成评审意见。如果教师对最终决定有不同意见，可以上诉至学校评审委员会进一步裁定。在这个过程中，评价的主要执行者是同行教师而不是管理者，这使评价变成一种同行评议。此外，评价程序必须包括与教师本人之间的交流，主要内容是帮助被评教师总结经验、分析问题，找到发展方向。这个过程不仅能够促进教师的提高，还能增进组织内部的了解和共识。而中国高校则主要依赖行政机构和极少数"明星"教师。

完善评价制度的一个重要前提是承认教师在学术生产中的主体性地位以及教师追求自身权益的合理性。应该说，在大学学术生产中，发挥主导作用的是教师，占据主体地位的也应是教师。同时，教师既是学校组织的一员，实现学校赋予的目标任务是一种义务，但教师也是独立的个体，具有追求自身利益的合法性。如果不尊重大学教师行为选择的客观性，强求教师按照管理部门设定的行为方式行事，只会给大学教师带来被管控的感觉，并不能让他们认可强加给他们的社会角色，更不可能让他们实际扮演这种角色。

三 重新定位管理部门的职责和权力

要确保评价的正当性与合法性，尽可能地防止或减缓评价的功能异化，关键在于重新定位管理部门和管理人员的职责和权力。现代大学的多目标与多任务的组织特性使管理部门和管理人员不可或缺，但一旦建立管理部门其功能异化就不可避免。也许，最适宜的选择是既让管理部门和管理人员担负起必要的职责，并赋予管理部门和管理人员必要的权力，让其充分发挥应有的功能，对大学学术生产的各个领域进行必要的指导和协调；同时又要时刻审视管理部门的职权运行，限制管理部门的权力和职责，不让它们干预甚至主导学术生产的具体过程，也就是不让职业管理者控制整个实际学术生产活动，确保教师学术生产的自主性。最重要的是，必须设计一种机制，能够定期清理管理部门及其活动所带来的副作用。

第二十六章　中国大学教师评价的制度同形

　　大学教师评价是对大学教师学术活动及相关工作的一种价值判断，多元化是其制度良性运行的合理基础。但现实中的大学教师评价在标准上趋同、方式上一致、主体上单一，明显表现出一种制度同形。究其根源，主要来自政府力量导致的强制性同形，大学本身力量引向的模仿性同形，教师职业对专业化的追求所牵制的规范性同形。这种具有制度同形特征的大学教师评价，削弱了其对教师发展的激励作用，也损害了大学多项功能的主动发挥。因此，需要建立具有差异化的大学分类评估制度，引导大学合理定位；需要实行分权治理，改变具有集中特征的教育资源配置方式；需要改变评价的单向性，使大学教师评价由一方垄断走向多方共建。

　　大学教师评价是指大学依据自身的办学目标，评估教师的学术表现及能力的过程[1]。教师作为大学发展的核心要素，是大学实现教育教学、科学研究和服务社会三项功能的重要凭借和资本。作为知识创新的源头和智力资源的集聚地，大学在科学研究和人才培养方面具备了独特的优势，而随着大学对社会经济发展的作用不断被强化，大学

---

[1] Larry A. Braskamp and John C. Ory, *Assessing Faculty Work: Enhancing Individual and Institutional Performance*, San Francisco: Jossey-Bass, 1994, p. 3.

第二十六章　中国大学教师评价的制度同形

教师日益成为国家科技协同创新体系的主体力量。20世纪80年代以来，新公共管理运动在欧美兴起后，问责和效率成了行政管理的重要目标，大学作为现代社会的重要组织机构，政府政策导向及公众对高等教育的期望促使大学日益重视对教师的评价。评价制度作为激励和约束大学教师学术行为的一项实践，是大学开展管理活动的重要依据，直接规约和引导着大学教师的行为。反观现实，大学教师及由评价产生的种种问题日益引起了社会关注。从本质上说，大学是松散联结的特殊组织，其特殊性决定了大学教师评价过程的复杂性，只有从根本上厘清制度设计的合理性基础，才能为构建合理的大学教师评价制度体系提供正确的价值导向。

第一节　大学教师评价的合理基础是多元

制度作为一种有目的的机制，确立自身的合理性是其得以良好运行的前提，在特定场域的价值系统内，制度只有与其价值和理念目标相一致，即实现合目的性与合规律性的统一，才能建构合理性的发展逻辑。评价制度作为管理大学教师的一种重要手段和机制，是社会和大学根据既定的教育价值观，对教师从事的工作进行价值判断，借以促进大学使命实现的过程。从高等教育的历史发展进程看，大学教师实现了从承担单一的教育教学角色到科研、服务社会等多重社会责任的历史衍变，在此历史进程中，大学教师的评价也从大学、教师、学生及其家长这些教育内部的主体扩展到政府和社会，多元的价值期待为大学教师评价预设了更大的社会诉求空间。随着大学职能的分化，大学也基于实力或水平形成了若干层次，目前，中国的大学根据功能主要划分为研究型、研究教学型、教学研究型和教学型四种类型。不同类型的大学，虽然具有共同的属性，即有着作为一个教育机构和学术机构的一些基本内核，但在功能、任务、内部形态与外部环境的互动

❖ 第四部分 结果与效能 ❖

等方面都存在较大差别。① 教师评价制度作为大学管理制度的重要内容和组成部分,其构建的基础必须与大学的使命和社会责任相联系。从现实的意义上说,以研究为导向的大学和以教学为导向的大学的教师评价体系应该是不一样的,即大学系统内部的差异性必然要求大学评价制度的差异性,也决定着大学教师评价制度多样化的必要性和合理性。大学只有基于自身的社会功能,进行合理的定位,建立起适合教师从事教育教学、开展科学研究和服务社会的评价制度,通过评价制度引导大学教师的学术行为,才能有效促进教师的专业发展和教育教学质量的提高,进而提升大学的竞争力和美誉度。与此同时,随着学术研究领域的拓展知识系统的更新速度不断加快,从查尔斯·斯诺（Charles Percy Snow）的"两种文化"（自然和人文）到杰罗姆·凯根（Jerome Kagan）的"三种文化"（自然、社会和人文），再到托尼·比彻基于认识论和社会学角度划分的"学术部落"，学科的分裂和对峙越发明显。学科的分化对评价标准和评价方法提出了不同的要求，自然科学、人文科学等学科应有不同的评价体系②。另外，有学者研究表明，教师花在教学上的时间对研究有负面影响，只有少数教师同时在研究和教学上达到了很高的水平，一般来说，教学与科研常常无法兼顾。③ 由于大学中教学和科研的矛盾日益突出，学术劳动力市场的细分势在必行，基于岗位对大学教师进行分类评价、分类管理成为大学管理制度改革的重要价值取向。

第二节 大学教师评价的现实状态是同一

制度同形是指组织为增强自身的合法性，日益遵从其他同类组织

---

① 曹如军:《制度创新与制度逻辑——新制度主义视野中地方高校的制度变革》,《高教探索》2007 年第 5 期。
② 刘逸君:《高校学术评价制度建设研究》,博士学位论文,华东师范大学,2008年,第 3 页。
③ 高德胜:《国外高校教学和科研关系研究述评》,《上海高教研究》1999 年第 11 期。

❖ 第二十六章　中国大学教师评价的制度同形 ❖

采用的制度形式。[①] 随着大学和社会联系的越发紧密，尤其是大众化的现实背景下，高等教育从"卖方市场"转向"买方市场"，以及政府和市场力量的强势介入，致使相当数量的大学表现出强烈的外部适应性，追求"综合化、研究型"的发展目标，使大学教师评价呈现出制度同形的现象。大学教师评价制度作为对大学教师学术活动及相关工作的一种价值判断体系，无疑会对大学教师的学术声望、地位及学术价值认知产生影响。大学是"探索高深学问的场所"，只有基于正确的功能定位和社会角色认知，并以此作为教师评价制度的逻辑起点，才能有效地发挥评价的作用。盲目效仿研究型大学的教师评价制度，不仅评价的激励作用难以得到有效的发挥，也会影响大学自身社会功能的实现。

一　评价标准趋同

标准是开展评价的前提和基础，大学只有结合自身的合理定位，对教师的岗位职责进行深入分析，在此基础上才能制定科学的评价标准。学术职业以知识的传承和创新为核心，其特殊性和复杂性要求大学在评价教师时必须以教师的角色承担为出发点，然而，科研成果和教学活动成效在显示度和传播度上的巨大差异，致使评价过程更加复杂。与此同时，大学越来越依赖外部资源的供给，目前，科研经费已成为中国高校经费的首要来源[②]，为了突出自身外显性的综合实力，获取政府和社会的经费支持，大学纷纷在评价制度上大做文章，在教师选聘和任用中以学术发表作为首要的衡量标准，加大科研评价在教师职称、奖励评定中的比例，促使教师争取科研项目和课题，发表科研论文。很多地方本科院校，在教师职称评定中赋予科研较高的权重，只要科研项目和论文数量多、级别高，通过职称评定就不成问

[①] Paul J. DiMaggio and Walter W. Powell, "The Iron Cage Revisited: Institutional Isomorphism and Collective Rationality in Organizational Fields", *American Sociological Review*, Vol. 48, No. 2, April 1983.

[②] 杨卫:《高校成为国家技术创新体系重要力量》,《中国教育报》2012年6月28日第5版。

❖ 第四部分 结果与效能 ❖

题。通过查阅省属本科院校的教师职称晋升政策，可以发现，科研产出比例大于或等于教学的比例几乎是大学教师评价的一致要求。而在一些大学里，科研成果可以量化折合为教学工作量，而教学工作量则无法量化折合为科研成果①。教学在教师评价中基本上成了一个参照性因素，往往只有最低课时量的基本要求，鲜闻教师因教学因素而导致晋升失败，而科研精神、学术道德、工作投入等质的要素则几乎没有得到实质性的体现。

二 评价方式一致

评价方式是决定评价是否科学、合理的关键要素。从理论上说，大学教师的评价方式和评价标准紧密相连。大学教师作为"学术组织中的人"②，学术评价是评价制度的核心内容。在当前中国大学教师的评价方式中，不论是何种层次的院校，几乎无一例外地以大学教师的学术成果（学术论文、著作、科研课题和专利发明等）的数量和级别（国家级、省部级、校级等）为基本计量单位，并分别赋值，对大学教师的学术水平、能力及工作绩效做出判断。这种"记工分"的评价方式一定程度上对于克服评价中的主观片面性、抑制机会主义和人情关系具有积极作用，但过于重视量化和数字化的评价方式，忽视了学科的差异，也会导致教师的注意力集中到发表的数量上，促使教师去发表质量不高的作品，在著作尚未成熟之前就急着拿出去发表，或者同样的思想或发明仅做稍微地变化一再地拿来发表③。评价方式的窄化和片面化影响着大学教师从事长期科技攻关项目的积极性，对人文社会学科教师的量化性一定程度上助长了高等教育领域中的学术泡沫化和学术腐败等不良现象，削弱了大学科技创新、引领社

---

① 张杰：《高校教师评价机制行政化的成因分析：一种路径依赖》，《黑龙江高教研究》2012 年第 1 期。
② 缪榕楠：《学术组织中的人——大学教师任用的新制度主义分析》，南京师范大学出版社 2008 年版，第 1 页。
③ [美] 乔治·里茨尔：《社会的麦当劳化——对变化中的当代社会生活特征的研究》，顾建光译，上海译文出版社 1999 年版，第 109 页。

❖ 第二十六章 中国大学教师评价的制度同形 ❖

会文化发展的社会功能。

三 评价主体单向

评价中多主体的参与影响着人们对评价过程和结果的认同度，是促进评价质量的重要保障。在大学教师评价中，从评价目标、评价标准的确定以及评价的具体实施流程都由教育行政管理机构、大学的人事、科研、教务等职能部门所掌控，在科研成果的评价中学术同行评议人选择也主要由管理部门单方面决定；而作为评价客体的教师，只需要按照程序要求准备相关材料，被动地接受评价，在与自身职业发展攸关的评价中陷入一种价值无涉的失语状态。这种以行政力量为主导的评价主体使得整个评价过程缺乏互动，透明度和公信力不高，常有一些教师对评价结果存在质疑但补偿机制不健全，从而引发了一系列的冲突，如武汉大学一位副教授因没评上教授职称而对评审委员大打出手的事件就是例证。与此同时，大学教师评价的非民主性也使教师失去了自我评价、自我反思，达到主体自觉的契机，使得评价结果更多的作为管理教师的工具，而非促进教师专业发展、改进教育质量的手段。

第三节 大学教师评价的制度同形根源

由美国经济史学家道格拉斯·诺斯等人创立的新制度主义理论从制度的视角来分析现实问题，为解释社会组织中的制度变迁提供了有效的分析范式，被广泛用于社会学、政治学、教育学等社会科学领域。在新制度主义的视域内，制度是指在群体满足公共需求的重复性实践活动中所形成的程式化的行为模式的产物[1]，是激励或约束人类行为的具有一定稳定性的规则体系。随后，鲍威尔和迪马吉奥进一步发展了制度理论，认为制度结构对行动主体而言是一个场景，实力强

---

[1] [美]莱斯利·里普森：《政治学中的重大问题——政治学导论》，刘晓等译，华夏出版社2001年版，第44页。

❖ 第四部分 结果与效能 ❖

的组织往往试图把其自身的目标和程序作为一种制度规则,行动主体在既定的制度框架内,为追求自身利益的最大化,基于理性选择的结果和强制性、模仿性和规范性三种机制的影响,组织在制度上往往会出现同形。评价作为大学教师评价实践的重要承载体,是大学学术评价的重要组成部分,其制度的形成和构建对大学的发展和变革影响深远。教师评价制度的趋同导致的大学教师不重视教学,加剧了教学质量下降、学术腐败等问题,引发了社会的诸多批评。通过借鉴新制度主义的理论,可以阐释构成大学教师评价趋同的制度根源。

一 强制性同形:政府评价大学指标的科研化导向

强制性同形源于政治影响和合法性问题[1],是组织所处场域中的强制性权力向其施加压力的结果。大学作为社会场域中的组织,其制度的形成必然和国家的宏观制度环境密切相关。一方面,长期以来,中国实行的是集中型的高等教育管理体制,高等教育的各项活动包括教师的聘任、晋升都被纳入国家的行政计划,政府通过计划、规定、命令等行政手段直接干预高等教育活动。虽然改革开放后中国高等教育体制发生了巨大变革,但政府依旧是教育资源配置的最大掌控者。教育行政管理部门往往是制定一套评价体系,用"同一把尺子"丈量不同的大学,并以评估结果作为分配高等教育资源的重要依据。在这种以政府机构为主导的评估机制中,核心的衡量参数主要是学校的规模层次、高层次人才的数量、学位点的多寡,以及承担的重大科研项目及经费等清晰的数字,在生均经费变动不大,人才培养效果短时期内难以显现的情况下,大学为有效地应对问责,纷纷在科研产出上大做文章,在教师的评价中以"科研至上"为原则,强调科研的优先性。另一方面,在当前的收入分配体制中,大学教师的基础工资基数偏低,教师薪资的增加主要依靠晋升,特别是处于职级金字塔底层的青年教师薪酬较低,为提高收入不得不花很多时间拉项目、做科

---

[1] [美]沃尔特·鲍威尔、保罗·迪马吉奥:《组织分析的新制度主义》,姚伟译,上海人民出版社2008年版,第72页。

◆ 第二十六章 中国大学教师评价的制度同形 ◆

研，一些教师往往顾此失彼，沦为科研的奴隶①，影响了教学准备活动和人才培养的长远成效。

二 模仿性同形：外部利益驱动和大学领导的短视

模仿性同形主要源自组织对不确定性的回应，当一个组织面临的环境出现了符号象征方面的模糊性，该组织会倾向于模仿所处领域中看上去更成功或更具合法性的组织，通过模仿建构制度，以提高制度的可行性和低成本。由于历史和现实的原因，中国高等教育系统形成了一个金字塔形的结构，处在该塔上方的是国家重点建设的 39 所"985 工程"院校和"211 工程"院校。从定位上看，"985 工程"院校为研究型，目标是建设世界一流大学，"211 工程"院校大多为研究教学型或教学研究型，目标是建设国内一流大学。在这些高校达成社会功能和大学使命的途径中，科研成果的贡献率更大。这些学校，重视教师的科研成果，在教师评价的业绩计量中以科研为重要指数，采用累计积分的形式力图达到评价的客观化，这是有其内在的合理基础的。在近年来国家实施的"双一流"建设方案中又基本延续了这一模式。处在底层的众多一般普通院校为了在竞争日益激烈的高等教育市场中抢得先机，增加自身的合法性，选择能快速见成效的科研作为提高学校知名度和办学实力的突破口，模仿研究型大学对教师的评价标准，在评价方式上以 SCI 文章或核心期刊文章的多少作为考评教师的依据，以此提升学校在排行榜上的位置，实现自身利益的最大化。殊不知，"要么发表要么出局"的刚性评价制度无疑会诱使教师为了迎合学术量化的硬性指标，倾向于埋首做科研及学术发表，减少教学投入，损害了一般院校人才培养为主的基本功能；同时，这些学校的教师的科研基础一般较为薄弱，很难取得创新型的科研成果，如此使得教师和学校反而偏离了自身的社会职能。

---

① 王嘉荞：《高校教师称正沦为科研奴隶 大学排行榜急功近利》，《中国青年报》2008 年 7 月 15 日第 2 版。

❖ 第四部分 结果与效能 ❖

三 规范性同形：教师的专业化向评价单向性妥协

规范性同形主要源于专业化进程[①]，大学教师作为一个以学术为业的群体，其知识组织方式的专业化趋势要求大学采取规范性的措施，以控制从业人员的质量标准，为大学教师专业自治确立认知的合法性基础。现代社会的大学，不仅仅是一个学术组织，更是一个社会组织，其功能的拓展与结构的庞杂致使大学内部权力和利益逐步分化，形成了学术权力和行政权力的两大主导权力体系及其之间错综复杂的关系。在当前大学"行政化"的背景下，膨胀式的行政权力使学术组织的功能咨询化，大学教师在学术管理中处于基本无权的状态[②]。尤其是在地方高校中，行政权力往往在大学教师评价中发挥着主导作用，除了极少数学术精英能够直接参与评价过程，大部分教师的学术权力和自身发展的诉求得不到满足，参与评价的影响甚微。在不得不被动接受单向评价的现实情景下，加上职称指标的控制和竞争程度的增加，大学教师希冀评价标准能够明晰化和评价方式具有可比性，以实现评价过程的公平。但在职称评定中仍有相当数量的地方高校以省级集中评审为主，缺乏差异化的教师职称制度在很大程度又助长了大学教师评价制度的同形。

第四节 大学教师评价制度同形的解构

办好一所大学，关键是教师。正如克拉克·克尔所说的："教职员整体上就是大学本身——是它荣誉的源泉，是最重要的生产要素，教师们是这种机构特有的合伙人。"[③] 而评价制度是大学教师和大学

[①] [美] 沃尔特·鲍威尔，保罗·迪马吉奥：《组织分析的新制度主义》，姚伟译，上海人民出版社2008年版，第76页。

[②] 叶芬梅：《当代中国高校职称制度改革研究》，中国社会科学出版社2009年版，第290页。

[③] [美] 克拉克·克尔：《大学的功用》，陈学飞译，江西教育出版社1993年版，第71页。

❖ 第二十六章 中国大学教师评价的制度同形 ❖

发展方向的风向标,长期的制度同形,致使大学和教师过于关注评价结果及应对评价指标,从而忽视了自身的自主性、特色化的发展,不仅损害了高等教育质量的提高,也扼杀了学术创新的动力,不利于学术的长远发展,因此,消解大学教师评价的制度同形是必要而紧迫的。

一 实施分类评估,引导大学合理定位并多样发展

多样性是生物圈实现新陈代谢,得以保持活力的关键。同理,大学的多样性也是高等教育系统实现不断优化、满足社会发展的多元化需求的基础和先决条件。在高等教育进入大众化的时代,竞争日益激烈的背景下,大学之间的分层分类成为趋势:研究型大学以知识创新与推动学术进步为主要发展取向,侧重于教学型的大学则应以知识传授和人才培养为主要价值导向。这就要求大学在追求办学效率和效益的同时,关注自身存在的合法性基础,进行科学的定位。政府要依法对高校进行分层管理和科学规划,改变其大学作为评估制度制定者和评估者等多重角色于一身的现状,引导大学进行合理的定位。建立差异化的大学评价指标体系,对不同类型、不同层次的大学采用相应的标准衡量,解决社会需求多元化与大学发展目标单一化之间的冲突。当前,随着我国经济发展进入新常态,就业市场的竞争使得社会公众对优质高等教育给予了更多期待。深化人才培养制度改革,适应新技术、新产业、新业态对新时代人才培养的新要求,以大学教育的质量提高和优化人才培养模式作为评价大学的出发点,促使大学基于自身的功能和师资特点开展大学教师评价,提升教师的专业化水平,从而彰显自身的办学特色,推动多样化的高等教育办学格局的形成和高等教育整体质量的提高。

二 实行分权治理,改变集中型资源配置方式

分权是一个等级体系中高等级实体授权下属组织在使用资源方面做出决策的过程、权力结构,常用来解决现代组织的大规模和复杂问题。在高等教育大众化的背景下,政府对大学的集中管理使大学处在资源短

❖ 第四部分 结果与效能 ❖

缺和外部竞争激烈的双重约束境地中,加剧了大学对教师进行的量化评价。要消解当前大学教师评价制度同形化的危机,一方面,必然要求政府的角色从大学的直接控制者向监督者转变,通过下移管理重心,完善教育法规,为大学这一办学主体基于自身特点建构大学教师评价制度提供较大的自由空间。另一方面,以政府为主的高等教育财政投入方式,致使政府在大学评价上占据着绝对的话语权。在教育经费严重不足情况下,政府采取政策上的倾斜,有重点地支持一些高校和科研项目,而为追求自身利益的最大化,迎合政府的评价指标就成为大学的理性选择。随着高等教育规模的急速扩张,由政府负担大学的全部发展经费已不可能,在此背景下,构建多渠道的高等教育资源配置模式,运用财政拨款机制矫正现行的不合理的大学教师评价制度成为突围之路。

三 改变单向评价,使教师评价由垄断到共建

大学或学者的学术责任不是对权利的简单遵守,也不是对来自外部的各种诱惑和强权的被动接受,而更倾向于一种纯粹自觉的道德自律和排除了任何强权和功利的自我价值判断。[①] 学术职业的独特性决定了只有建立在充分沟通且双向互动基础上的评价制度才能获得教师的认同感。一直以来,政府和教育行政管理部门作为制度的主要供给者,几乎垄断着高等教育政策和制度的制定,因而大学教师评价中往往出现"一省一规",省省趋同的现象,这种行政主导的评价模式体现着浓厚的管理、控制色彩,忽略了大学教师作为"学术人"的独特性,挫伤了教师的专业化发展的主动性和自觉性。参与是认同的前提,在当前教育民主化的进程中,大学教师评价制度的多维参与是大学治理模式变革的重要内容。完善大学内部学术组织架构,完善信息公开制度,改变以往的大学基于自身的主导地位,单纯地向学校灌输政府的意志与发展理念、并对教师是"下达要求"的管理制度,吸纳教师群体这一"专业性协调力量"参与决策。实现评价制度的共

---

① 石旭斋、李胜利:《高等教育法律关系透析》,吉林大学出版社2007年版,第34页。

❖ 第二十六章 中国大学教师评价的制度同形 ❖

建是提高大学教师对评价制度认可度的重要步骤。通过构建互动式的评价过程,使教师能及时地平衡学校要求和自我发展诉求,才能使大学教师形成积极的自我角色意识和角色期待,在评价过程中实现自我反思、自我发展,主动接受专业化的型塑,促进其职业生涯持续进步。

第二十七章　学生评教结果失效与"类主体"引入

大学中的学生评教是教学质量保障的重要环节。但在评教现实中存在评价内容上"重教师轻学生"、评价形式上"重学生轻教师"、评价目的上"重结果轻过程"的现象,基本上使得中国大学的学生评教结果失效。若要变这种"失效"为有效,需要搞清楚"到底什么是学生评教",并在评教中引入"类主体"理念,让师生同为学生评教的"类主体";在"类主体"参与评教中,要突出评价目的的发展性,强调评价形式的多元性,体现评价过程的民主性,如此才有利于学生评教的客观性与科学性。

高等教育的最终目的是人才培养,而教师的教学水平在一定程度上决定了人才培养的质量。学生评教作为高校教学质量保障的重要环节,不仅对人才培养意义重大,而且对教师专业发展也影响深远。随着中国高等教育改革的不断深化与完善,学生评教也将扮演越来越重要的角色。从理念上讲,学生评教将学生作为评价的主体,给予了学生对于教师教学的发言权,具有一定的积极意义。然而,在实践中学生评教广受诟病。为此,本章将围绕学生评教中所面临的种种困境进行探讨,探索学生评教的合理路径,以期保证学生评教的合理性与科学性。

❖ 第二十七章 学生评教结果失效与"类主体"引入 ❖

第一节 到底什么是大学的"学生评教"

"学生评教"这一概念最早是从西方引进的,在西方学生评教被称为"Student Ratings of Teaching"(简称 SRT)或"Student Rating of Teaching Effectiveness"(简称 SRTE),是指学生对教师教学有效性的评价,[①] 基本上是一个约定俗成的概念,但是,该概念在引进中国后,在内涵上发生了"变异"。有关研究中,学者们对学生评教内容的理解主要集中在对教师的教学效果、教学质量、教学工作、课堂质量的评价以及是否满足利益相关主体的需求等方面。那么,学生评教究竟为何?学生评教的对象到底是教师的教学工作还是教学效果?还是对教师教学表现的评价?抑或是对教师课堂教学质量的评价?这是亟待厘清的问题。

从评价的对象看,学生评教的对象是教师。理论上,学生评教的内容应该是与教师教学有关的一切活动,从这个层面上说,可以将其理解为对教师教学工作的评价。教师的教学工作不仅包含课堂上与学生的互动过程,它还应该具有更加广泛的外延,例如:教师的备课活动、作业批改、课后答疑等内容。因而,学生评教的内容应不止是教师在课堂之上的教学表现(教学态度、教学风格、教学方法等),也应包括课程准备的内容。然而,值得注意的是,学生评教的主体是学生,由于学生认知上的局限性,对教师的教学目标和课程设计缺乏清晰的认识,因此教师准备课程的过程,只能通过间接的方式嵌入学生评教的指标体系之中,通过学生对教学效果的判断体现出来。教学效果不同于教学质量。教学质量更多的是对教师教学的优劣程度和授课的多少的总体判断。教学效果则主要指教师的教学对学生学习产生的影响和后果,它更侧重于学生对自身学习体验的评价。也就是说,对教师教学质量的评价更多地反映的是教师"教"的过程,而对于教

[①] [瑞典]胡森主编:《教育大百科全书》,张斌贤等译,西南师范大学出版社 2006 年版,第 220 页。

❖ 第四部分 结果与效能 ❖

学效果的评价则强调学生的"学"和教师的"教"两个方面。

从评价的目的看,无论何种评价其功能都离不开"检查现状、发现问题、引导发展",学生评教也不例外。学生评教的功能就在于通过检查教学效果,发现教学中的问题,促进教师教学水平的提高、学生学习能力的获得,从而实现"以评促教,以教促学"的目的。综上所述,笔者将学生评教界定为:普通高校本科学生对教师教学发展性评价,目的是使教师"教"好,学生"学"好。

作为一种教学体验性评价,需要合理定位学生作为评教主体的功能性特征。当前学生评教发挥更多的是结果性功能而非改进性功能。评教的重心多放在评定教师教学"效果"而非发现教学问题上。作为结果性评价,学生和教师的关系会在评教活动中失衡。如目前在高校中常见的学生评教"集体高分"现象,就是由这种失衡关系引起的。所谓"集体高分"是指在学生评教中几乎所有教师的课程都获致了非常高的评教分数。具体表征为许多高校学生评教的成绩超过了90分,缺乏区分度,这与教学实际情况大不相符。[1] 究其缘由,还是学生评教中的"主客关系"异化所导致的"利益相关主体"心理变化所引起的"评教失灵"。从学生角度看,由于个人原因意识不到评教对教师教学的改进价值,认为评教不过是"形式主义";加上评价指标不适合学生使用或是难以直接衡量教学效果,这使得学生的评教热情全无。[2] 从教学服务的对象看,学生是教师课堂教学的直接感受者。如果学生缺乏对教学评价的客观认知,对评教的基本知识缺乏了解,势必会影响评教结果的客观准确性。所以,学生评教态度是影响评教误差的重要因素。[3]

从教师角度看,教师并未参与评价指标的设定过程,以及其在课

---

[1] 路丽娜、王洪才:《质性评教:走出学生评教困境的理性选择》,《现代大学教育》2016年第2期。
[2] 赵慧君、耿辉:《高校学生评教倦怠现象及其归因分析》,《高教发展与评估》2011年第1期。
[3] 常亚平、陈亮、阎俊:《高校"学生评教"误差形成机制研究——基于学生态度的视角》,《高教探索》2010年第1期。

❖ 第二十七章　学生评教结果失效与"类主体"引入 ❖

堂上的"权威角色",使其不愿被动地接受学生的评价,甚至在心理上往往对评教活动是抵触的。中国高校学生评价主要是由教务部门负责的,评教过程的实施方案制定并没有教师参与其中。然而,在当前高校"重科研,轻教学"的评价指挥棒下,教师会将更多的时间投入到科研中,以至于不会主动利用评教的结果积极促进自己的教学发展。正是在这种氛围中,为了完成评教这项任务,教师和学生无形中达成了一致的"互惠策略"。教师为了迎合学生需要,降低对学生的考察要求,抬高学生的学业成绩。同时,学生也与教师之间达成了"默契",以高分评教的方式"回报"老师。正是在学生和教师的"双向互动"中,"集体高分"的现象生成了。

从教育评价理论看,学生评教中的"集体高分"现象是过于注重"单主体"评价,进而导致评价价值单一,忽视甚至否定教师的教学主体性,这从根本上违反了目前所倡导的第四代评估的"价值的多元性"原则。所谓价值多元性,是指人们在教育评价过程中常常会需要了解评价的主体是谁?评价指向谁?(教育评价为谁而做?)如果评价结果给被评价者带来伤害,受到伤害的评价者就会采取不合作的态度。原本看似客观、科学、理性的评价结果就难以被持有不同价值观念的"利益相关者"认可,于是就出现了破坏评价结果有效性的现象。因此,也就出现了诸如"集体高分"这样评价分数膨胀,致使评价失效的问题。正是基于此,目前教育评价界所倡导的"第四代评估",才致力推崇多元价值、利益主体全面参与的建构式评价,而非评价者对被评价者的控制式评价。①

因此,由"单主体"主导的学生评教,虽然较多主体参与式评教更易操作,但是它容易导致诸如"集体高分""分数膨胀"等方面的继发性问题,如此一来牺牲的不仅仅是学生评教的有效性,随之还会带来降低课堂质量、教学效果下降等方面的不利影响。长期如此,教师的教学质量得不到保障,学生的学习热情得不到提升,学生评教

---

① 吕珩:《高校学生评教中教师主体缺位的思考》,《华中农业大学学报》(社会科学版)2012年第1期。

的效能得不到保障,学生评教的"本真"价值难以体现。因此,以学生与教师评教关系异化为切口,改变这种"单主体"主导的评价形式,对学生评教中的问题进行改进,完善评教体系显得尤为必要。

第二节 中国学生评教中的"三重三轻"

目前,中国学生评教渗透着三种思想:即以教师为中心、以顾客为中心和以管理为中心。这三种思想分别左右着评教的内容、形式和目的,从而导致了学生评教功能的异化与失效。

一 评价内容上以教师为中心,重教师轻学生

中国现有学生评教指标的设计多是通过对教师有效教学特征的分析,从中抽离出影响教师教学的重要指标,以此为依据建立理想化的学生评教体系。评价内容更多的是指向教师"教"的过程。例如,某高校的评教内容要求教师授课内容要符合教学大纲,重点突出详略得当;能密切联系实际并穿插介绍本学科最新进展;等等。[1] 又如:某大学学生评教的一级指标分为教学态度、教学内容、教学能力与方法、教学效果四个方面,其中只有教学效果这项指标考察的是学生的学习情况,其他三个指标都侧重于描述教师的工作状态。在教学内容上,考察信息量是否够大、重难点是否突出,而不考虑学生学习和消化知识的情况。[2] 以上种种指标既不能如实反映学生对课程的体验和感知,也不能反馈学生课程学习的实际情况。反观国外学生评教指标的设立,更多的是建立在教师与学生互动基础上的评价。例如,国外经常将"愿意向学生学习"[3] 列入学生评教的指标之中。国内学者也

---

[1] 别敦荣、孟凡:《论学生评教及高校教学质量保障体系的改善》,《高等教育研究》2007年第12期。

[2] 昆明理工大学:《关于印发〈学生评教实施办法(修订)〉的通知》(http://jwc.bnu.edu.cn/gzzd/jxzlkz/29405.htm)。

[3] Paul Ramsden and Moses Ingrid, "Associations Between Research and Teaching in Australian Higher Education", *Higher Education*, Vol.3, No.23, April 1992.

❖ 第二十七章 学生评教结果失效与"类主体"引入 ❖

通过实证分析发现，欧洲大学在评教设计上更看重学生的参与及课程收获。①

概言之，中国现行的学生评教指标将教师的教学内容作为评教的重点，彰显了教学活动中教师的主体性，将教师置于教学活动的中心位置，而将学生置于次要位置，忽视了学生自主建构知识的能力。长期以来，教师被视为教学活动的主体，教材的选择、课程的设计、教学活动的组织都由教师安排，而学生只是作为教师的"受众"，被动地接受教师输入的知识。在该种理念中，教师是绝对的权威，学生只是教师对象化活动的个体，其角色是信息的加工者，而不是求知者。教师则扮演着学生学习的监督者与控制者，通过教学实践活动，支配学生的学习活动。

二 评价形式上以顾客为中心，重学生轻教师

目前，中国各高校都将学生评教纳入教师教学评价之中，有些高校学生评教甚至占到了教学评价的 70%。② 为了保证学生的参与程度，各高校直接将学生评教系统嵌入学生的成绩查询系统中，而不考虑学生学习的投入情况、认真程度以及出勤表现等。显然，该种做法有失公平。学生评教的内容是教师教学，并不是教师个人。因为教师和学生都是教学活动的主体，评价教学就意味着不仅学生可以评价教师的教学情况，教师也可以评价学生的学习情况。但是，目前的情况是学生可以对教师的教学情况"评头论足"，而教师却毫无辩驳之力。这种制度设计看似彰显了学生的"消费者"地位，实则变相地剥夺了教师的话语权。

将学生作为评教的主体其潜藏假设是学生作为教师教学最直接的利益相关主体，是教学活动的亲历者，他们对教师教学的评价具有一定的发言权。教师作为教学服务的提供者，其职责是提供使学生满意

---

① 丁妍、王颖、陈侃：《大学教育目标如何在学生评教中得到体现——以 24 所世界著名大学为例》，《复旦教育论坛》2011 年第 5 期。
② 沈阳师范大学：《沈阳大学教学规章制度汇编》（http://jwc.synu.edu.cn/jwcgzzd.asp）。

的服务。学生作为"顾客",他们对教学满意度在某种程度上反映了教师教学水平的高低。从"顾客至上"的角度出发,学生有权将教师教学满足自身需要的程度作为评价教师的标准。然而,服从"学生的标准"并不是"服从真理的标准"。在市场上,顾客是企业的"上帝",而在大学中学生并不是大学的"上帝"。因为学生既是大学的"客户"也是大学的"产品"。① 无论是在学术水平还是在认知水平上,教师和学生都存在一定的差异。教师作为先知者,具有一定的知识优势。学生作为知识的习得者,对于教学效果更具发言权,而对于教学技巧、教学方法、教学风格的评价能力还有待提高和加强。

三 评价目的上以管理为中心,重结果轻过程

现行的学生评教采用的多是终结性评价,直接将评教结果与教师的晋升、薪酬、评优、深造等挂钩,将其作为高校人事管理的工具。有些学校为了保证学生评教的效力,采取了"末位淘汰制"。某些高校甚至规定学生评教分数的后 20 位教师,当年不能申报职称。② 这种重结果轻过程的做法,忽视了教师自我提升的潜在性,从而抹杀了教师专业发展的可能性。学生评教的目的在于改善教学,促进学生与教师的共同发展。学生评教的结果只能作为教学评价的参考,而不应作为管理教师教学的唯一依据。高校作为学术组织,在强调绩效的同时,也应给予教师一定的宽容和理解。毕竟,教学经验的积累、教学技能的获得、人格魅力的养成非一日之功,特别是对刚走上教学岗位的青年教师来说,教学能力的提高需要靠大量的知识积累和时间沉淀来完成,他们需要一定的时间去摸索。对于他们来说,教学经验的获得既是一个"摸着石头过河"的过程,又是一个不断试误的过程,而这种终结性评教方式,不符合评价的目的和规律。

评价不等于甄别,除甄别之外,它还具有诊断、预测以及导向的功能。评教不仅包括对教师已有工作的价值判断,还包括对其潜在价

---

① 张维迎:《大学的逻辑》,北京大学出版社 2012 年版,第 5 页。
② 邓红梅:《高校学生评教中存在的误区与危害》,《中国成人教育》2006 年第 10 期。

❖ 第二十七章　学生评教结果失效与"类主体"引入 ❖

值的预测。纵观学生评教的全过程，无论是评教指标的设计，还是评价结果的使用，处处都透着"以管理为中心"的评价理念。虽然，从评教的内容和形式上似乎体现了教师与学生的主体地位，但是，从评教结果的使用上看，还是在于甄别教师，目的在于"办教育"，而不是"教育"，以至于学生为了"评教而评教"，教师为了"教学而教学"。

第三节　师生同为学生评教的"类主体"

一　学生评教的目的

教师是大学的"心脏"，学生则是大学的"血液"——教师创造知识、传播知识，学生学习知识、运用知识；教师教学水平的提高是学生有效学习的前提与保障，而学生学习质量的优劣则是大学品牌的价值体现。只有教师和学生的需求都得到满足，评价目的才能最终实现。学生评教的目的在于"以评促教、以评促学"。所以，无论是建立在"以教师为中心"，还是"以顾客为中心"，抑或是"以管理为中心"基础上的评价都是有失偏颇的，因为以三者之中的任何一个"中心"来指导评价都会造成目的与手段的错位。这种建立在"主体性"基础上的评教理念，将教学活动的各要素人为地割裂，无法凸显教学活动各要素的完整性，从理论上排除了教师与学生共同参与教学的现实性，致使学生评教陷入僵局。因此，只有将教师与学生共同作为教学活动的"类主体"，即教师与学生同为教学活动的主体，教学资源作为二者的客体，教学活动的本质才能得到彰显。只有将这种"类主体"思想作为学生评教的指导思想，突出学生的学习体验性效果、知识的建构、教学内容的吸收，才能从根本上消解学生评教的困境。

二　"类主体"评教的含义

"类主体"即主体—主体（或称为"主体们"），源于哲学中主体（inter-subjectivity）的理论，强调主体与主体交往过程中的互识与共识。哈贝马斯认为,"交往行为的目标是导向某种认同。认同归于相互理解、共享知识、彼此信任、两相符合的主观际相互依存"[①],其基础在于"类主体"关系平等,这是建立在主体—主体之间的关系,不再是一方凌驾于另一方之上,抑或是一方占主导地位的主体—客体关系。

"类主体"思想是对主体性思想的超越,它突破了传统的"主客二分""二元对立"的哲学思想,揭示了"主体们"交往的共生性与互融性,消解了"为我论"的困境。以"类主体"的思想重新审视教学活动中教师与学生的关系,即是把教师与学生都作为教学活动的主体,将师生关系看作二者交往与对话的过程。概括起来,即是"其一,教师和学生是教学活动的主体,教学资源是教学活动的客体;教师与教学资源,学生与教学资源之间的关系是主体—客体关系。其二,教学活动的目的在于认识客观世界和提升主观世界,教学活动中的主体间关系和主—客体关系都是围绕着如何实现这一目的展开的,反过来,这些关系的具体展开过程即教学活动过程,又制约着教学目的的实现程度。因此,教学活动既有目的性又有建构性"。[②]通过交往建立平等、民主的师生关系,营造友好、和谐的课堂氛围,达到持续、协调的教育目的。基于此,笔者认为,只有将"类主体"的思想落实到学生评教中,才能更好地还原教学活动的情景,反映教学活动的本质与内涵。从"类主体"视角来看学生评教活动,其宗旨在于以下几个方面。

(一)融师生交往入评教理念

教学活动是"一种认识客观世界和提升主观世界的实践活动"[③]。师生间除认知上的交流,还包括精神、情感上的沟通,通过教师教授、学生学习,达成双向反馈、交流及理解,教学相长。教师通过知识的传授帮助学生获得客观认知与主观精神的提升,从而丰富与深化

---

① 哈贝马斯:《交往与社会进化》,张博树译,重庆出版社1993年版,第3页。
② 冯向东:《从"主体间性"看教学活动的要素关系》,《高等教育研究》2004年第5期。
③ 同上。

❖ 第二十七章 学生评教结果失效与"类主体"引入 ❖

学生的内心世界；学生通过对教师教学的感知，指出教师教学中的问题，启发教师改进教学方法、创新教学内容、提升教学技巧。因此，在学生评教中，不仅要考查学生的学习过程、教师的教学过程，还应将二者的互动过程纳入其中，关注学生的学习体验，关注教师的教学体验，只有这样才能将师生交往的丰富内涵反映在学生评教中。

（二）消除师生间的认知偏差

教学活动中教师与学生所面临的最大难题在于，如何实现"教""学"双方共同建构的"我们的世界"。无论是学生还是教师，都将客观世界"悬置"于"自我"之中，教师与学生之间犹如隔着一座"巴别塔"①，无法实现知识的交融与互通。由于这座"巴别塔"的存在，学生在评教过程中常常按照自己的主观意志与价值取向对教师的教学进行评判，正是基于此，学生评教结果常常受教师诟病。尽管学生评教依据的是一套客观而科学的标准和程序，但由于学生对教师教学的评价还是一种基于个人主观认识的评价，而这种主观认知活动往往会因多种因素的作用，不可避免地产生偏差，影响到评价结果的客观性和真实性。② 建立在"类主体"理论上的学生评教，就是要教师、学生共同参与到评教中来，引导"自我"向"我们"转变，实现教师"教"与学生"学"的对接。

三 "类主体"评教的要点

大学发展直接体现在学生进步和教师发展上，教师与学生共同作为教学活动的主体，教育活动的自反性只有在教师与学生组成的"类主体"上才能体现。只有同时调动教师与学生的积极性，学生评教的效能才能达到最大化。然而，现行的学生评教制度更多的是作为

---

① 巴别塔又名通天塔、巴贝塔。据《圣经·旧约·创世纪》11章记载，当时的人类期望能修建一座通向天堂的高塔以便能与上帝对话。为了阻止人类的行为，上帝弄乱了人类的语言，使原本统一的语言变得混乱不堪，人类因此不能相互沟通，与上帝对话的计划也由此失败。本文用巴别塔来比喻教师与学生之间的知识无法交融、想法不能完全交流的情况。

② 彭豪祥：《学生对教师教学评价的认知偏差分析》，《教学与管理》2010年第36期。

❖ 第四部分 结果与效能 ❖

评估教师教学绩效的载体，没有观照到教师与学生的需求。教师与学生很多时候都是被动地接受高校行政部门的号召与安排，而非自愿自觉地参与评教活动。因此，有必要建构一种"对话式"的学生评教方法，实现教师、学生和管理者三方的视域融合，使评价的主体、客体以及第三方（管理人员）共同参与教学目标与评价指标的制定。为此，在学生评教中应注重以下几点。

（一）突出评价目的的发展性

学生评教的主要目的是发现教师教学、学生学习中的问题，以此作为改进教学和学习的依据。因此，有必要打破传统的评教结果使用模式，废除评教"以分数论英雄"的惯例。为此，高校管理人员有必要从以下三个方面进行引导。第一，注重对评教分数的解读。不仅要看"分数"，还要注重"分数"背后的含义。如有必要需请专家对评教分数进行二次分析，对得分较高者和得分较低者的分数进行深度解读和分析，能及时发现、反馈评教设计中的问题。第二，避免将学生评教的结果绝对化。学生评教只是改进教学的一个环节。学生个人的"声音"与诉求只能反映教师教学的某个方面，加上学生作为评价主体的"顾客—产品"的特殊性，单从学生的"视界"给教师教学"一锤定音"，并不能统观全局。例如，在美国大学学生评教的结果只是作为教师教学表现的参考内容之一。第三，经过专家确认的评教分数靠后的教师，要对其采取适当的帮扶措施，帮助教师查漏补缺，提高教学能力。在这方面，教师发展中心可以起到很好的作用。

以美国密歇根大学"教学研究中心"（Center for Research on Learning and Teaching）为例，它于1962年成立，是全美成立最早、具有引领和示范作用的高校教学促进专门机构。在功能方面，中心协助院系进行教师教学质量监控，为教师提供改进建议。特别值得注意的是，中心的一项主要业务就是为教师的教学工作提供咨询服务。其中有一项便是学期中的学生评教评估。通过评估帮助老师诊断、反馈教学问题。这项工作并不是强制实施的，而是按老师的需要进行的。教师发展中心的咨询员和老师之间的关系也是建立在平等、互信基础上的。咨询员会走进需要帮助的教师的课堂深入观察，做课堂观察记

❖ 第二十七章 学生评教结果失效与"类主体"引入 ❖

录。在授课临近结束时,教师会适当离开教室一段时间,以便于咨询员收集学生的反馈意见。课后,再由咨询员将评价意见反馈给教师,并提供书面反馈意见。这种发展性评价方式帮助教师了解学生在课堂所得,并及时改进教学,让学生更快地获致学习收获,值得借鉴。①

(二)强调评价形式的多元性

传统的学生评教建立在"主体—客体"的基础上,评价的内容完全由管理者安排,学生是唯一的评价主体,而教师作为被评价方,缺少相应的话语权。建立在类主体理念上的学生评教,就是要摆脱传统的单一评价形式的束缚,促进评教形式的多元化。在某种程度上,学生评教是学生表达自身获致优质教学权利的渠道,是教师与学生之间沟通的平台,要保证这个平台的运行效能,就必须在运行过程中实现"主—客"关系的对等,不可厚此薄彼。因此,在评教过程中,要尽量让师生双方参与其中。

首先,教师的参与可以保障教师的基本权利不受侵犯,让其教学安排和课程设计理念能更好地被理解和尊重。其次,教师在与学生的沟通中也能更好地了解学生对教师教学的要求。为此,一要拓宽评教渠道,增加学生、教师和管理者间的交流,促使学生能通过课后谈话、网络留言、发送邮件、论坛留言等方式表达自己对教师教学情况的看法。同时,高校管理者也应建立相应的网络平台以供教师随时发布学生的学习情况。利用这种平等对话的方式,促进教师、学生、管理者三方的合作,增强彼此间的信任感,保证评价的有效性,最终帮助交往中的"主体们"表达真情实感,及时发现问题。二要辅之督导组评教、教师自评、同事评教等其他形式的评教,毕竟学生评教只是评教工作的一部分,需要有其他的评教形式对其进行修正与补充,使各种类型的评教方式形成一股合力,促进教师教学的改进。

(三)体现评价过程的民主性

引入"对话式"的评教理念,其核心在于体现评教过程的民主

---

① 余海波:《基于学生评教的高校教师教学能力提升》,《国家教育行政学院学报》2017年第6期。

性。为此，在实践中应充分体现出评价的协商过程。第一，通过三方对话对教学的内容与教学目标进行定性分析，并设立初始的教学目标，以此开展教学。教育管理者应对教师和学生进行相应的指导和帮助，确保三方对话是建立在尊重与信任的基础上，因为只有这样，教师与学生才能敞开心扉、畅所欲言，道出各自对教学内容和教学目标的看法与认识。第二，在教学结束后，通过教师、学生双方的反馈内容修订原初的教学目标、制定评教内容、设定评教指标，而不是在还未开展教学之前就制定好"理想化"的评教指标。评教内容不仅包括教师的教学内容、教学态度、教学技巧等，也应包括学生的情感体验、师生互动、思想境界的提升等。另外，评教指标的设立要根据学科体系、课程体系以及学生年级的差异区别对待，最好能设立"一课一体系"的评价指标。第三，评教的结果不仅要及时反馈给教师，也要反馈给学生。在评教结束后，可将学生对教师教学改进的建议，嵌入选课系统中作为后续学生选课的依据。让参与评教的主、客双方对教学效果给出自己的回答与评判，这样有利于获得"第一手"资料，从而帮助教师不断提高教学能力，促进其专业发展。"对话式"的学生评教方式体现了教师与学生的民主参与过程，将教师与学生置于对等地位，通过建构民主、和谐、互动、发展、交流的评价环境，实现教师与学生的共同发展。

（四）形成健康的评教文化

从"类主体"的教学观出发，将教学活动看作教师与学生的双向建构过程。此时，教学是知识建构与生长的双边动态活动。教师高效推进教学活动的进程、实际意义和价值，无不依赖学生评教这一重要的对话平台。因此，只有学生评教的信度、效度保持在合理水平，教师才有可能将学生对教学的有效意见，贯彻于日常教学活动的改进中。值得注意的是，保障学生评教平台高效能运行的前提是学校管理部门提供的良好评教服务，这就要求学校管理者转变管理思想和角色。在管理思想方面，加强治理，弱化管理；在管理角色方面，变"管理者"为"服务者"，主动促进和引导学生与教师之间的关系从对立走向对话，突出双方在交流中的民主性、尊重性和积极性。另

第二十七章 学生评教结果失效与"类主体"引入

外,管理者还要力求营造良好的评教氛围,改善评教中的"主—客"关系异化问题。学生方面,努力提升学生在评教中的责任感,帮助学生端正评教态度,使学生养成"对自己负责"的评教观,不能认为"课程结束了,评教就与我无关了",否则会带来评教失效,累及多届学生的不良后果。① 教师方面,增强教师的话语权和主体地位,只有教师对评教活动持认同感,他们才会发挥主观能动性,积极、自愿认可评教结果,才会真正享受教学带来的乐趣,而不至于将课堂教学作为完成日常工作量的任务指标,只有这样,教师的教学能力才会真正得到发展和提高。

---

① 江利:《论高校学生评教中学生主体性的发挥》,《大学教育科学》2014 年第 6 期。

第二十八章　目标约束下大学学生评教的效能

学生评教活动的目标可细分为以下四种：选拔性目标、发展性目标、学校即期发展目标、学校长远发展目标。目标设定不同，对学生评教效能的判断标准也不同。若目标设定不当或多目标之间的关系处理失当或目标传递传播失真或目标落实上具有不正当偏向及配套实施体系不健全等，都会极大地影响学生评教活动的效能。为提升高校学生评教的效能，在目标制定上应矫正学生评教目标的方向，淡化选拔性目标，强化发展性目标的基础地位；在传递传播评教目标信息时，应控制传递过程中的信息失真率，增强评教设计者、组织者与评教主体之间的沟通与对话，建立信任文化；在目标落实上，既要健全学生评教的质量保障机制，又要立足长远，建立起以教师整体发展为目标的学生评教的配套实施体系。

近年来，大学学生评教的效能屡受质疑，2016年《中国青年报》刊出的《高校学生评教：名存实亡》[①]一文，更是反映了中国大学学生评教的现状。对学生评教效能不理想原因的反思有利于学生评教走出"名存实亡"的畸形状态。影响学生评教效能的因素很多，而在诸因素中，评教目标是影响学生评教效能的首要的和主要的因素。目

---

① 李雅娟：《高校学生评教：名存实亡》，《中国青年报》2016年1月18日第9版。

❖ 第二十八章 目标约束下大学学生评教的效能 ❖

标设置上的不恰当、目标在传播过程中的失真、目标在逐级落实过程中产生的不正当偏向以及缺乏健全的目标落实配套体系等原因，都会极大地影响学生评教活动的效能。那么，怎样才能提升学生评教的效能呢？

第一节 学生评教目标类型与目标间的关系

理论指导实践，从理论上厘清学生评教目标的类型及其间的关系对学生评教的实践具有重要的指导意义。

一 学生评教目标的基本类型

一般来说，评价目标的设置主要基于评价活动本身的功能、评价设计者主体的需求及其评价理念。不同的评价理念以及主体的不同需求会影响设计者对评教目标类型的选择，而评价活动本身的功能则决定着学生评教目标的基本类型。

作为一种评价活动，学生评教主要发挥着两大功能：甄别选拔和发展。据此，评价目标从理论上可以分为选拔性目标和发展性目标两类。选拔性目标主要建立在评价的甄别选拔功能的基础上，以此为目标进行评价活动的设计时，主体是为了对评价对象进行甄别选拔，从中分辨出优劣等级，以进行奖优惩差，这一活动促进竞争，期望在竞争的基础上提高效率，所以这一类评价通常又被称为奖惩性评价。当然，这种选拔性目标在实际设计时会因所在学校的不同而有所不同。如在中国的一些研究型大学，学生评教只是一种合格性的"门槛"级别的评价，只有跨不过去的少数人会得到惩罚，而不是重在选出少数优秀教师，此时选拔性目标的设置主要是一种旨在惩治"差"和筛选出"差"的评价。但在一些教学研究型大学或教学型大学，学生评教的结果常被相关管理者运用在惩"差"和奖优两个方面。除了惩"差"外，不仅教师的课时收入会依据学生评教的成绩分级付费，而且教师的绩效工资也与之挂钩。因此，在这些学校，学生评教

❖ 第四部分 结果与效能 ❖

选拔性目标的设置则不仅是惩治"差"和筛选出"差",而且还是一种奖"优"、选"优"的评价。这种选拔性目标又被称为管理型目标,是一种即期目标,是"监督、筛选、导向的三结合,属于较低层次的评价目标,体现教师评价的管理价值"。[1]

另一类是发展性目标,这一目标的设置是建立在评价的发展功能基础上的,通常被称为发展性评价。"美国高等教育职业与组织发展网络"提出大学教师发展包含三个方面:作为教师的发展,作为学者和专业人员的发展,作为人的发展。[2] 笔者也曾经提出,在中文语境下,依据大学教师的三个特性:特殊的学术职业、特殊的工作任务、特殊的成就检验,大学教师发展至少包含教学发展,研究发展和人本身的发展,因而教师评价的目的应是实现个人、学科和大学的三发展。[3] 客观上来说,学生评教作为大学教师评价的重要方式,也有促进个人、学科和大学发展的功能。但因为每一类的教育评价又有其特殊之处,学生评教的主体是学生,学生评教的内容重在教师的"教"(大学教学内容应反映学科前沿,但并不是一定要直接推动学科发展,学科发展更多的是教师科研评价的主要目标)。基于"教学与研究并非互为对方的衍生物或辅助物,他们也不相互独立,但两者有交集"[4] 的特点,虽然教学也具有发展学科的功能,但较之教师发展和大学发展来说,一般不会把学科发展作为学生评教的主要功能,因此,在设置学生评教的发展性目标时,主要考虑教师发展和学校发展两个方面的目标即可。作为一种评价活动,学生评教除了奖优和惩差以外,也是为了通过学生评价向任课教师反馈教学信息从而促进教师的发展和进步。再者,实施学生评教活动,在根本上还是为了促进学校的发展,但因为学校发展的目标又多建基在教师发展目标之上,

---

[1] 周玉客、沈红:《成本约束下大学教师评价的效能》,《高等工程教育研究》2015年第6期。

[2] Professional and Organizational Development Network in Higher Education,"What Is Faculty Development?"(http://www.podnetwork,org/development.htm)。

[3] 沈红:《论大学教师评价的目的》,《高等教育研究》2012年第11期。

[4] 同上。

❖ 第二十八章 目标约束下大学学生评教的效能 ❖

管理者需要通过学生评教来促进教师的发展以及全校教学工作的发展，从而促进人才培养质量的提高，最终达到促进学校发展的目标。因此，学生评教的教师发展性目标和学校发展性目标常常如影随形，相伴而生。另外，学校的发展还有长期发展目标和短期发展目标之分，由于现实中存在的"管理主义"价值取向与管理"政绩"的需要，即期目标和远期目标常常会存在矛盾，因此以学校发展为评教目标时，还需要细分出学校发展的即期目标和长远目标。基于以上分析，学生评教活动的目标主要有：教师选拔性目标、教师发展性目标、学校即期发展目标、学校长远发展目标等四类。

二 学生评教多目标间的关系

基于以上学生评教目标的分类，我们发现，学生评教并非只能达成一个或一类目标。既然存在多元评教目标，那么就必然存在诸多目标之间的关系问题。这些目标之间是相互排斥还是相互促进抑或是互不相关？对这些关系的深刻把握将有利于我们对教学评价目标的科学设置。

（一）各类发展性目标之间的相互关系

笔者曾提出，因为大学教师的存在，把高等教育中的人、学科、大学连接起来，在教师个人发展的同时，学科在发展，大学也在发展，因为学科的发展域比大学的发展域要宽，学科发展不等于大学发展，大学发展了并不等于学科就发展了，在这三个发展中，涵盖教学发展、研究发展、人的发展在内的教师个人的发展是第一位的，教师个人的发展为所在学科和所在大学的发展都做出了贡献，但并不存在"反之亦然"。[1] 笔者在分析这几种发展目标之间的关系时，虽没有对学校的即期发展目标和长远目标进行再细分，但对教师发展目标在这几个发展性目标之中的基础地位及其在多目标之间的定位却很明确。分析发现，教师发展、学校即期发展、学校长远发展三者之间并非总是一致的，其间的关系可大致表述如下。其一，有利于学校即期发展

---

[1] 沈红：《论大学教师评价的目的》，《高等教育研究》2012 年第 11 期。

的评价目标可能不利于教师个人发展，比如末位淘汰制。其二，学校即期发展目标与长远发展目标之间也有一定的矛盾，并不是所有的即期发展目标都有利于学校的长远发展目标的实现，比如，学校通过奖惩制可能促进学校短期的教学繁荣，但未必对学校的长远发展有益。其三，实现学校的长远发展目标有时需要放弃眼前的、即期的利益，学校的长远发展目标也未必一定能促进学校的短期发展。但学校的长远发展目标却一定需要建立在全体或至少是大多数教师的个人发展基础之上。因此，以学校长远发展为目标的评教一般与教师发展性目标是一致的。其四，无论何种情况，促进教师个人发展的目标尽管可能不能促进学校的即期发展，但最终必然会促进学校的长远发展。

（二）发展性与选拔性目标之间的关系

鉴于多目标之间错综复杂的关系，我们主要从以下几个层次进行厘清。

第一，以学校发展为目标的学生评教是否能促进选拔性目标的实现？具体要分为两种情况：以学校即期发展为目标的学生评教和以学校长远发展为目标的学生评教。基于选拔性目标以"着眼于局部的、近期的、管理职能实现的需要"为特点，以学校即期发展为目标的学生评教与选拔性目标是一致的，而以学校的长远发展为目标的学生评教却未必与选拔性目标一致，因为学校的长远发展必然是建基在全体教师教学水平的提高之上的，如果以学校的长远发展目标为重，未必一定通过奖惩、淘汰，还可以通过"帮差""合作"等方式达到全体教师教学水平的提高，因此，以学校长远发展为目标的学生评教可以提升教学质量，但并不一定能甄别出优秀等级，不一定能促进选拔性目标的实现，当然其志也并不在此。

第二，以教师发展为目标的学生评教是否能促进选拔性目标的实现？以教师发展为目标的学生评教建基在评价的发展性功能上。持这一目标的设计者认为，评价的目标是为了促进被评价者的成长与进步，是通过评价了解被评价对象的优缺点，对其行为及结果进行诊断，为其后期进步、发展、成长服务。教师发展性目标一般以选拔性目标为次要目标，并不以选拔为重，两者虽然能兼容，但以教师发展

◆ 第二十八章 目标约束下大学学生评教的效能 ◆

为目标的评价反对将教师之间进行横向比较，而更重视对教师自己的教学表现进行纵向比较。

第三，我们再来分析选拔性目标的实现是否能促进发展性目标的达成？这又要分为两种情况：选拔性目标实施得当（公平、合理竞争）和实施不当（恶意、不正当竞争）。在选拔性目标实施得当的情况下，学校可以通过"优留劣转"，即客观上通过竞争、淘汰机制使教师队伍的质量提高，促进学校的即期发展和长远发展，但其对教师的发展未必有正向作用，甚至选拔性目标可能会以牺牲个人的发展为代价，如选拔性目标常常奖优惩差，"以结果论英雄"，而很少去关注如何"助差变优"，帮助其发展进步，某些学校在学生评教排名中的后10%被强制转岗就是典型代表。而在选拔性目标实施不当的情况下，评教活动既不能促进学校的发展，也不能促进教师的发展，因为在恶性或不良竞争机制下，评教出来的"优"可能不是真优，"差"也未必是真差。

第二节 学生评教目标与评价效能间的关系

学生评教的效能是学生评教活动达成该活动目标的程度。显然，学生评教目标与教学评价效能之间具有重要的联系。第一，它是衡量效能的标杆，效能的高低以目标达成度为标尺来进行衡量。若与达成其活动的目标的距离越近，则此评价活动的效能越高；反之，若学生评教活动的目标达成度越低，则表明其评价效能越低。第二，学生评教目标还是评价效能的前提，大学教师评价必须有明确的评价目标，如果没有目标，评价活动的开展便缺乏前进的方向，效能的判断也就缺乏了评定的标尺。第三，学生评教目标也是影响评价效能的重要因素。目标作为评价活动的首要和重要一环，与过程、结果、能力等一起构成了影响评价效能的四个要素，是评价活动展开的第一步。基于学生评教目标的多元性，不同的学生评教目标必然有不同的效能评价标准，也因此，学生评教的目标不同，学生评教效能的评价标准也有

❖ 第四部分 结果与效能 ❖

所不同。第四，学生评教目标在传递过程中是否能够准确保真、在落实中是否会切实执行到位，是否具有适切的配套措施等，也将影响到评教的效能。

一 不同价值的评价目标与学生评教的效能

学生评教的目标不同，评教效能的判断标准也不尽相同。除了是否提升教学质量这一点是各类评教目标都要关注的指标外，以选拔性为目标的学生评教，评教效能衡量的标准还要看其是否提升了教学质量，真正公平、公正、真实地"选优惩差"，促进被评价者之间的良性竞争。以发展性作为学生评教的目标时，则不可轻易地认为个人发展、学校的即期发展、学校的长远发展在目标及价值追求上一定是一致的，既要明白它们之间的一致性与冲突性，更要明了各自不同的效能评价标准。一般来说，以教师发展为主要目标的学生评教，在衡量其效能时必然还会以是否促进了被评价教师的进步与成长、是否提升了教师的教学质量为标尺。质量是学校的生命，以学校即期发展为目标的学生评教，其评教效能的衡量标准则是这一评教活动是否在短期内快速促进了教学质量的提高。而以学校长远发展为目标的学生评教，其评教效能的衡量标准则是要看这一评教活动能否促进学校教学质量的可持续提高。因此，面对学界对学生评教效能的质疑，面对社会对"大学学生评教已经名存实亡"的批评，我们要细加分析到底是哪一目标没有达成，哪一方面或哪几方面处于糟糕状态？是选拔性目标还是发展性目标，是教师发展目标还是学校发展目标，是学校即期发展目标还是学校长远发展目标？只有厘清了存在的问题之所在，只有明确了效能低下的实质所指，才能为提高评教的效能提供适当的工作思路。

二 评价目标的传递程度与学生评教的效能

是不是学生评教目标制定好了，学生评教就自然成功了、学生评教的效能就能提升呢？显然不是。评价目标作为评价效能的最前端，相当于是愿景、理想，我们不能天真地以为愿景设置好了就可以天然

❖ 第二十八章 目标约束下大学学生评教的效能 ❖

达成效能,不仅具有不同价值追求的评价目标会影响到评价效能,而且评价目标在传播传递过程中是否能得以真实准确地传递也影响着评教效能。一般来说,信息在传递传播过程中是会因为各种原因出现信息失真或渗漏的。学生评教作为一种教育评价活动方式,具有与其他评价活动不一样的特点,那就是学生评教活动的设计者、组织者与实施者是分离的,设计者和组织者的目标必须通过传递、传播才能被学生评教的实施者——学生——来接收,而学生是否接收或是否完全接收设计者的目标,则又受诸多因素的影响。设计者的评价目标也如信息一样,在传递给学生这一评教实施主体的过程中,也可能会出现失真或渗透现象。现实生活中,学生评教活动的设计者一般是教务处或教师发展中心,具体的评教工作却是学生,在这样一种分离状态下,如果设计者不能及时准确地传递自己的评教目标,而外界又存在与所设计的评教目标相冲突的目标,学生就很有可能依据自己对评价的理解,或受到或借助外界信息的影响来进行评价,这就有可能偏离设计者的目标,产生目标信息的失真,从而影响评价的效能。

三 评价目标的落实程度与学生评教的效能

如果评教目标制定科学、合理,评教目标传播准确、及时,是不是评教效能就很高了呢?答案显然是否定的。我们知道,计划贵在落实,目标也如此。学生评教目标能否落实,是否科学合理地实施也是影响其效能的重要因素。不同的评价目标,必然要求有与之配套的落实体系。如果只是领会了评教目标,但在操作执行中没有一套配套的执行体系,或落实者对好的目标置若罔闻,我行我素,甚至在落实中反其道而行之,说一套做一套,则评教效能势必大打折扣。如以教师发展为目标的学生评教活动与以选拔为目标的学生评教活动,两者的评价效能的衡量指标及各指标所占比例就有很大的不同,两者在评价内容的选择、评价方式和方法的运用及评价程序上也有着巨大差别。如果提出了教师发展性目标,在落实时却采用一套选拔性评价机制,或者如果在评教设计时拟定的是选拔性目标,但在落实中却采用一套发展性评价机制,那必然是南辕北辙的,就不可能产生较高的评教效能。另外，机制是否健全是影响评教目标落实到位的重要因素，健全完善的保障机制是评教效能的生命线，而建立完善的保障机制则是杜绝学生评教"热热闹闹走形式"的重要措施。

第三节 目标制定、传递与落实制约着效能

学生评教效能受多种因素的影响，从目标维度对影响中国大学学生评教效能的因素进行分析，发现学生评教主要存在以下一些问题。

一 目标制定：多目标间的关系不清带来实践混乱

对学生评教多维目标之间的关系认识不清，处理不当，过于关注选拔性目标和学校即期发展目标，弱化或忽略发展性目标和学校长远发展目标，是学生评教设计者在评教设计之初就存在的问题，是影响学生评教效能的首要因素。对多所高校学生评教相关制度文本（制度目标，校方正式文件展示出的目标）的分析发现，某些学校对学生评教目标的阐述都是基于学生评教的选拔功能和发展功能展开的，期望通过学生评教达到"一石二鸟"或"一石多鸟"的目的和效果的学校不在少数，甚至说是绝大多数学校的目标。但因为设计者没有认识到选拔性目标实现的复杂条件，也过高估计了甄别选拔对各类发展性评价目标实现的助推作用，尤其没有注意到选拔性目标与发展性目标之间的冲突，从而对教师的发展对学校发展目标实现的促进作用认识不足，因此在评教目标制定时选拔性目标较之其他目标来说被过于强化，而发展性目标又有过于弱化之嫌。对多所大学《学生评教条例》的分析发现，一方面，类似"质量管理手段""评优晋级参考"等字眼在评教文件中赫然在列；另一方面，与之形成鲜明对比的，则是部分学校的学生评教文件中甚少有关教师发展性目标的表述，或者即便文件中有提及，但较之选拔性目标来说有明显的弱化之意，最突出的表现就是在文件中选拔性目标和发展性目标并置，但后期的一系列措施则是围绕选拔性目标展开的，这是一种形式上的重

❖ 第二十八章 目标约束下大学学生评教的效能 ❖

视,实质上的忽略。

前文已经分析,学生评教的各目标之间并不都是互相促进的,如果设计者不清楚其间的关系而简单想通过学生评教达到"一箭双雕"的效果,可能在设计之初就已为学生评教的低效能埋下了隐患。设计者们一方面想通过奖惩性评价,如和职称评定、绩效等挂钩,通过管理手段来提高教学质量(其实忽略了奖惩性评价与教学质量之间并不具备必然联系,并不一定能尽快达成学校即期和长远发展的目标);另一方面还想通过在以奖惩性为目标的学生评教活动中让学生客观公正评教,为教师的教学提供改进、提供参考(忽略了奖惩性评价与发展性评价的矛盾之处,在奖惩性评价目标为主导的情况下,客观公正已不可能;在奖惩性评价机制不健全的情况下,奖惩性评价只能是教师"讳疾忌医"、学生"互不为难"的重要根源)。学校可能单纯地认为通过奖惩性评价,通过学生评教会促进教学改进,从而学校和教师都得到发展,达到发展性评教的目的,而忽略了各目标实现的特殊条件及各目标之间的不完全一致性。因此,从理论上来说,学生评教设计者可以依据本校的评教理念及评教需求,设计或者是至少选择本校的评教目标。不同的选择体现着设计者不同的价值追求,但无论怎么设计或者追求,评教方案的设计者要提前厘清学生评教的多维目标。

二 目标传递:过程中的变形失真导致原目标偏移

学生评教目标在传递与传播过程中还存着失真现象,致使原设计的评价目标在传递过程中偏移和错位。近年来,中国大学学生评教目标在传播传递过程中的失真主要表现为以下几种。

第一,因自上而下传递中信息渗漏带来的评价目标失真。学生评教的设计者及组织者没有及时准确地把已制定的评教目标传递给学生,导致学生按照自己的理解进行评教。如一些院系只是组织学生评教活动,但对评教的意义、功用、用途等宣传解释不够甚至不解释,这就为评教目标的失真和偏离提供了极大可能。

第二,因外界信息干扰造成的评价目标失真。尽管评教方案设计

❖ 第四部分 结果与效能 ❖

者对自己设计的目标、设计动机及如何运用进行了解说和宣传,但由于周围环境与之不和谐或相冲突的信息过于强大或过于顽固,也会影响到评教目标使其失真。如多年来不少教师都认为"学生评教就是一种通过评价来管理和控制教师的手段","学生评教不可能做到客观、公正、真实",等等。如果这种舆论或者说是印象根深蒂固、影响深远的话,这种环境下评教设计者提出的发展性评价目标可能就会失去"真谛"。

第三,因受众不信任造成的评价目标失真。学生评教设计者及组织者虽及时、准确地传递了自己的目标,但参与评教的学生因接受到其他与设计者目标冲突或不一致的信息而产生对所设计的目标的不认同或不相信,由此造成设计者目标信息在传播传递过程中失真变形。学生作为具有主动性的评价主体,并不是对所设计的传递下来的目标照单全收,而是会在接收的过程中基于自己的体验、理解进行适当的改造。如有些学校的制度文本提到,学生评教要促进教师的发展,要做到管理和发展相结合。但在操作实践中却"言行不一",如把评价结果运用到比较性选拔,评优晋级的资格考察上。如果这一信息被教师传递给学生或被学生自己了解到,参与评教的学生就会对设计者提出的目标产生怀疑与不信任,从而基于"眼见为实"的原则,自觉将设计者传播的目标信息予以选择性忽略,将目标信息转换成自己所领悟到的或体验到的目标。

第四,因缺乏自下而上的信息反馈形成的评价目标失真。学生评教目标信息失真还有一个原因就是目标信息缺乏反馈。部分高校在颁发了学生评教的相关政策后,就想当然地认为学生收到了自己传递的目标信息并会为之行动,很少有学校的组织者对学生评教的真实目的、评教态度等问题进行参与者调查,以确认校方设计的评教目标是否得以真正的贯彻,或至少是被知晓。总之,以上列举的这些评教目标失真现象,使得即使设计者评教目标设定正确,也有可能会因为目标信息传递传播过程中的失真而影响学生评教的效能。

❖ 第二十八章 目标约束下大学学生评教的效能 ❖

三 目标落实：机制或体系不健全影响目标的实现

学生评教在目标落实的过程中缺乏与目标相配套的体系或保障机制也是影响学生评教效能不高的重要因素。与学生评教目标在制定时存在的问题类似，发展性评教目标和学校长远发展目标在评教工作中被弱化，并缺乏与其相配套的评价实施体系，主要体现在以下几点。

第一，评价内容上主要关注共性，缺乏对教师个人发展所需的个性内容。如对中国多所大学的《学生评教表》的分析发现，学生评教的表格及内容设置都是教务处自行设置的，很少询问教师的建议和需求，也很少列出类似"教师自己想要了解的问题"这样的栏目。

第二，在评价方法上以网上评教为主，客观题和主观题结合并以客观题为主。程序上是先对数据进行分析，再对教师授课效果进行量化，最后依据分数给教师排队。在对评教信息进行处理时，除了个别学校的教务处工作人员会对主观题进行人工阅读与分析外，绝大多数学校都会因人力物力不足而采取"不处理""不计入评价分数"的方式，更不会对教师的教学进行具有针对性的深入的质性调查。笔者对多名教师的访谈调查发现，教师可以从学生们填答的主观题里、甚至从学生们的只言片语的评价里得到的信息，也比那些冷冰冰的数据得分更具有启发性和针对性。

第三，在评价方式上以一次性的终结性评价为主。很少有学校会在一个学期对同一位教师的同一门课程教学进行中途评价或多次评教，这就导致了评教信息的滞后，使得课堂反馈的信息不能马上传递到任课教师那里，不便于教师随时更正和调整教学方法和教学内容，提高该门课程的整体教学质量。

第四，在评价流程的安排上缺乏反馈与反思。选拔性评价和发展性评价的流程是不同的，如发展性评价强调以评促教、评研结合、及时反馈，因此以教师发展为目标的学生评教在评价实施的过程中会强调过程评价，并对教师的课程教学进行多次评价；当评价结果出来后，再对其结果进行分析、组织被评价的教师对自身教学行为进行反思、和同行切磋交流，等等，这些都是发展性评价不可缺少的活动流程。然而，中国部分高校学生评教的流程基本上只有"方案设计——一次性评价实施—结果告知"三个环节。当学生评教结果告知被评教的教师后，评教活动也就随之结束。学生评教后的教师反思、课程研究、教学改进则被忽视。在如此流程中，即使目标设计者提前设计的是发展性目标，也会因为没有与之相配套的措施而使得设计中的目标达不到或者是达到的状况不理想，从而影响学生评教的效能。

与前所述的教师发展性评价和学校长远发展评价的目标缺乏相应的配套实施体系不同，对选拔性目标及学校即期发展目标来说，虽然设计者及组织者有明显的强化倾向，但在目标落实方面的问题则是配套机制的不健全。对于以选拔性评教目标和即期发展目标为目标的学生评教来说，要提升这一类评价的效能，不仅要短期快速提升教学质量，还要真正公平客观地选出优秀，奖优惩差。但事实上，中国高校学生评教在实施过程中，组织者常常关注评教信息的采集，对于如何确保评教信息的真实客观、如何控制评教过程中的舞弊现象以及如何通过评教去快速提升教学质量等方面则用力不多。

第四节　基于目标约束的学生评教效能提升

在对中国高校学生评教效能不高进行原因分析的基础上，本章认为，基于目标维度，要提升高校学生评教的效能，促进高校教学质量的可持续提高，可从以下几方面做起。

一　目标制定：淡化选拔性目标，强化发展性目标

从理论上来说，学生评教的目标有四类，学生评教活动可以同时发挥不同功能而达致多个目标，因此学生评教活动设计者可以依据学校需求制定一元或多元目标。我们知道，不同的评教目标蕴含不同的理念与价值追求。作为一所高校，要着眼长远发展，不能以短视目光只关注学校的即期发展。同时，学生评教具有的多个目标的各自地位及相互之间的关系不同，目标设计者首先要分清各目标之间的关系，

❖ 第二十八章 目标约束下大学学生评教的效能 ❖

矫正之前过于重视的选拔性目标和过于淡化的发展性目标倾向，着眼学校的长远发展，确立教师发展性评价目标的基础目标地位。建议各高校学生评教活动设计者在设计目标时，认真学习与领悟教学评价的相关理论知识，厘清各类评教的功能及其之间的关系，不能想当然或为了管理方便而过于偏向选拔性目标。为确保学生评教的科学合理和高的评教效能，要把学生评教当作教学管理的重要环节，该项工作，既不能单由行政部门说了算，也不能被单纯作为行政事务处理，需要在其目标设计、目标落实及结果处理等环节积极发挥评价专家的作用，通过专家的引领与带动，科学制定评教目标，开展学生评教活动。

二 目标传递：控制传递失真率，增强沟通对话

针对大学学生评教中设计的评价目标在传递过程中不可避免的失真，我们应尽可能降低失真率。为此，一方面，针对自上而下的信息失真问题，需要做好宣传工作，建议学生评教组织单位在每学期初就对本校的评教目标、评教理念进行广泛宣传。基于信息传播传递的复杂性，可以通过文件、网站、讲座、贴吧、微信等形式，或其他学生们喜闻乐见的形式。另一方面，针对自下而上的信息失真，需要做好反馈信息的回收工作。由于设计的评价目标在传播过程中的复杂性，学校秉承的理念、期望达到的目标不一定得以正确传递，要对作为接收者的学生所具有的评价动机与理念及时进行调查，针对反馈的问题进行针对性的调整，确保学生评教活动中的执行目标与学校的设计目标在最大程度上保持一致，为设计目标的真实传递传播创造条件。另外，针对因外界信息干扰和受众不信任而产生的评教目标上的信息失真，学生评教活动的组织者可做到言行一致，让事实说话，让参与评教的学生真切地感受到评教结果的运用与评价目标的一致性，从而建立起对评教设计者的信任，在全体学生中形成一种信任（评教设计者）的风气。

❖ 第四部分 结果与效能 ❖

三 目标落实：建立配套实施体系，完善保障机制

由于选拔性学生评教在一定程度上对所在学校的发展具有重要的推动作用，也由于此类评教在当前及以后一段时期内还要继续发挥作用，本书认为，不能单纯反对选拔性学生评教，但应尽可能健全其机制，提升其评教的效能，使其发挥应有的功能。

为提升此类学生评教的效能，高校在实施此类评教时需要做好评价信息的采集工作，以确保评教信息的真实有效。如可以借鉴某些学校已在实行的评价信息员制度，在学生评教时不仅采取学生全员评教，而且还在各个教学班设置若干名匿名的品德优秀的信息员，学生评教活动的组织者可对其进行不定期的回访，配合检验评教信息的真实性；还可以通过多源信息相互验证的方法，如在对教师进行评教时，不是将同行评教和专家评教得到的信息与学生评教信息进行简单叠加，从而得到被评价教师的评教成绩，而是将三者信息相互验证，在没有矛盾的基础上才综合给出教师的评教成绩。另外，为确保信息的客观真实、公正公平，学校还应健全预防与惩处机制来应对学生评教中的舞弊行为。

针对学生评教中缺乏与教师发展目标相配套的评价体系的问题，需要建立起与教师发展性评教目标相配套的评教实施体系。

第一，从评价内容来看，不能仅仅设置共性的评价内容，还应多多关注教师的个性，学生评教的内容不能由评教单位组织者说了算，而应有教师们的参与，让教师们参与评价内容的设计，或给教师们建言提供合适的渠道。也可以专门给被评价教师的个性化问题"留白"，如任课教师为提升自己的教学水平想了解自己教学中哪一方面的问题，在"教学评价表"中专门设计一栏，如此可让学生评教的内容更加富有个性化。

第二，在评价方法上，要重视主观性评价题的设置与对填答内容的分析处理，增加主观题的设置比例及计分权重，并将主观题反映的结果与客观题的评价分值一样对待。对主观题的处理，虽然是比较复杂和难办的，但不能只设计不分析。一方面要通过评教组织机构进行

❖ 第二十八章 目标约束下大学学生评教的效能 ❖

信息处理，另一方面要让被评教的教师参与到主观题的分析中来，以发现自己教学中存在的问题，有效且全面利用学生的评价来改进教学。

第三，在评价方式上，为能有效提升评教的效能，除了多数学校目前采取的终结性评价之外，还应引入形成性评价、过程性评价。如在学期中间插入学生评教，但是其目的不是为了给教师进行排队和评比，而是为了解教师的教学质量，发现教学中的问题从而及时纠正。这一形成性评价的组织者可以由学校评估单位组织，也可以委托任课教师自己实施。

第四，增加评教后的反思与研究环节。在学生评教结果出来后，要及时引导教师对自己任教的课程进行反思与研究，必要时可以结合评教结果中反映的问题，以教研室为单位，让教师对自己的课堂教学进行原生态课堂模拟（教师本人也可以有意识地录制几堂处在自然状态下的课堂教学视频），让同行教师或评教专家共同参与讨论，发现该教师教学中的真正问题，并提出具有建设性的改进方案。

第五，在评价结果的运用上，既有研究文献已经强调尽量不要把发展性评教与奖惩挂钩，同时研究文献也揭示出与奖惩性相结合的评价是教师讳疾忌医、不敢也不愿重视存在的问题的重要原因，所以在评价结果的运用上，应尽量减少评价结果与教师的切身利益的联系。当然，我们也应该辩证地看待竞争。单一的竞争排队对评教效能有极大的负面影响，但完全放弃竞争和管理，又可能使评教的约束作用有限，给少数不负责任的教师及教学质量不高者以投机取巧、滥竽充数的机会，这同样会影响教师评教的效能。为促进以教师发展和学校长远发展为目标的学生评教，学生评教结果在与教师利益相挂钩时，一定要确保评价结果足够客观、公正、公平、真实，还要对奖惩等激励措施进行适度改造。

总之，在实施发展性教师评价时，适当吸收奖惩性评价中的奖惩机制可产生激励作用的积极因素，使奖惩机制为教师发展服务[①]。如

---

① 杨建云、王卓：《论教师发展性评价与奖惩性评价的关系》，《中国教育学刊》2003年第1期。

❖ 第四部分 结果与效能 ❖

奖励的设置不仅要设优秀奖，更应引入进步奖、合作奖、指导奖等，引入优秀教学档案袋奖等。通过奖项的变化设置让教师着力于发展自己，提升自己的教学质量，促进教师之间互助合作、共同发展，合力促进学校教学质量的提高，最终促进学校的长远发展。

第二十九章　成本约束下大学教师评价的效能

　　对现行大学教师评价体系及评价过程的质疑表明，从效能的角度考查现行大学教师评价活动是重要的。而评价活动的成本是大学教师评价中重要的限制性因素，影响着评价活动各环节及评价整体的效能，研究评价效能不能不研究成本约束。本章从成本总量与成本配置的角度来分析评价成本对评价效能的约束问题，指出现行的大学教师评价体现出"低成本低效能"的特征。主要体现为成本意识错位且模糊了评价目标，成本总量不足并限制了评价能力，成本配置失调影响了评价过程的合理性，隐性成本消解了部分评价效果。若要提高评价效能，需要加大评价成本投入，运用成本—效能分析法来合理配置成本并加强对隐性成本的管理。

现行大学教师评价存在的重数量轻质量、重科研轻教学、重考核轻发展等问题已引起社会的广泛关注。目前学界专注于大学教师评价过程和指标的研究，缺乏对评价总体效果的考查，因而难以对上述问题做出根本性的改进。为此，必须关注大学教师评价体系本身，从效能的角度考查现行的大学教师评价活动。而评价效能与评价成本相关，评价成本制约着大学教师评价各环节及评价的整体效能。因此，研究大学教师效能必须研究评价成本的约束。

❖ 第四部分 结果与效能 ❖

第一节 大学教师评价效能的要素与状态

关于效能,目前尚无公认的界定。由于各类研究所依据的理论基础与研究目的不同,对效能的理解会有一定的差异。

彼得·德鲁克认为,效能是指选择适当的目标并实现目标的能力,就是去做正确的事的能力。它包括两方面的内容:一是所设定目标必须适当;二是目标必须实现。[①] 理查德·达夫特(Richard L. Daft)认为,效能表明了一个组织能够实现目标的程度,包含两方面的内容:一是效能,用以评估组织对多重目标的实现程度;二是效率,组织以较少的资源投入获得相同水准的产出。[②] 张润书认为效能是达成目标的程度,是指资源运用以后所产生的结果。[③] 综合上述观点,效能是指达成预期目标的能力和程度。效能与效率和效益的不同在于,效率强调时间和资源的最少利用,效益强调现实收益的最大化,而效能强调在时间和资源利用最少的情况下达到现实的和潜在的收益最大化。效能与绩效都关注组织期望的结果,强调产出效率和有效性,但效能还强调达成目标的能力。

大学教师评价效能(以下简称评价效能)是指大学教师评价活动达成评价目标的程度。评价效能包含四个基本要素。目标——效能的前提。大学教师评价必须有明确的评价目标,否则效能无从谈起。结果——评价活动的实际效果。过程——效能的实现。评价过程连接目标与结果,评价过程是效能的一个密不可分的、重要的、动态的环节。能力——效能的保障。如果大学教师评价体系不具有达成评价目标的能力,则效能没有实现的基础和保障。评价效能是这四个要素的统一体。

[①] [美] 彼得·德鲁克:《个人的管理》,沈国华译,上海财经大学出版社2003年版,第87页。

[②] [美] 理查德·达夫特:《组织理论与设计精要》,李维安等译,机械工业出版社2003年版,第27页。

[③] 参见吴清山《学校效能研究》,台湾五南图书出版公司1998年版,第2页。

❖ 第二十九章 成本约束下大学教师评价的效能 ❖

上述多个关于效能的定义中提及了资源,资源是效能直接的、基础性的限制性因素。首先,资源投入水平及其配置可能形成不同的评价能力,制约着大学组织制定何种评价目标,同时也制约评价过程的运行,进而限制了评价活动的实际效果,最终限制评价所能达到的效能水平。其次,资源利用的有效程度也会影响评价效能。这涉及效能与效率的关系。效率是对于投入/产出而言的,以最小化的投入实现最大化的产出。效率注重对资源的有效运用,着重数量的比值,本身不包含任何价值判断。[①] 效率是效能的应有之义。高效能必然意味着高效率,意味着对资源的有效运用;但有效率不一定有效能,如果偏离既定评价目标,则高效率反而会导致低效能。

评价效能有三种可能状态。完全达到评价目标的为完全效能;完全没有达到其目标的为无效能;部分达到其目标的为部分效能。完全效能几乎不可能出现;无效能表明失败;现实中普遍存在的是部分效能状态。只有在部分效能状态下,大学教师评价活动才有改善的意义。

第二节 大学教师评价成本及成本的构成

中国成本协会(CCA)发布的 CCA2101:2005《成本管理体系术语》标准,其中第 2.1.2 条对成本术语的定义是:为过程增值和结果有效已付出或应付出的资源代价。从该定义可看出,成本的本质是资源,是为实现某种目的(过程增值或结果有效)而付出或将要付出的资源。此处的资源,指的是可以货币化、对象化的资源,比如人力、物力、财力等。

大学教师评价不是商品生产,不存在价值增值,其成本支出显然是为了结果有效,即达成既定的评价目标。据此,大学教师评价成本可定义为在大学教师评价过程中为达成评价目标而付出或应付出的资

---

① 马春庆:《为何用"行政效能"取代"行政效率"——兼论行政效能建设的内容和意义》,《中国行政管理》2003 年第 4 期。

❖ 第四部分 结果与效能 ❖

源代价。简言之,投入大学教师评价中的资源即为大学教师评价成本(以下简称评价成本)。研究资源对评价效能的约束即为研究评价成本对评价效能的约束,因为只有真正投入到评价体系中的资源才能对评价效能产生实质性影响。

从教师评价成本的发生机理来分析,并借助新制度经济学对成本的分类,大学教师评价成本主要由以下几部分组成。第一是组织成本。教师评价组织机构设置以及确保这些机构得以正常运转所必须耗费的成本。主要包括相应的评价机构设置及运转支出:人员工资、办公设施、办公经费等。第二是信息获取成本。评价活动的开展,建立在获取大量信息的基础之上。信息获取指包括收集和搜索在内的整个信息处理过程。教师评价的信息获取主要包括两个方面。一是评价体系的建立与改进。确定评价原则与标准、研究评价内容、选择评价方法以及建立指标体系及后期的调整与改进等,需要收集大量的有效信息,包括教师的意见与需求、其他大学的相关评价方案等,在加工这些信息的基础上才能确立评价体系。二是评价过程中的运转成本。要全面、客观地评价教师,就必须充分掌握教师的相关信息,比如,工作态度、教学科研状况等方面,并要对这些信息进行筛选和分析,才能得出评价结论。上述两方面的信息获取都需要投入一定的人员成本、设备成本、调研成本等,将这些归结为信息获取成本。第三是代理成本。大学的教师评价工作由大学委托其下属机构执行,构成委托—代理关系,大学为委托人,教师评价机构为代理人。因代理关系中存在的信息非对称性、道德风险、机会主义、逆向选择等而产生的资源浪费和价值损失为代理成本。第四是制度摩擦成本。指在大学教师评价制度建立与变革过程中,因正式制度与非正式制度之间不兼容或存在冲突而造成的损失。第五是监督协调成本。由于代理成本与制度摩擦成本的存在而产生的建立监控机制以约束代理人行为以及协调制度冲突而产生的成本即为监督协调成本。

上述五种成本,代理成本与制度摩擦成本属于隐性成本,表现为对资源的非正常损耗或机会成本的丧失,成本核算中不能直接体现,隐蔽性大,不易量化;组织成本、信息获取成本、监督协调成本属于

❖ 第二十九章 成本约束下大学教师评价的效能 ❖

显性成本,是属于可以通过会计核算的实际支出。显性成本中,组织成本与信息获取成本中用于评价体系建立与改进的部分属于固定成本,是形成评价能力的资源投入,不随评价业务量的变化而变化;信息获取成本中用于评价活动运转的成本与监督协调成本属于变动成本。运转成本与评价活动开展的范围、频次等密切相关,评价活动开展的范围广、频次高,则成本支出大,反之则小。监督协调成本则与代理成本、制度摩擦成本等隐性成本相伴生,若监督协调到位能减少隐性成本。

第三节 大学教师评价成本与效能的关系

大学教师评价成本是评价效能的约束条件。这种约束体现在两个方面。一是资源稀缺性造成的成本总量约束。大学的办学经费是有限的,而且经费增长的幅度远远赶不上教育成本增长的幅度。大学本身所具有的资源总量及资源分配偏好决定了其投入到教师评价中的资源上限,即大学教师评价资源不能无限膨胀。教师评价只能在其所能分配到的资源范围内支出成本,并力求实现评价效能最大化。二是成本投入对效能高低的约束。一定的投入水平下,效能不可能无限提升,而只能在某一区域内变动,存在上限。在上限值内,效能的高低由评价的各要素各环节对成本的利用效率及其相互的配合程度等因素共同决定。整体而言,在其他条件不变且对成本利用合理的理想状态下,随着评价成本投入的不断增加,评价效能越高,越可以向完全效能无限接近。

一 评价成本总量与评价效能

如图29—1所示,曲线 A 为其他条件不变且成本配置合理的理想状态下,成本—效能的变化轨迹。每一个现有的成本水平都是评价效能的相对约束点,其对应的评价效能都是该成本水平约束下所能达到的相对效能上限,如 C_1 对应 E_1、C_2 对应 E_2……相对约束点随着成本投入水平的增加是可以突破的,如成本从 C_1 增加到 C_2,相对效能

上限则可突破 E_1 达到 E_2。C_y 是绝对约束点，即现阶段能投入评价中的最大成本量，在学校现有资源能力下不可能被突破。E_y 为绝对效能上限，即 C_y 约束下能达到的最高效能。教师评价活动开展初期（$C_0 \to C_X$），固定成本投入相对较多，属于评价能力形成阶段，如 C_1 至 C_2，成本增加值较大，而效能上限从 E_1 变动至 E_2，增加值较小，此时边际效能较低；而后，随着成本增加，评价能力不断形成与积累，如 C_3 至 C_4，效能上限从 E_3 增至 E_4，增幅明显加大，此时边际效能较高。即随着成本的增加，边际效能递增，C_X 为最佳成本投入量。教师评价活动开展后期（$C_X \to C_y$），由于其他要素是固定的，即使继续加大成本投入，效能增加值也逐渐减小，边际效能递减。由此说明，应当重视前期固定成本的投入，成本投入总量应当在期初就达到一个较高的水平。

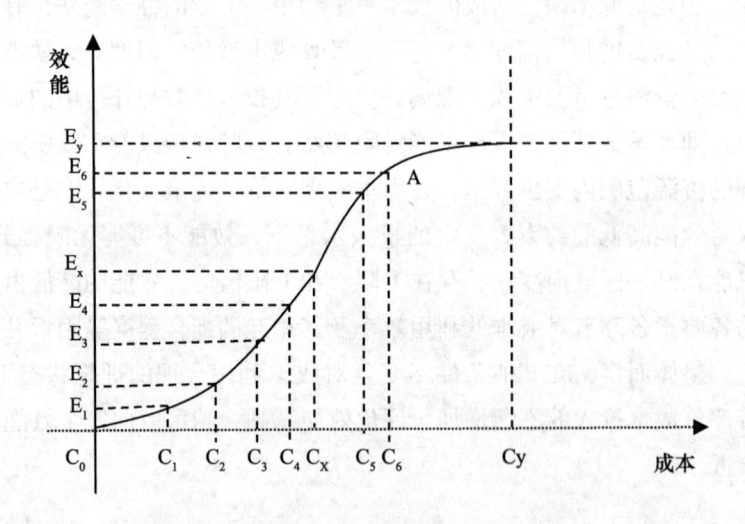

图 29—1　评价成本—效能曲线（理想状态）

二　评价成本配置与评价效能

由于评价成本总量总是有限的，在既定成本总量下要力争达到或接近该成本水平下的效能上限，此时，评价成本配置的合理性对评价效能高低有重要的影响。评价成本并不直接作用于评价效能，而是通

❖ 第二十九章 成本约束下大学教师评价的效能 ❖

过作用于评价效能的影响因素而制约着评价效能。成本投入到教师评价的各要素各环节的不同数量及比例，可能形成不同的评价能力及评价过程的不同运转状态，从而制约评价的整体效能。合理的评价成本配置是均衡与效率的结合。这里的均衡并非指成本数量的绝对平均，指的是相对均衡，即根据资源配置的"木桶原理"，应尽可能使评价体系各要素各环节之间的成本投入保持一个较好的匹配关系，不会使某些要素或环节因成本不足而成为评价活动的资源"短板"，降低效能。在满足均衡配置的前提下，应当将成本配置到最能产生效率的地方。在不偏离评价目标的情况下，效率与效能是一致的。成本配置效率高，闲置和滥用的资源较少，资源被充分利用，效能提高。

第四节 评价成本对教师评价效能的制约

大学教师评价中许多被广泛批评的问题，某种程度上是目前大学教师评价效能低下的映射，深入分析则可发现评价效能的低下与成本的制约不无关系。评价成本对大学教师评价效能的制约主要体现在以下四个方面。

一 成本意识错位模糊了评价目标

随着市场经济的发展，大学的成本意识也在增强，重视效率，这是一个好的趋向。但也存在一些成本意识的错位，往往片面地将成本最小化视为高效率，仅注重效率而不注重整体效能。这一成本意识的错位在教师评价中也同样存在。管理者往往强调评价成本的最小化，却忽视了评价目标的方向，导致评价效能较低。

大学教师评价的目标有两个层次：远期和即期。大学教师评价的远期目标是本文作者曾提出的实现个人、学科、大学的"三发展"，[①]可将其称为发展目标，属于较高层次的评价目标，体现教师评价的教育价值；大学教师评价还存在即期目标，即期目标则更多是管理目

---

① 沈红：《论大学教师评价的目的》，《高等教育研究》2012年第11期。

标：监督、筛选、导向的"三结合"，属于较低层次的评价目标，体现教师评价的管理价值。监督是通过评价教师的教学、科研、社会服务等工作，检核教师的工作数量和质量，确保教师履行岗位职责；筛选是通过对教师各项工作的评价，筛选出不同工作绩效的教师，实现奖优罚劣；导向是通过评价引导教师的工作方向，使之与教师个人、学科、大学的发展相契合。之所以会有两个层次的评价目标出现，是因为视角不同，前者着眼于大学整体的、长期的发展需要，后者着眼于局部的、近期的管理职能实现的需要。这两者在理论上是一致的，发展目标是根本，管理目标是形式和手段，任何时候管理目标都不应置于发展目标之上。但由于现实中存在的"管理主义"价值取向与管理"政绩"的需要，有时即期目标和远期目标会存在一定程度的矛盾。

对教师评价的目标认识不同，评价所处的层次也就不同，决定了评价成本不同。个人、学科、大学"三发展"是教师评价的远期目标，也是最难以具体化、量化的目标，实现该层次的评价目标，难度最大，成本也最高，效果也难以检验。因此，为完成此目的而付诸艰辛努力的意愿也最低。相反，即期目标相对容易具体化、量化，易于操作，成本也较低。目前许多大学对教师评价目标的认识仅停留在管理目标层面，未能清晰认识到教师评价的发展目标层面，或已认识到但未引起充分重视；为提高管理效率，本着成本最小化原则进行成本控制。管理者在进行教师评价时，基于错位的成本意识，总有以低层次评价目标代替高层次评价目标、以简单代替复杂、以定量代替定性的内在冲动，这必然影响根本性的发展目标的实现，从而影响教师评价的效能。

二 成本总量不足限制了评价能力

目前，中国大学教师评价成本普遍投入不足，尤其是固定成本投入严重不足，限制了评价能力的发展。首先，评价机构设置方面，各学校基本没有设置专门的评价机构，教师评价的事务交由相关职能部门进行。比如，教师的教学评价由教务处进行；职称晋升评价由人事

❖ 第二十九章 成本约束下大学教师评价的效能 ❖

处进行。这样的评价结构必然会导致两个部门各自为政，相互缺少沟通协调；而且教师评价并非这两个部门的主要职能，教师评价必然会沦为边缘业务，得不到应有的重视。其次，人力投入方面，无专门的评价机构也就无专门的人力投入。面对大学里庞大教师群体的日常事务，教务处、人事处的人员在工作时间与精力的分配上必然会向日常事务倾斜，而教师评价的事务只不过是不得已而为之的一项临时工作任务而已。再次，经费方面，基本没有用于教师评价的专项经费。教学评价的经费属于教务部门的开支，职称晋升评价的经费属于人事部门的开支。当各部门在其主要业务经费与教师评价经费发生冲突时，经费分配会向主要业务倾斜，优先保障主要业务经费需求；并且，在降低部门费用的驱动之下，用于教师评价的费用也会力求最小化。教师评价体系需要建立在充分调研的基础之上，然而大部分学校调研经费投入非常低，甚至没有调研经费，直接导致了教师评价体系的不合理。此外，出于成本考量，评价过程中的一些环节也会进行简化操作，以降低变动成本。比如，科研评价中以发表论文刊物的级别代替论文质量，以出版社的级别代替著作的质量，以科研项目的立项级别和获奖级别代替项目的价值。通过此类转换，在日益发展的文献计量学的帮助下，可以很简易、低成本甚至不发生成本对科研成果进行评价。但这类转换的科学性本身没有经过严密的论证，在实践中也就质疑之声不断。再如教学评价，网上的学生评教易操作、低成本，如此便成了各学校教学评价的普遍形式甚至是一些学校的唯一教学评价形式。根据本项目组在2013年5月对某校的400位教师的调查显示，该校教师对学生评教、同行评教、其他评教方式认可程度的比例为41.9%：48.7%：9.4%。这就充分说明学生评教不应该"一支独大"。不得不问：学生网评真的如此有效吗？可以取代与学生的访谈、座谈等更深层次的学生评教吗？可以取代同行专家对教师教学的评价吗？问题的背后恐怕更多的是基于成本的考量。在成本考量下，一些操作复杂、成本较高的评价方式，即使更为有效，也被边缘化甚至被摒弃了。虽然降低了成本，但同时也降低了效能。

在这样的成本投入总量约束之下，大学教师评价的能力难以形成和提高,因而教师评价的效能较低。

三 成本配置失调影响评价过程

在既定评价成本水平下,评价成本配置的合理性是评价效能高低的关键所在。评价成本配置不合理会导致各要素各环节不能充分发挥功能,整体评价活动运转不畅。评价成本配置包括两个方面:一是评价成本在固定成本与变动成本两部分之间的配置比例,二是在固定成本与变动成本内部各要素之间的配置比例。大学教师评价成本配置存在两个问题:一是总成本投入中固定成本投入与变动成本投入比例失调。有限的成本投入中主要为变动成本,即维持评价活动运转需要的基本费用,如学生评教的问卷印刷费、专家评审费等。而形成评价能力的固定成本投入严重不足(前文已有论述),在此情形下,即使加大变动成本的投入也难以提高评价效能。二是未做好成本预算及使用规划,临时需要临时申请,不论是费用的申请还是审批,都具有主观随意性,未进行科学的规划与配置,使得评价成本在各要素各环节的分配比例失调。这样,有的环节资源过剩、浪费,而有的环节则资源匮乏成为"短板",当评价活动运行至"短板"环节就会产生阻滞。比如,在对某"985"大学教务处副处长的访谈中了解到,该处成立了教学评价专家组进行教学评价,受成本限制,专家组成员仅30多名,无法满足全校3000多名教师的评价需求,这就成了资源"短板",最终导致学校的教学同行评价只能小规模开展,无法在教学评价中起到应有的重要作用。而且这30多名专家的稳定性也难以保证,同行评价的持续运转无法保障。

无规划、不合理的成本配置难以实现均衡与效率的结合,导致现行大学教师评价成为一种根据偶发需要而进行的临时性、随意性的评价活动,难以形成体系、难以制度化,难以顺畅、持续运行,这必然会降低评价效能。

四 隐性成本消解了部分评价效果

代理成本与制度摩擦成本这两种隐性成本不仅会造成资源的非正

❖ 第二十九章 成本约束下大学教师评价的效能 ❖

常损耗，增加监督协调成本支出，还会对评价效果产生一定的消解作用，即降低评价结果的有效性。教师评价代理关系中存在的信息不对称与道德风险，都可能影响到教师评价的客观性、公正性，进而降低评价结果的有效性。比如，个别评价人员因为利益冲突或私人恩怨，引发对被评价教师信息收集过程中的偏听偏信，从而得出不客观的评价结论。同样，制度摩擦成本也会影响评价效果。通常，在新的教师评价制度确立之初，正式制度与非正式制度磨合之时，制度摩擦成本较大。比如，在学生评教成为教师评价的一项正式制度之初，这种做法与当时师生的观念、行为有冲突，教师不能接受学生来评价自己的教学，而学生对自己是否能够评价教师的教学也存在质疑，结果导致评价中学生不敢表达真实意愿，教师对评价结果也不认同，评价的有效性大打折扣。可见，制度摩擦成本给大学教师评价制度的创新带来了阻力，降低了制度创新的成效，影响评价效能。

综上所述，目前大学教师评价效能受评价成本的约束而呈现一种低效能状态。这个低效能说明其具有一定程度的效能，只是效能水平较低，但具有改善与提高的可能性。因此，采取有效的成本策略提高评价效能是当务之急，否则，任何提高效能的努力都可能是无米之炊。

第五节　提高大学教师评价效能的成本策略

一　增加成本投入，突破成本总量约束

在目前的低成本水平下，对教师评价各要素各环节的改造受资源不足的限制，难以有效进行。低成本水平将可能达到的效能限制在一个低的上限值内，只有突破现有成本水平，效能才能突破该上限值而提升至较高的水平。要突破现有成本水平对效能的制约，首要的就是增加评价成本投入。增加成本投入有两种方式：扩大初始投入和连续追加投入。扩大初始投入指的是在会计年度初进行成本初次分配时，一次性将评价成本投入提高，超过上一会计年度的投入总和。连续追

加投入是指在成本投入初次分配之后，再多次追加成本，增加成本总量。这两种方式各有其利。扩大初始投入能保证评价成本一开始就处于一个较高的水平，使评价活动能有一个较高的资源起点，也有利于对资源进行统筹安排，合理分配至每一个评价要素或评价环节。连续追加投入则可以根据评价开展的实际情况，有针对性的追加投入，使资源能够被补充到最有效能的要素或环节中去，从而产生倍增的追加效应。在学校资源充足的条件下，这两种方式并不冲突，可以结合使用。根据目前大学教师评价成本的投入现状，增加的成本投入应当优先运用到固定成本投入中。建立专门的评价机构、拥有专门的评价从业人员、有充足的调研经费，逐步提高评价能力。

二 加强成本效能分析，合理配置成本

在会计学领域，成本管理思想经历了一次大的变革：成本—效能分析成为成本管理的主流。传统成本管理的中心工作就是降低产品单位成本，而成本—效能分析是通过成本使用于不同部分、不同目的的分析，揭示成本与质量、功能与效益之间的规律性联系，最大限度地发掘产品价值增值的潜力所在，可以通过增加少量成本支出形成更大的效能价值。可见，成本管理思想已经突破了单纯地降低成本、控制成本的观念，成本并非不可以增加，而是要增加到最能产生效能的地方。教师评价中也应该转换单纯的成本控制观念，借鉴企业的成本—效能分析法进行评价成本的配置。在进行成本配置的时候，分析投入每一部分的成本将对评价效能产生的影响，最大限度地发掘效能增值的潜力所在，据此将资源投入到最有利于提高评价效能的地方。

运用成本—效能分析，对评价成本的配置要有全局观，必须从整体出发做好成本配置的计划安排。可以将教师评价过程分为计划准备、实施执行、监督反馈三个阶段，根据不同阶段成本发生的类型及效用来合理投入成本，总体原则是保证资源投向最有效能的地方（如图29—2所示）。

评价实施阶段是教师评价的核心阶段，该阶段发生的成本主要为信息搜寻成本，搜寻到的信息越全面、越客观，则评价的结论越准

❖ 第二十九章 成本约束下大学教师评价的效能 ❖

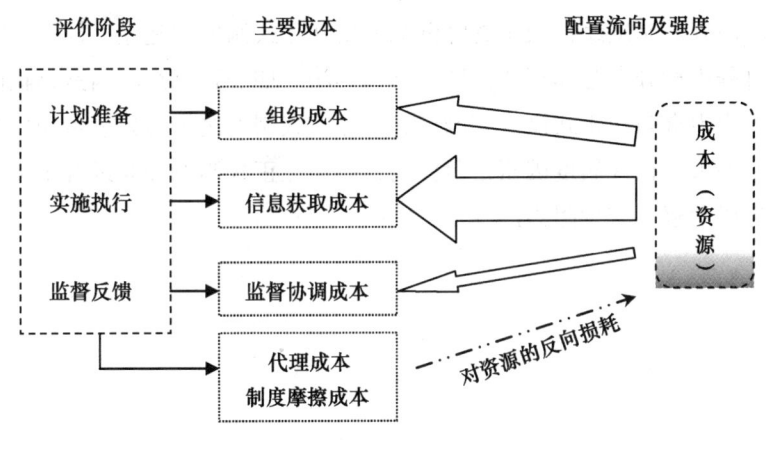

图 29—2 评价成本的配置

注：右侧箭头的指向表示资源的流向，粗细表示分配强度。

确、越客观。因此，在信息搜寻阶段应当多投入成本，实现评价的高效能。计划准备阶段为评价实施的基础，必要的组织成本仍需充分支出，不能让组织成本成为"短板"；但某些非必要组织成本如冗员、无效的学习考察、非必需的办公费用等要严格控制。代理成本与制度摩擦成本并不占用资源，但会对资源造成损耗，相当于削减了成本总量，还会影响评价效果。因此，监督协调成本是必要的。但监督协调成本不宜投入过高，超过可能产生的代理成本及制度摩擦成本就会失去意义，同时说明评价制度本身存在严重问题需要改进甚至重构。

三 加强隐性成本管理，减少资源损耗

代理成本与制度摩擦成本属于隐性成本，在成本核算中难以体现，但它们又是实实在在地存在并消解着评价效果，对评价效能产生影响。这两种成本是对评价效能没有贡献甚至会产生负效应的成本，需要管理者更多的观察与分析才能更好地进行管理，使其资源损耗与效果消解降至最低。隐性成本的管理需要从观念、制度入手。代理成本的降低有赖于教师评价工作执行者增强工作责任心、使评价过程透明、强化监督反馈机制，以减少道德风险和信息不对称。建立内外结合、上下协调的监控机制就成为整个教师评价体系建设的一个至关重

❖ 第四部分 结果与效能 ❖

要的内容。制度摩擦成本的降低则需要在正式制度的建立、执行、完善过程中充分考虑非正式制度因素的影响。如非正式制度因素是正面的，应力求与非正式制度相顺应，借非正式制度之力达到事半功倍之效；如果非正式制度因素是负面的，则应在正式制度确立过程中加以引导或消解，减少阻力。

结 论

第三十章　中国大学教师评价效能的反思

大学教师评价的效能，体现在教师评价活动对教师个人、所在学科、所在学校、与教师相对的学生"四位一体"的正向促进作用中。效能高低，说的是达致大学教师评价既定目标的程度。本书已经论证，大学教师评价的目标就是教师、学科、学校、学生"四发展"（见本书第十二章）。中国现行大学教师评价活动呈现出的科研优先、量化为主、外在导向的三个特点，原因在于大学教师评价中的一元价值主宰和短期功利主义取向以及管理主义绩效观主导，其结果是大学教师的主体地位被遮蔽和被压抑，并引致大学教师在实际工作中的科研漂移、学术失范和行为越轨，使中国大学学术很大程度上运行在一种非知识生产的路径之上，并使大学教师评价效能结构性损耗。为改进这种教师评价，可有针对性地采取以下措施：在评价导向上注重外显内在结合，不能"唯可见性"；在评价维度上考虑学术工作内涵，不能"科研至上"；在评价标准上尊重不同学科差异，不能"一把尺子"；在评价过程中引入教师主体作用，不能"条款为大"；在评价方法上探索质性量化结合，不能"数字为重"；在评价结果上可行多方协商调适，不能"一锤定音"。

❖ 结 论 ❖

第一节　大学教师评价效能的内涵诠解

　　大学教师评价制度是大学学术场域的指挥棒和风向标，处于整个大学学术体制的核心，引导着大学教师的行为取向和策略选择，并潜移默化地影响着大学学术的各个方面。科学合理的评价制度会引致大学教师的行为走向一种学术发展的生产性路径，即激励教师不断做出真正的知识创新和科学发现，并使这种生产性路径逐渐制度化，成为整个大学学术共同体的心智构念、共享文化和组织建制。

　　良好的大学教师评价制度应该以评价活动促进教师发展和学生发展，进而促进学科发展和大学组织发展，是教师、学科、学校、学生彼此增益的推动式耦合，这也是大学教师评价制度效能的真正内涵。其中教师和学生发展涉及高等教育中的人，学科发展指涉知识生产，院校发展则指向组织机构。如果将学科和院校分别视为高等教育的材料和容器，那么大学教师则是高等教育的灵魂，与材料和容器相比，人的发展最为基础和关键，应该成为评价制度的出发点和落脚点。一言以蔽之，大学教师评价的根本目的在于以评价为杠杆推动大学教师的发展，并通过教师的个人和群体发展促进学科、学校、学生的发展。基于此，对大学教师评价效能的考察和检验就是要看相关评价制度对教师、学科、学校、学生的发展是否产生以及产生了多大的积极影响或正效应。

　　必须指出的是，大学教师评价效能不等于大学行政管理效率。大学教师评价的效能，是基于评价活动和评价制度，对人（教师和学生）自身发展的价值理性，以及在此基础上促进学科和大学发展的实践理性，而行政管理效率则是基于科层制管理工作便利和高效的工具理性，二者之间并不必然一致，甚至相互抵牾。现实中中国大学行政部门掌握资源、拥有权力而表现出强势和权威，这就使大学教师评价中对管理效率的追求，或者是院校价值取向时常从次要目标僭越为主要目标，甚至成为唯一目标，如此做法置换了大学教师评价的本来目的并且搁置了对评价制度和评价活动本身效能的关注，其结果往往破坏了大学教师评价原本的内在激励和控制结构，导致大学教师评价

❖ 第三十章 中国大学教师评价效能的反思 ❖

的效能损失甚至产生负效能。

第二节 中国大学教师评价实践及结构性效能耗损

任何评价制度都或直接或间接地发挥着激励和控制评价对象的双重作用，这是评价制度一体两面的双重机能。但要真正实现评价制度的完整机能，必须遵循评价活动激励与控制的正确传导路径，在任何环节上的偏误均可能导致激励和控制机能一方或双方的效能损耗、无效甚至反向效果，上述现象的发生即表明评价制度出现了结构性效能耗损。

中国现行的大学教师评价制度以科研优先、量化为主和外在导向为显著特征，即所谓的唯科研，唯数字，唯外显。所谓科研优先即在大学教师评价中突出强调科研产出和绩效，科研表现成为大学教师晋升、考核奖惩的主要甚至是唯一依据；所谓量化为主则是对大学教师学术水平的评估主要甚至唯一看发表的论文数、出版的著作数以及获得的科研项目数，并演化为论文 GDP 主义和影响因子崇拜；所谓外在导向是在大学教师评价中普遍存在行政评学术、外行评内行的现象，被评价的都是甚至唯一是那些可以显现的"东西"。与上述特征相伴的是大学教师中比较普遍存在的科研漂移、教学漂移、学术失范、行为越轨，以及大学教师职业倦怠感和角色距离的产生与强化。所有这些，表明中国现行的大学教师评价制度出现了激励和控制结构的扭曲偏误，牵引着大学学术总体上运行在非生产性的路径上。

"非生产性路径"是道格拉斯·诺斯在比较不同国家经济绩效时提出和使用的一个概念。其原意是指经济发展和制度变迁过程中存在抑制生产性活动的制度，这种制度有可能导致军事凌驾于政治与经济之上，或产生宗教狂热，或催生简单的、直接的再分配组织，却很少奖励那些增长与传播对经济有用的知识的行为。[①] 加上这种制度本身

---

① ［美］道格拉斯·C. 诺斯：《制度、制度变迁与经济绩效》，杭行译，上海三联书店 2008 年版，第 136 页。

❖ 结 论 ❖

的报酬递增性，遂使一国经济体系演化为一种强化现存激励却缺乏增长的非生产性路径。大学学术作为一个体系具有与经济体系的相似性。本章援引"非生产性路径"一词指大学学术制度对真正的学术性活动缺乏有效的激励，反而对非学术性因素及其利益格局不断强化的恶性循环，这是一种劣币驱逐良币的扭曲过程，是大学教师评价制度内在激励和控制结构均失效或低效的结果，也是大学教师评价制度效能耗损的表现。

具体而言，严格时间约束下基于定量指标的问责制使得中国大学教师评价制度缺乏弹性，控制结构时常遭遇崩溃，表现为频发的学术失范和行为越轨；评价目标设定的一元价值主宰和短期功利主义取向则使得中国大学教师评价制度的激励结构发生扭曲，与此伴随的是教师中普遍存在的评价目标漂移、科研仪式主义和退却主义。其结果是大学教师主体地位的被遮蔽和被压抑，进而引发职业倦怠和角色距离的生成与强化，这便是中国大学教师评价实践的整体图景，如表30—1所示。

表30—1　　中国大学教师评价制度的结构性效能耗损

	控制结构崩溃	激励结构扭曲
原因	严格时间约束下基于定量指标的问责制	一元价值主宰下的评价目标漂移
表征	学术行为失范和越轨	科研仪式主义和退却主义
结果	控制的反向功能	激励的无效或低效

一　一元价值和功利主义宰制下的评价目标漂移与激励结构扭曲

"制度构造了人们在政治、社会或经济领域里交换的激励。"[①] 制度提供人们行动和互动的激励结构。大学教师评价制度亦不例外，制

[①] ［美］道格拉斯·C.诺斯：《制度、制度变迁与经济绩效》，杭行译，上海三联书店2008年版，第3页。

❖ 第三十章 中国大学教师评价效能的反思 ❖

度作为一种集体行动的规则，它直接或间接地提醒人们什么行为在群体中是受到鼓励的，什么行为又是不受鼓励或不可取的。实践中的制度是一种社会现实，作为一种社会现实它是一种双重存在，既存在于客观事物中，也存在于人们的心智中；既在活动的场域中，亦在行动者的惯习中；既在行动者之外，亦在行动者之内。[①] 大学教师评价制度作为大学中各种学术制度的核心，以其蕴含的价值取向和制度偏好潜移默化地形塑着大学教师的选择和行为，当然，这种形塑过程是制度的制约作用和大学教师对评价制度的主观认知和理解互为表里的。质言之，评价制度及其相关活动所提供的外在激励和控制结构在评价过程中会被教师在日常工作实践中内化，进而形成一定的行为倾向。众所周知，大学教师的工作由教学、科研和社会服务三大任务构成，不难理解的是，评价制度若向上述任何一项任务倾斜，大多数教师亦会或主动或被动地把更多的时间和精力投向那项任务。对大学教师评价制度来说，制度偏好若与评价的本来目的发生脱离或偏移，则会造成评价制度原本的激励结构被扭曲或破坏，进而使制度的激励机制发生故障。

审视中国大学的教师评价制度，激励结构存在比较严重的扭曲现象。正如上文分析，科研优先是中国大学教师评价制度的普遍特征，对科研的强调已经异化为论文 GDP 主义和影响因子崇拜，对大学教师工作的考核评价则沦为按指标算"工分"的境地。这实际上表明甚嚣尘上的大学排名指标已渗透和嵌入大学教师评价指标之中，也折射出中国大学教师评价中行政评学术的现象。正如本书作者所言"行政评价学术并非一无是处，因为外行评价内行不一定总是坏事，但行政不可强力介入学术。把大学排名指标拆分，'嵌入'教师个人评价指标体系的做法，就是将行政意愿强加于学术追求之上，并使教师成为大学排名上升的工具"。[②]

上述问题的原因何在？追根溯源在于中国大学教师评价中院校和

---

① [法]布迪厄、[美]华康德：《反思社会学导引》，李猛等译，商务印书馆2015年版，第159页。

② 沈红：《论大学教师评价的目的》，《高等教育研究》2012年第11期。

❖ 结　论 ❖

行政价值的一元主宰，它反映出大学里行政力量和学术力量之间不平等的权力关系。大学教师评价的目标设定、方案制定和实施执行都没有充分吸收教师群体的参与，对教师自身的发展诉求缺乏关注和回应。科研至上主义反映的是呈现为院校价值需求的被异化了的国家价值需求在高等教育评价中的强势主导地位，而高等教育的其他利益相关者，包括教师、学生和家长等群体的利益则被搁置或漠视。大学教师评价中的一元价值主宰默认评价者一方相对于被评价者一方，即大学教师，拥有非对称性的不平等权力和权威，这使得大学教师自身的价值需求和个人发展诉求被压抑。其后果是本应为大学精神承载者的教师对评价者（高校行政力量及其委托人）逐渐形成一种依附关系甚至是应付关系。

　　在上述情况下，大学教师群体会根据自身对场域中机会、限制和情景的分析，形成一种在外界看来自然而然的策略性应对模式和适应图式。这种策略性应对或适应主要表现为三种情况。其一为大学教师在面对科研和教学等不同任务时普遍存在的科研漂移行为，即实际上的重科研轻教学（当然为了满足外部合法性要求而口头上声称重视教学的现象大量存在），由于大学普遍采取科研至上主义政策，大学教师的科研漂移行为是广泛存在的。根据本团队进行的"2014中国大学教师发展状况调查"，5186位调查对象中有近3/4的人承认自己"由于评价活动的存在，我用了较大比重的时间和精力在科研上"，"985工程""211工程"和一般本科三种类型的高校于此问题呈"非常符合"和"符合"的比例分别为83%、77%和65%，如图30—1所示。阎光才对研究型大学教师的相关研究得出了相似的结论。①

　　其二是大学教师在科研行为过程中的仪式主义，即大学教师对其所从事的科研活动及其科研产出缺乏内在动力，科研沦为应付考核而不得不为的苦差事，为了考核达标而申请项目、发表文章，这种与自身兴趣和探索欲求裂为两橛的科研行为，其效率和质量显然都会大打

---

①　阎光才：《研究型大学中本科教学与科学研究间关系失衡的迷局》，《高等教育研究》2012年第7期。

❖ 第三十章 中国大学教师评价效能的反思 ❖

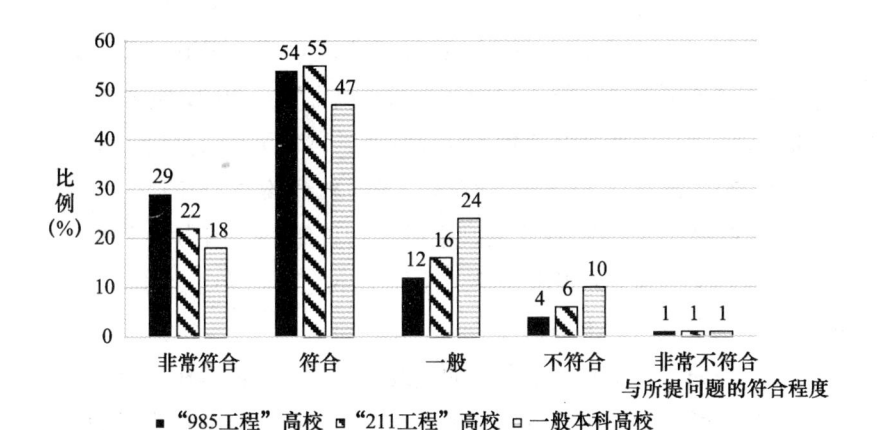

图30—1 评价活动对大学教师科研倾向的影响

折扣。

其三则体现为大学教师在科研方面的退却主义,这是一种更为消极的行为取向和表现,即大学教师面对不合理、不科学的科研体制和大学教师评价制度而逐渐失却科研热情和发展动力直至放弃学术追求和科研努力,成为大学教师群体中沉默的一部分。

科研仪式主义和退却主义反映出很多大学教师的真实工作和心理状态,但无论是哪一种情况都是大学教师资源的浪费和错置,它使学术职业和大学教师自身均遭受损失。然而,这是大学教师评价中一元价值和功利主义宰制下的必然结果,其症结就在于这种评价从目标到过程都外在于作为评价对象的大学教师,"评"与"被评"被人为割裂开来,无视或轻视大学教师自身的价值关切和发展诉求。

二 管理主义绩效观主导下评价的弹性缺失与控制结构崩溃

管理主义(Managerialism)又被称作新公共管理(New Public Management,NPM),是20世纪80年代以来兴起于英、美等西方国家的一种新的公共行政理论和管理模式,也是近一二十年来西方规模空前的行政改革的主要指导思想之一。管理主义模式以经济学和私营部门管理理论为基础,特别强调组织的分权化管理、绩效的明确标准与测量、以结果为导向、在公共部门引入竞争以及对私营部门管理方

· 499 ·

❖ 结 论 ❖

式的借鉴等。① "近年来，受到公共领域管理变革的影响，新公共管理成为全球范围内高等教育政策变革的主流思潮。中国近年颁布的一系列政策也呈现出新公共管理的部分特征，体现了新公共管理思潮所推崇的一些管理技术和手段。而作为高等教育核心和基础的学术工作，也深受其影响。"② 具体到大学教师评价制度，国内大学基本接受了管理主义的绩效观及其考评方法，即注重结果导向、强调量化指标，并呈现出较强的市场化和功利主义取向。

在这种偏重数字和结果导向的绩效观统领下，简单粗放的数量指标被视为大学教师的主要成就目标，扭曲了教师评价的本来目的，催生出大量学术泡沫并间接诱致频发的学术失范和越轨行为，对大学学术场域的急功近利氛围起着推波助澜的作用。而对量化结果的过分强调最终会使评价制度的控制机能崩溃。诚如美国社会学家默顿所指出的，当文化重心从竞争本身产生的满足感转移到排除一切而只关注结果时，由此产生的压力会导致控制结构的崩溃。③ 控制结构的崩溃表现为场域中行动主体的行为失范或越轨，从而背离制度的初衷目的，导致评价制度的无效或负效能。其具体表现便是科研活动的造假、剽窃、抄袭等学术失范或越轨，而且呈现蔓延趋势。笔者在百度新闻搜索中以"论文抄袭"为关键字竟搜索到15.6万条记录，可谓触目惊心。2016年9月20日，美国知名抄袭监测网站 Plagiarism Watch 通过国际知名英文论文抄袭检测系统 iPlagiarism 发现了世界科学史上最大规模的英文论文造假公司，该公司与一家巴西 SCI 期刊合作，收费为中国学者发表了大量涉嫌抄袭、造假的论文。据悉，2015 年该刊发表中国学者的文章达到了 1605 篇，比例高达 78.1%。④ 在国内，类

---

① 胡仲勋：《21 世纪以来纽约市公立学校系统赋权问责改革：背景、演进与评析》，《外国教育研究》2015 年第 9 期。
② 李琳琳、卢乃桂、黎万红：《新公共管理理念对中国高等教育政策及学术工作的影响》，《高等教育研究》2012 年第 5 期。
③ [美] 罗伯特·K. 默顿：《社会理论和社会结构》，唐少杰等译，译林出版社 2015 年版，第 210 页。
④ 《联合早报》：《中国医生学术论文被曝大量抄袭造假》（http://www.zaobao.com/realtime/china/story20160925-670476）。

似的论文中介机构更是花样繁多、规模庞大,早已形成一条隐形的学术利益链条。类似新闻和案例不胜枚举。上述现象表明,中国的大学学术事业已近于走上了一条"非生产性路径",这不得不令人警醒和反思,尤其应引起政策制定者和高校领导的关注和重视。

三 主体地位的遮蔽与大学教师角色距离和职业倦怠的产生与强化

1952年,美国哥伦比亚大学物理学教授I.拉比(I. I. Ribi,1944年诺贝尔物理学奖获得者)回应艾森豪威尔校长的名言——"教授们就是哥伦比亚大学"至今仍在大学里广为流传,半个多世纪以来大学校长们常常引用此语来证明大学对教师主体地位的认可和尊崇。但是中国的现实却与此存在反差。由于大学规模的不断扩张、大学任务的多元化以及随之而来的行政力量的崛起,使得大学中教师的地位相对下降,特别是广大青年教师承受着科研、教学和家庭等多方压力负重前行,更具戏剧化的是在很多大学竟然出现行政指挥学术的现象,大学教师的学术主体地位遭受侵蚀、受到压抑。但归结起来,大学教师主体地位跌落的根本原因,更在于大学教师评价制度的不合理,这种不合理的评价制度使大学教师的学术热情和追求遭遇现实困境却又无力反抗。

现存的大学教师评价制度往往只强调教师的科研产出和声誉贡献,却回避了大学对教师的责任和承诺,教师自身发展需求得不到实质承认和认真对待,教师仅仅被视为实现某种组织目标的工具。本书认为,大学的发展应该涵括而非抽离教师本身的发展,教师自身的各方面发展是大学组织和学科发展的源泉和根基,否则所取得的只能是畸形和片面的发展,是一种竭泽而渔、杀鸡取卵的行为,不可能引导大学学术走上一条生产性的良性循环路径。在这种评价制度下即使短期可能取得学科发展的突破但不具有持续性,更可能的情况是催生大量学术泡沫和重复研究,使学术风气愈加浮躁。

对大学教师主体地位的遮蔽和压抑会导致教师角色距离和职业倦

❖ 结 论 ❖

怠感的产生和强化。当前中国整个大学教师群体的工作压力是普遍偏大的,"2014 中国大学教师发展状况调查"的结果显示:有 51% 的人认为总体工作"超负荷",另外有 16% 的人感到"严重超负荷",也就是说,三分之二的教师认为他们的学术工作是超负荷的。① 可见,中国大多数大学教师常年处在非常疲惫的工作状态中,与此伴随的是大学教师较高的职业倦怠感,不高的工作满意度。而"角色距离"(Role Distance)则从另外一个侧面反映出大学教师的工作和心理状态。

"角色距离"是由欧文·戈夫曼(Erving Goffman)提出的一个社会学概念,它源自社会学家对"社会角色"的分析。所谓"社会角色"是指扮演与某一特定地位相关联的种种权利和责任。而戈夫曼试图分析个体与被期待行为二者之间的关系,并提出"角色距离"这一概念,用以表示理想角色与实际演出的差距,亦即表演者对其角色的依附程度,它能暗示出表演者对角色可能有些不满或抵触情绪。② 大学教师对其工作职责(教学、科研)的疏离和抵触便是一种"角色距离"。大学教师学术生涯的"过山车现象"突出反映了其角色距离问题。所谓"过山车现象"是指大学教师职称评审前后学术产出的明显起伏,即"教师在职称评定前后学术投入和产出呈现出'爬坡'与'滑坡'的现象。职称评审前拼命写文章、搞科研、出著作,每年学术产出与日俱增,而一旦职称头衔到手,就'刀枪入库,马放南山',每年学术产出迅速下降,如同游乐场上的'过山车'一样"。③ 相关研究表明,"过山车现象"不仅客观存在,且大有不断增强之势。上述现象表明,大学教师普遍存在从事科研工作的内在动力不足,评价制度所要求的科研在很大范围内并没有真正被大学教师所

---

① 沈红:《中国大学教师发展状况——基于"2014 中国大学教师调查"的分析》,《高等教育研究》2016 年第 2 期。
② 谭光鼎、王丽云:《教育社会学:人物与思想》,华东师范大学出版社 2009 年版,第 221—222 页。
③ 杨芳绒、王宾齐:《象牙塔里的"过山车现象":大学教师职称评审前后学术产出的实证研究》,《高教探索》2015 年第 10 期。

内化，而是不同程度上外在于大学教师的。在这种情况下我们很难期待大学教师做出真正有价值的知识创新和科学发现，因而使得整个大学学术在很大程度上存在低质量和无效率。

第三节　提升中国大学教师评价效能的思路和建议

针对中国现行大学教师评价的缺陷，本书认为应从以下方面调整和改进大学教师评价制度与评价实践，以减少和消除其结构性效能耗损，提高大学教师评价的效能水平。

一　在评价导向上注重外显内在结合，不能"唯可见性"

大学教师评价是对教师工作的评价，教师工作的内涵是学术，学术的内涵具有可见性和不可见性。比如课堂教学，可见的有：教师按时进教室上课，拿出教案，给学生讲课，与学生互动，课后批改作业，与学生讨论问题等等；其中不可见的有：教案是否更新且用了多少时间、多少精力、多少资料作参考来更新？讲课用了多少心血、想了多少办法、多大程度上了解听课学生？在与学生互动中是简单回答问题，还是认真讨论问题，或是留下疑问双方再深究问题？布置的作业是可查询资料完成的还是必须经深入研究才能完成的，是具有标准答案的还是没有共性解答的，是研究生助教批改还是教师本人批改，批改后师生继续讨论还是仅反馈学生即可？与学生讨论课堂教学中的问题是否可向学术研究方向前进？可以说，教学时数可见，教学"人心"不可见！再如科学研究，可见的有，发表的数量（论文数，著作字数）、刊物的排序位数、课题的来源及层级和经费额度等；其中不可见的是，该成果或者课题真有价值吗，真的达到或具有"国际领先水平"吗，排序高的期刊或者来源层级高的课题一定比排序低的期刊或来源层级低的课题的水平高吗？对可见性的判断容易，对不可见性的判断困难，然而，真正的"学术圈"对上述不可见问题的答案也是有共识的。

❖ 结 论 ❖

我们常常说绩效评价，绩效（performance）的原意具有"表演"的意味，当然是"看得见"的意味，也就是"外显"的意味。教师评价是要关注其外显的，但是外显是需要其"内在"支撑的，特别是大学教师的学术表现更需要其学术内涵的支撑，也就是说，大学教师学术表现的好坏，主要由其对学术的追求、兴趣、理解力和奉献度等方面决定，并不是由其论文篇数、课题经费额度来决定。所以，大学教师评价指标要能够将一些不可见的内在因素考虑进去，举例来说，教学态度好坏、教学内容深浅、对学生影响力高低等等；还比如科学研究的持续力，研究成果的影响力，在同领域学术圈的被认可度高低等。

二 在评价维度上考虑学术工作内涵，不能"科研至上"

学术工作的内涵是什么？如欧内斯特·博耶所说，学术包含四个方面：发现（discovery）、综合（integration）、应用（application）和教学（teaching）。他在其书中还解释道："发现的学术的最高层面，不仅有助于人类知识的积累，而且有利于在高校中形成智力的氛围。不仅是发现的成果，而且是发现的过程，尤其是发现的热情都具有这种意味。……而综合的学术与发现的学术紧密相连，它首先是在多领域汇聚的边界上进行研究，在我们的调查中 75% 的人认定跨学科工作为学术的内涵。……应用的学术不是单向的，并不一定是先发现后应用，在某些领域中理论与实践相互影响并相互更新。……教学是理解的最高形式。好的教学意味着教师既是学者，又是学生。最好的教学不仅传授知识而且改造和扩展知识。通过读书、课堂讨论、学生的评论和质疑，教授自身被推向创造性的新方向。"[①] 用我们的语言简单解释为，具发现意义的科学研究、具跨界意义的学科综合、可培养人才的教学工作、促科技成果转化的应用服务。大学教师从事的学术工作也应包含这四个方面。根据国别不同和学科不同，这四个方面在

---

① Ernest L. Boyer, *A Special Report: Scholarship Reconsidered: Priorities of the Professoriate*, The Carnegie Foundation for the Advancement of Teaching, San Francisco: Jossey-Bass Publishers, 1990, pp. 17–25.

❖ 第三十章 中国大学教师评价效能的反思 ❖

教师个体上的分配比重并不均衡。如跨学科的综合学术，在科学技术和高等教育都高度发达的国家里，跨学科工作已成为常态，但中国大学中的跨学科工作还有很长的路要走；某些学科，如机械制造和液压传动，不与计算机等学科相交相跨，就失去了生命力，但是有的学科对学科交叉则不一定如此迫切。另外三个内涵，如科学发现、教学育人、服务应用，在现时代，已经成为多国高等教育系统具有一致性的功能，尽管中国过去学习苏联的做法，大学不承担科学发现上的任务，但发展至今，俄罗斯和中国的大学科研成就都堪称巨大。

既然大学教师的学术工作至少包含三项甚至四项，我们的教师评价就不能过于专门重视甚至唯独重视科研了，中国大学教师评价中容易忘记的是"教学的学术"。而教学是大学与生俱来的职能，只要大学是培养学生的，教学职能就只能加强而不能削弱。由于科研评价看似简单易行（抽去上述"内在的不可见"后），教学评价看上去则无从下手，还由于几乎所有的大学评价和排序都给科研绩效以绝对大的权重，中国实践中的教师评价就将教学评价放到了最低程度：一是教学工作时数要满足要求，二是学生评教得分要高。第一条容易达到，第二条在"游戏规则"操作下也不难，如此，无论是政府资源分配、还是学校想要的排名、或是教师个人的需求，三方合力把科研推到了评价中的"至上层面"。本书的含义是，大学教师评价既需要科研评价，也需要强有力的可实施的教学评价，不能只计其一。

三 在评价标准上尊重不同学科差异，不能"一把尺子"

大学是由学科构成的，不同学科之间具有差异化的特点带来了大学教师工作特点上的差异。从学科大类来说，理科、工科、文科、医科具有明显的学科差异，各学科教师的工作方式、甚至生活方式都有所不同。有的学科讲究实验，实验室工作以及通过实验得以创新是这些学科的教师的追求；有的学科讲究论证和推导，论证有力、推导出合理结果就是这样的学科的教师的追求；有的学科讲究调查，到现场去，得到真实的世界，告诉社会这个世界"是这样的"；有的学科讲究"思辨"，要用哲学的、文化学的"头脑"告诉社会这个世界"应

❖ 结 论 ❖

该是这样的",如此等等。在科学本意是"真"和"实"的前提下,有的学科需要用"在故纸堆中淘金"的方式并以"大部头"的著作作为科研成果要件,如历史学;有的学科需要在实验室中得到"思维火花"和新发现,并用科学论文揭示实验中得到的美好的、别人没有做出过的"成绩",如生物学;有的学科需要在实践现场、经多次尝试,失败、成功、再成功、失败,相互交错,得以成功并投入应用或申请专利授权,如工程学;还有的学科需要推演、运算、得出"……之谜"、解出"……猜想",并在国际大会上发言宣布其推算结果,如数学,如此等。

这样看来,有的学科进步依靠著作,有的依靠论文,有的依靠会议报告,有的依靠发明专利,那么,怎么能够对不同学科的教师,采用一把尺子来度量、评价其创造性的成果呢?强行使用一把尺子度量的结果,是歪曲了某些学科的内涵,抹杀了学科之间既定的差异,混淆了不同学科教师应有的学术工作内涵,造成学科生产方式的一律性和无特色,最后只能是伤害教师本身,伤害大学发展的生命力,久而久之是对科学的犯罪。

四 在评价过程中引入教师主体作用,不能"条款为大"

大学教师评价中教师是被评价者,正如本书第 27 章所说,是一种"类主体"。教师评价的实质是一种学术评价,不同于遵循"科层制"的行政评价,这就需要被评价者在评价过程中"发声",也就是说,大学教师评价方案和指标的确定需要认真听取一线教师的意见和建议,反映被评价教师的关切和诉求。其确立程序应是大学内不同利益群体协商合意的过程,特别是要充分吸纳教师群体参与。因为"为何而评",即评价的目的在根本上是一个价值问题,而价值问题的解决只能诉诸对不同群体利益的兼顾和平衡。正如瑞典教育学家胡森所言"评价过程是具有价值导向的,因为所有参与者不仅具有关于对评价目标的期待,而且具有来自社会、心理、物理背景的个体价值观。在设计评价时要允许不同价值系统的加入,通过讨论产生能够

❖ 第三十章 中国大学教师评价效能的反思 ❖

对所有意见给予考虑的一致意见"。①

现行的中国大学教师评价，也是邀请了教师的参与，但实际上，邀请的是学术权威，是那些一直"居高临下"评价别人的人，并不包括正在被评价中成长的人。实际上，被评价的教师参与制定并反映其利益关切的评价制度和方案，更利于这些政策条文得到利益相关者主体的认可，要知道评价指标和评价条款是由人确定的，合理反映更多人利益的政策条款更有被广泛接受的可能，如此才能激发广大教师的主体性，也可以有助于提高他们在大学教师评价问题上的合作度，从而将评价目标内化为自我发展要求。大学教师评价，尽管具有帮助教师改正缺点的作用，但最主要功能是宏观上和微观上促进教师群体和个体的发展，从而推动教师与学生、学科、大学的共同进步。所以，应"以人为重"，以利益相关者的诉求为大，而不能以政策条款为大，政策条款是可以适时调整的。

五 在评价方法上探索质性量化结合，不能"数字是重"

对大学教师进行量化评价和质性评价各有利弊，量化评价操作简单、客观性强，人们往往评价道"会做算术就会做评价"，但仅用量化评价"抽掉了"内涵，冰冷的数学加减很难对学术质量和学术内容进行判断。以此为对照，质性评价长于观察、访谈、并对其观察与访谈结果进行内容分析，从中得到质量判断，但操作复杂，需要时间长，主观性带入，客观性差。因此现实操作中的中国大学教师评价，在科研上以量化为主，在教学上也仍然以"教学时数"和"学生评教分数"这样的数字为主。

中国大学教师评价实践中得到批判最多的就是这种"唯数字评价"。随时间的推移，这种单一的量化评价缺陷越来越突出，不仅难以客观全面地衡量大学教师的工作，而且间接诱发学术失范和行为越轨，因为量化评价的结果是"逼着"教师增加成果数量，难以顾及

---

① ［瑞典］胡森等：《教育大百科全书（第7卷）》，张斌贤等译，西南师范大学出版社2006年版，第141页。

❖ 结 论 ❖

成果质量与水平。在本团队2014年大学教师发展状况调查中，分别为14.8%和10.9%的地方高校和中央高校接受调查的教师反映，因为现行的大学教师评价，会"发表质量不高的论文"。① 鉴于量化评价和质性评价各有利弊长短，急需探索量化和质性相结合的评价方法，使二者各自扬长避短、相得益彰。譬如，教学中，可多采用同行评价，当同行评价难以实行时，可利用课堂视频予以同行抽查；科研上可实行严格的代表作制度并延长评价周期。我们知道，数字是冰冷的、无情感的，而教师是热情的、有感情的，不能让冰冷的数字评价"冷却"了教师们的热情，若长此以往，中国大学中健康的学术环境和沉稳的学术风气就不能形成。

六 在评价结果上可行多方协商调适，不能"一锤定音"

大学教师评价结果最终是要被使用的，比如学生评教得分就常常被大学拿来作为某教师"该年度申报职称的资格"，"非优秀者"不可申报，或者"排末位者"自行淘汰。综合性评价结果被用作职称晋升，或被用作"非升即走"，也有被用作下一年度薪酬标准的。本文无意说评价结果用于"职称晋升"或"非升即走"或"薪酬标准"上的不妥，各种可在实践上运行多年的做法总有其社会接受度和该机构愿意保持持续的理由。由于大学教师是大学组织中的人，教师本身是利益相关方，学生也是利益相关方，可以尝试将大学教师评价结果交由一个由多利益相关方构成的委员会讨论，如，这个评价结果，教师本人满意吗？若不满意，可给以申诉机会，使教师在评价结果面前反思自己，重新规划，得以发展；对这个评价结果，学生满意吗？有的教师教学非常好，但因花在科研上的时间不足导致综合评价结果不好，但深受学生爱戴的教师不是好教师吗？学生满意度要在评价结果调适中占据一席之地，正是因为学生是直接受益（受害）方；这样的评价结果，学校满意、院系满意吗？如果有些教师（非行政管理干部）的主体时间用在为院系的学术管理上，其一定时间内的

---

① 来自本项目调查的统计数据（参见本书第五章）。

第三十章 中国大学教师评价效能的反思

诸如教学和科研的学术任务就很难成就巨大，但其所在学校和院系的发展与该教师的贡献相关。要知道，学术平台构建、学术团队建设、学科方向凝炼、学术前沿探寻，乃至学术人的入职、晋升和评价都要合乎学术规范和学术标准，都涉及到学术方向的把握以及对学术未来的远见卓识，只有高水平的学者才能够做好这样的工作，这种学术管理要归于"应用的学术"这一维度之上。所以，校、院、系各级学术委员会对教师评价结果的满意度也须得到重视。

目前的大学教师评价"未通过"的结果无非有两种：有的院系严格，上报学校，动员其离开；有的院系"仁慈"，到学校争取"宽限"，明年再来一次。这两种"未通过"的结局都是惩罚：是对学者"面子"的撕裂，是对其生存和发展权力的剥夺。惩罚本是对出错方给予的教训，但是评价未能通过，不一定是教师个人真出错，也许评价标准有误，也许评价过程有误，也许评价方式不当。若允许评价结果在多方利益相关者委员会中协商并予以调适，有利于形成一个"多赢"局面，把大学教师评价实践推向正确的方向。

本书提出，学术是柔性的，很多学术问题是没有答案的，学术的进步是永无止境的。若市场力量强力介入，无论是"数字为大"、"效率至上"，还是"结果不可协商"、"不达标就出局"，若长此以往，只会伤害学术的生命力。众所周知，市场失灵的地方，需要政府的介入。大学教师评价一定是市场失灵之处，需要政府为保护学术、保护学术职业而介入，更需要学术界本身为保护学术特性和学术规则而坚守！

附录 "学术职业/大学教师"研究团队的科研成果目录

第一部分 学位论文

一 博士学位论文（华中科技大学）*

1. 刘之远（2018）：《美国研究型大学教师发展组织的转型——基于多案例的质性研究》
2. 王建慧（2017）：《大学教师评价的院系个性：学科文化与学科组织行动的交互》
3. 刘 盛（2016）：《大学教师评价制度的物化逻辑》
4. 张和平（2015）：《中国研究型大学正教授科研论文产出影响因素的实证研究》
5. 牛风蕊（2015）：《权力结构调整中的地方高校教师职称制度改革研究》
6. 熊俊峰（2014）：《大学教师薪酬结构研究》
7. 刘 进（2012）：《中国研究型大学教师流动——学术劳动力市场的视角》
8. 谷志远（2011）：《中国学术职业成就影响因素的实证研究》
9. 戎华刚（2011）：《高校教师学术道德失范及防治策略研究》。

---

* 括号中为学位论文答辩年份。

10. 庞　岚（2010）：《研究型大学教师教学与科研关系研究》
11. 杜　驰（2009）：《论院校资源配置的国别特点与学术职业发展》
12. 张英丽（2008）：《学术职业发展与博士生培养的关系研究》
13. 宋旭红（2007）：《学术职业发展的内在逻辑》
14. 李志峰（2007）：《中国学术职业的国际竞争力研究》
15. 王怀宇（2000）：《研究型大学的教授与教授群体》
16. Muhammad Anwer（2018）：*A Study on Factors Influencing Faculty Satisfaction In Pakistani Universities*〔安华（2018）：巴基斯坦大学教师满意度影响因素研究〕

二　硕士学位论文（华中科技大学）

1. 罗蕴丰（2017）：《大学教师流失意向的影响因素——基于2014年中国大学教师调查的实证研究》
2. 李艳博（2016）：《高校青年教师工作满意度的实证研究》
3. 赵　斌（2015）：《地方普通本科高校青年教师教学投入现状研究》
4. 曲　张（2014）：《高校教师的角色意识及其影响因素研究》
5. 吕小勉（2014）：《学生评教结果与大学教师教学风格的相关性研究》
6. 卢　璐（2014）：《研究教学型大学教师教学科研偏好及其影响因素研究》
7. 杨峻建（2014）：《高校工科教师的工作压力与工作满意度的关系研究》
8. 徐志平（2013）：《我国高校新教师供需状况研究——以历史学科为例》
9. 赵　青（2008）：《我国高校教师教学培训的需求研究》
10. 文　雪（2007）：《中国学术女性的职业发展——"玻璃天花板"的存在及其突破》
11. 何新婷（2007）：《我国研究型大学教师职业稳定性影响因素研究》
12. 韩　璇（2007）：《中国学术职业的吸引力——基于博士生学术职

业意向的调查》

13. 李　冬（2007）：《精英高等教育与学术职业间的关系研究》
14. 王地国（2007）：《地方本科院校教师队伍建设问题研究》

第二部分　期刊论文*

1. William Sandy and Hong Shen**, "Publish to Earn Incentives: How do Indonesian Professors Respond to the New Policy?" *Higher Education*, No. 2, 2018.

2. Hong Shen and Junfeng Xiong, *An Empirical Study on Impact Factors of Faculty Remuneration across 18 Higher Education Systems*, a chapter in Ulrich Teichler and Williams Cummings (eds.), *Forming, Recruiting and Managing the Academic Profession*, Switzerland: Springer, 2015, pp. 163 – 185.

3. Hong Shen, Zhiping Xu and Bingbing Zhang, *Faculty Inbreeding in China: Status, Causes, and Results*, a chapter in Maria Yudkevich, Philip G. Altbach and Laura E. Rumbley (eds.), *Academic Inbreeding and Mobility in Higher Education: Global Perspectives*, Palgrave Macmillan, 2015, pp. 73 – 98.

4. Hong Shen, *Progress of the Academic Profession in Mainland China*, in *The Changing Academic Profession in International Comparative and Quantitative Perspectives*, Hiroshima University Press, Hiroshima Japan, September 2008.

5. Hong Shen, *Challenges on the Academic Profession Development Posed by the Changing Doctoral Education in China*, in Marrice Kogan and Ulrich Teichler (eds.), *Key Challenges to the Academic Profession*, INCHER – Kassel /UNESCO Forum on Higher Education, Kassel Ger-

---

* 排序原则：英文排前中文排后；近期排前远期排后。
** 为通讯作者。

many, 2007.

6. Hong Shen, *Academic Profession in China: with a Focus on the Higher Education System*, COE Publication Series No. 20: *Quality, Relevance, and Governance in the Changing Academia: International Perspectives*, Hiroshima University Press, Hiroshima Japan, December 2006.

7. Jin Liu and Hong Shen, "The International Mobility of Overseas Chinese Academics: An Investigation of Repatriation Intention", *International Higher Education*, No. 3, 2013.

8. Muhammad Anwer, Hong Shen, S. Khurram Khan Alwi, Dervish Raza and Nisa, "Factors of Effective Mentoring: An Empirical Study of Post-Graduate Faculty and Students in Pakistan", *New Horizons*, Vol. 11, No. 1, January 2017, pp. 41 – 58.

9. Zeng Lin and Hong Shen, *How Do Personal Characteristics Influence Scholarly Productivity? A Comparative Study of Chinese and American Academic Professions*, a chapter in J. F. Galaz – Fontes, A. Arimoto, U. Teichler and J. Brennan (eds.), *Biographies and Careers throughout Academic Life*, Switzerland: Springer, 2016, pp. 231 – 240.

10. 沈红:《中国大学教师发展状况——基于"2014 中国大学教师调查"的分析》,《高等教育研究》2016 年第 2 期。

11. 沈红:《论大学教师评价的目的》,《高等教育研究》2012 年第 11 期。

12. 沈红:《论学术职业的独特性》,《北京大学教育评论》2011 年第 3 期。

13. 沈红:《变革中的学术职业——从 14 国/地区到 21 国的合作研究》,《大学·研究与评价》2007 年第 1 期。

14. 沈红、王建慧:《一流大学教师队伍建设的院系责任——基于四所世界一流大学的实地调研》,《教育研究》2017 年第 11 期。

15. 沈红、王建慧:《大学教师评价的学科差异——对美国一所公立研究型大学的质性研究》,《复旦教育论坛》2017 年第 3 期。

16. 沈红、李玉栋:《大学理工科教师的职业发展需要——基于

❖ 附录 "学术职业/大学教师"研究团队的科研成果目录 ❖

"2014 中国大学教师调查"开放题的分析》,《高等工程教育研究》2016 年第 6 期。

17. 沈红、刘盛:《大学教师评价制度的物化逻辑及其二重性》,《教育研究》2016 年第 3 期。

18. 沈红、张和平:《基于科研论文发表的中国研究型大学正教授的类型及特征》,《复旦教育论坛》2015 年第 6 期。

19. 沈红、熊俊峰:《职业性别隔离与高校教师收入的性别差异》,《高等教育研究》2014 年第 3 期。

20. 沈红、熊俊峰:《高校教师薪酬差异的人力资本解释》,《高等教育研究》2013 年第 9 期。

21. 沈红、谷志远、刘茜:《大学教师工作时间影响因素的实证研究》,《高等教育研究》2011 年第 9 期。

22. 刘之远、沈红:《研究型大学长聘教职制度:争议、改革与借鉴》,《教育发展研究》2017 年第 23 期。

23. 刘之远、沈红:《治理视角下英国研究型大学教师评价政策改革与借鉴》,《国家教育行政学院学报》2017 年第 12 期。

24. 李爱萍、沈红:《社会阶层背景与大学教师的就职选择——基于"2014 中国大学教师"调查的分析》,《教师教育研究》2017 年第 4 期。

25. 李爱萍、沈红:《社会阶层背景对大学教师职业发展的影响——基于"2014 大学教师调查"》,《中国高教研究》2017 年第 2 期。

26. 李爱萍、沈红:《大学教师晋升时间影响因素的实证分析——基于"2014 大学教师调查"》,《复旦教育论坛》2017 年第 1 期。

27. 罗蕴丰、沈红:《大学教师流失意向的影响因素——基于"2014 中国大学教师调查"的实证分析》,《中国高教研究》2017 年第 11 期。

28. 罗蕴丰、沈红:《大学教师的收入压缩——基于"2014 中国大学教师调查"的实证分析》,《复旦教育论坛》2016 年第 6 期。

29. 余荔、沈红:《我国高校教师收入差距状况及其决定因素——基于 2007 年和 2014 年调查数据的比较分析》,《高等教育研究》

◆ 附录 "学术职业/大学教师"研究团队的科研成果目录 ◆

2017 年第 10 期。

30. 余荔、沈红:《中国高校教师兼职的实证研究》,《教育发展研究》2016 年第 21 期。

31. 张冰冰、沈红:《高校教师工作满意度对其论文产出的影响——基于"2014 中国大学教师调查"的分析》,《复旦教育论坛》2017 年第 5 期。

32. 张冰冰、沈红:《研究型大学教师近亲繁殖状况与论文产出》,《复旦教育论坛》2015 年第 1 期。

33. 王建慧、沈红:《美国大学教师评价的导向流变和价值层次》,《外国教育研究》2016 年第 7 期。

34. 张青根、沈红:《出国进修如何影响高校教师收入?——基于"2014 中国大学教师调查"的分析》,《教育与经济》2016 年第 4 期。

35. 李文平、沈红:《大学教师最关注什么——基于"2014 中国大学教师调查"的分析》,《中国高教研究》2016 年第 1 期。

36. 周玉容、沈红:《成本约束下大学教师评价的效能》,《高等工程教育研究》2015 年第 6 期。

37. 周玉容、沈红:《现行教师评价对大学教师发展的效应分析——驱动力的视角》,《清华大学教育研究》2016 年第 5 期。

38. 周玉容、沈红:《大学教学同行评价:优势、困境与出路》,《复旦教育论坛》2015 年第 3 期。

39. 张和平、沈红:《研究型大学引资与引智同行:加州大学捐赠讲席制度的特征》,《湖北大学学报》(哲学社会科学版) 2016 年第 5 期。

40. 张和平、沈红:《捐赠讲席:美国大学聘用顶尖学者的有效途径》,《中国高等教育》2013 年第 Z1 期。

41. 刘进、沈红:《教学评议:从"以学生为中心"到"以同行为中心"》,《高等教育研究》2016 年第 6 期。

42. 刘进、沈红、庞海芍:《全球大学教师流动在加速吗——基于两次全球学术职业调查数据的分析》,《比较教育研究》2015 年第

8 期。

43. 刘进、沈红:《论学术劳动力市场分割》,《高等工程教育研究》2015 年第 4 期。

44. 刘进、沈红:《大学教师流动影响因素研究的文献述评——语义、历史与当代考察》,《现代大学教育》2015 年第 3 期。

45. 刘进、沈红:《大学教师流动与学术职业发展——基于对中世纪大学的考察》,《高校教育管理》2015 年第 3 期。

46. 刘进、沈红:《大学教师流动与学术职业发展——基于对二战后的考察》,《清华大学教育研究》2014 年第 2 期。

47. 刘进、沈红:《中国研究型大学教师流动:频率、路径与类型》,《复旦教育论坛》2014 年第 1 期。

48. 牛风蕊、沈红:《德国研究型大学学术职位制度的历史、特点及变革趋势》,《外国教育研究》2015 年第 10 期。

49. 牛风蕊、沈红:《建国以来我国高校教师发展制度的变迁逻辑——基于历史制度主义的分析》,《中国高教研究》2015 年第 5 期。

50. 庞岚、沈红:《"学术人"视角下的大学教师管理制度建设》,《高等理科教育》2012 年第 4 期。

51. 庞岚、沈红:《跨越教育学和社会学学科边界的学术职业研究》,《中国地质大学学报》(社会科学版) 2009 年第 11 期。

52. 李冬、沈红:《浅析学术职业的历史发展形态》,《大学教育科学》2010 年第 1 期。

53. 李冬、沈红:《从精英高等教育视角看学术职业的发展》,《江苏高教》2009 年第 5 期。

54. 杜驰、沈红:《研究漂移视域下的学术职业定向》,《江苏高教》2008 年第 2 期。

55. 宋旭红、沈红:《学术职业发展中的学术声望与学术创新》,《科学学与科学技术管理》2008 年第 8 期。

56. 宋旭红、沈红:《学术职业中的学术自由与学术责任》,《大学·研究与评价》2007 年第 1 期。

57. 韩璇、沈红：《大学学术职业后备人才的培养》，《大学·研究与评价》2007 年第 12 期。

58. 李志峰、沈红：《论学术职业的本质属性——高校教师从事的是一种学术职业》，《武汉理工大学学报》（社会科学版）2007 年第 6 期。

59. 李志峰、沈红：《学术职业：欧洲中世纪时期的形成与形态》，《中山大学学报》（社会科学版）2007 年第 4 期。

60. 李志峰、沈红：《学术职业专业化的评价纬度》，《大学·研究与评价》2007 年第 1 期。

61. 李志峰、沈红：《学术职业发展：历史变迁与现代转型》，《教师教育研究》2007 年第 1 期。

62. 李志峰、沈红：《基于学术职业专业化的高校教师政策创新》，《高等工程教育研究》2006 年第 5 期。

63. 张英丽、沈红：《学术职业：概念界定中的困境》，《江苏高教》2007 年第 5 期。

64. 张英丽、沈红：《论学术职业人才储备在我国博士生教育中的缺失》，《高等工程教育研究》2007 年第 2 期。

65. 张英丽、沈红：《学术职业：国内研究进展与文献述评》，《大学·研究与评价》2007 年第 1 期。

66. 文雪、沈红：《试析美国大学学术职业发展的独特性——基于对美国大学终身教职制度的考察》，《高教探索》2007 年第 2 期。

67. 王怀宇、沈红：《美国研究型大学教授发展的诸力分析》，《比较教育研究》2003 年第 3 期。

68. 张冰冰、张青根、沈红：《海外访学能提高高校教师的论文产出吗？——基于"2014 中国大学教师调查"的分析》，《宏观质量研究》2018 年第 2 期。

69. 段俊霞：《美国大学共治的新动向：CF 的融入》，《教育科学》2016 年第 1 期。

70. 谷志远：《美国高校教师研究产出影响因素的实证分析——基于 2004 年美国高校教师调查》，《复旦教育论坛》2011 年第 9 期。

71. 谷志远：《高校青年教师学术产出绩效影响因素的实证研究——基于个性特征和机构因素的差异分析》，《高教探索》2011 年第 1 期。

72. 谷志远：《我国学术职业流动影响因素的实证研究——基于"学术职业的变革—中国大陆"问卷调查》，《清华大学教育研究》2010 年第 6 期。

73. 贾永堂：《大学教师考评制度对教师角色行为的影响》，《高等教育研究》2012 年第 12 期。

74. 李文平：《大学教师对教师评价制度的满意度调查分析》，《高校教育管理》2017 年第 3 期。

75. 李玉栋：《教师人生价值及其实现的经济学分析》，《教育理论与实践》2016 年第 9 期。

76. 刘之远：《大学教师教学发展与教育技术整合研究——基于创新扩散的视角》，《湖北社会科学》2018 年第 9 期。

77. 刘之远：《治理视角下的美国研究型大学教师发展组织变革：路径与借鉴》，《现代教育管理》2018 年第 3 期。

78. 刘之远：《美国大学教师发展组织专业化建设：困境、破解及借鉴》，《外国教育研究》2017 年第 3 期。

79. 刘进、刘之远、Michael Sweet：《新教师发展中心筹建的理念、路径与模式——基于对美国东北大学教师发展中心的访谈》，《高教发展与评估》2017 年第 3 期。

80. 刘进：《学术职业资历惩罚理论的中国解释——教师流动对于 NRS 模型的贡献分析》，《复旦教育论坛》2015 年第 1 期。

81. 刘进、王静：《什么影响美国高校教师教学满意度——基于对 NSOPF 调查数据的分析》，《教师教育研究》2009 年第 5 期。

82. 牛风蕊、张紫薇：《高校教师教学科研偏好选择及其影响因素——基于"学术职业变革-中国大陆"的问卷调查》，《现代教育管理》2017 年第 8 期。

83. 牛风蕊：《扭曲的激励："锦标赛制"下高校教师晋升的异化及矫正》，《现代教育管理》2016 年第 2 期。

84. 牛风蕊：《大学教师评价的内在逻辑、现实冲突及其调适》，《现代教育管理》2015 年第 7 期。

85. 牛风蕊：《大学教师评价的制度同形：现状、根源及其消解——基于新制度主义的分析视角》，《现代教育管理》2014 年第 6 期。

86. 牛风蕊：《我国高校教师职称制度的结构与历史变迁——基于历史制度主义的分析》，《中国高教研究》2012 年第 10 期。

87. 戎华刚：《论职业共同体在矫正高校教师学术道德失范中的责任》，《大学教育科学》2012 年第 6 期。

88. 戎华刚：《高校教师学术道德失范问题的实证研究》，《大学教育科学》2011 年第 12 期。

89. 戎华刚：《高校教师学术道德失范的内部动因探究——基于 18 所高校的调查分析》，《中国高教研究》2011 年第 11 期。

90. 王建慧：《美国大学"多元学术"的制度化及其影响机制——以伊利诺伊大学厄尔巴纳 - 香槟分校为例》，《国家教育行政学院学报》2017 年第 12 期。

91. 文雪：《美国终身教授制度的演变》，《理工高教研究》2006 年第 6 期。

92. 徐志平、刘怡：《学术劳动力市场的分层结构——基于中国社会学博士互聘网络的分析》，《高教探索》2018 年第 3 期。

93. 徐志平：《中国大学学术职业准入制度探析》，《中国电力教育》2011 年第 6 期。

94. 张英丽：《美国博士生教育中的未来师资培训计划及对我国的启示》，《学位与研究生教育》2007 年第 6 期。

95. 张英丽、戎华刚：《北京大学教师聘任制政策的回溯性价值分析》，《高教探索》2007 年第 3 期。

参考文献

中文部分

一 著作

[德] 弗里德里希·鲍尔生:《德国教育史》,藤大春、藤大生译,人民教育出版社1986年版。

[德] 哈贝马斯:《交往与社会进化》,张博树译,重庆出版社1993年版。

[德] 卡尔·曼海姆:《意识形态与乌托邦》,黎鸣、李书崇译,商务印书馆2000年版。

[德] 康德:《道德形而上学探本》,唐钺重译,商务印书馆1957年版。

[德] 马克思、恩格斯:《马克思恩格斯全集》(第30卷),人民出版社1995年版。

[德] 马克思、恩格斯:《马克思恩格斯全集》(第46卷上),人民出版社1979年版。

[德] 马克斯·韦伯:《社会科学方法论》,朱红文等译,中国人民大学出版社1982年版。

[德] 马克斯·韦伯:《韦伯论大学》,孙传钊译,江苏人民出版社2006年版。

[德] 马克斯·韦伯:《学术与政治:韦伯的两篇演说》,冯克利译,生活·读书·新知三联书店2005年版。

◆ 参考文献 ◆

［德］马克斯·韦伯:《学术与政治》,钱永祥等译,广西师范大学出版社2004年版。

［德］马克斯·韦伯:《支配社会学》,康乐、简惠美译,广西师范大学出版社2010年版。

［法］布迪厄、［美］华康德:《反思社会学导引》,李康、李猛译,商务印书馆2015年版。

［法］皮埃尔·布迪厄:《人:学术者》,王作虹译,贵州人民出版社2006年版。

［法］皮埃尔·布迪厄:《实践感》,蒋梓骅译,译林出版社2009年版。

［韩］河连燮:《制度分析:理论与争议》(第二版),中国人民大学出版社2014年版。

［加］约翰·范德格拉夫:《学术权力——七国高等教育管理体制比较》,王承绪等译,浙江教育出版社2002年版。

［美］埃贡·古贝、伊冯娜·林肯:《第四代评估》,秦霖等译,中国人民大学出版社2008年版。

［美］艾尔芭比:《社会研究方法》,邱泽奇译,华夏出版社2009年版。

［美］爱德华·弗里曼:《战略管理:利益相关者方法》,王彦华、梁豪译,上海译文出版社2006年版。

［美］爱德华·希尔斯:《学术的秩序——当代大学论文集》,李家永译,商务印书馆2007年版。

［美］彼得·德鲁克:《个人的管理》,沈国华译,上海财经大学出版社2003年版。

［美］伯顿·克拉克:《高等教育系统——学术组织的跨国研究》,王承绪等译,杭州大学出版社1994年版。

［美］伯顿·克拉克:《高等教育新论——多学科的研究》,王承绪等译,浙江教育出版社2001年版。

［美］伯顿·克拉克:《探究的场所:现代大学的科研和研究生教育》,王承绪译,浙江教育出版社2001年版。

521

◆ 参考文献 ◆

[美]达里尔·楚宾、爱德华·哈克特:《难有同行的科学:同行评议与美国科学政策》,谭文华等译,北京大学出版社 2011 年版。

[美]戴维·波普诺:《社会学》(第十版),中国人民大学出版社 1999 年版。

[美]道格拉斯·诺斯:《制度、制度变迁与经济绩效》,杭行译,上海三联书店 2008 年版。

[美]德里克·博克:《走出象牙塔——现代大学的社会责任》,徐小洲、陈军译,浙江教育出版社 2001 年版。

[美]德瑞克·普赖斯:《小科学 大科学》,宋剑耕、戴振飞译,世界科学社 1982 年版。

[美]菲利普·阿特巴赫:《高等教育变革的国际趋势》,蒋凯译,北京大学出版社 2009 年版。

[美]弗莱蒙特·卡斯特、詹姆斯·罗森茨韦克:《组织与管理——系统方法与权变方法》,中国社会科学出版社 2000 年版。

[美]弗兰克·纽曼、莱拉·科特瑞亚、杰米·斯葛瑞:《高等教育的未来、浮言、现实与市场风险》,北京大学出版社 2012 年版。

[美]亨利·罗索夫斯基:《美国校园文化:学生·教授·管理》,谢宗仙等译,山东人民出版社 1996 年版。

[美]杰弗里·菲佛、杰勒尔德·萨兰基克:《组织的外部控制:对组织资源依赖的分析》,闫蕊译,东方出版社 2006 年版。

[美]克拉克·克尔:《大学的功用》,陈学飞等译,江西教育出版社 1993 年版。

[美]克拉克·克尔:《高等教育不能回避历史——21 世纪的问题》,王承绪译,浙江教育出版社 2001 年版。

[美]莱斯利·里普森:《政治学中的重大问题——政治学导论》,刘晓等译,华夏出版社 2001 年版。

[美]劳勒三世:《组织中的激励》,陈剑芬译,中国人民大学出版社 2011 年版。

[美]理查德·达夫特:《组织理论与设计精要》,李维安等译,机械工业出版社 2003 年版。

参考文献

［美］理查德·鲁克：《高等教育公司——营利性大学的崛起》，于培文译，北京大学出版社 2006 年版。

［美］林塞·沃特斯：《希望的敌人：不发表则灭亡如何导致了学术的衰落》，王小莹译，商务出版社 2011 年版。

［美］罗伯特·默顿：《科学社会学：理论与经验研究》，鲁旭东、林聚任译，商务印书馆 2003 年版。

［美］罗伯特·默顿：《科学社会学》，鲁旭东等译，商务印书馆 2016 年版。

［美］罗伯特·默顿：《社会理论和社会结构》，唐少杰等译，译林出版社 2015 年版。

［美］罗杰·盖格：《大学与市场的悖论》，郭建如、马林霞等译，北京大学出版社 2013 年版。

［美］曼纽尔·卡斯特：《网络社会的崛起》，社会科学文献出版社 2001 年版。

［美］米歇尔·拉蒙特：《教授们怎么想：在神秘的学术评判体系内》，孟凡礼等译，高等教育出版社 2011 年版。

［美］欧内斯特·博耶：《学术水平反思——教授工作的重点领域》，国家教育发展中心译，人民教育出版社 1994 年版。

［美］乔纳森·科尔、斯蒂芬·科尔：《科学界的社会分层》，赵佳苓等译，华夏出版社 1989 年版。

［美］乔治·里茨尔：《社会的麦当劳化——对变化中的当代社会生活特征的研究》，顾建光译，上海译文出版社 1999 年版。

［美］索尔斯坦·凡勃伦：《学与商的博弈：论美国高等教育》，惠圣译，上海人民出版社 2009 年版。

［美］唐纳德·肯尼迪：《学术责任》，阎凤桥等译，新华出版社 2002 年版。

［美］提勃尔·西托夫斯基：《无快乐的经济》，高永平译，中国人民大学出版社 2008 年版。

［美］托马斯·戴伊：《理解公共政策》，谢明译，中国人民大学出版社 2011 年版。

参考文献

［美］威廉·克拉克：《象牙塔的变迁：学术卡里斯玛与研究型大学的起源》，徐震宇译，商务印书馆2013年版。

［美］沃尔特·鲍威尔、保罗·迪马吉奥：《组织分析的新制度主义》，姚伟译，上海人民出版社2008年版。

［美］沃特·梅兹格：《美国大学时代的学术自由》，李子江、罗慧芳译，北京大学出版社2010年版。

［美］亚伯拉罕·弗莱克斯纳：《现代大学论：英美德大学研究》，徐辉、陈晓菲译，浙江教育出版社2001年版。

［美］约翰·布鲁贝克：《高等教育哲学》，王承绪等译，浙江教育出版社1998年版。

［美］约翰·杜威：《评价理论》，冯平等译，上海译文出版社2007年版。

［美］约瑟夫·戴维：《科学家在社会中的角色》，赵佳苓等译，四川人民出版社1988年版。

［美］詹姆斯·杜德斯：《21世纪的大学》，刘彤等译，北京大学出版社2005年版。

［挪］希尔贝克、伊耶：《西方哲学史：从古希腊到二十世纪》，童世骏等译，上海译文出版社2004年版。

［日］池田大作、［英］阿诺德·汤因比：《展望21世纪》，荀春生等译，国际文化出版公司1985年版。

［日］牧口常三郎：《价值哲学》，马俊峰、江畅译，中国人民大学出版社1989年版。

［瑞典］胡森主编：《教育大百科全书》，张斌贤等译，西南师范大学出版社2006年版。

［瑞士］瓦尔特·吕埃格：《欧洲大学史》（第二卷），张斌贤等译，河北大学出版社2008年版。

谭光鼎、王丽云：《教育社会学：人物与思想》，华东师范大学出版社2009年版。

［英］埃里克·阿什比：《科技发达时代的大学教育》，藤大春、藤大生译，人民教育出版社1983年版。

参考文献

［英］罗纳德·科斯、王宁：《变革中国：市场经济的中国之路》，徐尧、李哲民译，中信出版社2013年版。

［英］托尼·比彻、保罗·特罗勒尔：《学术部落及其领地》，唐跃勤等译，北京大学出版社2008年版。

［英］约翰·亨利·纽曼：《大学的理想》，徐辉等译，浙江教育出版社2001年版。

［英］亚伦·博尔顿：《高等院校学术组织管理》，宋维红译，江苏教育出版社2010年版。

陈伟：《西方大学教师专业化》，北京大学出版社2008年版。

陈玉琨：《教育评价学》，人民教育出版社1999年版。

陈玉琨：《中国高等教育评价论》，广东高等教育出版社1993年版。

辞海编辑委员会：《辞海》（缩印本），上海辞书出版社1999年版。

冯平：《评价论》，东方出版社1997年版。

顾建民：《自由与责任——西方大学终身教职制度研究》，浙江教育出版社2007年版。

何东昌：《教育战线的拨乱反正问题》，载何东昌《中华人民共和国重要教育文献1949—1997》，海南出版社1998年版。

蒋笃运、张豪锋等编著：《教育信息化若干重大问题研究》，科学出版社2008年版。

蒋洪池：《大学学科文化研究》，光明日报出版社2011年版。

蒋逸民：《社会科学方法论》，重庆大学出版社2011年版。

柯武刚、史漫飞：《制度经济学：社会秩序与公共政策》，商务印书馆2001年版。

孔宪铎：《我的科大十年》，北京大学出版社2004年版。

李德顺：《价值论》，中国人民大学出版社2007年版。

李怀祖：《管理研究方法论》，西安交通大学出版社2004年版。

李连科：《价值哲学引论》，商务印书馆1999年版。

刘明：《学术评价制度批判》，长江文艺出版社2006年版。

陆学艺：《当代中国社会阶层研究报告》，社会科学文献出版社2002年版。

参考文献

缪榕楠:《学术组织中的人——大学教师任用的新制度主义分析》,南京师范大学出版社 2008 年版。

潘懋元、刘海峰:《中国近代教育史资料汇编》,上海教育出版社 1993 年版。

邱均平:《评价学:理论·方法·实践》,科学出版社 2010 年版。

璩鑫圭、唐良炎:《中国近代教育史资料汇编》,上海教育出版社 1999 年版。

沈红:《美国研究型大学的形成与发展》,华中理工大学出版社 1999 年版。

石旭斋、李胜利:《高等教育法律关系透析》,吉林大学出版社 2007 年版。

宋大川:《中国教育制度通史》第 1 卷,山东教育出版社 2000 年版。

孙绵涛:《教育效能论》,人民教育出版社 2007 年版。

陶西平:《教育评价辞典》,北京师范大学出版社 1998 年版。

王斌华:《教师评价:绩效管理与专业发展》,上海教育出版社 2005 年版。

王浦劬:《政治学基础》,北京大学出版社 1995 年版。

吴清山:《学校效能研究》,台湾五南图书出版公司 1998 年版。

吴述尧:《同行评议方法论》,科学出版社 1996 年版。

吴振利:《美国大学教师教学发展研究》,教育科学出版社 2012 年版。

叶芬梅:《当代中国高校职称制度改革研究》,中国社会科学出版社 2009 年版。

袁贵仁:《价值学引论》,北京师范大学出版社 1991 年版。

张芳杰:《牛津现代高级英汉双解辞典》,牛津大学出版社 1984 版。

张维迎:《大学的逻辑》,北京大学出版社 2012 年版。

张志伟、欧阳谦:《西方哲学智慧》,中国人民大学出版社 2000 年版。

章海鸥:《公共部门人力资源管理》,武汉大学出版社 2009 年版。

郑燕祥:《学校效能与校本管理》,上海教育出版社 2002 年版。

中国社会科学院语言研究所词典编辑室:《现代汉语词典》,商务印书馆 2012 年第 6 版。

周三多:《管理学原理》(第五版),复旦大学出版社2013年版。

朱有:《中国近代学制史料》(第一辑下册),华东师范大学出版社1986年版。

二 期刊论文

[德] 马克斯·舍勒:《伦理学中的形式主义与实质价值伦理学》,转引自孙伟平《论价值原理及其意义》,《人文杂志》1997年第6期。

[美] 德瑞克·普赖斯:《洛特卡定律与普赖斯定律》,《科学学与科学技术管理》1984年第9期。

[美] 罗伯特·卡普兰、戴维·诺顿:《战略性绩效管理平衡记分卡的应用》,《中国企业家》2002年第4期。

[英] 马尔科姆·泰特:《英国科研评估及其对高等教育的影响》,《北京大学教育评论》2012年第3期。

别敦荣、孟凡:《论学生评教及高校教学质量保障体系的改善》,《高等教育研究》2007年第12期。

曹如军:《大学教师与大学教师评价:人性理论的视角》,《江苏高教》2010年第6期。

曹如军:《高校教师评价制度存在的问题及其改进》,《国家教育行政学院学报》2012年第3期。

曹如军:《制度创新与制度逻辑——新制度主义视野中地方高校的制度变革》,《高教探索》2007年第5期。

常亚平、陈亮、阎俊:《高校"学生评教"误差形成机制研究——基于学生态度的视角》,《高教探索》2010年第1期。

陈建:《多元化评价在高校中的应用》,《中国成人教育》2013年第17期。

陈建文:《高校教师职业行为的心理学分析》,《高等工程教育研究》2009年第3期。

陈明障:《组织效能研究途径及其衡量》,《中国行政》1979年第29期。

参考文献

陈绍芳、王春福：《论公共政策效能的衰减机制》，《浙江社会科学》2012年第3期。

陈秀萍：《契约的伦理内核——西方契约精神的伦理解析》，《南京社会科学》2006年第8期。

陈亚玲：《民国时期学术职业化与大学教师资格的检定》，《高教探索》2010年第6期。

陈依元：《论价值主体》，《社会科学战线》1992年第4期。

陈苑、阎凤桥：《北京市高校教师学缘关系与职业发展轨迹的调查与分析》，《大学：教育与评价》2008年第3期。

戴中亮：《委托代理理论述评》，《商业研究》2004年第19期。

邓红梅：《高校学生评教中存在的误区与危害》，《中国成人教育》2006年第10期。

丁宁：《美国大学终身教职制度的改革走向》，《复旦教育论坛》2007年第3期。

丁妍、王颖、陈侃：《大学教育目标如何在学生评教中得到体现——以24所世界著名大学为例》，《复旦教育论坛》2011年第5期。

杜驰：《高等教育发展与学术职业的制度变迁》，《高教探索》2008年第4期。

杜瑛：《试析我国大学教师评价面临的实践困境与策略选择》，《国家教育行政学院学报》2010年第9期。

冯向东：《从"主体间性"看教学活动的要素关系》，《高等教育研究》2004年第5期。

冯向东：《大学职能的演变与大学的开放性》，《中国高等教育》2007年第10期。

冯向东：《教育规律何处寻》，《高等教育研究》2014年第8期。

冯向东：《实践观的演变与当下的教育实践》，《高等教育研究》2013年第9期。

付八军、冯晓玲：《大学生评教客观度的调查研究》，《大学教育科学》2011年第1期。

傅金鹏：《西方非营利组织问责理论评介》，《国外社会科学》2012年第 1 期。

高慧斌：《汉代太学管理体制管窥》，《河南教育学院学报》（哲学社会科学版）2006 年第 5 期。

高清海：《主体呼唤的历史根据和时代内涵》，《中国社会科学》1994 年第 4 期。

龚旭：《为世界科学把脉，为中国科学建言》，《中国科学基金》2006 年第 4 期。

巩兴安：《高校教师职务量化评审的思考与实践》，《中国高教研究》2001 年第 6 期。

谷志远：《高校青年教师学术产出绩效影响因素的实证研究》，《高教探索》2011 年第 1 期。

郭惠容：《激励理论综述》，《企业经济》2001 年第 6 期。

郝辽钢、刘健西：《激励理论研究的新趋势》，《北京工商大学学报》（社会科学版）2003 年第 5 期。

郝文斌：《高校教师满意度差异分析与应对策略》，《中国高教研究》2015 年第 1 期。

郝振文、王美芳：《我国高校教师职称评聘的历史回顾与前瞻》，《山东师范大学学报》（社会科学版）1994 年第 4 期。

何文盛、王定峰：《"新公共管理"主义理论及其发展趋势》，《兰州大学学报》2006 年第 1 期。

胡仲勋：《21 世纪以来纽约市公立学校系统赋权问责改革：背景、演进与评析》，《外国教育研究》2015 年第 9 期。

黄泰岩、程斯辉：《关于我国高校教师考核评价的几个基本问题》，《武汉大学学报》（哲学社会科学版）2008 年第 1 期。

贾永堂：《大学教师考评制度对教师角色行为的影响》，《高等教育研究》2012 年第 12 期。

江利：《论高校学生评教中学生主体性的发挥》，《大学教育科学》2014 年第 6 期。

蒋凯：《教育学术共同体建设中的同行评议制度》，《北京大学学报》（哲学社会科学版）2012 年第 2 期。

❖ 参考文献 ❖

金菊良、魏一鸣、丁晶：《基于改进层次分析法的模糊综合评价模型》，《水利学报》2004年第3期。

李宝斌、许晓东：《高校教师评价中教学科研失衡的实证与反思》，《高等工程教育研究》2011年第3期。

李立国：《大学治理的转型与现代化》，《大学教育科学》2016年第1期。

李琳琳、卢乃桂、黎万红：《新公共管理理念对中国高等教育政策及学术工作的影响》，《高等教育研究》2012年第5期。

李玉栋、潘文煜：《社会转型期教师身份变迁及危机应对研究》，《上海教育科研》2012年第9期。

李玉栋：《论教育中的双重多层委托—代理关系》，《中国教育学刊》2015年第6期。

李志峰、沈红：《学术职业发展：历史变迁与现代转型》，《教师教育研究》2007年第1期。

廖舸：《关于高校教师评价标准的思考》，《教书育人·高教论坛》2016年第21期。

林曾：《夕阳无限好：从美国大学教授发表期刊文章看年龄与科研能力之间的关系》，《北京大学教育评论》2009年第1期。

林崇德：《教师素质的构成及其培养途径》，《中小学教师培训》1998年第1期。

林光彬、张苏、樊彬彬：《大学生评价教学质量的逻辑——来自调查研究的证据》，《教育研究》2012年第10期。

林剑：《论社会历史与演进的必然性与合理性》，《哲学研究》2013年第6期。

林杰：《中美两国大学教师"近亲繁殖"的比较》，《高等教育研究》2009年第12期。

刘豹、许树柏、赵焕臣、和金生：《层次分析法——规划决策的工具》，《系统工程》1984年第2期。

刘海峰：《大学教师的生存方式》，《教育研究》2006年第12期。

刘森林：《物象化与物化：马克思物化理论的再思考》，《哲学研究》

2013 年第 1 期。

卢乃桂、钟亚妮：《教师专业发展理论基础的探讨》，《教育研究》2007 年第 3 期。

陆根书、黎万红、张巧艳、杜屏、卢乃桂：《大学教师的学术工作》，《复旦教育论坛》2010 年第 6 期。

路丽娜、王洪才：《质性评教：走出学生评教困境的理性选择》，《现代大学教育》2016 年第 2 期。

栾亚丽、宋严：《管窥马克思文本视域中的价值主体性思想》，《学术论坛》2008 年第 4 期。

骆美：《浅析大学教师教学评价方法之技术效能》，《当代教育科学》2016 年第 3 期。

吕珩：《高校学生评教中教师主体缺位的思考》，《华中农业大学学报》（社会科学版）2012 年第 1 期。

马春庆：《为何用"行政效能"取代"行政效率"——兼论行政效能建设的内容和意义》，《中国行政管理》2003 年第 4 期。

马晶：《西方企业激励理论述评》，《经济评论》2006 年第 6 期。

马陆亭：《建立让大学教师醉心于学术工作的制度》，《国家教育行政学院学报》2006 年第 8 期。

倪晓红、吴远、王玲：《高校教师工作满意度的现状及提高对策》，《中国高教研究》2008 年第 12 期。

潘金林等：《本科教学：研究型大学的核心使命》，《中国大学教学》2010 年第 2 期。

潘绥铭、黄盈盈、王东：《问卷调查：设置"开放题"是一种失误》，《社会科学研究》2008 年第 3 期。

庞岚：《基于教师行为选择的大学教学与科研关系研究》，《高等教育研究》2011 年第 3 期。

彭豪祥：《学生对教师教学评价的认知偏差分析》，《教学与管理》2010 年第 36 期。

彭正梅：《德国高等教育的改革动向》，《全球教育展望》2002 年第 9 期。

❖ 参考文献 ❖

齐凤云：《唐代博士官制度考》，《鸡西大学学报》2012 年第 2 期。

佘远富、王庆仁：《高校研究性教学评价体系的构建》，《高等工程教育研究》2011 年第 6 期。

沈红、谷志远、刘茜：《大学教师工作时间影响因素的实证研究》，《高等教育研究》2011 年第 9 期。

沈红：《变革中的学术职业——从 14 国/地区到 21 国的合作研究》，《大学·研究与评价》2007 年第 1 期。

沈红：《大学学术目标与学术行政管理》，《教育研究》1994 年第 12 期。

沈红：《论大学教师评价的目的》，《高等教育研究》2012 年第 11 期。

沈红：《论学术职业的独特性》，《北京大学教育评论》2011 年第 3 期。

沈红：《中国大学教师发展状况——基于"2014 中国大学教师调查"的分析》，《高等教育研究》2016 年第 2 期。

宋洁：《多元化：高校教学评价的当代转向》，《中国成人教育》2015 年第 7 期。

田静、生云龙、杨长青、徐绍莉：《国内高校教师评价体系的变迁历程与阶段特征》，《清华大学教育研究》2006 年第 2 期。

田正平、吴民祥：《近代中国大学教师的资格检定与聘任》，《教育研究》2004 年第 10 期。

田子俊：《中国教师职称评聘制度历史沿革》，《湖南科技学院学报》2006 年第 3 期。

童幸生、刘义：《地方高校教师教学评价多元化探索》，《教育探索》2011 年第 7 期。

涂端午：《论理论导向的教育政策分类》，《现代大学教育》2007 年第 5 期。

万俊人：《康德与萨特主体伦理思想比较》，《中国社会科学》1987 年第 3 期。

汪丁丁：《教育的问题》，《读书》2007 年第 11 期。

汪洋、林杰：《高等学校效能改进的反思与重构》，《中国电力教育》

2011 年第 5 期。

王保星、张斌贤:《"大学教师终身教职"的存废之争——美国大学教师学术自由权利保障的制度分析》,《教育研究》2004 年第 9 期。

王保星:《美国大学教师终身教职的学术自由意义》,《高等教育研究》2006 年第 3 期。

王传敏、孙钰:《大学教师学术职业发展的影响因素研究》,《现代教育管理》2014 年第 3 期。

王丹慧:《大学教师绩效评价制度与实践效能的探索》,《高教论坛》2016 年第 3 期。

王德禄:《对科学共同体自主运转的诘难——评 W. 布劳德和 N. 韦德的〈背叛真理的人们〉》,《自然辩证法研究》1993 年第 2 期。

王江丽、张建初:《高校财务绩效评价的效能分析》,《苏州大学学报》(哲学社会科学版) 2010 年第 3 期。

王凌皓、郑长利:《汉代太学教育管理述评》,《北京科技大学学报》(哲学社会科学版) 2000 年第 3 期。

王若梅:《近十年国内高校教师教学评价研究与实践综述》,《江苏高教》2008 年第 3 期。

王晓辉:《场域视野中大学权力结构的失调与调适》,《现代教育管理》2013 年第 3 期。

王新如、郑文:《谈学校组织文化与学校效能》,《教育科学》1997 年第 3 期。

王正青、徐辉:《美国高校终身教职后评估制度的兴起、内涵及其评价》,《高等教育研究》2006 年第 3 期。

魏江、叶学锋:《基于模糊方法的核心能力识别和评价系统》,《科研管理》2001 年第 2 期。

文鹏、廖建桥:《不同类型绩效考核对员工考核反应的差异性影响》,《南开管理评论》2010 年第 2 期。

吴殿廷、李东方:《层次分析法的不足及其改进的途径》,《北京师范大学学报》(自然科学版) 2004 年第 2 期。

吴建强:《完善大学教师教学质量评价的几点思考》,《中国成人教育》2015年第4期。

肖舒楠、陈彦青：《什么样的大学教师受欢迎？》，《青年教师》2009年第6期。

熊明安：《中国古代高等教育散论》，《教育研究》2002年第3期。

徐贵权：《论价值取向》，《南京师大学报》（社会科学版）1998年第4期。

宣勇：《论大学行政的理念》，《中国高教研究》2001年第9期。

阎凤桥：《本-大卫对世界科学中心转移的制度分析》，《高等工程教育研究》2010年第4期。

阎光才、牛梦虎：《学术活力与高校教师职业生涯发展的阶段性特征》，《高等教育研究》2014年第10期。

阎光才：《"要么发表要么出局"，研究型大学内部的潜规则？》，《比较教育研究》2009年第2期。

阎光才：《年长教师：不良资产还是被闲置的资源》，《北京大学教育评论》2015年第2期。

阎光才：《学术共同体内外的权力博弈与同行评议制度》，《北京大学教育评论》2009年第1期。

阎光才：《研究型大学中本科教学与科学研究间关系失衡的迷局》，《高等教育研究》2012年第7期。

杨芳绒、王宾齐：《象牙塔里的"过山车现象"：大学教师职称评审前后学术产出的实证研究》，《高教探索》2015年第10期。

杨光飞：《"公众评议"之于科学研究的功能》，《自然辩证法研究》2007年第6期。

杨建云、王卓：《论教师发展性评价与奖惩性评价的关系》，《中国教育学刊》2003年第1期。

杨军：《高等学校教师评价制度目的性研究》，《考试周刊》2007年第23期。

杨洹人、邹效维：《"普世价值"考辨》，《哲学研究》2011年第2期。

杨移贻：《大学教师学术职业的群体认知》，《高等教育研究》2010年第5期。

杨子、曾洁：《从评价目的角度反思我国高校教师评价体系》，《华章》2011年第2期。

叶赋桂、田静、罗燕：《美国高校教师评价的变革及其动因研究》，《教育学报》2008年第10期。

殷俊明、王平心、吴清华：《平衡记分卡研究述评》，《经济管理》2005年第2期。

殷姿、李志宏：《基于平衡记分卡理论的国内研究型大学教师绩效考核指标体系研究》，《企业经济》2005年第5期。

余海波：《基于学生评教的高校教师教学能力提升》，《国家教育行政学院学报》2017年第6期。

袁广林：《大学职能的界说依据》，《现代教育管理》2010年第5期。

张冰冰、沈红：《研究型大学教师近亲繁殖状况与论文产出》，《复旦教育论坛》2015年第1期。

张杰：《高校教师评价机制行政化的成因分析：一种路径依赖》，《黑龙江高教研究》2012年第1期。

张亮、赵承福：《国外学校效能评价指标研究的新进展》，《教育研究》2012年第8期。

张小杰：《从学部制度看早期德国大学模式》，《清华大学教育研究》2006年第3期。

张小天：《论操作化》，《社会学研究》1994年第1期。

张应强、康翠萍、许建领、贾永堂：《大学管理思想现代化研究》，《高等教育研究》2001年第7期。

赵慧君、耿辉：《高校学生评教倦怠现象及其归因分析》，《高教发展与评估》2011年第1期。

赵立、郑全全：《职业认知、社会支持对农民择业倾向的影响》，《心理学报》2009年第4期。

赵书山：《教师发展：从"交易型"管理走向"转化型"管理》，《高等教育研究》2003年第9期。

赵志鲲：《论学术自由视野下的大学教师评价制度》，《江苏高教》2011年第4期。

钟云华:《学缘关系对大学教师职业发展影响的实证研究——以 H 大学为个案》,《教育发展研究》2012 年第 1 期。

钟肇鹏:《秦汉博士制度源出稷下考》,《管子学刊》2003 年第 3 期。

周成海、靳涌韬:《美国教师评价研究的三个主题》,《外国教育研究》2007 年第 1 期。

周宏:《对课堂教学评价失衡的思考》,《教学与管理》2012 年第 5 期。

周玉容、沈红:《成本约束下大学教师评价的效能》,《高等工程教育研究》2015 年第 6 期。

朱新秤、卓义周:《高校青年教师职业满意度调查:分析与对策》,《高等教育研究》2005 年第 5 期。

左卫民:《法院制度现代化与制度改革》,《学习与探索》2002 年第 1 期。

三 学位论文

谷珊:《学校效能评价:对某市高中的实证研究》,硕士学位论文,天津师范大学,2007 年。

谷志远:《中国学术职业成就影响因素的实证研究》,博士学位论文,华中科技大学,2011 年。

李海燕:《大学教师科研评价目的研究》,博士学位论文,中南大学,2009 年。

李金春:《我国大学教师评价活动制度:理念与行动》,博士学位论文,华东师范大学,2008 年。

刘逸君:《高校学术评价制度建设研究》,博士学位论文,华东师范大学,2008 年。

汤林春:《学校效能评价研究》,博士学位论文,华东师范大学,2005 年。

王光彦:《大学教师绩效评价研究》,博士学位论文,华东师范大学,2009 年。

姚利民:《有效教学研究》,博士学位论文,华东师范大学,2004 年。

张仙女:《宋代太学学官研究》,硕士学位论文,南昌大学,2014年。

赵晖:《普通初级中学学校效能评价研究初探》,硕士学位论文,上海师范大学,2005年。

四 网上资料

百度百科:《农民工》(http://baike.baidu.com/subview/39288/5036046.htm)。

重庆网络广播电台:《月薪过万的草根职业:砌砖工》(http://news.cbg.cn/dyxc/2015/0330/688501.shtml)。

国家教委:《关于国家教委直属高校内部管理体制改革的若干意见》(教直[1992]37号)1992年8月21日(https://law.lawtime.cn/d610660615754.html)。

国家统计局:《2013年不同岗位平均工资状况》(http://www.stats.gov.cn/tjsj/zxfb/201405/t20140527_558611.html)。

教育部:《2017年全国教育事业发展统计公报》(http://www.moe.gov.cn/jyb_sjzl/sjzl_fztjgb/201807/t20180719_343508.html)。

教育部:《关于当前执行〈国务院关于高等学校教师职务名称及其确定与提升办法的暂行规定〉的实施意见》,1982年(http://www.51wf.com/law/1194959.html)。

教育部:《教育部关于深化高校教师考核评价制度改革的指导意见》(http://www.gov.cn/xinwen/2016-09/21/content_5110529.htm)。

科技部、教育部、中国科学院、中国工程院、国家自然科学基金委员会:《关于改进科学技术评价工作的决定》(http://www.most.gov.cn/tjcw/tczcwj/200708/t20070813_52375.htm)。

科学网:《国家自然科学奖一等奖13年9次空缺》(http://news.sciencenet.cn/htmlnews/2013/1/274136.shtm)。

昆明理工大学:《关于印发〈学生评教实施办法(修订)〉的通知》(http://jwc.bnu.edu.cn/gzzd/jxzlkz/29405.htm)。

《联合早报》:《中国医生学术论文被曝大量抄袭造假》(http://www.zaobao.com/realtime/china/story20160925-670476)。

❖ 参考文献 ❖

人民网:《论文年产 34 万撑不起科研强国》（http://opinion.people.com.cn/GB/363551/370825/index.html）。

杨简竹:《鞍山:月薪虽然过万,瓦工一工难寻》(http://liaoning.nen.com.cn/system/2014/11/13/013431672.shtml)。

最好大学网:《软科世界大学学术排名 2016》（http://www.shanghairanking.cn/ARWU2016.html）。

五 其他

陈洪捷、沈文钦:《学术评价:超越量化模式》,《光明日报》2012 年 12 月 18 日第 15 版。

国务院:《国务院关于高等学校教师职务名称及其确定与提升办法的暂行规定》(会文办字第 114 号)1960 年 3 月 17 日。

李雅娟:《高校学生评教:名存实亡》,《中国青年报》2016 年 1 月 18 日第 9 版。

沈红:《大学的独特性》,《科学时报》2011 年 9 月 14 日第 B3 版。

王嘉荞:《高校教师称正沦为科研奴隶 大学排行榜急功近利》,《中国青年报》2008 年 7 月 15 日第 2 版。

杨卫:《高校成为国家技术创新体系重要力量》,《中国教育报》2012 年 6 月 28 日第 5 版。

张宝印:《价值界定、价值取向和价值碰撞》,第四届中日价值哲学学术研讨会论文,西安,2004 年 6 月。

周玉容:《研究型大学教学评价标准研究》,博士后出站报告,华中科技大学,2015 年。

英文部分

A. Centra, *Reflective Faculty Evaluation: Enhancing Teaching and Determining Faculty Effectiveness*, San Francisco: Jossey-Bass, 1993.

A. Central, "Colleague Evaluation: The Critical Link", *College Faculty*, April 1986.

参考文献

A. E. Austin, "Supporting Junior Faculty Through a Teaching Fellows Program", *New Directions for Teaching and Learning*, No. 50, 1992.

A. A. Cancelli, "Methods for Arriving at Clinical Judgments in Peer Evaluation", *Cognitive Ability*, April 1987.

A. Braskamp, "The Role of Evaluation in Faculty Development", *Studies in Higher Education*, Vol. 5, No. 1, 1980.

AAUP, "The Ethics of Recruitment and Faculty Appointments", *Academe*, Vol. 79, No. 2, 1993.

Academic Citizenship (http://www.york.ac.uk/about/departments/support-and-admin/registrars-secretary/academic-promotions/).

Academic Promotion Criteria (http://www.gla.ac.uk/media/media_482552_en.pdf).

Agasisti and C. Pohl, "Comparing German and Italian Public Universities: Convergence or Divergence in the Higher Education Landscape", *Managerial and Decision Economics*, Vol. 37, No. 2, June 2012.

Alan Bryman, Cheryl Haslam and Adrian Webb, "Performance Appraisal in UK Universities: A Case of Procedural Compliance?" *Assessment and Evaluation in Higher Education*, Vol. 19, No. 3, 1994.

Alan J. Richardson, "Applied Research in Accounting: A Commentary", *Canadian Accounting Perspectives*, Vol. 3, No. 2, 2004.

Ann Lieberman and M. Mclaughlin, "Professional Development in the United States: Policies and Practices", *Prospects*, Vol. 30, No. 2, 2000.

Anna Kosmützky, "Between Mission and Market Position: Empirical Findings on Mission Statements of German Higher Education Institutions", *Tertiary Education and Management*, Vol. 18, No. 1, March 2012.

Anthony F. Grasha, *Assessing and Developing Faculty Performance: Principles and Models*, Bloomington, IL: Communication and Education Associates Inc., 1977.

Anthony J. Shinkfield and Daniel L. Stufflebeam, "Teacher Evaluation: Guide to Effective Practice, Evaluation in Education and Human Services", *Administrators*, Vol. 231, No. 30, 1995.

Arie Rip, "Commentary: Peer Review Is Alive and Well in the United States", *Science Technology & Human Values*, Vol. 10, No. 3, Summer 1985.

Arreola Raoul, *Developing a Comprehensive Faculty Evaluation System: A Handbook for College Faculty and Administrators on Designing and Operating a Comprehensive Faculty Evaluation System*, Anker, 2000.

Arthur J. Engel, *From Clergyman to Don: The Rise of the Academic Profession in Nineteenth-century*, Oxford, New York: Oxford University Press, 1983.

Barbara Ackerman, L. Gross and F. Vigneron, "Peer Observation Reports and Student Evaluations of Teaching: Who Are the Experts?", *Alberta Journal of Educational Research*, Vol. 55, No. 1, 2009.

Beate Krais, "Academia as A Profession and the Hierarchy of the Sexes: Paths Out of Research in German Universities", *Higher Education Quarterly*, Vol. 56, No. 4, December 2002.

Becher Tony and Trowler Paul, *Academic Tribes and Territories: Intellectual Enquiry and the Cultures of Disciplines* (2nd edition), Buckingham: Open University Press, 2001.

Bernard Berelson, *Content Analysis in Communication Research*, Glencoe: Free Press, 1952.

BillCox and Amanda Ingleby, *Practical Pointers for Quality Assessment*, London: Kogan Page, 1997.

Blackburn Robert and Lawrence Janet, *Faculty at Work: Motivation, Expectation, Satisfaction*, Baltimore: Johns Hopkins University Press, 1995.

Britt, *Faculty Attitudes About College Evaluation of Teaching*, Doctoral Dissertation, Indiana University, 1982.

Burton R. Clark (ed.), *The Academic Profession: National, Disciplinary, and Institutional Settings*, Oakland, CA: University of California Press, 1987.

参考文献

Burton R. Clark, *The Research Foundations of Graduate Education: Germany, Britain, France, United States, Japan*, Berkeley: University of California Press, 1993.

Burton R. Clark, *The Academic Life: Small Worlds, Different Worlds*, Princeton, NJ: A Carnegie Foundation Special Report, 1987.

C. Musselin, "European Academic Labor Markets in Transition", *Higher Education*, Vol. 49, No. 1, 2005.

Caplow Theodore and McGee Reece, *The American Academic Marketplace*, New York: The Free Press of Glencoe, 1963.

Career Support Scheme (http://www.admin.ox.ac.uk/personnel/end/bridging/careersupport/).

Carol-Ann Courneya, Daniel D. Pratt and John Collins, "Through What Perspective Do We Judge the Teaching of Peers", *Teaching and Teacher Education*, Vol. 24, No. 1, January 2008.

Charles E. Glassick, Mary Taylor Huber and Gene I. Maeroff, *A Special Report: Scholarship Assessed: Evaluation of the Professoriate, An Ernest L. Boyer Project of the Carnegie Foundation for the Advancement of Teaching*, San Francisco: Jossey-Bass Publishers, 1997.

Charles Teddlie and Sam Stringfield, *Schools Make A Difference: Lessons Learned from 10-year Study of School Effects*, New York: Teachers College Press, 1993.

Chester Barnard, *The Functions of the Executive*, Cambridge MA: Harvard University Press, 1983.

Chester E. Finn, "Strengths (and Weaknesses) of Peer Review", *Educational Researcher*, Vol. 15, No. 7, August-September 1986.

Christine Stanley, "The Faculty Development Portfolio: A Framework for Documenting the Professional Development of Faculty Developers", *Innovation Higher Education*, Vol. 26, No. 1, September 2001.

Christopher Jencks and David Riesman, *The Academic Revolution*, Chicago: University of Chicago Press, 1977.

参考文献

Clare Rose, *Faculty Evaluation in an Accountable World: How Do You Do It? Chicago: Paper Presented to National Conference of American Association of Higher Education*, 1976.

Cornelius Benjamin, "The Ethics of Scholarship", *Journal of Higher Education*, Vol. 31, No. 9, 1960.

Coser Lewis, *Men of Ideas*, New York: Simon and Schuster, 1997.

Criteria and Procedures 2016 – 2017 (http://www.york.ac.uk/about/departments/support-and-admin/registrars-secretary/academic-promotions/).

D. E. Woolwine, *New Jersey Master Faculty Program Research Report*, South Orange, NJ: Seton Hall University, New Jersey Institute for Collegiate Teaching and Learning, 1988.

D. Hicks, P. Wouters, L. Waltman, R. S. De and I. Rafols, "Bibliometrics: the Leiden Manifesto for Research Metrics", *Nature*, Vol. 520, No. 7548, July 2015.

D. L. Mills and W. R. Scott, *Organizations: Rational, Natural and Open Systems*, Englewood Cliffs: Prentice Hall, 1981.

Dale J. Benos (ed.), "The Ups and Downs of Peer Review", *Advances in Physiology Education*, Vol. 31, No. 2, June 2007.

Daniel Levine and Lawrence Lezotte, "Unusually Effective Schools: A Review and Analysis of Research and Practice", *School Effectiveness & School Improvement An International Journal of Research Policy & Practice*, Vol. 1, No. 3, July 1990.

David A. Dilts, *Assessing Faculty Work: Enhancing Individual and Institutional Performance*, San Francisco, CA: Jossey-Bass Inc., 1995.

David Beattie and Frederick Tampoe, "Human Resource Planning for ICL", *Long Range Planning*, Vol. 23, No. 1, February 1990.

David Clark, Linda Lotto and Martha McCarthy, "Factors Associated with Success in Urban Elementary Schools", *Phi Delta Kappan*, Vol. 61, No. 7, March 1980.

❖ 参考文献 ❖

David Gosling, "Models of Peer Observation of Teaching", *Higher Education Academy*, Vol. 2, No. 9, January 2002.

David Reynolds (eds.), *Advances in School Effectiveness Research and Practice*, Oxford: Elsevier Science, 1994.

David Reynolds and Charles Teddlie (eds.), *The International Handbook of School Effectiveness Research*, London: Falmer, 2000.

David Riesman, *On Higher Education*, San Francisco: Jossey-Bass Publishers, 1980, Foreword.

Derek J. de Solla Price, *Little Science, Big Science*, New York: Columbia University Press, 1963.

Donald Kennedy, "To Publish or Not to Publish", *Science*, Vol. 295, No. 8, March 2002.

DORA: "The San Francisco Declaration On Research Assessment" (http://www.ascb.org/dora/).

E. Bayer and J. E. Dutton, "Career Age and Research-professional Activities of Academic Scientists: Tests of Alternative Nonlinear Models and Some Implications for Higher Education Faculty Policies", *The Journal of Higher Education*, Vol. 48, No. 3, 1977.

E. Cole, "New Organizational Designs for Sustainable Quality Improvement", Key Note Address, *Proceedings From the 6th International Conference on Quality Management and Organizational Development (QMOD)*, Paris, 2003.

E. Glassick, M. T. Huber and G. I. Maeroff, *Scholarship Assessed: Evaluation of the Professoriate*, San Francisco: Jossey-Bass, 1997.

E. Rice and S. I. Cheldelin, *The Knower and the Known: Making the Connections: Evaluation of the New Jersey Master Faculty Program*, South Orange, NJ: Seton Hall University, New Jersey Institute for Collegiate Teaching and Learning, 1989.

Economic Status Report (https://www.aaup.org/sites/default/files/2015-2016 EconomicStatusReport.pdf).

参考文献

Edferton, P. Hutchings and K. Quinlan, *The Teaching Portfolio: Capturing the Scholarship in Teaching*, Washington, DC: American Association for Higher Education, 1991.

Ernest L. Boyer, "Scholarship Reconsidered: Priorities of the Professoriate", *Academe*, Vol. 42, No. 1, December 1990.

ErnestL. Boyer, "The Scholarship of Engagement", *Bulletin of the American Academy of Arts and Sciences*, Vol. 49, No. 7, April 1996.

Ernest L. Boyer, *College: The Undergraduate Years*, New York: Harper & Row, 1987.

Ernest L. Boyer, *Scholarship Recognized*, Unpublished Manuscript Submitted to the Carnegie Foundation for the Advancement of Teaching, January 1992.

Erving Goffman, *Framing Analysis: An Essay on the Organization of Experience*, New York: Harper & Row, 1974.

F. Clemente, "Early Career Determinants of Research Productivity", *American Journal of Sociology*, Vol. 79, No. 2, 1973.

F. Henri, "Performance Measurement and Organizational Effectiveness: Bridging the Gap", *Managerial Finance*, Vol. 30, No. 6, 2004.

G. Fulda, *Methods of Evaluation of Teaching Quality in English Departments in Baccalaureate Liberal Arts Colleges: What Helps Instructors Improve Their Teaching*, Doctoral Dissertation, West Virginia University, 2008.

G. Sonnert and G. J. Holton, *Gender Differences in Science Careers: The Project Access Study*. New Jersey: Rutgers University Press, 1995.

G. D. L. Travis and Harry M. Collins, "New Light on Old Boys: Cognitive and Institutional Particularism in the Peer Review System", *Science, Technology, & Human Values*, Vol. 16, No. 3, July 1991.

G. J. Greguras, C. Robie and M. P. Born, "Applying the Social Relations Model to Self and Peer Evaluations", *Journal of Management Development*, Vol. 20, No. 6, August 2001.

Gene V. Glass, "A Paradox About Excellence of Schools and the People in

参考文献

Them", *Educational Researcher*, Vol. 4, No. 3, 1975.

George T. Ladd, "The Degradation of the Professorial Office", *Forum*, Vol. 33. 1902.

Ghamar N. Erfani, *Through the "I" of the Education Professor*, Edmonton: University of Alberta, 2006.

Ginette Delandshere and A. Petrosky, "Political Rationales and Ideological Stances of the Standards-based Reform of Teacher Education in the U. S.", *Teaching & Teacher Education*, Vol. 20, No. 1, 2004.

Gordon Wood, "In Defense of Academic History Writing", *Perspectives on History*, Vol. 48, April 2010.

Grady Bogue and Jeffery Aper, *Exploring the Heritage of American Higher Education: The Evolution of Philosophy and policy*, New York: The American Council on Education and The Oryx Press, 2000.

H. Halsey and Martin Trow, *The British Academics*, Cambridge, MA: Harvard University Press, 1971.

H. Hodgkinson, *Unlock Your Doors, Let Your Colleagues In: Faculty Rewards and Assessment Systems*, Detroit, 1972.

H. Wayne Elmore, "Toward Objectivity in Faculty Evaluation", *Academe*, Vol. 94, No. 3, May-June 2008.

H. Zuckerman, "Nobel Laureates in Science: Patterns of Productivity, Collaboration, and Authorship", *American Sociological Review*, Vol. 32, No. 3, 1967.

H. Tuckman and R. Hagemann, "An Analysis of the Reward Structure in Two Disciplines", *Journal of Higher Education*, Vol. 47, No. 4, 1976.

Harvey C. Lehman, *Age and Achievement*, Princeton NJ: Princeton University Press, 1953.

Heinke Roebken, "Similarity Attracts: An Analysis of Recruitment Decisions in Academia", *Educational Management Administration & Leadership*, Vol. 38, No. 4, 2010.

History of the AAUP (http://www.aaup.org/about/history-aaup).

参考文献

Howard Karlitz, "Issues and Trends in American Education", *Peabody Journal of Education*, Vol. 56, No. 2, 1979.

Howard P. Tuckmanand Robert P. Hagemann, "An Analysis of the Reward Structure in Two Disciplines", *The Journal of Higher Education*, Vol. 47, No. 4, 1976.

Human Resources (http://www.gla.ac.uk/services/humanresources/all/pay/promotion/).

J. Astrow, "Academic Aspects of Administration", *Popular Science Monthly*, Vol. 121, 1908.

J. E. Anderson, *Public Policymaking: An Introduction*, 4th, Boston: Houghton Mifflin, 2000.

J. Goodman, "The Review of Tenured Faculty at A Research University: Outcomes and Appraisals", *The Review of Higher Education*, Vol. 18, No. 1, 1994.

J. Millis and B. B. Kaplan, *Enhancing Teaching Through Peer Classroom Observations Improving College Teaching*, Boston, MA: Anker, 1995.

J. Perly, "Problems in the Academy: Tenure, Academic Freedom, and Governance", *Academe*, Vol. 81, No. 1, 1995.

J. S. Brubacher and W. Rudy, *Higher Education in Transition: A History of American Colleges and Universities*, New Jersey: Transaction Publishers, 1997.

J. S. Fairweather, "Academic Values and Faculty Rewards", *Review of Higher Education*, Vol. 17, No. 1, Fall 1993.

J. Sax, L. S. Hagedorn and M. Arredondo et al., "Faculty Research Productivity: Exploring the Role of Gender and Family-related Factors", *Research in Higher Education*, Vol. 43, No. 4, 2002.

J. Scheerens, "Improving School Effectiveness", UNESCO: *International Institute for Educational Planning* 2000.

J. Vázquez, *Evolution of Student Evaluations of College Faculty: Implications and Consequences*, Doctoral Dissertation, The City University of

参考文献

New York, 2008.

J. W. Morehead and P. J. Shedd, "Student Interviews: A Vital Role in the Scholarship of Teaching", *Innovative Higher Education*, Vol. 20, No. 4, June 1996.

Jaap Scheerens and Roel Bosker, *The Foundations of Educational Effectiveness*, Oxford: Pergamon, 1997.

Jacqueline A. Blackmore, "A Critical Evaluation of Peer Review via Teaching Observation Within Higher Education", *International Journal of Educational Management*, Vol. 19, No. 3, May 2005.

James Brann and Thomas Emmet (eds.), *The Academic Department and Division Chairman: A Complex Role*, Taylor & Francis, Ltd., 1972.

James J. Duderstadt, "Diversity Management in American Universities", August 22, 2011 (http://milproj.ummu.umich.edu/pdfs/2010/CHE_Berlin_Oct_2010.pdf).

James W. Taylor, Charles H. Atwood and Pat A. Hutchings, "Why Are Chemists and Other Scientists Afraid of the Peer Review of Teaching", *Journal of Chemical Education*, Vol. 77, No. 2, February 2000.

James Word, "Promotion Factors in College Teachers", *Journal of Higher Education*, August 1937.

Jane Robbins, "Toward A Theory of the University: Mapping the American Research University in Space and Time", *American Journal of Education*, Vol. 114, No. 2, 2007.

Janet M. Box-steffensmeier and Raphael C. Cunha et al., "Survival Analysis of Faculty Retention and Promotion in the Social Sciences by Gender", *Plos One*, November 2015.

Jay Labinger, "The Science Wars and the Future of the American Academic Profession", *Daedalus*, Vol. 126, No. 4, Fall 1997.

Jenny J. Lee, "The Shaping of the Departmental Culture: Measuring the Relative Influences of the Institution and Discipline", *Journal of Higher Education Policy and Management*, Vol. 29, No. 1, 2007.

❖ 参考文献 ❖

John A. Centra, "Research Productivity and Teaching Effectiveness", *Research in Higher Education*, Vol. 18, No2, December 1983.

John A. Centra, *Reflective Faculty Evaluation: Enhancing Teaching and Determining Faculty Effectiveness*, San Francisco, CA: Jossey-Bass, 1993.

John A. Dossey, *The Nature of Mathematics: Its Role and Its Influence*, In *Handbook of Research on Mathematics Teaching and Learning*, Washington, DC: The National Academics Press, 1992.

John Barnshaw, "Higher Education at a Crossroads: The Annual Report on the Economic Status of the Profession 2015-2016", *Academe*, Vol. 102, No. 2, 2016.

John Braxton, William Luckey and Patricia Helland, *Institutionalizing a Broader View of Scholarship through Boyer's Four Domains*, ASHE-ERIC Higher Education Report. Jossey-Bass Higher and Adult Education Series, San Francisco CA: Jossey-Bass, 2002.

Joseph Mcgrath, *Social Psychology: A Brief Introduction*, New York: Holt, Rinehart & Winston, 1964.

Jürgen Enders, "A Chair System in Transition: Appointments, Promotions, and Gate-Keeping in German Higher Education", *Higher Education*, Vol. 41, No. 1-2, January-March 2001.

K. Patricia Cross, "A Proposal to Improve Teaching-or-what Taking Teaching Seriously Should Mean", *AAHE Bulletin*, Vol. 39, No. 1, September 1986.

K. R. Murphy and J. N. Cleveland, *Understanding Performance Appraisal: Social, Organizational, and Goal-based Perspectives*, Thousand Oaks, CA: Sage Publications, 1995.

Kay J. Gillespie, Douglas L. Robertson and Associates, *A Guide to Faculty Development*, the 2nd Edition, San Francisco: Jassey-Bass, 2000.

Kenneth Gergen, "Social Psychology as History", *Journal of Personality & Social Psychology*, Vol. 26, No. 2, May 1973.

❖ 参考文献 ❖

King Alexander, "The Changing Face of Accountability Monitoring and Assessing Institutional Performance in Higher Education", *The Journal of Higher Education*, Vol. 71, No. 4, July/August 2000.

L. Barney Dews, *This Fine Place So Far from Home: Voices of Academics from the Working Class*, Philadelphia: Temple University Press, 1995.

L. M. Aleamoni, *Standards for Evaluation of Instruction*, Note to the Faculty Tucson, AZ: University of Arizona, Office of Instructional Research and Development, No. 11, March 1981.

L. Maren Wood and B. Townsend Robert, *The Many Careers of History PhDs: A Study of Job Outcomes*, Washington DC: American Historical Association, Spring 2013.

Larry A. Braskamp and John C. Ory, *Assessing Faculty Work: Enhancing Individual and Institutional Performance*, San Francisco: Jossey-Bass, 1994.

Larry A. Braskamp, "Advice to Deans: Assessing Faculty Work by 'Sitting Beside'", *Education for Health*, Vol. 18, No. 1, 2005.

Larry W. Keig and Michael D. Waggoner, "Peer Review of Teaching: Improving College Instruction Through Formative Assessment", *Journal on Excellence in College Teaching*, Vol. 6, January 1995.

Larry W. Keig, "Formative Peer Review of Teaching: Attitudes of Faculty at Liberal Arts Colleges Toward Colleague Assessment", *Journal of Personnel Evaluation in Education*, Vol. 14, No. 1, March 2000.

Lee and B. Bozeman, "The Impact of Research Collaboration on Scientific Productivity", *Social Studies of Science*, Vol. 35, No. 5, 2005.

Linda Darlinghammond, A. E. Wise and S. R. Pease, "Teacher Evaluation in the Organizational Context: A Review of the Literature", *Review of Educational Research*, Vol. 53, No. 3, 1983.

Logan Wilson, *American Academics: Then and Now*, New York: Oxford University Press, 1979.

Logan Wilson, *The Academic Man: A Study in the Sociology of a Profes-*

sion, New Brunswick: Transaction Publishers, 1985.

M. Bottery, "The Education of Business Management", *Oxford Review of Education*, Vol. 15, No. 2, 1989.

M. Fleming, N. Schindler, G. J. Martin and D. A. DaRosa, "Separate and Equitable Promotion Tracks for Clinician-Educators", *Jama*, Vol. 294, No. 9, 2005.

M. Kelly, *In Search of One's Pack: A Narrative Study of a Working-class Woman in the Academy*, Doctoral Dissertation, Indiana University of Pennsylvania, 2008.

M. Quinlan, "Inside the Peer Review Process: How Academics Review a Colleague's Teaching Portfolio", *Teaching and Teacher Education*, Vol. 18, No. 8, November 2002.

Marc Buelens, Mieke Van De Woestyne, Steven Mestdagh and Dave Bouckenooghe, "Methodological Issues in Negotiation Research: A State-of-the-Art-review", *Group Decision and Negotiation*, Vol. 17, No. 4, July 2007.

Marshall Catherine and Rossman Gretchen, *Designing Qualitative Research*, London: Sage, 1995.

Martin E. Feder and James L. Madara, "Evidence-based Appointment and Promotion of Academic Faculty at the University of Chicago", *Academic Medicine*, Vol. 83, No. 1, 2008.

Martin J. Finkelstein, Robert K. Seal and Jack H. Schuster, *The New Academic Generation: A Profession in Transformation*, Johns Hopkins University Press, 1998.

Martin J. Finkelstein, *The American Academic Profession: A Synthesis of School Scientific Inquiry Since World War II*, Columbus: Ohio State University Press, 1984.

Mary Crow, *Faculty Development Centers in Southern Universities*, Atlanta GA: Southern Region Education Board, 1976.

Mary F. Fox and Mohapatra Sushanta, "Social-organizational Characteris-

参考文献

tics of Work and Publication Productivity Among Academic Scientists in Doctoral-granting Departments", *The Journal of Higher Education*, Vol. 78, No. 5, 2007.

Max Weber, *Economy and Society*, Oakland: University of California Press, 1978.

Michael F. Middaugh, *Planning and Assessment in Higher Education: Demonstrating Institutional Effectiveness*, San Francisco: Jossey-Bass, 2009.

Michael Gross, "Hidden Success of German University Reform", *Current Biology*, Vol. 12, No. 18, September 2002.

Michael Hitt and Robert Mathis, *Management: Concepts and Effective Practice*, Saint Paul: West Publishing Company, 1986.

Moomaw W. Edmund, William R. O'Connell, E. F. Jr Schietinger and Smartt Steven, *Faculty Evaluation for Improved Learning*, Atlanta: Southern Regional Education Board, 1977.

Murray Aitkin and Nicholas Longford, "Statistical Modeling Issues in School Effectiveness Studies", *Journal of the Royal Statistical Society*, Vol. 149, No. 1, Spring 1986.

Nathaniel Lasry, Eric Mazur and Jessica Watkins, "Peer Instruction: From Harvard to the Two-year College", *American Journal of Physics*, Vol. 76, No. 11, November 2008.

Neal Whitman and Elaine Weiss, *Faculty Evaluation: The Use of Explicit Criteria for Promotion, Retention, and Tenure*, Washington DC: AAHE-ERIC Higher Education Research Report, 1982.

New Tenure and Appointments Policies (http://www.yale.edu/gateways/6_21_07_Faculty_Memo.pdf).

Office of The Provost Communication No. 9 "Promotion and Tenure", (http://provost.illinois.edu/communication/09/2013/Communication_9.pdf).

Our Foundations (https://www.manchester.ac.uk/discover/governance/foundations/).

P. Cross, "Using Assessment to Improve Instruction", *Classroom Re-*

search, No. 9, 1986.

Pamela J. Eckard, "Faculty Evaluation: The Basis for Rewards in Higher Education", *Peabody Journal of Education*, Vol. 57, No. 2, 1980.

Patricia Gumport, et al., *Sociology of Higher Education: Contributions and Their Contexts*, Baltimore: Johns Hopkins University Press, 2007.

Paul J. DiMaggio and Walter W. Powell, "The Iron Cage Revisited: Institutional Isomorphism and Collective Rationality in Organizational Fields", *American Sociological Review*, Vol. 48, No. 2, April 1983.

Paul L. Dressel, *Handbook of Academic Evaluation*, San Francisco: Jossey-Bass, 1976.

Paul Ramsden and Moses Ingrid, "Associations Between Research and Teaching in Australian Higher Education", *Higher Education*, Vol. 3, No. 23, April 1992.

PaulRamsden, *Learning to Teach in Higher Education*, London: Routledge Falmer, 2000.

Peter A. Cohen and Wilbert J. McKeachie, "The Role of Colleagues in the Evaluation of College Teaching", *Improving College and University Teaching*, Vol. 28, No. 4, 1980.

Peter Drucker, *The Effective Executive*, New York: Harper& Row, 1966.

Peter Drucker, *The Effective Executive: the Definitive Guide to Getting the Right Things Done*, New York: Collins, 2006.

Peter Seldin, "Faculty Evaluation: Surveying Policy and Practices", *Change*, Vol. 16, No. 3, April 1984.

Peter Seldin, "How Colleges Evaluate Teaching, 1988 vs. 1983", *AAHE Bulletin*, Vol. 41, No. 7, March 1989.

Peter Seldin, *Changing Practices in Faculty Evaluation: A Critical Assessment and Recommendations for Improvement*, San-Francisco, CA: Jossey-Bass Inc., 1984.

Pew Higher Education Research Program, "The Business of the Business", *Policy Perspectives*, 1989.

参考文献

Philip G. Altbach, "The Costs and Benefits of World-class Universities", *International Higher Education*, Vol. 90, No. 1, 2015.

Philip G. Altbach, *Comparative Perspectives on the Academic Profession*, New York: Praeger Publishers, 1977.

Philip G. Altbach, *The Changing Academic Workplace: Comparative Perspectives*, Chestnut Hill, MA: Center for International Higher Education, Boston College, 2000.

Philip G. Altbach, *The International Academic Profession: Portraits of 14 Countries*, The Carnegie Foundation for the Advancement of Teaching, Jossey-Bass Inc. Publishers, 1996.

Piggot-Irvine Eileen, "Appraisal Training Focused on What Really Matters", *International Journal of Educational Management*, Vol. 17, No. 6, November 2003.

Post-Tenure Review: An AAUP Response (http://www.aaup.org/report/post-tenure-review-aaup-response).

Professional and Organizational Development Network in Higher Education, "What Is Faculty Development?" (http://www.podnetwork, org/development. htm).

R. T. Blackburn and R. J. Bentley, "Faculty Research Productivity: Some Moderators of Associated Stressors", *Research in Higher Education*, Vol. 34, No. 6, 1993.

R. T. Blackburn, C. E. Behymer and D. E. Hall, "Research Note: Correlates of Faculty Publications", *Sociology of Education*, Vol. 51, No. 2, 1978.

Ranking Overviews (https://www.topuniversities.com/university-rankings).

Raoul A. Arreola, "Issues in Developing a Faculty Evaluation System", *American Journal of Occupational Therapy*, Vol. 53, No. 1, 1999.

Raoul A. Arreola, *Developing a Comprehensive Faculty Evaluation System: A Handbook for College Faculty and Administrators on Designing and Op-*

erating a Comprehensive Faculty Evaluation System, Anker, 2000.

Recruitment and Selevtion (https://www.birmingham.ac.uk/staff/jobs/index.aspx).

Renate Mayntz, "University Councils: An Institutional Innovation in German Universities", European Journal of Education, Vol. 37, No. 1, January 2002.

Rice Eugene, "The Academic Profession in Transition: Toward a New Social Fiction", Teaching Sociology, Vol. 14, No. 1, January 1986.

Richard Edwards, "The Academic Department: How Does It Fit into the University Reform Agenda?" Change: The Magazine of Higher Learning, Vol. 31, October, 1999.

Richard Hackman, Normative Model of Work Team Effectiveness, New Haven CT: Yale University, 1983.

Richard P. Chait, The Questions of Tenure, Massachusetts: Harvard University Press, 2002.

Robert C. Hawley, "Faculty Evaluation Some Common Pitfalls", Independent School, Vol. 36, May 1977.

Robert Eisenberger, Fasolo Peter and Davis-LaMastro Valerie, "Perceived Organizational Support and Employee Diligence, Commitment, and Innovation", Journal of Applied Psychology, Vol. 75, No. 1, 1990.

Robert M. Diamond, Aligning Faculty Rewards with Institutional Mission, Statements, Policies, and Guidelines, Jaffrey NH: Anker, 1999.

Robert Quinn and John Rohrbaugh, "A Spatial Model of Effectiveness Criteria: Toward a Competing Values Approach to Organizational Analysis", Management Science, Vol. 29, No. 3, March 1983.

Robert R. Hind, Sanford M. Dornbusch and W. Richard Scott, "A Theory of Evaluation Applied to A University Faculty", Sociology of Education, Vol. 47, No1, Jan 1974.

Roger G. Baldwin, "Faculty Vitality Beyond the Research University", Journal of Higher Education, Vol. 61, No. 2, 1990.

参考文献

Ronald Edmonds, "Effective Schools for the Urban Poor", *Educational Administration Quarterly*, Vol. 37, No. 1, October 1979.

Ronald H. Heck, Linda K. Johnsrud and Vicki J. Rosser, "Administrative Effectiveness in Higher Education: Improving Assessment Procedures", *Research in Higher Education*, Vol. 41, No. 6, 2000.

Rosie Bingham and Roger Ottewill, "Whatever Happened to Peer Review? Revitalizing the Contribution of Tutors to Course Evaluation", *Quality Assurance in Education*, Vol. 9, No. 1, 2001.

S. Candy, "The Professor", *Haper's Magazine*, Vol. 126, April 1913.

S. Shelley, "Diversity of Appraisal-and-Performance-Related Pay Practices in Higher Education", *Personnel Review*, Vol. 28, No. 5/6, 1999.

Sandra Kiffin, "Trust: A Neglected Variable in Team Effectiveness Research", *Journal of Management & Organization*, Vol. 10, No. 1, January 2004.

Self Evaluation (https://www2.warwick.ac.uk/services/ldc/resource/evaluation/tools/self/).

Smith Hooly, Ali Cooper and Les Lancaster, "Improving the Quality of Undergraduate Peer Assessment: A Case for Student and Staff Development", *Innovations in Education and Teaching International*, Vol. 39, No. 1, December 2002.

Statement of Principles on Academic Freedom and Tenure (http://www.aaup.org/report/1940-statement-principles-academic-freedom-and-tenure).

Stephen Cole and Jonathan R. Cole, "Scientific Output and Recognition: A Study in the Operation of the Reward System in Science", *American Sociological Review*, Vol. 32, No. 3, 1967.

Stephen Cole, Leonard Rubin, Jonathan R. Cole, "Peer Review and the Support of Science", *Scientific American*, Vol. 237, No. 4, October 1977.

Stephen Robbins, *Organizational Behavior: Concepts, Controversies, Application* (7th ed.), Englewood Cliffs, NJ: Prentice Hall, 1998.

Steven Kerr, "On the Folly of Rewarding A, While Hoping for B", *Acad-

emy of Management Journal, Vol. 18, No. 4, December 1978.

Steven M. Glover, Douglas F. Prawitt, Scott L. Summers and David A. Wood, "Publication Benchmarking Data Based on Faculty Promoted at the Top 75 U. S. Accounting Research Institutions", *Issues in Accounting Education*, Vol. 27, No. 3, 2012.

Susanne Warning, "Performance Differences in German Higher Education: Empirical Analysis of Strategic Groups", *Review of Industrial Organization*, Vol. 24, No. 4, December 2004.

Talcott Parsons, "Pattern Variables Revisited: A Response to Robert Dubin", *American Sociological Review*, Vol. 25, No. 4, 1960.

Task Force on Higher Education, *Higher education in Developing Countries: Peril and Promise*, World Bank, 2000.

Thaddeus Metz, "A Dilemma Regarding Academic Freedom and Public Accountability in Higher Education", *Journal of Philosophy of Education*, Vol. 44, No. 4, 2010.

The World University Rankings (https://www.timeshighereducation.com/world-university-rankings).

TNTP (http://tntp.org/ideas-and-innovations/view/teacher-evaluation-2.0).

Tony Becher and Paul R. Trowler, *Academic Tribes and Territories: Intellectual Enquiry and the Culture of Disciplines*, London, UK: McGraw-Hill Education, 2001.

Tony Becher, "Towards a Definition of Disciplinary Cultures", *Studies in Higher Education*, Vol. 6, No. 2, 1981.

U. Teichler, A. Arimoto and W. Cummings, *The Changing Academic Profession: Major Findings of A Comparative Survey*, Dordrecht: Springer, 2013.

UCLA Faculty Review Process (https://www.apo.ucla.edu/resources/trifolds/counting-on-the-tenure-clock/).

UK: Research Excellence Framework (http://www.abdn.ac.uk/research/ref2014.php).

参考文献

Van Hise and Charles Richard, "The Appointment and Tenure of University Professors", *Science*, Vol. 33, February 1911.

Veronica Nieva, Edwin Fleishman and Angela Rieck, *Team Dimensions: Their Identity, Their Measurement, Their Relationship*, Washington DC: Advanced Resource Oragnizations, 1985.

W. A. C. Stewart, *Higher Education in Postwar Britain*, London: The Macmillan Press LTD, 1989.

W. L. Osburne and W. W. Purkey, "A Model Faculty Peer Review Process for Counsellor Education Programme", *Journal of Counselling and development*, Vol. 73, 1995.

Walter E. Stumpf, "Peer Review", *Science. New Series*, Vol. 207, No. 4433, November 1980.

William E. Cashin, "Developing an Effective Faculty Evaluation System", *Idea Paper*, No. 33, January 1996.

Xie and K. A. Shauman, "Sex Differences in Research Productivity Revisited: New Evidence about an old Puzzle", *American Sociological Review*, Vol. 63, No. 6, 1998.

Yvonna S. Lincoln and Egon G. Guba, "The Distinction between Merit and Worth in Evaluation", *Educational Evaluation and Policy Analysis*, Vol. 2, July 1980.

后　　记

　　这是一本带有国家自然科学基金面上项目结题报告意味的学术专著。该项目 2012 年春天申请、秋天获批，2013 年初启动，2016 年底结题，为期四年。但实际上，这项《大学教师评价的效能》研究，是本团队自 2004 年底开始进行的"变革中的学术职业"（CAP）国际合作研究项目的延续和深化，也就是说，自 2004 年到 2018 年的今天，本团队在"学术职业—大学教师"的研究领域埋头苦干了 14 年。这 14 年里，我们出版了相关内容的学术著作 6 本，发表了相关内容的期刊论文 95 篇，答辩通过了相关选题的博士学位论文 16 篇和硕士学位论文 14 篇。这项连续性的研究，培养了一批年轻的学者，产出了一批科研成果，提供了几十场学术报告，对学术社会产生了重要影响。

　　在 2016 年底的项目结题期间就对本书框架进行过认真设计，并提交了由 9 万字构成的课题结题报告。然而，在结题两年后今天的"绩效评估"准备期间，本人又花了许多时间来设计报告的撰写框架，尽管作者人数较多，但我们是以著作框架来筛选资料，来招募新作的。从"目录"中可见，本书由四个部分 30 章构成，其中有 11 章是专门为满足全书框架设计的需要而新写的，19 章是以已经发表的期刊论文为基础的修改和为满足本书需要的提升。全书参与作者 15 人，除了团队领导人和项目负责人均为本人之外，这 14 名作者的贡献程度可分为三个层次：张和平、王建慧、李文平、牛风蕊的贡献在第一层次；刘之远、周玉容、刘盛、李爱萍的贡献在第二层次；胡

后 记

仲勋、徐志平、段俊霞、刘进、贾永堂、李玉栋的贡献在第三层次。

具体而言，张和平博士（湖北第二师范学院副教授）新写了第3章和第9章的初稿，贡献了第24章（来源于《复旦教育论坛》2015年第6期），并完成了第2章的部分文献研究工作；王建慧博士（常州大学讲师）新写了第19章的初稿，提交的是第18章和第20章（来源于《外国教育研究》2016年第7期和《复旦教育论坛》2017年第3期），并在第22章的初稿撰写和实地访谈中做出了重要贡献；李文平博士提供了第5章和第7章（来源于《中国高教研究》2016年第1期和《高校教育管理》2017年第3期），并对第2章的文献研究做了大量工作；牛风蕊博士（福州大学助理研究员）贡献的是第10章、第16章和第26章（来源于《现代教育管理》2015年第7期、《外国教育研究》2015年第10期和《现代教育管理》2014年第6期）。

刘之远博士（广东外语外贸大学讲师）不仅提供了第17章和第21章（来源于《国家教育行政学院学报》2017年第12期和《教育发展研究》2017年第23期），还负责了"内容提要"英文版的翻译；周玉容博士（武汉理工大学讲师、博士后）新写了第13章的初稿，贡献了已发表的第29章（来源于《高等工程教育研究》2015年第6期）；刘盛博士（江西师范大学讲师）新写了第27章的初稿，提供了第11章（来源于《教育研究》2016年第3期）；李爱萍博士新写了第8章的初稿，贡献了已发表的第23章（来源于《复旦教育论坛》2017年第1期）。

后面陆续提及的6人都是完成一章的作者。胡仲勋（2014级博士生）新写了第30章的初稿；徐志平（2013级博士生）新写了第15章的初稿；段俊霞博士（西南石油大学副教授）新写的是第28章的初稿；刘进博士（北京理工大学副研究员）贡献的是已发表的第14章（来源于《高等教育研究》2016年第6期）；贾永堂博士（华中科技大学教授）贡献的是第25章（来源于《高等教育研究》2012年第12期）；李玉栋博士（陕西师范大学讲师）提供的是对已发表的一文做了重要修改的第6章（来源于《高等工程教育研究》2016年第6期）。本人新写的是第1章绪论，贡献的是已经发表的第4章、第

后 记

12章和第22章（来源于《高等教育研究》2016年第2期、《高等教育研究》2012年第11期和《教育研究》2017年第11期）。当然，本人负责课题申请和全程执行，全书框架设计、统稿、贯穿性修改、出版协调，正文前后所有"零部件"的写作与整理，以及三次"作者校对"。本人"修改"的不仅是新写的11章的内容，而且对已经发表过的19章内容都进行了重要的修改，有的章节的修改还非常大。所以，这不是一本"论文集"，而是围绕"自有目的"设计的具有自有体系和自有结构的专著，尽管某些章节在某些期刊上可以看到其原初的影子。

我们研究大学教师，我们当然知道，大学教师是非常忙的，特别是这些年轻的"博士教师"。他们要做科学研究，要"站稳讲台"；有的人被学校要求担任本科生班主任，有的人兼任大量的学术秘书工作；还有人正在自己的专著撰写过程中，有人在各级各类科研项目的申请过程中。但是他们都把本书的出版作为一项重要任务，认真执行并出色完成。所有的人都理解，我们持续工作了14年的"学术职业—大学教师"研究工作，只应向前进，以取得更大的连续性成绩；不能向后退。

我们研究大学教师，我们深知大学教师的艰难。求学时间长，机会成本高，恋爱成家受到影响；难得在父母膝前尽孝，难得陪年幼子女嬉戏，天伦之乐本是人之常情，但在这些年轻的"博士教师"面前是那样的可望难得可及。他们本身已是教师，但他们更是尊重教师！每年9月10日的"教师节"，就是我这位"指导教师"最幸福的日子。来自全国各地、甚至国外的节日问候，通过电话、通过网络、通过快递——送到我的耳中、眼前、手里。我看到了他们的成长，体会到了他们的艰辛，领受到了他们的爱戴与尊重！

本书作者中，除贾永堂教授之外，其他13人都是我指导的博士生或者合作过的博士后，都是年轻人。按进校年级排序，有2009级的刘进，2011级的张和平、牛风蕊、刘盛，2012级的王建慧、刘之远、李爱萍，2013级的徐志平，2014级的李玉栋、胡仲勋，2015级的李文平。有博士后周玉容和段俊霞。每当我点到我学生们的名字时，我都是如数家珍般地自豪和骄傲！

能够在一个研究领域中埋头苦干十多年，与华中科技大学这所朝

❖ 后 记 ❖

气蓬勃、充满学术阳光的大学的学术环境有关。这所大学，能够让我们在从事学术事业的同时从事着学术志业，专心学术，不操心学术外琐事；这所大学，具有极强的凝聚力，让我们安心在这个校园里像园丁那样耕耘，像科学家那样做科研，因此，才会有人才培养和科学研究的成果，才会在成果面前保持清醒而继续前行。我们的教育科学研究院拥有很高水平的高等教育学专业，教师和研究生都以维护和发展这个学院的学术名声为己任。本书的所有作者都为能在这所学院教书、读书而自豪，并深感责任重大。

本书只是我们在"学术职业—大学教师"研究历程中的一个段落，还有新的相关著作——有专题研究，有答辩通过的博士学位论文，有博士毕业后申请的国家基金项目结题报告——已在我们的出版计划中。我们将努力工作，让这些来自实证研究的成果早日面世。

本书同样要落于感谢的"俗套"之中。第一个最重要的感谢要献给国家自然科学基金会，正是因为基金会的支持，我们才能够进行全国调查和长期研究工作！第二个感谢献给接受我们调查的5186位来自全国13省88所四年制普通高校的教师，正是因为你们的"坦诚相见"、信任和放手，才使得本书内容"有血有肉"！第三个感谢是对我们所有作者的，感谢大家的精诚合作，仍然"听命于"我这位"曾经的导师"！感谢何进博士长达15年的坚强支持！感谢中国社会科学出版社的责任编辑赵丽博士，没有她的多方努力，本书不可能如期出版发行！感谢本书的校对老师以宽广的知识面、认真的态度、严谨的作风，给本书增光添彩！最后，以特别内疚之心感谢我那85岁的母亲、88岁的父亲和90岁的公公，是您们的爱让我专心学术几十年！感谢我那并肩携手走过35年人生历程的丈夫的坚强支持！感谢我那有为有爱的儿子的深情理解和永远的尊重！

2018年8月28日
华中科技大学教育科学研究院楼418室